여러분의 합격을 응원하는
해커스공무원의 특별 혜택

FREE 공무원 행정법 특강

해커스공무원(gosi.Hackers.com) 접속 후 로그인 ▶ 상단의 [무료강좌] 클릭 ▶
[교재 무료특강] 클릭 후 이용

해커스공무원 온라인 단과강의 20% 할인쿠폰

BBDAB3DAD8B966B8

해커스공무원(gosi.Hackers.com) 접속 후 로그인 ▶ 상단의 [나의 강의실] 클릭 ▶
좌측의 [쿠폰등록] 클릭 ▶ 위 쿠폰번호 입력 후 이용

* 등록 후 7일간 사용 가능(ID당 1회에 한해 등록 가능)

합격예측 온라인 모의고사 응시권 + 해설강의 수강권

DF59EB2F43B7ACGY

해커스공무원(gosi.Hackers.com) 접속 후 로그인 ▶ 상단의 [나의 강의실] 클릭 ▶
좌측의 [쿠폰등록] 클릭 ▶ 위 쿠폰번호 입력 후 이용

* ID당 1회에 한해 등록 가능

쿠폰 이용 관련 문의 **1588-4055**

단기 합격을 위한 해커스공무원 커리큘럼

입문
탄탄한 기본기와 핵심 개념 완성!

누구나 이해하기 쉬운 개념 설명과 풍부한 예시로 부담없이 쌩기초 다지기

TIP 베이스가 있다면 **기본 단계**부터!

기본+심화
필수 개념 학습으로 이론 완성!

반드시 알아야 할 기본 개념과 문제풀이 전략을 학습하고
심화 개념 학습으로 고득점을 위한 응용력 다지기

기출+예상 문제풀이
문제풀이로 집중 학습하고 실력 업그레이드!

기출문제의 유형과 출제 의도를 이해하고 최신 출제 경향을 반영한
예상문제를 풀어보며 본인의 취약영역을 파악 및 보완하기

동형문제풀이
동형모의고사로 실전력 강화!

실제 시험과 같은 형태의 실전모의고사를 풀어보며 실전감각 극대화

최종 마무리
시험 직전 실전 시뮬레이션!

각 과목별 시험에 출제되는 내용들을 최종 점검하며 실전 완성

PASS

* 커리큘럼 및 세부 일정은 상이할 수 있으며, 자세한 사항은 해커스공무원 사이트에서 확인하세요.

단계별 교재 확인 및 수강신청은 여기서!

gosi.Hackers.com

해커스공무원
황남기
행정법총론 기본서

황남기

약력

현 | 해커스공무원 행정법, 헌법 강의
　　해커스경찰 헌법 강의

전 | 외교부 사무관
　　제27회 외무고시 수석합격
　　2012년 공무원 승진시험 출제위원
　　동국대 법대 겸임교수

저서

해커스공무원 황남기 행정법총론 기본서
해커스공무원 황남기 행정법총론 문제족보를 밝히다
해커스공무원 황남기 행정법각론 기본서
해커스공무원 황남기 행정법 모의고사 Season 1
해커스공무원 황남기 행정법 모의고사 Season 2
해커스공무원 황남기 행정법총론 최신 판례집
해커스공무원 황남기 헌법 기본서 1권
해커스공무원 황남기 헌법 기본서 2권
해커스공무원 황남기 헌법 진도별 모의고사 기본권편
해커스공무원 황남기 헌법 진도별 모의고사 통치구조론편
해커스공무원 황남기 헌법 단원별 기출문제집
해커스공무원 황남기 헌법족보
해커스공무원 황남기 헌법 최신 판례집
해커스경찰 황남기 경찰헌법 기본서
해커스경찰 황남기 경찰헌법 핵심요약집
해커스경찰 황남기 경찰헌법 Season 1 쟁점별 기출모의고사
해커스경찰 황남기 경찰헌법 Season 2 진도별 모의고사
해커스경찰 황남기 경찰헌법 Season 2 진도별 모의고사 플러스
해커스경찰 황남기 경찰헌법 Season 3 전범위 모의고사 Vol. 1 1차 대비
해커스경찰 황남기 경찰헌법 Season 3 전범위 모의고사 Vol. 2 2차 대비
해커스경찰 황남기 경찰헌법 3개년 핵심 + 최신 판례집 2024 상반기
황남기 행정법총론 기출문제집, 멘토링
황남기 행정법각론 기출문제집, 멘토링
황남기 경찰헌법 핵심기출 750제, 멘토링
황남기 경찰헌법 심화기출 1200제, 멘토링

PROLOGUE

이 책을 내면서...

이번 행정법 교재는 기존 교재를 기반으로 하지 않고 최근 기출 동향에 기반하여 재구성하였습니다.

기존 교재에 형식적으로는 있으나 출제가 안 되는 파트가 많고 최근 경향은 오히려 반영되지 못한 경우가 있었습니다. 그래서 공무원 행정법 교재는 새롭게 만들었습니다.
기존 교재보다 페이지 수는 크게 줄었으나, 내용은 오히려 알차게 된 것 같습니다.

교재를 새롭게 만들다보니 시간이 오래 걸려 늦게 나온 것은 송구스럽습니다만, 효율성과 완벽성을 동시에 가지는 교재가 되었습니다.

이 교재의 특징은 다음과 같습니다.

첫째,
10년간 기출에 나오지 않은 분야는 과감히 삭제하여 교재분량을 줄였습니다.

둘째,
최근 경향이나 최신 판례는 자세히 분석적으로 다루었습니다.

셋째,
사례형 문제에 대비할 수 있도록 사례분석을 실었습니다.

넷째,
변호사시험 기출이나 법전협 모의고사를 통해 미래 공무원 기출을 예상할 수 있습니다.
따라서 본 교재는 공무원 기출뿐 아니라 변호사시험 기출, 법전협 모의고사 선택형 문제까지 반영하였습니다.

학습(學習)에서 학은 배우는 것이고 습은 끊임없는 훈련입니다. 강의를 통해 학을 하고 문제풀이 훈련을 통해 습을 해야 합니다.
기존에 데스캠프는 훈련프로그램이었습니다. 정말 좋은 프로그램이었으나 시간이 없어 운영하지 못해 아쉽습니다. 그 대신 일일일제를 통해 문제훈련을 하시길 바랍니다.

매일 황남기 행정법(공무원 전용) 오픈채팅방을 열 예정이니 많은 참여바랍니다.

본 교재로 소기의 성과를 거두시기를 간곡히 기원합니다.

2024년 11월
황남기

오픈채팅방 "황남기공무원 매일[행정법_공무원용] https://open.kakao.com/o/gyk2u30g"

제1편 행정법서설

제1장 행정법의 법원 ... 16
- 제1절 행정법의 법원 ... 16
- 제2절 행정법의 효력 ... 19
- 제3절 법치행정의 원리 ... 21
- 제4절 통치행위 ... 26
- 제5절 평등의 원칙과 자기구속의 법리 ... 28
- 제6절 비례원칙 ... 33
- 제7절 부당결부금지원칙 ... 36
- 제8절 신뢰보호원칙 ... 38

제2장 행정법관계 ... 48
- 제1절 행정상 법률관계의 유형 ... 48
- 제2절 행정상 법률관계의 당사자 ... 54
- 제3절 개인적 공권 ... 58
- 제4절 무하자재량행사청구권 ... 59
- 제5절 행정개입청구권 ... 63
- 제6절 공권과 공의무의 특성 ... 65
- 제7절 특별권력관계 ... 67
- 제8절 기간 계산방법 ... 69
- 제9절 소멸시효 ... 70
- 제10절 취득시효 ... 74
- 제11절 공법상 부당이득 ... 75
- 제12절 사인의 공법상 신청 ... 78
- 제13절 신고 ... 81
- 제14절 신고사례 ... 89

제2편 일반행정작용법

제1장 행정입법 94
- 제1절 법규명령 94
- 제2절 행정규칙 99
- 제3절 법규명령 형식의 행정규칙 101
- 제4절 법령보충적 행정규칙 104
- 제5절 위임의 한계를 벗어난 명령의 효력 106
- 제6절 국민과 국회에 의한 행정입법 통제 110
- 제7절 사법부에 의한 행정입법 통제 112
- 제8절 두밀분교폐지조례 116
- 제9절 행정입법부작위에 대한 통제 117

제2장 행정행위 119
- 제1절 행정행위의 개념 119
- 제2절 대인적 행위와 대물적 행위 및 혼합적 행위 121
- 제3절 일반처분 122
- 제4절 복효적 행정행위 123
- 제5절 기속행위·재량행위 구별 125
- 제6절 재량행위하자 128
- 제7절 불확정개념과 판단여지 130
- 제8절 부분허가(부분승인) 132
- 제9절 폐기물 사업 허가 133
- 제10절 하명 135
- 제11절 허가 137
- 제12절 인허가의제제도 140
- 제13절 기한부 허가와 갱신 145
- 제14절 예외적 허가(예외적 승인) 146

제15절	특허	147
제16절	인가	149
제17절	사립학교 이사선임 취소	153
제18절	영업양도와 제재처분의 효과와 제재사유 승계	155
제19절	도시재개발	158
제20절	확인	160
제21절	공증	161
제22절	통지	163
제23절	수리	164
제24절	부관	165
제25절	위법한 부관과 행정쟁송	171
제26절	위법한 부관과 사법행위의 효력	174
제27절	행정행위의 성립요건과 효력요건	175
제28절	공정력과 구성요건적 효력	179
제29절	구성요건적 효력과 선결문제	180
제30절	존속력(확정력)	183
제31절	행정행위의 하자	185
제32절	하자 있는 행정행위의 치유	187
제33절	하자 있는 행정행위의 전환	189
제34절	하자승계	190
제35절	무효와 취소	195
제36절	위헌인 법률에 근거한 행정행위의 효력	198
제37절	직권취소	200
제38절	행정행위의 철회	204
제39절	행정행위의 실효	208
제40절	처분의 변경	210

제3장 그 밖의 행정작용   214

- 제1절 확약   214
- 제2절 공법상 사실행위   215
- 제3절 행정지도   217
- 제4절 자동적 처분   220
- 제5절 공법상 계약   220
- 제6절 행정계획   227

제4장 행정절차, 정보공개, 개인정보보호   234

- 제1절 「행정절차법」   234
- 제2절 처분기준 설정공표   239
- 제3절 처분의 이유제시   240
- 제4절 처분의 방식   242
- 제5절 신청에 의한 처분(수익적 처분)에 적용되는 행정절차   243
- 제6절 침익적 처분에만 적용되는 행정절차   245
- 제7절 행정상 입법예고와 행정예고   250
- 제8절 행정절차의 하자   250
- 제9절 개인정보보호   252
- 제10절 정보공개청구   255

제5장 행정의 실효성 확보수단 — 267

제1절	행정의 실효성 확보수단의 전체 개괄	267
제2절	행정대집행	269
제3절	이행강제금	274
제4절	직접강제	278
제5절	행정상 강제징수	279
제6절	행정상 즉시강제	281
제7절	행정조사	284
제8절	행정벌	289
제9절	행정형벌	290
제10절	행정질서벌(과태료)	292
제11절	과징금(부과금)	296
제12절	가산세(加算稅)	301
제13절	공급거부	302
제14절	행정상 공표	303
제15절	제재적 행정처분	307

제3편 행정구제

제1장 국가배상 … 312

- 제1절 국가배상청구권의 성질과 배상절차 … 312
- 제2절 공무원의 직무상 불법행위로 인한 손해배상책임 … 315
- 제3절 부작위에 의한 국가배상책임 … 326
- 제4절 절차상 위법과 손해 … 327
- 제5절 법원의 재판에 대한 국가배상 … 328
- 제6절 「국가배상법」과 「자동차손해배상 보장법」의 배상 … 331
- 제7절 이중배상금지 … 333
- 제8절 공동불법행위 … 336
- 제9절 영조물의 설치·관리상 하자로 인한 손해배상 … 337
- 제10절 국가배상책임자 … 342

제2장 손실보상 … 348

- 제1절 행정상 손실보상 … 348
- 제2절 손실보상청구권의 요건 … 349
- 제3절 분리이론과 경계이론 … 355
- 제4절 생활보상 … 358
- 제5절 간접손실보상 … 362
- 제6절 수용절차 … 365
- 제7절 수용재결에 대한 불복절차 … 370
- 제8절 수용유사 및 수용적 침해에 대한 손실보상 … 373
- 제9절 희생보상청구권 … 375
- 제10절 결과제거청구권 … 377

제3장 이의신청과 행정심판　　　　380

　제1절　이의신청과 재심사　　　　380
　제2절　행정심판 개관　　　　384
　제3절　행정심판요건　　　　387
　제4절　집행정지와 임시처분　　　　392
　제5절　행정심판의 재결　　　　393
　제6절　고지제도　　　　398

제4장 행정소송　　　　400

　제1절　행정소송의 개설　　　　400
　제2절　무명항고소송　　　　402
　제3절　취소소송의 개설　　　　404
　제4절　취소소송의 대상적격성　　　　405
　제5절　항고소송의 대상으로서의 행정심판재결　　　　423
　제6절　원고적격　　　　427
　제7절　소의 이익(좁은 의미의 소의 이익)　　　　437
　제8절　피고적격　　　　445
　제9절　제소기간　　　　450
　제10절　행정심판전치주의 요건　　　　455
　제11절　관할 법원　　　　457
　제12절　청구의 병합　　　　460
　제13절　소의 변경　　　　462
　제14절　소송참가　　　　463
　제15절　가구제　　　　465
　제16절　의대정원발표 효력정지　　　　471
　제17절　처분사유의 추가·변경　　　　473
　제18절　주장책임과 입증책임　　　　477
　제19절　취소소송의 심리　　　　479

제20절	항고소송에서 위법 판단의 기준시점	482
제21절	취소의 범위	484
제22절	사정판결	486
제23절	기판력(형식적 확정력)	489
제24절	기속력	491
제25절	형성력(形成力)	497
제26절	행정구제수단으로서 항고소송과 헌법소원	499
제27절	무효등확인소송	501
제28절	부작위위법확인소송	504
제29절	처분부작위로 권익을 침해받은 경우 권리구제절차	508
제30절	당사자소송	509

해커스공무원
gosi.Hackers.com

제1편 행정법서설

제1장 행정법의 법원
제2장 행정법관계

제1장 행정법의 법원

제1절 행정법의 법원

1 법원(法源)의 의의

1. **개념**

   행정법의 법원이란 행정권의 조직과 작용에 관한 실정법의 존재형식을 말한다.

2. **법원의 범위**

   (1) 법원(法源)의 범위에 관하여는 이를 좁게 인정하여 법규만을 법원으로 보는 협의설(법규설)의 입장과 널리 행정기준이 되는 모든 법규범을 법원으로 이해하는 광의설(행정기준설)의 입장이 대립하고 있다. 양 학설의 대립은 행정규칙에 대한 법원성 인정 여부와 관련하여 논의된다.

   (2) 「행정기본법」 제2조 제1호는 법령 등에 법률, 법규명령과 국회규칙·대법원규칙·헌법재판소규칙·중앙선거관리위원회규칙 및 감사원규칙, 법령의 위임을 받은 고시·훈령·예규 등 행정규칙, 지방자치단체의 조례 및 규칙을 포함하고 있다.

2 행정법의 성문법원

1. **헌법**

   인간다운 생활을 할 권리는 입법부나 행정부에 대하여 인간의 존엄성에 맞는 건강하고 문화적인 생활을 누릴 수 있도록 하여야 한다는 행위의 지침, 즉 행위규범이다(헌재 2004.10.28. 2002헌마328).

2. **법률**

   법률은 행정법의 가장 중요한 법원이 된다.

3. **조약과 국제법규**

   조약과 일반적으로 승인된 국제법규는 국내법과 같은 효력을 가지므로 행정법의 법원이 된다.

> **판례**
> 1. 학교급식을 위해 국내 우수농산물을 사용하는 자에게 식재료나 구입비의 일부를 지원하는 것을 내용으로 하는 지방자치단체의 조례안은 '1994년 관세 및 무역에 관한 일반협정'에 위반되어 무효이다(대판 2008.12.24. 2004추72).
> 2. 사인은 반덤핑부과처분이 WTO협정 위반이라는 이유로 직접 국내법원에 회원국 정부를 상대로 그 처분의 취소를 구하는 소를 제기할 수 없다(대판 2009.1.30. 2008두17936).

4. 명령

(1) 헌법상 규칙과 법규명령

대법원규칙, 국회규칙, 헌법재판소규칙, 중앙선거관리위원회규칙은 법규명령성과 행정규칙성을 모두 가진다. 대통령령, 총리령, 부령은 법규명령이다.

(2) 행정규칙의 법원성 – 다수설은 긍정적이나, 판례는 부정적이다.

법원을 광의적으로 해석해 모든 법규범을 법원으로 보아 행정규칙의 법원성을 인정하는 것이 다수설이다. 판례는 원칙적으로 행정규칙의 법원성을 인정하지 않는다. 다만, 법령보충적 행정규칙의 법원성은 판례도 인정하고 있다.

5. 자치법규

지방의회가 제정하는 조례, 지방자치단체장이 제정하는 규칙, 교육감이 제정하는 교육규칙은 법령의 범위 안에서 제정하는 자치규정으로서 법원성이 인정된다.

3 행정법의 불문법원

1. 관습법

(1) 의의

관습법이란 국민 사이에 장기적·계속적 관행이 반복되고, 그 관행이 국민 일반의 법적 확신을 얻어 법규범으로서 승인된 것을 말한다.

(2) 행정법상 관습법의 성립가능성

행정법에서도 실정법의 흠결을 보충하는 관습법이 인정될 수 있다.

(3) 관습법의 성립요건

1) 관습법의 성립에 국민의 승인은 필요하나, 국가의 승인은 필요치 않다는 것이 다수설이다. 관습법은 국민의 승인에 따라 법원이 되나, 사실인 관습은 반복적 관행만 있을 뿐 국민에 의해 법적 규범으로 승인된 것이 아니므로 법원성이 인정되지 않는다.

2) 법질서에 반하고 합리성과 정당성이 없는 경우, 사회생활규범은 그것이 사회의 거듭된 관행으로 생성된 것일지라도 관습법의 효력으로 인정할 수 없다(대판 2003.7.24. 2001다48781).

(4) 관습법의 효력

보충적 효력설 (다수설)	관습법은 성문법이 없는 경우에만 적용될 뿐 성문법을 개폐하는 효력은 가지지 못한다는 설이다.
개폐적 효력설	관습법은 성문법이 있는 분야에서도 성립될 수 있고 성문법을 개폐하는 효력까지도 가진다는 설이다.
대법원 판례 (보충적 효력설)	위헌심사의 대상이 되는 법률은 국회의 의결을 거친 이른바 형식적 의미의 법률을 의미하고, 관습법은 법원에 의하여 발견되고 **성문의 법률에 반하지 아니하는 경우에 한하여 보충적인 법원이 되는 것에 불과**하다(대결 2009.5.28. 2007카기134).

(5) 관습법의 종류

1) 행정선례법

행정선례법이란 행정청의 선례가 오랫동안 반복됨으로써 형성되는 것이다. 「국세기본법」과 「행정절차법」 등은 행정선례법의 존재를 명문으로 인정하고 있다.

2) 민중관습법

① 입어의 관행 등이 있다.
② 관행어업권은 공유수면에서 배타적으로 수산동식물을 채포할 수 있는 독점적인 권리는 아니다. 따라서 일정한 시설의 고정설치에 의한 '굴 채묘어업'은 관행어업권의 대상이 될 수 없다(대판 2001.12.11. 99다56697).

2. 판례법

(1) 입법례

영미법계는 전통적으로 선례구속성의 원칙이 확립되어 판례의 법원성을 긍정한다. 선례구속력을 인정하지 않는 대륙법계는 판례의 법원성을 인정할 것인가에 대한 논란이 제기된다.

(2) 대법원 판례의 법원성

상급심 판결은 **해당 사건에 한해서** 하급심을 기속하므로 동종사건이나 유사사건에서는 기속력이 없다. 대법원의 판례가 법률해석의 일반적인 기준을 제시한 경우에 유사한 사건을 재판하는 하급심 법원의 법관은 판례의 견해를 존중하여 재판하여야 하는 것이나, **판례가 사안이 서로 다른 사건을** 재판하는 하급심 법원을 직접 기속하는 효력이 있는 것은 아니다(대판 1996.10.25. 96다31307).

(3) 헌법재판소 위헌결정의 법원성

헌법재판소의 위헌결정은 모든 국가기관, 지방자치단체를 기속하므로 법원성이 인정된다.

3. 조리법

조리란 일반사회의 정의감에 비추어 그러하여야 할 것이라고 인정되는 사물의 본질적 법칙을 말한다. 조리는 행정법 해석의 기본원리이며, 성문법·관습법 및 판례법이 모두 없는 경우에 적용되는 최후의 보충적 법원으로서 중요한 의미를 갖고 있다.

제2절 행정법의 효력

1 시간적 효력

1. 효력발생시기

(1) 효력발생시기

　1) 원칙

　공포한 날부터 20일의 경과 후

　2) 권리 제한 또는 의무 부과와 직접 관련되는 법령

　공포일부터 적어도 30일이 경과한 날

(2) 공포의 방법

원칙	① **헌법개정·법률·조약·대통령령·총리령 및 부령의 공포와 헌법개정안·예산 및 예산 외 국고부담계약의 공고**는 **관보**(官報)에 게재함으로써 한다(「법령 등 공포에 관한 법률」 제11조 제1항). ② 관보의 내용 해석 및 적용시기 등에 대하여 종이관보와 전자관보는 동일한 효력을 가진다(「법령 등 공포에 관한 법률」 제11조 제4항). *행정규칙에 대한 공포는 규정이 없다.
예외	**국회의장의 법률 공포**는 서울특별시에서 발행되는 둘 이상의 일간신문에 게재함으로써 한다(「법령 등 공포에 관한 법률」 제11조 제2항).

(3) 공포한 날

법령의 공포일	① **법령 등의 공포일 또는 공고일**은 해당 법령 등을 게재한 관보 또는 신문이 발행된 날로 한다(「법령 등 공포에 관한 법률」 제12조). ② 다수설과 판례에 따르면 관보 또는 신문이 발행된 날은 관보를 구독할 수 있는 시점이다.

(4) 법령 등 시행일의 기간 계산

> 「행정기본법」 제7조 【법령 등 시행일의 기간 계산】 법령 등(훈령·예규·고시·지침 등을 포함한다)의 시행일을 정하거나 계산할 때에는 다음 각 호의 기준에 따른다.
> 1. 법령 등을 공포한 날부터 시행하는 경우에는 **공포한 날**을 시행일로 한다.
> 2. 법령 등을 공포한 날부터 일정 기간이 경과한 날부터 시행하는 경우 법령 등을 **공포한 날을 첫날에 산입하지 아니한다.**
> 3. 법령 등을 공포한 날부터 일정 기간이 경과한 날부터 시행하는 경우 그 기간의 말일이 토요일 또는 공휴일인 때에는 **그 말일로 기간이 만료한다.**

2. 소급적용금지의 원칙

(1) 개념 및 근거

1) 개념
법령은 공포·시행되기 전에 종결된 사실에 대하여는 적용되지 않는다는 원칙이다.

2) 근거
소급입법금지원칙은 헌법 제13조 제2항에 근거를 두고 있고, 소급적용금지원칙은 「행정기본법」 제14조 제1항에 근거를 두고 있다. 법치주의로부터 도출되는 법적 안정성, 신뢰보호를 해하기 때문에 법령의 소급적용은 금지된다.

3) 「행정기본법」상 소급적용금지
「행정기본법」은 완성된 사실이나 법률관계에 신법 적용을 금지하면서, 법령에 특별한 규정이 있는 경우에는 예외를 인정하고 있다(「행정기본법」 제14조). 그러나 부진정소급적용은 금지하고 있지 않다.

(2) 부진정소급적용

1) 개념
과거에 시작하였으나 진행 중인 사실관계·법률관계에 신법을 적용하는 것을 말한다.

2) 허용 여부
「행정기본법」은 **"법령 등의 효력 발생 전에 완성되거나 종결된 사실관계 또는 법률관계에 대해서는 적용되지 아니한다."라고 규정하고 있어** 부진정소급적용이 금지되지는 않는다. 그러나 부진정소급적용도 구법령에 대한 신뢰이익 침해를 신법이 실현하고자 하는 공익이 정당화할 수 없다면 허용될 수 없다.

> **판례**
>
> '1977년 「유료도로법」'에 따라 통행료를 징수할 수 없게 된 고속국도라 하더라도 '1980년 「유료도로법」' 또는 '2001년 「유료도로법」'에 따른 유료도로의 요건을 갖추었다면 그 시행 이후 도로를 통행하는 차량에 대하여 통행료를 부과할 수 있다고 해석하는 것이 타당하고, 이러한 해석이 헌법상 소급입법에 의한 재산권 침해금지 원칙에 반한다고 볼 수 없다(대판 2015.10.15. 2013두2013).

(3) 법 적용기준

> 「행정기본법」 제14조 【법 적용의 기준】 ② 당사자의 신청에 따른 처분은 법령 등에 특별한 규정이 있거나 처분 당시의 법령 등을 적용하기 곤란한 특별한 사정이 있는 경우를 제외하고는 **처분 당시의 법령 등**에 따른다.
>
> ③ 법령 등을 위반한 행위의 성립과 이에 대한 제재처분은 법령 등에 특별한 규정이 있는 경우를 제외하고는 법령 등을 위반한 **행위 당시의 법령 등**에 따른다. 다만, 법령 등을 위반한 행위 후 법령 등의 변경에 의하여 그 행위가 법령 등을 위반한 행위에 **해당하지 아니**하거나 제재처분기준이 **가벼워진 경우로서** 해당 법령 등에 특별한 규정이 없는 경우에는 **변경된 법령 등**을 적용한다.

1) 법령 등을 위반한 행위의 성립과 이에 대한 제재처분
① 원칙: 행위 당시의 법령 적용

법령 등을 위반한 행위의 성립과 이에 대한 제재처분은 법령 등에 특별한 규정이 있는 경우를 제외하고는 법령 등을 위반한 행위 당시의 법령 등에 따른다.

② 법령 등을 위반한 행위 후 법령이 피적용자에게 유리하게 변경된 경우: 변경된 법령 적용

㉠ 「행정기본법」 제14조 제3항 단서는 "법령 등을 위반한 행위 후 법령 등의 변경에 의하여 그 행위가 법령 등을 위반한 행위에 해당하지 아니하거나 제재처분기준이 가벼워진 경우로서 해당 법령 등에 특별한 규정이 없는 경우에는 변경된 법령 등을 적용한다."라고 규정하여 법령 등을 위반한 행위 후 법령이 피적용자에게 유리하게 변경된 경우 변경된 법령을 적용한다. 그러나 「행정기본법」 시행 전 대법원 판례는 법령 등을 위반한 행위 후 법령이 피적용자에게 유리하게 변경된 경우라도 구법인 행위시법을 적용하였다. 앞으로는 「행정기본법」에 따라 **행위시법이 아니라 변경된 법령을 적용해야 한다.**

㉡ 최근 대법원 판례는 범죄의 성립과 처벌에 관하여 규정한 형벌법규 자체 또는 그로부터 수권 내지 위임을 받은 법령의 변경에 따라 범죄를 구성하지 아니하게 되거나 형이 가벼워진 경우에는, 종전 법령이 범죄로 정하여 처벌한 것이 부당하였다거나 과형이 과중하였다는 **반성적 고려에 따라 변경된 것인지 여부를 따지지 않고** 신법이 적용된다(대판 전합 2022.12.22. 2020도16420)고 한다.

제3절 법치행정의 원리

1 법률의 법규창조원칙

국회가 국민의 권리, 의무 사항을 규율할 수 있는 법규를 창조할 수 있다는 원칙이다. 즉, 행정부는 의회의 위임 없이는 법규사항을 다룰 수 없다. 따라서 법규창조력은 국회가 가지는바, **행정부는 시원적인 법규창조력을 가질 수 없다.**

2 법률우위원칙

1. 의의

법률우위원칙은 의회가 제정한 법률이 다른 국가의사보다 우월하다는 원칙이다. 따라서 법률은 행정에 우선하므로 **행정은 법률에 반해서는 안 된다.** 소극적 의미의 법률적합성의 원칙이라 한다.

2. 근거

행정작용은 **법률에 위반되어서는 아니 되며**, 국민의 권리를 제한하거나 의무를 부과하는 경우와 그 밖에 국민생활에 중요한 영향을 미치는 경우에는 법률에 근거하여야 한다(「행정기본법」 제8조).

3. 법률의 의미

법률우위원칙에서 말하는 법률에는 헌법, 법률, 법규명령, 불문의 법원칙이 포함된다. 원칙적으로 행정규칙은 포함되지 않는다.

4. 적용범위

법률이 있다면 어떠한 영역에서도 행정부는 법률에 위반되는 행위를 해서는 안 된다. 따라서 법률우위원칙은 **행정의 모든 분야**에 적용된다.

5. 위반의 효과

행정작용이 법률우위원칙을 위반하면 위법하게 된다.

3 법률유보원칙

1. 의의

(1) 개념

1) 법률유보원칙은 행정작용이 국회가 제정한 법률이나 법률의 위임에 의한 법규명령 등에 근거해야 한다는 원칙이다.
2) 법률유보는 민주주의원리, 법치주의원리, 자유주의원리를 그 이념으로 한다.

(2) 법률의 범위

법률유보원칙에서 법률에 국회가 제정한 형식적 의미의 법률, 법률의 위임을 받은 법규명령은 포함된다. 그러나 불문법인 관습법이나 판례는 포함되지 않는다.

(3) 법률유보원칙의 의미

1) 법률유보원칙은 행정권을 발동하려면 법률에 근거를 두어야 한다는 적극적 의미를 가진다.
2) 법률유보원칙이 적용되는 영역에서 법률이 없음에도 행정부가 행정작용을 하는 경우 법률유보원칙에 위반된다. 예를 들면 행정부가 과세권을 행사하려면 법률에 근거를 두어야 한다. 행정부가 법률에 근거 없이 과세처분을 한 경우 이 과세처분은 법률유보원칙에 반해서 위법한 처분이 된다.

판례

1. **행정청이 행정처분 단계에서 당해 처분의 근거가 되는 법률이 위헌이라고 판단하여 그 적용을 거부**하는 것은 권력분립의 원칙상 허용될 수 없다(헌재 2008.4.24. 2004헌바44).
2. 법률상 정해진 처분요건에 따라 부담금을 부과·징수하는 침익적 처분의 근거 법령에 대한 헌법불합치 결정이 있은 후 개선입법이 없는 경우, 행정청이 사법적 판단에 따라 위헌이라고 판명된 내용과 동일한 취지로 부담금 부과처분을 하여서는 안 된다(대판 2017.12.28. 2017두30122).
3. **법외노조 통보**는 이미 법률에 의하여 법외노조가 된 것을 사후적으로 고지하거나 확인하는 행위가 아니라 그 통보로써 비로소 법외노조가 되도록 하는 **형성적 행정처분**이다. 법외노조 통보를 규정한 「노동조합 및 노동관계조정법 시행령」 제9조 제2항은 법률의 구체적이고 명시적인 위임도 없이 헌법이 보장하는 노동3권에 대한 본질적인 제한을 규정한 것으로서 법률유보원칙에 반한다. 무효인 시행령에 근거한 법외노조 통보는 법적 근거를 상실하여 위법하다(대판 전합 2020.9.3. 2016두32992).
4. 도로 외의 곳에서의 음주운전·음주측정거부의 경우 처벌조항은 있으나 면허취소나 정지의 근거가 없는 경우 **운전면허의 취소·정지처분**은 부과할 수 없다(대판 2021.12.10. 2018두42771).
5. 검찰총장의 경고처분은 「검사징계법」에 따른 징계처분이 아니라 「검찰청법」 제7조 제1항, 제12조 제2항에 근거하여 검사에 대한 직무감독권을 행사하는 작용에 해당하므로, 검사의 직무상 의무 위반의 정도가 중하지 않아 「검사징계법」에 따른 '징계사유'에는 해당하지 않더라도 징계처분보다 낮은 수준의 감독조치로서 '경고처분'을 할 수 있고, 법원은 그것이 직무감독권자에게 주어진 재량권을 일탈·남용한 것이라는 특별한 사정이 없는 한 이를 존중하는 것이 바람직하다(대판 2021.2.10. 2020두47564).
6. 폐기물처리업자가 **비료생산업 등록을 하지 아니한 채** 폐기물을 비료로 재생처리하여 판매하거나 무상으로 유통·공급한 것은 허가취소 또는 정지사유를 정한 「폐기물관리법」 제27조 제2항 제2호(폐기물 재활용기준에 반하는 재활용을 한 경우)에 해당하지 않는다(대판 2022.1.14. 2021두37373).

법률우위와 법률유보의 비교

구분		법률우위	법률유보
의의		행정에 대한 법률침해 방지	행정도 법률의 근거가 필요
의미		소극적 의미	적극적 의미
법률의 범위	법률에 근거한 법규명령	○	○
	관습법	○	×
	행정규칙	×	×
적용영역		모든 행정작용 ○	모든 행정작용 ×
행정규칙, 행정지도에 적용 여부		○	×

2. 법률유보에서 법률의 의미

법률유보에서 법률의 의미는 작용규범이다. 권리를 침해하는 행정행위를 함에 있어 법률의 근거가 필요한가, 나아가 행정청이 급부를 주는 행위를 함에 있어서도 법률에 근거가 필요한가에 대한 논의가 시작된다.

3. 법률유보의 적용범위에 관한 학설

(1) 침해유보설

국민의 권리를 제한하거나 의무를 부과하는 행위는 법률에 근거가 있어야 한다

(2) 권력행정유보설

행정작용이 침해적 영역인가 수익적 영역인가를 불문하고 행정권의 일방적 의사에 의하여 형성되는 **권력적 행정작용영역**은 **법률의 근거가 필요하다.**

(3) 급부유보설

침해행정뿐만 아니라 급부행정의 영역에서도 법률의 근거가 필요하다.

(4) 전부유보설

1) 의회는 국민의 대표자이므로 모든 행정작용은 법률에 근거해야 한다.
2) 전부유보설은 **행정의 입법에 대한 전면적 종속을 낳아 권력분립을 훼손할 수 있다.**

(5) 본질성이론(중요사항유보설)

1) 침해적 사항이든 급부적 사항이든 그 영역과 무관하게, 기본권과 관련된 중요한 사항이나 공동체의 중요한 의사결정은 직접 국회가 법률로 정해야 한다는 이론이다.
2) 독일연방 헌법재판소의 판례를 통해 확립된 이론으로 독일의 통설이다. 우리나라 헌법재판소와 대법원도 수용하고 있다.
3) 본질성이론은 중요한 사항을 행정부에게 위임해서는 안 된다는 위임의 한계에 관한 이론이기도 하다. 즉, 적어도 국민의 헌법상 기본권 및 기본의무와 관련된 중요한 사항 내지 본질적인 내용에 대한 정책형성기능만큼은 **입법부가 담당하여 법률의 형식으로써 수행해야 하지, 행정부나 사법부에 그 기능을 넘겨서는 안 된다**(헌재 2004.3.25. 2001헌마882).

> **판례**
>
> 어떠한 사안이 국회가 형식적 법률로 스스로 규정하여야 하는 본질적 사항에 해당되는지는 구체적 사례에서 관련된 이익 내지 가치의 중요성, 규제 또는 침해의 정도와 방법 등을 고려하여 개별적으로 결정하여야 하지만, **규율 대상이 국민의 기본권 및 기본적 의무와 관련한 중요성을 가질수록 그리고 그에 관한 공개적 토론의 필요성 또는 상충하는 이익 사이의 조정 필요성이 클수록**, 그것이 국회의 법률에 의해 직접 규율될 필요성은 더 증대된다(대판 전합 2015.8.20. 2012두23808).

4. 「행정기본법」의 법률유보의 범위

「행정기본법」 제8조는 "국민의 권리를 제한하거나 의무를 부과하는 경우와 그 밖에 국민생활에 중요한 영향을 미치는 경우에는 법률에 근거하여야 한다."라고 규정하여 본질성이론을 취하고 있다.

5. 판례

(1) TV 수신료 금액은 재산권과 관련하여 중요한 사항이므로 금액결정을 한국방송공사에 전적으로 위임한 것은 법률유보원칙에 반한다(헌재 1999.5.29. 98헌바70).

(2) 의회유보원칙은 본질성이론과 관련해서 발전해 왔다. 오늘날의 **법률유보원칙**은 단순히 **행정작용이 법률에 근거를 두기만 하면 충분한 것이 아니라**, 국가공동체와 그 구성원에게 기본적이고도 중요한 의미를 갖는 영역, 특히 국민의 기본권 실현에 관련된 영역에 있어서는 행정에 맡길 것이 아니라 국민의 대표자인 입법자 스스로 그 본질적 사항에 대하여 결정하여야 한다는 요구, 즉 **의회유보원칙**까지 내포하는 것으로 이해하여야 한다(헌재 2016.6.30. 2015헌바125).

(3) **지방의회의원에 대하여 유급보좌인력을 두는 것**은 지방의회의원의 신분·지위 및 처우에 관한 현행법령상의 제도에 중대한 변경을 초래하는 것으로서, 이는 **개별지방의회의 조례로써 규정할 사항이 아니라 국회의 법률로써 규정하여야 할 입법사항**이다(대판 2013.1.16. 2012추84 ; 대판 2017.3.30. 2016추5087).

(4) 납세의무자에게 조세의 납부의무 외에 과세표준과 세액을 계산하여 신고해야 하는 의무까지 부과하는 경우, **신고의무 이행에 필요한 기본적인 사항과 신고의무 불이행 시 납세의무자가 입게 될 불이익은 본질적 사항**이다(대판 전합 2015.8.20. 2012두23808).

(5) 법률이 공법적 단체 등의 정관에 자치법적 사항을 위임한 경우에는 헌법 제75조가 정하는 포괄적인 위임입법의 금지는 원칙적으로 적용되지 않는다고 봄이 상당하고, 그렇다 하더라도 그 사항이 국민의 권리·의무에 관련되는 것일 경우에는 적어도 국민의 권리·의무에 관한 기본적이고 본질적인 사항은 국회가 정하여야 한다(대판 2007.10.12. 2006두14476).

(6) **주택재개발조합의 사업시행인가신청 시** 토지소유자 동의 요건에 대해 대법원은 본질적 사항으로 보지 않았다(대판 2007.10.12. 2006두14476). 그러나 헌법재판소는 **토지소유자 등이 사업인가신청 시 동의요건을 본질적 사항으로 보았다**(헌재 2011.8.30. 2009헌바128).

6. 법률유보원칙과 행정작용

법률유보원칙이 적용되는 영역임에도 **법률의 근거 없는 행정부의 행위는 위법한 행위가 된다.**

☑ 법률유보와 법률우위의 적용범위

구분	법률유보 적용	법률우위 적용
침해행정	○	○
급부행정	• 급부유보설과 전부유보설(○) • 침해유보설(×)	○
법규명령	○	○
행정규칙	×	○
행정지도	×	○
행정행위의 철회 · 취소	×	○

제4절 통치행위

1 의의

고도의 정치적 행위로서 사법심사의 대상으로 하기에 적절하지 아니한 국가의 행위를 통치행위라 한다.

2 통치행위이론

내재적 한계설 (권력분립설)	법원이 정치적 문제에 개입하지 않은 것은 사법권의 내재적 한계이자 3권분립 정신에도 합치된다.
사법부자제설	① 통치행위도 법률문제를 포함하고 있는 이상 사법심사의 대상이 될 수 있다. ② 사법부가 정치문제에 개입하지 않는 것이 사법부의 독립이나 국가이익차원에서 바람직하다.
통치행위독자성설	통치행위는 독자적인 정치행위이므로 법률적 가치판단의 대상이 될 수 없고 정치적 비판의 대상이 될 수 있을 뿐이다.
자유재량행위설	통치행위는 정치적 문제이고 이는 행정부의 자유재량이므로 사법적 심사에서 제외된다. 최근에는 재량행위도 일탈 · 남용의 문제가 있다면 사법심사의 대상이 되므로 자유재량행위설을 주장하는 이는 거의 없다.

3 주체와 범위

1. 통치행위의 주체

주로 정부이나 국회도 통치행위를 할 수 있다. 다만, 사법부는 고도의 정치적 행위를 하는 기관이 아니므로 통치행위의 주체가 될 수 없다.

2. 통치행위인지 여부 판단의 주체

통치행위의 개념을 인정한다고 하더라도 과도한 사법심사의 자제가 기본권을 보장하고 법치주의 이념을 구현하여야 할 법원의 책무를 태만히 하거나 포기하는 것이 되지 않도록 그 인정을 지극히 신중하게 하여야 하며, 그 판단은 오로지 **사법부만에 의하여 이루어져야 한다**(대판 2004.3.26. 2003도7878).

3. 범위의 축소

법치주의의 확대, 헌법재판제도의 확립에 따라 통치행위의 범위는 축소되고 있다.

4 판례

1. 대법원 판례

(1) 계엄선포의 당·부당은 사법심사의 대상이 아니다(대판 1982.9.14. 82도1847).

(2) 국헌문란을 목적으로 **군사반란과 내란행위는 처벌의 대상이 된다**(대판 전합 1997.4.17. 96도3376).

(3) 남북정상회담은 통치행위에 해당하나, 대북송금행위는 통치행위로 보기 어려워 **송금한 행위 자체**는 헌법상 법치국가의 원리와 법 앞에 평등원칙 등에 비추어 볼 때 사법심사의 대상이 된다(대판 2004.3.26. 2003도7878).

(4) 대통령의 서훈취소

기본권의 보장 및 법치주의의 이념에 비추어 보면, 비록 **서훈취소**가 대통령이 국가원수로서 행하는 행위라고 하더라도 **법원이 사법심사를 자제하여야 할 고도의 정치성을 띤 행위라고 볼 수는 없다**(대판 2015.4.23. 2012두26920).

(5) 긴급조치

1) 유신헌법에 근거한 긴급조치는 국회의 입법권 행사라는 실질을 전혀 가지지 못한 것으로서, 헌법재판소의 위헌심판대상이 되는 **'법률'에 해당한다고 할 수 없고**, 긴급조치의 위헌 여부에 대한 심사권은 **최종적으로 대법원**에 속한다.
2) 재심소송에서 적용될 절차에 관한 법령은 재심판결 당시의 법령이므로, **사법심사의 대상이 되는지 여부는 현행 시행 중인 대한민국헌법에 기하여 판단해야 한다.**
3) **긴급조치** 제1호에 의하여 침해된 각 기본권의 보장규정을 두고 있는 **현행헌법에 비추어 보더라도 위헌이다.** 결국 이 사건 재판의 전제가 된 긴급조치 제1호 제1항·제3항·제5항을 포함하여 긴급조치 제1호는 헌법에 위배되어 무효이다(대판 전합 2010.12.16. 2010도5986).

2. 헌법재판소 판례

(1) 긴급재정경제명령은 통치행위이나 기본권 침해가능성이 있으므로 사법심사의 대상이 된다(헌재 1996. 2.29. 93헌마186).

(2) 이라크 파병결정은 통치행위로서 사법심사의 대상이 아니다.

이라크 파병결정은 그 성격상 국방 및 외교에 관련된 고도의 정치적 결단을 요하는 문제로서, 헌법과 법률이 정한 절차를 지켜 이루어진 것임이 명백하므로, 대통령과 국회의 판단은 존중되어야 하고 **헌법재판소가 사법적 기준만으로 이를 심판하는 것은 자제되어야 한다**(헌재 2004.4.29. 2003헌마814).

(3) 개성공단 전면중단 조치가 고도의 정치적 결단을 요하는 문제이기는 하나, 조치 결과 개성공단 투자기업인 청구인들에게 기본권 제한이 발생하였으므로 헌법소원심판의 대상이 될 수 있다(헌재 2022.1.27. 2016헌마364).

(4) 한미연합군사훈련 재개결정은 통치행위가 아니다(헌재 2009.5.28. 2007헌마369).

(5) 긴급조치

긴급조치는 자유와 권리를 제한하므로 **최소한 법률과 동일한 효력을 가지는** 유신헌법 제53조에 근거하여 발령된 긴급조치들의 위헌 여부 심사권한도 헌법재판소에 전속한다(헌재 2013.3.21. 2010헌바132).

제5절 평등의 원칙과 자기구속의 법리

1 평등의 원칙

1. 의의

(1) 개념

평등의 원칙은 합리적 이유가 없는 차별을 금지하는 원칙으로서, 자의금지원칙이라고도 한다.

(2) 평등과 재량행위

평등에 반하는 재량행위는 재량권의 남용에 해당하여 위법하게 된다. 따라서 평등원칙은 행정작용에 있어서 특별히 합리적인 차별사유가 없는 한 국민을 공평하게 처우하여야 한다는 원칙으로 재량권 행사의 한계원리로서 중요한 의미를 갖는다.

(3) 자기구속의 법리와의 관계

자기구속의 법리는 평등원칙의 행정법상 구현원칙이다.

2. 근거

평등원칙의 근거로 헌법 제11조와 「행정기본법」 제9조가 있다.

3. 내용

(1) 법 앞의 평등

법 집행뿐 아니라 법의 내용도 평등해야 한다. 정부의 법 집행뿐 아니라 국회의 법 제정 내용도 평등해야 한다. 법률이 평등원칙에 위반되면 헌법에 위반되게 된다.

(2) 합리적 이유가 없는 차별금지

합리적 이유 없는 차별을 해서는 안 된다. 현대의 평등은 절대적 평등이 아니라 상대적 평등이므로 합리적 이유가 있는 차별은 허용된다(대판 2018.10.25. 2018두44302).

4. 위반의 효과

평등원칙에 반하는 행정권 행사는 위헌·위법이 된다.

5. 평등원칙의 적용

(1) 재량권 통제원칙

1) 평등원칙은 같은 것은 같게, 다른 것은 다르게 대우할 것을 요구한다.
2) 甲에 대한 처분이 그 자체로는 위법하지 않더라도 동종 사안의 제3자에 대한 처분과 비교해서 불리하다면 같은 것을 다르게 대우한 것이므로 평등원칙에 반하는 재량권 행사가 된다.

> **판례**
>
> 같은 정도의 비위를 저지른 자들에 대하여 그 구체적인 직무의 특성, 개전의 정이 있는지 여부 등에 따라 징계 종류의 선택과 양정에 있어서 차별적으로 취급하는 것은 평등원칙에 반하지 아니한다(대판 2012.5.24. 2011두19727).

(2) 위법한 행정영역

평등원칙은 위법한 행정작용에는 인정되지 않는다. 즉, 불법의 평등은 인정될 수 없다.

6. 평등원칙의 위반 여부

(1) 평등원칙 위반인 판례

1) 동일한 화투놀이를 한 공무원에 대해 3명은 견책하고 1명만 파면하는 것은 평등원칙에 반한다(대판 1972.12.26. 72누194).
2) 조례안이 지방의회의 감사 또는 조사를 위하여 출석요구를 받은 증인이 5급 이상 공무원인지 여부, 기관(법인)의 대표나 임원인지 여부 등 증인의 사회적 신분에 따라 미리부터 과태료의 액수에 차등을 두고 있는 경우 그 합리성을 인정할 수 없고 지위의 높고 낮음만을 기준으로 한 부당한 차별대우라고 할 것이어서 평등의 원칙에 위배되어 무효이다(대판 1997.2.25. 96추213).
3) 국정원 전산사식, 입력작업, 안내 등 직렬 근무상한연령을 만 43세로 정한 국가안전기획부 시행령은 「남녀고용평등과 일·가정 양립 지원에 관한 법률」에 위반된다(대판 2019.10.31. 2013두20011).

(2) 평등원칙 위반이 아닌 판례
1) 유예기간 없이 개인택시운송사업면허기준을 변경하고 그에 기하여 면허신청을 거부한 처분은 신뢰보호의 원칙이나 형평의 원칙, 재량권의 남용에 해당하지 아니한다(대판 1996.7.30. 95누12897).
2) 비위를 저지른 사립중학교 교사들 중 잘못을 시인한 교사들은 정직 또는 감봉에, 잘못을 시인하지 아니한 교사들은 파면에 처한 것은 합리적 차별로서 자의적인 취급에 해당한다고 볼 수 없다(대판 1999.8.20. 99두2611).

2 보험료 부과처분취소 (대판 2024.7.18. 2023두36800)

1. 직장가입자의 동성 동반자인 원고가 「국민건강보험법」에 따른 피부양자로 인정되지 않은 보험료 부과처분취소를 구하는 소를 제기하였다. 원고는 동성 동반자도 피부양자로 인정받아야 한다고 주장했으며, 헌법상 평등원칙 위반 여부와 처분의 절차적 하자가 쟁점이 되었다.

2. 피부양자제도는 건강보험의 사회보장기능을 고려해 직장가입자에게 경제적으로 의존하는 사람을 보호하기 위해 도입된 것이다. 피고는 '사실상 혼인관계에 있는 사람'을 피부양자로 인정해왔는데, 이는 **직장가입자와 경제적 생활공동체를 이루고 있는지를 기준으로 한다.** 따라서 **사실상 혼인관계에 있는 사람을 피부양자로 인정**하는 것은 합리적이며, 이를 배제하는 것은 평등원칙에 위배될 수 있다.

3 행정의 자기구속의 법리

1. 의의

행정의 자기구속의 법리란 재량행위에 있어서 그 재량권의 행사에 관한 일정한 관행이 형성되어 있는 경우에는 행정청은 동일한 사안에 대하여 이전에 제3자에게 한 처분과 동일한 처분을 상대방에게 하도록 스스로 구속당하는 원칙을 말한다.

2. 근거

학설	자기구속의 법리는 평등원칙에서 도출된다(통설). 일부 견해는 자기구속의 법리가 기존 관행에 대한 신뢰에서 도출된다는 신뢰보호설을 주장한다.
판례	대법원과 헌법재판소 모두 명시적으로 자기구속의 법리를 인정하고 있다. 그 근거로 평등원칙과 신뢰보호원칙을 들고 있다.

> **판례**
>
> 행정규칙은 일반적으로 행정조직 내부에서만 효력을 가지는 것이나, 행정규칙이 법령의 규정에 의하여 행정관청에 법령의 구체적 내용을 보충할 권한을 부여한 경우나 **재량권 행사의 준칙인 규칙이 그 정한 바에 따라 되풀이 시행되어 행정관행이 이룩되게 되면**, 평등의 원칙이나 신뢰보호의 원칙에 따라 행정기관은 그 상대방에 대한 관계에서 그 규칙에 따라야 할 자기구속을 당하게 되는 경우에는 대외적인 구속력을 가지게 되는바, 이러한 경우에는 헌법소원의 대상이 될 수도 있다(헌재 2001.5.31. 99헌마413).

3. 요건

(1) 동종의 사안이어야 한다.

행정의 자기구속의 법리가 동일한 유형의 사안에서만 적용되는 것은 당연하다.

(2) 행정선례의 존재

1) 행정선례불요설

재량준칙이 존재하는 경우 재량준칙 자체만으로 미리 정해진 행정관행이 성립되는 것으로 보고 자기구속의 법리를 인정한다.

2) 행정선례필요설

재량준칙과 관련한 행정관행이 성립된 경우에 인정된다.

3) 소결론

독일은 행정선례가 없더라도 최초의 처분에 있어서도 자기구속의 원칙이 적용된다고 한다. 그러나 우리나라에서는 **행정선례필요설이 통설과 판례의 입장이다**.

4. 자기구속법리의 적용영역

(1) 자기구속의 법리는 재량행위의 영역에서 적용된다.

(2) 기속행위의 경우 법에 따라 행정청이 일정한 행위를 해야 하므로, 자기구속을 당하는 것이 아니라 타자구속을 당한다. 따라서 자기구속의 법리는 기속영역에서는 인정되지 않는다.

5. 효과

자기구속의 법리에 위반한 행정행위는 위법한 행위가 된다.

> **판례**
>
> 상급행정기관이 하급행정기관에 대하여 업무처리지침이나 법령의 해석적용에 관한 기준을 정하여 발하는 이른바 '행정규칙'이나 '내부지침'은 일반적으로 행정조직 내부에서만 효력을 가질 뿐 대외적인 구속력을 갖는 것은 아니므로 행정처분이 그에 위반하였다고 하여 그러한 사정만으로 곧바로 위법하게 되는 것은 아니다. 다만, **재량권 행사의 준칙인 행정규칙이 그 정한 바에 따라 되풀이 시행되어 행정관행이 이루어지게 되면 평등의 원칙이나 신뢰보호의 원칙에 따라 행정기관은 그 상대방에 대한 관계에서 그 규칙에 따라야 할 자기구속을 받게 되므로,** 이러한 경우에는 특별한 사정이 없는 한 그를 위반하는 처분은 평등의 원칙이나 신뢰보호의 원칙에 위배되어 재량권을 일탈·남용한 위법한 처분이 된다(대판 2013.11.14. 2011두28783).

6. 자기구속법리의 한계

(1) 같은 사안인데, 다른 결정을 할 공익이 큰 경우
재량준칙에 규정된 사안 또는 행정관행이 성립된 사안과 동일한 사안일지라도 다른 결정을 하는 게 공익이 큰 경우에는 자기구속의 법리가 적용되지 않는다.

(2) 다른 사안인 경우
사안 자체가 다른 경우, 자기구속의 법리는 적용되지 않는다.

(3) 불법영역
불법영역에서의 평등대우는 허용되지 않으므로 행정관행이 위법한 경우 자기구속의 법리를 적용하지 않는다. 즉, 위법한 행정처분이 수차례에 걸쳐 반복되었다 하더라도 행정청은 자기구속을 당하지 않는다(대판 2009.6.25. 2008두13132).

7. 행정규칙의 전환규범으로서 자기구속의 법리

(1) 행정규칙은 대외적 효력이 없으므로 행정규칙에 반한 행정청의 행위가 위법이 되는 것은 아니다.

(2) 행정청이 행정규칙인 「식품위생법 시행규칙」에 따라 甲이 법에 위반한 영업행위를 한 경우 1개월 영업정지를 한 바 있었다. 그 후 乙이 甲과 동일한 법 위반의 영업행위를 했는데 乙에 대해 2월 15일의 영업정지를 한 것은 평등원칙, 신뢰보호원칙에 반하여 위법한 처분이다.

(3) 이 사건 시행규칙이 행정규칙이라고 하더라도 甲에 대한 1월의 영업정지로 행정관행이 이루어지게 되면 동일한 법 위반을 한 乙에게도 동일한 처분을 하여야 한다. 그렇지 않으면 평등원칙과 신뢰보호원칙에 위반된다.

(4) 규칙에 따른 관행이 있는 경우 행정청은 특별한 사정이 없는 한 행정규칙에 따라 처분을 해야 하고, 그렇지 않은 경우 위법한 처분이 된다(대판 1993.6.29. 93누5635).

(5) 원래는 행정규칙에 반하는 처분은 위법이 아니지만, 행정규칙에 따른 관행이 있는 경우, 행정규칙을 따르지 않으면 위법하므로, 행정규칙도 준법규가 된다.

(6) 재량준칙을 위반한 처분이 자기구속의 법리에 반하는 경우, 이는 위법한 처분으로서 취소쟁송의 대상이 된다.

(7) 행정규칙은 자기구속의 법리를 통해 간접적으로 대외적 효력을 갖게 된다. 자기구속의 법리는 행정규칙을 준법규로 전환시키는 기능을 한다.

> **사례연구**
>
> 「식품위생법」 제58조【허가의 취소 등】① 보건복지부장관은 영업자가 다음 각 호의 1에 해당하는 때에는 대통령령이 정하는 바에 따라 영업허가를 취소하거나 6월 이내의 기간을 정하여 그 영업의 전부 또는 일부를 정지하거나, 영업소의 폐쇄를 명할 수 있다.
>
> 구 식품위생법 시행규칙 제53조【행정처분의 기준】법 제55조 내지 법 제59조, 법 제63조의 규정에 의한 행정처분의 기준은 [별표 15]와 같다.
>
> [별표 15] 업종 위반 시 일반음식점 허가를 받고 유흥주점 이외의 영업을 한 경우: 1차 위반 - 영업정지 1월, 1년 이내 2차 위반 - 영업정지 6월
>
> 1. **사건개요:** 대중음식업자인 A는 영업시간 초과, 유흥접객업행위 등의 사유로 강남구청장으로부터 2월 15일의 영업정지처분을 받았다. 「식품위생법 시행규칙」 [별표 15]의 처분기준에 따르면 A의 위반행위는 영업정지 1월에 해당하는 사안이었다.
> 2. **쟁점 1:** 「식품위생법 시행규칙」 [별표 15]는 법규명령인가?
>   ▶ **아니다.** 시행규칙 [별표 15]는 형식은 부령으로 되어 있으나 성질은 행정기관 내부의 사무처리기준을 규정한 것이므로 행정규칙의 성질을 가진다. 따라서 국민이나 법원을 기속하지 않는다.
> 3. **쟁점 2:** 강남구청장의 그에 대한 영업정지처분은 재량권의 남용으로서 위법한 처분인가?
>   ▶ **위법한 처분이다.** 행정청은 당해 위반행위에 대해 같은 시행규칙에 따른 [별표 15]의 **행정처분기준은 행정기관 내부의 사무처리준칙을 규정한 것에 불과하기는 하지만** 규칙 제53조 단서의 식품 등의 수급정책 및 국민보건에 중대한 영향을 미치는 특별한 사유가 없는 한 **행정청은 당해 위반사항에 대하여 위 처분기준에 따라 행정처분을 함이 보통이라 할 것이므로, 행정청이 이러한 처분기준을 따르지 아니하고 특정한 개인에 대하여만 위 처분기준을 과도하게 초과하는 처분을 한 경우에는 재량권의 한계를 일탈하였다고 볼 만한 여지가 충분하다.** 영업허가 이전 1개월 이상 무허가 영업을 하였고 영업시간 위반이 2시간 이상이라 하더라도 위 행정처분기준에 의하면 1월의 영업정지사유에 해당하는데도 2월 15일의 영업정지처분을 한 것은 재량권의 일탈 또는 남용에 해당한다(대판 1993.6.29. 93누5635).

제6절 비례원칙

1 의의

1. 개념

비례원칙이란 행정주체가 구체적인 행정목적을 실현함에 있어서 그 목적과 수단 간에는 합리적인 비례관계가 유지되어야 한다는 것을 말하며, 과잉금지의 원칙이라고도 한다.

2. 실정법적 근거

비례원칙의 근거는 헌법 제37조 제2항이다. 「행정기본법」은 비례원칙을 규정하고 있고 「행정절차법」은 행정지도에 비례원칙을 규정하고 있다.

> 「행정기본법」 제10조 【비례의 원칙】 행정작용은 다음 각 호의 원칙에 따라야 한다.
>   1. 행정목적을 달성하는 데 유효하고 적절할 것
>   2. 행정목적을 달성하는 데 필요한 최소한도에 그칠 것
>   3. 행정작용으로 인한 국민의 이익 침해가 그 행정작용이 의도하는 공익보다 크지 아니할 것
>
> 「행정절차법」 제48조 【행정지도의 원칙】 ① 행정지도는 그 목적 달성에 필요한 최소한도에 그쳐야 하며, 행정지도의 상대방의 의사에 반하여 부당하게 강요하여서는 아니 된다.

2 내용

1. 세부적 3원칙

(1) 적합성의 원칙

1) 권리를 제한하는 행정작용은 행정목적 달성에 적합해야 한다는 원칙이다.
2) 선택된 행정작용이 목적 달성에 부적합한 경우, 적합성원칙에 반한다.
3) 반드시 가장 합리적이며 효율적인 수단을 선택해야 한다는 원칙은 아니고, 현저하게 불합리하고 불공정한 수단을 선택해서는 안 된다는 원칙이다.

(2) 필요성의 원칙(최소성의 원칙)

행정목적의 달성에 적합한 다수의 수단이 있는 경우에, 행정기관은 상대방과 일반국민에 대하여 가장 적은 부담을 주는 수단을 선택해야 한다는 것이다.

(3) 상당성의 원칙(법익균형성의 원칙, 협의의 비례원칙)

행정기관의 어떤 조치가 행정목적 달성을 위해 필요한 경우라고 하여도, 그 조치를 취함에 따른 불이익이 그 조치로 인해 발생하는 이익보다 큰 경우에는 그 조치를 취해서는 안 된다는 것을 의미한다.

3 위반의 효과

비례의 원칙에 위반한 행정작용은 위헌·위법한 것이 된다.

4 위반 여부

1. 비례원칙 위반인 판례

(1) 공무원이 단지 1회 훈령에 위반하여 요정 출입을 하다가 적발된 것만으로 한 파면처분은 이른바 비례의 원칙에 어긋난다(대판 1967.5.2. 67누24).

(2) 미성년자를 1회 출입시켰다는 이유로 룸살롱허가를 취소하는 것은 비례원칙에 반한다(대판 1977.9.13. 77누15).

(3) 경찰관이 난동을 부리던 범인을 검거하면서 가스총을 근접 발사하여 실명시킨 것은 최소한의 안전수칙을 준수하지 못한 행위이므로 위법하다(대판 2003.3.14. 2002다57218).

(4) **자동차 등을 이용하여 범죄행위를 하기만 하면 그 범죄행위가 얼마나 중한 것인지, 그러한 범죄행위를 행함에 있어 자동차 등이 당해 범죄행위에 어느 정도로 기여했는지 등에 대한 아무런 고려 없이 무조건 운전면허를 취소하도록 규정하고 있는 「도로교통법」 제78조 제1항 제5호**는 구체적 사안의 개별성과 특수성을 고려할 수 있는 여지를 일체 배제하고 그 위법의 정도나 비난의 정도가 극히 미약한 경우까지도 운전면허를 취소할 수밖에 없도록 하는 것으로 **최소침해성의 원칙에 위반된다**(헌재 2005.11.24. 2004헌가28).

(5) 주유소영업의 양도인이 등유가 섞인 휘발유를 판매한 바를 모르고 이를 양수한 석유판매업자에게 전(前) 운영자의 위법사유를 들어 사업정지기간 중 최장기간인 6월의 사업정지에 처한 처분은 비례의 원칙을 위반한 위법한 처분이다(대판 1992.2.25. 91누13106).

(6) 대구고등검사장 A는 근무지를 이탈해 상관을 비판하는 기자회견을 하였다. 이 경우 근무지이탈과 기자회견만으로 면직을 한 것은 비례원칙에 위반된다(대판 2001.8.24. 2000두7704).

(7) 대여한 만화가 청소년유해매체물로 고시된 지 8일밖에 안 되어 유해매체물인지 모르고 대여했음에도 700만원의 과징금을 부과한 것은 가혹한 부과처분이다(대판 2001.7.27. 99두9490).

(8) 甲회사가 조달청장과 우수조달물품으로 지정된 고정식 연결의자를 수요기관인 지방자치단체에 납품하는 내용의 물품구매계약을 체결한 후 지정된 우수조달물품보다 품질이 뛰어난 프리미엄급 의자를 납품하였는데, 납품한 의자가 우수조달물품이 아닌 일반제품이라는 이유로 조달청장이 행한 3개월간 입찰참가자격 제한처분은 비례원칙에 반한다(대판 2018.11.29. 2018두49390).

2. 비례원칙 위반이 아닌 판례

(1) **허가관청은 산림훼손허가신청 대상토지의 현상과 위치 및 주위의 상황 등을 고려하여 국토 및 자연의 유지와 환경의 보전 등 중대한 공익상 필요가 있다고 인정될 때에는 허가를 거부할 수 있고**, 그 경우 법규에 명문의 근거가 없더라도 거부처분을 할 수 있다(대판 2007.5.10. 2005두13315).

(2) 알콜 혈중농도 0.18% 상태에서 음주운전하다가 물적 교통사고를 낸 택시운전사에 대하여 운전면허를 취소한 처분을 재량권의 일탈로 볼 수 없다(대판 1995.9.29. 95누8126).

(3) 「도로교통법」이 시행되기 이전에 구 도로교통법 제44조 제1항을 위반한 음주운전 전과까지 포함되는 것으로 해석하는 것이 형벌불소급의 원칙이나 일사부재리의 원칙 또는 비례의 원칙에 위배된다고 할 수 없다(대판 2012.11.29. 2012도10269).

제7절 부당결부금지원칙

1 의의

부당결부금지원칙이란 행정청이 행정작용을 할 때에 그것과 실체적 관련성이 없는 상대방의 반대급부를 행정작용의 조건으로 결부시켜서는 안 된다는 원칙을 말한다.

2 근거

「행정기본법」 제13조는 부당결부금지의 원칙의 일반적 근거가 된다. 부당결부금지원칙은 성문법상 원칙이다. 「행정기본법」 제정 전에도 학설과 판례는 헌법상 법치주의를 근거로 하여 부당결부금지의 원칙을 인정해왔다.

> 「행정기본법」 제13조 【부당결부금지의 원칙】 행정청은 행정작용을 할 때 상대방에게 해당 행정작용과 **실질적인 관련이 없는 의무**를 부과해서는 아니 된다.

3 요건

행정기관의 공권력 행사	부당결부금지원칙의 요건으로는 먼저 행정기관의 공권력 행사가 있어야 한다. 따라서 사법상 계약의 경우에는 원칙적으로 부당결부금지원칙이 문제되지 않는다.
상대방의 반대급부와 결부	행정청의 권한 행사가 상대방의 반대급부와 결부 또는 의존되어 있어야 한다.
실체적 관련성이 없을 것	공권력의 행사와 반대급부 사이에 실체적 관련성이 없어야 한다.

4 효과

부당결부금지의 원칙은 헌법적 지위를 가지는 행정법의 일반법원칙이다. 따라서 동 원칙에 **위반한 행정행위는 위헌·위법이 된다.** 따라서 행정기관의 행정행위가 부당결부금지원칙에 위반되면 행정심판, 행정소송을 제기할 수 있다.

> **판례**
> 1. 행정처분과 부관 사이에 실제적 관련성이 있다고 볼 수 없는 경우 **공무원이 위와 같은 공법상의 제한을 회피할 목적으로 행정처분의 상대방과 사이에 사법상 계약을 체결하는 형식을 취하였다면** 이는 법치행정의 원리에 반하는 것으로서 위법하다고 보지 않을 수 없다(대판 2010.1.28. 2007도9331).
> 2. 기숙사 건물과 무관한 도로 기부채납의무를 부과하고 이를 이행하지 않았다는 이유로 한 준공거부처분은 위법하다(대판 1992.11.27. 92누10364).

3. 인천시장이 주택사업계획승인을 하게 됨을 기화로 **그 주택사업과는 아무런 관련이 없는 이 사건 토지를 기부채납하도록 하는 부관**을 주택사업계획승인에 붙인 사실은 부당결부금지의 원칙에 위반되어 **위법하다 하겠으나** 그 부관의 하자가 중대하고 명백하여 **당연무효라고는 볼 수 없다**(대판 1997.3.11. 96다49650).
4. 주택사업계획을 승인하면서 입주민이 이용하는 **진입도로**의 개설 및 확장과 이의 기부채납의무를 부과하는 것은 부당결부금지원칙에 반하지 않는다(대판 1997.3.14. 96누16698).

5 운전면허취소

1. 여러 운전면허를 동시에 취소할 수 있는 경우

면허취소사유가 한 사람이 가지고 있는 다른 면허의 취소사유와 공통적인 경우 여러 운전면허를 취소할 수 있다.

판례

한 사람이 여러 종류의 자동차운전면허를 취득하는 경우뿐 아니라 이를 취소 또는 정지하는 경우에도 서로 별개의 것으로 취급하는 것이 원칙이고, 다만 **취소사유가 특정 면허에 관한 것이 아니고 다른 면허와 공통된 것이거나 운전면허를 받은 사람에 관한 것일 경우**에는 여러 면허를 전부 취소할 수도 있다(대판 2012.5.24. 2012두1891).

2. 여러 운전면허를 취소할 수 없는 경우

한 사람의 면허라도 서로 관련성이 없는 면허를 취소해서는 안 된다.

판례

1. 혈중알코올농도 0.140%의 주취상태로 배기량 125cc 이륜자동차를 운전한 경우, 125cc 이륜자동차는 제2종 소형면허 외에 제1종 대형, 제1종 보통, 제1종 특수면허로도 운전할 수 있으므로 모든 면허를 취소할 수 있다.
2. 400cc 오토바이는 제2종 소형면허로만 운전할 수 있으므로 甲이 배기량 400cc 오토바이를 훔친 것은 제1종 대형면허나 보통면허와는 아무런 관련이 없어 위 오토바이를 훔쳤다는 사유만으로 제1종 대형면허나 보통면허를 취소할 수 없다(대판 2012.5.24. 2012두1891).
3. 제1종 특수·대형·보통면허를 가진 자가 트레일러를 운전하다가 운전면허 취소사유가 발생한 경우, 제1종 보통면허나 대형면허에 대한 취소사유는 되지 아니한다(대판 1997.5.16. 97누1310).
4. 제1종 보통·대형·특수면허를 가진 자가 제1종 보통·대형면허만으로 운전할 수 있는 12인승 승합자동차를 운전하다 운전면허취소사유가 발생한 경우, 제1종 보통·대형면허취소는 적법하나 제1종 특수면허는 취소할 수 없다(대판 1998.3.24. 98두1031).

> **쟁점 정리: 운전면허**
>
> 1. 개인택시사업자의 운전면허와 사업면허관계
>   ① 「여객자동차운수사업법」 제76조의 취지: 여객자동차운송사업의 경우 운송종사자의 운전면허가 취소된 때 사업면허를 취소할 수 있다.
>   ② 개인택시운송사업자의 운전면허가 아직 취소되지 않았더라도 운전면허취소사유가 있다면 행정청은 명문규정이 없다면 개인택시운송사업면허를 취소할 수 없다.
>   ③ 개인택시운송사업자가 음주운전을 하다가 사망한 후 상속인이 그 지위를 승계하기 위하여 상속신고를 한 경우, 관할 관청이 망인의 음주운전을 이유로 상속신고의 수리를 거부한 것은 위법하다(대판 2008. 5.15. 2007두26001).
>
> 2. 운전면허 관련 판례
>   ① 행정청이 개인택시운송사업의 면허를 하면서, 버스 등 다른 차종의 운전경력보다 택시의 운전경력을 다소 우대하는 것이 객관적으로 합리적이 아니라거나 타당하지 않다고 볼 수 없다(대판 2009.11.26. 2008두16087).
>   ② 서울특별시장이 개인택시운송사업면허기준을 유예기간 없이 동일 회사 근속기간 '7년'을 '7년 10월'로 변경한 행위는 위법하지 않다(대판 1995.9.15. 95누5028).
>   ③ 행정청이 면허발급 여부를 심사함에 있어서 이미 설정된 면허기준의 해석상 **당해 신청이 면허발급의 우선순위에 해당함이 명백함에도** 이를 제외시켜 면허거부처분을 하였다면 특별한 사정이 없는 한 그 거부처분은 재량권을 남용한 위법한 처분이 된다(대판 2010.1.28. 2009두19137).

제8절 신뢰보호원칙

1 의의

1. 개념
행정기관의 어떠한 행동에 대해 국민이 신뢰를 가지고 행위를 한 경우 국민의 신뢰는 보호되어야 한다.

2. 근거

(1) 이론적 근거

1) 학설

신뢰보호원칙의 이론적 근거에 대해 신의성실의 원칙, 법적 안정성 등에 대한 대립이 있었으나, 최근에 와서는 **법적 안정성을 그 근거로 하는 것이 통설이다.**

2) 판례

대법원은 종래 신의칙에서 신뢰보호를 도출하고 있었으나, 최근에는 신의칙 또는 법치주의에서 도출하고 있다. 헌법재판소는 법치주의에서 도출하고 있다.

> **판례**
> 1. **법적 안정성**은 **객관적 요소**로서 법질서의 신뢰성·항구성·법적 투명성과 법적 평화를 의미하고, 이와 내적인 상호 연관관계에 있는 **법적 안정성의 주관적 측면**은 한번 제정된 법규범은 원칙적으로 존속력을 갖고 자신의 행위기준으로 작용하리라는 개인의 신뢰보호원칙이다(헌재 1996.2.16. 96헌가2).
> 2. **신뢰보호의 원칙**은 헌법상 법치국가의 원칙으로부터 파생된다(헌재 2011.7.28. 2009헌바311).

3) 「행정기본법」의 신뢰보호원칙

「행정기본법」은 신뢰보호원칙의 성문법상 일반적 근거가 된다. 「행정기본법」은 신뢰보호의 소극적 요건으로서 공익 또는 제3자의 이익을 현저히 해칠 우려가 있는 경우를 규정하여 이 경우에는 신뢰보호원칙이 적용되지 않는다. 적극적 요건으로서는 행정에 대한 국민의 정당하고 합리적인 신뢰를 규정하고 있다.

2 신뢰보호의 성립요건

일반적으로 행정상의 법률관계에 있어서 행정청의 행위에 대하여 **신뢰보호의 원칙이 적용되기 위하여는**, 첫째 행정청이 개인에 대하여 신뢰의 대상이 되는 공적인 견해표명을 하여야 하고, 둘째 행정청의 견해표명이 정당하다고 신뢰한 데에 대하여 그 개인에게 귀책사유가 없어야 하며, 셋째 그 개인이 그 견해표명을 신뢰하고 이에 상응하는 어떠한 행위를 하였어야 하고, 넷째 행정청이 그 견해표명에 반하는 처분을 함으로써 그 견해표명을 신뢰한 개인의 이익이 침해되는 결과가 초래되어야 하며, 마지막으로 위 견해표명에 따른 행정처분을 할 경우 이로 인하여 공익 또는 제3자의 정당한 이익을 현저히 해할 우려가 있는 경우가 아니어야 한다(대판 2008.1.17. 2006두10931).

1. 행정청의 선행조치

(1) 공적 견해표명의 주체로서 행정청

1) 일반론
행정청의 공적 견해표명이 있었는지의 여부를 판단함에 있어서는, **반드시 행정조직상의 형식적인 권한분장에 구애될 것은 아니고**, 담당자의 조직상의 지위와 임무, 당해 언동을 하게 된 구체적인 경위 및 그에 대한 상대방의 신뢰가능성에 비추어 실질에 의하여 판단하여야 한다(대판 2019.1.17. 2018두42559).

2) 안산시의 도시계획국장과 과장의 도시계획사업의 준공과 동시에 **사업부지에 편입한 토지에 대한 완충녹지지정해제, 토지소유자에게 환매하겠다는 의사표명은 공적표명이다**(대판 2008.10.9. 2008두6127).

3) 보건사회부장관의 '의료취약지 병원설립운영자 신청공고'를 하면서 국세 및 지방세를 비과세하겠다고 발표에 대해 **납세자로서는 위와 같은 정부의 일정한 절차를 거친 공고에 대하여서는 보다 고도의 신뢰를 갖는 것이 일반적이다**(대판 1996.1.23. 95누13746).

4) 서울지방병무청 총무과 민원팀장에 불과한 A가 법령의 내용을 숙지하지 못한 상태에서 원고측의 상담에 응하여 민원봉사차원에서 **6개월 보충역 편입이 가능하다고 안내하였다고 하여 그것이 피고의 공적인 견해표명이라고 하기 어렵다**(대판 2003.12.26. 2003두1875).

(2) 선행조치

1) 적극적 행위뿐 아니라 소극적 행정조치도 선행조치에 포함된다.
2) 명시적 행위뿐 아니라 묵시적 행위도 선행조치에 포함된다.
3) 적법한 행위뿐 아니라 위법한 행위도 선행조치에 포함된다. 다만, **무효인 행정행위는 선행조치에 포함되지 않는다.**
4) 작위뿐만 아니라 부작위도 선행조치에 포함될 수 있다.
5) 선행조치에는 행정행위뿐만 아니라 행정행위가 아닌 **행정계획·확약 등도 포함**된다.
6) 법률행위뿐 아니라 사실행위도 공적 견해에 포함된다. 법적 구속력이 있는, 법적 효과를 수반하는 행정행위뿐 아니라 법적 구속력 없는 행정지도도 공적 견해에 포함된다.
7) 법령·행정규칙의 제정도 선행조치에 포함된다.
8) 조세를 부과할 수 있었다는 사정을 알면서 장기간 비과세한 경우 비과세하겠다는 묵시적 의사표시가 있는 것으로 볼 수 있다.

> **판례**
>
> 1. 과세누락, 착오에 따른 과세는 비과세하겠다는 의사표시로 볼 수 없다. **상대방의 추상적인 질의에 대한 국세청의 일반론적인 회신은 공적 견해표명이라고 할 수 없다**(대판 2001.4.24. 2000두5203 ; 대판 2016.10.13. 2016두43077).
> 2. 행정청이 특정 사항에 대해 신뢰보호원칙상 배치되는 조치를 할 수 없게 되려면, 동일한 처분을 상당 기간 반복하고, 그 처분을 유지하려는 명시적·묵시적 의사가 있어야 한다. 단순 착오로 처분이 지속된 경우, 후에 오류를 발견하여 변경하는 것은 신뢰보호원칙 위반이 아니다. 잘못된 법 해석으로 부담금을 부과하지 않았으나, 이를 바로 잡아 개발제한구역 내 행위허가에 대한 개발부담금 부과처분은 신뢰보호원칙 위반이 아니다(대판 2020.7.23. 2020두33824).

2. 보호가치가 있는 사인의 신뢰

(1) 의의

행정청의 선행조치에 대하여 사인의 신뢰가 있었고 그 신뢰는 보호할 만한 것이어야 한다. 「행정기본법」 제12조는 정당하고 합리적인 신뢰를 보호할 만한 신뢰로 규정하고 있다. 판례는 상대방의 귀책사유가 없어야 한다는 관점에서 신뢰의 보호가치 여부를 판단한다.

(2) 판단기준

1) 귀책사유의 의미

행정청의 견해표명의 하자가 상대방 등 관계자의 사실은폐나 기타 사위의 방법에 의한 신청행위 등 부정행위에 기인한 경우, 부정행위가 없더라도 하자가 있음을 알았거나 중대한 과실로 알지 못한 경우 귀책사유로 인정된다.

2) 귀책사유의 유무

상대방과 그로부터 신청행위를 위임받은 수임인 등 관계자 모두를 기준으로 판단한다. 따라서 건축주가 그로부터 건축설계를 위임받은 건축사가 상세계획지침에 의한 **건축한계선의 제한이 있다는 사실을**

간과한 채 건축설계를 하고 이를 토대로 건축물의 신축 및 증축허가를 받은 경우, 그 신축 및 증축허가가 정당하다고 신뢰한 데에 귀책사유가 있다(대판 2002.11.8. 2001두1512).

3) 보호받지 못하는 신뢰

① 당사자의 부정행위, 개인의 사기, 강박, 기재사항의 누락, 사실은폐 등으로 행정청의 선행조치가 행해진 경우 개인의 신뢰는 보호할 가치가 없다.
② 적극적으로 사위·은폐한 경우뿐 아니라 과실로 인하여 중요한 사실을 간과한 경우에도 신뢰는 보호되지 못한다.
③ 국민이 가지는 모든 기대 내지 신뢰가 헌법상 권리로서 보호될 것은 아니다(헌재 2003.4.24. 2002헌바9 등). 따라서 **청구인의 신뢰가 극히 주관적이거나 불확실하고도 잠정적인 것에 불과한 경우에는 헌법상 특별히 보호하여야 할 가치나 필요성이 있다고 보기 어렵다**(헌재 2011.7.28. 2009헌바311).

4) 개인적 처분

행정청의 선행조치를 신뢰하는 것만으로는 신뢰보호원칙은 성립하지 않고 반드시 일정한 개인의 행위가 있어야 한다. 개인의 행위는 적극적, 소극적 행위를 모두 포함한다.

5) 인과관계

사인의 처리는 행정청의 선행조치에 대한 신뢰에 근거한 것이어야 한다.

6) 선행조치에 반하는 처분

선행조치에 반하는 행정청의 처분이 있을 경우, 사인의 신뢰는 침해가 된다.

7) 신뢰보호가 공익이나 제3자의 이익을 현저히 해치지 않을 것

신뢰를 보호하다가 공익이나 제3자의 이익을 크게 해친다면, 신뢰보호원칙이 적용되지 않는다.

3 공적 견해표명

1. 공적 견해표명으로 인정한 사례

(1) 운전면허취소사유에 해당하는 음주운전을 적발한 경찰관의 소속 경찰서장이 사무착오로 위반자에게 운전면허정지처분을 한 상태에서 위반자의 주소지 관할 지방경찰서장이 위반자에게 운전면허취소처분을 한 것은 선행처분에 대한 당사자의 신뢰 및 법적 안정성을 저해하는 것으로서 허용될 수 없다(대판 2000.2.25. 99두10520).

(2) 토지거래계약의 허가를 통하여서나 그 과정에서 그 소속 공무원들을 통하여 토지형질변경이 가능하다는 견해표명은 건축을 위한 토지의 형질변경이 가능하다는 공적 견해표명을 한 것이라고 볼 여지가 많다(대판 1997.9.12. 96누18380).

(3) 과세할 수 있음을 알면서도 공익을 위해 과세를 안 한 경우

1) 면허세를 부과할 수 있음을 알면서도 수출확대를 위해 면허세를 4년간 부과하지 않은 경우 비과세의 관행이 이루어졌다고 보아도 무방하다(대판 전합 1980.6.10. 80누6). 비과세 해석 또는 관행의 존재에 대한 증명책임은 그 주장자인 **납세자에게 있다**(대판 2013.12.26. 2011두5940).

2) 20년 이상 간호전문대학병원에 사업소세를 부과하지 아니한 경우, 묵시적 비과세 의사표시를 한 것으로 볼 수 있다(대판 2009.12.24. 2008두15350).
3) 보건복지부장관의 의료 취약지 병원설립 시 취득세 면세(대판 1996.1.23. 95누13746)

2. 공적 견해표명으로 인정하지 않은 사례

(1) 폐기물사업 적정통보가 국토이용계획을 변경해 주겠다는 의사표시로 볼 수 없다(대판 2005.4.28. 2004두8828).

(2) 폐기물사업계획에 대한 적정통보는 토지형질변경신청을 허가하는 취지의 공적 견해표명은 아니다(대판 1998.9.25. 98두6494).

(3) 교육환경보호구역에 해당하는 사업부지에 콘도미니엄을 신축하기 위한 교육환경평가승인신청에 대하여, 관할 교육지원청 교육장이 "「관광진흥법」상의 휴양 콘도미니엄업이 「교육환경 보호에 관한 법률」에 따른 금지행위 및 시설로 규정되어 있지 않다."라는 의견을 밝힌 것은 교육환경평가를 승인해 주겠다는 공적 견해를 표명한 것이라고 볼 수 없다(대판 2020.4.29. 2019두52799).

(4) 행정청이 지구단위계획을 수립하면서 그 권장용도를 판매·위락·숙박시설로 결정하여 고시한 행위를 당해 지구 내에서는 공익과 무관하게 언제든지 숙박시설에 대한 건축허가가 가능하리라는 공적 견해를 표명한 것이라고 평가할 수는 없다(대판 2005.11.25. 2004두6822).

(5) 관광숙박시설 신규사업자가 2002.12.31.까지 사업계획승인을 신청한 경우 면세혜택을 적용하자는 문화체육관광부장관의 지방자치단체장에 대한 회신은 공적 견해표명이 아니다(대판 2006.4.28. 2005두6539).

(6) 납세자가 구 자유무역협정의 이행을 위한 관세법의 특례에 관한 법률 제10조에 따라 수입신고 시 또는 그 사후에 **협정관세 적용을 신청하여 세관장이 형식적 심사만으로 수리한 것을 두고 그에 대해 과세하지 않겠다는 공적인 견해표명이 있었다고 보기는 어렵다**(대판 2019.2.14. 2017두63726).

(7) 착오로 실제의 공원구역과 다르게 경계측량 및 표지의 설치하고 그 후 위와 같은 착오를 발견한 피고가 **이 사건 토지는 그 공원구역 안에 있는 것으로 지형도를 수정한 조치를 가리켜 신뢰보호의 원칙에 위배된다거나 행정의 자기구속의 법리에 반하는 것이라고도 할 수 없다**(대판 1992.10.13. 92누2325).

(8) 과세관청의 견해표명은 과세관청의 과세요건규정의 해석, 적용 및 과세요건사실의 인정에 관한 견해표명을 뜻하는 것으로써 **법령의 규정 내용**은 이에 해당하지 아니한다(대판 1989.11.28. 88누8937).

(9) **행정청 내부의 사무처리준칙에 해당하는 이 사건 지침(2008년도 농림사업시행지침서)**이 그 정한 바에 따라 되풀이 시행되어 행정관행이 이루어졌다고 인정할 만한 자료를 찾아볼 수 없을 뿐만 아니라, 위 지침의 공표만으로는 원고가 위 지침에 명시된 요건을 충족할 경우 사업자로 선정되어 벼 매입자금 지원 등의 혜택을 받을 수 있다는 보호가치 있는 신뢰를 가지게 되었다고 보기도 어렵다(대판 2009.12.24. 2009두7967).

(10) 정구장시설을 설치한다는 도시계획결정은 도시계획사업의 시행자 지정을 받게 된다는 공적인 견해표명이 아니다(대판 2000.11.10. 2000두727).

(11) **헌법재판소의 위헌결정**은 행정청이 개인에 대하여 신뢰의 대상이 되는 공적인 견해를 표명한 것이라고 할 수 없으므로 그 결정에 관련한 개인의 행위에 대하여는 신뢰보호의 원칙이 적용되지 아니한다(대판 2003.6.27. 2002두6965).

(12) **국회의 법률안 의결이 보상하겠다는 공적 견해표명으로 볼 수 없다.** 법률이 확정되어야 국민의 권리·의무가 비로소 구체적으로 발생하기 때문이다(대판 2008.5.29. 2004다33469).

(13) 토지에 관한 **토지거래계약허가**를 하였다 하여 토지초과이득세를 부과하지 않겠다는 과세관청의 공적인 견해표명은 아니다(대판 1997.7.11. 97누553).

(14) 예식장 등의 건축 가능 여부를 질의하는 민원예비심사에 대하여 행정청이 법률에 '저촉사항 없음'이라고 기재한 경우, 위와 같은 사정만으로 피고가 원고에게 부담금이 면제된다는 신뢰의 대상이 되는 공적인 견해표명을 한 것이라고 보기 어렵다(대판 2006.6.9. 2004두46).

(15) 병무청이 사정이 비슷한 원고의 **형들에 대하여 제2국민역 처분을 하였다고 하더라도** 원고에 대한 처분이 아니므로, 이러한 처분을 들어 병무청이 원고의 병역의무가 면제된다는 공적 견해를 표명한 것이라고 할 수 없다(대판 2001.11.9. 2001두7251).

(16) 입법예고를 통해 법령안의 내용을 국민에게 예고한 것만으로 국가가 이해관계자들에게 법령안에 관련된 사항을 약속하거나 신뢰를 부여하였다고 볼 수 없다(대판 2018.6.15. 2017다249769).

(17) 고등훈련기 양산참여권의 포기대가와 관련하여 국내에서 세금이 면제될 수 있도록 협조를 구하는 국방부장관의 질의에 대하 답변한 재정경제부장관의 검토의견은 외국법인의 국내원천소득에 대한 재정경제부장관의 일반론적인 견해표명에 불과하므로 그에 대하여 신의성실의 원칙이 적용된다고 할 수 없다(대판 2010.4.29. 2007두19447).

4 신뢰보호원칙의 한계

1. 법률적합성원칙과 신뢰보호원칙

신뢰보호원칙과 법률적합성원칙이 충돌한 경우, 법률적합성 우위설과 이익형량설이 대립한다. **이익형량설이 통설·판례**(대판 2007.10.29. 2005두4649 등 참조)**의 입장이다.** 이익형량설에 따르면, 적법상태 실현을 통해 실현되는 이익과 행정작용의 존속에 대한 신뢰보호라는 사익을 비교하여 전자가 크면 신뢰보호원칙보다는 법률을 준수하는 행위를 해야 한다. 그러나 후자가 크면 신뢰보호원칙을 우선해야 한다.

2. 위법한 행정행위에 대한 신뢰

위법한 행정행위에 대한 신뢰이익이 크다면 행정청의 위법한 행위에 대한 신뢰도 보호될 수 있다. 그러나 무효인 행정청의 행위에 대한 신뢰는 보호될 수 없다.

> **판례**
>
> 공무원임용결격사유가 있는 자가 임용된 경우 임용행위는 당연무효이다. 임용 후 임용결격사유가 있음을 알고 임용행위를 취소한 것은 당연무효임을 확인시켜주는 행위에 불과하다. 당초의 임용처분을 취소함에 있어 신뢰의 원칙을 적용할 수 없다. 또한 임용취소권은 시효로 소멸하는 것도 아니다(대판 1987.4.14. 86누459).

3. 사정변경

행정조치의 전제가 되는 법령이 사후에 변경되었고 당사자가 이를 인식하였거나 인식할 수 있는 상황에 있었다면 신뢰보호원칙은 배제될 수 있다. 따라서 행정청이 공적인 견해를 표명한 후 사정이 변경됨에 따라 그 견해표명에 반하는 처분을 한 경우, 신뢰보호의 원칙에 위반되지 않는다(대판 2020.6.25. 2018두34732).

4. 사인의 신의에 반하는 행위

사인의 신의에 반하는 행위가 있는 경우에 신뢰는 보호될 수 없다.

> **판례**
>
> 1. 피징계자가 징계처분의 효력을 일체 다투지 아니하다가 비위사실에 대한 공소시효가 완성되어 더 이상 형사소추를 당할 우려가 없게 되자 새삼 징계처분의 무효확인을 구하는 것은 신의칙에 반한다(대판 1989.12.12. 88누8869).
> 2. 공무원 임용신청 당시 잘못 기재된 생년월일에 근거하여 36년 동안 공무원으로 근무하다 정년을 1년 3개월 앞두고 생년월일을 정정한 후 그에 기초하여 정년연장을 요구하는 것은 신의칙에 반하지 않는다(대판 2009.3.26. 2008두21300).

5 신뢰보호의 적용범위

1. 수익적 행정행위의 취소·철회

수익적 행정행위 성립에 하자가 있었다 하더라도 신뢰보호를 위해 수익적 행정행위의 취소는 제한된다. 수익적 행정행위의 취소로 실현되는 공익과 신뢰보호를 통한 사익을 형량하여 취소 여부를 결정하여야 한다.

2. 확약

행정기관이 장차 일정한 작위 또는 부작위를 행할 것을 약속한 것을 개인이 신뢰했다면 이에 반하는 처분은 신뢰보호에 위반된다. 다만, 행정청이 법률이 개정될 것을 알았다면 그러한 확약을 하지 않았을 것이 인정되는 경우 확약에 의한 신뢰는 보호될 수 없다.

> **판례**
>
> 행정청이 상대방에게 장차 어떤 처분을 하겠다고 확약 또는 공적인 의사표명을 하였다고 하더라도, 그 자체에서 상대방으로 하여금 언제까지 처분의 발령을 신청하도록 유효기간을 두었는데도 그 기간 내에 상대방의 신청이 없었다거나 확약 또는 공적인 의사표명이 있은 후에 사실적·법률적 상태가 변경되었다면, 그와 같은 확약 또는 공적인 의사표명은 행정청의 **별다른 의사표시를 기다리지 않고** 실효된다(대판 1996.8.20. 95누10877).

3. 실권의 법리

(1) 의의

행정청이 취소권, 철회권, 영업정지권 등의 권한을 행사할 기회가 있음에도 장기간 권리를 행사하지 아니한 경우, 행정청이 그의 권한을 행사하지 아니할 것으로 믿은 국민의 신뢰가 정당하다면 행정청은 그 권한을 행사할 수 없다.

(2) 근거

「행정절차법」은 신뢰보호원칙을 규정하고 있으나 실권의 법리를 규정하고 있지 않다. 「행정기본법」은 신뢰보호의 원칙에서 실권의 법리를 규정하고 있다. 기존 판례는 행정법의 일반원칙으로서 실권의 법리를 인정해왔다.

> 「행정기본법」 제12조 【신뢰보호의 원칙】 ② 행정청은 권한 행사의 기회가 있음에도 불구하고 장기간 권한을 행사하지 아니하여 국민이 그 권한이 행사되지 아니할 것으로 믿을 만한 정당한 사유가 있는 경우에는 그 권한을 행사해서는 아니 된다. 다만, 공익 또는 제3자의 이익을 현저히 해칠 우려가 있는 경우는 예외로 한다.

(3) 적용요건

권한 행사의 기회가 있을 것, 장기간 권한의 불행사가 있을 것, 권한 불행사에 대한 국민의 신뢰가 있을 것, 공익 또는 제3자의 이익을 현저히 해칠 우려가 없을 것을 요건으로 한다.

(4) 효과

실권의 원칙의 적용요건이 구비되면 행정청은 권한을 행사할 수 없다.

> **판례**
>
> 1. 택시운전사가 운전면허정지기간 중 운전을 하여 적발되어 형사처벌을 받았으나 아무런 행정조치가 없었다. 그 후 **3년이 지나서 행정청이 운전면허를 취소했다.** 이는 별다른 행정조치를 하지 않을 것이라는 신뢰를 침해하는 행위이다(대판 1987.9.8. 87누373).
> 2. 택시사업운송면허 철회사유가 있었음에도 **1년 10개월간 철회권을 행사하지 아니한 경우**, 개인택시사업자라면 면허취소를 충분히 예측할 수 있었으므로 별다른 행정조치가 없었다 하여 신뢰의 이익을 주장할 수 없다(대판 1989.6.27. 88누6283).

3. 어떤 행정처분이 실효의 법리를 위반하여 위법한 것이라고 하더라도, 이러한 하자의 존부는 개별·구체적인 사정을 심리한 후에야 판단할 수 있는 사항이어서 객관적으로 명백한 것이라고 할 수 없으므로, 이는 행정처분의 취소사유에 해당할 뿐 **당연무효사유는 아니다**(대판 2021.12.30. 2018다241458).

4. 행정계획의 변경

행정계획은 공익실현을 목적으로 하는 계획이므로 원칙적으로 국민은 행정계획의 존속을 청구할 권리를 가지지 못한다. 따라서 행정계획의 존속에 대한 신뢰는 원칙적으로 보호되지 않는다. 그러나 기존 행정계획에 대한 신뢰보호가 계획변경에 따른 공익보다 큰 경우에는 행정계획의 존속에 대한 신뢰는 보호되어야 한다.

6 신뢰보호원칙 위반의 효과

행정기관의 행위가 신뢰보호원칙에 위반되면 위헌·위법하게 된다. 신뢰보호 위반인 행위는 원칙적으로 취소될 수 있다. 예외적으로 무효가 되는 경우도 있다.

7 신뢰보호원칙 위반인 판례

1. **변리사 시험제도**(대판 전합 2006.11.16. 2003두12899)

   변리사시험은 절대평가제였다. A는 변리사 시험을 준비 중이었는데 시험이 2개월도 남지 않은 상태에서 시행령이 개정되면서 절대평가제에서 상대평가제로 변경되었다.

(1) **법령의 개정 시 입법자가 구 법령의 존속에 대한 당사자의 신뢰를 침해하여 신뢰보호원칙을 위배하였는지 여부의 판단기준 및 변리사 제1차 시험을 절대평가제에서 상대평가제로 환원하는 내용의 「변리사법」 시행령 개정조항을 즉시 시행하도록 정한 부칙 부분이 헌법에 위반되어 무효인지 여부**

   변리사 제1차 시험의 상대평가제를 규정한 개정 시행령 제4조 제1항을 2002년의 제1차 시험에 시행하는 것은 헌법상 신뢰보호의 원칙에 비추어 허용될 수 없으므로, 개정 시행령 부칙 중 제4조 제1항을 즉시 2002년의 변리사 제1차 시험에 대하여 시행하도록 그 시행시기를 정한 부분은 헌법에 위반되어 무효이다.

(2) 원고들이 개정 시행령의 내용에 따라 공고된 이 사건 시험에 응하였다고 하더라도 사회통념상 그것만으로는 개정 전 시행령의 존속에 대한 일체의 **신뢰이익을 포기한 것이라고 볼 수도 없다.**

(3) 새로운 법령에 의한 신뢰이익의 침해는 새로운 법령이 과거의 사실 또는 법률관계에 소급적용되는 경우에 한하여 문제되는 것은 아니고, **과거에 발생하였지만 완성되지 않고 진행 중인 사실 또는 법률관계 등을 새로운 법령이 규율함으로써** 종전에 시행되던 법령의 존속에 대한 신뢰이익을 침해하게 되는 경우에도 신뢰보호의 원칙이 적용될 수 있다. 개정 시행령의 시행일로 정해진 날 후에 이 사건 시험이 실시되었다고 하더라도 개정 전 시행령의 신뢰에 기한 원고들의 시험준비행위는 그 이전부터 계속된 것이므로 원심이

개정 시행령의 즉시 시행으로 인한 원고들의 신뢰이익 침해에 대하여 신뢰보호의 원칙을 적용한 것은 정당하다.

2. 한약사 시험

A는 한약자원학과에 재학 중이었는데 한약학과를 졸업하는 자에 한해 한약사 국가시험 응시자격을 인정하는 것으로 「약사법 시행령」이 개정되었다. A는 구 시행령을 신뢰하여 한약자원학과에 입학했다고 할 수 있다. 이러한 신뢰는 법적으로 보호가치가 매우 큰 이익이다. 따라서 한약자원학과에 재학 중인 A에 개정 「약사법 시행령」 제3조의 제2항을 적용하는 것은 신뢰보호원칙과 평등원칙에 위반된다(대판 2007.10.29. 2005두4649).

3. 국적 이탈

국적 이탈 신고가 없었음에도 공무원이 주민등록을 말소해 국적 이탈 신고를 하지 않고 있다가 공무원이 이를 알고 주민등록을 재등록하여 징병검사통지를 하자 국적 이탈 신고를 했으나, 기간이 경과되었다는 이유로 신고를 반려한 것은 신뢰보호원칙 위반이다(대판 2008.1.17. 2006두10931).

4. 과다난립

폐기물처리업에 대하여 관할 관청의 사전적정통보를 받고 막대한 비용을 들여 허가요건을 갖춘 다음 허가신청을 하였음에도 청소업자의 난립으로 효율적인 청소업무의 수행에 지장이 있다는 이유로 한 불허가처분이 신뢰보호의 원칙에 반하여 재량권을 남용한 위법한 처분이다(대판 1998.5.8. 98두4061).

5. 국적비보유판정 취소의 소

주민등록번호와 주민등록증 발급은 행정행위의 적법성을 추단하는 중요한 근거로서, 甲과 乙에게 대한민국 국적을 취득했다는 **공적인 견해표명에 해당한다**. 甲과 乙은 대한민국 국적을 보유하고 있다고 믿고 국적 취득절차를 진행하지 않았으며, 성인이 된 후에는 국적을 간편하게 취득할 기회를 상실하고 큰 불이익을 입게 되었다. 이러한 점을 종합하여 국적비보유판정은 甲과 乙의 신뢰에 반하여 이루어진 것으로 신뢰보호의 원칙에 위배된다(대판 2024.3.12. 2022두60011).

제2장 행정법관계

제1절 행정상 법률관계의 유형

1 공법관계와 사법관계

1. 공법관계와 사법관계의 구별실익

(1) 공법과 사법의 구별은 구체적 법률관계에 적용할 법규나 법원칙을 결정하기 위해, 또한 분쟁해결을 위한 쟁송수단의 선택과 결정을 위해서 필요하다.

(2) 공법관계냐 사법관계냐에 따라 적용되는 법조항이 다르다. 특정 법률관계가 공법관계인 경우, 행정법규가 적용된다. 또한 공법관계에는 행정소송절차가, 사법관계에는 민사소송절차가 적용된다. 다만, 공법관계에서도 「민법」, 「민사소송법」이 부분적으로 적용될 수 있다.

2. 공법관계와 사법관계, 어떻게 구별할 수 있는가?

구분	특징	문제점
주체설	① **공법관계**: 행정주체가 일방 당사자인 경우 ② **사법관계**: 양쪽 당사자가 사인인 경우	행정주체의 국고행위는 사법관계인데, 주체설에 따르면 공법관계가 된다.
신주체설 (귀속설)	① **공법관계**: 권리·의무가 공권력담당자에게만 귀속되는 경우 ② **사법관계**: 권리·의무가 모든 권리주체에게 귀속되는 경우(예 국고행위) ③ Wolff에 의해 주장되었다.	① 행정주체가 공권력담당자인지, 그렇지 않은지 구별하기 힘들다. ② 공권력담당자의 지위는 공법을 전제로 하므로 순환논리에 빠진다.
권력설 (종속설)	① **공법관계**: 법률관계가 지배·복종관계 ② **사법관계**: 대등관계	공법상 계약은 대등관계이므로 권력설에 따르면 사법관계가 된다는 점에 문제가 있다. 공법상 계약과 사법상 계약을 구별하는 데 실패했다.
이익설	① **공법관계**: 공익목적 추구 ② **사법관계**: 사익목적 추구	공익적 목적을 추구하는 사기업활동도 있다
생활관계설	① **공법관계**: 국민으로서 생활관계 ② **사법관계**: 사인의 생활관계	국민과 사인의 생활관계를 구별하기 힘들다.

3. 검토

공·사법의 구별은 절대적인 것이 아니며, 국가·시대에 따라 다르다. 공법과 사법의 구별기준으로 제시되는 학설은 어떤 법률관계가 공법관계인지 사법관계인지를 구별하는 데 크게 기여하지 못하고 있다. 따라서 구체적인 법률관계의 성격 판정에 있어서는 여러 학설을 상호 보완적으로 적용할 때 대체로 합리적인 결론을 도출할 수 있다(다수설 - 복수기준설).

2 행정상 법률관계의 종류

1. 의의

행정상 법률관계란 행정에 관한 법률관계를 총칭한다. 법률관계는 권리·의무관계이다.

2. 행정작용법적 관계

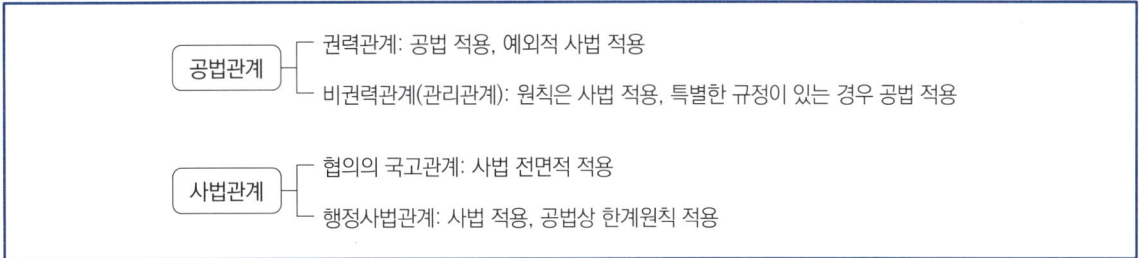

(1) 권력관계

권력관계는 행정주체가 공권력의 주체로서 우월한 지위에서 국민에 대하여 일방적으로 명령·강제하는 법률관계이다.

(2) 관리관계

관리관계란 국가의 공적 재산 또는 공적 사업 등의 관리주체로서 공물의 관리, 공기업경영을 하는 관계이다. 관리관계는 **전래적 공법관계**라고 한다.

(3) 국고관계(순수한 사법관계)

1) 국가도 사인처럼 물품을 구매하고, 투자를 하기도 한다. 이런 **국가의 조달행정과 영리행위를 국고작용이라고 한다.** 국고작용과정에서의 법적 관계를 국고관계라 한다.
2) 국고적 행위에는 사법이 전면적으로 적용된다. 분쟁 시 민사소송절차에 따른다.

(4) 행정사법관계

1) 개념

일정한 공공목적 달성을 위해, 행정주체가 공행정작용을 사법의 형식으로 수행하는 행위이다.

2) 법적 형식의 선택가능성이 없는 영역인 권력행정은 행정사법형식이 허용되지 않는다. 그러나 조세·경찰 영역과 같은 권력행정은 행정사법 형식으로 할 수 없다.

3) 적용되는 법

행정사법관계는 사법관계이므로 사법이 적용된다. 다만, 공법적 제한을 받는다. 즉, 사법으로서의 도피를 차단하기 위해 행정주체가 행정목적을 위해 사법의 형식을 취하더라도 비례원칙, 평등원칙과 같은 행정법 원칙에 구속을 받는다.

3 공법관계와 사법관계의 구체적 구별

1. 국유재산
행정재산의 관리는 공법관계, 일반재산의 관리는 사법관계이다.

(1) 일반원칙
국유재산은 행정적 목적으로 사용하고 있는 행정재산과 일반재산(잡종재산)으로 나뉜다. 행정재산의 관리·처분행위는 행정처분이다. 일반재산은 특별한 행정목적 없이 국가가 보유하는 재산이므로 일반재산의 처분행위는 사법상 법률행위이다.

(2) 공법관계
1) **행정재산**의 사용·수익에 대한 허가는 관리청이 우월한 지위에서 행하는 행정처분으로서 강학상 특허에 해당하고(대판 1998.2.27. 97누1105), 기부채납받은 행정재산의 사용·수익허가도 역시 행정처분에 해당한다(대판 2001.6.15. 99두509).
2) **국립의료원 부설주차장**에 관한 위탁관리운영계약은 행정재산에 대한 사용·수익허가행위이므로 공법관계이다(대판 2006.3.9. 2004다31074).
3) 국유 또는 공유재산의 **무단점유에 대한 변상금 처분**은 관리청이 우월한 지위에서 행하는 행정처분이다(대판 1988.2.23. 87누1046).

(3) 사법관계
1) **일반재산**(구 잡종재산)**에 대한 관리·처분행위**는 사법상 법률행위이다(헌재 1992.10.1. 92헌가6).
2) **기부채납받은 공유재산(일반재산으로 해석됨)을 무상으로 기부자에게 사용을 허용하는 행위**는 사경제주체로서 상대방과 대등한 입장에서 하는 사법상 행위이다(대판 1994.1.25. 93누7365).
3) 국·공유인 **일반재산의 대부행위**는 사법상 계약이다(대판 2010.11.11. 2010다59646).
4) 국유 **일반재산에 관한 대부료의 납부고지**는 사법상의 이행청구에 해당하고, 이를 행정처분이라고 할 수 없다(대판 2000.2.11. 99다61675).
5) 한국공항공단이 그 행정재산의 관리청으로부터 국유재산관리사무의 위임을 받거나 국유재산관리의 위탁을 받지 않은 이상, **한국공항공단이 무상사용허가를 받은 행정재산에 대하여 하는 전대행위**는 통상의 사인 간의 임대차와 다를 바가 없다(대판 2004.1.15. 2001다12638).

> **판례**
> 1. 일반재산인 국유림을 대부하는 행위는 법률이 대부계약의 취소사유나 대부료의 산정방법 등을 정하고 있고, 대부료의 징수에 관하여 「국세징수법」 중 체납처분에 관한 규정을 준용하도록 정하고 있더라도 사법관계로 파악된다. **일반재산인 국유림에 관한 대부료의 납입고지** 역시 사법상의 이행청구에 해당한다고 할 것이어서 행정소송의 대상으로 되지 아니한다(대판 1993.12.21. 93누13735).
> 2. 국·공유 일반재산의 대부료는 「국유재산법」에 따라 「국세징수법」에 따른 강제징수할 수 있으므로 **대부료의 지급을 민사소송으로 구할 수 없다**(대판 2017.4.13. 2013다207941). 다만, 일반재산 대부료 징수는 공법인 「국세징수법」에 따르더라도 일반재산 사용관계가 공법관계가 되는 것은 아니다.

2. 근무관계

(1) **국가나 지방자치단체에 근무하는 청원경찰의 근무관계**는 공법상 관계이다. 따라서 청원경찰에 대한 징계처분은 행정소송의 대상이 된다(대판 1993.7.13. 92다47564).

(2) 지방소방공무원의 보수에 관한 법률관계는 공법상의 법률관계라고 보아야 한다(대판 2013.3.28. 2012다102629).

(3) 국립대학의 장에 의하여 임용된 조교의 근무관계는 공법상 근무관계에 해당한다(대판 2019.11.14. 2015두52531).

(4) 도시재개발조합

  1) **도시재개발조합과 조합장, 조합임원과의 관계**는 공법상 근무관계가 아니므로 이들 사이의 선임·해임을 둘러싼 법률관계는 **사법상 법률관계로서** 민사소송에 의해 다투어야 한다(대결 2009.9.24. 2009마168).

  2) **도시재개발조합과 조합원의 관계**는 공법상의 권리의무관계이고, 따라서 공법상의 당사자소송에 의하여 그 조합원 자격의 확인을 구할 수 있다(대판 전합 1996.2.15. 94다31235).

(5) 공공조합의 근무관계는 공법관계이다.

  어업협동조합, 토지개량조합, 농지개량조합과 직원관계는 공법상의 특별권력관계이다. 조합의 조합원에 대한 징계처분은 행정소송의 대상이 된다(대판 1995.6.9. 94누10870).

(6) 법무사가 사무원 채용에 관하여 「법무사법」이나 「법무사규칙」을 위반하는 경우에는 소관 지방법원장으로부터 징계를 받을 수 있으므로, **법무사에 대하여 지방법무사회로부터 채용승인을 얻어 사무원을 채용할 의무**는 「법무사법」에 의하여 강제되는 공법적 의무이다(대판 2020.4.9. 2015다34444).

> **판례**
> 1. **서울특별시 지하철공사의 임원과 직원의 근무관계의 성질은 사법관계**이므로 소속 직원에 대한 징계처분을 한 경우 이에 대한 불복절차는 민사소송에 의할 것이지 행정소송에 의할 수는 없다(대판 1989.9.12. 89누2103).
> 2. **한국마사회가 조교사 또는 기수의 면허를 부여하거나 취소하는 행위**는 국가나 기타 행정기관으로부터 위탁받은 행정권한의 행사가 아니라, **일반사법상의 법률관계**에서 이루어지는 단체 내부의 징계 또는 제재처분에 해당한다(대판 2008.1.31. 2005두8269).

(7) 사립학교법인과 교원, 학생과의 관계는 사법상 관계이다.

  사립학교법인의 직원 고용관계, 교원 및 학생에 대한 징계행위, 사립대학의 등록금 징수행위는 사법상 관계이다. 그러나 사립대학의 학생에 대한 학위수여는 사립대학이 공무수탁사인의 지위에서 한 행위이므로 공법관계이다.

3. 계약관계

(1) 수도료의 부과·징수(대판 1977.2.22. 76다2517), 단수처분(대판 1979.12.28. 79누218)은 공법상 관계이고, 전화가입계약(대판 1982.12.28. 82누441), 전기·가스이용관계는 사법상 관계이다. **한국전력공사의 TV수신료징수업무는 공법상 위탁으로 이루어지는 직무행위이다. 따라서 한국전력공사가 수신료를 징수할 권한이 있는지 여부를 다투는 소송은 민사소송이 아니라 당사자소송이다**(대판 2008.7.24. 2007다25261).

(2) 「지방재정법」에 따라 준용되는 「국가를 당사자로 하는 계약에 관한 법률」에 근거하여 지방자치단체가 체결하는 공공계약은 사법상의 계약으로서, 사적자치와 계약자유의 원칙이 그대로 적용된다(대판 2001.12.11. 2001다33604).

(3) **계약직공무원, 전문직공무원 채용계약은 공법상 관계이다.**

　1) 서울특별시 경찰국 산하 **서울 대공 전술연구소 소장**은 지방전문직공무원이다. 따라서 채용계약과 계약해지의 의사표시는 공법상 행위이다(대판 1993.9.14. 92누4611).

　2) 전문직공무원인 **공중보건의사**의 채용은 공법상 계약이므로 당사자소송의 대상이 된다(대판 1996.5.31. 95누10617).

4. 입찰 관련 행위

(1) 구 예산회계법과 「지방재정법」에 따라 지방자치단체가 당사자가 되어 체결하는 계약은 사법상 계약이다.

(2) **입찰보증금의 국고귀속조치는 국가가 사법상의 재산권의 주체로서 행위하는 것이지 공권력을 행사하는 것이거나 공권력작용과 일체성을 가진 것이 아니라 할 것**이므로, 이에 관한 분쟁은 **행정소송이 아닌 민사소송의 대상이 될 수밖에 없다**(대판 1983.12.27. 81누366).

(3) 입찰참가자격 제한

　1) 조달청장, 국방부장관, 도지사, 서울시장, 관악구청장의 부정당업자의 입찰참가자격제한은 행정처분에 해당한다(대판 2000.10.13. 99두3201).

　2) 공기업·준정부기관의 입찰참가자격 제한의 처분성이 인정된다(대판 2014.11.27. 2013두18964).

> 「공공기관의 운영에 관한 법률」 제39조 【회계원칙 등】 ② 공기업·준정부기관의 장은 공정한 경쟁이나 계약의 적정한 이행을 해칠 것이 명백하다고 판단되는 자에 대하여 2년의 범위 내에서 일정 기간 입찰참가자격을 제한할 수 있다. <단서 생략>

5. 공법상 사무관리

(1) 의의

　1) 사무관리는 법률상 의무 없이 타인을 위하여 사무를 관리하는 것을 말한다.

　2) 공법분야에서도 사무관리가 인정된다. 공법에 규정이 없으면 「민법」 규정과 「민법」상 원리가 공법상 사무관리에 적용된다.

(2) 사무관리에 근거해 국가에 비용청구 인정

사인이 처리한 국가의 사무가 사인이 국가를 대신하여 처리할 수 있는 성질의 것으로서, 사무 처리의 긴급성 등 국가의 사무에 대한 사인의 개입이 정당화되는 경우에 한하여 사무관리가 성립하고, 사인은 그 범위 내에서 국가에 대하여 국가의 사무를 처리하면서 지출된 필요비 내지 유익비의 상환을 청구할 수 있다. 따라서 甲주식회사가 해양경찰의 지휘를 받아 원유 유출 사고에 대해 방제작업을 수행한 경우, 이는 국가의 사무를 처리한 것으로 간주되며, 甲회사는 사무관리에 근거해 국가에 방제비용을 청구할 수 있다(대판 2014.12.11. 2012다15602). *사법관계로서 민사소송

6. 공법상 부당이득

(1) 국세환급금에 관한 「국세기본법」 및 구 국세기본법 제51조 제1항은 이미 부당이득으로서 존재와 범위가 확정되어 있는 과오납부액이 있는 때에는 국가가 납세자의 환급신청을 기다리지 않고 **즉시 반환하는 것이 정의와 공평에 합당하다는 법리를 선언하고 있는 것이므로**, 이미 존재와 범위가 확정되어 있는 과오납부액은 납세자가 부당이득의 반환을 구하는 민사소송으로 환급을 청구할 수 있다(대판 2015.8.27. 2013다212639).

(2) 납세의무자에 대한 국가의 **부가가치세 환급세액 지급의무**는 그 납세의무자로부터 어느 과세기간에 과다하게 거래징수된 세액 상당을 국가가 실제로 납부받았는지와 관계없이 부가가치세법령의 규정에 의하여 직접 발생하는 것으로서, 그 법적 성질은 **정의와 공평의 관념에서 수익자와 손실자 사이의 재산상태 조정을 위해 인정되는 부당이득반환의무가 아니라** 부가가치세법령에 의하여 그 존부나 범위가 구체적으로 확정되고 조세정책적 관점에서 특별히 인정되는 공법상 의무라고 봄이 타당하다. 그렇다면 부가가치세 환급세액 지급청구는 민사소송이 아니라 「행정소송법」 제3조 제2호에 규정된 당사자소송의 절차에 따라야 한다(대판 2013.3.21. 2011다95564).

7. 국민의 권리제한 등

(1) 협의취득은 사법관계이다.

구 공공용지의 취득 및 손실보상에 관한 특례법에 의한 **협의취득의 법적 성질은 사법상의 매매계약과 다를 것이 없으므로** 보상금 지급행위는 헌법소원심판의 대상이 되는 공권력의 행사라고 볼 수 없다(헌재 1992.11.20. 90헌마160).

(2) 환매권 행사와 환매대금증감청구는 사법관계이다.

환매권은 재판상이든 재판 외이든 그 기간 내에 행사하면 이로써 매매의 효력이 생기고, 위 매매는 **환매권자와 국가 간의 사법상의 매매**라 할 것이다(대판 1992.4.24. 92다4673). 따라서 「공익사업을 위한 토지 등의 취득 및 보상에 관한 법률」상 환매권의 존부에 관한 확인을 구하는 소송 및 환매금액의 증감을 구하는 소송은 민사소송에 해당한다(대판 2013.2.28. 2010두22368).

(3) 징발재산의 매수결정

국방부장관의 징발재산의 매수결정은 국가가 우월한 지위에서 매수하는 행위이므로 행정처분에 해당한다(대판 1991.10.22. 91다26690).

8. 기타

(1) 국가인권위원회의 성희롱결정 및 시정조치의 권고: 공법관계

국가인권위원회의 성희롱결정과 이에 따른 시정조치의 권고는 성희롱행위자로 결정된 자의 인격권에 영향을 미치므로 **행정소송의 대상이 되는 행정처분에 해당한다**(대판 2005.7.8. 2005두487).

(2) 무상의 원시취득으로 형성되는 국가 등과 택지개발사업 시행자의 관계: 공법관계

구 택지개발촉진법, 구 도시계획법에 의하면, 택지개발사업 시행으로 공공시설이 설치되면 사업완료(준공검사)와 동시에 택지개발사업 시행자가 새로 설치한 공공시설을 구성하는 토지와 시설물의 소유권은 시설을 관리할 국가 또는 지방자치단체에 원시적으로 귀속되는데, 이러한 **무상의 원시취득으로 형성되는 국가 등과 택지개발사업 시행자의 관계**는 **공법관계**라고 보아야 한다(대판 2011.12.27. 2009다56993).

(3) 주택재건축정비사업조합과 조합설립에 동의하지 않은 자 사이의 매도청구를 둘러싼 법률관계: 사법관계

주택재건축정비사업조합과 조합설립에 동의하지 않은 자 사이의 매도청구를 둘러싼 법률관계는 사법상의 법률관계로서 그 매도청구권 행사에 따른 소유권이전등기의무의 존부를 다투는 소송은 민사소송에 의하여야 할 것이다(대판 2010.4.8. 2009다93923).

제2절 행정상 법률관계의 당사자

1 행정주체

1. 의의

(1) 행정주체

행정주체는 행정권 행사의 법적 효과가 궁극적으로 귀속되는 당사자이다. 행정주체는 인간처럼 권리·의무의 주체이므로 법적 관점에서 인격성을 가진다.

(2) 행정주체의 종류

1) 국가

2) 공공단체

지방자치단체, 공공조합, 영조물법인, 공법상 재단

3) 공무수탁사인

(3) 행정주체와 행정기관의 비교

행정기관은 행정주체를 위해 대외적으로 의사를 표시하는 기관에 불과하므로 행정기관은 권리·의무의 주체가 아니므로 인격성을 가지지 못한다.

구분	행정주체	행정기관
개념	행정권을 행사하고 그 법적 효과가 궁극적으로 귀속되는 당사자	국가 또는 지방자치단체 등 행정주체의 행정에 관한 의견을 결정하고 이를 외부에 표시할 수 있는 주체
종류	① 국가 ② 공공단체 ③ 공무수탁사인	① 행정청 ② 보조기관 ③ 자문기관 ④ 의결기관
처분의 주체	×	○(행정청)
권리·의무의 주체(법인격성)	○	×
당사자소송, 민사소송의 당사자	○	×
손해배상의 피고	○	×
항고소송의 피고	×(「행정소송법」 제13조 제2항 예외 있음)	○(행정청)

2. 국가

(1) 국가의 법적 지위

국가는 법인격을 가진 법인으로서 시원적인 행정주체이다.

(2) 간접국가 행정

국가로부터 독립적인 법인격 있는 단체를 통해 수행되는 국가행정을 간접국가행정이라 한다. 국가는 행정의 일부를 공법상 사단, 공법상 재단, 영조물법인, 공무수탁사인에게 위탁할 수 있는데, 이를 간접행정조직이라 한다.

> **판례**
>
> 1. 국가가 자신의 임무를 그 스스로 수행할 것인지 아니면 그 임무의 기능을 민간부문으로 하여금 수행하게 할 것인지 하는 문제, 즉 국가가 어떤 임무수행방법을 선택할 것인가 하는 문제는 광범위한 입법재량이 인정된다(헌재 2007.6.28. 2004헌마262).
> 2. **한국방송공사의 직원채용관계**는 특별한 공법적 규제 없이 한국방송공사의 자율에 맡겨진 셈이 되므로 이는 사법적인 관계에 해당한다고 봄이 상당하다. 채용시험의 응시자격을 정한 공고 또한 사법적인 성격을 지닌다고 할 것이다. 그렇다면 위 공고는 헌법소원으로 다툴 수 있는 '공권력의 행사'에 해당하지 않는다(헌재 2006.11.30. 2005헌마855).

3. 공공단체

(1) 지방자치단체

지방자치단체는 국가의 영토의 일부를 자기 구역으로 해서 구역 내 주민을 국법이 허용하는 범위에서 지배하는 법인이다.

(2) 공공조합(공법상 사단)

개념	① 특정한 행정목적을 위해서 일정한 사람들로 구성된 법인이다. ② 지역을 필수적인 구성요소로 하지 않는다는 점에서 지방자치단체와 구별된다.
공적 목적의 조합	농업협동조합, 중소기업협동조합, 산림조합, 농지개량조합, 의료보험조합, 주택(도시)재개발조합
직능단체	대한변호사협회, 대한의사협회, 대한상공회의소 등

> **판례**
>
> 1. **주택재건축정비사업조합(재건축조합)**은 「도시 및 주거환경정비법」에 따라 정비구역 안의 토지와 건축물 소유자 등의 동의를 받아 조합설립인가를 받고, 이를 등기하여 법인으로 성립하는 행정주체로서의 지위를 갖는다(대판 2009.10.15. 2009다10638 등).
> 2. 대한변호사협회는 변호사와 지방변호사회의 지도·감독에 관한 사무를 처리하기 위하여 「변호사법」에 의하여 설립된 공법인으로서, 변호사등록은 피고 협회가 「변호사법」에 의하여 국가로부터 위탁받아 수행하는 공행정사무에 해당한다. 따라서 피고 2는 피고 협회의 장(長)으로서 국가로부터 위탁받은 공행정사무인 '변호사등록에 관한 사무'를 수행하는 범위 내에서는 「국가배상법」 제2조에서 정한 공무원에 해당한다(대판 2021.1.28. 2019다260197).
> 3. 지방법무사회의 법무사 사무원 채용승인은 단순히 지방법무사회와 소속 법무사 사이의 내부 법률문제라거나 지방법무사회의 고유사무라고 볼 수 없고, 법무사 감독이라는 국가사무를 위임받아 수행하는 것이라고 보아야 한다. 따라서 지방법무사회는 법무사 감독사무를 수행하기 위하여 법률에 의하여 설립과 법무사의 회원 가입이 강제된 공법인으로서 법무사 사무원 채용승인에 관한 한 공권력 행사의 주체라고 보아야 한다(대판 2020.4.9. 2015다34444).

(3) 공법상 재단(공재단)

국가나 지방자치단체가 출연한 재산을 관리하기 위한 재단법인이다. 한국학술진흥재단, 한국사학진흥재단, 한국소비자원, 한국학중앙연구원, 국민건강보험공단, 공무원연금관리공단 등이 있다. 항고소송의 피고와 당사자소송의 피고가 된다.

> **판례**
>
> 1. 한국토지공사는 구 한국토지공사법 제2조와 제4조에 따라 정부가 자본금 전액을 출자하여 설립한 법인이다. 한국토지공사는 「공익사업을 위한 토지 취득 및 보상에 관한 법률」 제89조 제1항에 따라 시·도지사나 시장·군수·구청장의 대집행권한을 위탁받아 대집행을 실시할 수 있다. 그러나 한국토지공사는 이러한 법령에 의해 대집행을 수권받았을 뿐, 지방자치단체 등의 공무원으로 간주되어 「국가배상법」 제2조의 공무원에 해당한다고 볼 수는 없다(대판 2010.1.28. 2007다82950등).
> 2. 서울주택도시공사가 새로 공공시설을 설치하거나 기존의 공공시설에 대체되는 공공시설을 설치하기 위하여 개발행위허가를 받거나 도시·군계획시설사업의 실시계획인가를 받아 개발사업의 시행자가 된 경우에는 「국토의 계획 및 이용에 관한 법률」 제65조 제1항에서 정한 '개발사업의 시행자가 행정청인 경우'로 볼 수 있다(대판 2019.8.30. 2016다252478).
> 3. 총포·화약안전기술협회는 총포화약류의 안전관리와 기술지원 등에 관한 국가사무를 수행하기 위하여 법률에 따라 설립된 '공법상 재단법인'이라고 보아야 한다(대판 2021.12.30. 2018다241458).

(4) 영조물법인

일정한 행정목적에 제공된 인적·물적 종합시설에 공법상 법인격이 인정된 것이다. 영조물법인에도 구성원은 없다. 서울대학교는 대학교법인이다. 그러나 일반국립대학교는 영조물이지 법인이 아니므로 행정주체는 아니다.

4. 공무수탁사인

(1) 개념

1) 공행정업무를 행정주체로부터 수탁받아 사무를 처리하는 행정주체인 사인이다.
2) 공무수탁사인은 자연인일 수도 있고, 사법인·법인격 없는 단체일 수도 있다.

(2) 근거

공무를 사인에게 위탁하려면 반드시 법률에 근거해야 한다. 행정청의 공무수탁사인에 대한 구체적 행정권 부여는 공법상 계약 또는 특허로 이루어진다.

(3) 지위

1) 공무수탁사인은 단순한 행정기관이 아니라 행정주체이다. 다만, 행정청의 지위도 가진다.
2) 공무수탁사인이 행정행위를 발하거나 행정지도를 하는 경우 「행정절차법」이 적용된다.
3) 공무를 위탁한 행정청은 감독권을 가진다. 국가가 공무수탁사인의 공무수탁사무수행을 감독하는 경우 수탁사무수행의 합법성뿐만 아니라 합목적성까지도 감독할 수 있다.

(4) 공무수행과 권리구제

항고소송의 피고	① 공무수탁사인은 행정청이기도 하므로 항고소송의 피고가 될 수 있다. ② 성업공사가 세무서장의 위임을 받아 공매처분한 경우 세무서장이 아니라 성업공사가 피고가 된다(대판 1997.2.28. 96누1757). ③ 관할 세무서장은 한국자산관리공사에 공매등을 대행하게 할 수 있다. 이 경우 공매등은 관할 세무서장이 한 것으로 본다(「국세징수법」 제103조 제1항).
당사자소송의 피고	① 당사자소송은 국가·공공단체 그 밖의 권리주체를 피고로 한다(「행정소송법」 제39조). ② 공무수탁사인도 권리주체이므로 당사자소송의 피고가 될 수 있다.
손해배상	「국가배상법」 제2조에 따르면 공무수탁사인의 위법행위로 인한 손해에 대한 배상책임은 국가와 지방자치단체가 진다.
손실보상	공무수탁사인의 적법한 행위로 손실을 받은 자는 공무수탁사인에게 손실보상을 청구할 수 있다.

(5) 행정주체가 아닌 경우

1) 원천징수행위는 법령에 규정된 의무를 이행하기 위함이지 공권력의 행사로서 행정처분을 한 경우가 아니다(대판 1990.3.23. 89누4789).
2) 행정대행인은 행정을 대행하는 것에 불과한 사인을 말한다. 차량등록의 대행업자, 자동차검사의 대행업자, 자동차견인의 대행업자, 생활폐기물(쓰레기)의 수집·운반 및 처리의 대행업자 등이 이에 해당한다.

제3절 개인적 공권

1 의의

공법상의 개인적 공권이란 개인이 자기의 이익을 위해 국가 등에 대하여 일정한 행위를 요구할 수 있도록 공법상 개인에게 부여되어 있는 법적인 힘을 말한다.

2 성립요건

1. **강행법규에 따라 행정주체에 의무가 부과되어야 개인적 공권이 성립할 수 있다.**

    행정행위가 기속행위인 경우 행정청의 의무가 있으므로 개인적 공권이 성립할 수 있다. 전통적으로 행정청의 행위가 재량행위라면 개인적 공권을 인정하지 않았다. 그러나 **최근에 재량행위의 경우에 무하자재량행사청구권의 인정으로 개인적 공권이 인정되는 경우가 있다.**

2. **법규가 사익을 보호해야 개인적 공권이 인정된다.**

(1) 의의

   1) 법규의 목적, 취지가 적어도 관계인의 이익도 보호하고자 하는 것인 경우에 관련 이익은 법적으로 주장할 수 있는 이익으로서 비로소 권리성이 인정된다.
   2) 강행법규가 공익만을 목적으로 한다면 개인적 공권은 인정되지 않는다. 즉, 강행법규가 행정청에 의무를 부과하고 있더라도 사익보호의 목적이 없다면 개인적 공권은 인정되지 않는다.

(2) 사익보호성의 판단기준

근거 법률 + 관련 법률	처분의 근거가 되는 법률의 규정뿐 아니라, 관련 법률까지 고려해서 사익보호성 여부를 판단해야 한다.
헌법기본권규정	근거 법률이나 관련 법률의 근거가 없더라도 헌법의 기본권규정을 통해 권리를 도출할 수도 있다.
공법상 계약	공법상 계약을 통해 계약직 공무원의 급여청구권 등이 발생한다.
법규명령	법규명령에 의해 개인적 공권이 성립한다.
조리, 관습법	거부처분을 다투는 소송에서 신청권은 법규상 근거가 없더라도 조리에 근거가 있다면 인정될 수 있다. 또한 공권은 관습법에 의해서도 성립할 수 있다(입어권).
행정규칙	행정규칙으로는 개인적 공권이 성립하지 않는다. 다만, 법규성을 가지는 규칙으로도 개인적 공권은 성립할 수 있다.

3 개인적 공권과 반사적 이익

1. 반사적 이익의 개념

강행법규가 행정청에 일정한 의무를 부과하지만 오로지 공익만을 목적으로 하고 있어, 법규가 전혀 사익을 보호하려는 의도가 없음에도 행정청의 행위로 개인이 이익을 받은 경우, 이러한 이익을 반사적 이익이라 한다.

2. 개인적 공권과 반사적 이익을 구별할 필요성

반사적 이익은 「행정소송법」 제12조의 법률상 이익이 아니므로, 행정처분으로 반사적 이익을 침해받은 경우 취소소송을 제기할 수 없다. 지하상가 상인은 횡단보도 설치로 인해 장사가 어려워졌지만, 이에 대해 다툴 법률상 이익은 없다. 횡단보도 설치에 관한 「도로교통법」 규정은 **일반국민의 보행 편의와 교통 안전을 목적으로 하며,** 지하상가의 영업권 활성화는 이 법에 의해 보호되는 직접적이고 구체적인 이익이 아니기 때문이다. 따라서 지하상가 임대인이나 임차인은 횡단보도 설치행위를 다툴 법률상 이익이 없다(대판 2000.10.27. 98두8964).

구분	강행법규	사익보호	취소소송의 원고적격	손해배상청구
반사적 이익	○	×	×	×
개인적 공권	○	○	○	○

제4절 무하자재량행사청구권

1 의의

법령에서 행정청의 재량에 맡긴 행위일지라도 사인은 행정청에 특정 행위를 청구할 수 없을지라도 하자 없는 행위를 청구할 수 있는 권리를 가진다. 이를 무하자재량행사청구권이라 한다.

2 성질

1. 적극적 권리

무하자재량행사청구권은 위법한 처분을 배제하는 소극적·방어적 권리일 뿐만 아니라 행정청에 대하여 하자 없이 재량을 행사할 것을 청구할 수 있는 **적극적 공권이기도 하다.**

2. 형식적 권리

(1) **무하자재량행사청구권**은 **행정청에 특정한 행위를 청구하는 권리가 아니라 하자 없는 재량권 행사를 청구할 권리이다.**

(2) 특정한 행위를 청구할 수 없다는 점에서 무하자재량행사청구권은 형식적 권리이다. 따라서 특정한 행위를 행정청에 청구할 수 있는 실체적 권리와는 구별된다.

3 성립요건

행정청의 의무	① 행정청에게 재량 행사를 함에 있어 하자 없는 재량권을 행사할 의무가 있어야 청구권이 성립한다. ② 이때 의무는 특정한 행위를 해야 할 의무가 아니라 재량행위를 함에 있어 재량권의 한계를 준수할 의무가 있으면 족하다.
사익보호성	무하자재량행사청구권이 인정되려면 재량처분을 규정하고 있는 관계 법규의 목적 취지가 사익을 보호할 의도를 가지고 있어야 한다.

4 인정영역

기속영역	무하자재량행사청구권은 재량영역에서 행정청에게 하자 없는 재량권 행사를 청구하는 권리이므로 기속영역에서는 인정되지 않는다.
재량영역	무하자재량행사청구권은 행정청이 결정재량은 없고 선택재량만 가지고 있는 경우에 인정되는 하자 없는 재량행사청구권으로 보는 소수 견해가 있으나, **다수설은 결정재량, 선택재량 모두에서 무하자재량행사청구권은 인정된다고 한다.**
수익적·침익적 행위	무하자재량행사청구권은 행정청이 침익적 행위를 함에 있어서도 하자 없는 재량권 행사를 청구할 수 있는 권리이기도 하다.

5 내용

재량권의 한계 준수	무하자재량행사청구권은 행정청에게 재량권의 한계를 준수하면서 처분을 행사해 줄 것을 요구할 권리이다.
특정 처분을 구할 수 있는 권리는 아니다.	기속행위의 경우, 사인은 행정청에 특정 처분을 구할 수 있는 실체적 권리를 누린다. 그러나 **재량행위인 경우, 사인은 행정청에 특정 처분을 청구할 수는 없다.** 다만, 재량권의 일탈·재량권의 불행사·재량권의 남용과 같은 하자 있는 재량권 행사를 해서는 안 되고 하자 없는 재량권 행사를 해 줄 것을 요구할 수는 있다.

6 침해와 구제

무하자재량행사청구권을 침해하는 부작위에 대해서는 의무이행심판과 부작위위법확인소송을 제기할 수 있고, 재량권을 남용한 행정청의 거부처분에 대해서는 의무이행심판과 취소소송, 무효확인소송을 제기할 수 있다.

사례연구

1. **사건개요:** A는 사법시험합격 후 사법연수원 수습과정을 수료하고 검사임용신청을 하였다가 성적순위미달을 이유로 임용이 되지 못했다.

2. **쟁점 1:** 검사 지원자 중 한정된 수의 임용대상자에 대한 임용결정만을 하는 경우 임용대상에서 제외된 자에 대하여 임용거부의 소극적 의사표시를 한 것으로 볼 것인가?

   ▶ **그렇다. 검사 지원자 중 한정된 수의 임용대상자에 대한 임용결정**은 한편으로는 그 임용대상에서 제외한 자에 대한 임용거부결정이라는 양면성을 지니는 것이므로 임용대상자에 대한 임용의 의사표시는 동시에 임용대상에서 제외한 자에 대한 임용거부의 의사표시를 포함한 것으로 볼 수 있고, 이러한 임용거부의 의사 표시는 본인에게 직접 고지되지 않았다고 하여도 본인이 이를 알았거나 알 수 있었을 때에 그 효력이 발생한 것으로 보아야 한다.

3. **쟁점 2:** 다수의 검사 임용신청자 중 일부만을 검사로 임용하는 결정을 함에 있어 그 임용 여부의 응답을 해 줄 의무가 있는가?

   ▶ **그렇다. 검사의 임용 여부는 임용권자의 자유재량에 속하는 사항이나**, 임용권자가 동일한 검사신규임용의 기회에 원고를 비롯한 다수의 검사 지원자들로부터 임용신청을 받아 전형을 거쳐 자체에서 정한 임용기준에 따라 이들 일부만을 선정하여 검사로 임용하는 경우에 있어서 법령상 검사임용신청 및 그 처리의 제도에 관한 명문규정이 없다고 하여도 **조리상** 임용권자는 임용신청자들에게 전형의 결과인 임용 여부의 응답을 해 줄 의무가 있다고 할 것이며, **응답할 것인지 여부조차도 임용권자의 편의재량사항이라고는 할 수 없다.**

4. **쟁점 3:** 검사임용거부처분은 항고소송대상이 되는가?

   ▶ **그렇다.** 검사의 임용에 있어서 임용권자가 임용 여부에 관하여 어떠한 내용의 응답을 할 것인지는 **임용권자의 자유재량에 속하므로 일단 임용거부라는 응답을 한 이상 설사 그 응답내용이 부당하다고 하여도 사법심사의 대상으로 삼을 수 없는 것이 원칙이나, 적어도 재량권의 한계 일탈이나 남용이 없는 위법하지 않은 응답을 할 의무가 임용권자에게 있고 이에 대응하여 임용신청자로서도 재량권의 한계 일탈이나 남용이 없는 적법한 응답을 요구할 권리가 있다고 할 것이며**, 이러한 응답신청권에 기하여 재량권 남용의 위법한 거부처분에 대하여는 항고소송으로서 그 취소를 구할 수 있다고 보아야 하므로 임용신청자가 임용거부처분이 재량권을 남용한 위법한 처분이라고 주장하면서 그 취소를 구하는 경우에는 법원은 재량권남용 여부를 심리하여 본안에 관한 판단으로서 청구의 인용 여부를 가려야 한다(대판 1991. 2.12. 90누5825).

5. **판결의 의미**
   ① 임용거부의 의사표시는 본인에게 직접 고지되지 않았다고 하더라도 본인이 이를 알 수 있을 때 효력이 발생한다.
   ② 법령에 명문의 규정이 없어도 조리상 임용권자는 임용 여부의 응답을 할 의무를 진다. 임용 여부는 자유재량이나 응답 여부는 편의재량이 아니다.
   ③ 임용권자는 재량권의 한계일탈이나 남용이 없는 위법하지 않은 응답을 할 의무가 있고, 신청자는 권리가 있다.
   ④ 무하자재량행사청구권을 명문으로 인정하지는 않았다.
   ⑤ 위 판례가 무하자재량행사청구권을 독자적 권리로 인정했다는 견해가 다수견해이다(김동희, 김성수, 박균성, 김철용 등). 그러나 이를 부정하는 견해도 있다(홍정선).

7 재량권의 영(0)으로서의 수축과 청구권

1. 의의
재량행위임에도 불구하고 행정청이 특정한 내용의 처분을 해야할 의무를 지는 경우이다.

2. 재량권의 영(0)으로 수축되는 요건
(1) 사람의 생명, 신체, 재산 등에 중대하고 급박한 위험이 존재할 것

(2) 그러한 위험을 행정권의 발동으로 제거할 수 있을 것

(3) 피해자의 개인적인 노력으로 권익 침해의 방지가 충분히 이루어질 수 없는 경우

3. 효과
(1) **행정청은 특정 행위를 할 의무를 진다.**

재량이 영(0)으로 수축한 경우, 재량행위는 사실상 기속행위가 된다. 행정청은 반드시 유독성물질을 대량방출하고 있는 공장에 대해서 조업정지명령을 내려야 한다.

(2) **개인은 행정청에게 특정 행위를 청구할 수 있다.**

재량이 영(0)으로 수축한 경우, 무하자재량행사청구권은 특정행위청구권으로 전환되며 내용상 형식적 권리에서 실질적 권리로 변한다.

(3) **재량이 영(0)으로 수축하는 경우**

원칙적으로 무하자재량행사청구권은 원고적격과 무관하다. 그러나 재량이 영(0)으로 수축한 경우, 무하자재량행사청구권은 특정 행위를 청구할 권리가 된다. 따라서 실질적 권리가 되어 무하자재량행사청구권은 원고적격 또는 소권을 부여해주는 권리가 된다.

제5절 행정개입청구권

1 의의

개인이 자기 이익을 위해 제3자에 대해 행정권의 발동을 청구할 권리이다.

2 인정 여부

1. 긍정한 판례

(1) 경찰관이 이러한 감금 및 윤락강요행위를 제지하거나 윤락업주들을 체포, 수사하는 등 필요한 조치를 취하지 아니하고 오히려 업주들로부터 뇌물을 수수하며 그와 같은 행위를 방치한 것은 **경찰관의 직무상 의무**에 위반하여 위법하므로 국가는 이로 인한 정신적 고통에 대하여 위자료를 지급할 의무가 있다고 할 것이다(대판 2004.9.23. 2003다49009).

(2) 무장공비와 민간인 간 격투 시 군인과 경찰은 출동할 의무가 있고, 출동하지 아니하여 발생한 손해에 대해 국가는 배상책임을 진다(대판 1971.4.6. 71다124).

2. 부정한 판례

「건축법」이 행정청에게 건축허가 등을 취소하거나 건축물의 철거 등 필요한 조치를 명할 수 있는 권한 내지 권능을 부여하였다고 하여 건축허가의 취소나 준공검사의 취소 또는 제3자 소유의 건축물에 대한 철거 등의 조치를 요구할 권리가 인정된다고 볼 수 없다(대판 1999.12.7. 97누17568).

3 성립요건

행정청의 개입의무	행정청의 재량이 영(0)으로 수축하면 재량이 없으므로 특정 행위를 할 의무를 진다.
관계 법규가 사익을 보호하고 있을 것	관계 법규가 사익을 보호하고 있어야 행정개입청구권이라는 공권이 발생한다.

4 내용

1. 적극적 공권

행정청에게 공권력 행사의 작위를 청구할 수 있는 권리이다.

2. 실체적 권리

행정개입청구권은 행정청에게 특정한 행위를 청구할 수 있는 실체적 권리이다.

5 실현방법

1. 행정심판
행정개입청구권이 인정됨에도 행정청이 부작위하고 있을 경우 의무이행심판을 청구할 수 있다.

2. 항고소송

(1) 행정청이 부작위하고 있는 경우

1) 부작위위법확인소송을 제기할 수 있다.
2) 의무이행소송은 허용되지 않는다. 의무이행소송이 허용되면 법원이 행정청에 특정한 행위를 명하여 행정개입청구권을 현실화시키는 기능을 할 것이다. 그러나 현행법에서는 의무이행소송을 인정하지 않아 행정개입청구권 관철에 한계가 있다.

(2) 행정청이 거부하는 경우

행정청이 행정개입청구를 거부한 경우 취소소송을 제기할 수 있다.

3. 손해배상
행정청의 개입 부작위로 손해를 받은 국민은 손해배상을 청구할 수 있다.

사례연구

1. **사건개요:** 「대기환경보전법」 제33조는 "시·도지사는 조업 중인 배출시설에서 나오는 오염물질의 정도가 배출허용기준을 초과한다고 인정하면 대통령령으로 정하는 바에 따라 기간을 정하여 사업자에게 그 오염물질의 정도가 배출허용기준 이하로 내려가도록 필요한 조치를 취할 것, 즉 개선명령을 명할 수 있다."라고 규정하고 있다. 공해배출업체 A가 배출허용기준을 초과하여 오염물질을 배출하였음에도 시·도지사가 아무런 개선명령을 발하지 않고 있다.

2. **쟁점**
   ① 「대기환경보전법」은 주민의 사익을 보호하고 있다.
   ② 인근주민의 생명·신체상의 중대한 위해가 발생한다면 시·도지사의 재량권이 영(0)으로 수축되어 인근주민은 시·도지사에게 개선명령권의 발동을 청구할 수 있다.
   ③ 인근주민은 시·도지사의 개선명령 부작위에 대해 의무이행심판과 부작위위법확인소송을 제기할 수 있고, 손해배상을 청구할 수 있다.

제6절 공권과 공의무의 특성

1 개인적 공권의 특성

1. 이전성의 제한

특정 주체만이 향유할 수 있는 권리를 일신전속적 권리라 한다. 선거권과 같은 일신전속적 권리는 타인에게 양도할 수 없다. 경제적 가치를 가지는 개인적 공권은 이전할 수 있다. 손실보상청구권, 재산권 침해로 인한 국가배상청구권은 이전할 수 있다.

2. 포기의 제한

개인적 공권 중 자신의 의사로도 포기할 수 없는 권리들이 있다. 생명권, 국민투표권, 선거권 등은 포기할 수 없다. 공무원의 봉급청구권도 공무원의 적정한 수행보장 차원에서 포기가 금지된다. 다만, 봉급청구권도 불행사로 인해 시효기간이 경과한 경우 소멸한다.

> **판례**
> 1. 도매시장법인 지정취소, 폐쇄에 대해서 농수산물 도매시장의 법인이 지방자치단체를 상대로 **일체의 소송이나 손실보상을 청구할 수 없다는 부제소특약**은 허용될 수 없다. 당사자가 임의로 처분할 수 없는 공법상 권리인 재판청구권을 당사자의 합의로 포기하는 것이 되기 때문이다(대판 1998.8.21. 98두8919).
> 2. 「석탄사업법 시행령」 제41조 제4항 소정의 **재해위로금청구권**은 개인의 공권이로서, 그 공익적 성격에 비추어 당사자의 합의에 의하여 이를 미리 포기할 수 없는 것이다(대판 1998.12.23. 97누5046).

2 공의무

1. 의의

공의무는 공법상 의무자에게 가해진 구속을 의미한다.

2. 종류

행정주체가 지는 의무로서 공무원 봉급지급의무 등이 있고, 개인이 지는 의무로서 납세의무, 국방의무가 있다.

3. 특징

(1) 발생원인

공의무는 법령 또는 법령에 근거한 행정행위에 의해 발생한다. 예를 들면 세법과 과세처분에 따라 납세의무가 발생한다. 공의무는 공법상 계약을 통해 발생하는 경우도 있다.

(2) 이전·포기의 제한

병역의무는 이전이 금지된다. 납세의무는 대체이행이 가능하다. 경제적 성질을 가지는 공의무는 이전·상속이 가능하다.

4. 의사의 진료행위거부금지의무

(1) 법 규정

의료인은 진료나 조산 요청을 받으면 정당한 사유 없이 거부하지 못한다(「의료법」 제15조 제1항).

(2) 제3자의 권리성 여부

「**의료법」 제15조 제1항**은 사인의 이익을 위하여 규정한 것이 아니라 **공익목적을 위하여 규정한 결과 사인이 그 반사적 효과로서 이익을 얻게 되는 경우**이다. **사인이 받은 이익은 공법상의 권리가 아니라 반사적 이익에 불과하다.** 따라서 제3자는 진료거부를 이유로 의사를 상대로 행정소송이나 민사소송을 통해 진료행위를 강요할 수 없고, 손해배상을 청구할 수도 없다. 다만, 형사고발할 수는 있다.

(3) 의무 위반 시 제재

정당한 이유 없이 진료를 거부한 의사는 「의료법」 제89조(1년 이하의 징역이나 1,000만원 이하의 벌금에 처한다)에 따라 행정형벌이 부과된다.

5. 권리와 의무의 승계문제

일신전속인 권리와 의무는 승계되지 않으나 그렇지 않은 권리와 의무는 승계될 수 있다. 법인이 합병한 경우 합병 전 권리와 의무도 승계된다.

> **판례**
>
> 1. 구 건축법상의 **이행강제금 납부의무**는 상속인 기타의 사람에게 승계될 수 없는 일신전속적인 성질의 것이므로 이미 사망한 사람에게 이행강제금을 부과하는 내용의 처분이나 결정은 당연무효이다(대결 2006.12.8. 2006마470).
> 2. 「부동산 실권리자명의 등기에 관한 법률」 제5조에 의하여 부과된 **과징금 채무**는 대체적 급부가 가능한 의무이므로 위 과징금을 부과받은 자가 사망한 경우 그 상속인에게 포괄승계된다(대판 1999.5.14. 99두35).
> 3. 개발사업 완료 전에 사업시행자의 지위가 승계된 경우 그 지위를 승계한 사람이 개발부담금을 납부할 의무가 있다고 정한 「개발이익 환수에 관한 법률」 제6조 제1항 제3호의 규정은 사업시행자의 지위를 승계한 사람으로 하여금 개발부담금의 납부의무를 부담하도록 한 것이다(대판 2021.12.30. 2021두45534).
> 4. 산림을 무단형질변경하여 **원상회복명령**이 발해진 경우 원상복구의무는 승계될 수 있으므로 상속인에게 복구명령을 할 수 있다(대판 2005.8.19. 2003두9817).
> 5. 체육시설업자의 영업이나 체육필수시설이 타인에게 이전된 경우 영업양수인 또는 체육필수시설의 인수인 등은 체육시설업과 관련하여 형성된 공법상의 권리·의무뿐만 아니라 **체육시설업자와 회원 간의 사법상 약정에 따른 권리·의무도** 승계한다(대판 2024.2.29. 2023다280778). 다만 본래 용도에 따른 기능을 상실하여 이를 이용해서 종전 체육시설업을 영위할 수 없는 정도에 이르렀다면, 이러한 시설이 경매 등의 절차에 따라 매각된다고 해도 그 매수인은 기존 체육시설업자의 회원에 대한 권리·의무를 승계하지 않는다(대판 2019.9.10. 2018다237473).

6. 회사의 합병 시, 피합병회사의 권리와 의무는 사법적 또는 공법적 관계를 불문하고, 그 성질상 이전이 불가능한 경우를 제외하고 모두 합병으로 존속한 회사에 승계된다. 「공인회계사법」에 따라 설립된 회계법인 간의 흡수합병에서도 이러한 원칙은 동일하게 적용되며, **감사인지정제외처분은 수익적 행정행위의 철회로 간주되므로, 감사인의 공법적 관계는 합병으로 존속하는 법인에게 승계된다**. 또한 손해배상공동기금은 회계법인이 제3자에게 가한 손해를 배상하기 위해 의무적으로 적립하는 금액으로, 그 추가적립 역시 행정법상 의무이행의 확보수단으로서 금전적 제재의 성격을 가진다. 따라서 **손해배상공동기금 및 그 추가적립과 관련한** 공법상의 관계도 합병으로 존속하는 법인에게 승계된다(대판 2004. 7.8. 2002두1946).

7. 이미 허가를 받은 기존의 폐기물처리업을 양수하여 그 권리·의무의 승계를 신고하는 자에 대해서는 부정한 방법으로 「폐기물관리법」 제25조 제3항에 따른 폐기물처리업 허가를 받은 자를 처벌하는 폐기물관리법 위반으로 처벌할 수 없다(대판 2019.8.14. 2019도3653).

* 제재사유는 승계하나 형사책임은 승계되지 않는다.

제7절 특별권력관계

1 의의

1. 개념

전통적 통설은 권력관계를 일반권력관계와 특별권력관계로 구별하였는데, 특별권력관계란 특별한 법적 원인에 의하여 성립되어, 그 특별한 목적에 필요한 한도 내에서 일방이 상대방을 포괄적으로 지배하고 상대방은 이에 복종함을 내용으로 하는 법률관계를 의미한다.

2. 인정 여부

(1) 부정설

특별권력관계도 현대에 와서는 법의 지배를 받으므로 전면적으로 부정해야 한다.

(2) 제한적 긍정설

군인, 재소자 등은 일반국민보다 더 많은 기본권 제한이 허용되므로 특별권력관계가 상대적이나마 허용되어야 한다.

(3) 소결론

1) 과거 특별권력관계이론에 따르면, 공무원, 재소자, 군인 등 특별권력관계에 있는 국민은 기본권의 주체로서 보호받지 못한다고 보았다. 그러나 현대 법치국가에서는 이 이론이 더 이상 정당성을 인정받지 못하며, 모든 국가기관이 기본권의 구속을 받으므로 기본권 보호의 사각지대는 인정되지 않는다(헌재 2001.3.21. 99헌마139).

2) 전통적 특별권력관계이론은 국가와 공무원관계 등을 법률의 규율을 받지 않는 영역으로 보았으나 오늘날에는 법적 영역으로 포섭되는 영역이 되었다.

3) 일반권력관계보다 특별권력관계는 상대적으로 자율성이 강조되는 부분사회이다.

구분	고전적 특별권력관계	현대적 특별권력관계
법치주의 적용	×	○
법률유보	×	○
기본권의 효력	×	○
기본권 제한 한계	×	○
기본권을 제한하는 공권력 행사에 대한 사법심사	×	○

판례

1. **육군3사관 생도 퇴학처분**(대판 2018.8.30. 2016두60591)

   가. 육군 사관생도는 특수한 신분관계에 있다(「육군3사관학교 설치법 시행령」 제3조). 따라서 그 존립목적을 달성하기 위하여 필요한 한도 내에서 일반국민보다 상대적으로 기본권이 더 제한될 수 있으나, 그러한 경우에도 법률유보원칙, 과잉금지원칙 등 기본권 제한의 헌법상 원칙들을 지켜야 한다.

   나. **사관생도의 음주가 교육 및 훈련 중에 이루어졌는지 여부나 음주량, 음주장소, 음주행위에 이르게 된 경위 등을 묻지 않고 일률적으로 2회 위반 시 원칙으로 퇴학조치하도록 정한 것**은 사관학교가 금주제도를 시행하는 취지에 비추어 보더라도 사관생도의 기본권을 지나치게 침해하는 것이므로, 위 금주조항은 사관생도의 일반적 행동자유권, 사생활의 비밀과 자유 등 기본권을 과도하게 제한하는 것으로서 무효이므로 위 금주조항을 적용하여 내린 퇴학처분은 위법하다

2. **전역처분**(대판 전합 2018.3.22. 2012두26401)

   가. 군인이 상관의 지시와 명령에 대하여 헌법소원 등 재판청구권을 행사하는 것이 군인의 복종의무에 위반하는 것은 아니다.

   나. 군인이 상관의 명령에 대해 재판청구를 하기 전에 반드시 군인복무규율의 제24조와 제25조의 건의나 고충심사를 거쳐야 하는 것은 아니다.

3. 특별권력관계에서의 권리제한에 대한 사법심사 여부

(1) 농지개량조합의 직원에 대한 징계는 행정소송의 대상이 된다.

(2) 서울교육대학 학장의 학생에 대한 징계는 행정처분이다(대판 1991.11.22. 91누2144).

(3) 구청장의 동장에 대한 직권면직은 행정처분이므로 행정소송의 대상이 된다(대판 1982.7.27. 80누86).

(4) 헌법재판소 판례에 따르면 서울대학교의 일본어를 제외하는 입시요강, 교도소장의 미결수용자와 수형자 서신검열, 경찰서장의 신체수색행위는 헌법소원의 대상이 되는 공권력 행사이다.

제8절 기간 계산방법

1 기간

1. 기간이란 한 시점에서 다른 시점까지의 시간적 간격을 말한다.

2. 「민법」의 기간 계산에 관한 규정은 법령에 특별한 규정이 없는 한 공법상의 기간 계산에도 적용된다(「행정기본법」 제6조 제1항).

2 기간의 기산점

「행정기본법」은 기간의 계산에 있어서 일반법이다. 행정에 관한 기간 계산은 개별법에 규정이 없다면 「행정기본법」이 적용되고 「행정기본법」에도 없으면 「민법」이 보충적으로 적용된다.

1. 초일불산입

> 「행정기본법」 제6조 【행정에 관한 기간의 계산】 ① 행정에 관한 기간의 계산에 관하여는 이 법 또는 다른 법령 등에 특별한 규정이 있는 경우를 제외하고는 「민법」을 준용한다.

(1) 「민법」 제157조에 따라 기간을 계산함에 있어 초일은 산입하지 않는다. 이를 초일불산입의 원칙이라 한다.

(2) 행정심판 청구기간, 행정소송 제소기간, 법률의 효력발생일, 납세처분을 위한 지정된 독촉기간에 적용된다.

2. 국민의 권익을 제한하거나 의무를 부과하는 법령과 처분에 적용되는 특례

> 「행정기본법」 제6조 【행정에 관한 기간의 계산】 ② 법령 등 또는 처분에서 국민의 권익을 제한하거나 의무를 부과하는 경우 권익이 제한되거나 의무가 지속되는 기간의 계산은 다음 각 호의 기준에 따른다. 다만, 다음 각 호의 기준에 따르는 것이 국민에게 불리한 경우에는 그러하지 아니하다.
> 1. 기간을 일, 주, 월 또는 연으로 정한 경우에는 기간의 **첫날을 산입한다**.
> 2. 기간의 말일이 토요일 또는 공휴일인 경우에도 기간은 **그 날로 만료한다**.

(1) 적용범위

국민의 권익을 제한하거나 의무를 부과하는 법령과 처분에 한하여 「행정기본법」 제6조 제2항이 적용된다. 따라서 수익적 처분에는 「행정기본법」 제6조 제2항이 적용되지 않고 제6조 제1항이 적용된다.

(2) 초일의 특례

기간을 일, 주, 월 또는 연으로 정한 경우에는 기간의 첫날을 산입한다. 다만, 국민에게 불리한 경우에는 첫날을 산입하지 않는다.

3 말일 기간 계산

1. 일반

기간을 일, 주, 월, 년으로 정한 때에는 그 기간의 말일이 종료함으로써 만료된다(「민법」 제159조).

2. 기간의 말일이 토요일 또는 공휴일인 때

기간의 말일이 토요일 또는 공휴일인 때에는 그 익일에 만료된다(「민법」 제161조). 행정심판청구기간이나 행정소송의 제소기간에 적용된다.

3. 말일의 특례

기간의 말일이 토요일 또는 공휴일인 경우에도 기간은 그 날로 만료한다. 다만, 국민에게 불리한 경우에는 토요일 또는 공휴일의 다음 날에 만료한다(「행정기본법」 제6조 제2항 2호).

제9절 소멸시효

1 금전채권의 소멸시효

권리자가 권리를 행사할 수 있음에도 일정한 기간 동안 권리를 행사하지 아니한 경우 그 권리를 소멸케 하는 제도이다.

2 소멸시효의 기간

1. 원칙

공법상 금전채권의 소멸시효는 5년을 원칙으로 한다.

> 「국가재정법」 제96조 【금전채권·채무의 소멸시효】 ① 금전의 급부를 목적으로 하는 국가의 권리로서 시효에 관하여 **다른 법률에 규정이 없는 것은 5년 동안** 행사하지 아니하면 시효로 인하여 소멸한다.
> ② 국가에 대한 권리로서 금전의 급부를 목적으로 하는 것도 또한 제1항과 같다.
>   * 지방자치단체 역시 같다.
>
> 「국유재산법」 제73조의3 【소멸시효】 ① 이 법에 따라 금전의 급부를 목적으로 하는 국가의 권리는 5년간 행사하지 아니하면 시효의 완성으로 소멸한다.

(1) '다른 법률에 규정'의 의미

금전납부의 발생원인이 공법상의 것이든 사법상의 것이든 가리지 아니하고 국가(지방자치단체)의 권리나 국가에 대한 권리는 **다른 법률에 이보다 짧은 기간의 소멸시효의 규정이 있는 경우 외에는 모두 소멸시효기간을 5년으로 한다는 의미이다**(대판 1995.2.28. 94다42020).

(2) 다른 법률에 「민법」 규정 포함

「국가재정법」 제96조에서 말하는 '다른 법률에 규정'에는 「민법」 제766조 제1항과 같은 「민법」 규정도 포함된다.

2. 국가배상청구권의 소멸시효

「민법」 제766조 제1항은 5년보다 짧은 3년이므로 국가배상청구권의 소멸시효에 적용된다. 그러나 「민법」 제766조 제2항은 국가배상청구권의 소멸시효에는 적용되지 않는다. 5년보다 긴 10년이기 때문이다.

3. 소멸시효의 기산점: 권리를 행사할 수 있는 때부터

소멸시효는 피해자가 손해의 결과 발생을 알았거나 예상할 수 있는가 여부에 관계없이 '가해행위로 인한 손해가 현실적인 것으로 되었다고 볼 수 있는 때'로부터 진행한다. 진실·화해를 위한 과거사정리위원회가 민간인 집단 희생사건이나 중대한 인권침해·조작의혹사건에 대해 진실규명결정을 한 경우, 피해자 및 유족들의 손해배상청구권에 대한 「민법」 제766조 제1항의 단기소멸시효에서 '손해 발생 및 가해자를 안 날'은 진실규명결정일이 아니라, 진실규명결정통지서가 송달된 날을 의미한다(대판 2020.12.10. 2020다205455).

> **판례**
>
> **인권침해사건의 소멸시효 기산점**
>
> 1. 「민법」 제766조 제1항의 '주관적 기산점'이 적용되도록 하는 것은 합리적 이유가 인정된다. 그러나 국가가 소속 공무원들의 조직적 관여를 통해 불법적으로 민간인을 집단 희생시키거나 장기간의 불법구금·고문 등에 의한 허위자백으로 유죄판결을 하고 사후에도 조작·은폐를 통해 진상규명을 저해하였음에도 불구하고, 그 불법행위 시점을 소멸시효의 기산점으로 삼는 것은 피해자와 가해자 보호의 균형을 도모하는 것으로 보기 어렵고, 발생한 손해의 공평·타당한 분담이라는 손해배상제도의 지도원리에도 부합하지 않는다. 그러므로 「진실·화해를 위한 과거사정리 기본법」 제2조 제1항 제3호·제4호에 규정된 사건에 「민법」 제166조 제1항, 제766조 제2항의 '객관적 기산점'이 적용되도록 하는 것은 합리적 이유가 인정되지 않는다(헌재 2018.8.30. 2014헌바148). 따라서 「진실·화해를 위한 과거사정리 기본법」 제2조 제1항 제3호의 '민간인 집단 희생사건', 같은 항 제4호의 '중대한 인권침해사건·조작의혹사건'에서 공무원의 위법한 직무집행으로 입은 손해에 대한 국가배상청구권에 **「민법」 제766조 제2항에 따른 장기소멸시효가 적용되지 않는다**(대판 2023.2.2. 2020다270633).
>
> 2. 국가배상청구권에 관한 3년의 단기소멸시효기간 기산에는 「민법」 제766조 제1항 외에 소멸시효의 기산점에 관한 일반규정인 「민법」 제166조 제1항이 적용된다. 따라서 3년의 단기소멸시효기간은 그 '손해 및 가해자를 안 날'에 더하여 그 '권리를 행사할 수 있는 때'가 도래하여야 비로소 시효가 진행한다(대판 2023.2.2. 2020다270633).

3 소멸시효의 중단

1. 소멸시효의 중단사유

소멸시효는 「민법」 청구 등(제168조)과 「국세기본법」 납세고지 등(제28조)으로 중단된다.

2. 소멸시효 중단의 의의

소멸시효는 권리자가 권리를 행사할 의사를 표현하면 중단된다. 예를 들면 피해자가 국가배상을 배상심의회에 청구를 하거나 법원에 소송으로 제기하면 소멸시효는 중단된다. 행위가 성공적이었느냐는 소멸시효중단과 무관하다. **과세관청이 개발부담금을 부과했는데 법원이 개발부담금에 하자가 있다는 이유로 취소했다고 하더라도 시효중단의 효력은 상실되지 않는다.**

3. 시효중단 관련 판례

(1) 압류할 목적물을 찾아내지 못하여 압류를 실행하지 못하고 수색조서를 작성하는 데 그친 경우에도 소멸시효 중단의 효력이 있다(대판 2001.8.21. 2000다12419).

(2) 납입고지에 의한 부과처분이 취소되더라도 시효중단의 효력은 상실되지 않는다(대판 2000.9.8. 98두19933).

(3) 교부청구를 하였다면 체납자에게 알리지 않았다 하더라도 시효는 중단된다(대판 2010.5.27. 2009다69951).

(4) 과세처분의 취소소송을 제기하면 부당이득반환청구권의 시효는 중단된다(대판 1992.3.31. 91다32053).

(5) 변상금 부과처분에 대한 취소소송이 진행되는 경우에도 소멸시효는 중단되지 않는다(대판 2006.2.10. 2003두5686).

(6) 납북상태에서는 소를 제기할 수 없으므로 소멸시효는 중단된다(대판 2012.4.13. 2009다33754).

4. 중단의 효과

중단사유가 있으면 중단사유가 종료된 때부터 새로이 시효는 진행한다.

5. 복수채권의 소멸시효 중단 여부

복수채권 중 한 채권에 대해 권리를 행사하더라도 다른 채권의 소멸시효가 중단되는 것은 아니다. 한국자산관리공사가 변상금 부과·징수권을 행사하였다 하더라도 이로써 민사상 부당이득반환청구권의 소멸시효가 중단된다고 할 수 없다(대판 2014.9.4. 2013다3576).

4 소멸시효 완성

1. 소멸시효 완성의 효력

조세소멸시효가 완성되면 납세의무는 **절대적으로** 소멸한다. 따라서 시효 완성 후 조세부과처분은 무효가 된다(대판 1985.5.14. 83누655).

2. 채무자의 소멸시효 완성 주장이 신의칙에 반하여 허용되지 않는 경우

국가 산하 '진실·화해를 위한 과거사정리위원회'가 진실규명결정을 하고 피해자 등이 그 결정에 기초하여 상당한 기간 내에 권리행사를 한 경우, 국가가 소멸시효 완성을 주장하는 것은 신의성실원칙에 반하는 권리남용에 해당한다(대판 2013.12.12. 2013다210220).

5 소멸시효와 제척기간(대판 전합 2021.3.18. 2018두47264)

甲은 2014.12.30.부터 2015.12.29.까지 육아휴직을 하였다. 甲은 2017.2.24. 서울지방고용노동청 서울강남지청장인 乙에게 위 휴직기간에 대한 육아휴직급여를 신청하였다. 乙은 甲이 구 고용보험법 제70조 제2항(이하 '이 사건 조항'이라고 한다)에서 정한 육아휴직 종료일부터 12개월이 지나 육아휴직급여를 신청하였다는 이유로 육아휴직급여 지급을 거부하는 처분을 하였다.

> **참조조항**
>
> 구 고용보험법 제70조【육아휴직 급여】② 제1항에 따른 육아휴직 급여를 지급받으려는 사람은 육아휴직을 시작한 날 이후 1개월부터 육아휴직이 끝난 날 이후 12개월 이내에 신청하여야 한다. 다만, 해당 기간에 대통령령으로 정하는 사유로 육아휴직 급여를 신청할 수 없었던 사람은 그 사유가 끝난 후 30일 이내에 신청하여야 한다.
> 제107조【소멸시효】① 제3장부터 제5장까지의 규정에 따른 지원금·실업급여·육아휴직 급여 또는 출산전후휴가 급여 등을 지급받거나 그 반환을 받을 권리는 3년간 행사하지 아니하면 시효로 소멸한다.

1. 제척기간과 소멸시효

제척기간은 권리자로 하여금 권리를 신속하게 행사하도록 함으로써 그 권리를 중심으로 하는 법률관계를 조속하게 확정하려는 데에 그 제도의 취지가 있는 것으로서, 소멸시효가 일정한 기간의 경과와 권리의 불행사라는 사정에 의하여 그 효과가 발생하는 것과는 달리 관계 법령에 따라 정당한 사유가 인정되는 등 특별한 사정이 없는 한 그 기간의 경과 자체만으로 곧 권리 소멸의 효과를 발생시킨다. 따라서 **추상적 권리 행사에 관한 제척기간**은 권리자의 권리 행사 태만 여부를 고려하지 않으며, 당사자의 신청만으로 추상적 권리가 실현되므로 기간 진행의 중단·정지를 상정하기 어렵다. 이러한 점에서 제척기간은 소멸시효와 근본적인 차이가 있다.

2. 제척기간과 소멸시효 구별기준

(1) 일반적 기준

행정법에서 추상적 권리의 행사에 대해서는 제척기간, 구체적 권리의 행사에 대해서는 소멸시효가 적용되는 경우가 많다. 사회보장수급권도 예외가 아니며, 급여 지급 신청은 제척기간, 청구 및 소송 제기는 소멸시효로 이해한다.

(2) 구 고용보험법 제70조 제2항과 제107조 제1항의 경우

1) 구 고용보험법은 육아휴직급여 청구권에 대해 신청기간을 제척기간으로, 소멸시효는 별도로 규정하고 있다. 이 사건 조항의 신청기간은 추상적 권리 행사에 관한 제척기간으로 보는 것이 타당하다. 구 고용보험법 제70조 제2항의 신청기간은 강행규정이다. 신청자는 일정 기간 내에 급여를 신청해야 하며, 이는 법률관계를 조속히 확정시키기 위한 강행규정이다.

2) **신청기간 규정이 법률관계를 조속히 확정시키기 위하여 권리의 행사에 중대한 제한을 가하려는 취지라면** '기본권 제한의 법률유보원칙'에 따라 법률에서 직접 정하거나 법률의 위임에 근거하여 하위법령에서 정하여야 한다. 따라서 **모법의 위임 없이 하위법령에서 정한 신청기간은 대외적으로 국민과 법원을 구속하는 효력이 없으므로 제척기간이라고 볼 수 없다.** 그러나 이 사건 구 고용보험법은 신청기간인 제척기간을 명시하고 있으므로 강행규정이다. <u>甲이 신청기간을 넘겨 육아휴직급여를 신청했으므로 신청요건을 충족하지 않아, 거부처분은 적법하다.</u>

제10절 취득시효

1 개념

취득시효는 타인의 물건을 일정 기간 점유하고 있는 자에게 그 소유권을 취득하게 하는 제도이다.

2 시효취득의 대상

1. 행정재산은 시효취득의 대상에서 제외된다.

(1) 문화재보호구역 내의 국유토지는 「국유재산법」 제4조 제3항 소정의 보존재산에 해당하므로 구 국유재산법 제5조 제2항에 의하여 시효취득의 대상이 되지 아니한다(대판 1994.5.10. 93다23442).

(2) 원래 **일반재산이던 것이 행정재산으로 된 경우** 일반재산일 당시에 취득시효가 완성되었다고 하더라도 **행정재산으로 된 이상 이를 원인으로 하는 소유권이전등기를 청구할 수 없다**(대판 1997.11.14. 96다10782).

(3) 예정공물은 시효취득의 대상이 될 수 없다(대판 1994.5.10. 93다23442).

2. 일반재산(구 잡종재산)은 시효취득의 대상에 포함된다.

국유 일반재산에 대한 시효취득을 부인하는 「국유재산법」은 합리적 근거 없이 국가만을 우대하는 불평등한 규정으로서 헌법상의 평등의 원칙에 반한다(헌재 1991.5.13. 89헌가97).

> 「국유재산법」 제7조 【국유재산의 보호】 ② 행정재산은 「민법」 제245조에도 불구하고 시효취득의 대상이 되지 아니한다.

3 공용폐지와 시효취득

행정재산이 공용이 폐지되면 일반재산이 되므로 시효취득의 대상이 된다. 판례는 공용폐지는 행정청의 의사표시가 필요하다고 보아, 공공용물이 해당 용도로 사용되고 있지 않다는 사정만으로 공용폐지를 인정하지 않고 있다.

4 국가의 취득시효 완성과 손실보상

점유취득시효기간이 경과하였다는 사정은 토지소유자가 국가를 상대로 소유권에 기초한 물권적 청구권을 행사하는 데에 지장이 될 수는 있으나, 토지소유자가 소유권의 상실을 전제로 하여 특별조치법에 터 잡은 금전적인 손실의 보상을 청구하는 데에 장애로 작용하지는 않는다. 따라서 토지에 관한 국가의 **점유취득시효가 완성되었으나 그에 따른 등기가 마쳐지지 않은 상태**에서 이 사건 각 토지가 하천구역에 편입되어 국가의 소유로 되었으므로, 이 사건 각 토지의 소유권 상실로 인한 손실보상청구권이 발생한다(대판 2016.6.9. 2014두1369).

제11절 공법상 부당이득

1 의의

1. 개념

공법 분야에서 **법률상 원인 없이** 타인의 재산 또는 노무에 의하여 이익을 얻고 이로 인하여 타인에게 손해를 끼치는 것을 공법상의 부당이득이라고 한다(조세의 과오납, 봉급과액수령, 무자격자의 연금수령).

2. 부당이득반환청구권의 성질

(1) 학설

부당이득반환청구권은 공법상의 원인에 기하여 생긴 결과를 조정하기 위한 제도로서 공법적인 것이므로, 공권의 성질을 가진다는 공권설과 부당이득반환청구권 경제적 견지의 이해조정제도이므로 사권이라는 사권설이 대립한다.

(2) 판례

조세에 관한 부당이득반환청구권은 사법상 권리로 보면서 부가가치세 환급청구권은 공법상 권리이다(대판 전합 2013.3.21. 2011다95564).

2 성립요건

1. 행정주체의 부당이득

행정주체의 부당이득이 성립하려면 법률상 원인이 없어야 한다. 처분이 무효인 경우 법률상 원인이 없어 부당이득이 된다. 그러나 처분이 무효가 아니라면 처분이 취소되지 않는 한 부당이득에 해당하지 않는다(대판 2015.4.9. 2012다69203 등). 그러나 부당이득반환청구가 인용되기 위해서는 **그 소송절차에서 판결에 의해 당해 처분이 취소되면 충분하고 그 처분의 취소가 확정되어야 하는 것은 아니다**(대판 2009.4.9. 2008두23153).

2. 사인의 부당이득

사인의 국유지 무단사용과 무자격자의 연금 수령은 부당이득이 된다. 보험급여 수급권자에게 가해자 등 제3자가 보험급여 항목과 관련된 재산상 손해액을 모두 변제하였음에도 수급권자가 보험급여를 받았고 국민건강보험공단이 보험급여와 관련하여 부담금을 지급한 경우, 그 지급한 부담금을 부당이득으로 징수할 수 있다(대판 2016.12.29. 2014두40340). 의료기관을 개설할 수 없는 자가 개설한 의료기관이 「국민건강보험법」상 급여비용을 청구하는 것은 부당이득징수처분의 대상이 된다(대판 2020.7.9. 2018두44838).

3. 행정주체 상호 간 부당이득

국가는 법률과 예산의 범위 내에서 지방자치단체에 재정을 지원할 의무가 있으며, 이 범위를 벗어나 지방자치단체가 국유재산을 법률상 원인 없이 학교부지로 임의 사용한 경우에는 「민법」상 부당이득이 성립될 수 있다(대판 2014.12.24. 2011다92497).

3 효과

1. 부당이득반환의무

부당이득을 얻은 자는 권리자에게 반환해야 한다.

2. 반환의 범위

행정주체가 선의로 부당이득을 취한 경우라도 부당이득 전액을 반환해야 한다.

4 소멸시효

1. 소멸시효기간

부당이득반환청구권의 소멸시효는 특별한 규정이 없는 한, 「국가재정법」 제96조 제1항에 따라 5년이다.

2. 기산점

부당이득반환청구권의 소멸시효는 **조세 납부 시 또는 조세 징수 시부터 기산한다**(대판 2005.1.27. 2004다50143).

3. 소멸시효의 중단

과세처분의 취소소송을 제기하면 부당이득반환청구권의 소멸시효는 중단된다.

5 수익적 처분의 취소와 환수

위법한 수익적 처분의 취소를 함에 있어 이미 지급된 급부를 환수해야 하는가가 문제가 된다. 수익적 처분의 당사자가 귀책사유가 있을 경우 환수해야 한다. 그렇지 않은 경우 당사자의 신뢰이익을 고려하여야 한다.

> **판례**
>
> 「산업재해보상보험법」 제84조 제1항 제3호에 따라 보험급여를 받은 당사자로부터 잘못 지급된 보험급여액에 해당하는 금액을 징수하는 처분을 할 때에는 보험급여의 수급에 관하여 당사자에게 **고의 또는 중과실의 귀책사유**가 있는지, 잘못 지급된 보험급여액을 쉽게 **원상회복**할 수 있는지, 잘못 지급된 보험급여액에 해당하는 금액을 징수하는 처분을 통하여 달성하고자 하는 **공익상 필요**의 구체적 내용과 처분으로 말미암아 **당사자가 입게 될 불이익**의 내용 및 정도와 같은 여러 사정을 두루 살펴, 잘못 지급된 보험급여액에 해당하는 금액을 징수하는 처분을 해야 할 공익상 필요와 그로 말미암아 당사자가 입게 될 기득권과 신뢰의 보호 및 법률생활 안정의 침해 등의 불이익을 비교·교량한 후, 공익상 필요가 당사자가 입게 될 불이익을 정당화할 만큼 강한 경우에 한하여 보험급여를 받은 당사자로부터 잘못 지급된 보험급여액에 해당하는 금액을 징수하는 처분을 해야 한다(대판 2014.4.10. 2011두31697).
> * 보험금 지급결정을 취소가 적법이라도 징수를 해야 하는 것은 아니다.

제12절 사인의 공법상 신청

1 사인의 공법행위

사인의 공법행위는 행정법관계에서의 사인의 행위로서 **공법적 효과를 발생시키는 행위**를 총칭한다. 사인의 공법행위인 점에서 행정주체의 공권력 발동행위인 행정행위와 다르다.

2 신청

1. 의의

사인이 행정청에게 일정한 조치를 취해 줄 것을 요구하는 의사표시이다. 신청인의 행정청에 대한 신청 의사표시는 명시적이고 확정적인 것이어야 하므로, 신청인이 허가업무 담당자에게 신청서 내용을 검토해달라고 요청한 것만으로는, 특별한 사정이 없는 한 명시적이고 확정적인 의사표시가 있었다고 보기 어렵다(대판 2004.9.24. 2003두13236).

2. 효과

신청을 받았을 때 행정청은 접수하고, 처리하여 결과를 통지할 의무가 있다.

3. 신청행위를 대상으로 한 위임계약

행정청의 허가 등을 목적으로 하는 신청행위를 대상으로 하는 위임계약도 반사회질서적 성질을 띠지 않는 한 허용된다. 다만, 신청행위 자체에 전문성이 크게 요구되지 않고, 허가에 공무원의 재량적 판단이 필요하며, 관련 절차에 필요한 비용이 크지 않은데도 약정된 보수액이 지나치게 많아, 그 보수액에 뇌물공여 등의 로비 자금이 포함되었다고 볼 만한 **특수한 사정이 있는 경우**, 이러한 위임계약은 반사회질서적인 성질을 띠어「민법」제103조에 따라 **무효이다**(대판 2016.2.18. 2015다35560).

3 의사표시의 하자

1. 원칙

(1) 사기, 강박이나 착오로 인한 사인의 의사표시는「민법」규정이 적용되어 취소할 수 있다.

(2) 중앙정보부직원이 사직하지 않으면 구타하겠다고 하여 공무원이 사직원을 제출한 경우, 이는 강박에 의한 의사표시이므로 면직처분은 위법하다(대판 1968.4.30. 67누164).

2. 예외

「민법」제107조 제1항 단서는 사인의 공법상 행위에 적용되지 않는다. 따라서 진의 아닌 의사표시는 상대방이 알았다 하더라도 무효가 되지 않는다. 전역지원의 의사표시가 진의 아닌 의사표시라 하더라도 그 무효에 관한 법리를 선언한 「민법」제107조 제1항 단서의 규정은 그 성질상 사인의 공법행위에는 적용되지 않는다. 따라서 **표시된 대로 유효한 것으로 보아야 한다**(대판 1997.1.11. 93누10057).

4 철회와 보정

1. 철회

사인의 공법행위는 행정행위가 이루어지기 전까지 철회나 보정이 가능하지만, 행정청의 처분이 있은 후에는 철회할 수 없다. 공무원의 사직의사표시도 의원면직처분 전까지는 철회나 취소할 수 있지만, 처분 후에는 철회할 수 없다. 다만, 면직처분 전이라도 신의칙에 반하는 특별한 사정이 있을 경우 철회는 허용되지 않는다(대판 1993.7.27. 92누16942).

2. 보정

사인의 공법행위에 하자가 있더라도 행정청은 원칙적으로 보완, 보정할 기회를 부여해야 한다.

> **판례**
> 1. 구 민원사무처리에 관한 법률 및 시행령에 따르면, 행정기관은 민원 신청이 있을 때 특별한 규정이 없는 한 접수를 보류하거나 거부할 수 없다. 민원서류에 흠이 있는 경우, **보완을 요구하고, 보완 대상이 되는 흠은 보완이 가능한 경우여야 하며**, 형식적·절차적인 요건이거나 **단순한 착오 등에 기한 실질적 요건**의 흠이어야 한다(대판 2004.10.15. 2003두6573).
> 2. 「행정절차법」제17조가 '구비서류의 미비 등 흠의 보완'과 '신청 내용의 보완'을 분명하게 구분하고 있는 점에 비추어 보면 행정청으로 하여금 신청에 대하여 거부처분을 하기 전에 반드시 신청인에게 신청의 내용이나 처분의 **실체적 발급요건**에 관한 사항까지 보완할 기회를 부여하여야 할 의무를 정한 것은 아니라고 보아야 한다(대판 2020.7.23. 2020두36007).

5 하자 있는 사인의 공법행위에 따른 행정행위의 효력

1. **하자가 있는 사인의 공법행위가 행정청이 행한 행정행위의 단순한 동기에 불과한 경우**

   통행금지해제 신청은 통행금지해제의 단순한 동기에 불과하므로 통행금지해제 신청이 있는 줄 알고 통행금지해제를 했으나 신청이 없는 것으로 판명되었을 경우 통행금지해제는 그대로 유효하다.

2. **하자가 있는 사인의 공법행위가 행정청이 행한 행정행위 발령에 필수적 전제조건인 경우**

   (1) 사인의 공법상 행위의 하자가 무효사유인 경우 행정청의 행정행위는 무효가 된다. 예를 들면 수임자라고 자처한 A가 위임자 B 명의의 서류를 위조하여 허가신청을 하였고, 행정청은 허가를 했다. 그러나 B의 허가신청이 무효이므로 이에 기하여 이루어진 허가처분 또한 무효이다(대판 1974.8.30. 74누168).

   (2) 사인의 공법행위 하자가 취소사유인 경우 행정청의 행정행위는 취소되기 전까지 유효하다.

6 권리구제

사인의 신청에 대한 행정청의 거부처분에 대해서 사인은 이의신청, 행정심판, 행정소송을 제기할 수 있다.

판례

1. 서울대공원 시설을 기부채납한 사람이 무상사용기간 만료 후 확약 사실에 근거하여 10년 유상사용 등의 허가를 구하는 확정적인 취지의 신청을 한 사안에서, 서울대공원 관리사업소장이 그 신청서를 반려하고 **조건부** 1년의 임시사용허가처분을 통보한 것은 사실상 **거부처분에 해당한다**(대판 2008.10.23. 2007두6212, 6229).

2. 국가보훈처장은 국가유공자 및 그 유족 등의 등록신청을 받으면 국가유공자 또는 지원대상자 및 그 유족 등으로 인정할 수 있는 요건을 확인한 후 그 지위를 정하는 결정을 하여야 한다(구 국가유공자 등 예우 및 지원에 관한 법률 제6조 참조). 따라서 **처분청으로서는 국가유공자 등록신청에 대하여 단지 본인의 과실이 경합되어 있다는 등의 사유만이 문제가 된다면** 등록신청 전체를 단순 배척할 것이 아니라 그 신청을 일부 받아들여 지원대상자로 등록하는 처분을 하여야 한다. 그럼에도 행정청이 등록신청을 전부 배척하는 단순 거부처분을 하였다면 이는 위법한 것이니 그 처분은 전부 취소될 수밖에 없다(대판 2013.7.11. 2013두2402).

제13절 신고

1 의의

1. 개념

신고는 사인의 행정청에 대한 일정한 사실, 관념의 통지에 의하여 공법적 효과가 발생하는 행위이다. 오늘날 행정규제완화의 경향에 따라 신고제가 점점 확대되고 있다.

2. 종류

(1) 신고의 기능에 따른 분류

　1) 정보제공적 신고

　행정청에게 어떤 사실에 관한 정보를 제공하는 기능을 갖는 신고이다. 신고의무 위반만으로는 영업행위를 금지시킬 수 없으나 이행하지 않은 경우 과태료의 처벌대상이 될 수 있다.

　2) 금지해제적 신고

　신고 없이 한 행위는 위법하다. 따라서 행정형벌과 시정조치의 대상이 된다. 영업장 면적을 변경신고 사항으로 명시한 구 식품위생법 시행령이 시행되기 이전에 일반음식점 영업신고가 경우라도 명의변경 신고를 하지 않은 경우 처벌대상이 된다(대판 2022.8.25. 2020도12944).

(2) 행정청의 수리 여부에 따른 분류

자기완결적 신고는 법령 등에서 행정청에 대하여 일정한 사항을 통지하고 도달함으로써 효과가 발생되는 신고를 말한다. 수리를 요하지 않는 신고라고도 한다. 행위요건적 신고는 법령 등에서 행정청에 대하여 일정한 사항을 통지하고 행정청이 이를 수리함으로써 법적 효과가 발생하는 신고를 말한다. 수리를 요하는 신고라고도 한다.

3. 신고의 법적 근거

신고의 일반법적 근거는 없으나 「**행정기본법**」은 수리를 요하는 신고를, 「**행정절차법**」은 수리를 요하지 않은 신고를 규정하고 있다.

4. 사실로서의 신고

법적 효과가 전혀 없는 신고이다. 신고가 없어도 해당 행위를 적법하게 할 수 있어서 신고 수리와 거부 모두 항고소송의 대상이 아니다. 공동주택의 **테니스장을 배드민턴장으로 변경신고**(대판 2000.12.27. 99두455), 납골시설 **관리사무실, 유족편의시설 신고**(대판 2005.2.25. 2004두4031), 「**부가가치세법**」상의 사업자등록(대판 2000.12.22. 99두6903)은 사실로서의 신고이다.

2 자기완결적 신고(수리를 요하지 않는 신고)

1. 신고의 효력발생요건

자기완결적 신고도 형식적 요건을 갖추어야 한다. 형식적 요건을 갖추지 못한 신고는 부적법한 신고이다. **신고가 부적법한 경우 행정청이 수리했다고 하더라도 신고의 효과가 발생하지 않는다.**

> **판례**
> 1. 「식품위생법」에 따른 식품접객업(일반음식점영업)의 영업신고의 요건을 갖춘 자라고 하더라도, 그 영업신고를 한 당해 건축물이 「건축법」 소정의 허가를 받지 아니한 무허가 건물이라면 적법한 신고를 할 수 없다. 그러한 상태에서 일반음식점 영업행위를 계속하는 것은 무신고 영업행위에 해당한다(대판 2009.4.23. 2008도6829).
> 2. 「체육시설의 설치·이용에 관한 법률」에 따른 당구장업의 신고요건을 갖춘 자라 할지라도 「학교보건법」 제6조에 의한 별도 요건을 충족하지 아니하는 한 적법한 신고를 할 수 없다고 보아야 할 것이다(대판 1991.7.12. 90누8350).

2. 신고의 효력발생시기

접수기관에 도달된 때 신고의 효력은 발생한다. 따라서 자기완결적 신고는 신고함으로써 신고의 효력이 발생하므로 수리를 거부했다고 하더라도 신고는 유효하고, 영업을 한 경우 무신고 영업행위가 아니다. 「가축전염병 예방법」 제11조상 병명이 분명하지 아니한 질병으로 죽은 가축의 신고는 국가에게 정보를 제공하는 신고이므로, 정부기관에 신고를 함으로써 사인의 공법적 의무를 다한 것이다.

> **판례**
> 1. 공무원이 공직선거의 후보자가 되기 위하여 「공직선거법」 제53조 제1항에서 정한 기한 내에 소속 기관의 장에 사직원을 제출한 경우, 수리 여부와 관계없이 공무원이 해당 공직선거와 관련하여 정당의 추천을 받기 위하여 정당에 가입하거나 후보자등록을 할 수 있고 후보자등록 당시까지 사직원이 수리되지 않은 경우, 그 후보자등록에 「공직선거법」을 위반한 등록무효사유가 있다고 할 수 없다(대판 2021.4.29. 2020수6304).
> 2. 행정관청으로서는 위 법령에서 규정하는 시설기준을 갖추어 **축산물판매업 신고를 하는 경우** 당연히 그 신고를 수리하여야 하고, 적법한 요건을 갖춘 신고의 경우에는 행정관청의 수리처분 등 별단의 조처를 기다릴 필요 없이 **그 접수 시에 신고로서의 효력이 발생하는 것이므로** 그 수리가 거부되었다고 하여 미신고 영업이 되는 것은 아니라고 할 것이다(대판 2010.4.29. 2009다97925).

3. 수리

(1) 수리의무

행정기관은 형식적 요건이 충족된 신고를 수리할 의무가 있으므로 실체적 사유를 들어 거부할 수 없다.

(2) 신고서의 보완요구의무

행정청은 형식적 요건을 갖추지 못한 신고서가 제출된 경우 바로 반려해서는 안 된다. 요건을 갖추지 못한 신고서가 제출된 경우에는 **지체 없이 상당한 기간을 정하여 신고인에게 보완을 요구하여야 한다**(「행정절차법」 제40조 제2항).

(3) 수리거부의 처분성

기존 판례는 자기완결적 신고에 대한 행정청의 수리거부에 대해 처분성을 부정해 왔다. 그러나 최근 판례는 건축신고에 대한 수리거부의 처분성은 인정했다. 건축주 등으로서는 신고제하에서도 건축신고가 반려될 경우 당해 건축물의 건축을 개시하면 시정명령, 이행강제금, 벌금의 대상이 되거나 당해 건축물을 사용하여 행할 행위의 허가가 거부될 우려가 있어 불안정한 지위에 놓이게 된다. 따라서 이 사건 **건축신고 반려행위**는 항고소송의 대상이 된다고 보는 것이 옳다(대판 전합 2010.11.18. 2008두167).

(4) 「체육시설의 설치·이용에 관한 법률」 제10조의 신고

1) 판례는 당구장업 신고(대판 1998.4.24. 97도3121), 골프연습장 이용료 변경신고(대결 1993.7.6. 93마635) 등을 '수리를 요하지 않는 신고'로 보고 있다. 그러나 개정된 「체육시설의 설치·이용에 관한 법률」 제20조에서 제3항과 제4항에서 신고수리 여부를 신고인에게 통지하도록 규정하고 있다.
2) 체육시설업(볼링장업)의 신고수리거부처분은 항고소송의 대상이 되는 행정처분이다(대판 1996.2.27. 94누6062).

3 행위요건적 신고(수리를 요하는 신고)

1. 법적 근거

「행정기본법」은 법률에 신고의 수리가 필요하다고 명시되어 있는 경우에 한해 수리를 요하는 신고이고 나머지의 경우는 수리를 요하지 않는 신고이다.

> 「행정기본법」 제34조 【수리 여부에 따른 신고의 효력】 법령 등으로 정하는 바에 따라 행정청에 일정한 사항을 통지하여야 하는 신고로서 법률에 신고의 수리가 필요하다고 명시되어 있는 경우(행정기관의 내부 업무 처리 절차로서 수리를 규정한 경우는 제외한다)에는 행정청이 수리하여야 효력이 발생한다.

2. 요건

원래 신고는 형식적 요건을 갖추면 족하다. 다만, 신고제라도 허가제가 신고제로 변경되면서 허가요건을 그대로 법에 규정한 경우 실질적 요건을 요구한다. 그러나 행정청은 법령에서 정한 요건 이외의 사유를 들어 신고의 수리를 거부할 수는 없다.

3. 신고의 효력발생시기

(1) 수리한 때

주민등록의 신고는 행정청에 도달하기만 하면 신고로서의 효력이 발생하는 것이 아니라 행정청이 수리한 경우에 비로소 신고의 효력이 발생한다(대판 2009.1.30. 2006다17850). 그러나 수리를 요하는 신고의 경우 수리를 요하나 신고필증이 있어야 신고의 효력이 발생하는 것은 아니다.

(2) 수리 여부 통지 조항을 둔 경우 수리를 요하는 신고인지 여부

1) 「건축법」 조항

「건축법」 제14조 제3항은 건축신고를 받은 날부터 5일 이내에 신고수리 여부를 **신고인에게 통지하여야 한다고 규정**하고 있다.

2) 건축신고의 법적 성질에 대한 학설

건축신고의 법적 성격에 대한 학설의 입장은 의제 여부와 관련없이 **수리를 요하는 신고로 보는 설, 수리를 요하지 않는 신고로 보는 설, 인허가의제되는 사안에 한해 수리를 요하는 신고라는 설**이 대립한다.

3) 「행정기본법」 조항

「행정기본법」 제34조는 "법률에 신고의 수리가 필요하다고 명시되어 있는 경우(행정기관의 내부 업무 처리 절차로서 수리를 규정한 경우는 제외한다)에는 행정청이 수리하여야 효력이 발생한다."라고 규정하고 있다. 「건축법」 제14조 제3항은 신고를 받은 날부터 5일 이내에 신고수리 여부를 신고인에게 통지하여야 한다고 규정하여 **법제처 「행정기본법」 해설서는 수리를 요하는 신고**를 볼 수 있다고 한다. 그러나 박균성 교수는 통지규정이 수리를 요하는 신고의 결정적 기준은 아니라고 한다(행정법 강의 117면).

4) 판례

인허가의제 효과를 수반하는 건축신고는 일반적인 건축신고와는 달리, 특별한 사정이 없는 한 행정청이 그 실체적 요건에 관한 심사를 한 후 수리하여야 하는 이른바 '수리를 요하는 신고'로 보는 것이 옳다(대판 2011.1.20. 2010두14954)고 하여 <u>인허가의제되는 건축신고만 수리를 요하는 신고로 보고 일반건축신고는 수리를 요하지 않는 신고로 보고 있다</u>.

4. 수리거부

(1) 수리거부의 효과

행정청이 신고서를 수리함으로써 신고의 효과가 발생한다. 따라서 신고를 하고 수리가 안 된 상태에서의 영업행위는 무신고 영업행위이다.

(2) 부적법한 신고를 수리한 경우

1) 무효인 경우

수리를 요하는 신고의 경우 부적법한 신고가 있었음에도 행정청이 수리했고 그 수리행위가 무효인 경우, 신고 후 영업을 했다면 무신고영업으로서 불법영업이다. 노동조합의 설립신고가 행정관청에 의하여 형식상 수리되었으나 헌법 제33조 제1항 및 「노동조합 및 노동관계조정법」 제2조 제4호가 규정한 실질적 요건을 갖추지 못한 경우, 설립이 무효로서 노동조합으로서의 지위를 가지지 않는다(대판 2021. 2.25. 2017다51610).

2) 취소인 경우

부적법한 신고가 있었음에도 행정청이 수리했고, 그 수리행위가 취소할 수 있는 행위인 경우, 신고의 법적 효력이 발생한다.

(3) 수리처분과 거부의 처분성

수리거부는 사인의 권리·의무에 영향을 주므로 처분성이 인정된다. 행정청이 신고서를 되돌려 보낸 경우에 이는 수리거부행위이므로 처분성이 인정된다.

> **판례**
> 1. **액화석유가스 영업자 지위승계신고**를 수리하는 행위는 행정처분에 해당한다(대판 1993.6.8. 91누11544).
> 2. 구 유통산업발전법에 따른 대규모점포 개설 등록과 구 재래시장법에 따른 시장관리자 지정은 행정청이 실체적 요건을 심사한 후 수리하는 '수리를 요하는 신고'로서, 이는 행정처분에 해당한다(대판 2019.9.10. 2019다208953).
> 3. **사회단체등록**은 당해 신고를 수리하는 것을 의미하는 준법률행위적 행정행위라 할 것이다(대판 1989.12.26. 87누308).

☑ 자기완결적 신고와 행위요건적 신고

자기완결적 신고	행위요건적 신고
• 「가축전염병예방법」상 죽거나 병든 가축의 신고 (법 제11조) • 「식품위생법」상 영업신고 • 「공중위생관리법」상 공중위생영업의 개설신고 • 공장설립신고	• 주민등록전입신고 • 「식품위생법」상 영업지위승계신고 • 액화석유가스 영업자지위승계신고 • 납골당설치신고 • 건축주명의 변경신고 • 인허가가 의제되는 건축신고 • 「수산업법」의 어업신고 • 볼링장영업신고 • 예탁금회원제 골프장의 회원모집계획서 제출 • 사회단체등록 • 건강기능식품 판매신고

☑ 수리를 요하는 신고와 수리를 요하지 않는 신고의 비교

구분	자기완결적 신고(수리를 요하지 않는 신고, 본래적 의미의 신고)	행위요건적 신고 (수리를 요하는 신고)
법적 효과 발생시점	신고서가 접수기관에 도달한 때	행정기관이 수리한 때
형식적 요건을 갖춘 신고의 수리를 거부한 경우	신고한 때 법적 효과 발생 하므로 무신고 영업이 아니다.	신고의 효력이 발생하지 않으므로 무신고 영업행위이다.
부적법한 신고를 행정기관이 수리한 경우	수리했다고 하더라도 신고의 법적 효력이 발생하지 않는다.	• 수리행위가 무효인 경우: 신고의 법적 효력이 발생하지 않는다. • 수리행위에 취소사유가 있는 경우: 취소될 때까지 신고의 법적 효력이 발생한다.
근거법	「행정절차법」	「행정기본법」

4 실체적 사유 심사 여부

1. 실체적 사유를 심사할 수 있는 경우

(1) **납골당설치 신고**는 이른바 '수리를 요하는 신고'이나 수리행위에 신고필증 교부 등 행위가 꼭 필요한 것은 아니다. 구 장사 등에 관한 법률의 관계 규정들에 비추어 보면, 같은 법 제14조 제1항에 의한 사설납골시설 설치기준에 부합하는 한 수리하여야 하나, 보건위생상의 위해를 방지하거나 국토의 효율적 이용 및 공공복리의 증진 등 중대한 공익상 필요가 있는 경우에는 그 수리를 거부할 수 있다고 보는 것이 타당하다(대판 2011.9.8. 2009두6766).

(2) **유료노인복지주택의 설치신고**를 받은 행정관청으로서는 그 유료노인복지주택의 시설 및 운영기준이 위 법령에 부합하는지와 설치신고 당시 부적격자들이 입소하고 있지는 않은지 여부까지 심사하여 그 신고의 수리 여부를 결정할 수 있다(대판 2007.1.11. 2006두14537).

(3) 구 노인장기요양보험법상 **폐업신고**와 구 노인복지법상 **노인의료복지시설의 폐지신고**는, 행정청이 관계 법령이 규정한 요건에 맞는지를 심사한 후 수리하는 이른바 '수리를 필요로 하는 신고'에 해당한다. 그러나 행정청이 그 신고를 수리하였다고 하더라도, **신고서 위조 등의 사유가 있어 신고행위 자체가 효력이 없다면**, 그 수리행위는 유효한 대상이 없는 것으로서, 수리행위 자체에 중대·명백한 하자가 있는지를 따질 것도 없이 당연히 무효이다(대판 2018.6.12. 2018두33593).

(4) 행정관청은 **노동조합 설립신고**에 대해 해당 단체가 「노동조합 및 노동관계조정법」 제2조 제4호 각 목에 해당하는지 여부를 실질적으로 심사할 수 있다(대판 2014.4.10. 2011두6998).

(5) **악취배출시설 설치·운영신고**

대도시의 장 등 관할 행정청에 악취배출시설 설치·운영신고의 수리 여부를 심사할 권한이 있다. 「대기환경보전법」에 따른 대기오염물질배출시설 설치허가를 받은 경우, 악취배출시설 설치·운영신고가 수리되어 그 효력이 발생한다고 볼 수 없다(대판 2022.9.7. 2020두40327).

(6) **인허가가 의제되는 건축신고**(대판 전합 2011.1.20. 2010두14954)

1) 「건축법」에서 인허가의제 사항 관련 법률에 따른 각각의 인허가 요건에 관한 일체의 심사를 배제하려는 것으로 보기는 어렵다. **인허가의제 효과를 수반하는 건축신고**는 일반적인 건축신고와는 달리, 특별한 사정이 없는 한 행정청이 그 실체적 요건에 관한 심사를 한 후 수리하여야 하는 이른바 '수리를 요하는 신고'로 보는 것이 옳다.

2) 「국토의 계획 및 이용에 관한 법률」 제58조 제1항 제4호에서는 개발행위허가의 기준으로 주변 지역의 토지이용실태 또는 토지이용계획, 건축물의 높이, 토지의 경사도, 수목의 상태, 물의 배수, 하천·호수·습지의 배수 등 주변 환경이나 경관과 조화를 이룰 것을 규정하고 있으므로, **「국토의 계획 및 이용에 관한 법률」상의 개발행위허가로 의제되는 건축신고가 위와 같은 기준을 갖추지 못한 경우** 행정청으로서는 이를 이유로 그 수리를 거부할 수 있다고 보아야 한다(대판 전합 2011.1.20. 2010두14954).

(7) **토지형질변경허가가 필요한 건축신고**

「국토의 계획 및 이용에 관한 법률」에 따르면, 토지의 형질을 외형상으로 변경하지 않고 건축허가만 받아 설치가 가능한 경우 개발행위허가가 면제된다. 그러나 별도의 절토, 성토, 정지작업 등이 필요하여 토지의 외형이 변경되는 경우 개발행위허가가 면제되지 않는다. 건축물을 건축하기 위해 건축주는 부지를 적법하게 확보해야 하며, 이는 <u>토지소유권 확보와 적법한 형질변경을 포함한다</u>. **토지형질변경허가가 명백히 불가능하여 부지 확보 요건이 충족되지 않는 경우 건축신고 수리처분은 위법하다**(대판 2023.9.21. 2022두31143).

(8) **골재채취신고**

<u>신고제로 전환되었어도 실질적인 심사가 요구되며, 이는 허가제와 유사한 수준의 검토가 필요하다.</u> **시장·군수 또는 구청장은 골재선별·세척 또는 파쇄 신고에 대하여 실질적인 요건을 심사하여 신고를 수리하거나 거부할 수 있다고 할 것이다**. 그리고 골재채취법령에서 따로 정한바 없어 결국 다른 법령의 내용 및 관계에서 판단하여야 하므로, **시장·군수 또는 구청장으로서는 다른 법령에서 정한 사유도 심사의 대상으로 삼을 수 있다고 할 것이다**(대판 2009.6.11. 2008두18021).

2. 실체적 사유를 심리할 수 없는 경우

(1) **건축주명의변경신고 수리거부행위**는 행정청이 허가대상건축물 양수인의 건축주명의변경신고라는 구체적인 사실에 관한 법 집행으로서 그 신고를 수리하여야 할 법령상 의무를 지고 있음에도 수리를 거부하는 것은 취소소송의 대상인 처분에 해당한다(대판 1992.3.31. 91누4911). 건축주의 명의변경을 신고한 때에는 시장·군수는 그 신고를 수리하여야지 실체적인 이유를 내세 그 신고의 수리를 거부하여서는 아니 된다(대판 2015.10.29. 2013두11475).

(2) **건축물의 소유권을 둘러싸고 소송이 계속 중이어서 판결로 소유권의 귀속이 확정될 때까지 건축주명의변경신고의 수리를 거부함**은 상당하다고 볼 것이다(대판 1993.10.12. 93누883).

(3) **가설건축물 존치기간**을 연장하려는 건축주 등이 법령에 규정되어 있는 제반 서류와 요건을 갖추어 연장신고를 한 경우, 행정청이 법령에서 요구하지 않은 '대지사용승낙서' 등의 서류가 제출되지 아니하였거나, 대지소유권자의 사용승낙이 없다는 등의 사유를 들어 연장신고의 수리를 거부할 수 없다(대판 2018.1.25. 2015두35116).

(4) 행정청이 「국토의 계획 및 이용에 관한 법률」에 따른 개발행위허가기준에 부합하지 않는다는 이유로 구 건축법상 **가설건축물 축조신고**의 수리를 거부할 수 없다(대판 2019.1.10. 2017두75606).

(5) **숙박업**을 하고자 하는 자가 법령이 정하는 시설과 설비를 갖추고 행정청에 신고를 한 경우 행정청은 수리해야 한다. 해당 시설 등에 관한 기존의 숙박업 신고가 외관상 남아있다는 이유만으로 신고수리를 거부할 수 없다(대판 2017.5.30. 2017두34087).

(6) **정신과의원**을 개설하려는 자가 법령에 규정되어 있는 요건을 갖추어 개설신고를 한 때에, 행정청은 법령에서 정한 요건 이외의 사유를 들어 의원급 의료기관 개설신고의 수리를 거부할 수는 없다. 의원 개설신고는 신고필증의 교부가 없다 하여 개설신고의 효력을 부정할 수 없다(대판 2018.10.25. 2018두44302).

(7) 정당등록에 관한 규정에 의하면 피고는 정당이 「정당법」에 정한 형식적 요건을 구비한 경우 등록을 수리하여야 하고, 「정당법」에 명시된 요건이 아닌 다른 사유로 정당등록신청을 거부하는 등으로 정당설립의 자유를 제한할 수 없다(대판 2021.12.30. 2020수5011).

(8) 주민등록 전입신고(대판 전합 2009.6.18. 2008두10997)
   1) 수리를 요하는 신고이다.
   2) 주민등록의 대상이 되는 실질적 의미에서의 거주지인지 여부를 심사하기 위하여 「주민등록법」의 입법목적과 주민등록의 법률상 효과 이외에 「지방자치법」 및 지방자치의 이념까지도 고려하여야 한다고 판시하였던 대판 2002.7.9. 2002두1748은 이 판결의 견해에 배치되는 범위 내에서 변경하기로 한다.
   3) 「주민등록법」의 입법목적에 관한 제1조 및 주민등록 대상자에 관한 제6조의 규정을 고려해 보면, 전입신고를 받은 **시장·군수 또는 구청장의 심사 대상은 전입신고자가 30일 이상 생활의 근거로 거주할 목적으로 거주지를 옮기는지 여부만으로 제한된다고 보아야 한다.** 따라서 전입신고자가 거주의 목적 이외에 다른 이해관계에 관한 의도를 가지고 있는지 여부, 무허가 건축물의 관리, 전입신고를 수리함으로써 당해 지방자치단체에 미치는 영향 등과 같은 사유는 「주민등록법」이 아닌 다른 **법률에 의하여 규율되어야 하고,** 주민등록 전입신고의 수리 여부를 심사하는 단계에서는 고려 대상이 될 수 없다.

(9) 정보통신매체를 이용하여 원격평생교육신고(대판 2016.7.22. 2014두42179)
   1) 원격평생교육신고 수리거부는 항고소송의 대상이 된다.
   2) 신고서의 기재사항에 흠결이 없고 소정의 서류가 구비된 때에는 원격평생교육업 신고를 수리하여야 한다.
   3) 원격평생교육신고에 대해 「의료법」에 저촉될 우려가 있다는 이유 등의 실체적 사유를 들어 수리를 거부한 것은 위법하다(대판 2016.7.22. 2014두42179).
   4) 전통 민간요법인 침·뜸행위를 온라인을 통해 교육할 목적으로 인터넷 침·뜸 학습센터를 설립한 甲이 구 평생교육법 제22조 제2항 등에 따라 평생교육시설로 신고하였으나 관할 행정청이 교육내용이 「의료법」에 저촉될 우려가 있다는 등의 사유로 이를 반려하는 처분을 한 경우, 관할 행정청은 형식적 심사범위에 속하지 않는 사항을 수리거부사유로 삼았을 뿐만 아니라 처분사유도 인정되지 아니하므로, 위 처분을 위법하다(대판 2011.7.28. 2005두11784).
   5) 甲시민사회단체가 일반인을 대상으로 침·뜸 교육과정을 운영하기 위하여 '시민사회단체 부설 평생교육시설신고'를 하였으나 관할 교육지원청 교육장이 무면허 의료행위 등으로 관계 법령을 위반할 가능성이 높다는 이유로 반려처분을 한 경우, 신고의 형식적 요건이 아닌 실체적 사유를 들어서 신고의 수리를 거부할 수 없으므로 위 반려처분은 위법하다(대판 2016.7.22. 2014두42179).

(10) 국제표준무도 10종목을 교습하는 댄스학원을 학원법상 평생직업교육학원으로 등록하려는 신청에 대해, 인천광역시 서부교육지원청은 해당 학원이 체육시설법상 무도학원에 해당하므로 학원법상 등록이 불가하다는 이유로 등록 거부한 사안에서, 체육시설법 시행령의 단서 규정은 학원이 학원법에 따라 등록된 경우 체육시설법이 적용되지 않는다고 명시하고 있으므로 국제표준무도를 교습하는 학원이 학원법령 요건을 충족하여 신고 또는 등록하려는 경우, 이를 거부할 수 없다(대판 전합 2018.6.21. 2015두48655).

제14절 신고사례

1 사례 1 영업자지위승계 신고수리

1. 항고소송의 대상으로서 처분성

(1) 영업자지위승계 신고유형과 수리거부의 처분성

영업양도에 따른 지위승계신고를 수리하는 허가관청의 행위는 단순히 양도인과 양수인 사이에 이미 발생한 사법상 사업양도의 법률효과에 의하여 **양수인이 영업을 승계하였다는 사실의 신고를 접수하는 행위**에 그치는 것이 아니라, 실질적으로 양도자의 사업허가 등을 취소함과 아울러 양수자에게 적법하게 사업을 할 수 있는 권리를 설정하여 주는 행위로서 사업허가자 등의 변경이라는 법률효과를 발생시키는 행위라고 할 것이다(대판 2012.1.12. 2011도6561). 따라서 **수리를 요하는 신고이고 수리거부 시 영업양도가 인정되지 않으므로 양도인의 권리에 직접 영향을 주므로 수리거부는 항고소송의 대상이 되는 처분이다.**

(2) 승계신고 전에 양도인의 영업허가를 취소하고 이를 양수인에 대한 통지

행정청이 주택건설사업의 양수인에 대하여 양도인에 대한 사업계획승인을 취소하였다는 사실을 통지한 것만으로는 양수인의 법률상 지위에 어떠한 변동을 일으키는 것은 아니므로 위 통지는 항고소송의 대상이 되는 행정처분이라고 할 수는 없다(대판 2000.9.26. 99두646).

2. 원고적격

관할 행정청이 양도인에 대하여 채석허가를 취소하는 처분을 하였다면 이는 양수인의 지위에 대한 직접적 침해가 된다고 할 것이므로 **양수인**은 채석허가를 취소하는 처분의 취소를 구할 법률상 이익을 가진다(대판 2003.7.11. 2001두6289).

3. 소의 이익

사업양도·양수에 따른 허가관청의 지위승계신고의 수리는 적법한 사업의 양도·양수가 있었음을 전제로 하는 것이므로 그 수리대상인 사업양도·양수가 존재하지 아니하거나 무효인 때에는 수리를 하였다 하더라도 그 수리는 유효한 대상이 없는 것으로서 당연히 무효라 할 것이고, 사업의 양도행위가 무효라고 주장하는 양도인은 민사쟁송으로 양도·양수행위의 무효를 구함이 없이 막바로 행정청을 상대로 하여 행정소송으로 위 **신고수리처분의 무효확인을 구할 법률상 이익**이 있다고 할 것이다(대판 2005.12.23. 2005두3554).

4. 「행정절차법」상 절차를 거치지 아니한 수리처분의 위법성

영업자 지위승계신고를 수리하는 처분은 종전의 영업자의 권익을 제한하는 처분이라 할 것이고 **종전의 영업자**는 그 처분에 대하여 직접 그 상대가 되는 자에 해당한다고 봄이 상당하므로, 행정청으로서는 위 신고를 수리하는 처분을 함에 있어서 「행정절차법」 규정 소정의 당사자에 해당하는 종전의 영업자에 대하여 위 규정 소정의 행정절차를 실시하고 처분을 하여야 한다(대판 2003.2.14. 2001두7015).

5. 사업양도·양수계약이 무효인 경우 신고를 수리한 처분 무효

사업양도·양수에 따른 허가관청의 지위승계신고의 수리는 적법한 사업의 양도·양수가 있었음을 전제로 하는 것이므로 그 수리대상인 사업 양도·양수가 존재하지 아니하거나 무효인 때에는 수리를 하였다 하더라도 그 수리는 유효한 대상이 없는 것으로서 당연히 무효라 할 것이다(대판 2005.12.23. 2005두3554).

2 사례 2 회원모집계획서 제출 수리(대판 2009.2.26. 2006두16243)

A회사는 회원제 골프장을 운영하는 회사이다. A회사는 회원을 모집하고자 회원모집계획서를 제출했고 행정청은 이를 수리했다.

1. 행정청의 이 수리는 수리를 요하는 신고인가?

「체육시설의 설치·이용에 관한 법률」 제19조 제1항, 구 체육시설의 설치·이용에 관한 법률 시행령 제18조 제2항 제1호 가목, 제18조의2 제1항 등의 규정에 의하면, 위 법 제19조의 규정에 의하여 체육시설의 회원을 모집하고자 하는 자는 시·도지사 등으로부터 회원모집계획서에 대한 검토결과 통보를 받은 후에 회원을 모집할 수 있다고 보아야 하고, 따라서 체육시설의 회원을 모집하고자 하는 자의 시·도지사 등에 대한 회원모집계획서 제출은 수리를 요하는 신고에서의 신고에 해당하며, 시·도지사 등의 검토결과 통보는 수리행위로서 행정처분에 해당한다.

2. B는 A회사가 운영하는 골프장 회원이다. B는 A회사가 기존의 예정인원을 초과하여 회원모집계획서를 제출하여 행정청의 승인통보를 받았다는 이유로 통보처분의 취소를 구할 법률상 이익이 있는가?

행정처분으로서의 통보에 대하여는 그 직접 상대방이 아닌 제3자라도 그 취소를 구할 법률상의 이익이 있는 경우에는 원고적격이 인정되는바, 예탁금회원제 골프장에서는 회원이 입회금 납부와 시설 이용 시 요금을 지불해야 하고, 체육시설업자나 사업계획 승인을 받은 자가 허위의 사업시설 설치공정확인서를 첨부하거나, 예정인원을 초과하여 회원을 모집하는 내용의 계획서를 제출하면 이는 기존 회원의 법적 지위에 영향을 미칠 수 있다. 따라서 기존 회원은 이러한 회원모집계획서에 대한 시·도지사의 검토결과 통보의 취소를 구할 법률상의 이익이 있다고 볼 수 있다.

3 사례 3 납골당 설치신고(대판 2011.9.8. 2009두6766)

1. 납골당 설치신고는 '수리를 요하는 신고'인가?

구 장사 등에 관한 법률 등을 종합하면, 납골당 설치신고는 이른바 '수리를 요하는 신고'라 할 것이므로, 납골당 설치신고가 구 장사 등에 관한 법률 관련 규정의 모든 요건에 맞는 신고라 하더라도 신고인은 곧바로 납골당을 설치할 수는 없고, 이에 대한 행정청의 수리처분이 있어야만 신고한 대로 납골당을 설치할 수 있다.

2. 납골당 설치신고의 수리행위에 신고필증 교부 등 행위가 꼭 필요한가?

수리란 신고를 유효한 것으로 판단하고 법령에 의하여 처리할 의사로 이를 수령하는 수동적 행위이므로 수리행위에 신고필증 교부 등 행위가 꼭 필요한 것은 아니다.

3. 시장 乙의 이행통지의 처분성

파주시장이 종교단체 납골당 설치신고를 한 甲교회에, "구 장사 등에 관한 법률 등에 따라 필요한 시설을 설치하고 유골을 안전하게 보관할 수 있는 설비를 갖추어야 하며 관계 법령에 따른 허가 및 준수사항을 이행하여야 한다."라는 내용의 납골당 설치신고사항 이행통지를 한 경우, 이행통지가 새로이 甲교회 또는 관계자들의 법률상 지위에 변동을 일으키지는 않으므로 이를 수리처분과 별도로 항고소송 대상이 되는 다른 처분으로 볼 수 없다.

4. 주민의 원고적격

납골당 설치장소에서 500m 내에 20호 이상의 인가가 밀집한 지역에 거주하는 주민들에게는 납골당이 누구에 의하여 설치되는지를 따질 필요 없이 납골당 설치에 대하여 환경이익 침해 또는 침해 우려가 있는 것으로 사실상 추정되어 원고적격이 인정된다고 보는 것이 타당하다.

5. 납골시설 설치신고거부사유

구 장사 등에 관한 법률의 관계 규정들에 비추어 보면, 같은 법 제14조 제1항에 의한 사설납골시설 설치기준에 부합하는 한 수리하여야 하나, 보건위생상의 위해를 방지하거나 국토의 효율적 이용 및 공공복리의 증진 등 중대한 공익상 필요가 있는 경우에는 그 수리를 거부할 수 있다고 보는 것이 타당하다.

해커스공무원
gosi.Hackers.com

제2편 일반행정작용법

제1장 행정입법
제2장 행정행위
제3장 그 밖의 행정작용
제4장 행정절차, 정보공개, 개인정보보호
제5장 행정의 실효성 확보수단

제1장 행정입법

제1절 법규명령

1 의의

행정입법이란 일반적으로 국가 등의 행정주체가 일반·추상적인 규범을 정립하는 작용 또는 그에 따라 정립된 규범을 의미한다. **효력을 기준으로 법규명령과 행정규칙이 있다.** 법규명령이란 행정권이 정립하는 규범으로서 국민과의 관계에서 일반구속적인 규범을 의미한다.

2 법규명령의 종류

> **헌법 제75조** 대통령은 법률에서 구체적으로 범위를 정하여 위임받은 사항과 법률을 집행하기 위하여 필요한 사항에 관하여 **대통령령**을 발할 수 있다.
> **헌법 제95조** 국무총리 또는 행정각부의 장은 소관 사무에 관하여 법률이나 대통령령의 위임 또는 직권으로 **총리령 또는 부령**을 발할 수 있다.

1. 위임명령과 집행명령의 같은 점

(1) 법규명령이다.

(2) 위반하면 위법이 된다.

(3) 명령·규칙심사의 대상이 된다.

(4) 헌법소원의 대상이 된다.

(5) 법률을 전제로 한다.

(6) 법률이 폐지되거나 위헌결정이 되면 효력을 상실한다.

(7) 상위법령이 개정되면 효력을 유지하거나 상실한다.

(8) 공포를 효력발생요건으로 한다.

2. 양자가 다른 점

구분	위임명령	집행명령
법률의 위임(수권)	○	×
새로운 권리·의무사항 규율	○	×

3 근거와 효력 상실

1. 위임명령의 경우

(1) 위임명령의 근거

위임명령은 법률의 위임이 있어야만 하며, 헌법상의 일반적 근거만으로는 제정할 수 없다. 법령의 위임 없이 제정된 위임명령은 무효이다. 다만, 판례에 따르면 **위임의 근거가 없어 무효였더라도** 나중에 법 개정으로 위임의 근거가 부여되면 그때부터는 유효한 법규명령으로 볼 수 있다(대판 전합 2017.4.20. 2015두45700).

(2) 위임명령의 효력 상실

수권법률의 폐지	법률이 폐지되면 위임명령은 위임 없는 명령이 되므로 무효가 된다.
수권법률에 대한 헌법재판소의 위헌결정	수권법률의 효력이 상실되므로 명령의 효력은 상실된다.
수권법률의 개정	개정된 법률이 위임규정을 두고 있으면 종전의 위임명령은 효력을 유지한다. 그러나 **구법의 위임에 의한 유효한 법규명령이 법 개정으로 위임의 근거가 없어지게 되면 그때부터 무효인 법규명령이 된다**(대판 1995.6.30. 93추83).

> **판례**
>
> 1. 법률에 근거하지 않은 행정사 시험 실시 여부를 시·도지사에게 위임한 「행정사법 시행령」은 위임입법의 한계를 일탈한 것이고 법률유보원칙에 위반된다(헌재 2010.4.29. 2007헌마910).
> 2. **법률에 의한 위임이 없는 한** 법률이 규정한 개인의 권리·의무에 관한 내용을 변경·보충하거나 법률에 규정되지 아니한 **새로운 내용**을 규정할 수는 없다.
>   2-1. 법률의 위임 없이 법률이 정하지 아니한 법외노조 통보에 관하여 규정한 「노동조합 및 노동관계조정법 시행령」은 법률유보원칙에 위배된다(대판 2020.9.3. 2016두32992).
>   2-2. **상위법령의 위임 없이** 노동조합의 설립을 신고하려는 자가 설립신고서에 첨부하여 제출할 서류에 관하여 규정하고 있는 구 노동조합 및 노동관계조정법 시행규칙 제2조 제4호는 법규명령으로서의 효력이 없다(대판 전합 2015.6.25. 2007두4995).
>   2-3. **군인에 대하여는 계급별 승급액에 해당하는 금액을 근속가봉으로 지급하되, 가산하는 회수는 5회를 초과하지 못한다고 규정한 「공무원보수규정」** 제30조의2 제3항은 평시와 비상시 모두 최고호봉을 초과하여 근무한 군인에게 근속가봉을 제한하고 있다. 그러나 「군인보수법」 제23조에서 '법 시행에 필요한 사항에 관하여 대통령령으로 정한다고 규정하고 있을 뿐 위임 규정을 별도로 두고 있지 않다. 그러므로 군인의 근속가봉 보수청구권을 제한하는 대통령령의 보수규정들은, 법률에서 구체적인 위임 없이 제정되어 모법의 규율 범위를 벗어났으므로 무효이다(대판 2009.5.21. 2005두1237).

3. **시행령의 위임범위 초과**(대판 전합 2012.12.20. 2011두30878)

   시행령이 위임된 내용을 구체화하는 범위를 넘어서 새로운 입법을 하는 경우는 위임의 한계를 벗어난 것이다. 예를 들어, 「화물자동차 운수사업법」이 '많은 사상자 발생'을 운행정지처분의 사유로 규정했음에도 불구하고, 시행령이 이를 '2인 이하가 중상을 입은 경우'로 구체화한 것은 위임의 범위를 초과하여 무효이다.

4. **「법무사법」의 위임범위 내 규정**(대판 2020.4.9. 2015다34444)

   「법무사법」 제23조 제4항은 법무사 사무원 채용에 관한 사항을 대법원 규칙으로 폭넓게 위임하고 있다. 이에 따라 「법무사규칙」 제37조 제6항 후단은 **지방법무사회가 법무사 사무원이 업무수행에 지장이 있을 경우 채용승인을 취소하도록 규정하고 있다.** 이 규정은 다소 추상적일 수 있지만, 법무사 사무의 공익성과 전문성을 확보하기 위한 필요성과 법관의 해석을 통해 구체화될 수 있으므로, 위임범위를 벗어난 것이 아니며 법률유보원칙에 위배되지 않는다.

2. 집행명령의 경우

집행명령은 법령의 수권 없이 발할 수 있다. 그러나 법률을 집행하는 집행명령은 법률 없이 제정될 수 없다.

> **판례**
>
> 1. **상위명령이 개정된 경우**에는 **개정법령과 성질상 모순·저촉되지 아니하고 개정된 상위법령의 시행에 필요한 사항을 규정하고 있는 이상 그 집행명령은 상위명령의 개정에도 불구하고 당연히 실효되지 아니한다**(대판 1989.9.12. 88누6962).
> 2. 법률의 시행령이나 시행규칙의 내용이 모법의 해석상 가능한 것을 명시한 것에 지나지 않거나 모법 조항의 취지에 근거하여 이를 구체화하기 위한 것인 경우, 모법에 직접 위임하는 규정을 두지 않았다고 해도 무효라고 볼 수 없다. 시교육감이 '중학교 입학자격 검정고시 규칙'에 근거하여 만 12세 이상인 자를 대상으로 하는 '중학교 입학자격 검정고시 시행계획'을 공고하였는데, 위 규칙은 위임범위를 벗어난 것이 아니다(대판 2014.8.20. 2012두19526).
> 3. 「방송법 시행령」 제43조 제2항은 수신료의 고지방법에 관한 절차적 사항을 규정하는 **집행명령이다.** 이는 수신료 부과·징수에 관한 본질적 사항이 아니므로 법률에서 직접 규정할 필요는 없다. 상위법 집행을 위한 절차적 사항이므로 법률유보원칙에 위배되지 않는다. 또한 집행명령은 상위법의 집행과 무관한 독자적 내용을 규정할 수 없다는 한계가 있지만, 이 조항은 그 한계를 벗어나지 않았다(헌재 2024. 5.30. 2023헌마820).

4 한계

1. 포괄적 위임금지의 원칙

헌법 제75조는 법률에서 대통령령에 위임할 경우 구체적으로 범위를 정하여 위임하도록 하여 한계를 제시하고 있다. 구체적 위임이란 법률에서 이미 대통령령 등 하위법규에 구체적이고도 명확하게 규정되어 있어서 누구라도 당해 법률 그 자체로부터 대통령령 등에 규정될 내용의 대강을 예측할 수 있어야 함을 의미한다. 즉, 법률에서 대통령령에 규정될 내용을 예측할 수 없는 포괄적 위임을 금하고 있다. 이를 포괄적 위임금지의 원칙이라 한다.

2. 명확성의 원칙

명확성원칙이란 법령의 규정을 통해 법령이 규제하고자 하는 행위, 그 요건 등을 국민들이 예측할 수 있어야 한다는 원칙이다. **예측가능성은 해당 조항뿐 아니라 관련 법조항을 통해 예측할 수 있으면 족하다.** 또한 전문가나 전문서적의 도움을 통해 예측가능성이 있으면 명확한 법령이라고 할 수 있다.

3. 국회전속적 입법사항

법률의 시행령이 형사처벌에 관한 사항을 규정하면서 법률의 명시적인 위임범위를 벗어나 처벌의 대상을 확장하는 것은 죄형법정주의의 원칙에도 어긋나는 것이므로, 그러한 시행령은 위임입법의 한계를 벗어난 것으로서 무효이다. 「**의료법」의 위임 없이** 당직의료인의 수와 자격 등 배치기준을 규정하고 이를 위반하면 처벌의 대상이 되도록 한 「의료법 시행령」의 규정은 위임입법의 한계를 벗어난 것으로서 무효이다(대판 전합 2017.2.16. 2015도16014).

4. 중요사항의 위임금지

기본권의 본질적 사항을 명령에 위임하면 안 되고 법률로 정해야 할 사항을 법규명령으로 정해서는 안 된다.

5. 백지재위임의 금지

(1) **법률에서 위임받은 사항을 전혀 규정하지 않고 재위임하는 것**은 복위임금지원칙에 반할 뿐 아니라 위임명령의 제정형식에 관한 수권법의 내용을 변경하는 것이 되므로 허용되지 않는다.

(2) **위임받은 사항에 관하여 대강을 정하고 그중의 특정 사항을 범위를 정하여 하위법령에 다시 위임하는 경우**에는 **재위임이 허용된다**(대판 2015.1.15. 2013두14238).

6. 위임형식상 한계

행정각부 장관이 부령으로 제정할 수 있는 범위는 법률 또는 대통령령이 위임한 사항이나 법률 또는 대통령령을 실시하기 위하여 필요한 사항에 한정되므로 법률 또는 대통령령으로 규정할 시항을 부령으로 규정하였다고 하면 그 부령은 무효임을 면치 못한다(대판 1962.1.25. 61다9).

5 적법요건과 효력발생요건

1. 적법(성립)요건

(1) 행정입법의 내용 요건으로 상위법 준수원칙

「행정기본법」 제38조 제1항은 국가나 지방자치단체가 입법활동을 할 때 헌법과 상위법령을 위반해서는 아니 된다고 하여 상위법 준수원칙을 직접적으로 규정하고 있다. 위임명령은 상위법령에 반해서는 안 되고 법령의 위임의 범위 내이어야 한다. 위임의 범위를 벗어난 위임명령은 위헌 또는 위법하게 된다.

(2) 절차 준수

「행정기본법」 제38조 제1항에 따르면 헌법과 법령 등에서 정한 절차를 준수하여야 한다.

(3) 절차요건

1) 대통령령의 제정절차

① **법제처의 심사와 국무회의 심의**: 대통령령안은 법제처의 심사와 국무회의 심의를 거쳐야 한다.
② **입법예고**: 대통령령, 총리령·부령은 입법예고를 거쳐야 한다.

2) 총리령·부령의 제정절차

① 대통령령과 제정되는 절차는 거의 비슷하나, 총리령과 부령은 대통령령과 달리 국무회의의 필수적인 심의대상이 안 되고, 입법예고 시 소관 상임위원회에 제출하지 않아도 된다.
② 총리령·부령은 대통령령과 마찬가지로 법제처 심사의 대상이 될 수 있다.

구분	대통령령	총리령·부령
국무회의 심의	○	×
입법예고	○	○
입법예고 시 상임위원회 제출	○	×
법제처 심사	○	○
제정·개정·폐지 시 국회 위원회에 제출	○	○

2. 효력발생요건

대통령령·총리령·부령은 공포를 해야 효력을 가진다. 특별한 규정이 없는 한 공포 후 20일이 경과하여 효력을 가진다.

6 하자

하자 있는 법규명령은 취소설과 무효설이 대립하는데 **취소할 수 있는 것이 아니라 무효**라고 봄이 통설·판례(대판 전합 2009.10.22. 2007두3480 ; 대판 전합 1993.1.19. 92누6983 등)이다. 왜냐하면 법규명령은 행정행위와 달리 공정력이 인정되지 않으므로 취소의 대상이 될 수 없기 때문이다.

제2절 행정규칙

1 의의

1. 개념

행정규칙이란 상급행정기관이 하급행정기관에 대해 행정의 조직과 활동을 규율할 목적으로 권한의 범위 내에서 발하는 일반적·추상적 규칙이다.

2. 종류

(1) 내용에 따른 구분

조직규칙		행정기관의 설치, 권한분배에 관한 규칙이다.
근무규칙	개념	상급기관이 하급기관이나 공무원에게 행정행위를 함에 있어 준수하도록 하기 위해 제정된 규칙이다.
	재량준칙	하급행정기관이 재량처분을 함에 있어서 재량권 행사의 일반적 방향을 제시하기 위해 발하는 행정규칙이다.
	규범해석 규칙	법령을 구속적으로 해석할 수 있는 권한은 법원이 가지므로 행정기관이 제정한 규범해석규칙은 대외적 효력이 없다.

(2) 형식에 따른 분류

훈령	상급기관이 하급기관에게 대해서 그 권한의 행사를 지휘·감독하기 위해 내리는 명령이다.
예규	행정사무의 통일성을 위하여 반복적 행정사무와 처리기준을 제시하는 규칙이다.
고시	일정 사항을 불특정 다수인에게 알리기 위한 규칙이다.

3. 법규명령과 행정규칙의 비교

(1) 행정규칙은 법률적 근거를 필요로 하지 않는다.

법규명령은 법률의 위임 또는 집행을 위한 것이므로 법률유보원칙이 적용되나, 행정규칙은 법률의 근거를 요하지 않아 법률유보원칙이 적용되지 않는다.

(2) 행정규칙은 행정기관과 구성원을 규율대상으로 한다.

법규명령은 행정기관뿐 아니라 국민을 규율대상으로 하나, 행정규칙은 행정기관과 그 구성원만을 규율대상으로 한다. 행정규칙은 행정부 안에서는 구속력을 가진다. 따라서 행정규칙에 반하는 행위를 한 경우, 공무원이나 국공립학교학생은 징계책임을 진다.

(3) 행정규칙은 원칙적으로 재판규범이 아니다.

1) 법규명령에 위반되는 처분은 위법이나, 행정규칙은 재판규범이 아니어서 이에 위반된다 하여 위법이 되는 것은 아니다.
2) 상급행정기관의 지시는 <u>일반적으로 행정조직 내부에서만 효력을 가질 뿐 대외적으로 국민이나 법</u>

원을 구속하는 효력이 없다. 대외적으로 처분권한이 있는 처분청이 상급행정기관의 지시를 위반하는 처분을 하였다고 해서 그러한 사정만으로 처분이 곧바로 위법하게 되는 것은 아니고, 처분이 상급행정기관의 지시를 따른 것이라고 해서 적법성이 보장되는 것도 아니다. 처분이 적법한지는 상급행정기관의 지시를 따른 것인지 여부가 아니라, 헌법과 법률, 대외적으로 구속력 있는 법령의 규정과 입법목적, 비례·평등원칙과 같은 법의 일반원칙에 적합한지 여부에 따라 판단해야 한다(대판 2019.7.11. 2017두38874).

(4) 행정규칙도 예외적으로 법규적 효력을 가진다.

1) 법령보충적 행정규칙

형식은 행정규칙이나 법령을 보충하여 법규성을 가지는 규칙을 법령보충적 행정규칙이라 한다. 법령의 위임을 받아 고시가 제정된 경우 고시는 법규명령성을 가진다.

2) 준법규

행정규칙이 평등의 원칙이나 신뢰보호의 원칙에 따라 행정기관은 그 상대방에 대한 관계에서 그 규칙에 따라야 할 자기구속을 당하게 되는 경우에는 대외적인 구속력을 가지게 되는바, 이러한 경우에는 헌법소원의 대상이 될 수도 있다(헌재 2001.5.31. 99헌마413).

주제별 정리: 행정규칙 관련 쟁점 정리

1. 법령의 근거가 없는 무효인 훈령에 근거한 주류판매업 정지처분은 무효이다(대판 1980.12.23. 79누382).
2. 구 근로자직업능력 개발법에 따르면, 고용노동부장관은 부정한 방법으로 비용을 지급받거나 인정받은 내용을 위반한 자에 대해 훈련과정 인정을 취소할 수 있으며, 인정이 취소된 자는 5년간 직업능력개발훈련의 위탁 및 인정을 받을 수 없다. 인정취소 및 제한에 관한 구체적 기준을 정하고 있는 「**근로자직업능력 개발법** 시행규칙」 제8조의2 [별표 2]는 행정규칙에 해당한다. 처분기준에 부합한다 하여 곧바로 처분이 적법한 것이라고 할 수는 없지만, 처분기준이 그 자체로 헌법 또는 법률에 합치되지 않거나 그 기준을 적용한 결과가 처분사유인 위반행위의 내용 및 관계 법령의 규정과 취지에 비추어 현저히 부당하다고 인정할 만한 합리적인 이유가 없는 한, 섣불리 그 기준에 따른 처분이 재량권의 범위를 일탈하였다거나 재량권을 남용한 것으로 판단해서는 안 된다(대판 2022.4.14. 2021두60960).

제3절 법규명령 형식의 행정규칙

1 의의

법규명령 형식의 행정규칙이란 대통령령·부령과 같이 형식은 법규명령으로 되어 있으나 내용상 행정규칙으로 정해져야 할 제재기준이나 사무처리기준을 규정한 경우이다.

2 성질

1. 학설

법규명령 형식의 행정규칙에 대해 학설상 형식을 기준으로 하는 **법규명령설**, 규율 내용을 기준으로 하는 **행정규칙설**, 상위법령에 위임이 있는 경우 한해 법규명령이라는 **수권여부기준설**이 대립한다.

2. 판례

판례는 시행령인 경우 법규명령으로, 시행규칙인 경우 행정규칙으로 본다.

(1) 대통령령인 시행령

판례는 대통령령 형식의 사무처리기준·제재기준을 법규명령으로 본다.

> **판례**
>
> 1. 하자보수를 정당한 사유 없이 사용검사권자가 지정한 날까지 이행하지 아니한 때 3개월의 영업정지를 한다고 규정한 「주택건설촉진법 시행령」 제38조 제14항은 대외적으로 구속력을 가지는 법규명령이다. 행정청은 3개월간의 영업정지처분을 하여야 할 뿐 달리 정지기간에 관하여 재량의 여지가 없다(대판 1997.12.26. 97누15418).
>
> 2. 구 청소년보호법 제49조 제1항·제2항에 따른 같은 법 시행령 제40조 [별표 6]의 '**위반행위의 종별에 따른 과징금 처분기준**'은 법규명령이기는 하나 같은 유형의 위반행위라 하더라도 그 규모나 기간·사회적 비난 정도·위반행위로 인하여 다른 법률에 의하여 처벌받은 다른 사정·행위자의 개인적 사정 및 위반행위로 얻은 불법이익의 규모 등 여러 요소를 종합적으로 고려하여 사안에 따라 적정한 과징금의 액수를 정하여야 할 것이므로 그 **수액**은 정액이 아니라 최고한도액이다(대판 2001.3.9. 99두5207).

(2) 부령인 시행규칙

부령 형식인데 사무처리기준인 경우 시행규칙은 행정규칙이다.

> **판례**
>
> 1. 시행규칙이 행정규칙인 경우 처분의 위법 여부는 규칙에 따라 판단할 것이 아니고, 관계 법령의 규정에 따라 판단해야 한다(대판 1995.10.17. 94누14148).
> 2. 운전면허 행정처분 기준인 벌점을 규정하고 있는 「도로교통법 시행규칙」은 법규적 효력을 가지지 않는다. 벌점 부과는 처분이 아니다. 벌점 점수는 최고한도를 규정한 것이 아니다(대판 1998.3.27. 97누20236).
> 3. 구 자동차운수사업법 제31조 규정에 의한 사업면허의 취소 등의 처분에 관한 규칙은 법규명령이 아니라 행정규칙의 성질을 가진다. 따라서 자동차운송사업면허의 취소의 적법 여부는 사업면허의 취소 등의 처분에 관한 규칙이 아니라 구 자동차운수사업법의 규정과 그 취지에 적합한 것인지 여부에 따라 판단해야 한다(대판 1990.1.25. 89누3564).
>   * 구 여객자동차 운수사업법 제11조 제4항의 위임에 따라 **시외버스운송사업의 사업계획변경에 관한 절차, 인가기준** 등을 구체적으로 규정한 「여객자동차운수사업법 시행규칙」은 법규명령의 성질을 가진다(대판 2006.6.27. 2003두4355).
> 4. 약사의 의약품 개봉판매행위에 대하여 처분기준을 정하고 있는 「약사법 시행규칙」은 대외적으로 국민이나 법원을 구속하는 효력이 없다(대판 2007.9.20. 2007두6946).
> 5. 「검찰보존사무규칙」이 「검찰청법」 제11조에 기하여 제정된 법무부령이기는 하지만, 그중 **불기소사건기록의 열람 · 등사의 제한을 정하고 있는 위 규칙 제22조**는 <u>법률상의 위임근거가 없는 행정기관 내부의 사무처리준칙으로서 행정규칙에 불과하다</u>(대판 2012.6.28. 2011두16735).
> 6. 제재기준인 「식품위생법 시행규칙」은 행정규칙의 성질을 가진다(대판 1993.6.29. 93누5635).
> 7. 「공공기관의 운영에 관한 법률」에 따라 입찰참가자격제한기준을 정하고 있는 **「공기업 · 준정부기관 계약사무규칙」**과 「국가를 당사자로 하는 계약에 관한 법률 시행규칙」은 부령의 형식으로 되어 있으나 공기업 · 준정부기관이 행하는 입찰참가자격제한처분에 관한 행정청 내부의 재량준칙을 정한 것에 불과하여 대외적으로 국민이나 법원을 기속하는 효력이 없다(대판 2014.11.27. 2013두18964).

3 법규명령 형식의 행정규칙에 근거한 처분의 효력

1. 법규명령설을 취한 경우

처분기준은 대외적 효력을 가지므로 이에 위반한 경우 바로 위법이 된다. 처분기준에 위반하지 않더라도 처분기준이 최고한도에 해당한 경우 비례원칙 또는 평등원칙에 위반되면 재량권 일탈남용이 될 수 있다.

2. 행정규칙설을 취한 경우

(1) 원칙

처분기준은 대외적 효력을 가지는 것이 아니므로 이에 위반한다고 바로 위법이 되는 것은 아니다. 또한 이에 부합된다고 적법이라고 단정할 수 없다.

(2) 상위법령에 위반된 경우

행정규칙인 처분기준은 재판규범이 아니므로 당해 처분이 상위법령에 위반되는지를 판단하여야 해야 하고 위반되는 경우 위법한 처분이 된다.

(3) 자기구속의 법리를 매개하여 위법한 처분이 되는 경우

재량권 행사의 준칙인 행정규칙이 그 정한 바에 따라 되풀이 시행되어 행정관행이 이루어지게 되면 평등의 원칙이나 신뢰보호의 원칙에 따라 행정기관은 그 상대방에 대한 관계에서 그 규칙에 따라야 할 자기구속을 받게 되므로, 이러한 경우에는 특별한 사정이 없는 한 그를 위반하는 처분은 평등의 원칙이나 신뢰보호의 원칙에 위배되어 재량권을 일탈·남용한 위법한 처분이 된다(대판 2009.12.24. 2009두7967 ; 대판 2013.11.14. 2011두28783).

제4절 법령보충적 행정규칙

1 의의

법령보충적 행정규칙은 형식은 행정규칙이나 상위법령의 위임에 의해 상위법령의 내용을 보충하여 법규사항을 규율하고 있는 행정규칙이다.

2 법적 성질

1. 허용 여부

(1) 헌법 제75조는 법률에서 대통령령에 위임할 수 있도록 하고 있고 헌법 제95조는 법률 또는 대통령령에서 총리령과 부령에 위임할 수 있도록 규정하고 있으나 고시 등 행정규칙에 위임할 수 있도록 규정하고 있지 않아 고시 등에 위임할 수 있는지 여부가 문제가 된다.

(2) 헌법재판소와 대법원은 헌법의 법규명령 형식을 예시적으로 보아 행정규칙 형식의 법규명령 또는 법령보충적 행정규칙을 인정하고 있다(헌재 2004.10.28. 99헌바91). 헌법재판소는 전문적·기술적 사항 또는 경미한 사항으로서 업무의 성질상 위임이 불가피한 사항에 해당하는 경우에 한해 **고시 등에 위임할 수 있다고 한다.**

(3) 「행정기본법」 제2조 제1호 가목 3)에는 법령의 위임을 받아 중앙행정기관의 장이 정한 훈령·예규 및 고시 등 행정규칙을 법령 등에 포함시키고 있어 법령보충적 행정규칙을 인정하고 있다. 다만, 「행정규제기본법」 제4조 제2항 단서는 법령에서 전문적·기술적 사항이나 경미한 사항으로서 업무의 성질상 위임이 불가피한 사항에 관하여 구체적으로 범위를 정하여 위임한 경우에는 고시 등으로 정할 수 있다고 하여 위임의 한계를 규정하고 있다.

2 법적 성질

법령에서 위임받은 사항을 규정한 행정규칙의 법적 성질에 대해서는 규율대상을 기준으로 하는 법규명령설, 형식을 기준으로 하는 행정규칙설, 법규명령의 효력을 가지는 행정규칙설이 있다. 판례는 법규명령으로 본다.

> **판례**
>
> 1. 택지개발촉진법과 같은 법 시행령에 따라 건설교통부장관이 정한 택지개발업무처리지침 제11조가 비록 건설교통부장관의 지침 형식으로 되어 있다 하더라도, 이에 의한 토지이용에 관한 계획은 택지개발촉진법령의 위임에 따라 그 규정의 내용을 보충하면서 그와 결합하여 대외적인 구속력이 있는 법규명령으로서의 효력을 가진다(대판 2008.3.27. 2006두3742, 3759).
> 2. **「농약관리법」 제9조 제2항의 위임에 따라 인축독성 시험성적서 검토기준 및 판정기준을 규정하고 있는 농촌진흥청 고시는** 상위법령의 구체적 위임에 따라 만들어져 실질적으로 상위법령의 규정 내용을 보충하는 기능을 할 때에는 이른바 '법령보충적 행정규칙'으로서 상위법령과 결합하여 대외적으로 구속력을 가진다(대판 2021.2.25. 2019두53389).

3. 법령의 규정이 특정 행정기관에게 법령 내용의 구체적 사항을 정할 수 있는 **권한을 부여하면서 권한행사의 절차나 방법을 특정하지 아니한 경우에는** 수임 행정기관은 행정규칙이나 규정 형식으로 법령 내용이 될 사항을 구체적으로 정할 수 있다. 이 경우 행정규칙 등은 당해 법령의 위임한계를 벗어나지 않는 한 대외적 구속력이 있는 법규명령으로서 효력을 가지게 되지만, 이는 행정규칙이 갖는 일반적 효력이 아니라 행정기관에 법령의 구체적 내용을 보충할 권한을 부여한 법령 규정의 효력에 근거하여 예외적으로 인정되는 것이다(대판 2012.7.5. 2010다72076).

3 요건과 효력

1. 요건

(1) 형식적 한계

법령에서 행정규칙으로 정하도록 한 위임이 있어야 한다. 행정규칙이 상위법령의 절차나 방식에 위배되는 경우에 대외적 효력이 인정되지 않는다. **법률에서 부령(시행규칙)으로 정하도록 위임하였는데** 이를 고시로 정했다면 고시는 대외적 구속력을 갖는 법규명령으로서 효력이 인정될 수 없다(대판 2019.10.17. 2014두3020, 3037). 예를 들면 「주택법」이 부령의 형식으로 감리비 지급기준을 정하도록 위임하였음에도 감리비 지급기준을 정한 국토교통부장관의 고시는 법규명령으로서 효력을 가지지 못한다(대판 2012.7.5. 2010다72076).

(2) 사항적 한계

기본권과 관련된 본질적 사항을 고시 등에 위임해서는 안 되고 전문적 기술적 사항이나 경미한 사항에 한해 고시 등에 위임할 수 있다. 또한 행정규칙 등은 당해 법령의 위임한계를 벗어나지 않는 한 대외적 구속력이 있는 법규명령으로서의 효력을 가지게 되지만, 이는 행정규칙이 갖는 일반적 효력으로서가 아니라 행정기관에 법령의 구체적 내용을 보충할 권한을 부여한 법령 규정의 효력에 근거하여 예외적으로 인정되는 것이다. 따라서 **그 행정규칙이나 규정이 상위법령의 위임범위를 벗어난 경우에는 법규명령으로서의 대외적 구속력을 인정할 여지는 없다**(대판 1987.9.29. 86누484).

(3) 포괄위임금지원칙

법령에서 고시에 위임은 구체적 위임이어야 하며 **포괄적 위임은 금지**된다.

2. 공포

판례에 따르면 법령보충적 행정규칙에 대한 **공포가 효력발생요건은 아니다.** 다만, 관계인이나 일반인에게 표시·통보해야 그 효력이 발생한다.

3. 효력

행정규칙 형식의 법규명령은 **법규명령으로서 효력**을 가진다는 것이 대법원과 헌법재판소의 판례이다. 다만, 고시가 비록 법령에 근거를 둔 것이라고 하더라도 그 규정 내용이 법령의 위임범위를 벗어난 것일 경우에는 법규명령으로서의 대외적 구속력을 인정할 여지는 없다(대판 2019.5.30. 2016다276177).

> 📖 **판례**
>
> **공장업종변경승인신청거부처분**(대판 2004.5.28. 2002두4716)
> 가. 산업자원부 고시 제5조 제2호는 공장입지 기준을 구체화한 법규명령으로서 효력을 가지며, 김포시 고시 제5조 제1항도 상위법령의 위임범위 내에서 세부 기준을 정한 법규명령이다.
> 나. 「공업배치 및 공장설립에 관한 법률」 제13조는 공장을 신설·증설·이전하거나 업종을 변경하려는 자가 시장 등의 승인을 받도록 규정하고 있으며, 승인기준에 대해서는 대통령령에 위임하고 있다. 시행령 제19조는 공장설립 승인 절차를 규정하며, 시장 등이 승인 여부를 결정할 때는 법과 관련 법령에 따른 제한기준에 적합한지 여부만을 검토하도록 하고 있다. 법 제19조 제6항은 시장 등이 공장설립 승인을 위해 필요한 **세부적인 절차적 기준을 고시할 수 있도록 하고 있지만**, 이는 절차적 기준을 의미할 뿐 **새로운 제한기준을 추가할 권한을 부여한 것은 아니다**. 따라서 김포시 고시 제4조 제1호가 규정한 '레미콘, 아스콘 공장은 주택·학교·축사·종교시설 등의 부지경계선으로부터 직선거리 500m 이상의 이격거리를 둔다'는 규정은 새로운 제한기준을 추가한 것으로, 「공업배치 및 공장설립에 관한 법률」과 **시행령의 위임범위를 벗어나 법적 효력이 없다**.
> 다. 위 고시에 근거한 공장업종변경승인신청을 거부한 것은 위법하다.

4 규범구체화 행정규칙과 비교

구분	규범구체화적 행정규칙	법령보충적 행정규칙
법령위임	×	○
효력	법규명령	법규명령
우리나라 판례 인정 여부	×	○

제5절 위임의 한계를 벗어난 명령의 효력

> 구 공공기관의 운영에 관한 법률 제39조【회계원칙 등】② 공기업·준정부기관은 공정한 경쟁이나 계약의 적정한 이행을 해칠 것이 명백하다고 판단되는 사람·법인 또는 단체 등에 대하여 일정 기간 입찰참가자격을 제한할 수 있다.
> ③ 제1항과 제2항의 규정에 따른 회계처리의 원칙과 입찰참가자격의 제한기준 등에 관하여 필요한 사항은 기획재정부령으로 정한다.

1 구 공기업·준정부기관 계약사무규칙 제15조 제4항에 근거한 법인 단체의 대표자에 대한 입찰참가자격제한처분

구체적 사실에 관한 법집행위로서 영업의 자유를 제한하는 침익적 처분에 해당하여 취소소송 제기할 수 있다.

2 '입찰참가자격을 제한받은 자가 법인이나 단체인 경우에는 그 대표자'에 대하여도 입찰참가자격 제한을 할 수 있도록 규정한 구 공기업·준정부기관 계약사무규칙 제15조 제4항에 대한 사법심사와 효력

1. 「공기업·준정부기관 계약사무규칙」의 법적 성질

(1) 학설 대립

「공기업·준정부기관 계약사무규칙」은 법령에서 정한 처분요건을 정하고 있으므로 법규명령이라는 설과 사무처리기준을 정하고 있으므로 행정규칙이라는 설이 있다.

(2) 판례

법령에서 행정처분의 요건 중 일부를 부령으로 정하도록 위임한 경우, 그에 따라 부령에서 정해진 규정은 국민에 대해서도 구속력이 있는 법규명령으로 인정된다. 그러나 **법령의 명시적인 위임 없이 부령에서 법령에 규정된 처분 요건을 변경하여 규정한 경우**, 해당 부령의 규정은 행정청 내부의 사무처리기준에 불과하며, 이는 행정조직 내에서만 적용되는 행정명령의 성격을 가지므로 국민에 대한 대외적 구속력은 인정되지 않는다.

2. 위임없이 제정된 이 사건 규칙의 대표자 부분

구 공기업·준정부기관 계약사무규칙 제15조 제4항(이하 '이 사건 규칙조항'이라 한다)은 '입찰참가자격을 제한받은 자가 법인이나 단체인 경우에는 그 대표자'에 대하여도 입찰참가자격 제한을 할 수 있도록 규정하여, 부정당행위에 관여하였는지 여부와 무관하게 법인 등의 대표자 지위에 있다는 이유만으로 입찰참가자격제한처분의 대상이 될 수 있도록 함으로써, 법률에 규정된 것보다 그 처분대상을 확대하고 있다. 그러나 「공공기관의 운영에 관한 법률」(이하 '공공기관운영법'이라 한다) 제39조 제3항에서 부령에 위임한 것은 '입찰참가자격의 제한기준 등에 관하여 필요한 사항'일 뿐이고, 이는 그 규정의 문언상 입찰참가자격을 제한하면서 그 기간의 정도와 가중·감경 등에 관한 사항을 의미하는 것이지 처분대상까지 위임한 것이라고 볼 수는 없다. 따라서 이 사건 규칙조항에서 위와 같이 처분대상을 확대하여 정한 것은 상위법령의 위임 없이 규정한 것이므로 이는 위임입법의 한계를 벗어난 것으로서 그 대외적 효력을 인정할 수 없다(대판 2017.6.15. 2016두52378).

> **유사판례**
>
> 기획재정부령인 「공기업·준정부기관 계약사무규칙」 중 '입찰에 참가시키는 것이 부적합하다고 인정되는 자' 부분은 법률에 규정된 것보다 한층 완화된 처분요건을 규정하여 처분대상을 확대하고 있다. 그러나 이러한 **처분요건의 완화는 상위법령의 위임 없이 규정된 것으로, 이는 행정기관 내부의 사무처리준칙을 정한 것에 불과하다**(대판 2013.9.12. 2011두10584).

3 그 대표자에 대한 입찰참가자격제한처분의 위법 여부

이 사건 규칙조항의 대외적 효력을 인정할 수 없으므로 위 규칙 조항이 회사의 대표자에 대한 입찰참가자격제한처분의 근거가 될 수 없고, 나아가 피고가 공공기관운영법 제39조 제2항을 직접적인 근거로 삼아 회사의 대표자에 대하여 처분을 한 것으로 볼 수도 없으므로, 회사의 대표자에 대한 처분은 그 처분의 근거가 없어 위법하다(대판 2017.6.15. 2016두52378).

> **비교판례**
> 구 지방자치단체를 당사자로 하는 계약에 관한 법률 제31조 제1항은 입찰참가자격제한대상을 구체적으로 명시하지 않고 '경쟁의 공정한 집행 또는 계약의 적정한 이행을 해칠 우려가 있는 자' 또는 '그 밖에 입찰에 참가시키는 것이 부적합하다고 인정되는 자'로 규정하고, 이러한 부정당업자에 대해서는 대통령령으로 정하는 바에 따라 입찰참가자격을 제한하도록 하고 있다. 따라서 시행령 제92조 제1항부터 제3항까지의 규정에 따라 입찰참가자격의 제한을 받은 법인이나 단체의 대표자가 입찰참가자격제한대상에 포함되는 것으로 보는 것은 이 문언의 통상적인 의미에 따른 위임의 한계를 벗어나지 않는다고 할 수 있다(대판 2022.7.14. 2022두37141).

4 1차 처분 전 사유로 2차 입찰참가자격제한처분(대판 2014.11.27. 2013두18964)

1. 법규정

「공공기관의 운영에 관한 법률」(이하 '공공기관운영법'이라 한다) 제39조 제2항과 제3항에 따라 공기업 및 준정부기관은 공정한 경쟁을 해칠 우려가 있는 경우 특정 기간 동안 입찰참가자격을 제한할 수 있으며, 이 제한기준은 기획재정부령에 의해 정해진다. 구 공기업·준정부기관 계약사무규칙 제15조 제2항은 입찰참가자격 제한에 관한 사항을 「국가를 당사자로 하는 계약에 관한 법률」(이하 '국가계약법'이라 한다) 시행규칙 제76조의 규정에 따르도록 하고 있다. 국가계약법 시행규칙 제76조 제1항 [별표 2]는 부정당업자의 입찰참가자격 제한기준을 세분화하여 규정하고 있으며, 제3항은 부정당업자가 **여러 위반행위를 한 경우 가장 무거운 기준**에 따른다고 명시하고 있다.

2. 「공기업·준정부기관 계약사무규칙」의 법적 성질

이 규정들은 부령의 형태로 되어 있으나, 공기업 및 준정부기관이 내부적으로 정한 재량준칙일 뿐 대외적으로 국민이나 법원을 기속하지 않는다. 따라서 입찰참가자격제한처분의 적법성은 이러한 규칙이 아닌 공공기관운영법의 규정과 취지에 따라 판단해야 한다.

3. 이 사건 처분의 위법 여부

(1) 관련법리

재량준칙이 반복적으로 시행되어 행정관행이 형성되면, 행정청은 평등의 원칙이나 신뢰보호의 원칙에 따라 그 규칙에 자신을 구속하게 된다. 이 경우 특별한 사정이 없는 한 **규칙에 반하는 처분은 평등의 원칙이나 신뢰보호의 원칙에 어긋나며**, 이는 재량권을 일탈하거나 남용한 위법한 처분이 된다.

(2) 사안의 경우

국가계약법 시행규칙 제76조 제3항(이 사건 규칙조항)은 여러 위반행위가 있을 때 **가장 무거운 제한기준에 따라 제재처분을 하도록 규정하고 있으며**, 이는 가장 중한 위반행위에 대한 처분만으로도 입법목적을 충분히 달성할 수 있다는 취지이다. 이 규칙조항은 행정청이 입찰참가자격제한처분을 할 때 이전의 위반행위를 인지했는지 여부와 관계없이 동일한 기준을 적용한다. 또한 수 개의 위반행위에 대해 한 번에 제재를 받을 경우와 형평성을 고려하여, 이 규칙조항은 행정청이 처분 후 추가 위반행위를 알게 되어도 적용된다. 따라서 이 사건 처분에도 이 규칙조항이 적용된다. 1차 처분과 이 사건 처분의 사유가 동일하며, 행정청은 1차 처분에서 제재기간을 감경하지 않고 그대로 처분했으므로, 추가 제재를 할 여지가 없다. 한국전력공사가, 甲주식회사가 광섬유복합가공지선 구매입찰에서 담합행위를 하였다는 이유로 6개월의 입찰참가자격제한처분(1차 처분)을 한 다음, 1차 처분이 있기 전에 전력선 구매입찰에서 담합행위를 하였다는 이유로 甲회사에 다시 6개월의 입찰참가자격 제한처분(2차 처분)을 한 사안에서, 위 2차 처분은 재량권을 일탈·남용하여 위법하다.

5 한국수력원자력 주식회사의 공급자관리지침에 근거한 10년의 공급자등록제한

1. 공급자관리지침의 의미

일정한 사유에 해당하는 업체는 일정 기간 동안 다시 공급자등록 신청을 할 수 없도록 규정하고 있는데(공급자관리지침 제7조), 공급자등록을 못하게 되면 피고가 시행하는 입찰에 참여할 수 없게 되므로 피고의 공급자등록 제한은 결국 입찰에의 참여를 제한하는 기능을 하게 된다. 더욱이 부정당업자로 제재를 받을 경우 공급자등록 취소가 되고(공급자관리지침 제31조 제12호), 10년간 공급자등록제한을 받게 된다(공급자관리지침 제7조 제3호).

2. 처분 여부

한국수력원자력 주식회사는 「공공기관의 운영에 관한 법률」(이하 '공공기관운영법'이라 한다) 제39조 제2항에 따라 입찰참가자격제한처분을 할 수 있는 권한을 부여받았으므로 '법령에 따라 행정처분권한을 위임받은 공공기관'으로서 행정청에 해당한다. 한국수력원자력 주식회사가 자신의 '공급자관리지침'에 근거하여 등록된 공급업체에 대하여 하는 '등록취소 및 그에 따른 일정 기간의 거래제한조치'는 **행정청이 행하는 구체적 사실에 관한 법집행으로서의 공권력의 행사인 '처분'에 해당한다.**

3. 공급자관리지침의 법적 성질

공공기관운영법이나 그 하위법령은 공기업이 거래상대방 업체에 대하여 공공기관운영법 제39조 제2항 및 「공기업·준정부기관 계약사무규칙」 제15조에서 정한 범위를 뛰어넘어 추가적인 제재조치를 취할 수 있도록 위임한 바 없다. 따라서 '공급자관리지침' 중 등록취소 및 그에 따른 일정 기간의 거래제한조치에 관한 규정들은 공공기관으로서 행정청에 해당하는 한국수력원자력 주식회사가 상위법령의 구체적 위임 없이 정한 것이어서 **대외적 구속력이 없는 행정규칙**이다.

4. 공공기관의 계약에 따른 제재조치와 그 조건

공공기관이 계약당사자 사이에서 계약의 적정한 이행을 위해 계약해지, 위약벌, 손해배상액 약정, 장래 일정 기간의 거래제한 등의 제재조치를 약정하는 것은 상위법령과 법의 일반원칙에 위배되지 않는 한 허용된다. 이러한 제재조치는 법령에 근거한 공권력의 행사와는 법적 성질이 다르다. 그러나 공공기관의 제재조치가 계약에 따른 제재조치로 인정되기 위해서는, 해당 제재조치를 할 수 있는 구체적인 사유를 공공기관과 거래상대방이 미리 약정해야 한다. 공공기관이 여러 거래업체와의 계약에 적용하기 위해 미리 마련한 계약특수조건 등의 형식이 있더라도, 「약관의 규제에 관한 법률」 제3조에 따라 계약상대방에게 그 중요 내용을 미리 설명하여 계약내용으로 편입하는 절차를 거치지 않았다면, 그 내용을 계약의 일부로 주장할 수 없다.

5. 공급자관리지침에 따른 10년의 공급자등록제한처분의 위법 여부

행정청인 피고가 이미 공공기관운영법 제39조 제2항에 따라 2년의 입찰참가자격제한처분을 받은 원고에 대하여 다시 법률상 근거 없이 자신이 만든 행정규칙에 근거하여 공공기관운영법 제39조 제2항에서 정한 입찰참가자격제한처분의 상한인 2년을 훨씬 초과하여 10년간 거래제한조치를 추가로 하는 것은 제재처분의 상한을 규정한 공공기관운영법에 정면으로 반하는 것이어서 **그 하자가 중대·명백하다** (대판 2020.5.28. 2017두66541).

제6절 국민과 국회에 의한 행정입법 통제

1 국민에 의한 행정입법 통제

1. 입법예고

법령 등을 제정·개정 또는 폐지하고자 할 때에는 당해 입법안을 마련한 행정청은 이를 예고하여야 한다.

2. 법령해석

(1) 법령해석요청권

「행정기본법」 제40조 제1항은 누구든지 법령 해석을 요청할 수 있다고 규정하고 있는바, 특별한 제한이 없어 사인, 공무원, 지방자치단체도 요청할 수 있다(「행정기본법」 제40조 제1항).

(2) 헌법합치적 법령해석과 법령합치적 법령해석

법령이 다의적 의미를 가지는 경우 법령은 헌법에 합치되는 해석을 택해야 한다(「행정기본법」 제40조 제2항).

2 국회에 의한 행정입법 통제

1. 직접적 통제

(1) 국회의 행정입법 심사제

1) **중앙행정기관의 장은 법률에서 위임한 사항이나 법률을 집행하기 위하여 필요한 사항을 규정한 대통령령·총리령·부령·훈령·예규·고시 등이 제정·개정 또는 폐지되었을 때에는 10일 이내에 이를 국회 소관 상임위원회에 제출하여야 한다.** 다만, 대통령령의 경우에는 입법예고를 할 때에도 그 입법예고안을 10일 이내에 제출하여야 한다(「국회법」 제98조의2 제1항).

2) 상임위원회는 위원회 또는 상설소위원회를 정기적으로 개회하여 그 소관 중앙행정기관이 제출한 **대통령령·총리령 및 부령**의 **법률 위반 여부 등을 검토하여야 한다**(「국회법」 제98조의2 제3항).

3) 상임위원회는 검토 결과 **대통령령 또는 총리령이 법률의 취지 또는 내용에 합치되지 아니한다고 판단되는 경우**에는 의장은 그 제출된 검토결과보고서를 본회의에 보고하고, 국회는 본회의 의결로 이를 처리하고 정부에 송부한다. 정부는 송부받은 검토결과에 대한 처리 여부를 검토하고 그 처리 결과(송부받은 검토결과에 따르지 못하는 경우 그 사유를 포함한다)를 국회에 제출하여야 한다(「국회법」 제98조의2 제4항·제5항·제6항).

4) 상임위원회는 검토 결과 **부령이 법률의 취지 또는 내용에 합치되지 아니한다고 판단되는 경우**에는 소관 중앙행정기관의 장에게 그 내용을 **통보할 수 있다**(「국회법」 제98조의2 제7항).

(2) 법률제정·개정·폐지를 통한 통제

국회는 법률제정·개정·폐지를 통해 명령을 통제할 수 있다.

3 행정부에 의한 행정입법 통제

상급행정관청은 하급행정청의 위법한 명령에 대해 개정·폐지를 명할 수 있다. 그러나 직접 폐지할 수 없다.

4 중앙행정심판위원회의 통제

중앙행정심판위원회는 **대통령령·총리령·부령·훈령·예규·고시·조례·규칙 등이 법령에 근거가 없거나 상위법령에 위배되는 경우 적절한 시정조치를 요청할 수 있다.** 중앙행정심판위원회는 시정조치를 요청한 사실을 법제처장에게 통보하여야 하고, 위 요청을 받은 관계 행정기관은 정당한 사유가 없으면 이에 **따라야 한다**(「행정심판법」 제59조).

제7절 사법부에 의한 행정입법 통제

1 헌법 제107조 제2항의 명령규칙심사

1. 주체
대법원을 포함한 각급 법원과 군사법원이 명령·규칙심사권의 주체이다.

2. 요건
(1) 법원이 명령·규칙의 위헌·위법을 심사하기 위해서는 명령 또는 규칙이 헌법, 법률에 위반되는지가 재판의 전제가 되어야 한다. 따라서 구체적인 규범통제만이 가능하고 추상적 규범통제는 불가능하다.

(2) 명령·규칙이 헌법에 위반되는지 여부가 재판의 전제가 된 경우 명령·규칙을 통제하므로 간접적 통제방법이다.

> **판례**
> 1. 당사자는 헌법 제107조 제2항의 명령심사를 위하여 행정입법 자체의 합법성의 심사를 목적으로 하는 **독립한 신청을 제기할 수는 없다**(대결 1994.4.26. 93부32).
> 2. 법원이 법률 하위의 법규명령, 규칙, 조례, 행정규칙 등(이하 '규정'이라 한다)이 위헌·위법인지를 심사하려면 그것이 '재판의 전제'가 되어야 한다. 여기에서 '재판의 전제'란 구체적 사건이 법원에 계속 중이어야 하고, 위헌·위법인지가 문제 된 경우에는 규정의 특정 조항이 해당 소송사건의 재판에 적용되는 것이어야 하며, 그 조항이 위헌·위법인지에 따라 그 사건을 담당하는 법원이 다른 판단을 하게 되는 경우를 말한다. 따라서 법원이 구체적 규범통제를 통해 위헌·위법으로 선언할 심판대상은, 해당 규정의 전부가 불가분적으로 결합되어 있어 일부를 무효로 하는 경우 나머지 부분이 유지될 수 없는 결과를 가져오는 특별한 사정이 없는 한, 원칙적으로 해당 규정 중 재판의 전제성이 인정되는 조항에 한정된다(대판 2019.6.13. 2017두33985).

3. 심사기준
헌법, 헌법적 관습법, 법률, 국회의 비준 동의를 받은 조약, 긴급명령, 긴급재정경제명령이다.

4. 대상
(1) 법규명령, 법규성을 가지는 국회규칙, 대법원규칙, 헌법재판소규칙, 중앙선거관리위원회 규칙과 지방자치단체의 조례와 규칙이 대상이 된다.

(2) 행정규칙
기관 내규로서의 성질을 가지는 행정규칙은 심사대상에서 제외된다. 다만, 형식상 행정규칙이라도 법규성을 가지는 법령보충적 행정규칙은 대상이 될 수 있다.

(3) 구 계엄법 제15조에서 정하고 있는 '제13조의 규정에 의하여 취한 계엄사령관의 조치'는 유신헌법 제54조 제3항, 구 계엄법 제13조에서 계엄사령관에게 국민의 기본권 제한과 관련한 특별한 조치를 할 수 있는 권한을 부여한 데 따른 것으로서 구 계엄법 제13조, 제15조의 내용을 보충하는 기능을 하고 그와 결합하여 대외적으로 구속력이 있는 법규명령으로서 효력을 가진다. 그러므로 법원은 현행헌법 제107조 제2항에 따라서 위와 같은 특별한 조치로서 이루어진 계엄포고 제1호에 대한 **위헌·위법 여부를 심사할 권한을 가진다**(대판 2018.11.29. 2016도14781).

5. 위헌·위법결정의 정족수

대법원이 명령·규칙이 헌법과 법률에 위반함을 인정하는 때에는 대법관 전원의 3분의 2 이상이 출석하고 출석 과반수의 찬성이 있어야 한다.

6. 위헌 또는 위법을 인정하는 판결이 확정된 경우

(1) 통보의무

「행정소송법」제6조는 행정소송에 대한 대법원판결에 의하여 명령·규칙이 헌법 또는 법률에 위반된다는 것이 확정된 경우에는 대법원은 지체 없이 그 사유를 **행정안전부장관**에게 통보하여야 한다고 규정하고 있다. 「행정소송규칙」 제2조는 행정소송에서 재판의 전제가 된 명령·규칙의 위헌 또는 위법을 인정하는 판결이 확정된 경우 **대법원이 명령·규칙의 소관 행정청에게 그 취지를 통보**하도록 규정하고 있다. 이에는 하급심의 명령·규칙심사도 포함시켜, 그 심사 결과를 행정청이 인식할 수 있게 하였다.

(2) 법개정의무

정부는 권한 있는 기관에 의하여 위헌으로 결정되어 법령이 헌법에 위반되거나 법률에 위반되는 것이 명백한 경우 등 대통령령으로 정하는 경우에는 해당 법령을 개선하여야 한다(「행정기본법」 제39조 제1항).

7. 헌법 또는 법률에 위반된 명령·규칙의 효력

법원의 명령·규칙의 심사는 그것이 재판의 전제가 될 때에만 가능하기 때문에 위헌·위법으로 인정된 경우 당해 사건에 한해 적용을 거부할 수 있다. 즉, 일반적 효력이 상실되는 것은 아니다. 대법원이 명령을 위헌·위법으로 결정했다 하더라도 개별적 효력만 부인되므로 법원은 다른 사건에서 동 명령을 적용할 수 있다(일반적 견해).

8. 헌법과 법률에 위반된 명령에 근거한 처분

일반적으로 시행령이 헌법이나 법률에 위반된다는 사정은 그 시행령의 규정을 위헌 또는 위법하여 무효라고 선언한 대법원의 판결이 선고되지 아니한 상태에서는 그 시행령 규정의 위헌 내지 위법 여부가 해석상 다툼의 여지가 없을 정도로 명백하였다고 인정되지 아니한 이상, 객관적으로 명백한 것이라 할 수 없으므로, **헌법이나 법률에 위반된 시행령에 근거한 행정처분의 하자**는 취소사유에 해당할 뿐 무효사유가 되지 아니한다(대판 2007.6.14. 2004두619).

사례연구

1. **사건개요:** A는 보존음료수를 내국인에게 판매했다는 이유로 과징금 부과처분을 받았다. A는 처분의 취소를 구하는 소송을 제기하였다.

   > ※ 식품제조영업허가기준(보건복지부 고시): 보존음료수를 제조한 자는 보존음료수를 전량수출하거나 국내에서는 주한외국인에 한해 판매할 수 있다.

2. **보건사회부장관의 고시인 식품제조영업허가기준의 성질**
   식품제조영업허가기준이라는 고시는 구 식품위생법 제23조의3 제4호에 따라 보건사회부장관이 발한 것으로서, 실질적으로 법의 규정내용을 보충하는 기능을 지니면서 그것과 결합하여 대외적으로 구속력이 있는 법규명령의 성질을 가진 것이다.

3. **보존음료수의 국내 판매를 완전히 금지하는 것이 직업의 자유 침해인지 여부**
   보존음료수의 국내 판매만을 금지한다고 하여 수돗물에 대한 국민의 불안감이 근본적으로 해소되는 것은 아니므로, 보존음료수의 국내 판매를 금지하는 것이 수돗물에 대한 국민의 불안감을 해소시키기 위한 필요하고도 적절한 방법이라고 할 수는 없다. 따라서 고시는 직업의 자유 침해에 해당하므로 헌법에 위반되어 효력이 없는 것이라고 할 수밖에 없다.

4. **과징금 위법 여부**
   피고가 무효인 위 고시가 효력이 있는 것임을 전제로 원고들에 대하여 과징금을 부과한 이 사건 과징금 부과처분은 위법하다고 할 것이다(대판 1994.3.8. 92누1728).

2 명령에 대한 항고소송

법령은 원칙적으로 일반적·추상적 규범이다. **일반적·추상적 규범은 처분성이 없으므로 항고소송의 대상이 되지 않는다.** 그러나 법령이 특정 사람이나 특정 사건에만 적용될 때 이를 처분적 법규라 한다. **처분적 법규는 항고소송의 대상이 되는 처분이다.**

판례

1. **고시가 구체적인 규율의 성격**(다른 집행행위의 매개 없이 그 자체로서 직접 국민의 구체적인 권리·의무나 법률관계를 규율하는 성격)**을 갖는다면** 행정처분에 해당한다(헌재 2008.11.27. 2005헌마189 ; 대판 2006.9.22. 2005두2506).

2. 보건복지부 고시인 약제급여·비급여목록 및 급여상한금액표는 다른 집행행위의 매개 없이 그 자체로서 국민건강보험가입자, 국민건강보험공단, 요양기관 등의 법률관계를 직접 규율하는 성격을 가지므로 항고소송의 대상이 되는 행정처분에 해당한다(대판 2006.9.22. 2005두2506).

3 헌법재판소에 의한 법규명령 통제

1. 헌법소원의 대상이 되는 명령

(1) 대통령령, 총리령, 부령, 대법원규칙, 국회규칙, 중앙선거관리위원회규칙, 헌법재판소규칙 중 법규명령은 헌법소원의 대상이 될 수 있다.

> **판례**
>
> 「법무사법 시행규칙」(헌재 1990.10.15. 89헌마178)
> 「헌법재판소법」 제68조 제1항의 공권력이란 입법, 행정, 사법 등 모든 공권력을 말하는 것이므로, 입법부에서 제정한 법률, 행정부에서 시행한 시행령이나 시행규칙 및 사법부에서 제정한 규칙 등은 그것들이 별도의 집행행위를 기다리지 않고 직접 기본권을 침해하는 것일 때에는 모두 헌법소원심판의 대상이 될 수 있는 것이다.

(2) 법령보충적 행정규칙(행정규칙 형식의 법규명령)과 준법규는 헌법소원의 대상이 될 수 있다.

2. 처분적 법규명령 또는 조례

처분적 법규명령 또는 조례는 항고소송의 대상이 되는 처분에 해당하므로 이를 거치지 아니한 헌법소원심판청구는 보충성원칙 요건을 충족하지 못한다.

3. 헌법재판소에 의해 위헌결정된 법규명령의 효력

헌법재판소에 의해 위헌결정된 법규명령의 효력은 일반적으로 상실된다. 헌법재판소의 위헌결정은 모든 국가기관 및 지방자치단체 등을 기속하기 때문이다.

4. 위헌결정된 명령에 근거한 행정처분

(1) 위헌결정이 있기 전 명령에 근거한 처분

원칙적으로 위헌결정된 법령에 근거한 처분이라는 사유는 취소사유이지 무효사유가 아니다.

(2) 위헌결정 후 위헌인 명령에 근거한 처분

당연무효이다.

제8절 두밀분교폐지조례

경기도 지방의회는 경기도 가평군 가평읍 상색초등학교 두밀분교를 폐지하는 조례를 의결하였고 취학 아동의 부모들이 행정소송을 제기하였다.

1 동 조례의 처분성

조례가 집행행위의 매개 없이 직접 국민의 권리·의무에 영향을 미치면 항고소송의 대상이 된다. 두밀분교를 폐지하는 조례는 집행행위 매개 없이 바로 두밀분교가 폐지되어 균등한 교육을 받을 권리를 직접 침해할 수 있으므로 처분에 해당한다.

2 헌법소원

두밀분교폐지조례는 항고소송의 대상이 되는 처분이므로 항고소송을 거치지 아니한 헌법소원심판청구는 보충성원칙에 반한다.

3 처분적 조례에 대한 무효확인소송에서 피고

1. 관련 법리

「행정소송법」 제13조는 처분 등을 한 행정청을 피고로 한다. 따라서 대외적 의사를 표시한 행정기관이 피고가 된다. 행정주체인 지방자치단체 또는 지방자치단체의 내부적 의결기관으로서 지방자치단체의 의사를 외부에 표시할 권한이 없는 지방의회가 아니라, 조례로서의 효력을 발생시키는 공포권이 있는 지방자치단체의 장이라고 할 것이다.

2. 사안의 경우

「지방교육자치에 관한 법률」 제14조 제5항, 제25조에 의하면 시·도 교육감에게 지방교육에 관한 조례안의 공포권이 있다고 규정되어 있으므로, 교육에 관한 조례의 무효확인소송을 제기함에 있어서는 그 집행기관인 시·도 교육감을 피고로 하여야 할 것이다(대판 1996.9.20. 95누8003).

4 위법 여부

경기도의회의 두밀분교 통폐합에 관한 조례는 재량권의 범위를 일탈한 것이라거나 분교 학생들의 교육을 받을 권리 또는 의무교육을 받을 권리를 침해한 것이라고 볼 수 없다(대판 1996.9.20. 95누7994).

제9절 행정입법부작위에 대한 통제

1 의의

행정입법부작위란 행정부가 행정입법을 할 의무가 있음에도 행정입법권을 행사하지 아니한 것을 뜻한다.

2 행정입법부작위에 대한 항고소송 대상 여부

「행정소송법」 제36조에 따라 행정입법부작위는 행정소송의 대상이 되지 아니한다. 부작위위법확인소송은 일정한 처분을 하여야 할 법률상 의무가 있음에도 그 처분을 하지 아니한 경우 부작위를 대상으로 한다. 따라서 입법부작위는 처분부작위가 아니므로 부작위위법확인소송의 대상이 되지 않는다.

> **판례**
>
> 「특정다목적댐법」에서는 손실보상을 대통령령으로 정하도록 하고 있다. 대통령이 대통령령을 정하지 않은 경우 안동댐건설로 인한 피해자들이 제기한 **대통령령입법부작위**는 행정소송의 대상이 되지 않는다. 행정소송은 구체적 사건에 대한 법률상 분쟁을 해결하는 것이므로 추상적인 법령의 제정 여부는 행정소송의 대상이 되지 않는다(대판 1992.5.18. 91누11261).

3 행정입법부작위에 대한 헌법소원

1. 진정입법부작위

(1) 행정부가 헌법상 입법할 의무가 있음에도 입법을 하지 않고 있는 진정입법부작위는 헌법소원의 대상이 된다. 삼권분립의 원칙, 법치행정의 원칙을 당연한 전제로 하고 있는 우리 헌법하에서 **행정권의 행정입법 등 법집행의무**는 헌법적 의무라고 보아야 한다(헌재 2013.5.30. 2011헌마198).

(2) 노동부장관의 평균임금 입법부작위, 보건복지부장관의 치과전문의 입법부작위, 대통령의 군법무관 보수입법부작위, 자치조례입법부작위는 헌법소원의 대상이 되는 입법부작위이다.

2. 부진정입법부작위

부진정입법부작위에 대해서는 입법부작위 그 자체를 헌법소원의 대상으로 할 수 없다(헌재 2009.7.14. 2009헌마349).

3. 하위행정입법 없이 상위법령만으로 집행이 가능한 경우 집행명령을 제정할 의무는 헌법상 인정되지 않는다. 만일 하위행정입법의 제정 없이 상위법령의 규정만으로도 집행이 이루어질 수 있는 경우라면 하위행정입법을 하여야 할 헌법적 작위의무는 인정되지 아니한다(헌재 2005.12.22. 2005헌마66).

4 행정입법부작위와 국가배상

대법원은 행정입법부작위는 항고소송의 대상이 되지 않는다고 하나 행정입법부작위로 인해 손해가 발생한 경우 국가배상청구는 가능하다고 한다. **행정부가 정당한 이유 없이 시행령을 제정하지 아니한 것은 보수청구권을 침해하는 불법행위에 해당한다**(대판 2007.11.29. 2006다3561).

제2장 행정행위

제1절 행정행위의 개념

* 행정청의 공법상 행위작용

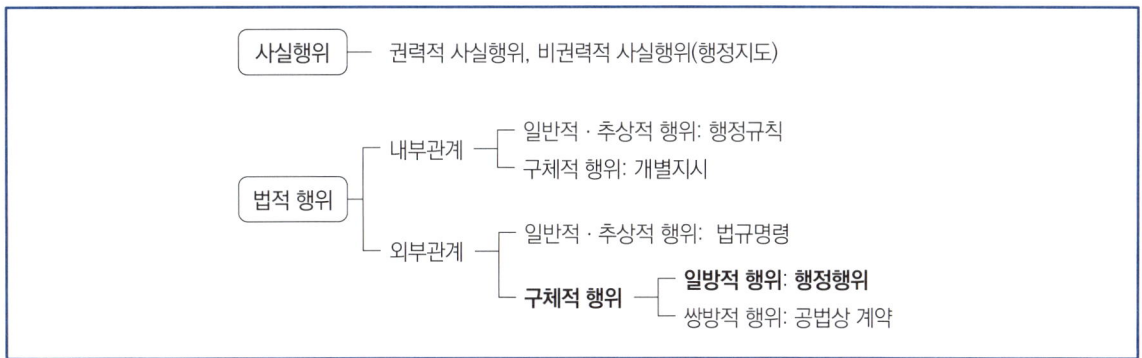

** 행정행위의 종류

```
                  ┌ 법률행위적 행정행위 ─┬─ 명령적 행정행위: 하명, 허가, 면제
    행정행위 ─────┤                      └─ 형성적 행정행위: 특허, 인가, 대리
                  └ 준법률행위적 행정행위 ── 확인 · 공증 · 통지 · 수리
```

1 개념

행정행위란 행정청이 행하는 **구체적** 사실에 대한 법집행으로서 **대외적** 효력을 가지는 **권력적** · 단독적 공법행위이다.

2 개념적 특질

1. **행정청이 행한 행위**

    행정청은 행정에 관하여 의사를 결정하여 외부로 표시하는 국가 또는 지방자치단체 등의 기관으로서 공무수탁사인을 포함한다.

2. 구체적 사실에 관한 법집행행위

(1) 행정입법, 조례, 규칙
행정행위는 구체적이고 개별적인 법집행행위이다. 행정입법은 일반적·추상적 규범정립작용이므로 행정행위가 아니다.

(2) 기계적으로 부과되는 납세고지서와 같은 자동화된 행정결정은 행정행위에 해당한다.

(3) 일반처분은 행정행위이다. 일반처분은 불특정 다수인을 규율대상으로 하나, 규율대상이 시간적·공간적으로 특정되는 행위이며 구체적 행위이므로 행정행위에 해당한다.

3. 외부에 대해 직접 법률효과를 야기하는 공법행위

(1) 행정청 간의 승인, 동의, 지시 등은 대외적 효력을 가지는 것이 아니므로, 행정행위가 아니다. 상급행정청의 직무명령은 내부적 법률효과만 있으므로 행정행위가 아니다. 그러나 공무원 징계는 공무원 지위상실 등의 외부적 효과를 가져오므로 행정행위이다.

(2) 집행행위 전(前) 단계인 내부적 결정행위는 내부적 법률효과만 있고 외부에 법률효과를 야기하는 행위가 아니므로 행정행위가 아니다.

(3) 행정청의 도로보수·도로청소와 같은 단순한 사실행위는 직접 법률효과를 야기하는 행위가 아니므로 행정행위가 아니다.

(4) 통치행위는 정치적 행위라는 면에서 행정행위에서 제외된다.

(5) 행정행위는 공법적 효과뿐 아니라 사법적 효과를 가져오는 경우도 있다.

4. 권력적 단독행위
사법상 행위와 권고, 조언 등의 행정지도는 비권력적 행위이므로 행정행위가 아니다. 공법상 계약, 공법상 합동행위는 단독행위가 아니므로 행정행위가 아니다.

3 행정행위와 처분

1. 처분의 개념
'처분'이란 행정청이 행하는 구체적 사실에 관한 법 집행으로서의 공권력의 행사 또는 그 거부와 그 밖에 이에 준하는 행정작용을 말한다.

2. 행정행위와 처분

(1) 일원설(실체법적 개념설)
실체법상 개념인 행정행위와 쟁송법상 개념인 처분은 동일한 개념이다.

(2) 이원설(쟁송법적 개념설, 다수설)

1) 처분은 행정행위뿐 아니라 권력적 사실행위까지 포함하는 개념이다. 따라서 행정처분이 행정행위보다 넓은 개념이다(행정처분 > 행정행위).

2) 형식적 행정행위론

권력작용인 행정행위뿐 아니라 비권력작용인 행정지도·보조금 지급 등의 행위도 행정행위이다. 형식적 행정행위 개념은 비권력작용까지 행정행위에 포함시켜 항고소송의 대상을 확대하려는 견해이다.

(3) 판례

처분에 권력적 사실행위를 포함시켜 행정행위보다 넓은 개념으로 보고 있다.

제2절 대인적 행위와 대물적 행위 및 혼합적 행위

1 의의

대인적 행정행위	상대방의 주관적 사정에 착안하여 행해지는 행정행위이다.
대물적 행정행위	행위의 대상인 물건, 시설의 객관적 사정을 참작하여 내리는 행정행위이다.
혼합적 행정행위	행위의 상대방의 주관적 사정과 대상인 물건을 종합적으로 참작하여 내리는 결정이다.

2 허가의 효력과 승계

대인적 허가의 효력은 전국적이다. 대물적 허가의 효력은 허가를 받은 지역에서만 효력을 가진다. 대인적 허가의 효력은 승계되지 않으나 대물적 허가의 효력은 승계된다. 혼합적 허가는 행정청의 승인을 요한다.

3 제재사유의 승계(영업양도 참조할 것)

대인적 제재처분의 효력은 승계되지 않으나 대물적 제재처분의 효력은 승계될 수 있다.

> **판례**
> 1. 폐기물처리업 허가는 폐기물처리를 위한 시설·장비 및 기술능력 등 대물적 요소를 주된 대상으로 하면서, 법을 위반하여 형을 선고받거나 폐기물처리업의 허가가 취소된 후 2년이 지나지 아니한 자 등에 대하여 허가를 받을 수 없도록 하는 등 대인적 요소가 결합된 혼합적 허가이다(대판 2021.7.15. 2021두31429).
> 2. 석유판매업(주유소)허가는 대물적 허가이다(대판 1986.7.22. 86누203).
> 3. 건축허가는 대물적 성질을 갖는 것으로서 허가대상 건축물에 대한 권리변동에 수반하여 자유로이 양도할 수 있고, 그에 따라 건축허가의 효과는 허가대상 건축물에 대한 권리변동에 수반하여 이전된다(대판 2015.10.29. 2013두11475).
> 4. 요양기관 업무정지는 대물적 허가이다(대판 2022.1.27. 2020두39365).

제3절 일반처분

1 개념

일반처분은 불특정 다수인을 대상으로 하나 구체적 사건과 관련하여 발해지는 행정청의 단독적·권력적 규율행위이다.

2 횡단보도 설치

1. 처분성

처분은 구체적 사실에 대한 법 집행으로서의 공권력 행사와 그 거부이다. 일반처분도 구체적 사실에 대한 법 집행이므로 항고소송의 대상이 된다. 「도로교통법」의 취지에 비추어 볼 때, 지방경찰청장이 횡단보도를 설치하여 보행자의 통행방법 등을 규제하는 것은 행정청이 특정 사항에 대하여 의무의 부담을 명하는 행위이고 이는 국민의 권리·의무에 직접 관계가 있는 행위로서 행정처분이라고 보아야 할 것이다(대판 2000.10.27. 98두8964).

2. 원고적격

「행정소송법」제12조의 법률상 이익은 법률에서 보호되는 이익이다. 「도로교통법」의 취지를 보면 횡단보도 설치의 목적은 차마의 통행과 통행인의 안전을 위함이므로 지하상가 상인의 영업상 이익을 보호하려는 취지가 아니므로 횡단보도 설치에 관한 법령이 지하상가 상인이 「행정소송법」제12조의 법률상 이익을 가진다고 볼 수 없다.

3 청소년 유해매체물 결정 / 집합금지조치

1. 처분성

   불특정 다수인에 대한 처분이다. 청소년 유해매체물 결정으로 청소년에게 판매, 배포, 대여가 금지되므로 직업의 자유를 제한하는 부작위하명이다. 집합금지조치는 부작위하명으로서 업소주들은 직업의 자유를, 소비자는 일반적 행동의 자유를 제한받는다.

2. 고시 또는 공고

   불특정 다수인에 대한 처분의 경우 개별적 송달이 매우 곤란하므로 고시 또는 공고로 효력을 발생시킨다.

3. 행정청의 사전통지와 의견청취의무

   「행정절차법」 제21조 제4항 제3호의 해당 처분의 성질상 의견청취가 현저히 곤란하거나 명백히 불필요하다고 인정될 만한 상당한 이유가 있는 경우에 해당하므로 **사전통지와 의견청취의무는 면제**된다.

4. 제소기간

   고시 또는 공고가 효력을 발생한 날을 처분이 있은 날로 보는 학설, 처분이 있음을 안 날로 보는 학설이 있다. 판례는 고시 또는 공고가 효력을 발생한 날을 처분이 있음을 안 날로 보고 있다.

제4절 복효적 행정행위

1 의의

하나의 행정행위가 수익과 침해를 동시에 야기할 때 이를 복효적 행정행위 또는 이중효과적 행정행위라 한다.

2 복효적 행정행위와 행정절차상 문제

1. 복효적 행정행위의 제3자가 「행정절차법」상 당사자 등에 해당하는지 여부

   「행정절차법」은 당사자 등을 처분의 상대방과 행정청이 직권으로 또는 신청에 따라 행정절차에 참여하게 이해관계인이다. 제3자는 행정청이 직권으로 또는 신청에 따라 행정절차에 참여하게 한 경우에 한해 당사자 등에 해당한다. 영업신고수리처분에 있어서 종전의 영업자는 처분의 상대방이므로 당사자에 해당한다.

2. 「행정절차법」상 사전통지의무

경업자의 경우 제3자는 당사자 등에 해당하지 않으므로 행정청은 통지해야 할 의무는 없다. 그러나 영업신고수리처분에 있어서 **종전의 영업자**는 처분의 상대방이므로 행정청은 통지해야 할 의무가 있다.

3 복효적 행정행위와 행정쟁송상 문제

행정청이 甲에게 동일 시내버스 사업면허를 발급하자, 기존업자인 乙이 甲에 대한 운송면허의 취소를 구하는 소를 제기하였다.

1. 적법성 요건

(1) 원고적격

처분 관련 법규가 제3자(乙)의 이익을 보호하고 있다면 乙은 원고적격을 가진다. 즉, 구 자동차운수사업법상의 사업면허에 대한 기존업자의 원고적격은 인정된다(대판 1992.7.10. 91누9107).

(2) 피고

피고는 처분을 한 행정청이 된다.

(3) 제소기간

「행정소송법」제20조가 적용된다. 乙이 甲에 대한 처분을 어떤 계기로 알았다면 「행정소송법」제20조 제1항이 적용된다. 그러나 乙이 甲에 대한 처분이 알지 못하는 데 과실이 있다고 할 수 있다고 할 수 없는 경우라면 「행정소송법」제20조 제2항의 단서가 규정한 정당한 사유에 해당한다.

2. 가구제

종국판결은 상당한 시간이 요구되어 그 사이 회복될 수 없는 손해가 발생할 수 있는바, 乙는 취소소송을 제기하면서 甲에 대한 면허처분의 집행정지를 법원에 신청할 수 있다.

3. 「행정소송법」상 처분의 상대방

(1) 제3자의 소송참가

乙이 소를 제기하면 乙는 원고가 되고 甲은 「행정소송법」제16조의 제3자가 된다. 제3자인 甲은 소송참가를 할 수 있다(「행정소송법」제16조).

(2) 취소판결의 효력

처분 등을 취소하는 확정판결은 제3자에 대하여도 효력이 있으므로(「행정소송법」제29조). 법원이 면허처분을 취소한 경우, 甲(소송에서의 제3자, 처분의 상대방)에게 그 효력이 미친다.

(3) 재심의 청구

「행정소송법」제31조에 따라 처분 등을 취소하는 판결에 의하여 권리 또는 이익의 침해를 받은 甲은 자기에게 책임 없는 사유로 소송에 참가하지 못함으로써 판결의 결과에 영향을 미칠 공격 또는 방어방법을 제출하지 못한 때에는 이를 이유로 확정된 종국판결에 대하여 재심의 청구를 할 수 있다.

제5절 기속행위·재량행위 구별

1 의의

기속행위란 법령상 구성요건이 충족되면 행정청이 반드시 어떠한 행위를 발하거나 발하지 말아야 하는 의무를 지는 행위이다. 법령상 행정청에게 행위 여부나 행위 내용을 선택할 자유가 부여된 경우, 행정청은 자유를 가진다. 이때의 행정행위를 재량행위라 한다.

2 구별실익

1. **공권의 성립 여부**

   재량영역에서도 무하자재량행사청구권이 인정되므로 공권의 성립 여부와는 관계는 없다.

2. **부관의 가부**

   재량행위에는 법령의 근거 없는 경우에도 부관을 붙일 수 있으나 기속행위에는 법령의 규정이 없는 한 부관을 붙일 수 없다.

3. **입증책임**

   기속행위의 경우 처분의 적법성에 대한 행정청의 입증책임을 진다. 그러나 재량행위에는 재량권의 남용·일탈에 대한 원고의 입증책임을 진다. 따라서 그 처분이 재량권의 일탈·남용이 없다는 점을 증명할 책임을 피고가 부담한다하는 것이 아니다.

4. **기속행위와 재량행위의 하자 판단**

   기속행위의 경우 그 법규에 대한 원칙적인 기속성으로 인하여 법원이 사실인정과 관련 법규의 해석·적용을 통하여 일정한 결론을 도출한 후 그 결론에 비추어 행정청이 한 판단의 적법 여부를 독자의 입장에서 판정하는 방식에 의하게 된다. 재량행위의 경우 행정청의 재량에 기한 공익 판단의 여지를 감안하여 법원은 독자의 결론을 도출함이 없이 당해 행위에 재량권의 일탈·남용이 있는지 여부만을 심사하게 된다(대판 2018.10.4. 2014두37702).

5. **위법한 경우 취소의 범위**

   과징금처럼 재량처분이 위법한 경우 전부를 취소할 수밖에 없고, 법원이 적정하다고 인정되는 부분을 초과한 부분만 취소할 수는 없다(대판 2018.10.12. 2016두30897). 그러나 기속행위 중 금액을 도출할 수 있는 경우라면 부분취소가 가능하다.

3 구별기준

1. **법령의 문언을 1차적 기준으로 한다.**

    '~하여야 한다.', '~한다.'로 규정되어 있으면 행정행위는 기속행위이다. '~할 수 있다.'로 규정하고 있으면 재량행위이다.

    > **판례**
    >
    > 1. 「도로교통법」제93조 제1항 단서 제3호의 규정에 의하면, 술에 취한 상태에 있다고 인정할 만한 상당한 이유가 있음에도 불구하고 경찰공무원의 음주측정에 응하지 아니한 때에는 필요적으로 운전면허를 **취소하도록 되어 있어** 처분청이 그 취소 여부를 선택할 수 있는 재량의 여지가 없음이 그 법문상 명백하므로, 위 법조의 요건에 해당하였음을 이유로 한 운전면허취소처분에 있어서 재량권의 일탈 또는 남용의 문제는 생길 수 없다고 할 것이다(대판 2004.11.12. 2003두12042).
    >
    >   > **비교판례**
    >   > 운전면허를 받은 사람이 **음주운전을 한 경우에 운전면허의 취소 여부는 행정청의 재량행위**이다 (대판 2018.2.28. 2017두67476).
    >
    > 2. 「사립학교법」제20조의2 제1항은 "「사립학교법」, 「초·중등교육법」 또는 「고등교육법」의 규정을 위반하거나 이에 의한 명령을 이행하지 아니한 때, 임원 간의 분쟁으로 학교운영에 중대한 장애를 야기한 때 등의 경우에는 관할청이 학교법인의 **임원취임승인을 취소할 수 있다.**"라고 규정하고 있는바, 「사립학교법」제20조의2가 정한 임원취임승인 취소처분은 재량행위에 해당한다(대판 2017.12.28. 2015두56540).

2. **법령의 목적, 취지, 기본권 관련성, 공익 관련성을 종합적으로 고려한다.**

    법령의 취지가 자연적 자유를 회복시켜 주는 행정행위라면 기속행위이나 공익적 가치가 큰 영역에서 인정되는 새로운 권리를 부여하는 행정행위라면 재량행위이다.

3. **수익적 행위 또는 침해적 행위 여부를 고려한다.**

    효과재량설에 따르면 수익적 행위는 재량행위이고 침익적 행위는 기속행위이다. **주택건설사업계획의 승인**은 수익적 행정처분이므로 재량행위에 속한다(대판 2007.5.10. 2005두13315).

4 구별판례

1. **재량행위**

(1) 개발제한구역 내에서의 건축물의 건축 등에 대한 예외적 허가는 그 상대방에게 수익적인 것으로서 재량행위에 속한다(대판 2004.7.22. 2003두7606).

(2) 「여객자동차 운수사업법」제23조 제1항에 따라 운송사업자에 대하여 사업계획의 변경이나 노선의 연장·단축 또는 변경 등을 명하는 개선명령이 행정청의 재량행위다(대판 2022.9.7. 2021두39096).

(3) 재외동포가 사증발급을 신청한 경우에 「출입국관리법 시행령」에서 정한 재외동포체류자격의 요건을 갖추었다고 해서 무조건 사증을 발급해야 하는 것은 아니다. 따라서 행정청은 재외동포체류자격의 사증을 발급하지 않을 재량을 가진다(대판 2019.7.11. 2017두38874).

(4) 법무부장관은 귀화신청인이 귀화요건을 갖추었다 하더라도 귀화를 허가할 것인지 여부에 관하여 재량권을 가진다(대판 2010.10.28. 2010두6496).

(5) **예방접종으로 인한 질병·장애·사망의 인정 여부**의 인정권한을 부여한 것은, 예방접종과 장애 등 사이에 인과관계가 있는지를 판단하는 것은 고도의 전문적 의학 지식이나 기술이 필요한 점을 감안한 것으로 보건복지가족부장관의 재량에 속하는 것이다(대판 2014.5.16. 2014두274).

(6) 시정명령

「식품위생법」 제7조 등 관련 규정이 적정한 식품의 규격과 기준을 설정하고, 이를 위반한 식품에 대하여 식품으로 인한 국민의 생명·신체에 대한 위험을 예방하기 위한 조치를 취할 수 있는 합리적 재량권한을 식품의약품안전처장 및 관련 공무원에게 부여한 것이라고 봄이 상당하다(대판 2022.9.7. 2022두40376).

(7) 학교용지부담금

구 학교용지 확보 등에 관한 특례법 제5조 제1항은 시·도지사가 개발사업에서 주택을 분양할 때 학교용지부담금을 부과할 수 있다고 규정하여 재량행위로 해석된다(대판 2022.12.29. 2020두49041).

(8) 공정거래위원회의 시정조치

합병 시 피합병회사의 권리와 의무는 성질상 이전이 불가능한 경우를 제외하고 모두 합병된 회사에 승계된다. **공정거래위원회는 법 위반 사업자에게 시정조치를 취할 재량권을 가지며,** 시정명령은 법 위반 중단과 향후 유사 행위 방지를 목적으로 발령된다. 따라서 이는 직접 영향을 받은 자뿐만 아니라 **향후 영향을 받을 가능성이 있는 자에게도 적용된다**(대판 2022.5.12. 2022두31433).

(9) 「산업집적활성화 및 공장설립에 관한 법률」 제42조 제1항 제1호와 시행령 제54조에 따르면, 입주기업체가 입주계약을 체결하고도 2년 내에 공장 건설을 시작하지 않으면 관리기관이 시정명령을 내릴 수 있다. 이때 시정기간은 '6개월'로 고정된 것이 아니라 '6개월 범위 내에서 필요한 상당한 기간'으로 해석된다. 법원은 관리기관이 시정기간을 지나치게 짧게 정하여 재량권을 일탈·남용한 위법이 있는지를 검토해야 한다(대판 2023.6.29. 2023두30994).

2. 기속행위

(1) 일반음식점·유흥접객업 영업허가

「식품위생법」상 일반(대중)음식점 영업허가와 유흥접객업허가는 성질상 일반적 금지의 해제에 불과하므로 허가권자는 허가신청이 법에서 정한 요건을 구비한 때에는 허가하여야 한다(대판 2000.3.24. 97누12532).

(2) 학교법인의 이사취임승인처분

이사취임승인은 학교법인의 임원선임행위를 보충하여 법률상 효력을 완성시키는 보충적 행정행위로 기속행위에 속한다(대판 1992.9.22. 92누5461).

(3) 「지방재정법」상 변상금 부과처분은 무단점유에 대한 징벌적인 의미가 있는 것으로 법규의 규정 형식으로 보아 처분청의 재량이 허용되지 않은 기속행위이다(대판 2000.1.14. 99두9735).

(4) **국토의 계획 및 이용에 관한 법령에서 정한 토지이용의무를 위반한 자에게 부과할 이행강제금 부과기준과 다른 이행강제금액을** 결정할 재량권이 없다고 보아야 한다(대판 2014.11.27. 2013두8653).

(5) 귀화신청인이 구 국적법 제5조 각 호에서 정한 귀화요건을 갖추지 못한 경우 법무부장관은 귀화 허부에 관한 재량권을 행사할 여지 없이 귀화불허처분을 하여야 한다(대판 2018.12.13. 2016두31616).

(6) 난민인정에 관한 신청을 받은 행정청은 원칙적으로 법령이 정한 난민 요건에 해당하는지를 심사하여 난민인정 여부를 결정할 수 있을 뿐이고, 이와 무관한 다른 사유만을 들어 난민인정을 거부할 수는 없다(대판 2017.12.5. 2016두42913).

(7) 육아휴직 중 복직요건인 '휴직사유가 없어진 때'에 해당하여 행하는 복직명령

「국가공무원법」 제73조 제2항의 문언에 비추어 **복직명령**은 **기속행위**이므로 휴직사유가 소멸하였음을 이유로 신청하는 경우 임용권자는 지체 없이 복직명령을 하여야 한다(대판 2014.6.12. 2012두4852).

(8) 「부동산 실권리자명의 등기에 관한 법률」상 명의신탁자에 대한 과징금 부과는 기속행위이다. 법정감경사유가 있다면 100분의 50을 경감할 수 있을 뿐 **과징금을 부과하지 아니할 권한은 없다**(대판 2007.7.12. 2005두17287).

(9) 거짓으로 진료비를 청구하여 금고 이상의 형이 선고된 경우 해당 의료기관에 대하여 더 이상 의료업을 영위할 수 없도록 개설 허가 취소처분(또는 폐쇄명령)을 하여야 할 뿐 선택재량을 가지지 못한다(대판 2021.3.11. 2019두57831).

(10) 「여객자동차 운수사업법」에 따르면, 여객자동차 운수사업자가 거짓이나 부정한 방법으로 지급받은 보조금에 대한 국토교통부장관 또는 시·도지사의 환수처분은 기속행위에 해당한다(대판 2013.12.12. 2011두3388).

제6절 재량행위하자

1 재량권의 한계와 재량하자

법규가 행정청에 재량을 부여한 경우 재량권의 한계를 벗어나지 아니한 부당한 행정행위는 위법한 행위가 아니다. 행정청의 행위가 평등원칙, 비례원칙에 반하여 재량권의 일탈·남용에 이른 경우 행정청의 행위는 위법한 행위가 된다.

2 재량하자의 유형

1. 재량권의 일탈
법령상 주어진 재량의 한계를 벗어난 경우이다.

2. 재량권의 남용
남용의 유형으로는 목적 위반 및 동기의 부정, 사실오인, 행정법의 일반원칙 위반 등이 있다.

(1) 목적 위반 및 동기의 부정
소방관이 화재의 예방·진압을 위해서가 아니라 범죄의 예방을 위하여 가택을 출입하는 경우와 같이 재량권의 행사가 법률이 정한 목적과 다르게 행사되거나 부정한 동기에 의해 행사된 경우

(2) 사실오인
위법사실이 없음에도 불구하고 영업허가를 철회하는 경우와 같이 행정행위의 전제가 되는 요건사실이 부존재하거나 요건사실의 인정이 전혀 합리성이 없는 경우

(3) 행정법의 일반원칙 위반
재량권의 행사가 비례원칙, 평등원칙, 신뢰보호원칙, 부당결부금지원칙 등 행정법의 일반원칙을 위반한 경우

3. 재량권의 불행사
(1) 행정청이 재량행위를 기속행위로 오인하여 재량권을 전혀 행사하지 않거나 충분히 행사하지 않는 경우이다.

(2) 불행사의 유형으로는 이익형량을 전혀 하지 아니한 경우인 형량해태, 이익형량의 고려대상에 포함시켜야 할 사항을 누락하는 경우인 형량흠결, 이익형량을 하였으나 정당성·객관성이 결여된 경우인 오형량 등이 있다.

(3) 재량권의 불행사도 재량권 남용의 한 형태로서 위법하게 된다. 따라서 재량은 반드시 행사해야 하는 의무이며, 이를 행사하지 않으면 안 된다.

> **판례**
> 1. 처분의 근거 법령이 행정청에 처분의 요건과 효과 판단에 일정한 재량을 부여하였는데도 행정청이 이익형량을 하지 않은 채 한 처분은 취소해야 할 위법사유가 된다(대판 2019.7.11. 2017두38874).
> 2. 「부동산 실권리자명의 등기에 관한 법률 시행령」 제3조의2 단서는 과징금의 감경에 관한 임의적 규정을 명시하고 있다. 따라서 감경사유가 존재하더라도 과징금 부과관청이 이를 고려하고도 전액을 부과한 경우, 반드시 위법하다고 단정할 수는 없다. 그러나 **감경사유를 전혀 고려하지 않거나 잘못 판단하여 감경하지 않은 경우, 그 처분은 재량권을 일탈하거나 남용한 위법한 처분이다**(대판 2010.7.15. 2010두7031).

3. 경찰공무원에 대한 **징계위원회의 심의과정에 감경사유에 해당하는 공적 사항이 제시되지 아니한 경우**에는 그 징계양정이 결과적으로 적정한지와 상관없이 이는 관계 법령이 정한 징계절차를 지키지 않은 것으로서 위법하다(대판 2012.10.11. 2012두13245).
4. 행정청이 건설업자에 대하여 영업정지처분을 할 때 영업정지기간의 감경에 관한 참작사유가 있음에도 이를 전혀 고려하지 않거나 그 사유에 해당하지 않는다고 오인한 나머지 영업정지기간을 감경하지 아니하였다면 재량권을 일탈·남용한 위법한 처분이다(대판 2016.8.29. 2014두45956).

3 입증책임

자유재량에 의한 행정처분이 그 <u>재량권의 한계를 벗어난 것이어서 위법하다는 점</u>은 그 행정처분의 <u>효력을 다투는 자(원고)가 이를 주장·입증하여야 하고</u> 처분청이 그 재량권의 행사가 정당한 것이었다는 점까지 주장·입증할 필요는 없다(대판 1987.12.8. 87누861).

제7절 불확정개념과 판단여지

1 의의

판단여지론은 요건규정에 불확정개념이 사용된 경우에도 이를 법개념으로 보아 하나의 판단만이 적법하다고 보면서도, 행정청의 결정이 일정한 한계 내에서 이루어진 경우 법원은 이를 존중해야 한다는 이론이다.

☑ 판단여지론

구분	요건	효과
재량	×	○
불확정개념	○	×

2 내용

1. 학설

(1) 긍정설

재량은 입법자가 법률의 문언·취지를 통해 부여한 것이나, 판단여지는 법률 문언에 불확정개념이 사용된 경우 법원이 요건 충족 여부에 대한 심사를 하거나 심사를 자제하거나 심사를 제한할 수 있다는 의미이다.

(2) 부정설

판단여지론은 요건에 관한 재량을 인정하는 신요건재량설이다.

2. 판례

대법원 판례는 명시적으로 판단여지를 인정하고 있지 않다. 그 대신 재량이라는 용어를 쓰고 있다.

> **판례**
>
> **개발행위불허가처분취소**(대판 2020.7.9. 2017두39785)
> 협의 요청의 대상이 군사작전에 미치는 영향을 고려할 때, 다음과 같은 원칙이 적용된다.
> 가. **군사적 판단의 재량**: 군사작전의 지장 여부, 항공등화의 인지 방해 우려 등은 군사적 전문성과 고도의 판단을 필요로 한다. 국방부장관 또는 관할 부대장은 군사기지와 군사시설의 유형, 주변 환경, 지역주민의 안전 등을 종합적으로 고려하여 재량적으로 판단한다.
> 나. **법원의 심사범위**: 행정청이 수행한 전문적이고 정성적인 평가는 그 기초가 된 사실에 중대한 오류가 없고 사회통념상 타당성이 있는 경우 법원이 심사하기 어렵다. 재량권을 일탈·남용했다는 특별한 사정을 주장하는 자가 이를 증명해야 한다.
> 다. **군사적 판단의 존중**: 군사적 판단에 대한 행정적 결정은 해당 부대의 전문적 군사적 판단을 존중하며, 법원은 그 판단의 타당성을 신중하게 검토하되, 특별한 사정이 있는 경우에만 재량권 남용을 인정한다.

3 판단여지와 사법적 통제

1. 사법심사 여부

불확정개념도 법개념이므로 원칙적으로 불확정개념에 대한 최종해석권은 법원이 가진다. 따라서 법원은 사법심사를 할 수 있다.

2. 행정부 판단의 존중

고도의 전문성이 요구되는 분야에 대해서 법원은 행정부의 판단을 존중해야 한다.

3. 위법판단도 가능

(1) 판단기관이 적법하게 구성되었는지, 절차적 규정을 준수하였는지, 비례원칙·평등원칙을 위반했는지 심사하여 인용 또는 기각판결을 해야 한다.

(2) 판단여지가 인정되어 있는 경우에도 그의 판단에 있어 자의가 개입되어 있다든가, 경험법칙에 위배되는 경우에는 판단여지의 한계를 넘어 위법이 되는 것이라고 말할 수 있다.

> **판례**
>
> 1. **조업정지처분취소**(대판 2022.9.16. 2021두58912)
>   가. 수질오염공정시험기준에 따라 시료 채취 절차가 규정되어 있으나, 이를 위반하여 시료를 채취하고 오염물질 배출로 인해 조업정지처분 또는 과징금이 부과되었다.
>   나. **전문적 판단 존중**: 행정청이 고도의 전문적, 기술적인 판단을 한 경우, 특별한 오류가 없는 한 존중되어야 하며, 시료채취와 검사결과 역시 신빙성이 의심되지 않는다면 마찬가지로 존중된다. 시료채취 절차 위반만으로 처분이 위법하다고 단정할 수 없으며, 처분의 적법성은 시료의 신뢰성과 적법성 여부에 따라 판단된다.
> 2. 「의료법」 제53조 제1항·제2항, 제59조 제1항의 규정에 따르면, 행정청은 지도와 명령을 할 때 재량권을 가진다. 지도와 명령의 요건은 불확정개념으로 규정되어 있으며, 행정청은 이를 해석하고 판단할 수 있는 재량을 부여받는다. 행정청이 「의료법」 등 관계 법령에 따라 전문적인 판단을 내렸다면, 그 판단에 중대한 오류나 객관적 불합리성이 없는 한 존중되어야 한다. 재량권을 행사한 처분이 비례의 원칙을 위반하거나 사회통념상 타당성을 잃지 않는 이상, 이를 위법으로 볼 수 없다(대판 2016.1.28. 2013두21120).
> 3. 법원은 교과서검정에 관한 처분의 위법 여부 심사에서 교육부장관과 동일한 입장에 서서 어떤 처분을 할 것인가를 판단할 수 없다. 법원이 교육부장관의 검정에 관한 처분의 위법 여부를 심사함에 있어서는 그 처분이 현저히 부당하다거나 재량권의 남용에 해당된다고 볼 수밖에 없는 특별한 사정이 있는 때가 아니면 취소할 수 없다(대판 1988.11.8. 86누618).

제8절 부분허가(부분승인)

1 의의

대단위 프로젝트에서 행정청이 일부에 대해서만 우선 승인 또는 허가하는 행위이다.

2 성질

부분승인은 부분적이기는 하나 그 자체가 종국적인 행정행위이다.

3 법적 근거

부분허가권은 본허가권에 포함되므로 별도의 법적 근거는 필요 없다.

4 법적 효과

부분허가를 받은 자는 허가를 받은 범위 내에서 허가받은 행위를 할 수 있다. 행정청은 부분허가에 모순되는 결정을 사후에 할 수 없다.

5 권리구제

1. 부분허가처분

원자로시설부지 사전승인처분은 원자로 등의 건설허가 전에 그 부지가 「원자력법」의 관계 규정에 비추어 적법성을 구비한 것인지 여부를 심사하여 행하는 사전적 부분건설허가처분이다.

2. 부분허가처분이 있고 그 후에 본허가처분이 있는 경우

사전적 부분건설허가처분은 나중에 건설허가처분이 있게 되면 그 건설허가처분에 흡수되어 독립된 존재가치를 상실함으로써 그 건설허가처분만이 쟁송의 대상이 되는 것이므로, 부지 사전승인처분의 취소를 구하는 소는 소의 이익을 잃게 되고, 따라서 부지 사전승인처분의 위법성은 나중에 내려진 건설허가처분의 취소를 구하는 소송에서 이를 다투면 된다(대판 1998.9.4. 97누19588).

3. 본허가처분을 하지 아니한 경우 구제수단

행정청이 본허가처분을 하지 아니한 경우 의무이행심판, 부작위위법확인소송으로 다툴 수 있다.

제9절 폐기물 사업 허가

1 예비결정의 의의

종국적인 행정행위에 앞서 종국행정행위에 요구되는 여러 요건 중에서 개별적인 몇몇 요건에 대한 결정을 예비결정이라 한다.

2 적정통보의 법적 성질

예비결정은 그 자체가 행정행위이다. 사업계획서에 대한 적정통보는 행정처분에 해당하고, 허가단계에서는 나머지 허가요건만을 심사한다(대판 1998.4.28. 97누21086).

3 법적 효과

1. 예비결정의 내용과 상충하는 결정을 할 수 없다.

행정청은 예비결정의 구속력 때문에 본결정에서 예비결정과 모순되는 결정을 할 수 없다. 즉, 폐기물사업의 적정통보 후 본결정에서 업체 과다난립을 이유로 폐기물사업허가신청을 거부할 수 없다. 예비결정은 사전적·중간적 결정이나 그 자체로서 요건 일부에 관한 종국적 결정으로써 구속력이 인정된다.

2. **최종적 행위를 해야 하는 것은 아니다.**

   폐기물사업 적정통보를 했다고 하더라도 토지형질변경이 안 되거나, 장비·시설이 부족한 경우 폐기물사업을 허가하지 않을 수 있다.

3. **국토이용계획변경을 신청할 권리**

   폐기물처리사업계획의 적정통보를 받은 자는 장래 일정한 기간 내에 관계 법령이 규정하는 시설 등을 갖추어 폐기물처리업허가신청을 할 수 있는 법률상 지위에 있다고 할 것인바, 국토이용계획변경신청을 피고가 거부한다면 이는 실질적으로 원고에 대한 폐기물처리업허가신청을 불허하는 결과가 되므로, 원고는 위 **국토이용계획변경의 입안 및 결정권자인 피고에 대하여 그 계획변경을 신청할 법규상 또는 조리상 권리를 가진다고 할 것이다**(대판 2003.9.23. 2001두10936).

4 예비결정에 반하는 최종결정

예비결정에 반하는 최종결정에 대해 신뢰보호 위반을 주장할 수 있다. 폐기물처리업에 대하여 사전에 관할 관청으로부터 **적정통보를 받고 막대한 비용을 들여 허가요건을 갖춘 다음 허가신청을 하였음에도 다수 청소업자의 난립으로 안정적이고 효율적인 청소업무의 수행에 지장이 있다는 이유로 한 불허가처분**은 신뢰보호의 원칙 및 비례의 원칙에 반하는 것으로서 재량권을 남용한 위법한 처분이다(대판 1998.5.8. 98두4061).

5 부정적통보

1. **처분성**

   적정통보를 받은 자만이 일정 기간 내에 시설, 장비, 기술능력, 자본금을 갖추어 허가신청을 할 수 있으므로, **부적정통보는 허가신청 자체를 제한하는 등 개인의 권리 내지 법률상의 이익을 개별적이고 구체적으로 규제하고 있어 행정처분에 해당한다**(대판 1998.4.28. 97누21086).

2. **행정청의 재량**

   「폐기물관리법」 제25조 제1항·제2항·제3항 및 「환경정책기본법」 제12조 제1항, 제13조, 제3조 제1호를 고려하면, 행정청은 폐기물처리사업계획서의 적합 여부를 판단할 때 사람의 건강과 주변 환경에 미치는 영향을 종합적으로 검토해야 하며, 이에 대한 광범위한 재량권을 가진다.

   > **판례**
   > 1. 법원은 행정청의 판단을 폭넓게 존중하며, 행정청이 재량권을 일탈하거나 남용했는지를 신중하게 검토해야 한다(대판 2020.7.23. 2020두36007).
   > 2. 원심은 원고에게 폐기물처리시설의 영향에 대한 구체적인 자료 제출을 요구하거나 심리를 하지 않고, 피고의 처분을 위법하다고 단정했다. 이러한 원심의 판단은 「폐기물관리법」상 심사기준과 재량권의 범위에 대한 법리를 오해하여 필요한 심리를 다하지 않았다는 잘못이 있다(대판 2023.7.27. 2023두35661).

3. 보완요구 없이 폐기물사업계획신청서 반려처분한 경우

「행정절차법」 제17조는 신청에 대한 보완 절차를 명시하고 있다. 「행정절차법」 제17조는 '구비서류의 보완'과 '신청 내용의 보완'을 명확히 구분하고 있으며, 이는 신청서의 흠이 쉽게 보완 가능한 경우, 즉시 보완 기회를 제공하여 행정의 공정성, 투명성, 신뢰성을 확보하고 국민의 권익을 보호하기 위한 목적이다. 그러나 행정청이 반드시 신청인에게 신청의 내용이나 처분의 실체적 요건까지 보완할 기회를 부여해야 한다는 의무를 명시하지는 않는다. 따라서 피고가 이 사건 처분에 앞서 원고에게 별도로 보완을 요구하지 않은 것은, 악취방지시설을 설치하더라도 악취를 완전히 제거할 수 없다고 판단한 결과로 보인다. 이러한 판단이 객관적으로 합리적이지 않거나 명백한 사실 오인에서 비롯된 것이 아니므로, 보완 요구 없이 처분이 이루어졌다는 이유만으로 재량권을 일탈했다고 할 수는 없다(대판 2020.7.23. 2020두36007).

4. 취지만 간략히 기재하여 폐기물처리사업계획서 반려 내지 부적합통보를 한 경우

행정청이 폐기물처리사업계획서에 대해 반려 또는 부적합통보를 하면서 법령상의 허가기준 등을 충족하지 않았다는 간략한 이유만을 기재했다면, 취소소송에서 행정청은 처분의 판단근거나 자료를 제시하여 구체적인 불허가사유를 명확히 해야 한다. 이 경우, 원고는 행정청이 제시한 구체적인 불허가사유와 판단근거를 바탕으로 재량권 일탈이나 남용의 위법성을 입증하기 위해 추가적인 주장과 자료 제출이 필요하다(대판 2023.7.27. 2023두35661).

제10절 하명

1 개념

작위, 부작위(금지), 급부, 수인을 명하는 행정행위이다.

2 형식

1. 법규하명

직접 법규에 의해서 의무가 부과된다. 법규하명은 행정행위가 아니다.

2. 처분하명

행정처분에 의해 부과된다.

3 성질

1. 부담적 행정행위
명령적 행정행위는 상대방에게 부담을 주는 행위이다.

2. 기속행위
행정기관은 하명을 함에 있어 법에 엄격히 기속된다.

4 종류

작위하명	철거명령, 해산명령, 공해방지시설 개선명령, 예방접종의무 부과 등
부작위하명	통행금지
급부하명	조세 부과
수인하명	대집행 실행에 의한 수인의무 부과

5 대상

하명의 대상은 주로 사실행위(예 불법건물철거명령)이나 법률행위(예 영업행위금지)인 경우도 있다.

6 상대방

원칙적으로 특정인을 대상으로 하지만, 예외적으로 불특정 다수인을 대상으로 하는 일반처분도 있다(예 북한산 등산로 이용금지).

7 효과

하명으로 상대방은 공법상 의무를 진다. 하명의 효과는 이전되지 않는 것이 원칙이다. 그러나 대물적 하명의 경우 지위를 승계한 자에게도 미친다.

8 위반의 효과

하명에 의하여 과하여진 의무를 불이행한 자에 대하여는 행정상 강제집행이 행하여지고, 의무를 위반한 때에는 행정벌이 과하여지는 것이 보통이다.

9 하자 있는 하명과 권리구제

하명에 의해 권리를 침해받은 자는 취소소송·무효등확인소송이나 국가배상청구소송 등을 제기할 수 있다.

제11절 허가

1 의의

허가란 법령에 의한 일반적·상대적 금지를 특정한 경우에 해제하여 적법하게 일정한 행위를 할 수 있게 하는 행정행위이다.

2 성질

1. 학설과 판례

허가는 명령적 행위라는 설과 허가는 명령적 성질과 더불어 형성적 성질을 가진다는 병존설이 있다. 판례는 한의사 면허는 경찰금지를 해제하는 명령적 행위(강학상 허가)에 해당한다(대판 1998.3.10. 97누4289). 즉, 허가를 명령적 행위로 본다.

2. 기속행위·재량행위 여부

허가요건을 충족한 신청에 대해서는 특별한 사정이 없는 한 허가를 해야 한다. 기존 판례는 숙박시설인 러브호텔 건축허가를 기속행위로 보았으나(대판 1995.12.12. 95누9051), 그 후 교육환경, 주거환경 차원에서 재량행위로 보고 있다(대판 2005.11.25. 2004두6822). 건축허가는 기속행위이나 「국토의 계획 및 이용에 관한 법률」에 의한 토지의 형질변경허가는 그 허가기준 및 금지요건이 불확정개념으로 규정된 부분이 많아 그 요건에 해당하는지 여부를 판단함에 있어서는 행정청에 재량권이 부여되어 있다 할 것이다(대판 2012.12.13. 2011두29205).

> **판례**
>
> 건축허가는 기속행위이나 「국토의 계획 및 이용에 관한 법률」에 의한 토지의 형질변경허가는 그 허가기준 및 금지요건이 불확정개념으로 규정된 부분이 많아 그 요건에 해당하는지 여부를 판단함에 있어서는 행정청에 재량권이 부여되어 있다 할 것이다(대판 2012.12.13. 2011두29205).

3 상대방

1. 특정인에 대한 허가
운전면허 발급과 같은 허가는 특정인에 대한 허가이다.

2. 불특정 다수인에 대한 허가
등산로 이용금지는 하명이고, 등산로 이용금지 해제는 금지된 행위의 해제이므로 허가이다. 등산로 이용금지 해제로 불특정 다수인이 등산로를 이용할 수 있으므로 불특정 다수인에 대한 허가도 있다. 일반처분은 불특정 다수인에게 허가해 준다.

4 신청

특정인에 대한 허가는 특정인의 신청이 필요하다. 등산로 이용금지 해제와 같은 불특정인에 대한 허가는 특정인의 신청이 필요치 않다.

5 수정허가

신청한 자의 신청 내용과 다른 수정허가도 당연무효는 아니다. 개축허가신청에 대하여 행정청이 착오로 대수선 및 용도변경허가를 하였다 하더라도 취소 등 적법한 조치 없이 그 효력을 부인할 수 없음은 물론, 이를 다른 처분(즉, 개축허가)으로 볼 근거도 없다(대판 1985.11.26. 85누382).

6 법적 근거 및 허가 기준

1. 원칙
「행정기본법」 제14조 제2항은 "당사자의 신청에 따른 처분은 법령 등에 특별한 규정이 있거나 처분 당시의 법령 등을 적용하기 곤란한 특별한 사정이 있는 경우를 제외하고는 처분 당시의 법령 등에 따른다."라고 규정하여 처분시 법에 따라 허가 여부를 결정하도록 하고 있다. 판례도 법령의 개정으로 허가기준이 변경된 경우, 그 법령에 특단의 정함이 없는 한 신청시의 법령이 아닌 처분시의 개정법령에 의한 변경된 새로운 허가기준이 적용되어야 한다고 한다(대판 1984.5.22. 84누77).

2. 예외
판례는 허가신청 후 허가기준이 변경되었다 해도, 그 허가관청이 허가신청을 수리하고도 정당한 이유 없이 그 처리를 늦추는 사이에 허가기준이 변경된 경우에는 신청 당시의 구법령에 따라 허가 여부를 결정한다고 한다(대판 2006.8.25. 2004두2974).

7 요건

1. 허가요건 법정주의

허가의 요건은 법률로 정해야 하고 행정청이 명령으로 이를 규정하려면 법률에 근거를 두어야 한다. 법령의 근거 없이 행정청이 독자적으로 허가요건을 추가하는 것은 허용되지 아니한다.

2. 법정허가요건이 아닌 사유로 허가거부 금지

허가신청이 법이 정한 요건을 모두 갖추었음에도 불구하고 법에 정한 요건이 아닌 주민의 동의가 없다는 이유로 허가를 거부하는 것은 위법하다(대판 1996.7.12. 96누5292).

3. 허가의 거부

(1) 기속행위

기속행위의 경우 법정요건이 충족된 경우 허가신청을 거부할 수 없으나, 특별한 사정이 있다면 거부할 수 있다.

(2) 재량행위

재량행위의 경우 법정요건이 충족된 경우라도 허가를 거부할 수 있다. 산림훼손허가는 재량행위이므로 별도의 법령의 규정이 없더라도 허가신청을 거부할 수 있다(대판 2002.10.25. 2002두6651).

8 효과

1. 금지해제로 인한 자연적 자유의 회복

음식점 영업허가를 받으면 영업금지가 해제되어 영업의 자유를 회복한다. 영업할 권리는 법률상 이익이다. 따라서 허가가 취소된 경우 영업을 할 수 없으므로 허가취소에 대해 취소를 구할 원고적격이 인정된다. 그러나 영업상 이익은 법률상 이익이 아니므로 기존업자가 신규업자에 대한 허가로 영업상 이익이 감소하더라도 신규업자에 대한 허가의 취소를 구할 원고적격이 인정되지 않는다.

2. 허가로 다른 법률상 제한은 해제되지 않는다.

허가로 인해 당해 금지는 해제된 것이나, 다른 법률상 제한까지 해제되었다고 할 수 없다.「도로법」상 접도구역으로 지정된 지역 안에 있는 건물에 관하여 관리청으로부터 개축허가를 받은 경우에도 건축허가를 다시 받아야 한다(대판 1991.4.12. 91도218).

3. 무허가행위의 효과

허가를 요하나 허가받지 않고 한 행위는 사법상 효력은 유효임이 원칙이나 강제집행이나 처벌의 대상이 된다. 다만, 허가를 담당하는 공무원이 허가를 요하지 않는 것으로 잘못 알려 주어 이를 믿었기 때문에 허가를 받지 아니하고 처벌대상의 행위를 한 경우에는 처벌할 수 없다(대판 2005.8.19. 2005도1697).

구분	대인적 허가	대물적 허가	혼합적 허가
예	운전면허, 의사면허 등	건축허가, 영업허가, 석유판매업허가 등	총포·도검·화약류의 제조허가
효과의 장소적 범위	전국적	원칙상 허가한 행정청의 관할 구역 내	원칙상 허가한 행정청의 관할 구역
이전성 (양도·상속)	×	○	이전에 다시 허가를 받아야 하는 등의 제한이 따르는 것이 보통

제12절 인허가의제제도

1 의의

'인허가의제'란 주된 인허가를 받으면 법률로 정하는 바에 따라 관련 인허가를 받은 것으로 보는 것을 말한다(「행정기본법」 제24조 제1항).

2 법적 근거

인허가의제는 법률이 정한 권한을 변경하므로 반드시 법률의 명시적 근거가 있어야 허용된다.

> **판례**
> 인허가의제 제도는 관련 인허가 행정청의 권한을 제한하거나 박탈하는 효과를 가진다는 점에서 법률 또는 법률의 위임에 따른 법규명령의 근거가 있어야 한다(대판 2022.9.7. 2020두40327).

3 신청과 협의

1. 신청

인허가의제를 받으려면 주된 인허가를 신청할 때 관련 인허가에 필요한 서류를 함께 제출하여야 한다. 다만, 불가피한 사유로 함께 제출할 수 없는 경우에는 주된 인허가 행정청이 별도로 정하는 기한까지 제출할 수 있다(「행정기본법」 제24조 제3항).

> **판례**
> 1. 관련 인허가의제 제도는 사업시행자의 이익을 위하여 만들어진 것이므로, **사업시행자가 반드시 관련 인허가의제 처리를 신청할 의무가 있는 것은 아니다**(대판 2020.7.23. 2019두31839).
> 2. 「중소기업창업 지원법」제35조 제1항·제4항에서 정한 인허가의제 제도의 입법취지 및 관련 인허가 사항에 관한 사전협의가 이루어지지 않은 채 「중소기업창업 지원법」제33조 제3항에서 정한 20일의 처리기간이 지난 날의 다음 날에 사업계획승인처분이 이루어진 것으로 의제된 경우, 창업자는 관련 인허가를 관계 행정청에 별도로 신청하는 절차를 거쳐야 한다(대판 2021.3.11. 2020두42569).

2. 협의(「행정기본법」제24조 제2항·제3항)

주된 인허가 행정청은 주된 인허가를 하기 전에 관련 인허가에 관하여 미리 관련 인허가 행정청과 협의하여야 한다. 관련 인허가 행정청은 협의를 요청받으면 그 요청을 받은 날부터 20일 이내에 의견을 제출하여야 한다. 이 경우 전단에서 정한 기간 내에 협의 여부에 관하여 의견을 제출하지 아니하면 **협의가 된 것**으로 본다.

4 요건

1. 관련 인허가의 절차적 요건

신청된 **주된 인허가절차만 거치면 되고** 의제되는 관련 인허가를 위하여 거쳐야 하는 절차를 거칠 필요는 없다. 다만, 관련 인허가에 필요한 심의, 의견청취 등 절차에 관하여는 법률에 인허가의제 시에도 해당 절차를 거친다는 명시적인 규정이 있는 경우에만 이를 거친다(「행정기본법」제24조 제5항 단서). 따라서 국토부장관이 구 주택건설촉진법 제33조에 따라 관계 기관과 협의하여 사업계획승인을 한 경우, 같은 법 제33조 제4항의 허가, 인가, 결정, 승인 등이 포함된 것으로 보며, 구 도시계획법 제12조의 중앙도시계획위원회 의결이나 주민 의견청취 등의 절차를 별도로 거칠 필요는 없다(대판 1992.11.10. 92누1162).

2. 관련 인허가의제의 실체적 요건

「행정기본법」제24조 제5항은 협의를 요청받은 관련 인허가 행정청은 해당 법령을 위반하여 협의에 응해서는 아니 된다고 규정하고 있다. 관련 인허가 행정청은 관련 인허가 법령에서 정하고 있는 실체적 요건을 충족하지 못한 경우 협의에 응해서는 안 되고 거부하여야 한다. 의제되는 인허가의 절차는 생략되나 실체적 요건은 생략되지 않으므로 절차집중설을 취하고 있다.

> **판례**
> 1. 도시계획시설인 주차장에 대한 건축허가신청을 받은 행정청으로서는 「건축법」상 허가요건뿐 아니라 국토의 계획 및 이용에 관한 법령이 정한 도시계획시설사업에 관한 실시계획인가요건도 충족하는 경우에 한하여 허가해야 한다(대판 2015.7.9. 2015두39590).

2. 의제되는 인허가요건을 충족하지 못한 경우 허가를 거부할 수 있다. ⇨ 구 택지개발촉진법에 의한 토지형질변경허가를 받을 수 없다면 「농지법 시행령」의 농지전용허가요건을 갖추지 못한 것이다(대판 2000.11.24. 2000두2341).
3. 기속행위인 채광계획인가로 공유수면점용허가가 의제될 경우, 채광계획인가신청에 대하여도, 공유수면관리청이 재량적 판단에 의하며 공유수면점용의 허가 여부를 결정할 수 있고 공유수면점용불허사유로써 채광계획을 인가하지 아니할 수 있다(대판 2002.10.11. 2001두151).
4. 장래에 요건을 갖출 가능성이 높다면 행정청이 개발행위(토지형질변경) 허가를 받을 것을 명시적 조건으로 하거나 묵시적인 전제로 하여 건축주에 대하여 「건축법」상 건축허가를 발급하는 것이 위법하다고 볼 수는 없다(대판 2020.7.23. 2019두31839).
5. 「건축법」제11조 제1항, 제5항 제3호, 「국토의 계획 및 이용에 관한 법률」제56조 제1항 제1호, 제57조 제1항의 내용과 체계, 입법 취지를 종합하면, 건축주가 건축물을 건축하기 위해서는 <u>「건축법」상 건축허가와 「국토의 계획 및 이용에 관한 법률」상 개발행위(건축물의 건축) 허가를 각각 별도로 신청하여야 하는 것이 아니라, 「건축법」상 건축허가절차에서 관련 인허가의제 제도를 통해 두 허가의 발급 여부가 동시에 심사·결정되도록 하여야 한다</u>(대판 2020.7.23. 2019두31839).

5 효과

1. 의제가 되는 사항

주된 인허가를 받으면 의제되는 다른 인허가를 받은 것으로 의제된다. 그러나 협의가 된 사항만 의제된다(「행정기본법」제25조).

판례

1. 공항개발사업 실시계획의 승인권자가 관계 행정청과 미리 협의한 사항에 한하여 그 승인처분을 할 때에 인허가 등이 의제된다(대판 2018.10.25. 2018두43095).
2. 해당 사업과 관련된 모든 인허가의제 사항에 관하여 일괄하여 사전협의를 거쳐야 하는 것은 아니다. **협의가 이루어지지 않은 인허가사항을 제외하고** 일부만을 승인할 수 있다고 규정함으로써 이러한 취지를 명확히 하고 있다(대판 2018.7.12. 2017두48734).
3. 사업계획승인신청을 받은 시장 등은 처리기간을 임의로 연장할 수 있는 재량이 없다. 「중소기업창업 지원법」에서 정한. 인허가 사항에 관한 사전 협의가 이루어지지 않은 채 「중소기업창업 지원법」제33조 제3항에서 정한 20일의 처리기간이 지난 날의 다음 날에 사업계획승인처분이 이루어진 것으로 의제된 경우, 창업자는 관련 인허가를 관계 행정청에 별도로 신청하는 절차를 거쳐야 한다(대판 2021.3.11. 2020두42569).

2. 인허가효과의 발생시점

「행정기본법」제25조 제1항은 주된 인허가를 받았을 때 관련 인허가도 받은 것으로 본다고 규정하고 있다.

3. 주된 인허가의 효과가 미치는 범위

인허가의제의 효과는 주된 인허가의 해당 법률에 규정된 관련 인허가에 한정된다.

> **판례**
> 1. 주된 인허가가 있어도 법률에 의하여 인허가를 받았음을 전제로 한 법률의 모든 규정들까지 적용되는 것은 아니다(대판 2016.11.24. 2014두47686).
> 2. 주택건설 사업구역 밖의 토지에 설치될 도시·군계획시설 등에 대하여 지구단위계획결정 등 인허가의제가 되려면, 그 시설 등이 해당 주택건설사업계획과 '실질적인 관련성'이 있어야 하고 주택건설사업의 시행을 위하여 '부수적으로 필요한' 것이어야 한다(대판 2018.11.29. 2016두38792).

4. 인허가의제의 효력 종료시점

구 택지개발촉진법상 사업시행자가 택지개발사업 실시계획승인에 의해 의제되는 도로공사시행허가 및 도로점용허가는 원칙적으로 당해 택지개발사업을 시행하는 데 필요한 범위 내에서만 그 효력이 유지되므로, 사업시행 완료 후까지 의제된다고 볼 수는 없다(대판 2010.4.29. 2009두18547).

5. 의제되는 관련 인허가가 위법한 경우 주된 인허가가 위법한지 여부

인허가의제가 되는 처분에 하자가 있더라도, 주된 허가의 위법사유가 될 수는 없다. 따라서 인허가의제 대상이 되는 처분의 공시방법에 관한 하자가 있더라도, 그로써 해당 인허가 등 의제의 효과가 발생하지 않을 여지가 있게 될 뿐이고, 그러한 사정이 주택건설사업계획 승인처분 자체의 위법사유가 될 수는 없다(대판 2017.9.12. 2017두45131).

6 불복방법

1. 주된 인허가가 거부된 경우

의제되는 인허가요건을 갖추지 못했다는 이유로 주된 인허가 행정관청은 인허가를 거부했다면 당사자는 관련 인허가 행정청의 부동의나 거부는 별개의 처분이 아니므로 관련 인허가 행정청의 부동의나 거부를 대상으로 하여 소를 제기할 수 없고 주된 인허가거부처분을 소의 대상으로 삼아 소송을 제기해야 한다. 예를 들면 시장이 형질변경불허가사유, 농지전용불허가사유를 들어 건축불허한 경우 건축불허처분을 항고소송의 대상으로 삼아야 한다(대판 2001.1.16. 99두10988).

> **판례**
> 1. 건축불허가처분 외에 별개로 형질변경불허가처분이나 농지전용불허가처분이 존재하는 것이 아니므로 쟁송을 제기하지 아니하였어도 형질변경불허가사유나 농지전용불허가사유에 관하여 불가쟁력이 생기지 아니한다(대판 2001.1.16. 99두10988).
> 2. A는 한국전력공사이다. 변전소건축허가신청을 하였으나 부산시 연제구청장은 건축불허가처분을 하면서, 소방서장의 건축부동의사유를 들었다. 건축불허가처분처분을 다투어야 한다(대판 2004.10.15. 2003두6573).

2. 인허가가 된 경우

(1) 의제된 관련 인허가가 별개의 처분인지 여부

의제된 인허가는 본인허가와는 별개의 처분이므로 직권취소와 쟁송취소의 대상이 되는 처분이다. 따라서 의제된 인허가에 불복하고자 할 때는 본허가의 취소를 구하지 말고 의제된 인허가의 취소를 구하여야 한다.

> **판례**
>
> 의제된 인허가는 통상적인 인허가와 동일한 효력을 가지므로, 적어도 '부분 인허가의제'가 허용되는 경우에는 그 효력을 제거하기 위한 법적 수단으로 의제된 인허가의 취소나 철회가 허용될 수 있고, 이러한 직권취소·철회가 가능한 이상 그 의제된 인허가에 대한 쟁송취소 역시 허용된다. 따라서 **주택건설사업계획 승인처분에 따라 의제된 인허가가 위법함을 다투고자 하는 이해관계인**은, **주택건설사업계획 승인처분의 취소를 구할 것이 아니라 의제된 인허가의 취소를 구하여야 하며**, 의제된 인허가는 주택건설사업계획 승인처분과 별도로 항고소송의 대상이 되는 처분에 해당한다(대판 2018.11.29. 2016두38792).

(2) 행정청이 의제된 관련 인허가를 취소한 경우

의제된 관련 인허가취소는 **항고소송의 대상이 되는 처분에 해당하므로** 주된 인허가취소와는 별도로 의제된 관련 인허가취소를 다툴 필요가 있다.

> **판례**
>
> <행정청이「중소기업창업 지원법」제35조에 따라 산지전용허가 등이 의제되는 사업계획을 승인, 甲회사가 재해방지조치를 이행하지 않았다는 이유로 산지전용허가 취소를 통보하고, 이어 토지의 형질변경허가 등이 취소되어 공장설립 등이 불가능하게 되었다는 이유로 甲회사에 사업계획승인을 취소한 사안> … 산지전용허가 취소는 군수가 의제된 산지전용허가의 효력을 소멸시킴으로써 甲회사의 구체적인 권리·의무에 직접적인 변동을 초래하는 행위로 보이는 점 등을 종합하면 **의제된 산지전용허가 취소가 항고소송의 대상이 되는 처분에 해당하고**, 산지전용허가 취소에 따라 사업계획승인은 산지전용허가를 제외한 나머지 인허가 사항만 의제하는 것이 되므로 사업계획승인 취소는 산지전용허가를 제외한 나머지 인허가 사항만 의제된 사업계획승인을 취소하는 것이어서 산지전용허가 취소와 사업계획승인 취소가 대상과 범위를 달리하는 이상, **甲회사로서는 사업계획승인 취소와 별도로 산지전용허가 취소를 다툴 필요가 있다**(대판 2018. 7.12. 2017두48734).

7 사후관리

인허가의제의 경우 관련 인허가 행정청은 관련 인허가를 직접 한 것으로 보아 관계 법령에 따른 관리·감독 등 필요한 조치를 하여야 한다. 의제된 인허가가 변경되는 경우 인허가 신청, 협의 등 절차를 거쳐야 한다.

제13절 기한부 허가와 갱신

1 기한부 허가

기한부 허가는 허가를 하면서 부관으로 허가의 유효기간을 부가한 허가이다.

2 허가의 소멸

기한부 허가의 경우 기한이 도래하면 허가는 실효된다. 대인적 허가의 경우 상대방이 사망하면, 대물적 허가의 경우 물건이 멸실되면 허가는 실효된다.

3 허가의 갱신

1. 개념

기간의 제한이 있는 허가의 경우, 허가의 효력을 유지하기 위해 하는 행위를 허가의 갱신이라고 한다.

2. 허가갱신의 효과

허가의 갱신은 기존 허가의 효력을 지속시키는 것이지 새로운 허가는 아니다. 따라서 유료직업 소개사업의 허가갱신은 허가취득자에게 종전 지위를 계속 유지시키는 효과를 갖는 것에 불과하다. 허가의 갱신 후에도 갱신 전의 법 위반사실을 근거로 허가를 취소할 수 있다(대판 1982.7.27. 81누174).

3. 갱신의 신청

갱신의 신청은 기한의 도래 전에 해야 한다. 허가기간이 경과되면 허가는 실효된다. 따라서 기간경과 후 기간연장신청은 갱신신청이 아니다. 이는 새로운 허가신청으로 보아야 한다(대판 1995.11.10. 94누11866).

4. 허가기간이 부당하게 짧은 경우

허가기간이 사업의 성질상 부당하게 짧은 경우 그 기간을 허가 자체의 존속기간이 아니라 허가조건의 존속기간으로 보아야 한다(대판 2007.10.11. 2005두12404).

제14절 예외적 허가(예외적 승인)

1 의의

마약은 사회적으로 유해함으로 허용되지 않는 것이 원칙이다. 다만, 고통이 극심한 환자 등에 한해 의사의 처방에 따라 예외적으로 승인할 수 있다. 이와 같이 예외적 허가는 해악이 큰 관계로 법령이 억제적 금지를 원칙으로 하면서 예외적으로 금지를 해제해 당해 행위를 적법하게 해 주는 행위이다.

2 법적 성질

예외적 허가를 특허의 일종으로 보는 견해(김동희)도 있다. 특허는 새로운 권리 부여이나 예외적 허가는 금지를 해제하는 것이므로 넓은 의미의 허가에 해당한다.

3 특징

1. 재량행위

도시의 무질서한 확산을 방지하고 자연환경을 보전하기 위해 지정된 개발제한구역에서는 원칙적으로 건축물 건축 등 개발행위가 금지된다. 그러나 구역 지정의 목적에 위배되지 않는 특정 경우에는 예외적으로 허가를 통해 이러한 행위가 가능하다. 이와 같은 예외적인 건축허가는 수익적 성격을 가지며, 법률적으로는 재량행위나 자유재량행위에 해당한다(대판 2003.3.28. 2002두11905).

2. 허가신청 거부

일반적인 건축허가는 기속행위이므로 원칙적으로 법령의 요건이 충족되면 허가하여야 한다. 그러나 개발제한구역 내 건축허가와 학교 정화구역 내 충전소금지 해제는 재량행위이므로 법정 요건이 충족되었다고 하더라도 법정 이외의 사유를 들어 허가신청을 거부할 수 있다.

구분	허가	예외적 허가
허가의 성질	① 원칙적 허가를 전제로 금지 ② 잠정적 금지의 해제 ③ 상대적 금지의 해제 ④ 예방적 금지의 해제	① 원칙적 금지를 전제로 예외적 허가 ② 억제적 금지의 해제
효과	자연적 자유의 회복	권리범위 확대
행정기관의 행위	원칙: 기속행위	원칙: 재량행위

예	① 일반음식점 영업허가 ② 건축허가 ③ 유흥주점허가 ④ 의사ㆍ한의사ㆍ약사면허 ⑤ 자동차운전면허 ⑥ 양곡가공업허가 ⑦ 수렵면허 ⑧ 화약제조허가 ⑨ 여행허가	① 치료목적의 마약ㆍ아편의 사용허가 ② 마약류 취급허가(이견 있음) ③ 개발제한구역 내 용도변경(건축)허가 ④ 학교환경위생정화구역 내 유흥음식점 허가 ⑤ 자연공원 내 단란주점 영업허가, 산림훼손토 지형질변경허가 ⑥ 카지노ㆍ경마장 등의 사행행위 영업허가

제15절 특허

1 의의

특허는 특정 상대방을 위해 새로운 권리나 권리능력, 포괄적 법률관계를 설정하는 행정행위이다. 특허는 학문상 개념이다. 실정법에는 특허, 허가, 면허라고 한다.

2 법적 성질

1. 특허는 형성적 행위이다.

특허는 새로운 권리를 설정하는 형성적 행위이다.

> **판례**
>
> 1. **사업인정**은 일정한 내용의 수용권을 설정해 주는 행정처분(즉, 특허)의 성격을 띠는 것이다(대판 1995. 12.5. 95누4889).
> 2. 개발촉진지구 안에서 시행되는 지역개발사업에서 지정권자의 실시계획승인처분은 설권적 처분의 성격을 가진 독립된 행정처분이다(대판 2014.9.26. 2012두5619).
> 3. 「도로법」 제61조 제1항에 의한 **도로점용허가**는 일반사용과 별도로 도로의 특정 부분에 대하여 특별사용권을 설정하는 설권행위이다(대판 2019.1.17. 2016두56721).
> 4. 국립의료원 부설주차장에 관한 위탁관리용역운영계약은 관리청이 공권력을 가진 우월적 지위에서 행하는 행정처분으로서 특정인에게 행정재산을 사용할 수 있는 권리를 설정하여 주는 강학상 특허에 해당한다. 가산금지급채무의 부존재를 주장하여 구제를 받으려면, 적절한 행정쟁송절차를 통하여 권리관계를 다투어야 할 것이지, 대한민국에 대하여 민사소송으로 위 지급의무의 부존재확인을 구할 수는 없는 것이다(대판 2006.3.9. 2004다31074).

5. **하천의 점용허가권**은 특허에 의한 공물사용권의 일종으로서 하천의 관리주체에 대하여 일정한 특별사용을 청구할 수 있는 채권에 지나지 아니하고 대세적 효력이 있는 물권이라 할 수 없다(대판 2015.1.29. 2012두27404).

2. 특허는 재량행위이다.

판례

1. 「여객자동차 운수사업법」에 의한 **개인택시운송사업면허**는 특정인에게 권리나 이익을 부여하는 행정행위로서 법령에 특별한 규정이 없는 한 재량행위이다(대판 2010.1.28. 2009두19137).
2. **공유수면의 점용·사용허가**는 특정인에게 공유수면이용권이라는 독점적 권리를 설정하여 주는 처분(즉, 특허)으로서 행정청의 재량에 속한다. 따라서 **허가요건이 충족된 경우라 하더라도** 공익상의 필요에 따라 공유수면의 점용·사용허가신청을 불허가할 수 있다(대판 2017.4.28. 2017두30139).
3. 출입국관리법령상 **체류자격 변경허가**는 신청인에게 당초의 체류자격과 다른 체류자격에 해당하는 활동을 할 수 있는 권한을 부여하는 일종의 설권적 처분의 성격을 가지므로, 허가권자는 허가 여부를 결정할 수 있는 재량을 가진다(대판 2016.7.14. 2015두48846).
4. 마을버스운송사업면허의 허용 여부는 교통수요, 노선 결정, 운송업체의 수송능력 등을 고려하여 행정청의 재량에 속하며, 마을버스 노선과 기존 일반노선버스의 중복 허용 여부도 행정청의 재량에 따라 개별적으로 판단한다(대판 2002.6.28. 2001두10028).

3 효과

특허는 상대방에게 권리·능력 또는 법률관계를 설정하는 효과를 발생시킨다. 특허에 의해 설정되는 권리는 보통 공권이나, 광업권·어업권 등과 같이 사권인 경우도 있다.

판례

1. 조합이나 어촌계로 하여금 각자의 소속 어장을 배타적으로 점유·관리하게 하였음에 비추어 특별한 경우가 아니면 **같은 업무구역 안에 중복된 어업면허**는 당연무효이다(대판 1978.4.25. 78누42).
2. 시장·군수·구청장 등이 **다른 어촌계의 업무구역과 중복된다는 등의 이유로 어업면허를 거부하거나 취소하는 등의 처분을 하는 경우**에는 행정처분의 효력을 다투는 항고소송의 방법으로 처분의 취소 또는 무효확인을 구하는 것이 분쟁을 해결하는 데에 직접적인 수단이 되는 것이므로, 그와 별도로 민사상 다른 어촌계를 상대로 업무구역의 확인을 구하는 것은 원고의 법적 지위에 대한 불안·위험을 제거하는 데 가장 유효·적절한 수단이라고 보기도 어렵다(대판 2017.7.11. 2017다216271).

4 허가와 특허의 구별

구분	허가	특허
의의	자연적 권리회복	새로운 권리부여
규제목적	소극적 질서유지	적극적 공공복리
국가의 감독	① 질서유지를 위한 소극적 감독 ② 특권부여(×)	① 공공복리를 위한 적극적 감독 ② 특권부여(○)
법적 성질	① 명령적 행위 ② 원칙적 기속행위	① 형성적 행위 ② 원칙적 재량행위
신청	① 원칙적으로 신청을 요함 ② 일반처분은 신청 불요	① 반드시 신청을 요함 ② 법규특허는 신청 불요
상대방	① 특정인(○) ② 불특정 다수인(일반처분)(○)	반드시 특정인(○)
기존업자의 영업상 이익	① 원칙: 반사적 이익 ② 예외: 법률상 이익	법률상 이익
기존업자의 원고적격	① 원칙: 원고적격(×) ② 예외: 원고적격(○)	원고적격(○)
종류	① 통행금지·입산금지의 해제 ② 주류면허, 유흥주점허가 ③ 운전면허, 의사·한의사·약사면허 ④ 총포화약조제허가 ⑤ 주유소(석유판매업)허가	① 특허기업(자동차운수사업)의 특허 ② 행정재산의 사용·수익허가 ③ 공물사용권(도로점용허가 등)의 특허 ④ 광업허가

제16절 인가

1 의의

인가는 행정청이 제3자의 법률행위를 보충하여 법률적 효력을 완성시켜 주는 행위이다.

> **판례**
> 1. 학교법인의 임원에 대한 감독청의 취임승인은 인가로서 성질상 기본행위인 임원선임행위를 떠나 승인처분 그 자체만으로는 아무런 효과도 발생할 수 없다(대판 2001.5.29. 99두7432).
> 2. 기본행위인 기술도입계약이 취소되면 인가처분은 실효된다(대판 1983.12.27. 82누491).

2 법적 성질

1. **인가는 보충적 행정행위이자, 형성적 행정행위이다.**

   인가는 사인 간의 법률행위를 보충해 주는 행정행위이고, 인가로 인해 새로운 법적 효과가 발생한다. 보충행위이므로 허가에 있어서 수정허가가 인정되는 것과는 달리, 인가의 경우에는 원칙적으로 수정인가를 할 수 없다

   > **판례**
   >
   > 1. **재단법인의 정관변경 '허가'**는 그 성질에 있어 법률행위의 효력을 보충해 주는 것이지 일반적 금지를 해제하는 것이 아니므로, 그 법적 성격은 인가라고 보아야 한다(대판 전합 1996.5.16. 95누4810).
   > 2. 조합정관변경인가는 강학상 인가로서, 그 인가를 받지 못한 경우 변경된 정관은 무효이다(대판 2014.7.10. 2013도11532).
   > 3. 토지거래허가제는 금지를 해제하여 계약체결의 자유를 회복시켜 주는 성질이라기보다는 토지거래허가를 허가 전의 유동적 무효상태에 있는 법률행위의 효력을 완성시켜 주는 인가적 성질을 띤 것이라고 보는 것이 타당하다(대판 전합 1991.12.24. 90다12243).
   > 4. 자동차관리사업자로 구성하는 **사업자단체인 조합 또는 협회의 설립인가처분**은 자동차관리사업자들의 단체결성행위를 **보충하여 효력을 완성시키는 처분에 해당한다.** 구 자동차관리법상 조합이나 협회설립 인가제도의 입법취지와 구체적인 기준이 정해져 있지 않음을 고려할 때, 조합의 사업내용과 운영계획이 자동차관리사업의 건전한 발전과 질서 확립이라는 공익적 목적에 부합하는지도 함께 검토하여 설립인가 여부를 결정할 **재량을 가진다**(대판 2015.5.29. 2013두635).

2. **인가는 원칙적으로 재량행위이나, 예외적으로 기속행위이다.**

   「민법」상 비영리법인설립허가는 재량이나 **토지거래계약**의 허가권자는 불허가사유에 해당하지 아니하는 한 허가를 하여야 한다(대판 1997.6.27. 96누9362).

3 대상

인가의 대상은 제3자의 법률행위이다. 계약에 한정되지 않으나 법률행위가 아닌 사실행위는 그 대상이 되지 않는다.

4 형식

인가는 행정청의 구체적인 처분의 형식으로 이루어진다. 불특정 다수인에 대한 일반인가는 허용되지 않는다. 인가는 특정인에 대해서만 허용되므로 반드시 신청이 있어야 한다.

5 효과

1. **인가를 받으면 법률효과가 완성된다.**

   인가의 대상이 되는 기본행위는 인가가 있기 전에는 효력이 발생하지 않은 상태에 있다. 관할 관청이 **개인택시운송사업의 양도·양수에 대한 인가를 하였을 경우** 거기에는 양도인과 양수인 간의 양도행위를 보충하여 그 법률효과를 완성시키는 의미에서의 인가처분뿐만 아니라 양수인에 대해 양도인이 가지고 있던 면허와 동일한 내용의 면허를 부여하는 처분이 포함되어 있다(대판 2010.11.11. 2009두14934).

2. **인가를 받지 않으면 법적 효력이 발생하지 않는다.**

   인가는 법률행위의 효력발생요건이므로 인가를 받지 않는 행위는 무효이다. 인가받을 것을 전제로 한 거래인가구역으로 지정된 구역 안의 토지에 관한 체결한 토지거래계약은 유동적 무효이다(대판 전합 1999.6.17. 98다40459). 면허관청의 인가를 받지 않은 공유수면매립면허로 인한 권리·의무의 양도약정은 무효이다(대판 1991.6.25. 90누5184).

3. **인가를 받지 않은 법률행위에 대한 제재 여부**

(1) 인가를 받지 않은 행위는 강제집행, 처벌의 대상은 아니다. 인가를 받지 않은 사인 간의 법률행위는 무효가 될 뿐이다.

(2) 「부동산 거래신고 등에 관한 법률」 위반죄로 처벌되는 **'토지거래허가 없이 토지 등의 거래계약을 체결하는 행위'**란 처음부터 위 법 소정의 토지거래허가를 배제하거나 잠탈하는 내용의 계약을 체결하는 행위를 가리키고, 허가받을 것을 전제로 한 거래계약을 체결하는 것은 여기에 해당하지 아니한다(대판 2010.5.27. 2010도1116).

☑ 허가와 인가의 비교

구분	허가	인가
의의	• 금지해제 • 권리회복	제3자의 법률행위를 보충하는 행위
성질	• 명령적 행위 • **원칙**: 기속	• 형성적 행위 • **원칙**: 재량
대상	• **법률행위**(○) • **사실행위**(○): 입산허가, 수렵허가	• **법률행위**(○) • **사실행위**(×)
허가·인가 없는 행위	• 적법요건 • 당해 행위 유효 • 행정벌, 강제집행(○)	• 유효요건 • 당해 행위 무효 • 행정벌, 강제집행(×)
상대방	• 특정인(○) • 불특정인(○)	• 특정인(○) • 불특정인(×)
신청	• **원칙**: 신청(○) • **예외**: 신청을 요하지 않는 허가 있음	반드시 신청을 요함
수정허가·인가	수정허가 가능	수정인가 불가
효과	• 공법적 효과(○) • 사법적 효과(×)	• 공법적 효과(○) • 사법적 효과(○)

6 기본행위와 인가의 하자

1. 기본행위에 하자가 있는 경우

(1) 기본행위가 성립하지 않거나 무효인 경우

인가는 기본행위를 보충해 주는 행정행위이다. 따라서 기본행위가 불성립(부존재)이거나 무효이면 인가도 당연히 무효가 된다.

(2) 기본행위에 취소원인이 있는 경우

하자 있는 기본행위에 대하여 행정청의 인가가 있더라도 그 기본행위의 하자가 치유되는 것은 아니므로, **기본행위에 취소원인이 있다면 인가가 있은 후에도 그 기본행위를 취소할 수 있다.** 다만, 자동차운송사업의 양수도계약이 판결로 취소되었음에도 행정청이 인가처분의 시정에 응하지 않은 경우, 인가처분의 무효확인을 구할 이익이 있다(대판 전합 1979.2.13. 78누428).

2. 인가에 하자가 있는 경우

(1) 기본행위는 적법하나 인가가 무효인 경우 기본행위는 무인가행위이므로 무효가 된다.

(2) 기본행위는 적법하나 인가를 취소할 수 있는 경우 인가가 취소되기 전까지는 기본행위는 유효하다.

7 쟁송방법

1. 기본행위에만 하자가 있는 경우

기본행위에 하자가 있고 인가행위에 하자가 없는 경우 인가처분에 대해 다툴 수 없음이 원칙이다. 즉, 기본행위가 쟁송의 대상이 된다.

> **판례**
>
> 1. 기본행위인 조합장 명의변경행위의 하자를 이유로 인가처분의 취소를 구할 수 없다(대판 2005.10.14. 2005두1046).
> 2. 「사립학교법」 제20조 제2항에 따른 학교법인 임원의 취임승인은 기본행위인 임원선임행위를 보충하여 효력을 완성시키는 보충적 행정행위이다. 따라서 기본행위가 불성립되거나 무효인 경우, 취임승인이 있었다 하더라도 그 선임행위가 유효해지지 않는다. 임원선임행위에 하자가 있는 경우, 민사쟁송으로 선임행위의 취소나 무효확인을 구할 수는 있지만, 감독청의 취임승인처분의 취소나 무효확인을 구할 법률상의 이익은 특단의 사정이 없는 한 인정되지 않는다(대판 1987.8.18. 86누152).
> 3. 기본행위인 주택재개발정비사업조합이 수립한 사업시행계획에 하자가 있는데 보충행위인 관할 행정청의 사업시행계획 인가처분에는 고유한 하자가 없는 경우, 사업시행계획의 무효를 주장하면서 곧바로 그에 대한 인가처분의 무효확인이나 취소를 구하여서는 아니된다(대판 2021.2.10. 2020두48031).

2. 인가행위에 하자가 있는 경우

인가에 대해 다툴 수 있다. 즉, 기본행위가 적법·유효하고 보충행위인 인가처분 자체에만 하자가 있다면 그 인가처분의 무효·취소를 주장할 수 있다(대판 2010.12.9. 2010두1248 등).

제17절 사립학교 이사선임 취소

교육부장관은 경기학원과 경기대학교의 재정 비리와 법 규정 위반 사항을 적발하고 시정 요구 및 임원취임 승인을 취소할 것을 통보했다. 경기학원은 일부 시정 조치를 취하였으나 대부분의 요구 사항은 미이행상태였다. 교육부장관은 甲의 경기학원의 임원취임승인을 취소하고, 새로운 임시이사들을 선임했다.

> 「사립학교법」 제20조【임원의 선임과 임기】① 임원은 정관이 정하는 바에 의하여 이사회에서 선임한다.
> ② 임원은 관할청의 승인을 얻어 취임한다.
> 제20조의2【임원취임의 승인취소】① 임원이 다음 각 호의 1에 해당하는 행위를 하였을 때에는 관할청은 그 취임승인을 취소할 수 있다.
>   1. 이 법에 위반하거나 이에 의한 명령을 이행하지 아니한 때
> ② 제1항의 규정에 의한 취임승인 취소는 관할청이 당해 학교법인에게 그 사유를 들어 시정을 요구한 날부터 15일이 경과하여도 이에 응하지 아니한 경우에 한한다.
> 제25조【임시이사의 선임】① 관할청은 다음 각 호의 어느 하나에 해당되는 경우에는 이해관계인의 청구 또는 직권으로 지체 없이 임시이사를 선임하여야 한다.
>   2. 제20조의2의 규정에 의하여 학교법인의 임원취임승인을 취소한 때

1 소의 이익

1. **임원취임승인의 취소처분 후 甲의 임원의 임기가 만료된 경우 소의 이익**

   비록 취임승인이 취소된 학교법인의 정식이사들이 임기가 만료되었거나 구 사립학교법 제22조 제2호 소정의 임원결격사유기간이 경과하였더라도, 그 취임 승인이 위법하다고 판명되고 임시이사들의 지위가 부정되어 직무권한이 상실되면, 정식이사들은 「민법」 제691조의 유추적용에 따라 직무수행에 관한 긴급처리권을 가지게 된다. 따라서 임기가 만료되었더라도 이사선임처분의 취소를 구할 법률상 이익이 있다(대판 전합 2007.7.19. 2006두19297).

2. **교육부장관이 임원취임승인취소처분을 하고 임시이사로 乙을 선임하고 乙의 임기가 만료되어 임시이사가 丙으로 교체된 경우 乙에 대한 임시이사선임처분의 취소를 구할 법률상 이익**

   임시이사선임처분에 대한 취소소송이 진행 중에 새로운 임시이사로 교체되면 선행 임시이사 선임처분의 효과가 소멸한다고 판단될 경우, 원래의 정식이사들은 계속된 소송을 취하하고 후행 임시이사선임처분에 대해 별도로 소송을 제기해야 한다. 만약 이 과정에서 또다시 임시이사가 교체되면, 새로운 소송을 제기해야 하여 무익한 절차와 소송이 반복될 수 있다. 따라서 취임승인이 취소된 학교법인의 정식 이사들은 취임승인취소처분과 임시이사선임처분의 취소를 구할 법률상 이익이 있으며, 선행 임시이사선임처분이 후행 임시이사로 교체되었더라도 여전히 그 취소를 구할 법률상 이익이 있다(대판 전합 2007.7.19. 2006두19297).

2 경기학원이 戌을 새로운 정식이사로 선임신청하였는데 교육부장관이 불허한 경우 戌의 원고적격

구 사립학교법 제20조 제1항과 제2항에 따라 학교법인의 이사장 및 임원은 이사회의 선임을 거쳐 관할청의 승인을 받아야 하며, 관할청의 임원취임승인행위는 임원선임의 법적 효력을 완성시키는 보충적 법률행위로 간주된다. 따라서 관할청이 임원취임승인신청을 반려하거나 거부하면, 해당 임원은 학교법인의 임원으로 취임할 수 없어 직접적이고 구체적인 법률상의 불이익을 겪게 된다. 이로 인해 학교법인에 의해 임원으로 선임된 사람은 관할청의 승인 반려처분을 다툴 원고적격이 있다(대판 2007.12.27. 2005두9651).

3 「행정절차법」상 의견진술의 기회를 보장해야 하는지 여부

「행정절차법」 제3조 제1항은 「행정절차법」이 일반법임을 밝히며, 다른 법률에 특별한 규정이 있으면 그 법률을 적용한다고 규정한다. 「사립학교법」 제20조의2 제2항은 취임승인 취소를 위해 시정 요구 후 15일이 지나도 시정이 없을 경우 취소가 가능하다고 명시하고 있다. 사학의 자율성을 고려하여 학교법인에 시정 기회를 주었다면 이는 「행정절차법」의 의견진술 기회를 포함하는 것으로 이해된다(대판 2002. 2.5. 2001두7138).

4 학교법인이 일부시정한 경우 불이행한 것인지 여부

(1) 구 사립학교법 제20조의2의 임원취임승인취소는 사립학교의 건전한 발달을 도모하기 위해, 위법이나 부당한 상태를 시정하는 것을 목적으로 한다. 이 조항은 시정 요구를 통해 위법상태의 시정을 유도하고, 시정 요구에 응하지 않은 경우에 취소가 가능하다고 규정한다.
(2) 법원이 시정 요구에 대해 단순히 최선의 노력을 하였다는 이유로 응했다고 판단하기는 어렵고, 실제로 시정이 이루어지지 않았다면 '응하지 않았다'고 볼 수 있다.

제18절 영업양도와 제재처분의 효과와 제재사유 승계

1 영업허가의 양도

1. 절차
사법상 계약인 영업권 양수도 계약을 체결하고 행정청에 신고하거나 인가를 받아야 한다.

2. 영업허가 양도의 효과
양도인은 영업허가자의 지위를 승계한다.

2 제재처분의 효과 승계

1. 제재처분의 의의
'제재처분'이란 법령 등에 따른 의무를 위반하거나 이행하지 아니하였음을 이유로 당사자에게 의무를 부과하거나 권익을 제한하는 처분을 말한다. 다만, 행정상 강제는 제외한다(「행정기본법」 제2조 제5호).

2. 제재처분의 효과 승계

(1) 원칙

양도인에 대한 허가취소, 영업정지는 양수인에게 승계된다. 양수인이 영업정지나 취소를 알지 못했다고 하더라도 제재처분은 이미 효력이 발생하였으므로 승계된다.

(2) 법률에 승계예외조항인 있는 경우

1) 「석유 및 석유대체연료 사업법」 제10조 제5항에 따라 석유판매업자의 지위 승계 및 처분 효과의 승계에 관해 준용되는 법 제8조는, 석유정제업자의 지위가 승계될 경우, 종전 석유정제업자에 대한 사업정지처분이나 과징금 부과처분의 효과가 **새로운 석유정제업자에게 승계되며**, 처분 절차가 진행 중일 때도 새로운 석유정제업자에게 계속 진행될 수 있다고 규정하고 있다. 다만, **새로운 석유정제업자가 해당 처분이나 위반사실을 알지 못했음을 증명하면 이 규정은 적용되지 않는다**.

2) 이러한 제재사유 및 처분절차의 승계조항은, 제재적 처분을 피하기 위해 석유정제업자 지위 승계를 악용하는 것을 방지하려는 취지이다. 또한 승계인에게 선의 여부에 대한 증명책임을 지우는 것 역시 동일한 취지이다. 따라서 법 제8조 본문에 의해 사업정지처분의 효과는 원칙적으로 새로운 석유정제업자에게 승계되며, 예외적으로 선의를 증명한 경우에만 단서 규정이 적용된다. 따라서 승계인의 선의를 인정함에 있어서는 신중하게 접근해야 한다(대판 2017.9.7. 2017두41085).

3. 제재처분의 상대방

양도인이 사실상 양수인에게 사업을 양도했으나, **양수인으로 명의가 변경되지 않은 상태에서** 양수인의 법령 위반행위에 대한 책임은 양도인에게 귀속된다(대판 1995.2.24. 94누9146). 다만, 양도인의 유사휘발유 판매를 모르고 양수한 자에 대한 6월의 영업정지처분은 비례원칙에 반한다(대판 1992.2.25. 91누13106). 또한 양도인이 양수인에게 건축 중인 건물을 양도했으나 양수인이 명의를 변경하지 않은 채 사용승인을 받지 않고 건물을 사용한 경우 시정명령과 이행강제금 부과대상은 부동산 등기부등본상의 소유자인 양도인이다(대판 2010.10.14. 2010두13340).

3 제재사유의 승계

1. 명문규정이 있는 경우

제재사유에 대한 승계조항이 있는 경우 승계된다 제재처분의 근거가 되는 행정법규는 단순히 행정실무상의 필요나 입법정책적 필요만을 이유로 문언의 가능한 범위를 벗어나 처분상대방에게 불리한 방향으로 확장해석하거나 유추해석해서는 아니 되나, 처분상대방에게 불리한 내용의 법령해석이 일체 허용되지 않는다는 취지가 아니며, <u>문언의 가능한 범위 내라면 체계적 해석과 목적론적 해석이 허용됨은 당연하다</u>(대판 2018.11.29. 2018두48601).

2. 명문규정이 없는 경우

1) 양도인에게 제재사유가 있는 경우, 영업권이 양수인에게 이전된 경우라도 양수인에게 제재할 수 있다는 것이 판례의 태도이다. 다만, 양수인이 양수할 때 그 처분 또는 위법사실을 알지 못하였음을 증명할 때에는 승계되지 않는다(「식품위생법」 제78조).

2) 대물적 처분의 경우

요양기관이 속임수나 그 밖의 부당한 방법으로 보험자에게 요양급여비용을 부담하게 한 때에 구 국민건강보험법 제85조 제1항 제1호에 의해 받게 되는 <u>요양기관 업무정지처분은 의료인 개인의 자격에 대한 제재가 아니라 요양기관의 업무 자체에 대한 것으로서</u> **대물적 처분의 성격**을 갖는다. 따라서 속임수나 그 밖의 부당한 방법으로 보험자에게 요양급여비용을 부담하게 한 요양기관이 폐업한 때에는 그 요양기관은 업무를 할 수 없는 상태일 뿐만 아니라 그 처분대상도 없어졌으므로 **그 요양기관 폐업 후 그 요양기관의 개설자가 새로 개설한 요양기관에 대하여 업무정지처분을 할 수는 없다**(대판 2022.1.27. 2020두39365).

* 대법원은 요양기관 업무정지가 대물적 처분이므로 요양기관이 폐업하면 처분대상도 소멸하고, 따라서 요양기관 및 폐업 후 그 요양기관의 개설자가 새로 개설한 요양기관에 대하여 업무정지처분을 할 수 없다고 보았는데, 그렇다면 법 위반행위를 한 요양기관을 양수하면 업무정지사유가 승계되어 나중에 양수인이 업무정지처분을 받게 되는 반면, 법 위반행위를 한 개설자가 자신이 운영하던 요양기관을 폐업하고 다시 개설하면 업무정지처분을 받지 않게 되는 이상한 결과가 발생한다. 애초부터 대물적 제재처분이라는 관념을 활용하지 않고, 법률유보원칙에 따라 제재사유의 승계를 명문 규정에 의해서만 인정하였다면 위와 같은 복잡한 논리를 제시할 이유도 없었을 것이다(성균관법학 35권 1호 278면).

3) 대인적 처분

제재처분이 대인적 처분인 경우 지위승계 후 제재사유만 승계한다.

> **판례**
>
> 가. 구 화물자동차 운수사업법(이하 '화물자동차법'이라 한다) 제16조 제4항은 화물자동차 운송사업을 양수하고 신고를 마치면 양수인이 양도인의 '운송사업자로서의 지위'를 승계한다고 규정하고 있다. 이러한 지위 승계 규정은 양도인이 해당 사업과 관련하여 관계 법령상 의무를 위반하여 제재사유가 발생한 후 사업을 양도하는 방법으로 제재처분을 면탈하는 것을 방지하려는 데에도 그 입법목적이 있다.
>
> 나. 화물자동차법에서 '운송사업자'란 화물자동차법 제3조 제1항에 따라 화물자동차 운송사업 허가를 받은 자를 말하므로(제3조 제3항), '운송사업자로서의 지위'란 운송사업 허가에 기인한 공법상 권리와 의무를 의미하고, 그 '지위의 승계'란 양도인의 공법상 권리와 의무를 승계하고 이에 따라 양도인의 의무위반행위에 따른 위법상태의 승계도 포함하는 것이라고 보아야 한다. 불법증차를 실행한 운송사업자로부터 운송사업을 양수하고 화물자동차법 제16조 제1항에 따른 신고를 하여 화물자동차법 제16조 제4항에 따라 운송사업자의 지위를 승계한 경우에는 설령 양수인이 영업양도·양수 대상에 불법증차 차량이 포함되어 있는지를 구체적으로 알지 못하였다 할지라도, 양수인은 불법증차 차량이라는 물적 자산과 그에 대한 운송사업자로서의 책임까지 포괄적으로 승계한다(헌재 2019.9.26. 2017헌바397 등 참조).
>
> 다. 관할 행정청은 양수인의 선의·악의를 불문하고 양수인에 대하여 불법증차 차량에 관하여 지급된 유가보조금의 반환을 명할 수 있다. 다만 그에 따른 양수인의 책임범위는 지위 승계 후 발생한 유가보조금 부정수급액에 한정되고, 지위 승계 전에 발생한 유가보조금 부정수급액에 대해서까지 양수인을 상대로 반환명령을 할 수는 없다. 유가보조금 반환명령은 '운송사업자 등'이 유가보조금을 지급받을 요건을 충족하지 못함에도 유가보조금을 청구하여 부정수급하는 행위를 처분사유로 하는 '**대인적 처분**'으로서, '운송사업자'가 불법증차 차량이라는 물적 자산을 보유하고 있음을 이유로 한 **운송사업 허가취소 등의 '대물적 제재처분'과는 구별되고**, 양수인은 영업양도·양수 전에 벌어진 양도인의 불법증차 차량의 세공 및 유가보조금 부정수급이라는 결과 발생에 어떠한 책임이 있다고 볼 수 없기 때문이다(대판 2021.7.29. 2018두55968).

> **판례**
>
> 1. **영업장 면적이 변경되었음에도 그에 관한 신고의무가 이행되지 않은 영업을 양수한 자 역시 그와 같은 신고의무를 이행하지 않은 채 영업을 계속한다면** 시정명령 또는 영업정지 등 제재처분의 대상이 될 수 있다(대판 2020.3.26. 2019두38830).
> 2. **어떠한 공중위생영업에 대하여 그 영업을 정지할 위법사유가 있다면**, 관할 행정청은 그 영업이 양도·양수되었다 하더라도 그 업소의 양수인에 대하여 영업정지처분을 할 수 있다고 봄이 상당하다(대판 2001.6.29. 2001두1611).
> 3. 종전 석유판매업자가 유사석유제품을 판매하였음을 이유로 그 지위를 승계한 자에 대하여 사업정지 등의 제재처분이나 이에 갈음하여 과징금을 부과할 수 있다(대판 2003.10.23. 2003두8005). **석유판매업(주유소)허가**는 소위 대물적 허가의 성질을 갖는 것이어서 양도인에게 그 허가를 취소할 위법사유가 있다면 허가관청은 이를 이유로 양수인에게 응분의 제재조치를 취할 수 있다(대판 1986.7.22. 86누203).
> 4. 자동차운송사업의 양도·양수 당시에는 양도인에 대한 운송사업면허 취소사유가 현실적으로 발생하지 않은 경우라도 그 원인이 되는 사실이 이미 존재하였다면, 관할 관청으로서는 그 후 발생한 운송사업면허 취소사유에 기하여 양수인의 운송사업면허를 취소할 수 있다(대판 2010.4.8. 2009두17018).

5. **벌점 승계**(대판 2023.4.27 2020두47892)
   가. 하도급법령에서 시정조치 유형별로 미리 정해놓은 객관적 기준에 따라 벌점이 정형적으로 부과되도록 예정되어 있다는 점에서 피고에게 벌점의 부과 여부나 그 범위에 관하여 실질적으로 재량의 여지가 있다고 보기는 어렵다.
   나. 분할 전 회사에 부과된 하도급법상 벌점이 하도급법령에서 정하고 있는 기준을 초과하자, 피고 공정거래위원회가 분할신설회사를 흡수합병한 원고에 대하여 하도급법 제26조 제2항 및 같은 법 시행령 제17조 제2항에 따라 관계 행정기관의 장에게 입찰참가자격제한 및 영업정지 요청 결정을 하여 원고가 그 취소를 청구한 사건에서 분할 전 회사에 부과된 **하도급법상 벌점이 원고에게 승계되므로** 입찰참가자격제한 및 영업정지 요청 결정을 적법하다.

3. 공정개래법과 하도급법 제재사유승계(대판 2023.6.15. 2021두55159)

(1) 법리

법률에 규정이 있어야 종전 회사의 법 위반행위에 대한 제제사유는 신설회사에 승계된다. 대법원은 대판 2007.11.29. 2006두18928에서 **법률 규정이 없는 이상** 분할하는 회사의 분할 전 공정거래법 위반행위를 이유로 신설회사에 대하여 과징금을 부과하는 것은 허용되지 않는다고 판시하였다. 이러한 법리는 하도급법에 따른 제재에도 적용된다.

(2) 하도급법 위반을 이유로 한 신설회사에 대한 시정조치의 위법 여부

현행 공정거래법은 분할하는 회사의 분할 전 공정거래법 위반행위를 이유로 신설회사에 과징금 부과 또는 시정조치를 할 수 있도록 규정을 신설하였다. 현행 하도급법은 과징금 부과처분에 관하여는 신설회사에 제재사유를 승계시키는 공정거래법 규정을 준용하고 있으나 시정조치에 관하여는 이러한 규정을 두고 있지 않다. 공정거래법 개정과 하도급법으로 인해 신설회사에 대해 과징금을 부과는 가능하나 하도급법에 공정거래법상 시정조치에 대한 준용규정을 두고 있지 않아 시정조치를 명할 수 없다.

제19절 도시재개발

1 주택재건축(재개발)사업조합설립인가

1. 법적 성질

주택재건축(재개발)사업조합설립인가는 주택재건축(재개발)사업을 시행할 수 있는 권한을 갖는 행정주체(공법인)로서의 지위를 부여하는 **일종의 설권적 처분의 성격**을 갖는다(대판 2010.2.25. 2007다73598).

2. 불복절차

「도시 및 주거환경정비법」상 재개발조합설립 인가신청에 대하여 행정청의 조합설립인가처분이 있은 이후에 조합설립결의에 하자가 있음을 이유로 재개발조합 설립의 효력을 부정하기 위해서는 **항고소송**

으로 조합설립인가처분의 효력을 다투어야 하고, 특별한 사정이 없는 한 이와는 별도로 민사소송으로 행정청으로부터 조합설립인가처분을 하는 데 필요한 요건 중의 하나에 불과한 조합설립결의에 대하여 무효확인을 구할 확인의 이익은 없다고 보아야 한다(대결 2009.9.24. 2009마168).

2 사업시행계획과 관리처분계획

1. 사업시행계획과 관리처분계획에 대한 조합 총회결의의 효력을 다투는 절차: 당사자소송

「도시 및 주거환경정비법」상 행정주체인 주택재건축정비사업조합을 상대로 관리처분계획안에 대한 조합 총회결의의 효력 등을 다투는 소송은 행정처분에 이르는 절차적 요건의 존부나 효력 유무에 관한 소송으로서 그 소송결과에 따라 행정처분의 위법 여부에 직접 영향을 미치는 **공법상 법률관계에 관한 것이므로**, 이는 「행정소송법」상의 **당사자소송에 해당한다**(대판 전합 2009.9.17. 2007다2428).

2. 사업시행계획과 관리처분계획에 대한 조합 총회결의에 대한 인가의 성격

(1) 보충적 행위

「도시 및 주거환경정비법」에 기초하여 주택재개발정비사업조합이 수립한 관리처분계획(사업시행계획)은 그것이 인가·고시를 통해 확정되면 이해관계인에 대한 구속적 행정계획으로서 독립된 행정처분에 해당하므로, **관리처분계획(사업시행계획)을 인가하는 행정청의 행위**는 주택재개발정비사업조합의 관리처분계획(사업시행계획)에 대한 법률상의 효력을 완성시키는 보충행위에 해당한다(대판 2016.12.15. 2015두51347 ; 대판 2010.12.9. 2009두4913).

> **비교판례**
>
> 토지 등 소유자들이 그 사업을 위한 조합을 따로 설립하지 아니하고 직접 시행하는 도시환경정비사업에서 토지 등 소유자에 대한 사업시행인가처분은 단순히 사업시행계획에 대한 보충행위로서의 성질을 가지는 것이 아니라 정비사업을 시행할 수 있는 권한을 가지는 행정주체로서의 지위를 부여하는 일종의 설권적 처분의 성격을 가진다(대판 2013.6.13. 2011두19994).

(2) 부관

관리처분계획의 내용이 구 도시 및 주거환경정비법 제48조 제2항의 기준에 부합하는지 여부 등을 심사·확인하여 그 인가 여부를 결정할 수 있을 뿐 기부채납과 같은 다른 조건(부담)을 부과하는 부관을 붙일 수는 없고, 따라서 재건축정비사업조합에 대한 관리처분계획인가 시 인가조건을 부과한 것은 그 위법성이 중대하고 명백하여 무효이다(대판 2012.8.30. 2010두24951).

3. 인가고시가 된 경우 불복절차

(1) 관리처분계획의 내용에 관한 다툼

분양신청 후에 정하여진 **관리처분계획의 내용에 관하여 다툼이 있는 경우**에는 그 관리처분계획은 토지 등의 소유자에게 구체적이고 결정적인 영향을 미치는 것으로서 조합이 행한 처분에 해당하므로 **항고소송의 방법으로** 그 무효확인이나 취소를 구할 수 있다(대판 2002.12.10. 2001두6333). 따라서 그와 별도로 행정처분에 이르는 절차적 요건 중 하나에 불과한 총회결의 부분만을 따로 떼어내어 효력 유무를 다투는 확인의 소를 제기하는 것은 특별한 사정이 없는 한 허용되지 않는다(대판 전합 2009.9.17. 2007다2428).

(2) 사업시행계획에 하자가 있는 경우 불복대상

기본행위인 사업시행계획에는 하자가 없는데 보충행위인 인가처분에 고유한 하자가 있다면 그 인가처분의 무효확인이나 취소를 구하여야 할 것이지만, 인가처분에는 고유한 하자가 없는데 사업시행계획에 하자가 있다면 **사업시행계획의 무효확인이나 취소를 구하여야 할 것이지** 사업시행계획의 무효를 주장하면서 곧바로 그에 대한 **인가처분의 무효확인이나 취소를 구하여서는 아니 된다**(대판 2021.2.10. 2020두48031).

(3) 사업시행계획과 관리처분계획

사업시행계획이 무효가 아닌 한 하자승계는 인정되지 않는다(대판 2012.8.23. 2010두13463).

(4) 이전고시 후 관리처분계획에 대한 소

소의 이익이 인정되지 않는다(대판 전합 2012.3.22. 2011두6400).

제20절 확인

1 의의

확인은 특정한 사실 또는 법률관계에 대하여 의문이 있거나 다툼이 있는 경우에 행정청이 공적인 권위로서 그 존부(存否) 또는 정부(正否)를 확인하는 판단의 의사표시이다.

2 법적 성질

1. 준사법적 행위

확인은 새로운 법률관계를 창설하는 것이 아니라 법원의 판결과 비슷하게 법을 선언하는 작용이다. 따라서 확인은 준사법적 행위이다.

2. 기속행위

준공검사처분은 건축허가를 받아 건축한 건물이 건축허가 사항대로 건축행정목적에 적합한가의 여부를 확인하고 허가관청은 특단의 사정이 없는 한 건축허가 내용대로 완공된 건축물의 준공을 거부할 수 없다. 건축허가 자체가 건축 관계 법령에 위반되는 하자가 있는 경우에는 건축허가를 취소할 수 있음은 물론 그 준공도 거부할 수 있다(대판 1992.4.10. 91누5358). 다만, 교과용 도서를 검정함에 있어서 법령과 심사기준에 따라서 심사위원회의 심사를 거치고, 검정상 판단이 현저히 재량권의 범위를 일탈한 것이 아닌 이상 그 검정을 위법하다고 할 수 없다(대판 1992.4.24. 91누6634).

3 종류

구분	예
조직법상 확인	당선자 결정, 국가시험 합격자결정 등
급부행정상 확인	발명특허, 교과서 검·인정, 도로구역·하천구역의 결정 등
재정법상 확인	소득세납부금액결정 등
쟁송법상 확인	행정심판 재결, 이의신청 재결 등

* 교과서 검·인정제도에 대해 학설은 확인이라고 하나, 헌법재판소는 특허라고 한다(헌재 1992.11.12. 89헌마88).

4 확인의 효과

1. 불가변력이 발생

준사법적행위로서 공신력이 커서 불가변력이 인정된다.

2. 확인이 되면 법률에 규정된 효과가 발생

> **판례**
>
> 1. 위원회의 친일반민족행위자 재산의 국고귀속결정은 당해 재산이 친일재산에 해당한다는 사실을 확인하는 이른바 준법률행위적 행정행위의 성격을 가진다(대판 2008.11.13. 2008두13491).
> 2. 국방전력발전업무훈령에 따른 연구개발확인서 발급은 확인적 행정행위이고 그 거부는 행정처분에 해당한다(대판 2020.1.16. 2019다264700).
> 3. 토지 및 임야 조사사업을 통한 사정(査定)(대판 2013.3.28. 2009두11454)
>   가. 확인적 성격이 있음을 부인할 수는 없으나, 반드시 사정명의인의 해당 토지나 임야에 대한 기존의 소유권을 확인받는 절차에 불과한 것은 아니다.
>   나. 사정에 의한 취득 역시 「친일반민족행위자 재산의 국가귀속에 관한 특별법」에서 말하는 취득에 포함된다.
> 4. 고용노동부장관의 개별사업장의 사업종류 결정은 구체적 사실에 관한 법 집행으로서 공권력을 행사하는 '확인적 행정행위'라고 보아야 한다(대판 2020.4.9. 2019두61137).

제21절 공증

1 의의

특정한 사실 또는 법률관계의 존부를 행정청이 공적으로 증명하는 행위를 말한다.

2 확인과의 구별

구분	확인	공증
차이점	① 특정한 사실, 법률관계에 의문이 있을 때 ② 판단의 표시행위	① 의문이나 다툼이 없을 때 ② 인식의 표시행위
공통점	① 기속행위 ② 요식행위 ③ 처분으로(○) ④ 법규확인(×)	① 기속행위 ② 요식행위 ③ 처분으로(○) ④ 법규공증(×)

3 공증의 종류

구분	예
등기·등록	부동산 등기, 토지대장·건축물관리대장·지적공부 등록, 선거인명부 등록, 차량 등록, **상표사용권설정 등록**, 광업원부 등록
증명서 발급	합격증서 발급, 당선증서 발급, 주민등록증 발급, 인감증명서 발급, 운전면허증 발급, 각종 인가·허가·특허 등 인허가증 발급, 학원사업등록증·의료사업등록증 발급
그 밖의 예	여권 발급, 영수증 교부

> **판례**
> 1. **의료유사업자 자격증 갱신발급행위**는 공증행위에 속하는 행정행위라 할 것이다(대판 1977.5.24. 76누295).
> 2. **건설업면허증 및 건설업면허수첩의 재교부**는 공증행위이다(대판 1994.10.25. 93누21231).
> 3. **특허청장의 상표사용권설정등록행위**는 공증행위이다(대판 1991.8.13. 90누9414).

4 효과

공증은 공적 증거력을 부여한다. 따라서 공증의 효과는 반증이 있을 때까지는 진실한 것으로 추정된다. 반증이 있으면 누구든지 행정청이나 법원의 공증 취소를 기다리지 않고 공증의 효력을 번복할 수 있다. 따라서 공증은 공정력이 인정되지 않는다.

5 처분성을 인정 여부

1. 처분성 인정

(1) 토지분할신청의 거부행위(대판 1992.12.8. 92누7542), **지목변경신청 반려행위**는 국민의 권리관계에 영향을 미치는 것으로서 항고소송의 대상이 되는 행정처분에 해당한다(대판 전합 2004.4.22. 2003두9015).

(2) 토지면적등록 정정신청에 대한 반려처분은 공공사업의 원활한 수행을 위하여 부여된 **사업시행자의 관계 법령상 권리 또는 이익에 영향을 미치는 공권력의 행사 또는 그 거부에 해당하는 것으로서 항고소송 대상이 되는 행정처분에 해당한다**(대판 2011.8.25. 2011두3371).

(3) 건축물대장의 용도변경신청 거부행위, 건축물대장 작성신청 반려행위, 건축물대장의 직권말소행위는 **국민의 권리관계에 영향을 미치는 것으로서 항고소송의 대상이 되는 행정처분에 해당한다**(대판 2009.1.30. 2007두7277 ; 대판 2009.2.12. 2007두17359 ; 대판 2010.5.27. 2008두22655).

2. 처분성을 부정한 판례

(1) 자동차운전면허대장 등재행위

(2) 토지대장의 소유자명의변경신청 거부행위

(3) 인감증명행위

(4) 무허가건물 관리대장 등재행위

(5) 법무법인의 공정증서 작성행위는 새로이 어떠한 권리가 부여되거나 변동 또는 상실되는 효력이 발생하는 것은 아니므로 이는 행정소송의 대상이 되는 독립한 행정처분으로 볼 수 없다(대판 1991.9.24. 91누1400 ; 대판 2012.1.12. 2010두12354 ; 대판 2001.7.10. 2000두2136 ; 대판 2009.3.12. 2008두11525).

제22절 통지

1 의의

통지는 행정청이 특정한 사실 또는 의사를 특정인 또는 불특정 다수인에게 알리는 행위이다.

2 통지의 종류

구분	의의	예
관념의 통지	특정한 사실에 대한 관념을 알리는 행위	특허출원 공고, 귀화의 고시, 토지수용에 있어서 사업인정의 고시, 의회소집 공고 등
의사의 통지	행정청이 앞으로 어떤 행위를 하겠다는 의사를 알리는 행위	납세독촉, 대집행계고 등

3 성질과 효과

준법률행위적 행정행위로서의 통지는 법적 효과를 가져오므로 취소소송, 무효확인소송의 대상이 된다.

4 통지의 처분성

1. 처분성을 인정한 판례

(1) 구 교통안전공단법상 분담금 납부통지

구 교통안전공단법에 분담금 납부의무자에 대하여 한 **분담금 납부통지**는 그 납부의무자의 구체적인 분담금 납부의무를 확정시키는 효력을 갖는 행정처분이다(대판 2000.9.8. 2000다12716).

(2) 임용기간이 만료된 조교수에 대한 재임용거부통지

재임용 여부에 관하여 합리적인 기준에 의한 공정한 심사를 요구할 법규상 또는 조리상 신청권을 가진다고 할 것이니, 임용권자가 임용기간이 만료된 조교수에 대하여 재임용을 거부하는 취지로 한 임용기간만료의 통지는 위와 같은 대학교원의 법률관계에 영향을 주는 것으로서 행정소송의 대상이 되는 처분에 해당한다(대판 전합 2004.4.22. 2000두7735).

2. 처분성을 부정한 판례

공무원이 소정의 정년에 달하면 그 사실에 대한 효과로서 공무담임권이 소멸되어 당연히 퇴직되므로 피고의 원고에 대한 정년퇴직발령은 **정년퇴직사실을 알리는 이른바 관념의 통지에 불과하므로 행정소송의 대상이 되지 아니한다**(대판 1983.2.8. 81누263).

제23절 수리

1 의의

행정청이 타인의 행위를 유효한 행위로서 수령하는 것을 말한다.

☑ 수리와 접수의 비교

구분	수리	접수
법적 효과	○	×
특징	수리를 요하는 신고에서의 수리	자기완결적 신고에서 수리
준법률행위적 행정행위인지 여부	○	×

2 성질

1. 기속행위

행정청은 형식적 요건을 갖춘 신고를 수리해야 한다. 따라서 수리는 기속행위이다.

2. **준법률행위적 행정행위로서 수리는 수리를 요하는 신고에서의 수리이다.**

수리를 요하지 않는 신고의 수리는 행정행위가 아니다. 이는 단순히 접수에 불과하다. 따라서 행정행위로서의 수리는 '수리를 요하는 신고'에서의 수리이다.

3 효과

법이 정하는 바에 따라 수리의 효과는 발생한다.

4 불복절차

주무관청이 무도교습소에 관해 사실상 그 설립을 위한 등록을 수리하지 않고 있다면 행정쟁송으로 다툴 수 있다(대판 1990.8.10. 90도1062).

제24절 부관

1 의의

부관이란 행정행위의 효과를 제한 또는 보충하기 위해 행정기관이 행정행위에 부가하는 종된 규율이다.

2 법정부관

임시이사를 선임하면서 임기를 '후임 정식이사가 선임될 때까지'로 기재한 것은 근거 법률의 해석상 당연히 도출되는 사항을 주의적·확인적으로 기재한 이른바 '법정부관'일 뿐, 행정청의 의사에 따라 붙이는 본래 의미의 행정처분 부관이라고 볼 수 없다(대판 2020.10.29. 2017다269152). **법정부관에 대하여는 행정행위에 부관을 붙일 수 있는 한계에 관한 일반적인 원칙이 적용되지는 않는다**(대판 1994.3.8. 92누1728).

3 종류

1. **조건**

조건이란 행정행위의 효력의 발생·소멸을 장래에 발생 여부가 불확실한 사실에 의존시키는 부관을 말한다. 행정행위의 효력 발생을 장래의 불확실한 사실에 의존시키는 부관을 정지조건이라고 하며 일단 행정행위의 효력은 발생하고 조건이 성취되면 행정행위의 효력이 소멸되는 조건을 해제조건이라 한다.

> **판례**
>
> 구 농지개혁법 제5조는 정부가 자경하지 않는 자의 농지를 매수하여 취득한다고 정하고 있다. **정부가 자경하지 않는 자의 농지를 매수하여 취득**한 것은 나중에 그 농지가 분배되지 않을 것을 해제조건으로 한 것으로 보아야 한다(대판 2019.10.31. 2016다243306).

2. 부담

(1) 의의

부담이란 수익적 행정행위에서 부가된 부관으로 상대방에게 작위, 부작위, 수인, 급부의무를 명하는 것을 말한다.

(2) 특징

부담은 주된 행정행위의 존재를 전제로 한다. 따라서 행정행위의 효력이 상실되면 부관인 부담은 효력을 상실한다. 부담은 상대방에게 작위, 부작위, 수인, 급부의무를 명하는 것이므로 행정행위의 일종인 하명으로 볼 수 있다. 따라서 주된 행정행위로부터 분리 가능하다.

(3) 부담과 조건

부담을 불이행해도 행정행위의 효력이 바로 실효되지 않으나, 해제조건인 경우 조건을 충족하면 행정행위의 효력이 상실되어 상대방에게 불리하다. 따라서 부관이 부담인지, 조건인지가 불분명할 때 당사자에게 유리한 부담으로 추정해야 한다.

구분	부담	해제조건	정지조건
행정행위의 효력발생	행정행위 시	행정행위 시	조건성취 시
행정행위의 효력	부담을 불이행해도 효력 유지	조건성취 시 효력 상실	조건성취 시 효력 발생
강제집행	○	×	×
항고소송의 대상	○	×	×

> **판례**
>
> 1. 사업시행자가 정비사업 시행으로 '정비구역 밖'에 설치한 정비기반시설이 사업시행인가처분 당시 인가조건으로 부과된 부담의 이행으로써 설치된 경우, 무상으로 또는 정산을 거쳐 국가 또는 지방자치단체에 귀속될 수 있다(대판 2014.2.21. 2012다78818).
> 2. 행정청이 도시환경정비사업 시행자에게 '무상양도되지 않는 구역 내 국유지를 착공신고 전까지 매입'하도록 한 부관을 붙여 사업시행인가를 하였으나 시행자가 국유지를 매수하지 않고 점용한 경우, 그 부관은 국유지에 관해 사업시행인가의 효력을 저지하는 조건이 아니라 작위의무를 부과하는 부담이므로, 사업시행인가를 받은 때에 국유지에 대해 「국유재산법」 제30조의 규정에 의한 사용·수익허가를 받은 것이어서 같은 법 제72조에 따른 변상금 부과처분은 위법하다(대판 2008.11.27. 2007두24289).

(4) 부담 불이행의 효과

부담을 불이행했더라도 행정행위가 바로 효력을 상실하는 것은 아니다. 다만, 처분행정청은 부담 불이행을 이유로 해당 처분을 철회할 수 있다. 이 철회권의 행사에도 이익형량에 따른 철회의 제한법리가 적용된다(대판 1989.10.24. 89누2431).

> **판례**
>
> **사도개설허가처분에 명시된 공사기간**은 허가를 받은 자에 대하여 공사기간을 준수하여 공사를 마치도록 하는 의무를 부과하는 일종의 부담에 불과한 것이지, 사도개설허가 자체의 존속기간(즉, 유효기간)을 정한 것이라 볼 수 없고, 따라서 **사도개설허가에서 정해진 공사기간 내에 사도로 준공검사를 받지 못하였다 하더라도**, 이를 이유로 행정관청이 새로운 행정처분을 하는 것은 별론으로 하고, 사도개설허가가 당연히 실효되는 것은 아니다(대판 2004.11.25. 2004두7023).

3. 기한

기한이란 행정행위의 효력의 발생·소멸을 장래에 그 발생 여부가 확실한 사실에 종속시키는 부관이다.

4. 철회권의 유보

(1) 의의

철회권의 유보란 행정청이 행정행위를 함에 있어서 일정한 사실이 발생할 경우에 행정행위를 철회하여 그 효력을 소멸시킬 수 있는 권한을 유보하는 부관을 말한다.

(2) 예

1) 숙박영업허가를 함에 있어 윤락행위를 알선하면 허가를 취소한다는 부관
2) 인가를 함에 있어 인가조건을 정하고 이를 위반하면 인가를 취소한다는 부관

> **판례**
>
> **행정청이 종교단체에 대하여 기본재산 전환인가를 함에 있어 인가조건을 부가하고 그 불이행 시 인가를 취소할 수 있도록 한 경우, 인가조건의 의미는 철회권을 유보한 것이다**(대판 2003.5.30. 2003다6422).

(3) 해제조건과 철회권의 유보

해제조건은 조건사실이 발생하면 행정행위의 효력이 바로 상실된다. 철회권의 유보에서는 행정행위의 효력을 소멸시키려면 철회한다는 행정청의 별도의 의사표시가 필요하다는 점에서 다르다.

(4) 기능

상대방의 의무 이행을 강제하고 철회로 인한 상대방의 신뢰보호 위반 주장을 배제하는 기능을 한다.

(5) 철회권의 행사

철회권(취소권)의 유보의 경우에 있어서도 무조건으로 철회권을 행사할 수 있는 것이 아니고 철회를 필요로 할 만한 공익상의 필요가 있는 때에 한하여 철회권을 행사할 수 있다(대판 1962.2.22. 4293행상42).

> **판례**
>
> **피고가 원고에 대해 주류제조면허를 함에 있어서** 행정청이 소속 가맹점 또는 지부에 한해 주류를 중개해야 하고 이를 위반하면 면허를 취소한다는 조건부 면허를 했다면 **행정행위의 부관 중 철회권의 유보이다.** 행정행위의 부관으로 취소권이 유보되어 있는 경우, 당해 행정행위를 한 행정청은 그 취소사유가 법령에 규정되어 있는 경우뿐만 아니라 의무 위반이 있는 경우, 사정변경이 있는 경우, 좁은 의미의 취소권이 유보된 경우 또는 중대한 공익상의 필요가 발생한 경우 등에도 그 행정처분을 취소할 수 있는 것이다(대판 1984.11.13. 84누269).

5. 법률효과의 일부배제

법률효과의 일부배제란 법령이 예정하고 있는 효과의 일부를 행정청이 배제하는 행정행위의 부관을 말한다. 법률효과의 일부배제는 법령이 인정하고 있는 법률효과의 일부를 행정청이 의사표시로서 배제하는 것이므로 법령에 명시적인 근거가 있는 경우에만 인정된다. 공유수면매립지를 일부 국고귀속시키는 부관은 법률효과의 일부배제로서 항고소송의 대상이 될 수 없다(대판 1993.10.8. 93누2032).

4 부관의 가능성

1. 기속행위

「행정기본법」은 "행정청은 처분에 재량이 없는 경우에는 법률에 근거가 있는 경우에 부관을 붙일 수 있다."라고 규정하고 있어 법률에 근거가 없다면 부관을 붙일 수 없다.

> **판례**
>
> 1. 건축허가를 하면서 일정 토지를 기부채납하도록 하는 내용의 허가조건은 부관을 붙일 수 없는 **기속행위 내지 기속적 재량행위인 건축허가에 붙인 부담이거나 또는 법령상 아무런 근거가 없는 부관이어서 무효이다**(대판 1995.6.13. 94다56883).
> 2. **감독청이 사립학교의 이사회소집을 승인하면서 일시와 장소를 지정한 경우** 이사회소집승인행위는 기속행위 내지 기속적 재량행위이므로 붙이지 못하는 부관으로서 무효이다(대판 1988.4.27. 87누1106).
> 3. 기속행위 내지 기속적 재량행위 행정처분에 부담인 부관을 붙인 경우 일반적으로 그 부관은 무효라 할 것이고 그 부관의 무효화에 의하여 본체인 행정처분 자체의 효력에도 영향이 있게 될 수는 있지만, 그러한 사유는 그 처분을 받은 사람이 그 부담의 이행으로서의 증여의 의사표시를 하게 된 동기 내지 연유로 작용하였을 뿐이므로 취소사유가 될 수 있음은 별론으로 하여도 그 의사표시 자체를 당연히 무효화하는 것은 아니다(대판 1998.12.22. 98다51305).

2. 재량행위

「행정기본법」 제17조는 부관을 붙일 수 있는 처분으로서 처분이 재량이 있는 경우라고 규정하면서 부관의 종류를 규정하고 있다. 재량행위는 행정행위를 할 것인지는 행정청의 재량이므로 법령에 규정이 없어도 부관을 붙일 수 있다.

> **판례**
>
> 1. 농수산물 지정도매인 지정처분은 재량행위이므로 법규에 특별한 규정이 없더라도 부관을 붙일 수 있다(대판 1990.10.16. 90누2253).
> 2. 사회복지법인의 정관변경허가에 대해서는 부관을 붙일 수 있다(대판 2002.9.24. 2000두5661).
> 3. **주택재건축사업시행의 인가**는 **행정청의 재량행위**에 속하므로, 조건(부담)을 부과할 수 있다(대판 2007.7.12. 2007두6663).
> 4. 일반적으로 보조금 교부결정에 관해서는 행정청에 광범위한 재량이 부여되어 있고, **행정청은 보조금 교부결정을 할 때** 법령과 예산에서 정하는 보조금의 교부목적을 달성하는 데에 필요한 조건을 붙일 수 있다(대판 2021.2.24. 2020두48772).
> 5. 공익법인의 기본재산의 처분에 관한 「공익법인의 설립·운영에 관한 법률」 제11조 제3항의 규정은 강행규정으로서 이에 위반하여 주무관청의 허가를 받지 않고 기본재산을 처분하는 것은 무효라 할 것인데, 위 처분허가에 부관을 붙인 경우 그 처분허가의 법률적 성질이 형성적 행정행위로서의 인가에 해당한다고 하여 조건으로서의 부관의 부과가 허용되지 아니한다고 볼 수는 없고, 다만 구체적인 경우에 그것이 조건, 기한, 부담, 철회권의 유보 중 어느 종류의 부관에 해당하는지는 당해 부관의 내용, 경위 기타 제반 사정을 종합하여 판단하여야 할 것이다(대판 2005.9.28. 2004다50044).

5 한계

「행정기본법」 제17조 제4항은 기존 강학상 논의되었던 부관의 한계 대신 부관의 요건을 규정하고 있다. 해당 처분의 목적에 위배되지 아니할 것, 해당 처분과 실질적인 관련이 있을 것(부당결부금지원칙), 해당 처분의 목적을 달성하기 위하여 필요한 최소한의 범위일 것(비례원칙)을 부관의 요건으로 규정하고 있다.

1. 법규상 한계

법령에 위반된 부관을 붙여서는 안 된다.

> **판례**
>
> 1. 구택건설사업계획승인을 함에 있어, 법률상 지방자치단체가 부담하도록 되어 있는 상수도시설 설치비용을 사업자에게 전가시키는 내용의 부관은 위법하다. 다만, 하자가 중대하고 명백하여 당연무효라고까지는 할 수 없다(대판 2003.5.30. 2003다9339).
> 2. 도매시장법인으로 지정하면서 지정기간 중 지정취소 또는 폐쇄지시에도 일체의 소송을 청구할 수 없다는 부관을 붙이는 것은 허용되지 아니한다. 따라서 부제소특약은 무효가 된다(대판 1998.8.21. 98두8919).

2. 목적상 한계

부관은 주된 행정행위의 목적에 반하거나 본질적 효력을 해하지 않아야 한다. 어업허가를 하면서 부속선을 사용할 수 없도록 하는 부관은 어업허가의 목적 달성을 어렵게 하여 그 본질적 효력을 해하므로 위법하다(대판 1990.4.27. 89누6808).

3. 내용상 한계

부관의 내용은 명확해야 한다. 불명확한 내용의 부관은 명확성의 원칙에 반한다.

4. 일반원칙상 한계

1) 부관은 비례원칙, 평등원칙, 신뢰보호원칙, 부당결부금지원칙 등에 위반되지 않아야 한다.
2) 부관은 주된 행위와 실체적 연관성을 가져야 한다. 음식점영업허가를 내주면서 토지를 기부채납하라는 부관은 부당결부금지원칙에 반한다.

> **판례**
>
> 1. 주택건설사업에 대한 사업계획승인 시 '진입도로 설치 후 기부채납, 인근 주민의 기존 통행로 폐쇄에 따른 대체 통행로 설치 후 그 부지 일부 기부채납'을 조건으로 붙인 것은 위법한 부관에 해당하지 않는다(대판 1997.3.14. 96누16698).
> 2. 행정처분과 실제적 관련성이 없어 부관으로 붙일 수 없는 부담을 사법상 계약의 형식으로 상대방에게 부과하는 것은 법치행정의 원리에 반하는 것으로서 위법하다(대판 2009.12.10 2007다63966).
> 3. 개정 전 「도로법 시행규칙」은 고속도로 부지와 접도구역에 송유관 매설을 허가하면서 상대방과 체결한 협약에 따라 송유관 시설을 이전하게 될 경우 그 비용을 상대방에게 부담하도록 규정하고 있었다. A는 도로관리청과 비용부담하기로 하면서 송유관 매설허가를 받았다. 그 이후 동 시행규칙이 개정되어 관리청의 허가 없이도 송유관을 매설할 수 있게 되었다.
>   가. 수익적 행정처분에 있어서는 법령에 특별한 근거 규정이 없다고 하더라도 그 부관으로서 부담을 붙일 수 있고, 그와 같은 부담은 행정청이 행정처분을 하면서 일방적으로 부가할 수도 있지만 **부담을 부가하기 이전에 상대방과 협의하여 부담의 내용을 협약의 형식으로 미리 정한 다음 행정처분을 하면서 이를 부가할 수도 있다.**
>   나. 행정청이 수익적 행정처분을 하면서 부가한 부담의 위법 여부는 처분 당시 법령을 기준으로 판단하여야 하고, 부담이 처분 당시 법령을 기준으로 적법하다면 처분 후 부담의 전제가 된 주된 행정처분의 근거 법령이 개정됨으로써 행정청이 더 이상 부관을 붙일 수 없게 되었다 하더라도 곧바로 위법하게 되거나 그 효력이 소멸하게 되는 것은 아니다.
>   다. 이 사건 허가는 「도로법」상 상대방에게 권리나 이익을 부여하는 수익적 행정처분이고, 협약은 송유관 매설 허가를 전제로 피고가 이행할 의무를 규정한 부관에 해당된다. 허가는 도로구역과 접도구역으로 나눌 수 없는 불가분의 효력을 가지며, 송유관 이전비용에 관한 협약도 마찬가지로 효력이 나뉘지 않는다.
>   라. 부당결부금지의 원칙은 행정주체가 행정작용과 실질적 관련이 없는 의무를 상대방에게 부과하거나 강제할 수 없다는 원칙이다. 이 사건에서, 접도구역에 매설된 송유관의 이설비용을 피고가 부담하도록 한 협약은 접도구역에 송유관 매설을 허가받는 조건으로 체결된 것이다. 피고는 공사 절차에서 이익을 얻었고, 경제적 이익을 고려해 협약을 체결한 것이므로, 해당 협약은 부당결부금지원칙에 위반되지 않는다(대판 2009.2.12. 2005다65500).

6 사후부관 허용 여부

1. 의의

행정행위를 발한 후 사후에 부관을 변경하거나 붙이는 것을 사후부관이라 한다. 「행정기본법」 제17조는 사후부관의 가능성을 인정하고 있다.

2. 인정 여부

(1) 「행정기본법」은 법률에 근거가 있는 경우, 당사자의 동의가 있는 경우, 사정이 변경되어 부관을 새로 붙이거나 종전의 부관을 변경하지 아니하면 해당 처분의 목적을 달성할 수 없다고 인정되는 경우를 사후부관 허용사유로 규정하고 있다.

(2) 기존 판례는 다음의 경우 사후부관은 허용하고 있다(대판 2007.9.21. 2006두7973).
   1) 법령에 근거가 있는 경우
   2) 사후변경이 유보되어 있는 경우
   3) 당사자의 동의가 있는 경우
   4) 사정변경으로 인하여 당초에 부담을 부가한 목적을 달성할 수 없게 된 경우

> **판례**
>
> 관할 행정청이 여객자동차 운송사업자에 대한 면허 발급 이후 운송사업자의 동의하에 운송사업자가 준수할 의무를 정하고 이를 위반할 경우 감차명령을 할 수 있다는 내용의 면허 조건을 붙일 수 있고, 이때 감차명령은 처분에 해당한다(대판 2016.11.24. 2016두45028).

제25절 위법한 부관과 행정쟁송

甲은 부산 서면 로터리 지하상가시설 신축허가를 받아 신축을 했다. 甲은 부산시장으로부터 도로점용허가(지하상가도 도로이다)를 받았다. 甲이 투자한 지하상가 신축비용을 회수하려면 도로점용(지하상가 무상사용)기간이 33년~34년 정도가 필요하다.

1 부관의 독립쟁송가능성(소송요건인 대상적격의 문제)

1. 문제의 소재

甲은 부관(20년 사용)이 붙은 행정행위(도로점용허가) 전체를 대상으로 항고소송을 제기하는 것은 당연히 허용된다. 문제는 20년을 사용할 수 있다는 부관만을 대상으로 하여 항고소송을 제기할 수 있는가가 문제가 된다.

2. 부관의 독립쟁송가능성

(1) 부담

1) 부담은 항고소송의 대상이 된다. 그러나 행정행위의 부관인 부담에 정해진 바에 따라 당해 행정청이 아닌 다른 행정청이 그 부담상의 의무 이행을 요구하는 의사표시를 하였을 경우, 이러한 행위가 당연히 또는 무조건으로 「행정소송법」상 항고소송의 대상이 되는 처분에 해당한다고 할 수는 없다.
2) 예를 들면 국토부장관이 공유수면매립면허를 함에 있어 그 면허조건에서 울산지방해운항만청이 울산항 항로 밑바닥에 쌓인 토사를 준설하여 당해 공유수면에 투기한 토량을 같은 해운항만청장이 산정 결정한 납입고지서에 의하여 납부하도록 정한 경우에 있어서 국토부장관의 토사대금납부부관은 처분이나, 해운항만청장의 납부고지행위는 처분성이 없으므로 항고소송의 대상이 될 수 없다(대판 1992.1.21. 91누1264).

(2) 허가기간만의 취소를 구하는 소송

허가기간만의 취소를 구하는 소송은 대상적격의 결여로 소송요건을 갖추지 못한 것이어서 **부적법 각하**를 면할 수 없다(대판 2001.6.15. 99두509).

(3) 부담이 아닌 부관을 다투는 방법

위법한 부담 이외의 부관으로 인하여 권리를 침해당한 자는 <u>부관부 행정행위의 전체의 취소를 구하든지 아니면 먼저 행정청에 부관이 없는 처분으로 변경해 줄 것을 청구한 다음 그것이 거부된 경우에 '거부처분취소소송'을 제기할 수밖에 없다</u>(대판 1990.4.27. 89누6808 등). 다만, 제소기간 경과 후 변경신청권이 없으므로 제소기간 후 기간 연장을 신청하여 행정청이 거부한 경우 항고소송을 제기할 수 없다.

(4) 결론

기간은 독립하여 처분성을 인정할 수 없는바, 기간만을 대상으로 하는 항고소송은 부적법하다. 다만, 부관이 붙은 행정행위 전체를 대상으로 할 수는 있다(대판 1985.7.9. 84누604).

2 쟁송형태

1. 문제의 소재

부관이 붙은 행정행위 전체에 대해 쟁송을 제기하고 부관의 취소를 구할 수 있는가가 문제가 된다.

2. 학설

부담만 취소가 가능하고 나머지 부관은 부관만의 취소를 인정하지 않는 부진정일부취소소송 부정설, 부담은 진정일부취소소송이 가능하고 부담 이외의 부관은 부관만 취소가 가능하다는 설이 대립한다.

3. 판례

판례는 부관부 행정행위에 대해서는 항고소송의 대상으로 하나 부담이 아닌 부관의 경우 부관만 취소를 구하는 부진정일부취소소송을 인정하지 않는다.

4. 검토

위법한 행정작용의 통제를 위해서는 위법한 부관만의 취소를 구하는 소송은 허용되어야 한다. 따라서 부관부 행정행위에 대해 소를 제기하면서 20년만의 취소를 구할 수 있다.

3 부관의 독립취소가능성

1. 문제의 소재

법원이 심리한 결과 부관이 위법하다고 판단하는 경우 부관만의 취소가 가능한지가 문제된다.

2. 학설

행정행위가 기속행위인 경우 부관만 취소할 수 있으나 재량행위인 경우 부관만 취소할 수 없다는 설, 모든 부관에 대해 부관만 취소할 수 있다는 설, 부관이 행정행위에 중요한 요소라면 모두 취소할 수 있으나 중요한 요소가 아니라면 부관만 취소할 수 있다는 설이 대립한다.

3. 판례

부담만 취소가 가능하고 부담이 아닌 부관에 대해서만 취소할 수 없다고 한다. 행정청이 도로점용허가를 하면서 허가기간을 20년으로 제한하는 부관을 붙였다면 20년이 위법하고, 사용기간 20년의 부관이 행정행위인 도로점용허가의 중요한 요소라면 부관부 **행정행위 전체를 취소해야 한다**(대판 1985.7.9. 84누604).

4. 검토

부관부 행정행위 전체를 취소하면 수익적 처분마저 취소되게 되어 소송을 제기할 이익이 없으므로 부관만의 취소를 허용하는 것이 타당하다. 따라서 사안에서 20년이 중요한 요소가 아니라면 20년만을 취소할 수 있다. 그러나 본질적 요소라면 20년만을 취소하는 것은 행정청의 의사에 반하므로 기각판결이 타당하다.

제26절 위법한 부관과 사법행위의 효력

1 문제의 소재

부담에 따른 사법상 행위를 한 경우 부담이 위법이라면 사법상 행위의 효력이 문제가 된다.

2 학설

1. 독립설

부담과 부담 이행으로 인한 사법상 법률행위는 별개의 행위이므로 그 효력도 별개로 논의해야 한다. 부담에 따른 증여계약은 사법상 계약이 되고 증여계약의 효력은 부담의 효력과 무관하게 사법의 법리에 따라 결정된다.

2. 종속설

부담으로 인한 사법상 행위는 부담과 별개가 아니라 부담의 이행에 불과하다. 기부채납부담이 무효이거나 취소되면 기부채납은 부당이득이 되나, 취소되지 않은 경우 기부채납부관은 공정력이 있어 기부채납은 부당이득이 되지 아니한다.

3. 판례: 독립설

부담과 부담 이행으로 인한 사법상 법률행위는 별개의 행위로 본다. 따라서 부담이 무효라고 해서 사법상 행위가 무효가 되는 것은 아니라고 한다.

3 구체적인 사례

1. 위법한 부관에 근거한 증여계약의 효력

기부채납의 부관이 당연무효이거나 취소되지 않은 이상 토지소유자는 위 부관으로 인하여 증여계약의 중요부분에 착오가 있음을 이유로 증여계약을 취소할 수 없다(대판 1999.5.25. 98다53134).

2. 부관과 부관에 따른 매매계약의 효력

행정처분에 부담인 부관을 붙인 경우 부관의 무효화에 의하여 본체인 행정처분 자체의 효력에도 영향이 있게 될 수는 있지만, 그 처분을 받은 사람이 부담의 이행으로 사법상 매매 등의 법률행위를 한 경우에는 그 부관은 특별한 사정이 없는 한 법률행위를 하게 된 동기 내지 연유로 작용하였을 뿐이므로 이는 법률행위의 취소사유가 될 수 있음은 별론으로 하고 그 법률행위 자체를 당연히 무효화하는 것은 아니다(대판 2009.6.25. 2006다18174).

3. **행정처분에 붙인 부담인 부관에 제소기간 도과로 불가쟁력이 생긴 경우 부담의 이행으로 인한 사법상 법률행위인 사법상 매매행위의 효력을 다툴 수 있는지 여부**

부담인 부관이 제소기간 도과로 불가쟁력이 생겼다면, 무효인 경우 외에는 부관의 효력을 부인할 수 없을 것이다. 그러나 부담의 이행으로 하게 된 사법상 매매 등의 법률행위는 행정처분과는 별개의 행위이므로 법률행위가 **사회질서 위반이나 강행법규에 위반되는지 여부** 등을 따져, 그 법률행위의 유효 여부를 판단해야 한다(대판 2009.6.25. 2006다18174).

4. **부당이득의 문제**

부관과 사법상 행위는 별개의 행위이므로 부관에 따라 증여가 이루어진 경우 부관이 무효가 되거나 취소되어도 바로 부당이득이 성립되지 않는다. 증예계약의 효력을 우선 상실시켜야 부당이득이 성립할 수 있다.

제27절 행정행위의 성립요건과 효력요건

1 개설

행정행위가 성립하기 위한 요건을 성립요건이라고 하고, 성립된 행정행위가 효력을 가지기 위한 요건을 효력발생요건이라 한다.

2 성립요건

1. **내부적 성립요건**

주체요건	행정행위는 권한을 가진 기관이 권한의 범위 내에서 정상적인 의사작용에 의해 이루어져야 한다.
내용요건	행정행위는 법률이나 행정법의 일반원칙에 위반되지 않아야 한다.
형식요건	① **서면(문서)주의 원칙**: 행정행위는 문서로 하는 것이 원칙이나, 예외적으로 전자문서, 말로 할 수 있다(「행정절차법」 제24조 제1항). ② **처분의 근거와 이유 제시**: 행정청은 처분을 할 때 원칙적으로 처분의 근거와 이유를 제시해야 한다(「행정절차법」 제23조 제1항).

2. **외부적 성립요건**

일반적으로 행정처분이 주체·내용·절차와 형식이라는 내부적 성립요건과 외부에 대한 표시라는 외부적 성립요건을 모두 갖춘 경우에는 행정처분이 존재한다고 할 수 있다. **어떠한 처분의 외부적 성립 여부**는 행정청에 의해 행정의사가 공식적인 방법으로 외부에 표시되었는지를 기준으로 판단하여야 한다(대판 2017.7.11. 2016두35120 ; 대판 2019.7.11. 2017두38874).

> **판례**
> 1. 미국 시민권을 취득함으로써 병역의무를 면탈한 가수에 대하여 병무청장의 요청에 따라 법무부장관이 입국금지결정을 하고, 그 정보를 내부전산망인 '출입국관리정보시스템'에 입력하였으나 甲에게는 통보하지 않은 경우, 위 입국금지결정은 아직 처분으로 성립된 것이 아니다(대판 2019.7.11. 2017두38874).
> 2. 서훈은 개인의 일신전속적 성격을 가지므로, 망인에 대한 서훈취소는 유족에 대한 것이 아니므로 유족에 대한 통지에 의해서만 성립하여 효력이 발생한다고 볼 수 없고, 그 결정이 처분권자의 의사에 따라 상당한 방법으로 대외적으로 표시됨으로써 행정행위로서 성립하여 효력이 발생한다고 봄이 타당하다. 따라서 국가보훈처장이 서훈취소결정을 유족에게 통보한 것은 대통령의 서훈취소결정을 알리는 통지일 뿐, 직접적인 서훈취소처분은 아니다. 서훈취소처분의 권한은 대통령에게 있으며, 이 처분은 대통령의 의사에 근거해 이루어진 것으로, 통지의 주체나 형식에 하자가 없으므로 효력에 문제가 없다(대판 2014. 9.26. 2013두2518).

3 효력발생요건

1. 상대방에 대한 통지의 효력

상대방에 대한 통지는 행정행위의 효력발생요건이다. 따라서 상대방에게 고지되지 아니한 경우 상대방이 처분을 알았더라도 처분의 효력이 발생한다고 볼 수 없다(대판 2019.8.9. 2019두38656).

> **판례**
> 1. 도지사가 부정당업자 입찰참가자격제한처분을 하면서 그 제한기간을 정하였다 해도 상대방에게 고지되기 이전의 제한기간에 대하여는 효력이 미치지 아니한다(대판 2012.11.15. 2011두31635).
> 2. 행정처분의 효력발생요건으로서의 도달이란 처분상대방이 처분서의 내용을 현실적으로 알았을 필요까지는 없고 알 수 있는 상태에 놓임으로써 충분하다(대판 2017.3.9. 2016두60577).
> 3. **면허관청이 운전면허를 취소하였다고 하더라도** 적법한 통지나 공고가 없으면 그 효력을 발생할 수 없다(대판 1998.9.8. 98두9653).
> 4. 면허관청이 운전면허정지처분을 하면서 통지서에 의해 면허정지사실을 통지하지 아니하거나 처분집행 예정일 7일 전까지 발송하지 아니한 경우 효력이 없고, 임의로 출석한 상대방의 편의를 위해 구두로 그 사실을 알렸다 해도 효력이 없다(대판 1996.6.14. 95누17823).

2. 상대방에 대한 통지방법

(1) 송달

1) 우편에 의한 송달과 효력

> 「행정절차법」제14조【송달】① 송달은 우편, 교부 또는 정보통신망 이용 등의 방법으로 하되, 송달받을 자(대표자 또는 대리인을 포함한다)의 주소·거소·영업소·사무소 또는 전자우편주소로 한다. 다만, 송달받을 자가 동의하는 경우에는 그를 만나는 장소에서 송달할 수 있다.

> 제15조 【송달의 효력발생】 ① 송달은 다른 법령 등에 특별한 규정이 있는 경우를 제외하고는 해당 문서가 송달받을 자에게 **도달됨으로써 그 효력이 발생한다.**
> ② 제14조 제3항에 따라 정보통신망을 이용하여 전자문서로 송달하는 경우에는 **송달받을 자가 지정한 컴퓨터 등에 입력된 때에 도달된 것으로 본다.**
> ③ 제14조 제4항의 경우에는 다른 법령 등에 특별한 규정이 있는 경우를 제외하고는 공고일부터 **14일이** 지난 때에 그 효력이 발생한다. 다만, 긴급히 시행하여야 할 특별한 사유가 있어 효력발생시기를 달리 정하여 공고한 경우에는 그에 따른다.

① 행정처분의 효력발생요건으로서의 도달이란 처분상대방이 처분서의 내용을 현실적으로 알았을 필요까지는 없고 처분상대방이 알 수 있는 상태에 놓임으로써 충분하며, 처분서가 처분상대방의 주민등록상 주소지로 송달되어 처분상대방의 사무원 등 또는 그 밖에 우편물 수령권한을 위임받은 사람이 수령하면 처분상대방이 알 수 있는 상태가 되었다고 할 것이다(대판 2017.3.9. 2016두60577). 또한 **아르바이트 직원**이 납부고지서를 수령한 경우, 납부의무자는 그 때 부과처분이 있음을 알았다고 추정할 수 있다(대판 1999.12.28. 99두9742). 수감 중인 남편에 대한 정부인사발령통지서를 **그의 처가 수령하여** 폐기해 버렸더라도 그 처가 통지서를 수령한 때에 남편에게 도달되었다고 볼 것이다(대판 1989.9.26. 89누4963).

② 우편물이 **등기우편으로 발송된 경우**, 특별한 사정이 없는 한 그 무렵 수취인에게 배달되었다고 보나, 수취인이 주민등록지에 실제로 거주하지 아니하는 경우 우편물이 수취인에게 도달하였다고 추정할 수 없다(대판 1998.2.13. 97누8977).

③ **보통우편의 방법**으로 발송되었다는 사실만으로는 도달하였다고 추정할 수 없고, 송달의 효력을 주장하는 측에서 도달사실을 입증하여야 한다(대판 2009.12.10. 2007두20140).

④ 상대방이 부당하게 등기취급 **우편물의 수취를 거부함**으로써 우편물의 내용을 알 수 있는 객관적 상태의 형성을 방해한 경우, 그러한 상태가 형성되지 아니하였다는 사정만으로 발송인의 의사표시 효력을 부정할 수 없다. 우편물의 수취를 거부한 것에 정당한 사유가 있는지에 관해서는 수취 거부를 한 상대방이 이를 증명할 책임이 있다(대판 2020.8.20. 2019두34630).

☑ 「행정절차법」상 송달

구분	송달방법	효력발생시기
우편	우편으로	도달 시
교부	• 수령확인서를 받고 교부 • 사무원, 피용자, 동거인으로서 사리분별할 지능이 있는 사람에게 교부 가능	교부 시
정보통신망	송달받을 자가 동의한 경우 정보통신망을 이용한 송달 가능	송달받을 자가 지정한 컴퓨터 등에 입력된 때
공고	• 송달받을 자의 주소확인 불가, 송달 불가할 때 • 관보 · 공보 · 게시판 · 일간신문 중 하나 이상 공고 • 인터넷에 추가로 공고	공고일로부터 14일이 지난 때

(2) 불특정 다수인을 위한 통지방법으로서의 공고 또는 고시

1) 공고·고시에 의한 통지

불특정 다수인에 대한 행정행위는 우편송달방법으로 통지할 수 없으므로 고시·공고의 방법으로 통지한다. 그러나 도시계획시설사업시행자 지정처분은 특정인에 대한 처분이므로 '고시'의 방법으로만 성립하거나 효력이 생기는 것은 아니다(대판 2017.7.11. 2016두35120).

2) 공고·고시의 효력발생일

① **도시관리계획 결정: 지형도면을 고시한 날로부터 효력이 발생한다**(「국토의 계획 및 이용에 관한 법률」 제31조 제1항).

> **판례**
> 1. 정보통신윤리위원회가 특정 인터넷 웹사이트를 청소년유해매체물로 결정하고 청소년보호위원회가 효력발생시기를 명시하여 고시함으로써 그 명시된 시점에 효력이 발생한다. **웹사이트 운영자에게 제대로 통지하지 아니하였다고 하여 그 효력 자체가 발생하지 아니한 것으로 볼 수는 없다**(대판 2007.6.24. 2004두619).
> 2. 일정한 구역을 가축사육 제한구역으로 지정하는 경우 행정청이 지역·지구 등 지정에 따른 지형도면을 작성하여 일정한 장소에 비치한 사실을 관보·공보에 고시하고 지형도면을 그 장소에 비치하여 일반인이 직접 열람할 수 있는 상태에 놓아두었다면 지형도면 고시가 적법하게 이루어진 것이다(대판 2020.12.24. 2020두46769).

② **특별한 명문규정이 없는 경우:** 「행정업무의 운영 및 혁신에 관한 규정」 제6조 제3항이 적용될 수 있다. 즉, 공고문서는 그 문서에서 효력발생시기를 구체적으로 밝히고 있지 않으면 그 고시 또는 공고 등이 있은 날부터 5일이 경과한 때에 효력이 발생한다. **공익사업의 계획 또는 시행이 공고·고시되었다고 인정되기 위해서는, 공익사업 관련 법령에 공고·고시 절차와 요건이 없을 경우 '행정 효율과 협업 촉진에 관한 규정'에 따라 공고문서가 작성, 결재, 공표되어야 한다. 이러한 절차가 없더라도 공고문서에 준하는 형식으로 일반에 알린 경우에는 공고·고시에 해당할 수 있다. 그러나 보도자료 배포로 언론에 알려진 것만으로는 공고·고시로 볼 수 없다**(대판 2022.5.26. 2021두45848).

3. 통지·공고의 하자

(1) 통지·공고를 하지 아니한 경우

상대방 있는 **행정처분이 상대방에게 고지되지 아니한 경우**에는 상대방이 다른 경로를 통해 행정처분의 내용을 알게 되었다고 하더라도 행정처분의 효력이 발생한다고 볼 수 없다(대판 2019.8.9. 2019두38656).

(2) 통지·공고는 있었으나 절차상 하자가 있는 경우

처분은 무효가 되지 않는다. 체납자에 대해 독촉절차 없이 압류처분을 했다 하더라도 그 압류처분의 하자는 중대하고도 명백한 하자는 아니다(대판 1987.9.22. 87누383).

제28절 공정력과 구성요건적 효력

1 공정력의 의의

1. 개념

행정행위는 취소할 권한을 가진 기관이 취소하기 전까지 상대방이나 이해관계가 있는 제3자에 대해서 구속력을 가진다. 다만, 행정행위의 하자가 중대하고 명백하여 무효인 경우에는 공정력이 인정되지 않는다.

2. 학설과 판례

(1) 학설

공정력은 처분의 적법성을 추정해주는 의미로 보는 실체설과 취소 또는 철회되기 전까지 유효한 것으로 인정해주는 의미로 보는 절차설이 있다.

(2) 판례

이른바 행정행위의 공정력이란 행정행위가 위법하더라도 취소되지 않는 한 유효한 것으로 통용되는 효력을 의미하는 것이다(대판 1994.4.12. 93누21088)고 하여 절차설을 취하고 있다.

> **판례**
>
> 구 유통산업발전법에 따른 대규모점포의 개설등록 및 구 재래시장 및 상점가 육성을 위한 특별법에 따른 시장관리자 지정은 '수리를 요하는 신고'로서 행정처분에 해당하고, 당연무효이거나 취소되지 않는 한 그 개설자 및 관리자의 지위는 공정력을 가진 행정처분에 의하여 **유효하게 유지된다**(대판 2019.9.10. 2019다208953).

3. 인정되는 범위

무효인 행정행위는 공정력이 인정되지 않는다. 처분이 아닌 사실행위나 공법상 계약, 행정입법에는 공정력이 인정되지 않는다.

2 공정력의 효력

행정행위가 위법할지라도 행정행위가 무효가 아닌 한 행정행위는 취소될 때까지 효력을 유지한다. **공정력은 행정행위의 적법성을 추정해 주는 것이 아니므로** 공정력이 인정되더라도 행정행위의 적법사유에 대한 입증책임은 여전히 행정청인 피고가 진다(대판 1983.9.13. 83누288).

3 공정력의 근거

「행정기본법」 제15조는 공정력에 대한 명시적 규정을 두고 있다. 「행정기본법」 제15조 단서는 "무효인 처분은 처음부터 그 효력이 발생하지 아니한다."라고 규정하여 무효인 행정행위에는 공정력이 인정되지 않음을 명시하고 있다.

4 구성요건적 효력 또는 공정력

1. 개념

유효한 행정행위는 다른 국가기관 등을 구속하므로 국가기관은 그 행정행위의 유효성을 전제로 하여 스스로의 판단의 기초 또는 구성요건으로 삼아야 하는 구속력이다.

2. 구성요건적 효력과 공정력의 관계

공정력과 구성요건적 효력을 양자를 동일시하는 견해와 양자를 구별하는 견해가 있다. 판례는 구성요건적 효력이라는 용어 대신 공정력이라는 용어를 쓰고 있어 구별하지 않는다.

☑ 구별설 관점에서 공정력과 구성요건적 효력 비교

구분	공정력	구성요건적 효력
법적 성질	절차적 구속력	실체적 구속력
구속의 주관적 범위	상대방 또는 이해관계인	다른 국가기관, 지방자치단체
근거	행정의 안정성 또는 실효성 확보	권력분립원칙에 따른 국가기관 간 권한 존중

제29절 구성요건적 효력과 선결문제

1 민사소송에서의 선결문제

1. 행정행위의 무효확인을 구하는 것이 선결문제인 경우

처분 등의 효력 유무 또는 존재 여부가 민사소송의 선결문제로 되어 당해 민사소송의 수소법원이 이를 심리·판단하는 경우에는 필요하다고 인정할 때에는 직권으로 증거조사를 할 수 있고, 당사자가 주장하지 아니한 사실에 대하여도 판단할 수 있다(「행정소송법」 제11조, 제26조 참조). 따라서 민사소송에 있어서 어느 행정처분의 당연무효 여부가 선결문제로 되는 때에는 이를 판단하여 당연무효임을 전제로 하여 민사소송을 제기한 경우, 법원은 이를 심사하여 당연무효임을 이유로 부당이득반환판결을 선고할 수 있다(대판 2010.4.8. 2009다90092).

2. 행정행위를 취소하는 것이 선결문제인 경우

과세처분에 취소할 수 있는 위법사유가 있다 해도 그 과세처분은 행정행위의 공정력 또는 집행력에 의하여 그것이 적법하게 취소되기 전까지는 민사소송절차에서 그 과세처분의 효력을 부인할 수 없다(대판 1999.8.20. 99다20179). 따라서 민사법원은 위법한 과세처분을 취소할 수 없으므로 과세처분은 유효하므로 부당이득반환판결을 할 수 없다.

3. 행정행위의 위법성 확인이 선결문제인 경우

(1) 학설

행정행위의 위법성 확인은 취소소송의 수소법원만 할 수 있다는 부정설과 구성요건적 효력은 적법성 추정을 의미하지 않으므로 민사법원이 위법성확인을 할 수 있다는 긍정설이 있다. 판례는 긍정설을 취한다.

(2) 판례

민사법원은 행정행위를 취소할 수 없으나 행정행위의 위법성을 확인하고 손해배상을 명할 수 있다. 따라서 행정처분의 취소판결이 있어야만, 그 행정처분의 위법임을 이유로 한 손해배상청구를 할 수 있는 것은 아니다(대판 1972.4.28. 72다337). 또한 불복기간이 도과한 행정행위는 불가쟁력이 발생해 취소소송은 불가하나 손해배상을 청구할 수 있다. 취소소송은 제소기간(안 날 90일, 발생한 날 1년)이 도과하면 다툴 수 없으나, 소멸시효(안 날 3년, 불법행위를 한 날 5년)가 지나지 않으면 손해배상청구소송을 제기할 수는 있기 때문이다.

2 형사소송에서의 선결문제

1. 학설

행정행위의 효력 부인하는 것은 행정행위의 공정력 또는 구성요건적 효력에 반한다는 부정설, 인권보호차원에서 형사법원이 행정행위의 효력을 부정할 수 있다는 제한적 긍정설이 대립한다.

2. 직권취소 또는 쟁송취소로 효력이 부정된 경우

운전면허취소처분이 직권으로 또는 행정쟁송절차에 의하여 '취소'되면, 운전면허취소처분은 그 처분시에 소급하여 효력을 잃고 운전면허취소처분에 복종할 의무가 원래부터 없었음이 확정되므로, 운전면허취소처분을 받은 사람이 운전면허취소처분이 취소되기 전에 자동차를 운전한 행위는 무면허운전의 죄에 해당하지 않는다(대판 1999.2.5. 98도4239). 나아가 취소사유가 있는데도 행정청이 취소가 아니라 운전면허 취소처분을 '철회'한 경우에도, 그 운전행위는 무면허운전에 해당하지 않는다(대판 2008.1.31. 2007도9220).

3. 행정행위의 위법성 확인하는 것이 선결문제인 경우

형사재판에서 형사법원은 행정행위의 위법성을 확인할 수 있다. 관할 관청이 시정명령을 하면서 적법한 사전통지를 하거나 의견제출 기회를 부여하지 않아 시정명령이 위법한 경우 시정명령의 위법성을 확인하고 무죄판결을 한다(대판 2017.10.31. 2017도9582). 또한 구두로 한 소방서장의 소방시설 불량사항 시정명령은 **하자가 중대하고 명백하여 원칙적으로 무효**이다. 위 명령이 행정처분으로서 하자가 있어 무효인 경우에는 명령에 따른 의무 위반이 생기지 아니하므로 행정형벌을 부과할 수 없다(대판 2011.11.10. 2011도11109).

4. 직권취소를 해야 하나 아직 직권취소되지 않은 처분이 선결문제인 경우

(1) 수익적 처분의 경우: 운전면허

형사재판에서 법원은 행정행위가 무효가 아닌 한 수익적 행정행위의 효력을 부인할 수 없으므로 연령을 속여 운전면허 취득한 경우 형사법원은 운전면허 효력 부정할 수 없음으로 그러한 운전면허에 의한 운전행위는 무면허운전이라 할 수 없다(대판 1982.6.8. 80도2646).

(2) 침익적 처분의 경우: 운전면허취소

판례는 운전면허취소처분이 취소되지 않았으나 운전면허취소처분의 원인이 된 음주운전사건이 범죄사실의 증명이 없는 때에 해당한다는 이유로 무죄판결이 확정된 경우 「도로교통법」에 규정된 무면허운전의 죄로 처벌할 수 없다(대판 2021.9.16. 2019도11826).

사례 연구

1. **사건개요:** 甲이 국세를 체납하자 관할 세무서장은 甲소유 가옥에 대한 공매절차를 진행하여 낙찰자 乙에게 소유권이전등기가 경료되었다. 그런데 甲은 그로부터 1년이 지난 후에야 위 공매처분에 하자가 있음을 발견하였다.
   ① 甲이 공매처분의 하자를 이유로 乙을 상대로 하여 소유권이전등기의 말소절차의 이행을 구하는 민사소송을 제기하였다.
   ② 甲이 가옥의 소유권을 상실하는 손해를 입었음을 이유로 바로 국가를 상대로 민사법원에 손해배상청구소송을 제기하였다.
2. ①의 경우 공매처분의 하자가 무효사유라면 민사법원은 공매처분의 효력 유무에 대해서 판단이 가능하며, 甲의 등기말소청구는 인용될 수 있다.
3. ①의 경우 공매처분의 하자가 취소사유라면 민사법원은 공매처분의 효력을 부인할 수 없으므로 甲의 등기말소청구는 기각될 것이다.
4. ②의 경우 甲의 소송제기는 관할 위반의 위법이 없고, 민사법원은 공매처분의 하자에 대해 그 위법성을 심사하여 甲의 손해배상청구를 인용할 수 있다.
5. ②의 경우 공매처분에 대한 취소소송의 제기기간인 1년이 지난 후에 제기한 손해배상청구소송이라 해도 그 손해배상청구권 자체의 소멸시효가 완성되지 아니한 이상 민사법원은 甲의 청구를 각하하여서는 아니 된다.

제30절 존속력(확정력)

1 불가쟁력(형식적 확정력)

1. 의의

하자 있는 행정행위도 불복기간이 경과한 경우 그 행정행위의 효력을 다툴 수 없게 된다. 이러한 행정행위의 효력을 불가쟁력이라 한다.

2. 불가쟁력의 효력

(1) 취소소송의 제기 불가

제소기간의 경과로 불가쟁력이 발생한 행정행위에 대해 취소소송을 제기하면 각하된다. 무효인 행정행위에는 불가쟁력이 발생하지 않는다. 따라서 제소기간이 경과하더라도 무효확인소송을 제기할 수 있다.

(2) 손해배상청구소송의 가능

1) 불가쟁력이 발생한 행정행위로 손해를 받은 국민은 국가배상청구를 할 수 있다. 손해배상청구권의 소멸시효는 손해가 발생했음을 안 날로부터 3년이므로 「행정소송법」의 제소기간의 경과로 불가쟁력이 발생해도 손해배상청구는 가능하다.
2) 불가쟁력으로 행정행위의 하자가 치유되는 것은 아니므로 불가쟁력이 발생한 행정행위로 인해 손해를 받은 자는 손해배상을 받을 수 있다.

(3) 행정청의 직권취소 가능

1) 불가쟁력이 발생한 행정행위라도 불가변력이 발생하지 않는 한, 즉 위법인 한 **행정청은 직권으로 취소하거나 철회할 수 있다**(대판 1995.9.15. 95누6311).
2) 복효적 행정행위인 경우 불가쟁력이 발생하기 전에 행정청은 비교적 자유롭게 철회할 수 있으나 불가쟁력이 발생한 후에는 자유롭게 철회할 수 없다.
3) 불가쟁력이 생긴 행정처분에 대하여는 개별법규에서 변경을 요구할 신청권을 규정하고 있거나 관계 법령의 해석상 그러한 신청권이 인정될 수 있는 등 특별한 사정이 없는 한 **국민에게 행정처분의 변경을 구할 신청권이 없다**(대판 2017.2.9. 2014두43264).

(4) 불가쟁력과 기판력의 차이

기판력은 판결과 모순되는 주장이나 판단할 수 없게 하는 효력이나 이는 판결의 효력이지 **불가쟁력이 발생한 처분에 인정되는 효력은 아니다**. 따라서 기판력이 발생했다고 하더라도 당사자들이나 법원이 이에 기속되어 모순되는 주장이나 판단을 할 수 없게 되는 것은 아니므로, 산재요양보상급여취소처분의 불복기간이 경과된 후에도 다시 요양급여를 청구할 수 있고, 그것이 거부된 경우 위법 여부를 소구할 수 있다(대판 2008.7.24. 2006두20808 참조).

3. 불가쟁력이 발생한 행정행위에 대한 재심사(「행정기본법」 제37조) * 이의신청 참조

2 불가변력(실질적 확정력)

1. 의의

   행정청이 당해 행정행위를 취소 또는 변경할 수 없게 하는 힘을 불가변력이라 한다.

2. 근거

   불가변력은 법령의 명문규정과 무관하게 인정된다. 불가변력이 인정되는 이유는 행정행위 중 공신력이 큰 행정행위에 대한 신뢰를 보호할 필요가 있기 때문이다.

3. 인정범위

   행정심판의 재결과 징계처분결정과 같은 준사법적 행위는 일정한 쟁송절차를 거치므로 공신력이 매우 크므로 불가변력이 인정된다. 국가시험합격자결정과 선거관리위원회 위원장의 당선인결정은 불가변력이 인정되므로 처분청이 스스로 변경할 수 없다. 물론 법원의 판결로는 취소할 수 있다.

   > **판례**
   >
   > 과세관청이 과세처분에 대한 이의신청절차에서 납세자의 이의신청사유가 옳다고 인정하여 과세처분을 직권으로 취소한 경우, 이를 번복하고 종전 처분을 되풀이하여서 한 과세처분은 위법하다(대판 2017.3.9. 2016두56790).

4. 불가변력의 효력

   행정청은 불가변력이 있는 행정행위를 취소·철회할 수 없다.

☑ 불가쟁력과 불가변력의 비교

구분	불가쟁력	불가변력
주된 취지	행정의 안정성과 능률성을 위해	행정행위 상대방의 신뢰보호를 위해
법률상 명시적 근거	「행정소송법」	×
성질	「행정소송법」의 규정(제소기간)에 따라 발생하는 절차법상 효력	행정행위의 성질에서 유래되는 실체법상 효력
구속의 상대방	행정행위의 상대방, 이해관계자인 국민	행정청
효력발생시점	쟁송기간의 도과 시	행정행위의 효력발생 시
적용범위	모든 행정행위	모든 행정행위(×), 준사법적 행정행위(확인) 등
행정청의 직권취소	○	×
취소소송의 제기	×	○
쟁송취소 가능성	×	○

3 강제력

1. 자력집행력

행정청은 국민이 행정법상 의무를 이행하지 않는 경우 직접 실력을 행사하여 그 의무이행을 실현시킬 수 있다. 이러한 힘을 자력집행력이라 한다. 자력집행력은 상대방에게 일정한 의무를 명하는 **하명행위에서 적용**된다.

2. 제재력

행정청은 행정의무를 위반한 상대방에게 행정벌을 과할 수 있다.

제31절 행정행위의 하자

1 의의

1. 개념

넓은 의미의 하자는 위법뿐 아니라 부당을 포함한다. 좁은 의미로는 위법을 뜻한다.

2. 하자판단 시점

행정처분의 위법 여부는 처분 당시의 법령과 사실상태를 기준으로 판단한다. 따라서 정비구역 지정 전에 정비예정구역을 기준으로 승인된 추진위원회에 대해, 이후 정비구역 면적이 축소되었다고 해도 그 승인처분이 당연무효가 되지는 않는다(대판 2013.10.24. 2011두28455).

2 실체적 하자

처분이 법률유보원칙이나 법률우위 원칙, 신뢰보호원칙, 비례원칙, 평등원칙에 위반된 경우 실체법적 하자가 인정된다.

3 절차적 하자

1. 「행정절차법」상 하자

처분을 하려면 「행정절차법」 제23조의 이유를 제시하여야 하므로 이유를 제시하지 않은 처분은 위법하다. 또한 의무를 부과하거나 수익적 처분을 취소하는 경우 「행정절차법」 제21조와 제22조의 사전통지와 의견청취절차를 거쳐야 한다. 이를 거치지 아니한 처분은 위법하다.

2. 심의를 거치지 아니한 신청 불허

(1) 토석채취변경허가신청 불허가

토석채취허가권자인 시장 등이 현지조사를 거쳐 신청인이 제출한 자료를 심사하여 신청이 「산지관리법」 제28조에 따른 토석채취허가기준에 적합한지를 1차적으로 검토한 결과 **허가기준에 적합하지 아니함이 객관적으로 명백한 경우에는 지방산지관리위원회 심의를 거치지 않은 채 불허가할 수 있으나, 그렇지 않은 경우에는** 지방산지관리위원회의 심의를 거쳐야 한다고 해석하는 것이 타당하며, **심의를 거치지 아니하고** 처분을 한 때에는 법령에 규정된 **절차의 흠결로 처분은 위법하다**(대판 2015.11.26. 2013두765).

(2) 토지형질변경허가 불허

구 국토의 계획 및 이용에 관한 법률 제56조 제1항 제2호에 따른 토지형질변경허가는 재량행위로서 행정기관의 장이 도시계획위원회의 심의 결과를 반드시 따를 필요는 없다. 구 국토의 계획 및 이용에 관한 법률 제59조 제1항은 개발행위 허가 시 도시계획위원회의 심의를 요구하며, 이는 신중한 결정과 난개발 방지를 위한 것이다. 따라서 **개발행위허가 신청이 허가기준에 맞지 않는다고 판단되면, 도시계획위원회의 심의를 거치지 않더라도 불허가처분이 절차적 하자로 취소될 수는 없다**(대판 2015.10.29. 2012두28728).

(3) 학교환경위생정화구역 내 금지행위 및 시설해제신청거부처분

행정청이 구 학교보건법에 따라 학교환경위생정화구역 내 금지행위 및 시설 해제 여부에 관한 행정처분을 할 때, 학교환경위생정화위원회의 심의를 거쳐야 하는 이유는 전문가와 주민의 의견을 반영하여 공익에 부합하는 민주적 의사를 도출하고 행정처분의 공정성과 투명성을 확보하기 위함이다. <u>이러한 심의 절차를 거치지 않은 경우, 그 절차적 흠결은 행정처분의 효력에 중대한 영향을 미치는 위법사유가 되어 행정처분의 취소사유가 된다</u>(대판 2007.3.15. 2006두15806).

3. 절차상 하자 여부

(1) 위법으로 본 하자

1) 협의를 거치지 아니한 건축허가

구 군사시설보호법에 따르면, 군사시설보호구역 안에서 가옥, 축조물이 신축이나 증축, 입목의 벌채 등을 하려면 미리 관할 부대장과 협의해야 한다. 이 협의는 동의를 의미하며, 협의를 거치지 않거나 협의 조건을 이행하지 않고 건축허가 등을 발급하면 군 당국은 **해당 행정청에 허가 취소를 요구할 수 있고, 행정청은 이를 따라야 한다.** 따라서 군사시설보호구역에서는 군 당국의 동의 없이는 건축이나 사용이 금지된다(대판 1995.3.10. 94누12739).

2) 「행정절차법」상 사전통지와 청문절차를 생략한 하자

행정청이 침해적 행정처분을 함에 즈음하여 청문을 실시하지 않아도 되는 예외적인 경우에 해당하지 않는 한 반드시 청문을 실시하여야 하고, 그 절차를 결여한 처분은 위법한 처분으로서 취소사유에 해당한다(대판 2004.7.8. 2002두8350).

3) 환지계획인가 후에 수정하고자 하는 환지계획의 내용에 대하여 토지소유자 등 이해관계인의 **공람절차를 거치지 아니한 채 수정된 내용에 따라 한 환지예정지 지정처분**은 당연무효이다(대판 1999.8.20. 97누6889).

(2) 위법이 아닌 하자

1) 민원인에게 회의일정 등을 사전에 통지하지 아니한 하자

행정기관이 민원 1회방문 처리제를 시행하며 민원조정위원회를 개최할 때 민원인에게 회의일정을 사전에 통지하지 않았다고 해서 곧바로 거부처분취소사유가 되는 것은 아니다. 그러나 거부처분이 재량행위일 경우, 사전통지의 흠결로 인해 민원인이 의견을 진술할 기회를 놓쳐 중요한 사항이 심의과정에서 누락되는 등 재량권을 제대로 행사하지 않은 사정이 있다면, 이는 재량권을 일탈·남용한 것으로 위법하다(대판 2015.8.27. 2013두1560).

2) 「행정절차법」상 고지와 행정심판법상 고지를 하지 아니한 하자

고지절차에 관한 「행정절차법」 제26조의 규정은 행정처분의 상대방이 그 처분에 대한 행정심판의 절차를 밟는 데 편의를 제공하려는 것이어서 처분청이 위 규정에 따른 고지의무를 이행하지 아니하였다고 하더라도 경우에 따라 행정심판의 제기기간이 연장될 수 있음에 그칠 뿐, 그 때문에 심판의 대상이 되는 행정처분이 위법하다고 할 수는 없다(대판 2018.2.8. 2017두66633).

4 효력

1. 하자 있는 행정행위의 하자가 중대명백하면 무효가 된다.

2. 하자 있는 행정행위라도 하자가 중대하나 명백하지 않거나 하자가 중대하지 않은 경우 취소가 있어야 비로소 효력을 상실하므로 취소되기 전까지는 그 효력을 유지한다.

제32절 하자 있는 행정행위의 치유

1 의의

1. 개념

하자 있는 행정행위의 치유란 행정행위가 발령 당시에 위법한 것이라고 하여도 사후에 흠결을 보완하게 되면, **행정행위를 소급적으로 적법하게 하는 행위**이다.

2. 취지

하자 있는 행정행위의 치유는 행정행위의 성질이나 법치주의의 관점에서 볼 때 원칙적으로 허용될 수 없는 것이다. 예외적으로 행정행위의 무용한 반복을 피하고 당사자의 법적 안정성을 위해 이를 허용하는 때에도, 국민의 권리나 이익을 침해하지 않는 범위에서 구체적 사정에 따라 합목적적으로 인정하여야 할 것이다(대판 2002.7.9. 2001두10684).

2 사유 및 대상

1. 치유사유

(1) 요건의 사후보완

하자의 치유사유로는 '요건의 사후보완'을 들 수 있다.

(2) 치유대상

1) 절차상, 형식상 하자는 치유될 수 있으나 내용상 하자는 치유될 수 없다.
2) 취소사유가 있는 행정행위는 치유될 수 있으나, 무효인 행정행위는 치유될 수 없다.

> **판례**
> 1. 납세고지서에 계산명세서가 첨부되지 않았더라도 과세예고 통지서 등에 필요적 기재사항이 기재되어 있어 하자는 치유될 수 있다(대판 2001.3.27. 99두8039).
> 2. **행정청이 청문서 도달기간을 다소 어겼다 하더라도** 영업자가 이에 대하여 이의하지 아니한 채 스스로 청문일에 출석하여 그 의견을 진술하고 변명하는 등 방어의 기회를 충분히 가졌다면 청문서 도달기간을 준수하지 아니한 하자는 치유되었다고 봄이 상당하다(대판 1992.10.23. 92누2844).
> 3. 납세고지의 하자는 납세의무자가 그 나름대로 산출근거를 알고 있다거나 사실상 이를 알고서 쟁송에 이르렀다 하더라도 치유되지 않는다(대판 2002.11.13. 2001두1543).
> 4. **부과된 세금을 자진납부하였다거나, 조세채권의 소멸시효기간이 만료되었다 하여 치유되는 것이라고는 할 수 없다**(대판 1985.4.9. 84누431).

3 효과

행정행위의 하자가 치유되면 그 행정행위는 소급하여 적법하게 된다.

4 한계

1. 내용상 한계

내용상 하자는 치유될 수 없다. 따라서 행정처분의 적법 여부는 처분 당시의 사유와 사정을 기준으로 판단하여야 하고, **처분청이 처분 이후에 추가한 새로운 사유를 보태어** 당초 처분의 흠을 치유시킬 수는 없다(대판 1987.8.18. 87누49).

2. 시간상 한계

행정소송절차 종결 시까지 하자치유가 가능하다는 설과 불복신청을 하기 전(쟁송제기 전)에 이루어져야 한다는 설이 있다. 판례는 늦어도 과세처분에 대한 불복 여부의 결정 및 불복신청에 편의를 줄 수 있는 상당한 기간 내에 보정행위를 하여야 그 하자가 치유된다(대판 1983.7.26. 82누420)고 한다.

3. 무효인 행정행위

> **판례**
> 1. 징계처분이 중대하고 명백한 흠 때문에 당연무효의 것이라면 징계처분을 받은 자가 이를 용인하였다 하여 그 흠이 치유되는 것은 아니다(대판 1989.12.12. 88누8869).
> 2. 토지등급결정내용의 개별통지가 있다고 볼 수 없어 토지등급결정이 무효인 이상, 토지소유자가 그 결정 이전이나 이후에 토지등급결정내용을 알았다거나 그 결정 이후 매년 정기 등급수정의 결과가 토지소유자 등의 열람에 공하여졌다 하더라도 개별통지의 하자가 치유되는 것은 아니다(대판 1997.5.28. 96누5308).

제33절 하자 있는 행정행위의 전환

1 의의

1. 개념

하자 있는 행정행위의 전환이란 하자 있는 행정행위를 요건을 충족하고 있는 다른 행정행위로서 유효하게 취급하는 것을 말한다.

2. 치유와 전환의 구별

치유는 본래 행정행위의 하자를 치유하며 적법하게 만드는 행위라면, 전환은 하자 있는 행정행위를 새로운 행정행위로 바꾸는 것이다.

2 법적 근거

하자의 전환에 대해 「민법」에는 규정이 있으나, 「행정기본법」과 「행정절차법」에는 일반규정을 두고 있지 않다.

3 적용영역

무효인 행정행위에 적용된다.

4 요건

1. 전환 전의 행위와 전환 후의 행위가 요건·목적·효과에 있어 실질적 공통성이 있어야 한다.

2. 하자 있는 행정행위가 전환될 행정행위의 성립·적법·효력요건을 갖추고 있어야 한다.

3. 전환이 하자 있는 행정행위를 한 행정청의 의사에 반하지 않아야 한다.

4. 전환이 상대방과 관계자 및 제3자의 이익을 침해하지 않아야 한다.

5 법적 성질

전환으로 하자 있는 행정행위는 새로운 행정행위로 바뀌므로 전환된 행정행위에 대해 항고소송을 제기할 수 있다.

제34절 하자승계

1 의의

1. 개념

둘 이상의 행정행위가 연속적으로 행해지는 경우, 선행행위에 하자가 있으면 후행행위 자체에 하자가 없어도 후행행위에 영향을 미치는가의 문제가 행정행위의 하자의 승계문제이다.

> **판례**
>
> 계고처분의 후속절차인 대집행에 위법이 있다고 하더라도, 그와 같은 후속절차에 위법성이 있다는 점을 들어 선행절차인 계고처분이 부적법하다는 사유로 삼을 수는 없다(대판 1997.2.14. 96누15428).

2. 선행행위의 후행행위에 대한 구속력(규준력)이론

(1) 의미

선행행위의 구속력이론은 선행행위에 불가쟁력이 생겨, 선행행위가 확정되면 행정청·상대방·이해관계인을 구속한다는 것이다. 따라서 선행행위와 모순되는 결정을 할 수 없다고 한다. 즉, 선행행위의 구속력이 인정되면 하자승계는 부정된다.

(2) 구속력의 인정요건

1) 선행행위와 후행행위는 동일한 목적을 추구하며 법적 효과가 기본적으로 일치하여야 한다(객관적 한계).
2) 선행행위와 후행행위의 수범자(상대방)가 일치하여야 한다(주관적 한계).
3) 선행행위의 사실적·법적 상태가 동일하게 유지되어야 한다(시간적 한계).
4) 선행행위의 후행행위에 대한 구속력의 인정이 예측 가능하고 수인가능성이 있어야 한다.

(3) 구속력의 효과

구속력이론에 따르면, 선행행위가 후행행위에 대하여 구속력이 미치게 되면 그 범위 내에서 선행행위의 하자를 이유로 후행행위를 다툴 수 없다.

3. 하자승계문제의 요건

선행행위는 무효가 아닌 취소사유가 있어야 한다.	선행행위가 무효라면 제소기간과 관계없이 무효를 주장할 수 있기 때문이다. 만약 과세처분이 무효라면 후행처분인 압류처분에 대한 취소소송에서 과세처분의 무효를 당연히 주장할 수 있고 과세처분이 무효라면 당연히 압류처분도 무효가 된다. 따라서 하자의 승계문제는 선행행위에 취소사유가 있어야 한다.
선행행위에 불가쟁력이 발생해야 한다.	① 과세처분의 제소기간이 경과하지 않았다면 당연히 과세처분을 다툴 수 있다. 하자의 승계문제는 제소기간 도과로 선행처분에 불가쟁력이 발생한 경우의 문제이다. ② 하자의 승계를 인정하면 이미 불가쟁력이 발생한 선행행위의 위법성을 후행행위에서 주장할 수 있으므로 국민의 권리구제의 범위가 더 넓어진다.
선행행위에는 하자가 존재하나 후행행위에는 하자가 없어야 한다.	후행행위에 하자가 있다면 후행행위를 다투면 그것으로 족하기 때문이다.
선행행위와 후행행위 모두 항고소송이 되는 처분이어야 한다.	선행처분이 항고소송의 대상이 안 된다면 선행처분의 위법성을 항고소송에서 다툴 실익이 없기 때문이다.

판례

이 사건 대문설치신고는 형식적 하자가 없는 적법한 요건을 갖춘 신고라고 할 것이어서 피고의 신고중 교부 또는 수리처분 등 별단의 조처를 기다릴 필요가 없이 그 신고의 효력이 발생하였다고 할 것이어서 이 사건 대문은 적법한 것임에도 피고가 원고에 대하여 명한 이 사건 대문의 철거명령은 그 하자가 중대하고 명백하여 당연무효라고 할 것이고, 그 후행행위인 이 사건 계고처분 역시 당연무효(대판 1999.4.27. 97누6780).

2 인정범위

1. 하자승계의 인정 여부 기준

선행행위와 후행행위가 결합하여 하나의 법적 효과를 목적으로 하는 경우		① 선행행위와 후행행위가 결합하여 하나의 법적 효과를 목적으로 하면 선행행위의 하자를 이유로 후행행위의 취소를 구할 수 있다. ⇨ 하자승계(○) ② 예컨대 대집행에 있어서 계고 · 대집행영장에 의한 통지 · 대집행의 실행 · 비용징수의 각 행위 사이, 강제징수에 있어서 독촉 · 압류 · 매각 · 청산의 각 행위 사이
선행행위와 후행행위가 독립하여 별개의 법적 효과를 목적으로 하는 경우	원칙	① 선행행위가 무효가 아니라면 하자승계가 인정되지 않는다. ② 선행 조세 부과처분과 후행 체납처분 사이, 선행 건물철거명령과 후행 대집행행위 사이
	예외	① 선행행위와 후행행위가 별개의 목적을 추구하나 불이익이 수인한도를 넘는 가혹한 불이익이고, 예측할 수 없었다면 하자는 승계된다. ② 「행정절차법」상 절차를 거치지 아니한 경우

2. 선행행위와 후행행위가 결합하여 하나의 법적 효과를 목적으로 하는 경우

2개 이상의 행정처분이 연속적 또는 단계적으로 이루어지는 경우 **선행처분과 후행처분이 서로 합하여 1개의 법률효과를 완성하는 때**에는 선행처분에 하자가 있으면 그 하자는 후행처분에 승계된다. 이러한 경우에는 **선행처분에 불가쟁력이 생겨 그 효력을 다툴 수 없게 되더라도** 선행처분의 하자를 이유로 후행처분의 효력을 다툴 수 있다(대판 2019.1.31. 2017두40372 ; 대판 2017.7.18. 2016두49938).

(1) 계고처분과 대집행영장발부 통보처분(대집행비용납부명령)

후행처분인 대집행영장발부 통보처분(대집행비용납부명령)의 취소청구소송에서 선행처분인 계고처분이 위법하다는 이유로 대집행영장발부 통보처분(대집행비용납부명령)도 위법한 것이라는 주장을 할 수 있다(대판 1996.2.9. 95누12507 ; 대판 1993.11.9. 93누14271).

(2) 독촉, 압류, 공매처분은 하나의 법적 효과를 가져오므로 하자승계가 인정된다.

(3) 선행처분인 **안경사시험합격무효처분**이 위법하기 때문에 **면허취소처분도** 위법한 것이라고 주장할 수 있다(대판 1993.2.9. 92누4567).

(4) 가산금 및 중가산금의 납부독촉이 부당하거나 그 절차에 하자가 있는 경우에는 그 징수처분에 대하여도 취소소송에 의한 불복이 가능하다(대판 1986.10.28. 86누147).

3. 선행행위와 후행행위가 독립하여 별개의 법적 효과를 목적으로 하는 경우

(1) 하자승계 부정

선행처분과 후행처분이 서로 독립하여 별개의 법률효과를 발생시키는 경우에는 선행처분에 불가쟁력이 생겨 그 효력을 다툴 수 없게 되면 선행처분의 하자가 중대하고 명백하여 선행처분이 당연무효인 경우를 제외하고는 특별한 사정이 없는 한 선행처분의 하자를 이유로 후행처분의 효력을 다툴 수 없는 것이 원칙이다.

1) 표준지 공시지가의 위법성을 그 표준지에 대한 조세부과처분의 취소를 구하는 소송에서 그 공시지가의 위법성을 다툴 수는 없다(대판 1997.2.28. 96누10225).

2) 개별토지가격결정의 효력을 다투는 소송에서 그 개별토지가격 산정의 기초가 된 표준지공시지가의 위법성을 다툴 수는 없다(대판 1996.9.20. 95누11931).

3) 원고가 이 사건 토지를 매도한 이후에 그 양도소득세 산정의 기초가 되는 1993년도 개별공시지가결정에 대하여 한 재조사청구에 따른 조정결정을 통지받고서도 더 이상 다투지 아니한 경우까지 선행처분인 개별공시지가결정의 불가쟁력이나 구속력이 수인한도를 넘는 가혹한 것이거나 **예측불가능하다고 볼 수 없어, 위 개별공시지가결정의 위법을 이 사건 과세처분의 위법사유로 주장할 수 없다**(대판 1998.3.13. 96누6059).

4) **종전 상이등급 결정과 이후에 이루어진 상이등급 개정 여부에 관한 결정**은 서로 결합하여 하나의 법률효과를 발생시키는 관계에 있다고 볼 수 없다. 종전 상이등급 결정에 불가쟁력이 생겨 효력을 다툴 수 없게 된 경우 종전 상이등급결정이 당연무효가 아닌 이상, 그 하자를 들어 이후에 이루어진 상이등급 개정 여부에 관한 결정의 효력을 다툴 수 없다(대판 2015.12.10. 2015두46505).

5) **도로점용허가와 점용료 부과처분**은 독립적인 법률효과를 가지므로, 도로점용허가에 불가쟁력이 발생하여 효력을 다툴 수 없게 되면, 허가에 결함이 있더라도 당연무효가 아닌 한 점용료 부과처분의 효력을 다툴 수 없다(대판 2019.1.17. 2016두56721).

6) **공개인중개사 업무정지처분과 중개사무소의 개설등록취소처분**은 그 내용과 효과를 달리하는 독립된 행정처분으로서, 서로 결합하여 1개의 법률효과를 완성하는 때에 해당한다고 볼 수 없다(대판 2019.1.31. 2017두40372).

7) **공무원 직위해제처분과 면직처분**은 별개의 법률효과를 발생하는 행정처분이어서 선행된 직위해제처분의 위법사유를 들어 면직처분의 효력을 다툴 수는 없다(대판 1984.9.11. 84누191).

8) 공용수용에 있어서 **사업인정과 수용재결** 간에는 사업인정처분의 위법·부당함을 이유로 수용재결처분의 취소를 구할 수 없다(대판 1987.9.8. 87누395)

9) 선행처분인 도시·군계획시설결정의 하자는 후행처분인 실시계획인가에 승계되지 않는다(대판 2017.7.18. 2016두49938).

10) **보충역편입처분**에 하자가 있다고 할지라도 그것이 당연무효라고 볼만한 특단의 사정이 없는 한 그 위법을 이유로 **공익근무요원소집처분**의 효력을 다툴 수 없다(대판 2002.12.10. 2001두5422).

11) 과세처분과 강제징수 절차, 철거명령과 대집행 절차 간에는 과세처분과 철거명령이 무효가 아닌 한 하자승계는 인정되지 않는다.

(2) 별개의 법적 효과를 가져오나 예외적으로 하자승계가 인정되는 경우

1) **선행처분의 불가쟁력이나 구속력이 그로 인하여 불이익을 입게 되는 자에게 수인한도를 넘는 가혹함을 가져오고, 그 결과가 당사자에게 예측 가능한 것이 아니라면**, 국민의 재판받을 권리를 보장하고 있는 헌법의 이념에 비추어 선행처분의 후행처분에 대한 구속력을 인정할 수 없다(대판 2019.1.31. 2017두40372).

① 甲을 친일반민족행위자로 결정한 친일반민족행위진상규명위원회의 최종발표에 따라 지방보훈지청장이 「독립유공자 예우에 관한 법률」의 적용 대상자로 보상금 등의 예우를 받던 甲의 유가족 乙 등에 대하여 적용 배제결정을 한 경우, 선행처분의 위법을 이유로 후행처분의 효력을 다툴 수 있다(대판 2013.3.14. 2012두6964).

② 개별공시지가결정은 이를 기초로 한 과세처분과는 별개의 독립된 처분으로서 별개의 법률효과를 목적으로 하는 것이다. 위법한 개별공시지가를 기초로 한 과세처분 등 후행 행정처분에서 개별공시지가결정의 위법을 주장할 수 없도록 하는 것은 수인한도를 넘는 불이익을 강요하는 것으로서 국민

의 재산권과 재판받을 권리를 보장한 헌법의 이념에도 부합하는 것이 아니라고 할 것이다. 따라서 A가 개별공시지가결정에 대해 다투지 않고 있다가 과세처분의 취소를 구하는 행정소송에서 이를 다툴 수 있다고 보아야 한다(대판 1994.1.25. 93누8542).
③ 표준지공시지가결정이 위법한 경우에는 그 자체를 행정소송의 대상이 되는 행정처분으로 보아 그 위법 여부를 다툴 수 있음은 물론, 수용보상금의 증액을 구하는 소송에서도 선행처분으로서 그 수용대상 토지가격 산정의 기초가 된 비교표준공시지가결정의 위법을 독립한 사유로 주장할 수 있다(대판 2008.8.21. 2007두13845).

2) 절차상 하자가 있는 경우

근로복지공단의 **사업종류 변경결정**에 따라 국민건강보험공단이 사업주에 대하여 하는 각각의 산재보험료 부과처분도 항고소송의 대상인 처분에 해당하므로, 사업주는 각각의 산재보험료 부과처분을 별도의 항고소송으로 다툴 수 있다. 그런데 **근로복지공단이 사업종류 변경결정을 하면서 개별사업주에 대하여 사전통지 및 의견청취, 이유제시 및 불복방법 고지가 포함된 처분서를 작성하여 교부하는 등 실질적으로 「행정절차법」에서 정한 처분절차를 준수함으로써 사업주에게 방어권 행사 및 불복의 기회가 보장된 경우에는, 그 사업종류 변경결정**은 그 내용·형식·절차의 측면에서 단순히 조기의 권리구제를 가능하게 하기 위하여 「행정소송법」상 처분으로 인정되는 소위 '**쟁송법적 처분**'이 아니라, 개별·구체적 사안에 대한 규율로서 외부에 대하여 직접적 법적 효과를 갖는 행정청의 의사표시인 소위 '**실체법적 처분**'에 해당하는 것으로 보아야 한다. 이 경우 사업주가 「행정심판법」 및 「행정소송법」에서 정한 기간 내에 불복하지 않아 불가쟁력이 발생한 때에는 그 사업종류 변경결정이 중대·명백한 하자가 있어 당연무효가 아닌 한, 사업주는 그 사업종류 변경결정에 기초하여 이루어진 각각의 산재보험료 부과처분에 대한 쟁송절차에서는 선행처분인 사업종류 변경결정의 위법성을 **주장할 수 없다**고 봄이 타당하다. 이 경우 근로복지공단의 사업종류 변경결정을 항고소송의 대상인 처분으로 인정하여 「행정소송법」에 따른 불복기회를 보장하는 것은 '행정법관계의 조기 확정'이라는 단기의 제소기간제도의 취지에도 부합한다. 다만 **근로복지공단이 사업종류 변경결정을 하면서 실질적으로 행정절차법에서 정한 처분절차를 준수하지 않아 사업주에게 방어권 행사 및 불복의 기회가 보장되지 않은 경우**에는 이를 항고소송의 대상인 처분으로 인정하는 것은 사업주에게 조기의 권리구제기회를 보장하기 위한 것일 뿐이므로, 이 경우에는 사업주가 사업종류 변경결정에 대해 제소기간 내에 취소소송을 제기하지 않았다고 하더라도 후행처분인 각각의 산재보험료 부과처분에 대한 쟁송절차에서 비로소 **선행처분인 사업종류 변경결정의 위법성을 다투는 것이 허용되어야 한다**(대판 2020.4.3. 2019두61137).

☑ 표준지공시지가와 개별공시지가의 비교

구분	표준지공시지가	개별공시지가
처분성	○	○
공시기관	국토교통부장관	시장·군수 또는 구청장
용도	보상기준	과세처분기준
하자승계	• 표준지공시지가와 수용재결 또는 보상금증액(○) • 표준지공시지가와 개별공시지가결정(×) • 표준지공시지가와 과세처분(×)	• 개별공시지가결정과 과세처분(○) • 개별공시지가결정과 개발부담금 부과처분(○) • 개별공시지가결정 후 재조사를 청구하고 조정결정을 통지받았음에도 다투지 않은 경우, 개별공시지가와 과세처분(×)

제35절 무효와 취소

1 의의

무효인 행정행위는 효력이 처음부터 발생하지 않는 행정행위이다. 취소할 수 있는 행정행위는 취소하기 전까지 유효한 행위로 통용되는 행정행위이다.

2 구별실익

구분	무효인 행정행위	취소할 수 있는 행정행위
공정력, 불가쟁력, 불가변력	×	○
민사·형사재판에서 효력 부정 여부 (선결문제)	○	×
선행행위의 하자승계 문제 발생	① 선행행위가 무효인 경우 후행행위는 당연무효가 된다. ② 하자승계문제가 발생하지 않는다.	○
사정판결, 사정재결	×	○
행정소송상 제소기간의 제한	무효확인소송 ×	취소소송 ○

3 구별기준

행정행위가 하자가 있을 때 무효로 본다면 기존의 행정행위의 효력이 처음부터 없어진 것이 되어 법적 안정성, 신뢰보호의 문제를 야기한다. 따라서 행정행위의 무효를 좁게 설정할 수밖에 없다.

1. 학설

중대설	하자가 중대하면 행정행위는 무효가 된다.
중대명백설(다수설)	① 하자가 중대하고 명백하면 무효가 되나 그렇지 않으면 취소사유가 될 뿐이다. ② 하자의 '중대성'이란 행정행위가 중요한 법률요건을 위반하여 하자가 내용적으로 중대하다는 것을 의미한다. 그런데 어느 정도의 하자를 명백한 하자로 볼 것인가에 대하여는 여러 견해가 대립하고 있으나, 일반인의 정상적인 인식능력을 기준으로 관찰할 때 객관적으로 명백한 하자를 의미한다고 보는 것이 다수설이다.
객관적 명백설 (조사의무설)	하자가 중대하고 관계 공무원이 조사해서 하자가 명백하면 무효가 된다.
명백성보충요건설	하자가 중대하면 무효가 된다. 다만, 행정행위에 대한 신뢰보호, 공공이익이 클 때는 하자가 중대하고 명백해야 무효가 된다.
구체적 가치형량설	구체적 사안마다 이익을 형량하여 무효 여부를 결정한다.

2. 판례

대법원	중대명백설을 취한다. 다만, 명백성보충요건설을 취한 판례(대판 2009.2.122 2008두11716)도 있다.
헌법재판소	중대명백설을 취하면서, 예외적으로 권리구제의 필요성이 클 경우 하자가 중대하다면 무효를 인정한다.

> **판례**
> 1. 하자가 중대하고 명백한지 여부를 판별함에 있어서는 그 법규의 목적, 의미, 기능 등을 **목적론적으로 고찰함과 동시에 구체적 사안 자체의 특수성**에 관하여도 합리적으로 고찰함을 요한다. 하자 있는 행정처분이 당연무효가 되기 위해서는 그 하자가 법규의 중요한 부분을 위반한 중대한 것이어야 하며, 이 하자가 중대하고 명백한지 여부는 법규의 목적과 기능, 그리고 구체적 사안의 특수성을 종합적으로 고려하여 판별해야 한다. 행정청이 법률의 명백한 규정에 반하여 행정처분을 한 경우에는 하자가 중대하고 명백하다 할 수 있으나, 법리의 해석에 다툼이 있는 경우에는 하자가 명백하다고 할 수 없는 것이다(대판 2007.5.10. 2005다31828).
> 2. 과세요건 등에 관한 **중대한 하자가 있고** 법적 구제수단이 미비하며 위법한 결과를 시정하지 않고 납세의무자에게 불이익을 감수하게 하는 것이 부당한 경우에는 예외적으로 하자 있는 신고행위가 당연무효로 보아야 한다(대판 2009.2.12. 2008두11716).
> 3. 행정처분에 사실관계를 오인한 하자가 있는 경우 그 하자가 중대하다고 하더라도 객관적으로 명백하지 않다면 그 처분을 당연무효라고 할 수 없는바, 하자가 명백하다고 하기 위하여는 그 사실관계 오인의 근거가 된 자료가 외형상 상태성을 결여하거나 객관적으로 그 성립이나 내용의 진정을 인정할 수 없는 것임이 명백한 경우라야 할 것이고 사실관계의 자료를 정확히 조사하여야 비로소 그 하자 유무가 밝혀질 수 있는 경우라면 이러한 하자는 외관상 명백하다고 할 수는 없을 것이다(대판 1992.4.28. 91누6863).

3. 무효 여부

(1) 무효인 사례

1) 입지선정위원회가 군수와 주민대표가 선정·추천한 전문가를 포함시키지 않은 채 임의로 구성되어 의결한 경우 폐기물처리시설 입지결정처분의 하자는 중대·명백하므로 무효사유에 해당한다(대판 2007.4.12. 2006두20150).
2) 단체협약이나 취업규칙 또는 이에 근거를 둔 징계규정에서 징계위원회의 구성에 관하여 정하고 있는 경우 이와 다르게 징계위원회를 구성한 다음 그 결의를 거쳐 징계처분을 하였다면, 그 징계처분은 절차상 중대한 하자가 있어 무효이다(대판 2020.11.26. 2017두70793).
3) **도지사로부터 시장에게 내부위임된 압류권한을 구청장이 행사한 경우 구청장이 자신의 명의로 한 압류처분은 권한 없는 자에 의하여 행하여진 위법 무효의 처분이다**(대판 1993.5.27. 93누6621).
4) **임용 당시 공무원임용결격사유가 있었다면** 비록 임용권자의 과실에 의하여 임용결격자임을 밝혀내지 못하였다 하더라도 그 임용행위는 당연무효로 보아야 한다(대판 1987.4.14. 86누459 ; 대판 2005.7.28. 2003두469).
5) 환경영향평가를 실시해야 할 사업에 대하여 환경영향평가를 거치지 않고 승인처분을 한 경우 하자가 중대하고 명백한 것이어서 당연무효이다(대판 2006.6.30. 2005두14363).
6) 환지계획인가 후에 수정하고자 하는 환지계획의 내용에 대하여 토지소유자 등 이해관계인의 공람절

차를 거치지 아니한 채 수정된 내용에 따라 한 환지예정지 지정처분은 당연무효이다(대판 1999. 8.20. 97누6889).

7) **과세예고 통지 후 과세전적부심사청구나 그에 대한 결정이 있기도 전에 과세처분을 하는 것**은 **납세자의 절차적 권리를 침해하는 것으로서 절차상 하자가 중대하고도 명백하여 무효**이다(대판 2016.12.27. 2016두49228).

8) 확정판결과 저촉되는 행정처분은 그 하자가 중대하고도 명백한 것이어서 당연무효라 할 것이다(대판 1990.12.11. 90누3560).

9) 소방서장의 처분의 방식을 규정한 「행정절차법」 제24조를 위반하여 행해진 구두로 한 보완명령은 하자가 중대하고 명백하여 원칙적으로 무효이다(대판 2011.11.10. 2011도11109).

10) 선행처분인 도시계획시설사업 시행자 지정처분이 처분 요건을 충족하지 못하여 당연무효인 경우에는 사업시행자 지정처분이 유효함을 전제로 이루어진 후행처분인 실시계획 인가처분도 무효라고 보아야 한다(대판 2017.7.11. 2016두35120).

11) **도시계획시설사업에 관한 실시계획 인가처분이 당연무효이면**, 그에 기초한 수용재결 역시 무효라고 할 것이다(대판 2017.7.11. 2016두35144).

12) 이행 기회가 없었던 과거 기간의 이행강제금을 한꺼번에 부과하는 것은 법규의 중요한 부분을 위반한 중대하고 명백한 하자로 무효이다(대판 2016.7.14. 2015두46598).

13) 체납자가 아닌 제3자의 소유물건을 대상으로 한 압류처분은 하자가 객관적으로 명백한 것인지 여부와는 관계없이 처분의 내용이 법률상 실현될 수 없는 것이어서 당연무효라고 하지 않을 수 없다(대판 1993.4.27. 92누12117).

(2) 무효가 아닌 사례

1) 무권한자의 권한 행사는 원칙적으로 무효이나, 대통령이 가지는 5급 이상 국정원 직원에 대한 의원면직처분을 국정원장이 한 경우 하자가 중대한 것이라고 볼 수는 없으므로 대통령의 내부결재가 있었는지에 관계없이 당연무효는 아니라고 할 것이다(대판 2007.7.26. 2005두15748).

2) **무효인 권한위임조례에 근거하여 구청장이 건설업영업정지처분을 한 경우** 그 하자가 중대하나, 하자가 객관적으로 명백한 것이라고 할 수 없으므로 이로 인한 하자는 결국 당연무효사유는 아니라고 봄이 상당하다(대판 1995.7.11. 94누4615).

3) 어떤 행정처분이 실효의 법리를 위반하여 위법한 것이라고 하더라도, 이러한 하자의 존부는 개별·구체적인 사정을 심리한 후에야 판단할 수 있는 사항이어서 객관적으로 명백한 것이라고 할 수 없으므로, 이는 행정처분의 취소사유에 해당할 뿐 **당연무효사유는 아니다**. 위에서 본 사실관계를 이러한 법리에 비추어 살펴보면, 설령 피고가 2013년에 원고에 대하여 한 회비납부통지 중 원고의 수입품 관련 부분이 실효의 법리를 위반한 것이라고 하더라도, 이는 행정처분의 당연무효사유는 아니므로, 원고가 그에 따라 이미 피고에게 납부한 회비가 법률상 원인 없는 이득이라고 할 수 없다(대판 2021.12.30. 2018다241458).

4) 환경영향평가 **절차를 거쳤다면 비록 그 환경영향평가의 내용이 다소 부실하다 하더라도** 그 부실로 인하여 당연히 당해 승인 등 처분이 위법하게 되는 것이 아니다(대판 전합 2006.3.16. 2006두330).

5) **청문을 결여한 안산시장의 사업시행자지정처분취소는** 위법한 처분으로서 취소사유에 해당한다(대판 2004.7.8. 2002두8350).

제36절 위헌인 법률에 근거한 행정행위의 효력

1 위헌결정과 소급효

1. 소급효의 의의
위헌결정의 효력이 위헌결정 이전 사건에 미치는 효력을 위헌결정의 소급효라고 한다.

2. 소급효가 제한되는 이유
소급효의 인정은 법적 안정성을 해할 우려가 있다. 소급효의 전면 부정은 위헌인 법률에 의한 기본권 침해를 구제할 수 없다는 면에서 문제가 있다. 법적 안정성과 권리구제라는 법익 간 충돌을 해소하기 위하여 판례는 부분적으로만 소급효를 인정하고 있다.

3. 소급효가 인정되는 사건
위헌결정의 계기가 된 당해 사건, 위헌제청을 한 사건, 위헌제청을 하지 않았으나 계속 중인 사건, 위헌결정 이후 제소된 일반사건에 소급효가 인정된다. 판례에 의하면 위헌결정할 당시 불가쟁력이 발생하지 않은 처분의 경우 소급효가 인정된다. 그러나 불가쟁력이 발생한 처분에는 소급효가 미치지 않는다고 한다.

4. 위헌결정의 소급효의 의미
위헌결정의 소급효로 처분 당시 근거 법률은 해당 사건에서 효력을 상실한다. 따라서 소급효가 미치는 처분은 위법하다. 다만, 처분 시 유효한 법률이었으므로 그 하자는 명백하지는 않으므로 취소사유에 해당하다.

2 위헌인 법률에 근거한 처분의 집행력

1. 문제의 소재
위헌인 법률에 근거한 처분이 불가쟁력이 발생한 경우 집행력을 부여할 수 있는가가 문제가 된다.

2. 학설
위헌결정의 기속력에 반하므로 허용되지 않는다는 부정설과 처분의 근거 법률이 위헌인 것이지 강제집행의 근거 법령이 위헌인 것은 아니므로 허용된다는 긍정설이 대립한다.

3. 판례
판례는 부정설을 취한다.

> **판례**
> 1. 국가기관과 지방자치단체는 위헌으로 선언된 법률에 근거해 새로운 행정처분을 할 수 없으며, 위헌결정 이전에 형성된 법률관계에 따른 후속처분이라도 새로운 위헌적 법률관계를 생성하거나 확대하는 경우는 허용되지 않는다. 특히 조세 부과의 근거가 된 법률이 위헌으로 선언된 경우, 위헌결정 이후 조세채권의 집행을 위한 새로운 체납처분은 허용되지 않으며, 이러한 체납처분은 당연무효로 보아야 한다 (대판 전합 2012.2.16. 2010두10907).
> 2. 위헌결정 후 체납처분은 물론이고, 다른 사람에 의하여 개시된 경매절차에서 배당을 받을 수 없다(대판 2002.8.23. 2001두2959).
> 3. 과세처분 및 그 체납처분절차의 근거 법령에 대한 위헌결정으로 후속 체납처분을 진행할 수 없어 체납세액에 충당할 가망이 없게 되는 등으로 압류의 근거를 상실하거나 압류를 지속할 필요성이 없게 된 경우도 포함하는 의미라고 새겨야 한다(대판 2002.7.12. 2002두3317 등). 따라서 압류를 해제하여야 한다.
> 4. 헌법재판소가 1999년 4월 29일 구 택지소유상한에 관한 법률이 위헌이라고 결정한 이후에는 해당 법률에 근거한 부담금의 물납을 위한 소유권이전등기촉탁이 허용되지 않는다. 따라서 1999년 4월 29일 위헌결정 이후 이루어진 물납허가처분 이행을 위한 등기촉탁은 법적 근거 없이 이루어진 것으로 무효이다 (대판 2005.4.15. 2004다58123).

3 불가쟁력이 발생한 급부하명과 부당이득

1. 문제의 소재

위헌인 법률에 근거한 처분이 불가쟁력이 발생한 경우 부당이득을 인정할 수 있는가는 당해 처분이 무효가 되는가와 관련이 있다. 무효가 아니라면 불가쟁력의 발생으로 취소가 될 수 없어 부당이득이 인정되지 않기 때문이다.

2. 행정행위가 발해진 후 근거 법률이 위헌결정된 경우 행정행위의 무효 여부

(1) 헌법재판소가 행정처분의 근거가 된 법률을 위헌으로 결정하고 위헌결정의 소급효가 인정되면 그 행정처분은 법적 근거 없이 이루어진 것이 되어 하자가 생긴다. 그러나 당연무효가 되려면 그 하자가 중대하고 명백해야 한다.

(2) 일반적으로 위헌결정 이전에는 법률이 헌법에 위반된다는 것이 명백하지 않으므로, 위헌결정전의 행정처분은 특별한 사정이 없는 한 취소소송의 대상은 될 수 있어도 당연무효 사유는 아니다(대판 2014.3.27. 2011두24057 ; 헌재 2010.2.25. 2007헌바131 등).

> **판례**
> 1. 행정처분을 무효로 하더라도 법적 안정성을 크게 해치지 않는 반면에 그 하자가 중대하여 그 구제가 필요한 경우에 대해서는 예외적으로 당연무효사유로 보아야 한다(헌재 2014.1.28. 2011헌바38).
> 2. 어느 행정처분에 대하여 그 행정처분의 근거가 된 법률이 위헌이라는 이유로 무효확인청구의 소가 제기된 경우에는 다른 특별한 사정이 없는 한 법원으로서는 그 법률이 위헌인지 여부에 대하여는 판단할 필요 없이 그 무효확인청구를 **기각하여야 한다**(대판 1994.10.28. 92누9463).

3. 검토

조세의 과오납이 부당이득이 되기 위하여는 과세처분의 하자가 중대하고 명백하여 당연무효이어야 하고, 과세처분의 하자가 단지 취소할 수 있는 정도에 불과할 때에는 취소되지 않는 한 그로 인한 조세의 납부가 부당이득이 된다고 할 수 없다(대판 1994.11.11. 94다28000). **판례 논리에 따르면 근거 법률이 위헌결정이 나더라도 불가쟁력이 발생한 처분이 무효가 되는 것은 아니다.** 따라서 부당이득은 법률상 원인이 없어야 인정되는데 근거 법률에 대해 헌법재판소가 위헌결정하여도 불가쟁력이 발생한 처분의 효력이 유지되므로 부당이득이 인정되기 힘들다.

4 위헌인 법률에 근거한 처분과 국가배상

1. 문제의 소재

위헌인 법률에 근거한 처분이 불가쟁력이 발생한 경우 국가배상이 될 수 있는지 여부는 위헌인 법률에 근거한 처분을 한 경우 과실이 인정되는가가 문제가 된다.

2. 과실 여부

공무원의 과실은 평균적 공무원으로서 주의의무를 게을리한 경우 인정된다. 처분 당시의 법률에 근거한 처분이라면 주의의무를 게을리했다고 볼 수 없는바, 과실이 부정된다.

제37절 직권취소

1 의의

행정행위의 '취소'는 행정청이 일단 유효하게 성립한 행정행위를 그 행위에 위법한 하자가 있음을 이유로 소급하여 효력을 소멸시키는 별도의 행정처분을 의미함이 원칙이다.

2 법적 근거

행정처분을 한 처분청은 그 **처분의 성립에 하자가 있는 경우** 이를 취소할 별도의 법적 근거가 없다고 하더라도 직권으로 이를 취소할 수 있다(대판 2002.5.28. 2001두9653).

3 직권취소권자

1. 처분청

권한 없는 행정기관이 한 당연무효인 행정처분을 취소할 수 있는 권한은 당해 행정처분을 한 처분청에 속하고, 당해 행정처분을 할 수 있는 적법한 권한을 가지고 있는 행정청에게 그 취소권이 귀속되는 것이 아니다(대판 1984.10.10. 84누463).

2. 감독청

「행정기본법」은 직권취소권자로 감독청을 규정하지 않았으나 감독청은 「정부조직법」상 대통령의 행정 감독권(제11조), 장관의 감독권(제26조 제3항), **「행정권한의 위임 및 위탁에 관한 규정」 제6조** 등에 근거하여 **직권취소권을 가진다.**

4 직권취소신청권

직권취소를 할 수 있다는 사정만으로 이해관계인에게 처분청에 대하여 그 취소를 요구할 신청권이 부여된 것으로 볼 수는 없다. 따라서 처분청이 위와 같이 법규상 또는 조리상의 신청권이 없이 한 이해관계인의 복구준공통보 등의 취소신청을 거부하더라도, 그 거부행위는 항고소송의 대상이 되는 처분에 해당하지 않는다(대판 2006.6.30. 2004두701).

5 직권취소사유

직권취소사유는 위법 또는 부당이다(「행정기본법」 제18조 제1항). 도로관리청이 도로점용허가를 하면서 특별사용의 필요가 없는 부분을 점용장소 및 점용면적에 포함한 경우, 초과부분은 위법하여 직권취소할 수 있음이 원칙이다(대판 2019.1.17. 2016두56721).

6 취소의 효과

1. 원칙: 소급효

직권취소는 처분이 원시적으로 위법 또는 부당한 하자가 있는 경우이므로 「행정기본법」 제18조 제1항은 원칙적으로 처분을 소급하여 취소할 수 있다고 규정하고 있다.

> **판례**
> 1. 도로관리청이 도로점용허가 중 특별사용의 필요가 없는 부분을 소급적으로 직권취소하였다면, 도로관리청은 이미 징수한 점용료 중 취소된 부분의 점용면적에 해당하는 점용료를 반환하여야 한다(대판 2019.1.17. 2016두56721).
> 2. 법원이 영업허가취소처분을 취소하면 영업허가취소처분은 처분시에 소급하여 효력을 상실한다. 따라서 영업허가취소 후 영업행위는 무허가영업행위가 아니다(대판 1993.6.25. 93도277).
> 3. 행정청이 의료법인의 이사에 대한 이사취임승인취소처분을 직권으로 취소한 경우에는 그 이사는 소급하여 이사로서의 지위를 회복하게 된다. 보건복지부장관의 이사취임승인은 별도로 필요치 않다(대판 1997.1.21. 96누3401).

4. 광업권취소처분을 한 후에 새로운 이해관계인이 생기기 전에 취소처분을 취소하여 그 광업권을 회복시킬 수 있다. 그러나 광업권 취소 후 적법한 선출원이 있는 경우에 취소처분을 취소하여 광업권을 복구시키는 조처는 선출원자의 권리를 침해하는 위법한 처분이다(대판 1967.10.23. 67누126).

2. 예외: 장래효

(1) 「행정기본법」 제18조 제1항 단서에 따르면 당사자의 신뢰를 보호할 가치가 있는 등 정당한 사유가 있는 경우에는 장래를 향하여 취소할 수 있다.

(2) 과세처분의 취소처분을 취소한 경우 소급효가 인정되지 않아 원부과처분을 소생시킬 수 없다(대판 1995.3.10. 94누7027). 또한 현역병입영처분을 보충역편입처분으로 변경한 후 보충역편입처분을 취소하더라도 종전의 현역병입영처분의 효력이 되살아나는 것은 아니다(대판 2002.5.28. 2001두9653).

부담적 행정행위의 취소(철회)의 취소	부담적 행정행위는 부담적 행정행위의 취소의 취소로 다시 살아나지 않는다. *소급효 부정
수익적 행정행위의 취소(철회)의 취소	수익적 행정행위는 수익적 행정행위의 취소의 취소로 다시 살아난다. *소급효 인정

7 취소권의 제한

1. 부담적 행정행위의 직권취소

원칙적으로 행정청은 자유롭게 취소할 수 있다.

2. 수익적 행정행위의 직권취소

(1) 수익적 행정행위 취소의 제한

1) 행정기본법

「행정기본법」 제18조 제2항은 "**당사자에게 권리나 이익을 부여하는 처분**을 취소하려는 경우에는 취소로 인하여 당사자가 입게 될 불이익을 취소로 달성되는 공익과 비교·형량하여야 한다."라고 규정하고 있는데 이는 수익적 처분의 직권취소에는 적용되나 부담적 처분의 직권취소에는 적용되지 않는다.

2) 이익형량

① **행정처분에 하자가 있다고 하더라도** 취소해야 할 공익상 필요와 취소로 당사자가 입게 될 기득권과 신뢰보호 및 법률생활 안정의 침해 등 불이익을 비교·교량한 후 공익상 필요가 당사자가 입을 불이익을 정당화할 만큼 강한 경우에 한하여 취소할 수 있는 것이며, **하자나 취소해야 할 필요성에 관한 증명책임**은 기존 이익과 권리를 침해하는 처분을 한 행정청에 있다(대판 2017.6.15. 2014두46843).

② 행정처분을 한 처분청은 처분의 성립에 하자가 있는 경우 별도의 법적 근거가 없더라도 직권으로 이를 취소할 수 있다고 봄이 원칙이므로, **「국민연금법」이 정한 수급요건을 갖추지 못하였음에도 연금지급결정이 이루어진 경우**에는 이미 지급된 급여 부분에 대한 환수처분과 별도로 지급결정을

취소할 수 있다. 이 경우에도 이미 부여된 국민의 기득권을 침해하는 것이므로 <u>취소권의 행사는 지급결정을 취소할 공익상의 필요보다 상대방이 받게 될 불이익 등이 막대한 경우에는 재량권의 한계를 일탈한 것으로서 위법하다고 보아야 한다</u>. 다만, 이처럼 연금지급결정을 취소하는 처분과 그 처분에 기초하여 잘못 지급된 급여액에 해당하는 금액을 환수하는 처분이 적법한지를 판단하는 경우 비교·교량할 각 사정이 동일하다고는 할 수 없으므로, **연금지급결정을 취소하는 처분이 적법하다고 하여 환수처분도 반드시 적법하다고 판단하여야 하는 것은 아니다**(대판 2017.3.30. 2015두43971).

③ 수익적 행정처분에 대한 **취소권 등의 행사는 기득권의 침해를 정당화할 만한 중대한 공익상의 필요 또는 제3자의 이익보호의 필요가 있는 때에 한하여 허용될 수 있다는 법리**는, 처분청이 수익적 행정처분을 직권으로 취소·철회하는 경우에 적용되는 법리일 뿐 쟁송취소의 경우에는 적용되지 않는다(대판 2019.10.17. 2018두104).

(2) 수익적 행정행위의 취소가 제한되지 않는 경우

「행정기본법」 제18조 제2항 단서는 행정행위가 사기·협박이나 뇌물, 사실의 은폐와 같은 거짓이나 그 밖의 부정한 방법으로 처분을 받은 경우와 당사자가 처분의 위법성을 알고 있었거나 중대한 과실로 알지 못한 경우는 이익형량 없이 처분을 직권취소할 수 있도록 규정하고 있다.

1) 행정행위가 사기·협박이나 뇌물, 사실의 은폐 등에 기인한 경우

행정행위가 사기 등에 기인한 경우 상대방의 귀책사유가 있으므로 그 행정행위에 대한 신뢰는 보호할 가치가 없다. 따라서 **수익적 행정처분의 하자(흠)가 당사자의 사실은폐나 기타 사위의 방법에 의한 신청행위에 기인한 것**이라면, 당사자는 처분에 의한 이익을 위법하게 취득하였음을 알아 취소가능성도 예상하고 있었을 것이므로, 그 자신이 처분에 관한 신뢰이익을 원용할 수 없음은 물론, 행정청이 이를 고려하지 아니하였다고 하여도 재량권의 남용이 되지 아니한다(대판 2013.2.15. 2011두1870).

2) 당사자가 처분의 위법성을 알고 있었거나 중대한 과실로 알지 못한 경우

수익자를 보호할 필요가 없으므로 행정청의 직권취소가 제한되지 않는다.

3. 직권취소가 가능한 경우

불가쟁력	행정청은 불가쟁력이 발생한 행정행위를 직권취소할 수 있다.
기판력	행정청은 법원의 확정판결 중 확정된 행정행위를 직권취소할 수 있다.
재판 진행 중	**재판 진행 중이라도 행정청은 직권취소할 수 있다**: 변상금 부과처분에 대한 취소소송이 진행 중이라도 그 부과권자로서는 위법한 처분을 스스로 취소하고 그 하자를 보완하여 다시 적법한 부과처분을 할 수도 있다(대판 2006.2.10. 2003두5686).

8 취소절차

1. 행정청이 수익적 처분을 취소하려면 「행정절차법」이 규정한 절차를 준수해야 한다.

2. 「식품위생법」상 청문서 도달기간 등의 청문절차를 준수하지 않고서 한 영업정지처분은 위법하다(대판 1990.11.9. 90누4129).

9 직권취소와 쟁송취소 비교

구분	직권취소	행정심판 취소	행정소송 취소
취소권자	처분청	행정심판위원회	법원
취소사유	위법·부당	위법·부당	위법
취소절차	①「행정절차법」 ② 개별법	「행정심판법」	「행정소송법」
대상	① 부담적 행정행위 ② 수익적 행정행위	① 부담적 행정행위 ② 복효적 행정행위	① 부담적 행정행위 ② 복효적 행정행위
취소의 효력	① 원칙: 소급효 ② 예외: 장래효	소급효	소급효
취소의 내용	① 적극적 변경 ○ ② 소극적 변경 ○	① 적극적 변경 ○ ② 소극적 변경 ○	① 적극적 변경 × ② 소극적 변경만 ○

제38절 행정행위의 철회

1 의의

철회는 하자 없이 성립한 행정행위에 대해 사후에 발생한 사유로 행정행위의 효력을 장래에 한해 소멸시키는 행정행위이다.

> **판례**
> 주무관청의 기본재산처분 허가에 따라 乙회사에 처분되어 소유권이전등기까지 마쳐진 이후 주무관청이 허가를 취소하였더라도, 허가를 취소하면서 내세운 취소사유가 허가 당시에 존재하던 하자가 아니라면, 그 명칭에도 불구하고 법적 성격은 **허가의 '철회'**에 해당할 여지가 있다(대결 2022.9.29. 2022마118).

2 법적 근거와 철회권자

1. 철회에 법적 근거가 필요한가?

철회에 법적 근거가 필요한가에 대해 학설은 대립한다. 다수설과 판례는 처분청은 철회에 대한 별도의 법적 근거가 없더라도 철회할 수 있다고 한다.

2. 신청권

처분 후에 사정변경이 생겼거나 중대한 공익상의 필요가 발생하였다고 하여, 상대방에게 그 철회·변경을 요구할 신청권이 인정되는 것은 아니다(대판 1997.9.12. 96누6219). 그러나 건축주가 토지소유자로부터 토지사용승낙서를 받아 토지 위에 건축물을 건축하는 건축허가를 받았다가 착공에 앞서 건축주의 귀책사유로 토지사용권을 상실한 경우, 토지소유자는 건축허가의 철회를 신청할 수 있다. 따라서 신청에 대한 거부행위는 항고소송의 대상이 된다(대판 2017.3.15. 2014두41190).

3. 철회권자

「행정기본법」은 철회권자로서 행정청만을 규정하고 있다. 감독청은 하자가 없는 처분을 철회할 수 없다. 다만, 개별법에 근거가 있다면 감독청도 철회할 수 있다.

3 철회사유

「행정기본법」 제19조는 법률에서 정한 철회사유에 해당하게 된 경우, 법령 등의 변경이나 사정변경으로 처분을 더 이상 존속시킬 필요가 없게 된 경우, 중대한 공익을 위하여 필요한 경우를 철회사유로 규정하고 있다. 또한 행정처분을 함에 있어 일정한 경우 철회할 수 있다는 부관을 붙인 경우 그 유보된 사실이 발생하면 철회할 수 있다. 부담부 행정행위에 있어서 상대방이 부담을 이행하지 않은 경우 행정청은 행정행위를 철회할 수 있다.

판례

1. **건축허가를 받은 자가 건축허가가 취소되기 전에 공사에 착수하였다면** 허가권자는 그 착수기간이 지났다고 하더라도 건축허가를 취소하여야 할 특별한 공익상 필요가 인정되지 않는 한 건축허가를 취소할 수 없다. 이는 건축허가를 받은 자가 **건축허가가 취소되기 전에 공사에 착수하려 하였으나 허가권자의 위법한 공사중단명령으로 공사에 착수하지 못한 경우**에도 마찬가지이다(대판 2017.7.11. 2012두22973).
2. 의료인이 구 의료법을 위반하여 금고 이상의 형의 집행유예를 선고받고 유예기간이 지나 형선고의 효력이 상실된 경우에도 구 의료법상 면허취소사유에 해당한다(대판 2022.6.30. 2021두62171).
3. 체육지도자가 금고 이상의 형의 집행유예를 선고받은 후 집행유예기간이 경과하는 등의 사유로 자격취소처분 이전에 결격사유가 해소된 경우에도 행정청은 체육지도자의 자격을 취소하여야 한다(대판 2022.7.14. 2021두62287).
4. **대북전단살포한 비영리법인의 허가취소**(대판 2023.4.27. 2023두30833)
    가. 「민법」 제38조에 정한 '공익을 해하는 행위를 한 때'에 해당하기 위해서는, 해당 법인의 목적사업 또는 존재 자체가 **공익을 해한다고** 인정되거나 해당 법인의 행위가 직접적·구체적으로 공익을 침해하는 것이어야 하고, 목적사업의 내용, 행위의 태양 및 위법성의 정도, 공익침해의 정도와 경위 등을 종합하여 볼 때 해당 법인의 소멸을 명하는 것이 공익에 대한 불법적인 침해상태를 제거하고 정당한 법질서를 회복하기 위한 제재수단으로서 **긴요하게 요청되는 경우**이어야 한다.
    나. 법인의 기본권에 기초한 활동보다 통일부장관이 내세우는 공익이 우선적으로 보호되어야 한다는 점에 대해 의문이 있으며, 전단 살포 행위의 위법성과 공익 침해의 정도를 종합적으로 고려할 때, 법인격 소멸을 명령하는 처분이 공익침해상태를 제거하고 정당한 법질서를 회복하기 위한 긴요한 제재수단이라고 보기 어렵다. 따라서 전단 살포 행위를 '공익을 해하는 행위'로 단정하는 것은 부적절하다.

4 철회권의 제한

1. 부담적 행정행위의 철회 제한
행정청은 부담적 행정행위를 자유롭게 철회할 수 있다.

2. 수익적 행정행위의 철회 제한
처분을 철회하려는 경우에는 철회로 인하여 당사자가 입게 될 불이익을 철회로 달성되는 공익과 비교·형량하여야 한다(「행정기본법」 제19조 제2항).

3. 철회기간 제한
「행정기본법」은 철회기간에 대한 규정을 두고 있지 않다. 그러나 판례상 실권의 법리에 따라 철회기간이 제한된다.

5 철회절차

수익적 처분의 철회는 침익적 처분이므로 「행정절차법」이 정한 사전통지와 의견청취절차를 거쳐야 한다.

6 철회의 효과

1. 효과발생시기

(1) 장래효

「행정기본법」 제19조는 장래를 향하여 철회할 수 있다고 규정하고 있다.

(2) 예외적 소급효

소급효를 인정하지 않으면 철회의 의미가 없게 되는 경우(예컨대 행정행위에 의하여 보조금이 지급된 경우에 상대방의 부담 또는 법령상의 의무 불이행을 이유로 그 지급결정을 철회하는 경우)에는 예외적으로 소급효가 인정된다. 또는 법령의 근거가 있어야 한다.

> **판례**
>
> 「영유아보육법」 제30조 제5항 제3호에 따른 **평가인증의 취소**는 평가인증 당시에 존재하였던 하자가 아니라 그 이후에 새로이 발생한 사유로 평가인증의 효력을 소멸시키는 경우에 해당하므로, 법적 성격은 평가인증의 '철회'에 해당한다. 그런데 행정청이 평가인증이 이루어진 이후에 새로이 발생한 사유를 들어 「영유아보육법」 제30조 제5항에 따라 **평가인증을 철회하는 처분을 하면서도 평가인증의 효력을 과거로 소급하여 상실시키기 위해서는**, 특별한 사정이 없는 한 「영유아보육법」 제30조 제5항과는 별도의 법적 근거가 필요하다(대판 2018.6.28. 2015두58195).

2. 손실보상
수익적 행정행위의 철회로 발생하는 손해는 보상함이 원칙이다.

7 취소와 철회의 비교

1. **직권취소와 철회의 공통점**

   양자 모두 유효하게 성립한 행정행위를 소멸시킨다는 점과 독립한 행정행위라는 점은 같다.

2. **양자의 차이**

구분		취소	철회
행사사유		행정행위 당시의 하자를 이유로 취소, 하자의 시정	후발적 사유로 철회, 변화된 사정에의 적합화
행정행위 하자		○	×
주체	처분청	○	○
	감독청	○	×
	행정심판위원회	○	×
	법원	○	×
	당사자의 신청권	×	×
법적 근거		① 필요 없음 ② 쟁송취소는「행정소송법」등에 규정 있음	필요 없음
효력		① **쟁송취소**: 소급효 ② **직권취소**: 소급효 원칙, 예외적으로 장래효	① **원칙**: 장래효 ② **예외**: 소급효

제39절 행정행위의 실효

1 의의

하자 없이 유효하게 성립한 행정행위가 일정한 사유로 장래에 한해 당연히 효력이 소멸되는 것을 실효라 한다.

☑ 철회와의 차이

구분	실효	철회
행정행위의 하자	×	×
효력 상실에 행정청의 의사표시 요부	×	○
항고소송의 대상(처분성)	×	○

2 실효사유

대상의 소멸	① 운전면허받은 자의 사망으로 인한 운전면허의 실효 ② 수리 불능의 파괴로 인한 자동차의 운행허가 실효 ③ 허가영업을 자진 폐업한 경우 허가의 실효
해제조건의 성취	부관 중 해제조건이 성취되면 행정행위는 실효된다. 따라서 일정 시기까지 사업착수를 하지 않는 것을 해제조건으로 정한 경우에는 실효사유가 된다(다만, 불착수를 철회권 유보로 정한 경우에는 철회사유로 됨).
종기의 도래	차량의 종기부 임시운행허가에서 종기의 도래로 인한 허가효과는 소멸한다.
목적 달성	위법한 광고물철거명령 ⇨ 광고물제거 ⇨ 광고물제거명령의 효력 상실

3 실효의 효과

1. **행정행위의 효력 상실**

   실효사유가 있으면 행정행위는 행정청의 의사표시 없이 장래를 향해 당연히 효력이 소멸된다. 종전의 결혼예식장업을 자진 폐업한 이상 예식장영업허가는 자동적으로 소멸하고, 다시 예식장영업허가신청을 하였다 해도 소멸한 종전의 영업허가권이 당연히 되살아나는 것은 아니다(대판 1985.4.13. 83누412).

2. **실효된 행정행위를 취소한 경우 취소의 의의**

   유기장의 영업허가를 받은 자가 영업장소를 명도하고 유기시설을 모두 철거하여 매각함으로써 유기장업을 폐업한 경우, 허가취소는 실효를 확인하는 데 그치는바 영업허가취소처분의 취소를 청구할 소의 이익이 없다(대판 1990.7.13. 90누2284).

3. **당초의 제재적 행정처분에서 정한 효력기간이 경과한 후 동일한 사유로 제재적 행정처분**

   이러한 후속 변경처분 권한은 특별한 사정이 없는 한 당초의 제재적 행정처분의 효력이 유지되는 동안에만 인정된다. 당초의 제재적 행정처분에서 정한 효력기간이 경과하면 그로써 처분의 집행은 종료되어 처분의 효력이 소멸하는 것이므로 그 후 동일한 사유로 다시 제재적 행정처분을 하는 것은 **위법한 이중처분에 해당한다**(대판 2022.2.11. 2021두40720).

제40절 처분의 변경

1 의의

1. 개념

처분의 변경은 처분의 당사자의 변경, 처분사유의 변경, 처분내용의 변경이다.

> **판례**
> 1. **흠 있는 부분에 해당하는 점용료를 감액하는 처분**은 당초 처분 자체를 일부 취소하는 변경처분에 해당하고, 그 실질은 종래의 위법한 부분을 제거하는 것으로서 흠의 치유와는 차이가 있다. 그러므로 이러한 변경처분은 흠의 치유와는 성격을 달리하는 것으로서, 변경처분 자체가 신뢰보호원칙에 반한다는 등의 특별한 사정이 없는 한 점용료 부과처분에 대한 취소소송이 제기된 이후에도 허용될 수 있다. 도로관리청으로서는 도로점용허가 중 특별사용의 필요가 없는 부분을 직권취소하면서 특별사용의 필요가 없는 점용장소 및 점용면적을 제외한 상태로 점용료를 재산정한 후 당초 처분을 취소하고 재산정한 점용료를 새롭게 부과하거나, **당초 처분을 취소하지 않고 당초 처분으로 부과된 점용료와 재산정된 점용료의 차액을 감액할 수도 있다**(대판 2019.1.17. 2016두56721).
> 2. **제소기간이 이미 도과하여 불가쟁력이 생긴 행정처분**에 대하여는 개별법규에서 그 변경을 요구할 신청권을 규정하고 있거나 관계 법령의 해석상 그러한 신청권이 인정될 수 있는 등 특별한 사정이 없는 한 국민에게 그 행정처분의 변경을 구할 신청권이 있다 할 수 없다(대판 2007.4.26. 2005두11104).

2. 변경이 아닌 경우

(1) 절차상 또는 형식상 하자로 인하여 무효인 행정처분이 있은 후 행정청이 관계 법령에서 정한 **절차 또는 형식을 갖추어 다시 동일한 행정처분을 하였다면** 당해 행정처분은 종전의 무효인 행정처분과 관계없이 새로운 행정처분이라고 보아야 한다(대판 2007.12.27. 2006두3933).

(2) **당초의 제재적 행정처분에서 정한 효력기간이 경과한 후 동일한 사유로 제재적 행정처분**

후속 변경처분 권한은 특별한 사정이 없는 한 당초의 제재적 행정처분의 효력이 유지되는 동안에만 인정된다. 당초의 제재적 행정처분에서 정한 효력기간이 경과하면 그로써 처분의 집행은 종료되어 처분의 효력이 소멸하는 것이므로 그 후 동일한 사유로 다시 제재적 행정처분을 하는 것은 **위법한 이중처분에 해당한다**(대판 2022.2.11. 2021두40720).

(3) 신청에 대하여 일단 거부처분이 행해지면 그 거부처분이 적법한 절차에 의하여 취소되지 않는 한, 사유를 추가하여 거부처분을 반복하는 것은 존재하지도 않는 신청에 대한 거부처분으로서 당연무효이다(대판 1999.12.28. 98두1895).

2 법적 근거

처분의 법적 근거는 변경처분의 근거가 되므로 별도의 법적 근거는 필요 없다.

3 절차

중요한 사항을 변경하는 처분은 당초처분과 동일한 절차를 요한다.

> **판례**
>
> 1. 도지사가 당초의 도시관리계획안을 변경하고자 하는 경우 내용이 해당 시 또는 군의 도시계획조례가 정하는 중요한 사항인 때에는 구 국토의 계획 및 이용에 관한 법률 제28조 제2항, 시행령 제22조 제5항을 준용하여 그 내용을 관계 시장 또는 군수에게 송부하여 주민의 의견을 청취하는 절차를 거쳐야 한다(대판 2015.1.29. 2012두11164).
> 2. 도시관리계획결정·고시와 그 도면에 특정 토지가 도시관리계획에 포함되지 않았음이 명백한데도 도시관리계획을 집행하기 위한 후속 계획이나 처분에서 그 토지가 도시관리계획에 포함된 것처럼 표시되어 있는 경우가 있다. 이것은 실질적으로 도시관리계획결정을 변경하는 것에 해당하여 구 국토의 계획 및 이용에 관한 법률 제30조 제5항에서 정한 도시관리계획 변경절차를 거치지 않는 한 당연무효이다(대판 2019.7.11. 2018두47783).

4 효력

선행처분의 주요 부분을 실질적으로 변경하는 내용으로 후행처분을 한 경우에 선행처분은 특별한 사정이 없는 한 효력을 상실하지만, 후행처분이 선행처분의 내용 중 일부만을 소폭 변경하는 정도에 불과한 경우에는 선행처분은 소멸하는 것이 아니라 후행처분에 의하여 변경되지 아니한 범위 내에서는 그대로 존속한다(대판 2020.4.9. 2019두49953). 당초 관리처분계획이 주요 부분을 실질적으로 변경하는 경우, 당초 관리처분계획은 장래를 향해 실효된다. 그러나 경미한 변경으로는 당초 관리처분계획은 유지된다(대판 전합 2012.3.22. 2011두6400).

> **판례**
>
> 1. '파주 열병합발전소' 설치에 관한 제2차 변경허가는 제1차 변경허가의 일부를 수정한 것으로, 최대열부하와 시설 규모를 축소하는 내용이다. 제2차 변경허가는 제1차 변경허가의 **주요 부분을 실질적으로 변경한 새로운 처분이 아니므로**, 제1차 변경허가는 변경되지 않은 범위 내에서 그대로 유효하다(대판 2012.12.13. 2010두20782).
> 2. 후행 도시계획에 선행 도시계획과 양립할 수 없는 내용이 포함된 경우, 특별한 사정이 없으면 **선행 도시계획은 후행 도시계획과 같은 내용으로 변경된다**. 하지만 후행 도시계획 결정권한이 없는 행정청이 이를 변경하면 후행 도시계획은 무효이고 선행도시계획은 유효하다(대판 2000.9.8. 99두11257).
> 3. 공정거래위원회가 부당한 공동행위를 한 사업자에게 자진신고자나 조사협조자로서 **과징금 부과처분(선행처분)을 한 후** 자진신고 등을 이유로 **과징금 감면처분(후행처분)**을 하였다면, 선행처분은 후행처분을 예정한 잠정적 처분으로 후행처분이 이루어지면 선행처분은 후행처분에 흡수되어 소멸된다. 따라서 선행처분의 취소를 구하는 소는 이미 효력을 잃은 처분을 대상으로 하는 것이므로 부적법하다(대판 2015.2.12. 2013두987).

5 처분의 변경과 항고소송

1. 소의 대상

(1) 주요부분 변경과 일부 변경

　　소의 대상은 변경처분으로 남은 처분이다. 선행처분의 주요부분이 후행처분에 의하여 실질적으로 변경되는 경우 후행처분을 다툼의 대상으로 삼는다.

(2) 일부변경

　　선행처분이 후행처분에 의하여 변경되지 아니한 범위 내에서 존속하고 후행처분은 선행처분의 내용 중 일부를 변경하는 범위 내에서 효력을 가지는 경우에, 선행처분의 취소를 구하는 소를 제기한 후 후행처분의 취소를 구하는 청구를 추가하여 청구를 변경하였다면 **후행처분에 관한 제소기간 준수 여부는 청구변경 당시를 기준으로 판단하여야 하나, 선행처분에만 존재하는 취소사유를 이유로 후행처분의 취소를 청구할 수는 없다고 할 것이다**(대판 2012.12.13. 2010두20782).

(3) 불리하게 변경된 경우

　　증액경정처분이 되면 당초처분은 증액경정처분에 흡수되어 당연히 소멸하고 오직 경정처분만이 쟁송의 대상이 되는 것이다(대판 1999.5.28. 97누16329).

(4) 유리하게 변경된 경우

　　감액처분은 감액된 과징금 부분에 관하여만 법적 효과가 미치는 것으로서 당초 부과처분과 별개 독립의 과징금 부과처분이 아니라 실질은 당초 부과처분의 변경이고, 감액처분에 의하여 감액된 부분에 대한 부과처분 취소청구는 이미 소멸하고 없는 부분에 대한 것으로서 소의 이익이 없어 부적법하다(대판 2017.1.12. 2015두2352). 마찬가지로 영업자에게 행정제재처분을 한 후 그 처분을 영업자에게 유리하게 변경하는 처분을 한 경우, 변경처분에 의하여 **당초 처분은 소멸하는 것이 아니고 당초부터 유리하게 변경된 내용의 처분으로 존재하는 것이므로**, 취소소송의 대상은 변경된 내용의 당초 처분이지 변경처분은 아니고, 제소기간의 준수 여부도 변경처분이 아닌 변경된 내용의 당초 처분을 기준으로 판단하여야 한다(대판 2007.4.27. 2004두9302).

2. 소의 이익

(1) 경미한 변경

선행처분이 경미하게 변경된 경우 변경된 채로 선행처분의 효력이 유지되고 있으므로 취소를 구할 이익이 있다.

(2) 주요 변경

선행처분을 완전히 대체하는 변경으로 선행처분은 효력을 상실했는바, 선행처분의 취소를 구할 소의 이익이 없다. 그러나 선행처분을 근거로 후속행위가 있었다면 취소를 구할 이익이 있다. 주택재개발사업조합이 당초 조합설립변경인가를 받은 후 다시 변경인가를 받은 경우 당초 인가처분의 취소를 구할 이익은 없으나 **후속행위가 있는 경우에 한해 당초 인가의 취소를 구할 소의 이익은 인정될 수 있다**(대판 2013.10.24. 2012두12853).

제3장 그 밖의 행정작용

제1절 확약

1 의의

확약은 법령 등에서 당사자가 신청할 수 있는 처분을 규정하고 있는 경우 당사자의 신청에 따라 장래에 어떤 처분을 하거나 하지 아니할 것을 내용으로 하는 행정청이 하는 의사표시이다(「행정절차법」 제40조의2 제1항).

2 법적 성질

확약이 행정기관을 법적으로 구속하는 행정행위인가에 대해 학설이 대립한다. 판례에 따르면 **확약은 행정행위가 아니다.**

> **판례**
> 1. **확약인 우선순위결정**은 행정행위가 아니므로 공정력이나 불가쟁력이 발생하지 않는다. 어업면허우선순위결정 대상탈락자 결정은 최종적인 법적 효과를 가져오므로 처분이다(대판 1995.1.20. 94누6529).
> 2. 행정청이 내인가를 한 다음 **내인가 신청을 취소한 행위**는 인가 신청을 거부하는 처분이므로 항고소송의 대상이 된다(대판 1991.6.28. 90누4402).
> 3. 구 민원사무 처리에 관한 법률상 사전심사청구제도는 민원행정의 예측가능성을 확보하려는 취지이나 사전심사 결과 가능하다는 통보를 받아도 행정청이 반드시 그 민원사항을 인용해야 하는 것은 아니다. 또한 불가능하다는 통보를 받더라도 행정청이 그 결과에 구애받지 않고 민원사항을 처리할 수 있어, 이러한 통보가 민원인의 권리나 의무에 직접적인 영향을 미치지 않는다. 따라서 **사전심사 결과 통보는 항고소송의 대상이 되는 행정처분에 해당하지 않는다**(대판 2014.4.24. 2013두7834).
> 4. 지방자치단체의 장이 「공유재산 및 물품 관리법」에 따라 민간투자사업의 **우선협상대상자를 선정하거나 배제하는 행위**는, 공유재산의 사용·수익허가를 부여받을 수 있는 지위를 설정하거나 박탈하는 조치이므로 행정처분에 해당한다(대판 2020.4.29. 2017두31064).

3 요건

1. 주체·형식요건

확약의 내용이 되는 본행정행위를 할 수 있는 행정청이 그 권한의 범위 내에서 확약을 할 수 있다. 「행정절차법」은 문서로 하여야 한다고 규정하고 있다.

2. 내용요건

확약이 적법하기 위해서는 그 내용인 본행정행위가 적법해야 한다.

4 효과

1. 확약의 구속력

(1) 구속력 인정

확약을 행한 행정기관은 확약의 내용인 본행정행위를 하여야 할 자기구속적인 의무를 지게 되고, 이에 대응하여 상대방은 행정기관에 대하여 그 이행을 청구할 권리를 갖게 된다. 따라서 **도시계획국장의 완충녹지지정을 해제하겠다는 발언은 공적 견해표명이고**, 녹지해제신청을 거부한 것은 위법하다(대판 2008.10.9. 2008두6127).

(2) 구속력이 배제되는 확약

행정청은 확약을 한 후에 확약의 내용을 이행할 수 없을 정도로 **법령 등이나 사정이 변경된 경우**와 **확약이 위법한 경우** 확약에 기속되지 아니한다(「행정절차법」 제40조의2 제4항).

2. 확약의 실효

확약 후 사실적·법률적 상태가 변경된 경우, 그 확약은 행정청의 별다른 의사표시 없이도 실효된다(대판 1996.8.20. 95누10877). 행정청은 확약을 이행할 수 없는 경우에는 지체 없이 당사자에게 그 사실을 통지하여야 한다(「행정절차법」 제40조의2 제5항).

제2절 공법상 사실행위

1 의의

공법상 사실행위란 일정한 법적 효과의 발생을 목적으로 하는 것이 아니라 교량의 건설, 도로의 청소 등에서 보는 바와 같이 직접 어떠한 사실상의 효과, 결과의 실현을 목적으로 하는 행정작용을 말한다.

2 종류

권력적 사실행위	① 행정기관이 명령적·강제적으로 행하는 사실행위이다. ② 경찰관의 무기사용, 행정대집행의 실행, 압류행위, 강제해산, 강제예방접종, 강제격리
비권력적 사실행위	① 명령성·강제성을 띠지 않는 행정기관의 사실행위이다. ② 행정지도, 축사, 표창, 공공시설의 설치관리(도로건설), 폐기물수거, 행정조사 등

3 행정행위와 사실행위의 구별

과세처분과 같은 행정행위는 직접적인 법적 효과의 발생을 목적으로 한다. 그러나 사실행위는 직접 법적 효과를 발생시키지 않는 행위이다(도로건설, 도로청소). **추첨방식에 의하여 운수사업면허 대상자를 선정하는 경우 추첨** 자체는 다수의 면허 신청자 중에서 면허를 받을 수 있는 신청자를 특정하여 선발하는 행정처분을 위한 사전 준비절차로서의 사실행위에 불과한 것이다(대판 1993.5.11. 92누15987).

4 행정상 사실행위와 권리구제

권력적 사실행위는 국민의 권리와 의무에 직접적인 변동을 가져오므로 항고소송의 대상이 되나 비권력적 사실행위는 항고소송의 대상이 되지 않는다.

> **판례**
> 1. **문책경고를 받은 금융기관의 임원**은 문책경고일로부터 3년이 경과하지 아니한 자는 은행장, 상근감사위원, 상임이사, 외국은행지점 대표자가 될 수 없다고 규정하고 있어서, 문책경고는 그 상대방에 대한 직업선택의 자유를 직접 제한하는 효과를 발생하게 하는 등 상대방의 권리·의무에 직접 영향을 미치는 행위로서 행정처분에 해당한다(대판 2005.2.17. 2003두14765).
> 2. **금융감독원장이 종합금융주식회사의 전 대표이사에 대한 '문책경고장(상당)'을 보낸 행위**는 위법·부당행위 사례에 관한 단순한 사실의 통지에 불과한 것으로서, 이 사건 서면통보행위는 항고소송의 대상이 되는 행정처분에 해당하지 않는다(대판 2005.2.17. 2003두10312).
> 3. **신고납세방식의 조세에 있어서 과세관청이 납세의무자의 신고에 따라 세액을 수령하는 것**은 사실행위에 불과할 뿐 이를 부과처분으로 볼 수는 없다(대판 1997.7.22. 96누8321).
> 4. **단수처분**은 항고소송의 대상이 되는 행정처분에 해당한다(대판 1979.12.28. 79누218).

제3절 행정지도

1 의의

행정기관이 그 소관 사무의 범위에서 일정한 행정목적을 실현하기 위하여 특정인에게 일정한 행위를 하거나 하지 아니하도록 지도, 권고, 조언 등을 하는 행정작용이다(「행정절차법」 제2조 제3호).

2 성질

행정지도는 비권력적 행위이다. 행정지도는 상대방에게 의무, 금지 등을 부과하지 않는다. A도 교육청 전자파 취약계층보호 조례에서 "A도 교육감은 이 조례 이전에 설치된 기지국에 대하여 전자파 위험 등을 고려하여 철거를 권고할 수 있다."라고 정한 경우, 동 부칙에 따른 **철거권고는 비권력적 행정지도로서** 주민의 권리를 제한하거나 의무를 부과한 것으로 볼 수 없다(대판 2017.12.5. 2016추5162).

3 법적 근거와 한계

1. 법적 근거

행정기관이 행정지도를 함에 있어 조직법상의 근거는 요구된다. 그러나 작용법상의 근거는 원칙적으로 요구되지 않는다.

2. 한계

(1) 조직법상의 한계

행정지도는 조직법상의 한계로서 당해 행정기관의 소관 사무의 범위 내에서 행해져야 하며, 그 범위를 초과하면 무권한의 위법한 행정지도가 된다.

(2) 법률우위원칙에 의한 한계

행정지도에도 법률우위원칙은 적용되므로 행정지도는 법이 정한 절차나 성문법, 불문법에 위반해서는 안 된다.

(3) 위법한 행정지도

1) 기준시가를 기준으로 매매가격을 신고하도록 행정지도를 하여 그에 따라 허위신고를 한 것이라 하더라도 이와 같은 행정지도는 법에 어긋나는 것으로서 그와 같은 행정지도나 관행에 따라 허위신고행위에 이르렀다고 하여도 이것만 가지고서는 그 범법행위가 정당화될 수 없다(대판 1992.4.24. 91도1609).

2) 무효인 조례에 근거한 행정지도에 따라 취득세를 신고·납부한 경우 당연무효는 아니다. 따라서 취득세 부과처분이 취소되지 아니한 경우에서 부당이득반환청구는 허용되지 않는다(대판 1995.11.28. 95다18185).

4 원칙과 방식

1. 행정지도의 원칙

비례원칙과 임의성원칙	행정지도는 그 목적 달성에 필요한 최소한도에 그쳐야 하며, 행정지도의 상대방의 의사에 반하여 부당하게 강요하여서는 아니 된다(「행정절차법」 제48조 제1항).
불이익금지원칙	행정기관은 행정지도의 상대방이 행정지도에 따르지 아니하였다는 것을 이유로 불이익한 조치를 하여서는 아니 된다(「행정절차법」 제48조 제2항).

2. 행정지도의 방식

행정지도의 명확성의 원칙과 실명제	행정지도를 하는 자는 그 상대방에게 그 행정지도의 취지 및 내용과 신분을 밝혀야 한다(「행정절차법」 제49조 제1항).
행정지도의 구술주의와 문서교부요구권	행정지도가 말로 이루어지는 경우에 상대방이 제1항의 사항을 적은 서면의 교부를 요구하면 그 행정지도를 하는 자는 직무수행에 특별한 지장이 없으면 이를 교부하여야 한다(「행정절차법」 제49조 제2항).
사인의 의견제출	행정지도의 상대방은 해당 행정지도의 방식·내용 등에 관하여 행정기관에 의견제출을 할 수 있다(「행정절차법」 제50조).
공표	행정기관이 같은 행정목적을 실현하기 위하여 많은 상대방에게 행정지도를 하려는 경우에는 특별한 사정이 없으면 행정지도에 공통적인 내용이 되는 사항을 공표하여야 한다(「행정절차법」 제51조).

5 행정지도와 권리구제

1. 행정소송

1) 강압적인 위법한 행정지도가 아닌 한, **행정지도**는 비권력적 사실행위로서 상대방의 임의적 협력을 전제로 하기 때문에 처분성이 인정되지 않음이 원칙이다. 따라서 행정소송의 대상이 되지 않는다. 다만, **행정지도를 따르지 않았다는 이유로 발령된 행정행위**는 새로운 처분이므로 항고소송의 대상이 된다.
2) 사실상 강제력을 가지고 국민의 권리에 영향을 주는 행정지도는 권력적 사실행위이므로 처분성을 인정할 수 있다.

> **판례**
> 1. 세무당국이 조선맥주주식회사에게 A와의 **주류거래를 일정 기간 중지해 줄 것을 요청한 행위**는 권고적 행위이므로 항고소송의 대상이 되는 처분이 아니다(대판 1980.10.27. 80누395).
> 2. 구청장의 건물자진철거촉구는 처분이 아니다(대판 1989.9.12. 88누8883).
> 3. 행정청은 **전기·전화 공급자에게 위법건축물에 전기·전화의 공급을** 하지 말아 줄 것을 요청하였다. 이런 행위는 권고적 행위에 불과하므로 행정처분이라고 할 수 없다(대판 1996.3.22. 96누433).

2. 헌법소원

(1) 행정지도는 원칙적으로 헌법소원의 대상으로서의 공권력 행사성이 인정되지 않는다. 국공립대학의 총장직 선제 개선 여부를 재정지원 평가요소로 반영하고 이를 개선하지 않을 경우 다음 연도에 지원금을 삭감 또는 환수하도록 규정한 교육부장관의 '대학교육역량강화사업 기본계획(헌재 2016.10.27. 2013헌마576)과 **노동부장관이 노동부 산하 7개 공공기관의 단체협약 내용을 분석하여 불합리한 요소를 개선하라고 요구한 행위**(헌재 2011.12.29. 2009헌마330)은 헌법소원의 대상이 아니다.

(2) 행정지도라고 하더라도 **교육인적자원부장관이 대학총장들에 대한 이 사건 학칙시정요구**(헌재 2003.6.26. 2002헌마337)**와 행정기관인 방송통신심의위원회의 시정요구**(헌재 2012.2.23. 2011헌가13)와 같이 **일정한 불이익조치를 예정하고 있는 경우**에는 사실상 상대방에게 그에 따를 의무를 부과하는 것과 다를 바 없어, 행정지도로서의 한계를 넘어 규제적·구속적 성격을 상당히 강하게 가지게 되므로, 헌법소원의 대상이 되는 공권력의 행사에 해당한다.

3. 손해배상

(1) 행정지도가 직무상 행위인지 여부

「국가배상법」이 정한 배상청구의 요건인 '**공무원의 직무**'에는 권력적 작용만이 아니라 행정지도와 같은 비권력적 작용도 포함된다(대판 1998.7.10. 96다38971).

(2) 행정지도와 손해 사이의 인과관계

1) 원칙

행정지도는 강제성이 없으므로 행정지도를 따를 것인지 여부는 당사자가 스스로 결정할 문제이다. 따라서 행정지도로 손해가 발생하는 것이 아니므로 위법성 또는 인과관계가 부정되어 손해배상이 인정되지 않는다(대판 2008.9.25. 2006다18228).

2) 예외

행정지도라는 명목하에 특정 행위를 강요한 경우 이는 행정지도의 한계를 일탈한 행위로서 행정지도와 손해 간의 인과관계가 인정된다. 행정기관의 위법한 행정지도로 일정 기간 어업권을 행사하지 못하는 손해를 입은 자가 그 어업권을 타인에게 매도하여 매매대금 상당의 이득을 얻었더라도 피해자가 얻은 매매대금 상당의 이득을 행정기관이 배상하여야 할 손해액에서 공제할 수 없다(대판 2008.9.25. 2006다8228).

> **판례**
>
> 1. 재무부장관의 은행장에 대한 국제그룹의 해체준비착수지시와 언론발표지시는 **비권력적인 권고, 조언 따위의 단순한 행정지도로서의 한계도 이미 넘어선 것이라 할 것이고**, 오히려 위와 같은 공권력의 개입은 주거래은행으로 하여금 공권력의 뜻대로 순응케 하여 그 이름으로 제3자 인수식의 국제그룹해체라는 결과를 사실상 실현시키는 행위라고 할 것이므로, 「헌법재판소법」제68조 제1항 소정의 헌법소원의 대상이 되는 공권력의 행사에 해당하는 것으로 파악할 것이다. 재무부장관이 대통령의 지시를 받아 국제그룹을 해체키로 기본방침을 정하고 그 후속조치로서 한 일련의 공권력 행사는 법치주의에 반하여 위헌이다(헌재 1993.7.29. 89헌마31).

2. 주식매각의 종용이 정당한 법률적 근거 없이 자의적으로 주주들에게 제재를 가하는 것이라면 행정지도의 영역을 벗어난 것이다(대판 1994.12.13. 93다49482).
3. 재무부장관이 금융기관의 부실채권 정리에 관한 행정지도를 함에 있어 중요한 사항에 대하여 사전에 대통령에게 보고하여 지시를 받는다고 하여 위법하다고 할 수 없다. 그러나 재무부장관이 대통령의 지시에 따라 정해진 정부의 방침을 행정지도라는 방법으로 금융기관에 전달함에 있어 실제에 있어서는 통상의 행정지도의 방법과는 달리 사실상 지시하는 방법으로 행한 경우에 그것이 헌법상의 법치주의원리, 시장경제의 원리에 반하게 되는 것일 뿐이다(대판 1999.7.23. 96다21706).

제4절 자동적 처분

의의		교통신호등과 같이 전자처리정보를 투입해 자동화하여 수행하는 것을 의미한다.
성질		① 행정자동결정은 행정행위이다. ② 행정자동결정은 처분성이 인정되므로 항고소송의 대상이 된다.
자동적 처분	기속행위	기속행위는 행정청의 재량이 인정되지 않으므로 행정자동결정으로 하기에 적절하다.
	재량행위	「행정기본법」 제20조 【자동적 처분】 행정청은 법률로 정하는 바에 따라 완전히 자동화된 시스템(인공지능 기술을 적용한 시스템을 포함한다)으로 처분을 할 수 있다. 다만, 처분에 재량이 있는 경우는 그러하지 아니하다.
행정자동결정의 하자와 권리구제	행정쟁송	행정자동결정은 행정행위이므로 항고소송을 통해 다툴 수 있다.
	손해배상	행정자동결정의 하자나 관리 공무원의 고의·과실로 손해를 받은 자는 손해배상을 청구할 수 있다.

제5절 공법상 계약

1 의의

1. 개념

공법상 계약이란 공법의 영역에서 법률관계를 발생·변경·폐지시키는 복수당사자의 반대방향의 의사의 합치에 의해 성립하는 공법행위를 말한다.

2. 근거 법령

「행정기본법」 제27조는 공법상 계약에 관한 일반법이다. 「행정기본법」 제27조는 강행규정이므로 이에 위반된다면 공법상 계약은 무효가 된다.

3. 법률유보원칙과 법률우위원칙

공법상 계약은 당사자 사이의 의사의 합치에 의해 성립되므로 공법상 계약에는 법률의 근거가 필요없다. 그러나 법률우위의 원칙은 공법상 계약에도 적용되므로 행정법규에 위반해서는 아니 된다. 법률우위의 원칙은 공법상 계약에도 적용되므로 행정법규에 위반해서는 아니 된다.

4. 공법상 계약이 적용되는 영역

(1) 모든 공행정 분야

권력행정분야에서도 공법상 계약이 가능하다.

(2) 행정행위 대체하는 공법상 계약

행정행위(행정처분)를 대체하는 공법상 계약이 허용되는지에 대해 공법상 계약은 법률의 근거를 요하지 않으므로 허용된다는 설과 법치주의를 훼손할 가능성이 높다는 이유로 부정하는 설이 대립한다. 처분과 관련된 권리·의무의 세부 내용을 행정계약으로 확정하는 것이 더 합리적인 경우 처분에 갈음하여 처분의 상대방이 될 자와 행정계약을 체결할 수 있을 것이다. 다만, 합의에 의해서 결정되기 힘든 경찰행정분야와 조세행정분야에서는 법률의 규정이 없는 한 허용되지 않는다.

5. 구별개념

(1) 사법상 계약과의 구별기준

어떠한 계약이 공법상 계약에 해당하는지는 계약이 **공행정 활동의 수행과정**에서 체결된 것인지, 계약이 관계 법령에서 규정하고 있는 공법상 의무 등의 이행을 위해 체결된 것인지, 계약 체결에 **계약 당사자의 이익만이 아니라 공공의 이익 또한 고려된 것인지** 또는 계약 체결의 효과가 공공의 이익에도 미치는지, 관계 법령에서의 규정 내지 그 해석 등을 통해 공공의 이익을 이유로 한 계약의 변경이 가능한지, 계약이 당사자들에게 부여한 권리와 의무 및 그 밖의 계약 내용 등을 종합적으로 고려하여 판단하여야 한다(대판 2023.6.29. 2021다250025).

> **판례**
> 1. **甲회사와 한국에너지기술평가원 간 산업기술개발사업에 관한 협약**(대판 2023.6.29. 2021다250025)
>   해당 협약은 「산업기술혁신 촉진법」에 따라 체결되었으며, 공적인 목적을 위해 「산업기술혁신 촉진법」에 기반하여 수행되는 산업기술개발사업의 일환으로 이루어진 것이다. 따라서 이 협약은 단순한 사법상 계약이 아닌 공법상의 계약으로 간주된다. 협약의 체결과 이행, 종료는 공적 목적과 관련된 법령의 적용을 받으며, 일반사법상 계약과는 달리 공법상 규제와 감독을 받을 수 있다.
> 2. 과학기술기본법 및 국가연구개발사업규정에 근거하여 협약금액은 정부의 연구개발비 출연금과 참여기업의 투자금으로 구성되며, 협약의 대가는 연구경비 출연금을 지칭하는 점, 협약금액 증액은 정부 출연금의 증액을 요구하는 것으로 국가의 승인이 필요하다는 점, 협약의 법률관계가 공법관계에 해당하여 행정소송의 대상이 된다(대판 2017.11.9. 2015다215526).
> 3. 「지방재정법」에 의하여 준용되는 구 국가를 당사자로 하는 계약에 관한 법률에 따라 지방자치단체가 당사자가 되는 이른바 **공공계약**은 사경제의 주체로서 상대방과 대등한 위치에서 체결하는 사법상의 계약으로서 그 본질적인 내용은 사인 간의 계약과 다를 바가 없으므로, 그에 관한 법령에 특별한 정함이 있는 경우를 제외하고는 사적자치와 계약자유의 원칙 등 사법의 원리가 그대로 적용된다 할 것이다(대판 2017.12.21. 2012다74076).

* **공공계약**은 공공조달계약이다. 판례의 태도와 다르게 공공조달계약이 공익적 성격이 강한 경우 공법상 계약으로 보아야 한다는 견해가 유력하다.

4. 甲지방자치단체가 乙주식회사 등 4개 회사로 구성된 공동수급체를 자원회수시설과 부대시설의 운영·유지관리 등을 위탁할 민간사업자로 선정하고 乙회사 등의 공동수급체와 체결한 위 시설에 관한 위·수탁 운영 협약은 사법상 계약이다(대판 2019.10.17. 2018두60588).
   * 공공조달계약 중 용역계약의 일종으로 보아 사법적 성격을 인정한 것으로 보인다.

5. 도시환경정비사업조합과 시공자 사이의 공사도급계약 등을 둘러싼 법률관계는 사법상의 법률관계로서 그 공사도급계약의 효력을 다투는 소송은 민사소송에 의하여야 할 것이다(대결 2010.4.8. 2009마1026).

6. 토지 등의 협의취득은 사법상 계약의 실질을 가진다(대판 2006.10.13. 2006두7096).

7. 사립학교 교원의 임용계약은 구 사립학교법 소정의 절차에 따라 이루어지는 것이지만 그 법적 성질은 사법상의 고용계약에 다름 아닌 것으로 누구를 교원으로 임용할 것인지 여부는 원칙적으로 당해 학교법인의 자유의사 내지 판단에 달려 있다(대판 2000.12.22. 99다55571). 따라서 사립학교 교원에 대한 학교법인의 해임처분을 취소소송의 대상이 되는 행정청의 처분으로 볼 수 없고, 따라서 학교법인을 상대로 한 불복은 행정소송에 의할 수 없고 민사소송절차에 의할 것이다(대판 1993.2.12. 92누13707).

(2) 처분과의 구별

처분이 행정행위가 행정청의 우월적 지위에서 발하는 일방적 행위라면, 공법상 계약은 일방 당사자로서 대등한 지위에서 행하는 의사표시이다. **행정청이 자신과 상대방 사이의 법률관계(근로관계)를 일방적인 의사표시로 종료시켰다고 하더라도** 곧바로 의사표시가 행정청으로서 공권력을 행사하여 행하는 행정처분이라고 단정할 수는 없고, 관계 법령이 상대방의 법률관계(근무관계)에 관하여 구체적으로 어떻게 규정하고 있는지에 따라 의사표시가 항고소송의 대상이 되는 행정처분에 해당하는지, 공법상 계약관계의 일방 당사자로서 대등한 지위에서 행하는 의사표시인지를 개별적으로 판단하여야 한다(대판 2015.8.27. 2015두41449).

판례

1. 중소기업 정보화지원사업에 따른 지원금 출연을 위하여 **중소기업청장이 체결하는 협약해지통보**는 공법상 계약에 따라 행정청이 대등한 당사자의 지위에서 하는 의사표시로 보아야 하고, 이를 행정청이 우월한 지위에서 행하는 공권력의 행사로서 행정처분에 해당한다고 볼 수는 없다(대판 2015.8.27. 2015두41449).

   > **비교판례**
   > **중소기업기술정보진흥원장의 정부출연금전액환수 통지**(대판 2022.7.28. 2021두60748)
   > 중소기업기술정보진흥원장은 원고들이 연구개발 자료나 결과를 위조 또는 변조하거나 표절하는 등의 연구부정행위를 하였다는 이유로, 정부출연금을 전부 환수한다고 통지하였는데 이 사건 2차 통지는 선행처분인 이 사건 1차 통지의 주요 부분을 실질적으로 변경한 새로운 처분으로서 항고소송의 대상이 된다고 봄이 타당하다.

2. **지방계약직공무원인 서울특별시 시민감사옴부즈만 채용 승낙 거부**(대판 2014.4.24. 2013두6244)
   지방계약직공무원인 서울특별시 시민감사옴부즈만 채용행위는 공법상 대등한 당사자 사이의 의사표시의 합치로 성립하는 공법상 계약에 해당한다. 이와 같이 위 옴부즈만 채용행위가 공법상 계약에 해당하는 이상 **원고의 채용계약 청약에 대응한 피고(서울특별시장)의 '승낙의 의사표시'**는 행정처분에 해당한다고 볼 수는 없다.

3. 지방계약직공무원에 대하여 「지방공무원법」 등에 정한 징계절차에 의하지 않고 보수를 삭감할 수 없다(대판 2008.6.12. 2006두16328).
4. 국토교통부장관의 고속도로 민간투자사업시행자 지정처분은 항고소송의 대상이 된다(대판 2009.4.23. 2007두13159).
5. 재단법인 한국연구재단이 A대학교 총장에게 행한 연구개발비의 부당집행을 이유로 '**해양생물유래 고부가식품·향장·한약 기초소재 개발 인력양성사업에 대한 2단계 두뇌한국(BK)21 사업' 협약의 해지**는 행정처분이다(대판 2014.12.11. 2012두28704).
6. 구 산업집적활성화 및 공장설립에 관한 법률에 따른 **산업단지 입주계약의 해지통보**는 행정처분에 해당한다(대판 2011.6.30. 2010두23859).
7. 한국환경산업기술원장이 **환경기술개발사업 협약**을 체결한 甲주식회사 등에게 행한 연구개발중단조치 및 연구비집행중지조치는 행정처분에 해당한다(대판 2015.12.24. 2015두264).
8. 국립의료원 부설주차장에 관한 이 사건 위탁관리용역운영계약의 실질은 국립의료원이 원고의 신청에 의하여 공권력을 가진 우월적 지위에서 행한 행정처분으로서 특정인에게 행정재산을 사용할 수 있는 권리를 설정하여 주는 강학상 특허에 해당한다(대판 2006.3.9. 2004다31074).
9. 과잉공급된 택시를 줄이기 위해 관할 행정청과 관내 택시회사들이 합의한 바대로 자발적인 감차 조치를 이행하지 않을 경우 직권감차명령을 할 수 있다는 내용의 합의는 합의의 구속력에 의하여 감차계획의 이행을 확보하려고 한 것이 아니라, 법령상 권한을 행사한 결과이므로 합의에 따른 직권감차 통보는 **대등한 당사자의 지위에서 형성된 공법상 계약에 근거한 의사표시가 아니라 법적 효과를 발생시키는 행정처분이다**(대판 2016.11.24. 2016두45028).

✓ 행정행위와 공법상 계약

구분	행정행위	공법상 계약
공정력·불가쟁력·불가변력	○	×
처분	○	×
분쟁해결절차	항고소송	당사자소송
위법한 경우	• 무효 ○ • 취소 ○	• 무효 ○ • 취소 ×, 법규정이 있는 경우 취소 ○
법률유보	○	×
법률우위	○	○
행정상 강제집행	○	×
행정주체의 우월성	○	×

2 성립요건

1. 주체요건

공법상 계약의 일방 당사자는 국가, 지방자치단체이나, 「행정기본법」은 행정청으로 규정하고 있다. 공법상 계약은 행정주체 상호 간뿐 아니라 행정주체와 사인 간, 공무수탁사인과 사인 간에도 이루어진다.

2. 내용요건

계약의 내용이 행정법의 일반원칙인 비례원칙이나 부당결부금지원칙에 위반해서는 안 된다. 「행정기본법」 제27조는 행정목적을 달성하기 위하여 필요한 경우에 공법상 계약을 체결할 수 있다고 규정하고 있다. 따라서 구체적인 계약의 내용은 당사자 간의 합의에 의해서 정해지므로 특별한 내용상 제한은 없다. 공법상 계약으로 인해 제3자의 권리가 침해되는 경우에는 관련 제3자의 동의를 받아야 한다.

3. 형식요건

「행정기본법」 제27조는 계약의 목적 및 내용을 명확하게 적은 계약서를 작성하여야 한다고 규정하여 문서주의를 채택하고 있다. 계약의 목적 및 내용이 명확하지 않는다면 공법상 계약은 위법 무효가 된다.

4. 절차요건

「행정절차법」에 의하여 근거와 이유제시는 처분에 적용되나 공법상 계약해지는 처분이 아니므로 행정처분과 같이 「행정절차법」에 의하여 근거와 이유를 제시하여야 하는 것은 아니다.

> **판례**
>
> 계약직공무원에 관한 현행법령의 규정에 비추어 볼 때, 계약직공무원 채용계약해지의 의사표시는 일반공무원에 대한 징계처분과는 달라서 항고소송의 대상이 되는 처분 등의 성격을 가진 것으로 인정되지 아니하고, 일정한 사유가 있을 때에 국가 또는 지방자치단체가 채용계약관계의 한쪽 당사자로서 대등한 지위에서 행하는 의사표시로 취급되는 것으로 이해되므로, 이를 징계해고 등에서와 같이 그 징계사유에 한하여 효력 유무를 판단하여야 하거나, 행정처분과 같이 「행정절차법」에 의하여 근거와 이유를 제시하여야 하는 것은 아니다(대판 2002.11.26. 2002두5948).

3 특수성

1. 하자가 있는 공법상 계약

계약의 하자가 있는 경우 무효만 될 수 있다는 설(다수설)과 취소도 가능하다는 설(소수설)이 대립한다. 판례는 국가와 사인 사이에 계약이 체결되었더라도 국가를 당사자로 하는 계약에 관한 법령상 요건과 절차를 거치지 아니한 계약은 효력이 없다(대판 2015.1.15. 2013다215133)고 하여 무효설을 취한다. 공법상 계약은 행정행위가 아니므로 공정력이 인정되지 않기 때문에 취소할 수 없다. 따라서 공법상 계약이 하자가 있는 경우 무효가 될 뿐이다.

2. 공법상 계약의 절차법상 특수성

(1) 강제집행금지

행정상 강제집행은 법규하명 또는 행정행위로서의 하명을 전제로 한다. 공법상 계약은 하명이 아니므로 공법상 계약에 따른 의무 불이행은 강제집행의 대상이 아니다. 공법상 계약에 따른 의무 이행은 법원의 판결에 따른 법원의 사법상 강제집행을 통해 실현된다.

(2) 계약해제

공법상 계약의 기초가 된 법률상 또는 사실상의 상황에 중대한 변화가 있어 계약의 내용을 그대로 이행하는 것이 공익상 적절하지 않을 경우 행정청은 공공복리를 위해 중대한 불이익을 제거하거나 방지하기 위해 계약내용을 요구하는 권한 또는 계약해지권을 갖는다고 보아야 한다. 다만,「행정기본법」에는 계약해제규정을 두고 있지 않다.

> **판례**
>
> 계속적 계약은 당사자 상호 간의 신뢰관계를 그 기초로 하는 것이므로, 당해 계약의 존속 중에 당사자의 일방이 그 **계약상의 의무를 위반함으로써 그로 인하여 계약의 기초가 되는 신뢰관계가 파괴되어 계약관계를 그대로 유지하기 어려운 정도에 이르게 된 경우**에는 상대방은 그 계약관계를 막바로 해지함으로써 그 효력을 장래에 향하여 소멸시킬 수 있다고 봄이 타당할 것이다(대판 1995.3.24. 94다17826).

3. 소송형식의 특수성: 당사자소송

시립합창단원의 재위촉거부(대판 2001.12.11. 2001두7794), 지방전문직공무원 채용계약해지(서울대공전술연구소연구원)(대판 1993.9.14. 92누4611), 공중보건의사 전문직공무원 채용계약해지(대판 1996.5.31. 95누10617), 광주광역시 문화예술단원재위촉거부, 서울특별시 무용단원해촉(대판 1995.12.22. 95누4636)은 항고소송의 대상인 처분에 해당하지 않으므로 항고소송의 대상이 되지 않는다. 공법상 계약에 분쟁이 있을 경우 당사자소송을 통해 다투어야 한다.

> **판례**
>
> 1. 고등학교장과 산학겸임교사가 근로계약을 체결을 했다고 하더라도 근로계약 갱신거절의 무효확인을 구하는 소의 피고적격은 경기도에 있다(대판 2015.4.9. 2013두11499).
> 2. 이 사건과 같이 이미 채용기간이 만료되어 소송 결과에 의해 법률상 그 직위가 회복되지 않는 이상 채용계약 해지의 의사표시의 무효확인만으로는 당해 소송에서 추구하는 권리구제의 기능이 있다고 할 수 없고, 침해된 급료지급청구권이나 사실상의 명예를 회복하는 수단은 바로 급료의 지급을 구하거나 명예훼손을 전제로 한 손해배상을 구하는 등의 **이행청구소송으로 직접적인 권리구제방법이 있는 이상 무효확인소송은 적절한 권리구제수단이라 할 수 없어 확인소송의 또 다른 소송요건을 구비하지 못하고 있다 할 것이며**, 위와 같이 직접적인 권리구제의 방법이 있는 이상 무효확인소송을 허용하지 않는다고 해서 당사자의 권리구제를 봉쇄하는 것도 아니다(대판 2008.6.12. 2006두16328).
>   * 항고소송인 무효확인소송에는 보충성이 요구되지 아니하나, 당사자소송인 무효확인소송에는 보충성이 요구됨에 주의
> 3. <u>과거의 법률관계라 할지라도 현재의 권리 또는 법률상 지위에 영향을 미치고 있고 현재의 권리 또는 법률상 지위에 대한 위험이나 불안을 제거하기 위하여 그 법률관계에 관한 확인판결을 받는 것이 유효적절한 수단이라고 인정될 때에는 그 법률관계의 확인소송은 즉시확정의 이익이 있다고 보아야 할 것이나</u>, 계약직공무원에 대한 채용계약이 해지된 경우에는 공무원 등으로 임용되는 데에 있어서 법령상의 아무런 제약사유가 되지 않을 뿐만 아니라, 계약기간 만료 전에 채용계약이 해지된 전력이 있는 사람이 공무원 등으로 임용되는 데에 있어서 그러한 전력이 없는 사람보다 사실상 불이익한 장애사유로 작용한다고 하더라도 그것만으로는 법률상의 이익이 침해되었다고 볼 수는 없으므로 그 무효확인을 구할 이익이 없다(대판 2002.11.26. 2002두1496).

4. 甲회사가 고용노동부가 시행한 '청년취업인턴제' 사업에 실시기업으로 참여하여 고용노동부로부터 사업에 관한 업무를 위탁받은 乙주식회사와 청년인턴지원협약을 체결하고 인턴을 채용해 왔는데, 甲회사가 허위로 청년인턴지원금을 청구하여 지급받은 경우, 乙회사의 甲회사에 대한 지급받은 보조금의 반환요구는 대등한 당사자의 지위에서 계약에 근거한 의사표시이며, 협약에 따른 지원금 반환청구는 민사소송의 대상이다(대판 2019.8.30. 2018다242451).

4 「국가를 당사자로 하는 계약에 관한 법률」

1. 적용

(1) 「국가를 당사자로 하는 계약에 관한 법률」은 국가를 당사자로 하는 계약에 적용된다(「국가를 당사자로 하는 계약에 관한 법률」 제2조).

(2) 이 법률에 따른 계약은 국가가 당사자인 한, 공법상 계약일 수도 있고 사법상 계약일 수도 있다. 다만, 국가나 지방자치단체가 당사자가 되는 이른바 물품구매계약이나 도급계약인 공공계약은 사법상 계약이므로 사적 자치 등 사법상 원리가 그대로 적용된다(대결 2012.9.20. 2012마1097).

2. 낙찰자 결정

(1) 법적 성질

입찰과 낙찰행위가 있은 후에 더 나아가 본계약을 따로 체결한다는 취지로서 계약의 편무예약에 해당한다(대판 2006.6.29. 2005다41603).

(2) 법령이 정한 낙찰자 기준에 어긋난 적격심사

「국가를 당사자로 하는 계약에 관한 법률」 및 같은 법 시행령의 적격심사제 관련 규정은 국가가 사인과의 사이의 계약관계를 합리적·효율적으로 처리할 수 있도록 관계 공무원이 지켜야 할 계약사무처리에 관한 필요한 사항을 규정한 것으로, 국가의 내부규정에 불과하다(대판 2006.4.28. 2004다50129). 선량한 풍속 기타 사회질서에 반하는 행위에 의해 이루어진 것이 분명한 경우 등 무효로 하지 않으면 법령의 취지가 몰각되는 특별한 경우에 한해 무효가 된다(대판 2001.12.11. 2001다33604).

3. 부정당업자 입찰참가자격 제한

공기업·준정부기관이 입찰을 거쳐 계약을 체결한 상대방에 대해 「공공기관의 운영에 관한 법률」 제39조 제2항 등에 따라 계약조건 위반을 이유로 입찰참가자격제한처분을 하기 위해서는 입찰공고와 계약서에 미리 계약조건과 그 계약조건을 위반할 경우 입찰참가자격 제한을 받을 수 있다는 사실을 모두 명시해야 한다. 미리 그 계약조건을 위반할 경우 입찰참가자격이 제한될 수 있음을 명시해 두지 않았다면, 위 규정들을 근거로 입찰참가자격제한처분을 할 수 없다(대판 2021.11.11. 2021두43491).

4. 요청조달계약(대판 2017.6.29. 2014두14389)

(1) 요청조달계약의 성격

조달청장이 수요기관의 요청에 따라 체결하는 계약은 '제3자를 위한 계약'으로, 국가가 계약의 당사자가 되고 수요기관은 수익자에 해당한다.

(2) 「국가를 당사자로 하는 계약에 관한 법률」의 적용범위

「국가를 당사자로 하는 계약에 관한 법률」은 국가가 국민과 체결하는 계약에 적용되며, 국가가 수요기관을 위해 국민을 계약상대로 하는 요청조달계약에도 적용된다. 그러나 이는 국가가 사경제주체로서 국민과 대등한 관계에 있는 사법적 성격의 계약에 한정된다. **행정처분과 같이 고권적 지위에서 국민에게 침익적 효과를 주는 규정에는 자동으로 적용되지 않는다.**

(3) 입찰참가자격제한처분의 권한 제한

요청조달계약에서 조달청장은 수요기관의 요청에 따라 계약 업무를 수행하는 역할에 불과하므로, 입찰참가자격제한처분을 할 수 있으려면 법률에 명시된 수권근거가 필요하다. 「공공기관의 운영에 관한 법률」 제44조 제2항은 공기업·준정부기관에는 해당 처분권한이 포함된 업무 위탁근거를 두고 있지만, **기타 공공기관에는 해당 규정이 없다.** 따라서 기타 공공기관을 수요기관으로 하는 요청조달계약의 경우, 조달청장은 「국가를 당사자로 하는 계약에 관한 법률」 제27조 제1항에 따라 입찰참가자격제한처분을 할 권한이 없고, 다른 법적 근거도 존재하지 않는다.

> 「공공기관의 운영에 관한 법률」 제44조 【물품구매와 공사계약의 위탁】 ② **공기업·준정부기관**은 필요하다고 인정하는 때에는 수요물자 구매나 시설공사계약의 체결을 조달청장에게 위탁할 수 있다.
>
> 「국가를 당사자로 하는 계약에 관한 법률」 제27조 【부정당업자의 입찰참가자격 제한】 ① 각 중앙관서의 장은 경쟁의 공정한 집행 또는 계약의 적정한 이행을 해칠 염려가 있거나 기타 입찰에 참가시키는 것이 부적합하다고 인정되는 자에 대하여서는 2년 이내의 범위에서 대통령령이 정하는 바에 따라 입찰참가자격을 제한하여야 하며, 이를 즉시 다른 중앙관서의 장에게 통보하여야 한다. 이 경우 통보를 받은 다른 중앙관서의 장은 대통령령이 정하는 바에 의하여 해당자의 입찰참가자격을 제한하여야 한다.

제6절 행정계획

1 의의

행정계획이란 특정한 행정목표를 달성하기 위하여 행정에 관한 전문적·기술적 판단을 기초로 관련 행정수단을 종합·조정함으로써 장래의 일정한 시점에 일정한 질서를 실현하기 위하여 설정한 활동기준이나 그 설정행위를 말한다(대판 2016.2.18. 2015두53640).

2 법적 성질

1. 학설

행정계획을 입법행위·행정행위 등으로 보는 견해가 있다. 행정계획의 법적 성질을 일률적으로 단정지을 수 없다. **개별적으로 검토하여 법적 구속력이 있는지, 항고소송의 대상이 되는지를 판단해야 한다**는 개별검토설이 통설이다.

2. 관련 판례

판례는 개별검토설을 취한다.

(1) **도시기본계획**은 도시의 장기적 개발방향과 미래상을 제시하는 도시계획 입안의 지침이 되는 장기적·종합적인 개발계획으로서 **'행정청'에 대한 직접적인 구속력은 없다**(대판 2007.4.12. 2005두1893). 또한 **국민에 대한 직접적인 구속력은 없는 것이다**(대판 2002.10.11. 2000두8226).

(2) 구 도시계획법 제12조 소정의 **도시계획결정**(현 「국토의 계획 및 이용에 관한 법률」 제30조의 도시관리계획결정)이 고시되면 도시계획구역 안의 토지나 건물소유자의 토지형질변경, 건축물의 신축·개축 또는 증축 등 권리 행사가 일정한 제한을 받게 되는바, 이런 점에서 볼 때 고시된 도시계획결정은 특정 개인의 권리 내지 법률상의 이익을 개별적으로 구체적으로 규제하는 효과를 가져오게 하는 행정청의 처분이라 할 것이고, 이는 행정소송의 대상이 된다(대판 1982.3.9. 80누105).

(3) 도시계획시설결정은 특정 개인의 구체적인 권리·의무나 법률관계를 직접적으로 규율하는 성격을 갖는 행정처분에 해당한다. 청구인이 이 사건 심판대상이 된 도시계획시설결정에 대하여 「행정심판법」에 의한 행정심판 또는 「행정소송법」에 의한 항고소송을 제기하는 절차를 거치지 않았으므로, 이 사건 심판청구는 「헌법재판소법」 제68조 제1항 단서가 정한 보충성의 요건을 갖추지 못하여 부적법하다(헌재 2011.2.24. 2009헌마164).

(4) **택지개발계획의 승인**은 그 승인고시에 의하여 수용할 목적물의 범위가 확정되는 것이므로, 그 두 처분은 후자가 선자의 처분을 전세로 하는 것이기는 하나 각각 단계직으로 별개의 법률효과를 발생하는 독립한 행정처분이다(대판 1996.12.6. 95누8409).

(5) 구 택지개발촉진법상 택지공급방법결정은 시행자가 그 공급방법을 결정하여 통보한 것은 분양계약을 위한 사전준비절차로서의 사실행위에 불과하고 항고소송의 대상이 되는 행정처분으로 볼 수 없다(대판 1993.7.13. 93누36).

(6) **구 토지구획정리법상 환지계획**

환지예정지 지정이나 **환지처분**은 그에 의하여 직접 토지소유자 등의 권리·의무가 변동되므로 이를 항고소송의 대상이 되는 처분이라고 볼 수 있으나, **환지계획**은 위와 같은 환지예정지 지정이나 환지처분의 근거가 될 뿐 그 자체가 직접 토지소유자 등의 법률상의 지위를 변동시키거나 환지예정이 지정이나 환지처분과는 다른 고유한 법률효과를 수반하는 것이 아니어서 이를 **항고소송의 대상이 되는 처분에 해당한다고 할 수가 없다**(대판 1998.8.20. 97누6889).

3 법적 근거

1. 법적 근거의 필요 여부

구분	비구속적 행정계획	구속적 행정계획
조직법적 근거가 있어야 하는가	○	○
작용법적 근거가 있어야 하는가	×	○

2. 행정계획확정절차

(1) 실정법적 근거

행정청은 행정청이 수립하는 계획 중 국민의 권리·의무에 직접 영향을 미치는 계획을 수립하거나 변경·폐지할 때에는 관련된 여러 이익을 정당하게 형량하여야 한다(「행정절차법」 제40조의4).

(2) 주요 절차

관계 행정기관의 협의, 주민·이해당사자들의 참여 등의 절차를 거쳐 행정계획을 수립해야 한다. **공람공고 절차를 위배한 도시계획변경결정신청은 법적 절차의 흠결로 인해 위법하다고 할 수 있으며, 설령 재량권 범위 내의 결정이라 하더라도 이러한 절차적 위법은 정당성을 결여하게 된다**(대판 1988.5.24. 87누388).

(3) 절차상 하자의 효과

1) 절차상 하자가 중대·명백한 경우

행정계획은 무효가 된다. 공람절차를 거치지 아니한 수정된 환지계획에 따른 환지예정지 지정처분은 당연무효이다(대판 1999.8.20. 97누6889).

2) 공청회를 거치치 아니한 도시계획결정

공청회를 열지 않고, 이주대책을 수립하지 아니한 도시계획결정은 취소사유가 있다(대판 1990.1.23. 87누947).

4 효력

1. 효력발생요건

(1) 법령 형식의 행정계획

행정계획이 법령 형식으로 되어 있는 경우, 법령을 공포한 날로부터 20일이 경과하여 효력을 가진다.

(2) 그 밖의 형식의 행정계획

불특정 다수를 대상으로 하는 구속적 행정계획의 경우 고시는 행정행위의 효력발생요건인 통지에 해당한다. 따라서 **도시계획결정을** 관보에 게재하여 고시하지 아니한 이상 대외적으로는 아무런 효력도 발생하지 아니한다(대판 1985.12.10. 85누186).

5 행정계획에 대한 사법적 통제

행정계획이 처분성이 있는 경우 항고소송의 대상이 된다.

> **판례**
> 1. 도시계획사업의 시행으로 인한 토지수용에 의하여 이미 이 사건 토지에 대한 소유권을 상실한 청구인은 도시계획결정의 취소를 청구할 법률상의 이익이 없다(헌재 2002.5.30. 2000헌바58).
> 2. **행정계획안**(헌재 1992.10.1. 92헌마68)
>   비구속적 행정계획안이나 행정지침이라도 국민의 기본권에 직접적으로 영향을 끼치고 앞으로 법령의 뒷받침에 의하여 그대로 실시될 것이 틀림없을 것으로 예상되는 경우에는 예외적으로 헌법소원의 대상이 된다. **서울대학교 입시요강**은 그 내용이 국민의 기본권에 직접 영향을 끼치는 내용이고 앞으로 법령의 뒷받침에 의하여 그대로 실시될 것이 틀림없을 것으로 예상되는 경우 헌법소원의 대상이 되는 「헌법재판소법」 제68조 제1항 소정의 공권력의 행사에 해당된다.
> 3. **개발제한구역지정행위(도시관리계획결정)**에 대하여는 행정심판 및 행정소송 등을 제기할 수 있으므로(즉, 처분성이 인정되므로), 우선 그러한 구제절차를 거쳐야 헌법소원을 제기할 수 있다(헌재 1991.9.16. 89헌마152 ; 헌재 2011.2.24. 2009헌마164).

6 계획재량

1. 의의

계획재량이란 행정기관이 행정계획의 수립과정에서 가지는 재량이다.

2. 계획재량과 일반행정재량의 구별

(1) 학설

계획재량과 일반행정재량의 질적 차이를 긍정하는 설과 부정하는 설이 대립한다. 질적 차이를 부정하는 견해도 계획재량에서 폭넓은 재량이 인정된다고 하여 양적 차이를 인정하고 있다.

(2) 양자의 비교

행정청이 행정계획을 수립함에 있어서는 일반재량행위의 경우에 비하여 더욱 광범위한 판단여지, 형성의 자유가 인정된다. 입법자는 행정행위의 요건을 규정하는 경우보다 행정계획의 요건을 규정하는 경우에 추상적이고 불확정적인 개념을 사용할 필요성은 커진다(대판 2000.3.23. 98두2768).

> **판례**
> 1. 「국토의 계획 및 이용에 관한 법률」상 개발행위허가는 그 금지요건·허가기준 등이 불확정개념으로 규정된 부분이 많아 그 요건기준에 부합하는지의 판단에 관하여 **행정청에 재량권이 부여되어 있으므로, 그 요건에 해당하는지 여부는 행정청의 재량판단 영역에 속한다**(대판 2018.12.27. 2018두49796).
> 2. **도시계획변경결정취소청구**(대판 2005.3.10. 2002두5474)
>   가. 행정청이 용도지역을 자연녹지지역에서 보전녹지지역으로 변경한 경우, 그 이전의 자연녹지지역 결정만으로는 행정청이 그 지역의 용도를 변경하지 않겠다는 공적인 견해를 표명한 것으로 볼 수

없다. 따라서 토지소유자가 해당 토지에 물류창고를 건축하기 위한 준비를 했더라도, 용도지역 변경 결정이 공적인 견해표명에 반하여 개인의 이익을 침해했다고 주장할 수 없다.

나. 도시계획변경결정 당시 도시계획법령에 의하면, 도시계획구역 안에서의 녹지지역은 보건위생 · 공해방지, 보안과 도시의 무질서한 확산을 방지하기 위하여 녹지의 보전이 필요한 때에 지정되고, **용도지역지정행위나 용도지역변경행위**는 전문적 · 기술적 판단에 기초하여 행하여지는 **일종의 행정계획으로서 재량행위라 할 것이다**.

3. 형량명령과 형량하자

(1) 형량명령

행정청은 행정청이 수립하는 계획 중 국민의 권리 · 의무에 직접 영향을 미치는 계획을 수립하거나 변경 · 폐지할 때에는 행정청이 공익 상호 간, 공익과 사익 간, 사익 상호 간 이익을 정당하게 형량을 해야 한다(「행정절차법」 제40조의4).

(2) 형량하자

형량을 하지 않은 형량해태, 형량에서 고려해야 할 이익을 빠뜨린 형량흠결, 형량은 했으나 객관성 등이 상실된 오형량과 같이 형량명령에 반하는 경우 형량하자가 있다고 한다. 형량하자에 반하는 행정계획은 위법하게 된다.

> **판례**
>
> 1. 행정주체가 구체적인 행정계획을 입안하거나 결정할 때 가지는 형성의 자유는 무제한적이지 않으며, 공익과 사익 사이, 공익 상호 간, 사익 상호 간의 이익을 정당하게 비교교량해야 한다. 만약 행정주체가 이익형량을 전혀 하지 않거나, 고려해야 할 사항을 누락하거나, **형량의 정당성과 객관성이 결여된 경우, 행정계획 결정은 하자가 있어 위법하다**. 이 법리는 구 국토의 계획 및 이용에 관한 법률 제26조에 의한 주민의 도시관리계획 입안 제안을 받아들이는 경우와, 도시계획시설구역 내 토지소유자가 도시계획시설 변경을 신청하고 결정권자가 이를 받아들일 때에도 동일하게 적용된다(대판 2012.1.12. 2010두5806).
>
> 2. 구 국토의 계획 및 이용에 관한 법률과 관련 규정에 따르면, 도시계획시설사업의 실시계획 인가는 설치하려는 시설이 국토계획법령상 정의된 '유원지'의 개념에 부합하고, 법령이 정한 기준에 적합해야 한다. 즉, 유원지는 주로 주민의 복지향상을 위한 오락과 휴양 시설이어야 하며, 해당 실시계획이 법령의 기준을 충족해야 한다. 따라서 도시계획시설사업의 실시계획 인가가 법적 요건을 충족하지 못하면, 공공성을 위해 필요한 토지 수용 등의 권한 부여의 정당성이 결여되어 법규의 중요한 부분을 위반한 것으로 간주된다(대판 2015.3.20. 2011두3746).

(3) 위법한 행정계획과 사정판결

행정계획에 대한 행정쟁송은 행정계획이 집행단계에 이르렀을 때 제기되는 경우가 대부분이며, 이 경우 해당 행정계획이 위법하다고 하더라도 이를 취소하는 것이 현저히 공공복리에 적합하지 아니한 경우가 많을 것이므로 사정판결에 의해 취소되지 않을 가능성이 높다.

7 행정계획의 변경

1. 행정계획의 변경

> **판례**
> 1. 후행 도시계획에 선행 도시계획과 서로 양립할 수 없는 내용이 포함되어 있다면, 특별한 사정이 없는 한 선행 도시계획은 후행 도시계획과 같은 내용으로 변경되는 것이나 후행 도시계획결정을 하는 행정청이 선행 도시계획의 결정·변경 등에 관한 권한을 가지고 있지 아니한 경우, 선행 도시계획과 양립할 수 없는 내용이 포함된 후행 도시계획결정은 무효이다(대판 2000.9.8. 99두11257).
> 2. 도시관리계획결정·고시와 그 도면에 특정 토지가 도시관리계획에 포함되지 않았음이 명백한데도 도시관리계획을 집행하기 위한 후속 계획이나 처분에서 그 토지가 도시관리계획에 포함된 것처럼 표시되어 있는 경우, 도시관리계획 변경절차를 거치지 않는 한 당연무효이다(대판 2019.7.11. 2018두47783).

2. 행정계획변경신청권

(1) 행정계획은 공익을 달성하기 위한 것이므로 행정청은 사정변경으로 추구했던 행정목표가 소멸하거나 가치가 없어지면 행정계획을 자유롭게 폐지하거나 변경할 수 있으므로 일반적으로 행정계획존속청구권은 인정될 수는 없다. 다만, 행정계획을 신뢰해 온 국민의 행정계획의 존속에 대한 신뢰보호가 행정계획의 변경 또는 폐지로 얻는 공익보다 훨씬 크다면 행정계획존속청구권은 인정될 수 있다.

(2) 행정계획변경신청권은 일반적으로 인정되지 않으나 개별법률에서 인정하거나 조리상 인정되는 경우가 있다. 행정계획변경신청에 대한 거부는 법규상 또는 조리상 신청권이 있는 경우에 한해 항고소송의 대상이 되는 처분에 해당한다.

> **판례**
> 1. 헌법이나 법률은 도시계획의 폐지를 신청하거나 도시계획결정으로 인한 보상을 청구할 권리를 규정하고 있지 않다(헌재 1999.10.21. 98헌마407).
> 2. **도시계획(현 도시관리계획)시설변경신청을 불허한 행위**는 항고소송의 대상이 되는 행정처분이라고 볼 수 없다(대판 1984.10.23. 84누227 ; 대판 1994.1.28. 93누22029 등).
> 3. **주민은 국토이용계획의 변경에 대하여 원칙적으로 신청을 할 수 없다.** 다만, 장래 일정한 기간 내에 관계 법령이 규정하는 시설 등을 갖추어 일정한 행정처분을 구하는 신청을 할 수 있는 **법률상 지위에 있는 자의 국토이용계획변경신청을 거부하는 것**이 실질적으로 당해 행정처분 자체를 거부하는 결과가 되는 경우에는 예외적으로 그 신청인에게 국토이용계획변경을 신청할 권리가 인정된다고 봄이 상당하므로, 이러한 신청에 대한 거부행위는 항고소송의 대상이 되는 행정처분에 해당한다(대판 2003.9.23. 2001두10936).
> 4. 도시관리계획구역 내 토지 등을 소유하고 있는 주민은 도시관리계획입안신청권이 있다. 따라서 도시관리계획 구역 내 토지 등을 소유하고 있는 주민의 납골시설에 관한 **도시관리계획의 입안제안을 반려한 군수의 처분**은 항고소송의 대상이 되는 행정처분에 해당한다(대판 2010.7.22. 2010두5745).
> 5. 도시계획구역 내 토지 등을 소유하고 있는 사람과 같이 당해 도시계획시설결정에 이해관계가 있는 주민으로서는 도시시설계획의 입안자 내지 결정권자에게 **도시시설계획의 입안 내지 변경을 요구할 수 있는** 법규상 또는 조리상의 신청권이 있고, **도시계획시설결정 변경신청에 대한 피고의 거부행위**는 항고소송의 대상이 되는 행정처분에 해당한다(대판 2015.3.26. 2014두4274).

6. 산업입지 관련 법령은 산업단지 내 토지소유자에게 산업단지개발계획의 변경을 요청할 수 있는 절차적 권리와 신청권을 인정하고 있으므로 산업단지 내 토지소유자가 산업단지개발계획의 변경을 요청할 수 있는 법규상 또는 조리상 신청권이 있으며, 이러한 요청에 대한 거부는 항고소송의 대상이 되는 행정처분에 해당한다(대판 2017.8.29. 2016두44186).

8 행정계획에 의한 권리침해 시 구제절차

1. 적법한 행정계획에 의한 손실

적법한 행정계획의 변경으로 특별한 희생을 당한 자는 보상을 청구할 수 있다.

판례

1. 도시계획시설의 지정으로 말미암아 당해 토지의 이용가능성이 배제되거나 토지소유자가 토지를 종래 허용된 용도대로도 사용할 수 없기 때문에 이로 말미암아 현저한 재산적 손실이 발생하는 경우에는, 원칙적으로 사회적 제약의 범위를 넘는 수용적 효과를 인정하여 국가나 지방자치단체는 이에 대한 보상을 해야 한다. 어떠한 경우라도 **토지의 사적 이용권이 배제된 상태에서 토지소유자로 하여금 10년 이상을 아무런 보상 없이 수인하도록 하는 것은 공익실현의 관점에서도 정당화될 수 없는 과도한 제한으로서 헌법상의 재산권 보장에 위배된다**고 보아야 한다(헌재 1999.10.21. 97헌바26).
2. **장기미집행 도시계획시설결정의 실효제도**는 도시계획시설부지로 하여금 도시계획시설결정으로 인한 사회적 제약으로부터 벗어나게 하는 것으로서 결과적으로 **개인의 재산권이 보다 보호되는 측면이 있는 것은 사실**이나, 이와 같은 보호는 **입법자가 새로운 제도를 마련함에 따라 얻게 되는 법률에 기한 권리일 뿐 헌법상 재산권으로부터 당연히 도출되는 권리는 아니다**(헌재 2005.9.29. 2002헌바84).

2. 위법한 행정계획에 의한 손해

위법한 행정계획으로 손해를 받은 국민은 「국가배상법」에 따라 배상을 청구할 수 있다.

3. 행정쟁송

행정계획이 처분이라면 행정쟁송으로 다툴 수 있다.

4. 헌법소원

행정계획이 입법이라면 헌법소원심판을 청구할 수 있다. 보충성 요건으로 인해 행정계획이 처분이라면 항고소송으로 제기하여야 한다.

제4장 행정절차, 정보공개, 개인정보보호

제1절 「행정절차법」

1 특징

1. 일반법

「행정절차법」은 '다른 법률에 특별한 규정이 있는 경우를 제외하고는 보충적으로 적용된다.

> **판례**
> 1. 보건복지부장관이 작성한 「보육사업안내」에 평가인증취소의 절차에 관한 사항을 일부 정하고 있다 하더라도 이러한 사정만으로 「행정절차법」 제3조 제1항이 정한 '다른 법률에 특별한 규정이 있는 경우'에 해당하여 **어린이집 평가인증취소에 「행정절차법」 적용이 배제된다고 보기 어렵다**(대판 2016.11.9. 2014두1260).
> 2. 「사립학교법」 제20조의2 제2항은 취임승인 취소를 위해 시정 요구 후 15일이 지나도 시정이 없을 경우 취소가 가능하다고 명시하고 있다. 사학의 자율성을 고려하여 학교법인에 시정 기회를 주었다면 이는 「행정절차법」의 의견진술 기회를 포함하는 것으로 이해된다(대판 2002.2.5. 2001두7138).

2. 규정상 특징

「행정절차법」은 처분절차, 신고절차 등을 규정하고 있어 주로 절차적 규정을 두고 있으나, **신의성실·신뢰보호원칙과 같은 실체적 규정도 두고 있다.** 「행정절차법」은 처분 등에 대한 사전절차를 규정하고 있다.

2 적용범위

처분, 신고, 확약, 위반사실 등의 공표, 행정계획, 행정상 입법예고, 행정예고 및 행정지도의 절차에 「행정절차법」이 적용된다. 계약직공무원 채용계약 해지의 의사표시는 항고소송의 대상이 되는 처분 등의 성격을 가진 것으로 인정되지 아니하고, 행정처분과 같이 「행정절차법」에 의하여 근거와 이유를 제시하여야 하는 것은 아니다(대판 2002.11.26. 2002두5948).

3 적용

1. 「행정절차법」 제3조 제2항 제9호의 적용배제의 의미

「병역법」에 따른 징집·소집, 외국인의 출입국·난민인정·귀화, 공무원 인사 관계 법령에 따른 징계와 그 밖의 처분, 이해 조정을 목적으로 하는 법령에 따른 알선·조정·중재(仲裁)·재정(裁定) 또는 그 밖의 처분 등 해당 행정작용의 성질상 행정절차를 거치기 곤란하거나 거칠 필요가 없다고 인정되는 사항과 행정절차에 준하는 절차를 거친 사항으로서 대통령령으로 정하는 사항(「행정절차법」 제3조 제2항 제9호)의 의미

(1) 「행정절차법」의 적용이 제외되는 '외국인의 출입국에 관한 사항'이란 해당 행정작용의 성질상 행정절차를 거치기 곤란하거나 거칠 필요가 없다고 인정되는 사항이나 행정절차에 준하는 절차를 거친 사항으로서 「행정절차법 시행령」으로 정하는 사항만을 가리킨다. '**외국인의 출입국에 관한 사항**'이라고 하여 행정절차를 거칠 필요가 당연히 부정되는 것은 아니다(대판 2019.7.11. 2017두38874).

(2) 해당 행정작용의 성질상 행정절차를 거치기 곤란하거나 거칠 필요가 없다고 인정되는 사항과 행정절차에 준하는 절차를 거친 사항으로서 대통령령으로 정하는 사항만 「행정절차법」의 적용이 배제된다. 이러한 법리는 '공무원 인사관계 법령에 의한 처분'에 해당하는 육군3사관학교 생도에 대한 퇴학처분(대판 2018.3.13. 2016두33339)과 **별정직공무원에 대한 직권면직처분**의 경우에도 마찬가지로 적용된다(대판 2013.1.16. 2011두30687).

2. 육군3사관학교 사관생도에 대한 징계사건(대판 2018.3.13. 2016두33339)

(1) 「행정절차법」 적용가능성

1) 「행정절차법」의 적용이 제외되는 공무원 인사 관계 법령에 의한 처분에 관한 사항이란 성질상 행정절차를 거치기 곤란하거나 불필요하다고 인정되는 처분이나 행정절차에 준하는 절차를 거치도록 하고 있는 처분에 관한 사항만을 말하는 것으로 보아야 한다. 이러한 법리는 '공무원 인사 관계 법령에 의한 처분'에 해당하는 육군3사관학교 생도에 대한 퇴학처분에도 마찬가지로 적용된다고 할 것이다. 그리고 「행정절차법 시행령」 제2조 제8호는 '학교·연수원 등에서 교육·훈련의 목적을 달성하기 위하여 학생·연수생들을 대상으로 하는 사항'을 「행정절차법」의 적용이 제외되는 경우로 규정하고 있으나, 이는 교육과정과 내용의 구체적 결정, 과제의 부과, 성적의 평가, 공식적 징계에 이르지 아니한 질책·훈계 등과 같이 교육·훈련의 목적을 직접 달성하기 위하여 행하는 사항을 말하는 것으로 보아야 하고, 생도에 대한 퇴학처분과 같이 그 신분을 박탈하는 징계처분은 여기에 해당한다고 볼 수 없다.

2) 행정청이 징계와 같은 불이익처분절차에서 징계심의대상자가 선임한 변호사가 징계위원회에 출석하여 징계심의대상자를 위하여 필요한 의견을 진술하는 것을 거부할 수 없다.

(2) 절차상 하자로 취소해야 하는지 여부

1) 관련 법리

육군3사관학교 사관생도에 대한 징계절차에서 징계심의대상자가 대리인으로 선임한 변호사가 징계위원회 심의에 출석하여 진술하는 것을 막은 경우, 징계처분은 원칙상 취소되어야 한다. 다만, 징계심의

대상자의 방어권 행사에 실질적으로 지장이 초래되었다고 볼 수 없는 특별한 사정이 있는 경우에는 징계처분을 취소할 것은 아니다.

2) 사안의 경우

이 사건에서, 원고는 종전 징계처분에 대해 변호사를 선임하여 취소소송을 제기했고, 법원이 실질적인 증거조사 후 '종전 처분이 징계사유가 대부분 인정되고 징계양정에 재량권 일탈·남용도 없으며 오직 징계처분서를 교부하지 아니한 하자가 있어 종전처분이 위법하다'고 판단하여 이를 취소했다. 이후 피고는 절차적 흠을 보완해 다시 징계처분을 진행했으나, 원고의 소송대리인이 징계위원회 심의에 출석하지 못했다. 그러나 이러한 상황이 원고의 방어권을 본질적으로 침해하거나 재처분의 절차적 정당성을 상실하게 할 정도는 아니므로, 재처분을 또 다시 취소할 필요는 없다.

(3) 퇴학처분이 비례원칙에 위반되는지 여부

육군3사관학교 생도대 훈육위원회는 2014.8.23. 원고가 폭언 및 욕설, 인격모독, 성군기 위반 등의 비위행위를 저질렀다는 이유로 원고에 대한 퇴학처분에서 그 비위의 정도가 가볍지 아니한 점, 장차 장교로서 병사들을 지휘하여야 할 사관생도에 대하여는 일반병사들보다 더 엄격한 기준이 적용되어야 하는 점 등을 고려하면, 원고에 대한 이 사건 퇴교처분이 사회통념상 현저하게 타당성을 잃어 징계재량권을 일탈·남용한 것으로 볼 수 없다

3. 「행정절차법」이 적용되는 경우

산업기능요원 편입처분(대판 2002.9.6. 2002두554), **별정직 공무원에 대한 직권면직**(대판 2013.1.16. 2011두30687), **진급선발을 취소하는 처분**(대판 2007.9.21. 2006두20631), **정규임용처분취소**(대판 2009.1.30. 2008두16155)은 상대방에게 사전통지를 하지 않고 의견제출의 기회를 주지 아니한 처분은 「행정절차법」 제21조 제1항, 제22조 제3항을 위반한 절차상 하자가 있어 위법하다.

4. 「행정절차법」이 적용되지 않는 경우

(1) 선거관리위원회의 의결을 거쳐 행하는 사항에 대하여는 「행정절차법」의 행정절차에 관한 규정이 적용되지 않으므로, **중앙선거관리위원회가 「행정절차법」상의 의견진술 기회를 주지 않고 대통령에 대해 선거중립의무 준수 요청조치를 취하였다고 하더라도 적법절차원칙에 위배되지 아니한다**(헌재 2008.1.17. 2007헌마700).

(2) 구 군인사법상 **보직해임처분**(대판 2014.10.15. 2012두5756), **직위해제처분**(대판 2014.5.16. 2012두26180), **귀화**(대판 2018.12.13. 2016두31616)는 「행정절차법」 제3조 제2항 제9호, 같은 법 시행령 제2조 제3호에 의하여 해당 행정작용의 성질상 행정절차를 거치기 곤란하거나 불필요하다고 인정되는 사항 또는 행정절차에 준하는 절차를 거친 사항에 해당하므로, 처분의 근거와 이유제시 등에 관한 구 행정절차법의 규정이 별도로 적용되지 아니한다.

5. 「독점규제 및 공정거래에 관한 법률」에 대하여 「행정절차법」의 적용이 배제되는 경우

(1) 「독점규제 및 공정거래에 관한 법률」의 적용을 받은 당사자에게 「행정절차법」이 정한 절차보다 더 약한 절차적 보장을 하려는 의미가 아니다.

(2) 「독점규제 및 공정거래에 관한 법률」 규정에 의한 처분의 상대방에게 부여된 절차적 권리의 범위와 한계를 확정하려면 「행정절차법」이 당사자에게 부여한 절차적 권리의 범위와 한계 수준을 고려하여야 한다(대판 2018.12.27. 2015두44028).

(3) 공정거래위원회의 시정조치 및 과징금납부명령에 「행정절차법」 소정의 의견청취절차 생략사유가 존재한 다고 하더라도, 공정거래위원회는 「행정절차법」을 적용하여 의견청취절차를 생략할 수는 없다(대판 2001. 5.8. 2000두10212).

4 행정절차의 당사자

'**당사자 등**'이란 행정청의 처분에 대하여 직접 그 상대가 되는 당사자와 행정청이 직권으로 또는 신청에 따라 행정절차에 참여하게 한 이해관계인을 말한다(「행정절차법」 제2조 제4호). 종전의 영업자는 **영업자지위승계신고수리**처분에 대하여 직접 그 상대가 되는 자에 해당한다고 봄이 상당하다. 따라서 행정청으로서는 **영업자지위승계신고를 수리하는 처분**을 함에 있어서 「행정절차법」 규정 소정의 당사자에 해당하는 종전의 영업자에 대하여 위 규정 소정의 행정절차를 실시하고 처분을 하여야 한다(대판 2003.2.14. 2001두7015).

> **판례**
>
> **국가가 당사자가 될 수 있는지 여부(대판 2023.9.21. 2023두39724)**
>
> 가. 「행정절차법」 제2조 제4호에 의하면, '당사자 등'이란 행정청의 처분에 대하여 직접 그 상대가 되는 당사자와 행정청이 직권 또는 신청에 의하여 행정절차에 참여하게 한 이해관계인을 의미하는데, 같은 법 제9조에서는 자연인, 법인, 법인 아닌 사단 또는 재단 외에 '다른 법령 등에 따라 권리·의무의 주체가 될 수 있는 자' 역시 '당사자 등'이 될 수 있다고 규정하고 있을 뿐, 국가를 '당사자 등'에서 제외하지 않고 있다. 또한 「행정절차법」 제3조 제2항에서 「행정절차법」이 적용되지 않는 사항을 열거하고 있는데, '국가를 상대로 하는 행정행위'는 그 예외사유에 해당하지 않는다. 위와 같은 「행정절차법」의 규정과 행정의 공정성·투명성 및 신뢰성 확보라는 「행정절차법」의 입법 취지 등을 고려해 보면, 행정기관의 처분에 의하여 불이익을 입게 되는 국가를 일반 국민과 달리 취급할 이유가 없다. 따라서 국가에 대해 행정처분을 할 때에도 사전 통지, 의견청취, 이유 제시와 관련한 「행정절차법」이 그대로 적용된다고 보아야 한다.
>
> 나. 조세나 부과금 등의 부담금에 관한 법률의 해석에 관하여, 부과요건이거나 감면요건을 막론하고 특별한 사정이 없는 한 법문대로 해석해야 하고 합리적 이유 없이 확장해석하거나 유추해석하는 것은 허용되지 않는다. 이는 텔레비전수상기(이하 '수상기'라 한다)를 소지한 특정 집단에 대하여 부과되는 특별부담금인 텔레비전방송수신료(이하 '수신료'라 한다)의 부과 및 면제요건을 해석할 때에도 마찬가지이다. 「방송법」 제64조 단서에 의하면 대통령령으로 정하는 수상기에 대해서는 등록을 면제할 수 있고, 「방송법 시행령」 제39조 제10호는 '군 및 의무경찰대 영내에 갖추고 있는 수상기'를 등록이 면제되는 수상기로 정하고 있다. 그런데 위 시행령 제39조 각호에서는 등록이 면제되는 수상기를 제10호와 같이 수상기가 위치한 장소만을 요건으로 하는 경우와 제12호, 제13호와 같이 장소 외에 그 용도까지 함께 요건으로 하는 경우를 구분하여 규율하는 방식을 취하고 있다. 따라서 '군 영내'에 있는 수상기는 사용목적과는 관계없이 등록의무가 면제되는 수상기로서 이에 대하여는 수신료를 부과할 수 없다.

5 행정청의 관할과 협조

행정청의 관할이 분명하지 아니한 경우에는 **해당 행정청을 공통으로 감독하는 상급행정청이** 그 관할을 결정하며, 공통으로 감독하는 상급행정청이 없는 경우에는 **각 상급행정청이 협의**하여 그 관할을 결정한다.

6 송달

> 「행정절차법」 제14조 【송달】 ① 송달은 우편, 교부 또는 정보통신망 이용 등의 방법으로 하되, 송달받을 자(대표자 또는 대리인을 포함한다. 이하 같다)의 주소·거소(居所)·영업소·사무소 또는 전자우편주소(이하 '주소 등'이라 한다)로 한다. 다만, 송달받을 자가 동의하는 경우에는 그를 만나는 장소에서 송달할 수 있다.
> ② **교부에 의한 송달**은 수령확인서를 받고 문서를 교부함으로써 하며, 송달하는 장소에서 **송달받을 자를 만나지 못한 경우**에는 그 사무원·피용자 또는 동거인으로서 사리를 분별할 지능이 있는 사람에게 문서를 교부할 수 있다. 다만, 문서를 송달받을 자 또는 그 사무원 등이 정당한 사유 없이 송달받기를 거부하는 때에는 그 사실을 수령확인서에 적고, 문서를 송달할 장소에 놓아둘 수 있다.
> ③ **정보통신망을 이용한 송달**은 송달받을 자가 동의하는 경우에만 한다. 이 경우 송달받을 자는 송달받을 전자우편주소 등을 지정하여야 한다.
> ④ 다음 각 호의 어느 하나에 해당하는 경우에는 송달받을 자가 알기 쉽도록 **관보, 공보, 게시판, 일간신문 중 하나 이상에 공고하고 인터넷에도 공고**하여야 한다.
> 1. 송달받을 자의 주소 등을 통상적인 방법으로 확인할 수 없는 경우
> 2. 송달이 불가능한 경우
> ⑤ 제4항에 따른 공고를 할 때에는 민감정보 및 고유식별정보 등 송달받을 자의 개인정보를 「개인정보 보호법」에 따라 보호하여야 한다.
> ⑥ 행정청은 송달하는 문서의 명칭, 송달받는 자의 성명 또는 명칭, 발송방법 및 발송 연월일을 확인할 수 있는 기록을 보존하여야 한다.
>
> 제15조 【송달의 효력발생】 ① 송달은 다른 법령 등에 특별한 규정이 있는 경우를 제외하고는 해당 문서가 송달받을 자에게 도달됨으로써 그 **효력이 발생**한다.
> ② 제14조 제3항에 따라 **정보통신망을 이용하여 전자문서로 송달하는 경우**에는 송달받을 자가 지정한 컴퓨터 등에 입력된 때에 도달된 것으로 본다.
> ③ 제14조 제4항의 경우에는 다른 법령 등에 특별한 규정이 있는 경우를 제외하고는 공고일부터 14일이 지난 때에 그 효력이 발생한다. 다만, 긴급히 시행하여야 할 특별한 사유가 있어 효력 발생 시기를 달리 정하여 공고한 경우에는 그에 따른다.

제2절 처분기준 설정공표(「행정절차법」제20조)

☑ 「행정절차법」의 규정상 적용범위

수익적·침익적 처분에 공통적으로 적용되는 절차	수익적 처분(신청에 의한 처분)에 적용되는 절차	침익적 처분(의무를 부과하거나 권익을 제한하는 처분)에 적용되는 절차
• 처분기준의 설정·공표(제20조) • 처분의 이유제시(제23조) • 처분의 방식(제24조) • 처분의 정정(제25조) • 고지(제26조)	• 처분의 신청(제17조) • 다수의 행정청이 관여하는 처분(제18조) • 처리기간의 설정·공표(제19조): 견해 대립	• 사전통지(제21조) • 의견청취(제22조): 의견제출, 청문, 공청회

1 처분기준의 설정·공표

처분기준의 설정·공표란 행정청이 처분을 행함에 있어 따라야 할 기준을 설정하여 사전에 공표하는 것을 말한다.

2 처분기준의 설정·공표의무

행정청은 필요한 처분기준을 해당 처분의 성질에 비추어 되도록 **구체적으로 정하여 공표하여야 한다.** 처분기준을 변경하는 경우에도 또한 같다(「행정절차법」제20조 제1항).

3 공표하지 않은 갱신허가기준에 따른 갱신거부 (대판 2020.12.24. 2018두45633)

1. 사전공표하지 않은 처분기준에 따른 처분

행정청이 「행정절차법」제20조 제1항에 따라 정하여 공표한 처분기준은, 그것이 해당 처분의 근거 법령에서 구체적 위임을 받아 제정·공표되었다는 특별한 사정이 없는 한, 원칙적으로 대외적 구속력이 없는 **행정규칙에 해당한다.** 처분이 행정규칙을 위반하였다고 하여 그러한 사정만으로 곧바로 위법하게 되는 것은 아니고, 처분이 행정규칙을 따른 것이라고 하여 적법성이 보장되는 것도 아니다. 행정청이 「행정절차법」제20조 제1항의 **처분기준 사전공표의무를 위반하여 미리 공표하지 아니한 기준을 적용하여 처분을 하였다고 하더라도, 그러한 사정만으로 곧바로 해당 처분에 취소사유에 이를 정도의 흠이 존재한다고 볼 수는 없다.**

2. 공정한 갱신심사청구권

행정청이 관계 법령의 규정이나 자체적인 판단에 따라 처분상대방에게 특정한 권리나 이익 또는 지위 등을 부여한 후 일정한 기간마다 심사하여 갱신 여부를 판단하는 이른바 '갱신제'를 채택하여 운용하는 경우, 처분상대방은 갱신 여부에 관하여 합리적인 기준에 의한 공정한 심사를 요구할 권리를 가진다.

3. 심사기간 경과 후 갱신기준 중대한 변경

사전에 공표한 심사기준 중 경미한 사항을 변경하거나 다소 불명확하고 추상적이었던 부분을 명확하게 하거나 구체화하는 정도를 뛰어넘어, 심사대상기간이 이미 경과하였거나 상당 부분 경과한 시점에서 **처분상대방의 갱신 여부를 좌우할 정도로 중대하게 변경하는 것은 갱신제의 본질과 사전에 공표된 심사기준에 따라 공정한 심사가 이루어져야 한다는 요청에 정면으로 위배되는 것이므로**, 갱신제 자체를 폐지하거나 갱신상대방의 수를 종전보다 대폭 감축할 수밖에 없도록 만드는 중대한 공익상 필요가 인정되거나 관계 법령이 제·개정되었다는 등의 특별한 사정이 없는 한, 허용되지 않는다.

4. 중국전담여행사지정취소의 위법 여부

피고가 전담여행사 지위 갱신 심사기준을 변경하여, 총점이 아닌 행정처분으로 6점 이상 감점을 받은 경우 갱신을 거부하도록 한 것은 종전 기준을 중대하게 변경한 것이다. 피고는 심사대상기간이 종료된 후에 기준을 변경하고 이를 적용해 원고의 전담여행사 지위를 취소하고 갱신을 거부하였다. 피고의 주장처럼 위반행위가 늘어 제재를 강화할 필요가 있다고 하더라도, 이는 기존 법령과 처분기준에 따라 제재를 강화할 사유일 뿐, 공표된 처분기준을 변경해 갱신을 거부할 중대한 공익상 필요로 보기는 어렵다. 사후적으로 변경된 기준에 따라 추가 제재를 가하는 것은 위반행위 시점의 법령과 기준을 따라야 한다는 원칙에 위배된다. 따라서 피고의 행위는 처분기준 사전공표제도의 입법취지와 적법절차원칙에 반하여 위법하다고 본다.

제3절 처분의 이유제시(「행정절차법」 제23조)

1 의미

처분의 이유제시란 행정청이 처분을 행함에 있어 당사자에게 당해 처분의 근거와 이유를 제시하는 것을 말한다.

2 이유제시의 기능

이유제시는 행정청의 자의적 결정을 배제하고 당사자로 하여금 행정구제절차에서 적절히 대처할 수 있도록 하는 데 그 취지가 있다(대판 2019.12.13. 2018두41907). 이유제시는 처분의 상대방에게 처분의 적법성을 보다 확신시켜 이를 수용하게 하여 사후통제 시 법원의 부담을 경감시켜준다.

3 이유제시의무

1. 사실상의 근거와 법적 근거 제시

이유제시는 사실상의 근거와 법적 근거를 모두 제시하여야 한다.

2. 면제사유

신청 내용을 모두 그대로 인정하는 처분인 경우(**당사자가 요청하는 경우에도 근거와 이유의 제시를 생략할 수 있음**), 단순·반복적인 처분 또는 경미한 처분으로서 당사자가 그 이유를 명백히 알 수 있는 경우(당사자가 요청하는 경우 근거와 이유를 제시해야 함), 긴급히 처분을 할 필요가 있는 경우(당사자가 요청하는 경우 근거와 이유를 제시해야 함)에는 이유제시를 생략할 수 있다.

3. 이유제시 시점

이유제시는 처분 시(사전 ×)에 하면 된다.

4. 이유제시의무의 적용

침익적 처분과 신청에 의한 처분에 적용된다. **계약직공무원의 해촉**은 처분이 아니므로 「행정절차법」이 적용되지 않으므로 근거와 이유를 제시하지 않아도 된다(대판 2002.11.26. 2002두5948).

5. 이유제시의무의 내용

(1) 이유제시에서 처분의 사실상 사유가 추상적·불충분한 경우에는 위법하게 된다(대판 1990.9.11. 90누1786).

(2) 교육부장관이 부적격사유가 없는 후보자들 사이에서 어떤 후보자를 상대적으로 총장 임용에 더 적합하다고 판단하여 임용제청하는 경우, 임용제청행위 자체로서 「행정절차법」상 이유제시의무를 다한 것이다(대판 2018.6.15. 2016두57564).

(3) 하나의 납세고지서에 의하여 복수의 과세처분을 함께 하는 경우에는 과세처분별로 그 세액과 산출근거 등을 구분하여 기재하여야 한다(대판 2012.10.18. 2010두12347).

(4) 「국적법」상 귀화요건 중 일부를 갖추지 못하였다는 이유로 행정청이 귀화신청을 받아들이지 않는 처분을 한 경우, '그 일부를 갖추지 못하였다는 판단' 자체가 처분사유가 된다(대판 2018.12.13. 2016두31616).

6. 이유제시의무의 정도

(1) **처분 당시 당사자가 어떠한 근거와 이유로 처분이 이루어진 것인지를 충분히 알 수 있어서 그에 불복하여 행정구제절차로 나아가는 데 별다른 지장이 없었던 것으로 인정되는 경우**에는 **처분서에 처분의 근거와 이유가 구체적으로 명시되어 있지 않았더라도 그로 말미암아 그 처분이 위법한 것으로 된다고 할 수는 없어 처분을 취소하여야 할 절차상 하자로 볼 수 없다**(대판 2019.12.13. 2018두41907).

(2) 당사자가 그 근거를 알 수 있을 정도로 상당한 이유제시를 한 경우에는 당해 처분의 근거 및 이유를 구체적 조항 및 내용까지 명시하지 않더라도 위법하지 않다(대판 2002.5.17. 2000두8912).

7. 이유제시의 하자

(1) 이유제시의 하자가 있는 처분

이유제시가 전혀 없는 경우 무효라는 견해도 있으나 취소사유라는 학설이 유력하다. 판례는 납세고지서에 법령이 요구하는 기재사항을 일부 누락시킨 경우 과세처분은 위법하지만, 당연무효는 아니다(대판 1998.6.26. 96누12634)고 한다.

(2) 이유제시의 하자치유

쟁송제기 전에 이유를 제시하면 이유제시를 하지 아니한 하자는 치유된다.

제4절 처분의 방식(「행정절차법」 제24조)

1 문서 원칙

1. 행정청이 처분을 할 때에는 다른 법령 등에 특별한 규정이 있는 경우를 제외하고는 문서로 하여야 한다

2. 당사자 등의 동의가 있는 경우 또는 당사자가 전자문서로 처분을 신청한 경우 전자문서로 할 수 있다.

2 예외

공공의 안전 또는 복리를 위하여 긴급히 처분을 할 필요가 있거나 사안이 경미한 경우 말, 전화, 휴대전화를 이용한 문자 전송, 팩스 또는 전자우편 등 문서가 아닌 방법으로 처분을 할 수 있다. 이 경우 당사자가 요청하면 지체 없이 처분에 관한 문서를 주어야 한다.

3 방식의 하자가 있는 처분

1. 구두로 한 처분

구두로 한 외국인의 사증발급 신청에 대한 거부처분은 「행정절차법」 제24조 제1항을 위반한 하자가 있다(대판 2019.7.11. 2017두38874). **구두로 한 소방서장의 소방시설** 불량사항 시정명령은 하자가 중대하고 명백하여 원칙적으로 무효이다(대판 2011.11.10. 2011도11109).

2. 동의를 받지 않은 전자문서로 한 처분

「전자문서 및 전자거래 기본법」에 따르면, 휴대전화 문자메시지도 전자문서로 인정되며, 이에 따라 「폐기물관리법 시행규칙」에서 요구하는 서면의 범위에 포함된다. 그러나 행정청이 전자문서로 조치명령을 발송할 때는 구 행정절차법에 따라 당사자의 동의가 필요하다. 이번 사건에서는 화성시장이 2021년 9월 27일, 「폐기물관리법」에 따른 조치명령을 피고인에게 휴대전화 문자메시지로 전송했다. 과거의 전

자우편 송달 사례만으로 피고인이 문자메시지 송달에 동의했다고 볼 수는 없다. 따라서 이 사건 조치명령은 당사자의 동의 없이 전자문서로 발송되었으므로 「행정절차법」을 위반한 하자가 있다. 「행정절차법」 제24조 제1항은 조치명령을 문서로 작성하고, 같은 법 제14조에서 정한 방법으로 상대방에게 송달해야만 효력이 발생한다고 규정한다. 따라서, 이 사건 조치명령이 구 행정절차법 제24조 제1항을 위반하여 문서가 아닌 방식으로 송달되었으므로, 피고인에게는 효력이 발생하지 않는다(대판 2024.5.9. 2023도3914).

4 처분문서의 해석

1. 행정처분을 하는 문서의 내용이 분명한 경우

처분서의 문언만으로도 행정청이 어떤 처분을 하였는지가 분명한 경우 다른 처분까지 포함되어 있는 것으로 확대해석해서는 안 된다. 소방사시보 임용만 취소한다는 통지가 있는 경우, 시보임용행위만 취소되지 정규소방사임용행위 자체는 취소되지 않으므로 정규공무원 임용에 따른 지방공무원의 지위는 유지된다(대판 2005.7.28. 2003두469).

2. 행정처분을 하는 문서의 내용이 불분명한 경우

처분문서 외에 처분경위 등을 고려해 처분문서의 문언과 달리 처분의 내용을 해석할 수 있다. 관할 행정청이 사회복지법인의 정식이사 선임보고를 수리하는 처분에 종전 임시이사 해임처분이 포함된 것으로 보아야 한다(대판 2020.10.29. 2017다269152).

* 「행정절차법」상 불복방법에 대한 고지절차에 관한 규정을 위반하였다고 하여 그러한 이유만으로 처분이 위법하게 되는 것은 아니다(대판 2018.2.8. 2017두66633).

제5절 신청에 의한 처분(수익적 처분)에 적용되는 행정절차

1 수익적 처분의 신청

1. 신청형식

행정청에 처분을 구하는 신청은 문서로 하여야 한다. 다만, 다른 법령 등에 특별한 규정이 있는 경우와 행정청이 미리 다른 방법을 정하여 공시한 경우에는 그러하지 아니하다(「행정절차법」 제17조 제1항).

2. 신청한 시점

처분을 신청할 때 전자문서로 하는 경우에는 행정청의 **컴퓨터 등에 입력된 때에** 신청한 것으로 본다(「행정절차법」 제17조 제2항).

3. 신청의 의사표시

신청인의 행정청에 대한 신청의 의사표시는 명시적이고 확정적인 것이어야 한다고 할 것이므로 신청인이 신청에 앞서 행정청의 허가업무 담당자에게 신청서의 내용에 대한 검토를 요청한 것만으로는 다른 특별한 사정이 없는 한 명시적이고 확정적인 신청의 의사표시가 있었다고 하기 어렵다(대판 2004.10.15. 2003두13243). 신청에 의한 처분의 경우 신청에 대하여 일단 거부처분이 행해지면 그 거부처분이 취소되지 않는 한, 사유를 추가하여 거부처분을 반복하는 것은 당연무효이다(대판 1999.12.28. 98두1895).

2 수익적 처분을 구하는 신청

1. 접수의무

행정청은 신청을 받았을 때에는 다른 법령 등에 특별한 규정이 있는 경우를 제외하고는 그 접수를 보류 또는 거부하거나 부당하게 되돌려 보내서는 아니 되며, 신청을 접수한 경우에는 신청인에게 접수증을 주어야 한다. 다만, 대통령령으로 정하는 경우(구술·우편 또는 정보통신망에 의한 신청, **처리기간이 '즉시'로 되어 있는 신청**, 접수증에 갈음하는 문서를 주는 신청)에는 **접수증을 주지 아니할 수 있다**(「행정절차법」 제17조 제4항).

2. 보완요구

(1) **행정청은 신청에 구비서류의 미비 등 흠이 있는 경우에는 보완에 필요한 상당한 기간을 정하여 지체 없이 신청인에게 보완을 요구하여야 한다**(「행정절차법」 제17조 제5항). 「행정절차법」 제17조가 '구비서류의 미비 등 흠의 보완'과 '신청 내용의 보완'을 분명하게 구분하고 있는 점에 비추어 보면 행정청으로 하여금 신청에 대하여 거부처분을 하기 전에 반드시 신청인에게 신청의 내용이나 처분의 실체적 발급요건에 관한 사항까지 보완할 기회를 부여하여야 할 의무를 정한 것은 아니라고 보아야 한다(대판 2020.7.23. 2020두36007).

(2) 보완을 요구할 신청에 대해 행정청이 보완요구 없이 바로 건축허가신청을 거부한 것은 위법하다.

3. 취하

신청인은 처분이 있기 전에는 그 신청의 내용을 보완·변경하거나 취하할 수 있다(「행정절차법」 제17조 제8항).

3 신청의 처리기간

행정청은 신청인의 편의를 위하여 처분의 처리기간을 종류별로 미리 정하여 공표하여야 한다(「행정절차법」 제19조 제1항). 「행정절차법」 제19조 제1항의 처리기간에 관한 규정은 훈시규정에 불과할 뿐 강행규정이라고 볼 수 없다. **행정청이 처리기간이 지나 처분을 하였더라도** 이를 처분을 취소할 절차상 하자로 볼 수 없다(대판 2019.12.13. 2018두41907).

제6절　침익적 처분에만 적용되는 행정절차

행정청은 당사자에게 의무를 부과하거나 권익을 제한하는 처분, 즉 침익적 처분을 할 때 사전통지와 의견청취절차를 거쳐야 한다.

1 처분의 사전통지

1. 사전통지

신청에 따른 처분이 이루어지지 아니한 경우에는 아직 당사자에게 권익이 부과되지 아니하였으므로 특별한 사정이 없는 한 신청에 대한 **거부처분이라고 하더라도 직접 당사자의 권익을 제한하는 것은 아니어서 대학교 교수 임용거부처분 또는 외국인의 사증발급 신청에 대한 거부는 사전통지의 대상이 되는 침익적 처분에 해당하지 않는다**(대판 2003.11.28. 2003두674 ; 대판 2019.7.11. 2017두38874).

2. 사전통지의 상대방: 당사자

사전통지의 대상자는 처분의 상대방과 행정청이 신청 또는 직권으로 행정절차에 참여하게 한 이해관계인이다. **종전의 영업자는 신고수리로 영업권이 박탈되므로** 유원시설업자 지위승계 **신고수리처분의 상대방**에 해당한다. 따라서 유원시설 또는 체육시설업자 지위승계신고를 수리하는 처분을 함에 있어 종전의 시설업자에게 사전통지해야 하고 의견진술의 기회를 부여해야 한다(대판 2012.12.13. 2011두29144). 그러나 복효적 행정행위의 상대방이 아닌 제3자에게 통지할 의무는 없다. 또한 구 유통산업발전법 규정에 따라, **영업시간 제한 등의 처분의 대상**은 대규모점포 개설자이며, 임대매장 운영자(임차인)는 처분의 대상이 아니다. 대규모점포 개설자만이 처분의 상대방이므로, **해당 절차는 개설자를 상대로 거치면 충분하고, 임대매장 운영자에게는 별도의 절차를 거칠 필요가 없다**(대판 전합 2015.11.19. 2015두295).

3. 사전통지의무의 제외사항

(1) 「행정절차법」 제21조 제4항

공공의 안전 또는 복리를 위하여 긴급히 처분을 할 필요가 있는 경우, 법령 등에서 요구된 자격이 없거나 없어지게 되면 반드시 일정한 처분을 하여야 하는 경우에 그 자격이 없거나 없어지게 된 사실이 법원의 재판 등에 의하여 객관적으로 증명된 경우, 해당 처분의 성질상 의견청취가 현저히 곤란하거나 명백히 불필요하다고 인정될 만한 상당한 이유가 있는 경우 **통지를 하지 아니할 수 있다**.

(2) 사전통지가 필요한 경우

1) 무단으로 용도변경된 건물에 대해 건물주에게 시정명령이 있을 것과 불이행 시 이행강제금이 부과될 것이라는 점을 설명한 후, 다음 날 시정명령을 하는 경우에도 「행정절차법」 제21조 제4항 제3호가 정한 '의견청취가 현저히 곤란하거나 명백히 불필요하다고 인정될 만한 상당한 이유가 있는 경우'로서 처분의 사전통지를 하지 아니하여도 되는 경우에 해당한다고 볼 수도 없는바, 사전통지를 하여야 하고 의견제출의 기회를 부여하여야 한다(대판 2016.10.27. 2016두41811).

2) 감사원이 한국방송공사에 대한 감사를 실시한 결과 사장 甲에게 부실 경영 등 문책사유가 있다는 이유는 사전통지의무가 면제되는 사유가 아니므로 사전통지와 의견제출 기회를 주지 않은 한국방송공사 사장의 해임은 위법하나, 당연무효는 아니다(대판 2012.2.23. 2011두5001).
3) 검사의 기소유예처분이 있다 하더라도 청문절차의 예외적 사유로 「행정절차법 시행령」 제13조 제3호가 규정하고 있는 '법원의 판결 등에 의하여 처분의 전제가 되는 사실이 객관적으로 증명되어 처분에 따른 의견청취가 불필요하다고 판단되는 경우'에 해당한다고 볼 수 없다. 기소유예처분을 받았고, 이에 대한 진정이 지청에서 공람종결된 의사에 대한 면허자격정지처분은 처분의 사전통지를 하지 않거나 의견제출의 기회를 주지 않아도 되는 예외적인 경우에 해당하지 않는다(대판 2004.3.12. 2002두7517).
4) 원고에게 처분에 대한 사전통지를 하고 의견제출의 기회를 준다면 많은 액수의 손실보상금을 기대하여 공사를 강행할 우려가 있다는 사정만으로 '당해 처분의 성질상 의견청취가 현저히 곤란하거나 명백히 불필요하다고 인정될 만한 상당한 이유가 있는 경우'에 해당한다고 볼 수 없다(대판 2004.5.28. 2004두1254).
5) 사전통지나 의견제출 기회 제공의 예외사유인 '의견청취가 현저히 곤란하거나 명백히 불필요하다고 인정될 만한 상당한 이유가 있는 경우'에 해당하는지는 상대방이 이미 행정청에 **위반사실을 시인했다거나 사전통지 이전에 의견진술 기회가 있었다는 사정을 고려하여 판단할 것이 아니다**(대판 2019.5.30. 2014두40258).
6) 처분의 전제가 되는 **'일부' 사실만 증명된 경우이거나 의견청취에 따라 행정청의 처분 여부나 처분 수위가 달라질 수 있는 경우**, '법원의 재판 또는 준사법적 절차를 거치는 행정기관의 결정 등에 따라 처분의 전제가 되는 사실이 객관적으로 증명되어 처분에 따른 의견청취가 불필요하다고 인정되는 경우'에 해당하지 않는다(대판 2020.7.23. 2017두66602).
7) 「행정절차법」 제21조 제4항 제3호의 '의견청취의 곤란성'은 처분의 성질에 따라 판단해야 하며, 청문통지서의 반송 여부나 불출석이유로 청문을 실시하지 않는 것은 정당화될 수 없다. 따라서 청문통지서가 반송되었거나 상대방이 청문에 불출석했다고 해서 청문을 실시하지 않은 침해적 행정처분은 위법하다(대판 2001.4.13. 2000두3337).

(3) 사전통지가 필요하지 않은 경우
1) 퇴직연금의 환수결정은 당사자에게 의무를 과하는 처분이기는 하나, **관련 법령에 따라 당연히 환수금액이 정하여지는 것이므로**, 퇴직연금의 환수결정에 앞서 당사자에게 의견진술의 기회를 주지 아니하여도 「행정절차법」 제22조 제3항이나 신의칙에 어긋나지 아니한다(대판 2000.11.28. 99두5443).
2) 도로구역변경결정이 「행정절차법」 제21조 제1항의 사전통지나 제22조 제3항의 의견청취의 대상이 되는 처분이 아니다(대판 2008.6.12. 2007두1767).

2 의견청취절차

1. 의의

(1) 개념

의견청취란 행정청이 침익적 처분을 함에 있어서 청문·공청회·의견제출 등 상대방 및 이해관계자 등의 의견을 듣는 것을 말한다. 「행정절차법」은 의견청취방법 중 의견제출을 원칙으로 하고 있으며 의견청취는 예외사항을 제외하고 행정청의 의무사항이다.

(2) 의견청취절차 유형

의견청취절차로는 청문, 공청회, 의견제출이 있다.

(3) 의견청취절차의 배제

사전통지의무가 배제되는 경우와 당사자가 의견진술의 기회를 포기한다는 뜻을 명백히 표시한 경우 행정청은 의견청취를 하지 않고 침익적 처분을 할 수 있다(「행정절차법」 제22조 제4항).

2. 청문절차

(1) 의의

청문이란 행정청이 어떠한 처분을 하기 전에 당사자 등의 의견을 직접 듣고 증거를 조사하는 절차를 말한다(「행정절차법」 제2조 제5호).

(2) 청문을 하는 경우

> 「행정절차법」 제22조【의견청취】① 행정청이 처분을 할 때 다음 각 호의 어느 하나에 해당하는 경우에는 **청문을 한다**.
> 1. 다른 법령 등에서 청문을 하도록 규정하고 있는 경우
> 2. 행정청이 필요하다고 인정하는 경우
> 3. 다음 각 목의 처분을 하는 경우
>   가. 인허가 등의 취소
>   나. 신분·자격의 박탈
>   다. 법인이나 조합 등의 설립허가의 취소

1) 지방자치단체의 장이 「공유재산 및 물품 관리법」에 근거하여 **민간투자사업을 추진하던 중 우선협상대상자 지위를 박탈하는 처분을 하기 위하여** 반드시 청문을 실시할 의무가 있다고 볼 수는 없다. 행정청이 **침해적 행정처분을 하면서 당사자에게 위와 같은 사전통지를 하거나 의견제출의 기회를 주지 아니하였다면**, 그 사전통지나 의견제출의 예외적인 경우에 해당하지 아니하는 한, 그 처분은 위법하여 취소를 면할 수 없다(대판 2020.4.29. 2017두31064).
2) 법에서 정한 청문절차를 당사자와 행정청 간의 협약으로 배제할 수 없다(대판 2004.7.8. 2002두8350).

(3) 청문의 사전통지

1) 사전통지의무

행정청은 청문을 하려면 **청문이 시작되는 날부터 10일 전까지 사전통지사항을 당사자 등에게 통지하여야 한다**(「행정절차법」 제21조 제2항). 청문 통지사항에 의견제출기한은 「행정절차법」 제21조 제1항으로 갈음하므로 그 통지사항에 의견제출기한이 반드시 포함되어야 하는 것은 아니다.

2) **행정청이 청문서 도달기간을 다소 어겼다 하더라도 영업자가 이에 대하여 이의하지 아니한 채 스스로 청문일에 출석하여 그 의견을 진술하고 변명하는 등 방어의 기회를 충분히 가졌다면 청문서 도달기간을 준수하지 아니한 하자는 치유되었다**고 봄이 상당하다(대판 1992.10.23. 92누2844).

(4) 청문주재자

행정청은 **소속 직원** 또는 대통령령으로 정하는 자격을 가진 사람 중에서 청문 주재자를 공정하게 선정하여야 한다(「행정절차법」 제28조 제1항).

(5) 청문 결과의 반영

행정청은 처분을 할 때에 청문 주재자로부터 제출받은 청문조서, 청문 주재자의 의견서, 그 밖의 관계 서류 등을 충분히 검토하고 상당한 이유가 있다고 인정하는 경우에는 청문 결과를 반영하여야 한다(「행정절차법」 제35조의2). 그러나 행정청은 청문절차에서 개진된 의견에 기속되지 않는다(대판 1995.12.22. 95누30).

3. 공청회

(1) 의의

공청회란 행정청이 공개적인 토론을 통하여 어떠한 행정작용에 대하여 당사자 등, 전문지식과 경험을 가진 사람, 그 밖의 일반인으로부터 의견을 널리 수렴하는 절차를 말한다(「행정절차법」 제2조 제6호).

(2) 적용범위

행정청이 처분을 할 때 다른 법령 등에서 공청회를 개최하도록 규정하고 있는 경우, 해당 처분의 영향이 광범위하여 널리 의견을 수렴할 필요가 있다고 행정청이 인정하는 경우, **국민생활에 큰 영향을 미치는 처분으로서 대통령령으로 정하는 처분에 대하여 대통령령으로 정하는 수 이상의 당사자 등이 공청회 개최를 요구하는 경우** 공청회를 개최한다(「행정절차법」 제22조 제2항).

(3) 사전통지

행정청은 공청회를 개최하려는 경우에는 공청회 개최 14일 전까지 제목, 장소 등을 당사자 등에게 통지하고 관보, 공보, 인터넷 홈페이지 또는 일간신문 등에 공고하는 등의 방법으로 널리 알려야 한다(「행정절차법」 제38조).

(4) 온라인공청회

1) 원칙

행정청은 공청회와 병행하여서만 정보통신망을 이용한 공청회(온라인공청회)를 실시할 수 있다(「행정절차법」 제38조의2 제1항).

2) 예외

국민의 생명·신체·재산의 보호 등 국민의 안전 또는 권익보호 등의 이유로 공청회를 개최하기 어려운 경우, 공청회가 행정청이 책임질 수 없는 사유로 개최되지 못하거나 개최는 되었으나 정상적으로 진행되지 못하고 무산된 횟수가 3회 이상인 경우, 행정청이 널리 의견을 수렴하기 위하여 온라인공청회를 단독으로 개최할 필요가 있다고 인정하는 경우 온라인공청회를 단독으로 개최할 수 있다(「행정절차법」 제38조의2 제2항).

4. 의견제출

(1) 의의

의견제출이란 행정청이 어떠한 행정작용을 하기 전에 당사자 등이 의견을 제시하는 절차로서 청문이나 공청회에 해당하지 아니하는 절차를 말한다(「행정절차법」 제2조 제7호).

(2) 적용범위

행정청이 당사자에게 의무를 부과하거나 권익을 제한하는 처분을 할 때 **청문 또는 공청회를 거치는 경우 외**에는 **당사자 등에게 의견제출의 기회를 주어야 한다**(「행정절차법」 제22조 제3항). 그러나 고시의 방법으로 불특정 다수인을 상대로 의무를 부과하거나 권익을 제한하는 처분은 의견제출절차의 대상이 되는 처분이 아니다(대판 2014.10.27. 2012두7745).

(3) 의견제출자

1) 당사자

당사자와 행정청이 참여하게 한 이해관계인에게 의견제출의 기회를 주어야 한다.

2) 이해관계인

불이익처분의 직접 상대방인 당사자 또는 행정청이 참여하게 한 이해관계인이 아닌 **제3자에 대하여는 사전통지 및 의견제출에 관한 규정이 적용되지 않는다**(대판 2009.4.23. 2008두686).

(4) 제출 의견의 반영

행정청은 처분을 할 때에 당사자 등이 제출한 의견이 상당한 이유가 있다고 인정하는 경우에는 이를 반영하여야 하나(「행정절차법」 제27조의2 제1항), 당사자가 제출한 의견은 행정청을 구속하지 않는다.

☑ 「행정절차법」상 사전통지대상 또는 의견청취 유무

「행정절차법」의 사전통지대상 또는 의견청취대상	「행정절차법」의 사전통지대상이 아닌 것 또는 의견청취대상이 아닌 것
• 대령진급예정자 진급취소 • 기소유예처분을 받은 자의 진정을 공람종결한 사건 • 공무원시보임용 처분과 정규임용처분 취소 • 청문통지서가 반려된 경우 유기장업허가 취소 • 산업기능요원 편입처분 취소 • 유흥주점의 영업자지위승계신고수리 시 종전의 영업자 • 감사원의 해임요구에 따른 한국방송공사 사장 해임 * 공정거래위원회의 시정조치와 과징금납부명령(「독점규제 및 공정거래에 관한 법률」상 진술기회 보장)	• 교수임용신청 거부처분 • 법령상 확정된 의무 부과 • 도로구역변경 결정 • 추모공원건립추진협의회의 명의로 공청회 개최

제7절 행정상 입법예고와 행정예고

1 입법예고의 원칙

법령 등을 제정·개정 또는 폐지(이하 '입법'이라 한다)하려는 경우에는 해당 입법안을 마련한 행정청은 이를 예고하여야 한다(「행정절차법」 제41조 제1항). 입법예고기간은 예고할 때 정하되, 특별한 사정이 없으면 40일(**자치법규는 20일**) 이상으로 한다(동법 제43조). 누구든지 예고된 입법안에 대하여 의견을 제출할 수 있다(동법 제44조 제1항).

> **판례**
>
> **입법예고기간의 단축**(헌재 2024.5.30. 2023헌마820)
> 「행정절차법」 제41조와 제43조, '법제업무 운영규정' 제14조에 따르면, 법령 개정 시 40일 이상 입법예고를 실시해야 하지만, 특별한 사정이 있으면 법제처장과 협의하여 예고기간을 단축할 수 있다. 방송통신위원회 위원장은 수신료 분리 고지·징수를 위해 국민 불편 해소와 권리 보호를 이유로 법제처장과 협의해 입법예고기간을 10일로 단축했으므로 절차상 위법하다고 할 수 없다.

2 행정예고

행정예고란 다수 국민의 권익에 관계있는 사항을 국민에게 미리 알리는 제도를 말한다. 행정예고기간은 예고 내용의 성격 등을 고려하여 정하되, 20일 이상으로 한다(「행정절차법」 제46조 제3항). 행정목적을 달성하기 위하여 긴급한 필요가 있는 경우에는 행정예고기간을 단축할 수 있다. 이 경우 단축된 행정예고기간은 10일 이상으로 한다(동법 제46조 제4항).

제8절 행정절차의 하자

1 의의

1. **광의의 행정절차의 하자**

   모든 행정작용의 절차상의 모든 하자를 의미한다.

2. **협의의 행정절차의 하자**

   행정행위의 절차에 관련된 하자 가운데 주로 청문(광의)과 이유제시에 관련된 하자만을 의미한다.

2 절차상의 하자와 행정행위의 효력

1. 문제의 소재

(1) 절차상 하자가 있는 행정행위의 효력에 관한 「행정절차법」의 규정은 없다.

(2) 개별법률인 「국가공무원법」에서는 소청사건을 심사할 때 소청인 등에게 진술의 기회를 부여하지 아니하고 한 결정은 무효로 한다고 규정하고 있다.

2. 절차상 하자의 독자적 위법사유 여부

행정절차의 하자가 있는 경우 행정행위가 위법이 되는지 여부에 대해 학설이 대립하나, 판례는 긍정적이다.

> **판례**
> 1. 판례는 기속행위인 「국세징수법」상의 과세처분(대판 1984.5.9. 84누116)과 재량행위인 「식품위생법」상의 영업정지처분(대판 1991.7.9. 91누971)에 대하여 절차상의 하자를 이유로 취소를 인정하였다. 즉, 행정행위가 기속행위인지 재량행위인지를 불문하고 **당해 처분이 실체법상으로는 적법하더라도 절차법상의 하자만**으로 독립적 위법사유가 된다고 본다.
> 2. 「독점규제 및 공정거래에 관한 법률」이 정하고 있는 절차적 요건을 갖추지 못한 공정거래위원회의 시정조치 또는 과징금납부명령은 설령 실체법적 사유를 갖추고 있다고 하더라도 위법하여 취소를 면할 수 없다(대판 2001.5.8. 2000두10212).

3. 절차상 하자가 있는 행정행위의 효력

법령에 규정된 청문절차 등을 거치지 아니한 행정행위는 원칙적으로 취소사유이다. 사전통지·의견청취 없이 감사원의 요구에 따라 한국방송공사 사장을 해임한 것은 위법하다. 이는 취소사유이지, 무효사유는 아니다(대판 2012.2.23. 2011두5001).

3 절차상 하자의 치유

1. 하자치유의 인정 여부

절차상 하자의 치유문제는 그 하자가 취소사유인 경우에만 한정된다. 하자 있는 행정행위의 치유나 전환은 행정행위의 성질이나 법치주의의 관점에서 볼 때 **원칙적으로 허용될 수 없는 것이지만**, 행정행위의 무용한 반복을 피하고 당사자의 법적 안정성을 위해 이를 허용하는 때에도 국민의 권리와 이익을 침해하지 않는 범위에서 구체적 사정에 따라 합목적적으로 인정해야 할 것이다.

(1) 청문서 도달기간을 위반했다 하더라도 치유 가능하다.

행정청이 청문서 도달기간을 다소 어겼다 하더라도 영업자가 이에 대하여 이의하지 아니한 채 스스로 청문일에 출석하여 그 의견을 진술하고 변명하는 등 방어의 기회를 충분히 가졌다면 청문서 도달기간을 준수하지 아니한 하자는 치유되었다고 봄이 상당하다(대판 1992.10.23. 92누2844).

(2) 이유를 고지하지 않은 부담금 부과처분의 하자는 치유될 수 있다.

부과관청이 부과처분에 앞서 「택지소유상한에 관한 법률 시행령」 제31조 제1항에 따라 납부의무자에게 교부한 부담금예정통지서에 납부고지서의 필요적 기재사항이 제대로 기재되어 있었다면 **납부의무자로서는 부과처분에 대한 불복 여부의 결정 및 불복신청에 전혀 지장을 받지 않았음이 명백하므로, 이로써 납부고지서의 흠결이 보완되거나 하자가 치유될 수 있는 것이다**(대판 1997.12.26. 97누9390).

2. 치유시기

(1) 학설

절차상 하자의 치유를 인정하는 경우에도 어느 시점까지 치유가 가능한지에 대해 학설 대립이 있다. 학설은 ① 쟁송제기 이전에만 가능하다고 보는 견해(쟁송제기이전시설)와, ② 행정의 능률을 중시하여 쟁송제기 이후에도 가능하다고 보는 견해(쟁송종결시설) 등이 있다.

(2) 판례

쟁송제기 이전에 한해 하자의 치유를 인정한다. 즉, 쟁송제기 후에는 하자의 치유가 인정되지 않는다. 과세처분에 대한 전심절차가 모두 끝나고 상고심의 계류 중에 세액산출근거의 통지가 있었다고 하여 이로써 위 과세처분의 하자가 치유되었다고는 볼 수 없다(대판 1984.4.10. 83누393).

3. 절차의 하자와 취소판결의 기속력

취소판결의 기속력은 확정판결에 적시된 절차 내지 위법사유에 한하여 미치는 것이므로 행정청이 위법사유를 보완하여 다시 처분을 할 경우 그 새로운 처분은 취소된 종전의 처분과는 별개의 처분이므로 취소판결의 기속력에 반하지 않는다고 한다(대판 1987.2.10. 86누91). **이 경우 절차 위반을 이유로 취소된 경우와 실체적인 위법사유로 취소된 경우에 판결의 기속력에서 차이가 보인다.**

제9절 개인정보보호

1 의의

1. 개념

개인정보자기결정권이란 자신에 관한 정보를 보호받기 위하여 자신에 관한 정보를 자율적으로 결정·관리할 수 있는 권리를 뜻한다.

2. 근거

(1) 헌법적 근거

개인정보자기결정권은 헌법에 명시되지 아니한 기본권이나 인간의 존엄과 가치, 행복추구권을 규정한 헌법 제10조에서 도출되는 일반적 인격권 및 헌법 제17조의 사생활의 비밀과 자유, 국민주권에서 도출되는 독자적 기본권이다.

(2) 법률적 근거

1) 개인정보의 보호를 위해 일반법인 「개인정보 보호법」이 제정되어 시행되고 있다. 즉, 「개인정보 보호법」은 개인정보를 보호하기 위한 관련된 일반법이다.
2) 구 공공기관의 정보공개에 관한 법률 제9조 제1항 제6호가 「개인정보 보호법」 제6조에서 말하는 '개인정보 보호에 관하여 다른 법률에 특별한 규정이 있는 경우'에 해당하므로 공공기관이 보유·관리하고 있는 개인정보의 공개에 관하여는 구 공공기관의 정보공개에 관한 법률 제9조 제1항 제6호가 「개인정보 보호법」에 우선하여 적용된다(대판 2021.11.11. 2015두53770).

2 「개인정보 보호법」

1. 개인정보의 개념

'개인정보'란 살아 있는 개인에 관한 정보로서 성명, 주민등록번호 및 영상 등을 통하여 개인을 알아볼 수 있는 정보, 해당 정보만으로는 특정 개인을 알아볼 수 없더라도 다른 정보와 쉽게 결합하여 알아볼 수 있는 정보, 가명처리함으로써 원래의 상태로 복원하기 위한 추가 정보의 사용·결합 없이는 특정 개인을 알아볼 수 없는 정보이다(「개인정보 보호법」 제2조 제1호).

2. 개인정보처리자

'개인정보처리자'란 업무를 목적으로 개인정보파일을 운용하기 위하여 스스로 또는 다른 사람을 통하여 개인정보를 처리하는 공공기관, 법인, 단체 및 개인 등을 말한다(「개인정보 보호법」 제2조 제5호).

3. 가명정보처리

(1) 의의

'가명처리'란 개인정보의 일부를 삭제하거나 일부 또는 전부를 대체하는 등의 방법으로 추가 정보가 없이는 특정 개인을 알아볼 수 없도록 처리하는 것을 말한다(「개인정보 보호법」 제2조 1의2).

(2) 가명정보의 처리

개인정보처리자는 통계작성, 과학적 연구, 공익적 기록보존 등을 위하여 정보주체의 동의 없이 가명정보를 처리할 수 있다. 개인정보처리자는 가명정보를 제3자에게 제공하는 경우에는 **특정 개인을 알아보기 위하여 사용될 수 있는 정보를 포함해서는 아니 된다**(「개인정보 보호법」 제28조의2).

4. 개인정보수집

> 「개인정보 보호법」 제15조 【개인정보의 수집·이용】 ① 개인정보처리자는 다음 각 호의 어느 하나에 해당하는 경우에는 개인정보를 수집할 수 있으며 그 수집목적의 범위에서 이용할 수 있다. <각 호 생략>
> ③ 개인정보처리자는 당초 수집목적과 합리적으로 관련된 범위에서 정보주체에게 불이익이 발생하는지 여부, 암호화 등 안전성 확보에 필요한 조치를 하였는지 여부 등을 고려하여 대통령령으로 정하는 바에 따라 정보주체의 동의 없이 개인정보를 이용할 수 있다.
>
> 제16조 【개인정보의 수집 제한】 ① 개인정보처리자는 제15조 제1항 각 호의 어느 하나에 해당하여 개인정보를 수집하는 경우에는 그 목적에 필요한 최소한의 개인정보를 수집하여야 한다. 이 경우 최소한의 개인정보 수집이라는 입증책임은 개인정보처리자가 부담한다.
> ② 개인정보처리자는 정보주체의 동의를 받아 개인정보를 수집하는 경우 필요한 최소한의 정보 외의 개인정보 수집에는 동의하지 아니할 수 있다는 사실을 구체적으로 알리고 개인정보를 수집하여야 한다.
> ③ 개인정보처리자는 정보주체가 필요한 최소한의 정보 외의 개인정보 수집에 동의하지 아니한다는 이유로 정보주체에게 재화 또는 서비스의 제공을 거부하여서는 아니 된다.

5. 개인정보의 열람

> 「개인정보 보호법」 제35조 【개인정보의 열람】 ① 정보주체는 개인정보처리자가 처리하는 자신의 개인정보에 대한 열람을 해당 개인정보처리자에게 요구할 수 있다.
> ② 제1항에도 불구하고 정보주체가 자신의 개인정보에 대한 열람을 공공기관에 요구하고자 할 때에는 공공기관에 직접 열람을 요구하거나 대통령령으로 정하는 바에 따라 **개인정보 보호위원회를 통하여 열람을 요구할 수 있다.**

6. 손해배상책임

정보주체는 개인정보처리자가 「개인정보 보호법」을 위반한 행위로 손해를 입으면 개인정보처리자에게 손해배상을 청구할 수 있다. 이 경우 그 개인정보처리자는 고의 또는 과실이 없음을 입증하지 아니하면 책임을 면할 수 없다(「개인정보 보호법」 제39조 제1항). 이 규정은 정보주체가 개인정보처리자의 「개인정보 보호법」 위반행위로 입은 손해의 배상을 청구하는 경우에 개인정보처리자의 고의나 과실을 증명하는 것이 곤란한 점을 감안하여 그 증명책임을 개인정보처리자에게 전환하는 것일 뿐이고, <u>개인정보처리자가 「개인정보 보호법」을 위반한 행위를 하였다는 사실 자체는 정보주체가 주장·증명하여야 한다</u>(대판 2024.5.17. 2018다262103).

7. 집단분쟁해결절차

(1) 절차

분쟁조정위원회에 조정신청 ⇨ 조정 ⇨ 소비자단체, 비영리민간단체가 지방법원 본원 합의부에 단체소송 제기, 변호사강제주의 적용

(2) 단체소송 제기

단체소송은 법원의 허가를 받아야 한다(「개인정보 보호법」 제54조). 단체소송을 허가하거나 불허가하는 결정에 대하여는 즉시항고할 수 있다(동법 제55조 제2항). 원고의 청구를 기각하는 판결이 확정된 경우 이와 동일한 사안에 관하여 다른 소비자단체 등은 단체소송을 제기할 수 없다(동법 제56조).

제10절 정보공개청구

1 법적 근거

1. **헌법**

   정보를 수집하고 처리할 수 있는 권리를 말하는 알 권리는 언론·출판의 자유의 한 내용으로 마땅히 보장되어야 하는 것이다(헌재 1995.7.21. 92헌마17).

2. **「공공기관의 정보공개에 관한 법률」**

   「공공기관의 정보공개에 관한 법률」은 일반법이므로 개별법에 정보공개에 관해 다른 규정이 있는 경우 개별법이 우선 적용된다. **형사재판확정기록**의 공개 여부나 공개범위, 불복절차 등에 관하여「형사소송법」제59조의2가「공공기관의 정보공개에 관한 법률」과 달리 규정하고 있으므로 형사재판확정기록의 공개에 관하여는「공공기관의 정보공개에 관한 법률」에 의한 공개청구가 허용되지 않는다. 그러나 형사재판확정기록이 아닌 **불기소처분으로 종결된 기록**에 관해서는「공공기관의 정보공개에 관한 법률」에 따른 정보공개청구가 허용되고 그 거부나 제한 등에 대한 불복은 항고소송절차에 의한다(대결 2022.2.11. 2021모3175).

2 공공기관

국가기관, 지방자치단체, 국가 또는 지방자치단체로부터 보조금을 받는 사회복지법인과 사회복지사업을 하는 비영리법인뿐 아니라 각급 학교 또는 그 밖의 다른 법률에 따라 설치된 학교를 포함시키고 있어, 사립대학교는 정보공개의무가 있는 공공기관에 해당한다.

> **판례**
> 1. 사립대학교가 국비의 지원을 받는 범위 내에서만 공공기관의 성격을 가진다고 볼 수 없다(대판 2013.11. 28. 2011두5049).
> 2. 「방송법」이라는 특별법에 의하여 설립 운영되는 한국방송공사(KBS)는「공공기관의 정보공개에 관한 법률 시행령」제2조 제4호의 '특별법에 의하여 설립된 특수법인'으로서 정보공개의무가 있는「공공기관의 정보공개에 관한 법률」제2조 제3호의 '공공기관'에 해당한다(대판 2010.12.23. 2008두13101).

3 공공기관이 보유·관리하고 있는 정보

1. **공개대상이 되는 정보: 공공기관이 보유·관리하고 있는 정보이다.**

(1) 알 권리는 적어도 이미 생성되어 존재하는 정보원을 전제로 하는 것이며, 현존하는 정보원에 대한 접근을 넘어 적극적으로 새로운 정보의 생성을 구하는 것은 헌법이 보장하는 알 권리의 보호대상에 포함된다고 볼 수 없다(헌재 2015.12.23. 2015헌바66).

(2) **정보가 청구인이 구하는 대로는 되어 있지 않다고 하더라도,** 기초자료를 검색하여 청구인이 구하는 대로 편집할 수 있으며, 그러한 작업이 당해 기관의 컴퓨터 시스템 운용에 별다른 지장을 초래하지 아니한다면, 공개청구대상정보를 보유·관리하고 있는 것으로 볼 수 있고, 이러한 경우에 기초자료를 검색·편집하는 것은 **새로운 정보의 생산 또는 가공에 해당한다고 할 수 없다**(대판 2010.2.11. 2009두6001).

2. 정보

「공공기관의 정보공개에 관한 법률」 제2조 제1호에서는 '정보'란 공공기관이 직무상 작성 또는 취득하여 관리하고 있는 문서(전자문서를 포함함)·도면·사진·필름·테이프·슬라이드 및 그 밖에 이에 준하는 매체 등에 **기록된 사항을 말한다.** 「공공기관의 정보공개에 관한 법률」상 공개청구의 대상이 되는 정보란 공공기관이 직무상 작성 또는 취득하여 현재 보유·관리하고 있는 문서에 한정되는 것이기는 하나 그 **문서가 반드시 원본일 필요는 없다**(대판 2006.5.25. 2006두3049). **대한주택공사의 아파트 분양원가 산출내역에 관한 정보**는 대한주택공사가 **주택건설사업과 분양업무라는 직무와 관련하여 작성하고 관리하는 정보**이므로 「**공공기관의 정보공개에 관한 법률」의 적용대상인 정보에 해당한다**(대판 2007.6.1. 2006두20587).

3. 입증책임

정보공개청구와 관련하여, 정보가 공공기관에 보유·관리되고 있을 개연성은 원칙적으로 공개청구자가 증명해야 한다. 그러나 공공기관이 특정 정보를 과거에 보유하였으나 이제는 해당 정보가 폐기되어 존재하지 않는 경우, 그 정보가 현재 보유·관리되고 있지 않다는 점에 대한 증명책임은 공공기관에 있다(대판 2004.12.9. 2003두12707).

4 정보공개청구권자

모든 국민은 공공기관이 보유·관리하는 정보의 공개를 청구할 권리를 가진다. 정보공개에 대해 구체적이고 개별적인 이익이 있음을 요구하지 않는다. 즉, **이해당사자만이 정보공개청구권을 가지는 것은 아니다.** 따라서 자신의 권익과 관련이 없는 정보의 공개도 청구할 수 있다. 「공공기관의 정보공개에 관한 법률」 제5조 제1항에서 말하는 국민에는 자연인은 물론 법인, 권리능력 없는 사단·재단도 포함되고, 법인, 권리능력 없는 사단·재단 등의 경우에는 설립목적을 불문한다(대판 2003.12.12. 2003두8050). 국내에 일정한 주소를 두고 거주하거나 학술·연구를 위하여 일시적으로 체류하는 사람, 국내에 사무소를 두고 있는 법인 또는 단체는 정보공개를 청구할 수 있는 외국인이다(「공공기관의 정보공개에 관한 법률」 시행령 제3조).

5 정보공개청구

1. 청구방법

정보공개청구서 제출 또는 말로써 정보공개를 청구한다. 익명·무기명으로 정보공개를 청구할 수 없고, 청구할 때 성명 등을 기재해야 한다. **청구대상정보를 기재할 때**에는 사회일반인의 관점에서 <u>청구대상 정보의 내용과 범위를 확정할 수 있을 정도로 특정하여야 한다</u>(대판 2018.4.12. 2014두5477). 청구인이 공개를 청구한 정보의 내용이 너무 포괄적이거나 막연하여 사회일반인이 그 내용을 명확히 특정할 수 없는 경우, 법원은 「공공기관의 정보공개에 관한 법률」 제20조 제2항에 따라 공공기관에 청구대상정보를 제출하도록 하여, 이를 비공개로 열람·심사하여 정보의 내용과 범위를 명확히 특정해야 한다(대판 2018.4.12. 2014두5477).

2. 정보공개청구와 권리남용

정보공개청구의 목적에 특별한 제한이 있다고 할 수 없으므로, **오로지 피고를 괴롭힐 목적으로 정보공개를 구하고 있다는 등의 특별한 사정이 없는 한, 정보공개의 청구가 권리남용에 해당한다고 볼 수 없다**(대판 2008.10.23. 2007두1798). 정보공개청구가 거부되면 거부처분취소소송에서 승소한 뒤 실제 지출한 소송비용보다 다액을 소송비용으로 지급받아 금전적 이득을 취하거나, 수감 중 변론기일에 출정하여 강제노역을 회피하는 것 등을 목적으로 정보공개를 청구한 경우에는 권리남용행위로서 허용되지 않는다(대판 2014.12.24. 2014두9349).

6 정보공개 여부의 결정

1. 공공기관의 정보공개결정기간

공공기관은 정보공개의 청구를 받으면 그 청구를 받은 날부터 **10일 이내에** 공개 여부를 결정하여야 한다. 공공기관은 부득이한 사유로 청구를 받은 날부터 10일 이내에 공개 여부를 결정할 수 없을 때에는 그 기간이 끝나는 날의 다음 날부터 기산하여 **10일의 범위에서** 공개 여부 결정기간을 연장할 수 있다. 이 경우 공공기관은 연장된 사실과 연장사유를 청구인에게 지체 없이 문서로 통지하여야 한다(「공공기관의 정보공개에 관한 법률」 제11조 제1항·제2항).

2. 분리공개

공개청구한 정보가 비공개대상정보에 해당하는 부분과 공개가 가능한 부분이 혼합되어 있는 경우로서 공개청구의 취지에 어긋나지 아니하는 범위에서 **두 부분을 분리할 수 있는 때에는 비공개대상정보에 해당하는 부분을 제외하고 공개하여야 한다**(「공공기관의 정보공개에 관한 법률」 제14조). 법원이 정보공개거부처분의 위법 여부를 심리한 결과, 공개가 거부된 정보에 비공개대상정보에 해당하는 부분과 공개가 가능한 부분이 혼합되어 있으며, 공개청구의 취지에 어긋나지 아니하는 범위 안에서 두 부분을 분리할 수 있다고 인정할 수 있을 때에는, 공개가 거부된 정보 중 공개가 가능한 부분을 특정하고, 판결의 주문에 정보공개거부처분 중 공개가 가능한 정보에 관한 부분만을 취소한다고 표시하여야 한다(대판 2010.2.11. 2009두6001).

3. 반복되는 정보공개처리

정보공개를 청구하여 정보공개 여부에 대한 결정의 통지를 받은 자가 정당한 사유 없이 해당 정보의 공개를 다시 청구하는 경우, 정보공개청구를 받은 공공기관은 정보공개청구 대상정보의 성격, 종전 청구와의 내용적 유사성·관련성, 종전 청구와 동일한 답변을 할 수밖에 없는 사정 등을 종합적으로 고려하여 해당 청구를 종결 처리할 수 있고, 종결 처리 사실을 청구인에게 알려야 한다(「공공기관의 정보공개에 관한 법률」 제11조의2).

4. 정보공개 여부의 결정에 있어 고려요소가 아닌 것

(1) 「공공기관의 정보공개에 관한 법률」은 정보공개청구권자가 공개를 청구하는 정보와 어떤 관련성을 가질 것을 요구하거나 정보공개청구의 목적에 특별한 제한을 두고 있지 아니하므로 정보공개청구권자의 권리구제 가능성 등은 정보의 공개 여부 결정에 아무런 영향을 미치지 못한다(대판 2017.9.7. 2017두44558).

(2) 공개청구의 대상이 되는 정보가 **이미 다른 사람에게 공개하여 널리 알려져 있다거나 인터넷이나 관보 등을 통하여 공개하여 인터넷검색이나 도서관에서의 열람 등을 통하여 쉽게 알 수 있다는 사정만으로는** 소의 이익이 없다거나 비공개결정이 정당화될 수는 없다(대판 2008.11.27. 2005두15694).

7 공개방법

1. 법적 성질

정보공개청구자가 선택한 공개방법에 따라 정보를 공개하여야 하므로 그 공개방법을 선택할 재량권이 없으므로(대판 2003.12.12. 2003두8050), 공공기관이 공개청구의 대상이 된 정보를 청구인이 신청한 공개방법 이외의 방법으로 공개하기로 하는 결정을 한 경우, 정보공개방법에 관한 부분에 대하여 일부 거부처분을 한 것이고, 청구인은 항고소송으로 다툴 수 있다(대판 2016.11.10. 2016두44674).

2. 전자적 형태로 공개

공공기관은 전자적 형태로 보유·관리하는 정보에 대하여 청구인이 전자적 형태로 공개하여 줄 것을 요청하는 경우에는 그 정보의 성질상 현저히 곤란한 경우를 제외하고는 **청구인의 요청에 따라야 한다**. 다만, **전자적 형태로 보유·관리하지 아니하는 정보에 대하여** 청구인이 전자적 형태로 공개하여 줄 것을 요청한 경우에는 정상적인 업무수행에 현저한 지장을 초래하거나 그 정보의 성질이 훼손될 우려가 없으면 그 정보를 전자적 형태로 변환하여 공개할 수 있다(「공공기관의 정보공개에 관한 법률」 제15조 제1항·제2항).

8 정보공개의 제한

1. 비공개사유 명시

(1) 공공기관이 보유하고 있는 정보는 공개해야 하나, 일정한 경우에는 비공개할 수 있다.

(2) **국민으로부터 보유·관리하는 정보에 대한 공개를 요구받은** 공공기관으로서는 비공개사유에 해당하지 않는 한 이를 공개하여야 하고, 이를 거부하는 경우라 할지라도 대상이 된 정보의 내용을 구체적으로 확인·검토하여 어느 부분이 어떠한 법익 또는 기본권과 충돌되어 「공공기관의 정보공개에 관한 법률」 제9조 제1항 몇 호에서 정하고 있는 비공개사유에 해당하는지를 주장·증명(입증)하여야만 하고, **그에 이르지 아니한 채 개괄적인 사유만을 들어 공개를 거부하는 것은 허용되지 아니한다**(대판 2018.4.12. 2014두5477).

2. 비공개사유 추가·변경·불허

행정처분의 취소를 구하는 항고소송에서, 처분청은 당초 처분의 근거로 삼은 사유와 기본적 사실관계가 동일한 경우에만 추가하거나 변경할 수 있으며, 기본적 사실관계의 동일성은 구체적인 사실에 따라 평가된다. 기본적 사실관계가 동일하지 않은 별개의 사실을 새로운 처분사유로 주장하는 것은 허용되지 않으며, 이는 행정처분 상대방의 방어권과 신뢰를 보호하기 위함이다. 「공공기관의 정보공개에 관한 법률」 제7조 제1항 제4호·제5호·제6호는 각각 범죄 예방, 의사결정과정, 개인식별정보 등 다양한 비공개사유를 규정하고 있으며, 이들 비공개사유는 서로 다른 근거와 입법취지를 갖고 있어 기본적 사실관계의 동일성을 인정할 수 없다. 따라서 추가된 사유가 당초 처분 당시 이미 존재했던 사실에 기초하더라도, 이를 새로운 사유로 삼는 것은 허용되지 않는다(대판 2003.12.11. 2001두8827).

3. 비공개사유

(1) 「공공기관의 정보공개에 관한 법률」 제9조

> 「공공기관의 정보공개에 관한 법률」 제9조【비공개대상정보】 ① 공공기관이 보유·관리하는 정보는 공개대상이 된다. 다만, 다음 각 호의 어느 하나에 해당하는 정보는 **공개하지 아니할 수 있다**.
> 1. 다른 법률 또는 법률에서 위임한 명령(국회규칙·대법원규칙·헌법재판소규칙·중앙선거관리위원회규칙·대통령령 및 조례로 한정한다)에 따라 비밀 또는 비공개 사항으로 규정된 정보
> 2. 국가안전보장·국방·통일·외교관계 등에 관한 사항으로서 공개될 경우 국가의 중대한 이익을 현저히 해칠 우려가 있다고 인정되는 정보
> 3. 공개될 경우 국민의 생명·신체 및 재산의 보호에 현저한 지장을 초래할 우려가 있다고 인정되는 정보
> 4. 진행 중인 재판에 관련된 정보와 범죄의 예방, 수사, 공소의 제기 및 유지, 형의 집행, 교정(矯正), 보안처분에 관한 사항으로서 공개될 경우 그 직무수행을 현저히 곤란하게 하거나 형사피고인의 공정한 재판을 받을 권리를 침해한다고 인정할 만한 상당한 이유가 있는 정보
> 5. 감사·감독·검사·시험·규제·입찰계약·기술개발·인사관리에 관한 사항이나 의사결정과정 또는 내부검토과정에 있는 사항 등으로서 공개될 경우 업무의 공정한 수행이나 연구·개발에 현저한 지장을 초래한다고 인정할 만한 상당한 이유가 있는 정보. 다만, 의사결정과정 또는 내부검토과정을 이유로 비공개할 경우에는 제13조 제5항에 따라 통지를 할 때 의사결정과정 또는 내부검토과정의 단계 및 종료 예정일을 함께 안내하여야 하며, 의사결정과정 및 내부검토과정이 종료되면 제10조에 따른 청구인에게 이를 통지하여야 한다.
> 6. 해당 정보에 포함되어 있는 성명·주민등록번호 등 「개인정보 보호법」 제2조 제1호에 따른 개인정보로서 공개될 경우 사생활의 비밀 또는 자유를 침해할 우려가 있다고 인정되는 정보. 다만, 다음 각 목에 열거한 사항은 제외한다.
>   가. 법령에서 정하는 바에 따라 열람할 수 있는 정보
>   나. 공공기관이 공표를 목적으로 작성하거나 취득한 정보로서 사생활의 비밀 또는 자유를 부당하게 침해하지 아니하는 정보
>   다. 공공기관이 작성하거나 취득한 정보로서 공개하는 것이 공익이나 개인의 권리 구제를 위하여 필요하다고 인정되는 정보
>   라. 직무를 수행한 공무원의 성명·직위
>   마. 공개하는 것이 공익을 위하여 필요한 경우로서 법령에 따라 국가 또는 지방자치단체가 업무의 일부를 위탁 또는 위촉한 개인의 성명·직업

7. 법인·단체 또는 개인(이하 '법인 등'이라 한다)의 경영상·영업상 비밀에 관한 사항으로서 공개될 경우 법인 등의 정당한 이익을 현저히 해칠 우려가 있다고 인정되는 정보. 다만, 다음 각 목에 열거한 정보는 제외한다.
   가. 사업활동에 의하여 발생하는 위해(危害)로부터 사람의 생명·신체 또는 건강을 보호하기 위하여 공개할 필요가 있는 정보
   나. 위법·부당한 사업활동으로부터 국민의 재산 또는 생활을 보호하기 위하여 공개할 필요가 있는 정보
8. 공개될 경우 부동산 투기, 매점매석 등으로 특정인에게 이익 또는 불이익을 줄 우려가 있다고 인정되는 정보

② 공공기관은 제1항 각 호의 어느 하나에 해당하는 정보가 기간의 경과 등으로 인하여 비공개의 필요성이 없어진 경우에는 그 정보를 공개 대상으로 하여야 한다.

④ 공공기관(국회·법원·헌법재판소 및 중앙선거관리위원회는 제외한다)은 제3항에 따라 수립된 비공개 세부기준이 제1항 각 호의 비공개 요건에 부합하는지 3년마다 점검하고 필요한 경우 비공개 세부기준을 개선하여 그 점검 및 개선 결과를 행정안전부장관에게 제출하여야 한다.

(2) 판례

1) 「공공기관의 정보공개에 관한 법률」 제9조 제1항 제1호 소정의 '법률에서 위임한 명령'의 의미(법규명령)

「공공기관의 정보공개에 관한 법률」 제9조 제1항 제1호 소정의 '법률에서 위임한 명령'은 법률의 위임 규정에 의하여 제정된 대통령령, 총리령, 부령 전부를 의미한다기보다는 **정보의 공개에 관하여 법률의 구체적인 위임 아래 제정된 법규명령(위임명령)을 의미**한다. 교육공무원승진규정은 법률이 위임한 명령에 해당하지 아니하므로 정보공개청구를 거부하는 것은 위법하다(대판 2006.10.26. 2006두11910).

2) **검찰보존사무규칙 중** 기록의 열람·등사 제한을 규정한 제22조는 법률상의 위임근거가 없으며, 행정기관 내부의 사무처리 준칙으로서 **행정규칙에 불과하므로,** 「공공기관의 정보공개에 관한 법률」 제9조 제1항 제1호의 **'다른 법률 또는 법률에 의한 명령에 의하여 비공개사항으로 규정된 경우'에 해당하지 않는다**(대판 2006.5.25. 2006두3049).

3) 원심은 「공공기관의 정보공개에 관한 법률」에 의한 정보공개청구와 「군사기밀보호법」에 의한 군사기밀 공개요청이 동일하거나 후자가 포함된 것으로 간주하여 피고의 정보공개 거부처분이 위법하다고 판단하였으나, 「공공기관의 정보공개에 관한 법률」에 의한 정보공개의 청구와 「군사기밀보호법」에 의한 군사기밀의 공개요청은 그 상대방, 처리절차 및 공개의 사유 등이 전혀 다르므로, <u>「공공기관의 정보공개에 관한 법률」에 의한 정보공개청구를 「군사기밀보호법」에 의한 군사기밀 공개요청과 동일한 것으로 보거나 그 공개요청이 포함되어 있는 것으로 볼 수는 없다</u>(대판 2006.11.10. 2006두9351).

4) 일본군 위안부 피해자 합의

甲이 외교부장관에게 '2015.12.28. 일본군 위안부 피해자 합의와 관련하여 한일 외교장관 공동 발표문의 문안을 도출하기 위해 진행한 협의 협상에서 일본군과 관헌에 의한 위안부 강제연행의 존부 및 사실인정 문제에 대해 협의한 외교부장관 생산 문서'의 공개를 청구했으나, 외교부장관이 「공공기관의 정보공개에 관한 법률」 제9조 제1항 제2호를 근거로 비공개 결정을 내렸다. 일본군 위안부 피해자 합의 관련 협의가 비공개로 진행되었고, 양국 모두 비공개 문서로 취급하는 점, 공개 시 외교적 신뢰에 심각한 타격을 줄 수 있는 점 등을 고려하여, **비공개 처분이 적법하다**(대판 2023.6.1. 2021두41324).

5) 진행 중인 재판에 관련된 정보

「공공기관의 정보공개에 관한 법률」 제9조 제1항 제4호는 '진행 중인 재판에 관련된 정보'를 비공개대상정보로 규정하여, 재판의 독립성과 공정성을 보호하려는 목적을 가지고 있다. 이에 따라, 공공기관이 '진행 중인 재판에 관련된 정보'를 이유로 정보공개를 거부하려면, 그 정보가 단순히 재판과 관련되었다는 이유만으로는 부족하며, 해당 정보가 진행 중인 재판의 심리나 재판결과에 구체적으로 영향을 미칠 위험이 있는 정보에 한정된다고 보아야 한다. 따라서 **재판과 관련된 모든 정보가 비공개대상이 되는 것은 아니며, 재판에 실질적 영향을 줄 수 있는 정보만이 비공개대상이 된다**(대판 2018.9.28. 2017두69892).

6) 외국에서 비공개를 전제로 접수한 정보

「공공기관의 정보공개에 관한 법률」 제9조 제1항 제5호에서 비공개대상정보로 규정한 '공개될 경우 업무의 공정한 수행에 현저한 지장을 초래할 만한 상당한 이유가 있는 정보'란, 그 정보가 공개될 경우 업무의 공정한 수행에 객관적으로 현저한 지장을 줄 가능성이 높은 경우를 의미한다. 이러한 정보가 비공개 대상에 해당하는지는 비공개에 따른 업무 공정성 보호와 공개에 따른 국민의 알 권리, 국정 참여, 국정 운영의 투명성 확보라는 이익을 비교하여, 구체적인 사안에 따라 신중하게 판단해야 한다. 외국 또는 외국 기관으로부터 비공개를 전제로 정보를 입수하였다는 이유만으로 이를 공개할 경우 업무의 공정한 수행에 현저한 지장을 받을 것이라고 단정할 수는 없다(대판 2018.9.28. 2017두69892).

7) 징벌위원회 회의록

① **공개정보와 비공개정보**: 교도소에 수용 중이던 재소자가 담당 교도관들을 상대로 가혹행위를 이유로 형사고소 및 민사소송을 제기하면서 그 증명자료 확보를 위해 '근무보고서'와 '징벌위원회 회의록' 등의 정보공개를 요청하였으나 교도소장이 이를 거부한 사안에서, 근무보고서는 공공기관의 「공공기관의 정보공개에 관한 법률」 제9조 제1항 제4호에 정한 비공개대상정보에 해당한다고 볼 수 없고, 징벌위원회 회의록 중 비공개 심사·의결 부분은 위 법 제9조 제1항 제5호의 비공개사유에 해당하지만 재소자의 진술, 위원장 및 위원들과 재소자 사이의 문답 등 징벌절차 진행 부분은 비공개사유에 해당하지 않는다.

② **부분공개**: 「공공기관의 정보공개에 관한 법률」 제14조의 정보의 부분 공개가 허용되는 경우란 그 정보의 공개방법 및 절차에 비추어 당해 정보에서 비공개대상정보에 관련된 기술 등을 제외 혹은 삭제하고 나머지 정보만을 공개하는 것이 가능하고 나머지 부분의 정보만으로도 공개의 가치가 있는 경우를 의미한다. 사안에서 징벌위원회 회의록 중 비공개 심사·의결 부분을 제외하고 재소자의 진술, 위원장 및 위원들과 재소자 사이의 문답 등 징벌절차 진행 부분은 분리 공개가 허용되어야 한다(대판 2009.12.10. 2009두12785).

8) 학교환경위생구역 내 금지행위(숙박시설) 해제결정에 관한 학교환경위생정화위원회의 회의록에 기재된 발언내용에 대한 해당 발언자의 인적 사항 부분

「공공기관의 정보공개에 관한 법률」 제7조 제1항 제5호의 '**공개될 경우 업무의 공정한 수행에 현저한 지장을 초래한다고 인정할 만한 상당한 이유**'는 정보가 공개될 경우 업무의 공정한 수행에 객관적으로 큰 지장이 발생할 가능성이 높을 때를 의미한다. 이를 판단할 때는 비공개에 따른 업무수행의 공정성 보호와 공개에 따른 국민의 알 권리, 국정 참여, 국정 운영의 투명성 확보 등을 비교하여 신중하게 판단해야 한다. 학교정화위원회의 심의 과정에서 발언자의 인적 사항이 공개될 경우, 발언자들이 솔직하고 자유롭게 의견을 교환하는 데 심리적 압박을 느껴 업무의 공정성이 침해될 우려가 있다고 보아, 이러한 사태를 막아 정화위원들이 심의에 집중하도록 함으로써 심의의 충실화와 내실화를 도모하기 위하여는 **회의록의 발언내용 이외에 해당 발언자의 인적 사항**까지 외부에 공개되어서는 아니 된다(대판 2003.8.22. 2002두12946).

9) 학교폭력대책자치위원회 회의록

① **법률에 의한 명령의 의미**: 「공공기관의 정보공개에 관한 법률」제9조 제1항 제1호에서 말하는 '법률에 의한 명령'은 법규명령(위임명령)을 의미하며, 이는 법률 간의 마찰을 피하기 위한 취지로, 다른 법률 등에 의해 비밀 또는 비공개로 규정된 정보는 공개하지 않을 수 있다고 규정한다.

② **학교폭력대책자치위원회 회의록 비공개 사례**: 「학교폭력예방 및 대책에 관한 법률」및 시행령에 따라, 학교폭력대책자치위원회의 회의록은 비공개대상정보로 규정되며, 이는 「공공기관의 정보공개에 관한 법률」제9조 제1항 제1호의 비공개대상정보에 해당한다고 판시하였다.

③ **업무의 공정한 수행에 지장을 초래하는 정보의 의미**: 「공공기관의 정보공개에 관한 법률」제9조 제1항 제5호에서 말하는 '공개될 경우 업무의 공정한 수행에 현저한 지장을 초래할 가능성이 있는 정보'란, **공개 시 업무의 공정성이 현저히 훼손될 가능성이 높은 정보를 의미하며**, 공개 여부는 공정성 보호와 국민의 알 권리 사이에서 신중하게 판단되어야 한다.

④ **학교폭력대책자치위원회 회의록의 공정한 수행에 지장을 줄 수 있는 정보 해당 사례**: 학교폭력대책자치위원회의 자유롭고 활발한 심의를 보장하기 위해, 회의록의 발언 내용이 공개되지 않아야 하며, 이는 「공공기관의 정보공개에 관한 법률」제9조 제1항 제5호에 따른 비공개대상정보에 해당한다(대판 2010.6.10. 2010두2913).

10) 개인의 사생활의 비밀 또는 자유를 침해할 우려가 인정되는 불기소처분 기록 중 피의자신문조서

「공공기관의 정보공개에 관한 법률」제9조 제1항 제6호에 따른 비공개대상정보에는 이름·주민등록번호 등 개인식별정보뿐만 아니라, 개인의 사생활의 비밀과 자유를 침해할 우려가 있는 정보도 포함된다고 해석해야 한다. 이에 따라 불기소처분 기록 중 피의자신문조서의 인적 사항 이외의 진술내용도 개인의 사생활을 침해할 우려가 있다면 비공개대상에 해당한다. 고소인이, 자신이 고소하였다가 불기소처분된 사건기록의 피의자신문조서, 진술조서 중 피의자 등 개인의 인적 사항을 제외한 부분의 정보공개를 청구하였으나 해당 검찰청 검사장이 「공공기관의 정보공개에 관한 법률」제9조 제1항 제6호에 해당한다는 이유로 비공개결정을 한 사안에서, 비공개결정한 정보 중 관련자들의 이름을 제외한 주민등록번호, 직업, 주소(주거 또는 직장주소), 본적, 전과 및 검찰 처분, 상훈·연금, 병역, 교육, 경력, 가족, 재산 및 월수입, 종교, 정당·사회단체가입, 건강상태, 연락처 등 개인에 관한 정보는 개인에 관한 사항으로서 공개되면 개인의 내밀한 비밀 등이 알려지게 되고 그 결과 인격적·정신적 내면생활에 지장을 초래하거나 자유로운 사생활을 영위할 수 없게 될 위험성이 있는 정보에 해당한다고 보아 이를 비공개대상정보에 해당한다(대판 2012.6.18. 2011두2361).

11) 변호시험 합격자 성명

제3회 변호사시험 합격자 성명이 공개될 경우 그 합격자들의 사생활의 비밀 또는 자유를 침해할 우려가 있다고 하더라도 그 비공개로 인하여 보호되는 사생활의 비밀 등 이익보다 공개로 인하여 달성되는 공익 등 공개의 필요성이 더 크므로 이 사건 정보는 「개인정보 보호법」 제18조 제1항에 의하여 공개가 금지된 정보에 해당하지 아니하고 구 공공기관의 정보공개에 관한 법률 제9조 제1항 제6호 단서 (다)목에 따라서 공개함이 타당하다(대판 2021.11.11. 2015두53770).

12) 충청북도지사가 주최한 간담회·연찬회

주최한 간담회·연찬회 등 각종 행사 관련 지출 증빙에 포함된 행사참석자를 식별할 수 있는 개인에 관한 정보 중 공무원이 직무와 관련하여 행사에 참석한 경우의 정보는 공개해야 할 정보이고 공무원의 주민등록번호와 공무원이 직무와 관련 없이 개인적인 자격 등으로 행사에 참석한 경우의 정보는 비공개정보이다(대판 2004.8.20. 2003두8302).

☑ 비공개대상정보와 공개대상정보

비공개대상정보	공개대상정보
• 국가정보원이 직원에게 지급하는 현금급여 및 월초수당에 관한 정보(대판 2010.12.23. 2010두14800) • 국가정보원의 조직·소재지·정원에 관한 정보(대판 2013.1.24. 2010두18918) • 대학수학능력시험 수험생의 원점수정보 중 수험생의 수험번호, 성명, 주민등록번호 등 인적 사항(대판 2010.2.11. 2009두6001) • 지방자치단체의 업무추진비 세부항목별 집행내역 및 그에 관한 증빙서류에 포함된 개인에 관한 정보(대판 2003.3.11. 2001두6425) • 보안관찰 관련 통계자료(대판 전합 2004.3.18. 2001두8254) • 징벌위원회 회의록 중 비공개심사·의결부분(대판 2009.12.10. 2009두12785) • 학교폭력대책자치위원회의 회의록(대판 2010.6.10. 2010두2913) • 망인들에 대한 독립유공자서훈 공적심사위원회의 심의·의결 과정 및 그 내용을 기재한 회의록(대판 2014.7.24. 2013두20301) • 「공직자윤리법」상의 등록의무자가 정부공직자윤리위원회에 제출한 문서에 포함되어 있는 고지거부자의 성명, 서명·날인 등 인적 사항(대판 2007.12.13. 2005두13117) • 고속철도 (오송)역의 유치위원회에 지방자치단체로부터 지급받은 보조금의 사용 내용에 관한 서류 일체 등의 공개를 청구한 경우, 개인의 성명(대판 2009.10.29. 2009두14224) • 국방부의 한국형 다목적 헬기(KMH) 도입사업에 대한 감사원장의 감사결과보고서(대판 2006.11.10. 2006두9351) • 학교환경위생구역 내 금지행위(숙박시설) 해제결정에 관한 학교환경위생정화위원회의 회의록에 기재된 발언내용에 대한 해당 발언자의 인적 사항 부분(대판 2003.8.22. 22002두12946) • 문제은행 출제방식을 채택하고 있는 치과의사 국가시험의 문제지와 그 정답지(대판 2007.6.15. 2006두15936)	• 교육공무원의 근무성적평정의 결과(대판 2006.10.26. 2006두11910) • 「검찰보존사무규칙」에 의한 열람·등사의 제한(대판 2012.6.28. 2011두16735) • 2002학년도부터 2005학년도까지의 대학수학능력시험 원데이터(대판 2010.2.25. 2007두9877) • 교도소의 근무보고서(대판 2009.12.10. 2009두12785) • 징벌위원회 회의록 중 재소자의 진술, 위원장 및 위원들과 재소자 사이의 문답 등 징벌절차 진행부분(대판 2009.12.10. 2009두12785) • 교도소장이 재단법인 교정협회로 송금한 수익금 총액과 교도소장에게 배당된 수익금액 및 사용내역, 수용자 외부병원 이송진료와 관련한 이송진료자 수, 이송진료자의 진료내역별 (치료, 검사, 수술) 현황, 이송진료자의 병명별 현황, 수용자신문구독현황과 관련한 각 신문별 구독신청자 수 등에 관한 정보(대판 2004.12.9. 2003두12707) • '공직자윤리법」상의 등록의무자가 제출한 자신의 재산등록사항의 고지를 거부한 직계존비속의 본인과의 관계, 성명, 고지거부사유, 서명(날인)'이 기재되어 있는 문서(대판 2007.12.13. 2005두13117) • 사면대상자들의 사면실시건의서와 그와 관련된 국무회의 안건자료에 관한 정보(대판 2006.12.7. 2005두241) • 아파트재건축주택조합의 조합원들에게 제공될 무상보상평수의 사업수익성 등을 검토한 자료(대판 2006.1.13. 2003두9459) • 대한주택공사의 아파트 분양원가 산출내역(대판 2007.6.1. 2006두20587) • 한국방송공사의 수시집행 접대성 경비의 건별 집행서 내역(대판 2008.10.23. 2007두1798) • 사법시험 제2차 시험의 답안지(대판 2003.3.14. 2000두6114)

- 사법시험 제2차 시험의 시험문항에 대한 채점위원별 채점 결과의 열람(대판 2003.3.14. 2000두6114)
- 직무유기혐의 고소사건에 대한 내부감사과정에서 경찰관들에게서 받은 경위서(대판 2012.10.11. 2010두18758)
- 방송사의 취재활동을 통하여 확보한 결과물이나 그 과정에 관한 정보 또는 방송프로그램의 기획·편성·제작 등에 관한 정보(대판 2010.12.23. 2008두13101)
- KBS가 황우석 교수의 논문조작사건에 관한 사실관계의 진실 여부를 밝히기 위하여 제작한 '추적 60분' 가제 "새튼은 특허를 노렸나."인 방송용 60분 분량의 편집원본 테이프(대판 2010.12.23. 2008두13101)
- 개인의 사생활의 비밀 또는 자유를 침해할 우려가 인정되는 불기소처분 기록 중 피의자신문조서에 기재된 피의자 등의 인적 사항 이외의 진술내용(대판 2012.6.18. 2011두2361)

9 정보공개를 거부한 경우 권리구제절차

1. 이의신청

(1) 이의신청에 대한 결정

청구인이 정보공개와 관련한 공공기관의 비공개 결정 또는 부분 공개 결정에 대하여 불복이 있거나 **정보공개청구 후 20일이 경과하도록 정보공개 결정이 없는 때**에는 공공기관으로부터 정보공개 여부의 결정 통지를 받은 날 또는 **정보공개청구 후 20일이 경과한 날부터 30일 이내에 해당 공공기관에 문서로 이의신청을 할 수 있다.** 공공기관은 이의신청을 받은 날부터 7일 이내에 그 이의신청에 대하여 결정하고 그 결과를 청구인에게 지체 없이 문서로 통지하여야 한다(「공공기관의 정보공개에 관한 법률」 제18조 제1항·제3항).

(2) 제소기간 기산점

「공공기관의 정보공개에 관한 법률」 제18조 제1항·제3항·제4항, 제20조 제1항, 「행정소송법」 제20조 제1항의 규정 내용과 그 취지 등을 종합하여 보면, 청구인이 공공기관의 비공개 결정 또는 부분 공개 결정에 대한 이의신청을 하여 공공기관으로부터 이의신청에 대한 결과를 통지받은 후 취소소송을 제기하는 경우 그 제소기간은 **이의신청에 대한 결과를 통지받은 날부터** 기산한다고 봄이 타당하다(대판 2023.7.27. 2022두52980).

2. 행정심판

청구인이 정보공개와 관련한 공공기관의 결정에 대하여 불복이 있거나 정보공개청구 후 20일이 경과하도록 정보공개 결정이 없는 때에는 「행정심판법」에서 정하는 바에 따라 행정심판을 청구할 수 있다(「공공기관의 정보공개에 관한 법률」 제19조 제1항). 청구인은 **이의신청절차를 거치지 아니하고 행정심판을 청구하거나**(동법 제19조 제2항) 행정소송을 제기할 수 있다(동법 제20조).

3. 행정소송

(1) 행정소송의 제기

청구인이 정보공개와 관련한 공공기관의 결정에 대하여 불복이 있거나 정보공개청구 후 20일이 경과하도록 정보공개 결정이 없는 때에는 「행정소송법」에서 정하는 바에 따라 행정소송을 제기할 수 있다(「공공기관의 정보공개에 관한 법률」 제20조 제1항).

(2) 재판장의 비공개 열람심사

재판장은 필요하다고 인정하면 당사자를 참여시키지 아니하고 제출된 공개청구정보를 비공개로 열람·심사할 수 있다(「공공기관의 정보공개에 관한 법률」 제20조 제2항).

(3) 소의 이익

1) 정보공개청구권은 법률상 보호되는 구체적인 권리이므로 **청구인이 공공기관에 대하여 정보공개를 청구하였다가 거부처분을 받은 것 자체**가 **법률상 이익의 침해에 해당한다**고 할 것이고, 거부처분을 받은 것 이외에 추가로 어떤 법률상의 이익을 가질 것을 요구하는 것은 아니다(대판 2004.9.23. 2003두1370 ; 대판 2003.12.12. 2003두8050).

2) 청구인이 정보공개거부처분의 취소를 구하는 소송에서, <u>공공기관이 청구정보를 법원에 제출하여 법원을 통해 청구인에게 사본이 교부되거나 송달된 경우</u>, 이는 「공공기관의 정보공개에 관한 법률」에서 예정하지 않은 우회적인 방법이므로, 「공공기관의 정보공개에 관한 법률」에 의한 공개로 볼 수 없다. 따라서 정보의 비공개결정 취소를 구할 소의 이익은 소멸되지 않는다(대판 2016.12.15. 2012두11409).

3) 공개청구자가 특정한 바와 같은 정보를 공공기관이 보유·관리하고 있지 않은 경우라면 특별한 사정이 없는 한 해당 정보에 대한 공개거부처분에 대하여는 취소를 구할 법률상 이익이 없다(대판 2013.1.24. 2010두18918).

10 제3자와 관련된 정보의 공개와 권리구제절차

1. 제3자와 관련 있는 정보공개청구

공공기관은 공개청구된 **공개대상정보의 전부 또는 일부가 제3자와 관련이 있다고 인정할 때에는** 그 사실을 제3자에게 지체 없이 통지하여야 하며, 필요한 경우에는 그의 의견을 들을 수 있다(「공공기관의 정보공개에 관한 법률」 제11조 제3항).

2. 제3자의 비공개 요청

(1) 공개청구된 사실을 통지받은 제3자는 그 통지를 받은 날부터 3일 이내에 해당 공공기관에 대하여 자신과 관련된 정보를 공개하지 아니할 것을 요청할 수 있다(「공공기관의 정보공개에 관한 법률」 제21조 제1항).

(2) 「공공기관의 정보공개에 관한 법률」 제11조 제3항과 제21조 제1항은 공공기관이 제3자와 관련된 공개청구된 정보의 공개 여부를 결정하기 위해 제3자에게 통지하고, 필요한 경우 그 의견을 청취할 수 있도록 규정하고 있다. 그러나 **제3자의 비공개 요청이 있더라도** 이는 정보의 비공개사유를 자동으로 인정하는 것이 아니며, 단순히 공공기관이 거쳐야 할 절차를 규정한 것일 뿐, **「공공기관의 정보공개에 관한 법률」상 정보의 비공개사유로 인정되지 않는다**(대판 2008.9.25. 2008두8680).

(3) 비공개 요청에도 불구하고 공공기관이 공개 결정을 하는 때에는 공개 결정 이유와 공개 실시일을 분명히 밝혀 지체 없이 문서로 통지하여야 하며, 제3자는 해당 공공기관에 문서로 이의신청을 하거나 행정심판 또는 행정소송을 제기할 수 있다. 이 경우 **이의신청은 통지를 받은 날부터 7일 이내에 하여야 한다**(「공공기관의 정보공개에 관한 법률」 제21조 제2항).

(4) 공공기관은 공개 결정일과 공개 실시일의 사이에 최소한 30일의 간격을 두어야 한다(「공공기관의 정보공개에 관한 법률」 제21조 제3항).

11 자료의 제출 요구

국회사무총장·법원행정처장·헌법재판소사무처장·중앙선거관리위원회사무총장 및 행정안전부장관은 필요하다고 인정하면 **관계 공공기관에 정보공개에 관한 자료제출 등의 협조를 요청할 수 있다**(「공공기관의 정보공개에 관한 법률」 제25조).

☑ 개인정보보호와 정보공개청구의 비교

구분	개인정보보호	정보공개청구
보장이유	개인정보보호를 위해	국민의 정치적 의사형성에 필요한 정보제공
헌법상 근거	국민주권, 사생활 비밀과 자유	표현의 자유, 인간의 존엄과 가치, 인간다운 생활을 할 권리, 국민주권
일반법	「개인정보 보호법」	「공공기관의 정보공개에 관한 법률」
적용객체	공공기관, 법인, 단체, 개인	공공기관
정보공개청구주체	사인인 정보주체	• 모든 국민 • 법인 • 법인 아닌 사단·재단 • 외국인
위원회 소속	국무총리	행정안전부장관
제3자와 관련된 정보공개청구	×	○

제5장 행정의 실효성 확보수단

제1절 행정의 실효성 확보수단의 전체 개괄

1 전체 체계

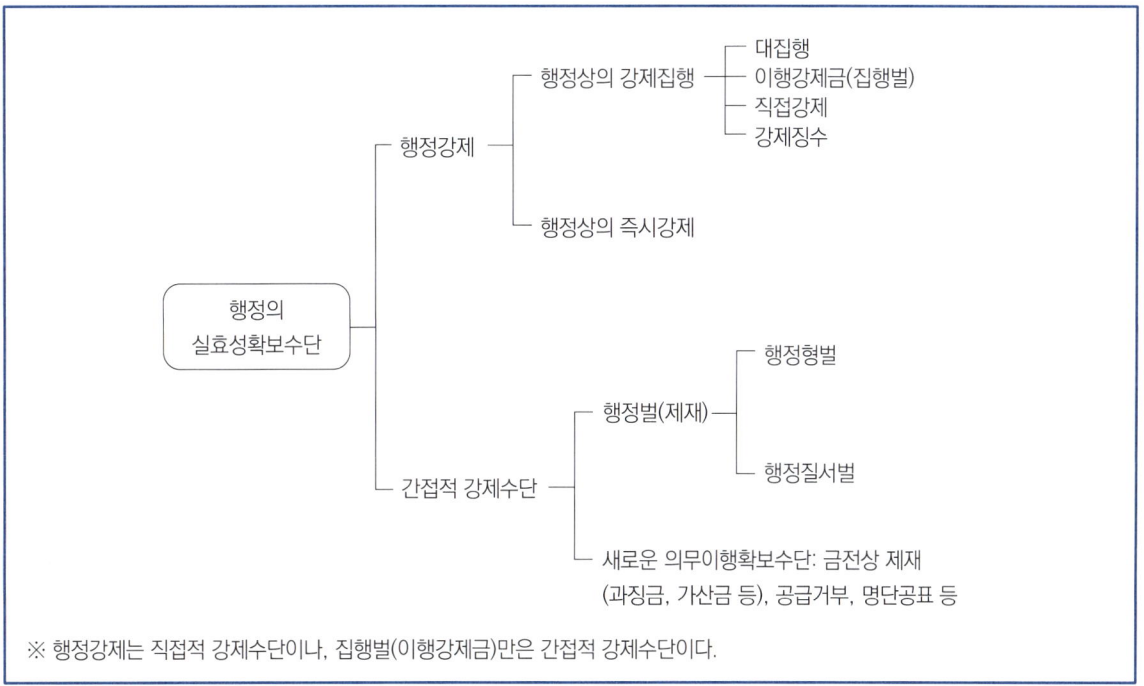

※ 행정강제는 직접적 강제수단이나, 집행벌(이행강제금)만은 간접적 강제수단이다.

2 행정상 강제집행

1. 의의

    행정청이 하명을 하면 상대방은 의무를 진다. 상대방이 의무를 불이행한 경우 행정청은 의무 이행 확보를 위해 심리적 압박을 가하거나 그 신체·재산에 실력을 가하여 의무 이행상태를 실현하는 작용을 행정상의 강제집행이라 한다.

2. 행정상 강제집행은 하명을 전제로 한다.

    행정상 강제집행은 하명에 따른 의무 이행을 확보하는 수단이므로 하명을 전제로 한다. 다만, 행정상 강제집행은 하명의 쟁송기간의 도과로 인한 불가쟁력이 발생할 것을 요건으로 하지는 않는다. **위법한**

하명도 무효가 아닌 한, 공정력이 있으므로 행정상 강제집행이 가능하다.

3 행정상 강제집행의 법적 근거

1. 의무 부과의 법적 근거 외에 강제집행에 대한 법적 근거 필요

행정상 강제집행은 국민의 신체·재산에 실력을 가하여 행정상 의무 이행을 확보하는 수단으로서 그에 의하여 국민의 자유와 권리가 침해될 수 있으므로, **의무 부과에 대한 법적 근거 외에 별도로 강제집행의 법적 근거가 필요**하다.

2. 「행정기본법」

(1) 일반법

그 동안은 행정상 강제에 대한 일반법이 없었는데, 「행정기본법」 제30조는 행정상 강제의 일반법이다.

(2) 행정상 강제 법정주의

「행정기본법」 제30조 제1항은 행정청은 행정목적을 달성하기 위하여 필요한 경우에는 법률로 정하는 바에 따라 조치를 할 수 있도록 하여 행정상 강제는 법률로 정해져야 한다는 법정주의를 채택하고 있다.

(3) 비례원칙

행정상 강제는 비례원칙을 준수해야 한다. 필요 이상의 행정상 강제는 비례원칙에 반하여 위법하게 된다.

(4) 행정청의 행정상 강제 선택재량

1) 행정대집행과 이행강제금

「행정기본법」 제30조는 행정청은 행정목적을 달성하기 위하여 필요한 경우에는 어느 하나에 해당하는 조치를 할 수 있다고 규정하여 행정상 강제 종류를 선택할 수 있는 재량을 부여하고 있다. <u>행정청은 행정목적을 위하여 행정대집행과 이행강제금의 부과 중 하나를 선택할 수 있다.</u> 행정대집행과 이행강제금을 선택적으로 활용할 수 있다고 한 헌법재판소 판례를 수용했다고 볼 수 있다.

2) 다른 행정상 강제집행과 직접강제, 행정상 즉시강제

직접강제는 「행정기본법」 제32조 규정에 따라 행정대집행이나 이행강제금 부과의 방법으로는 행정상 의무 이행을 확보할 수 있다면 허용되지 않는다. 또한 즉시강제는 「행정기본법」 제33조 규정에 따라 다른 수단으로는 행정목적을 달성할 수 없는 경우에만 허용되므로 즉시강제와 다른 행정상 강제수단과의 선택의 자유는 인정되지 않는다.

> **판례**
>
> 개별사건에 있어서 위반내용, 위반자의 시정의지 등을 감안하여 허가권자는 행정대집행과 이행강제금을 선택적으로 활용할 수 있고, 행정대집행과 이행강제금 부과가 동시에 이루어지는 것이 아니라 허가권자의 합리적인 재량에 의해 선택하여 활용하는 이상 이를 중첩적인 제재에 해당한다고 볼 수 없다(헌재 2011.10.25. 2009헌바140).

(5) 행정상 강제 조항의 배제

형사(刑事), 행형(行刑) 및 보안처분 관계 법령에 따라 행하는 사항이나 외국인의 출입국·난민인정·귀화·국적회복에 관한 사항에 관하여는 이 절을 적용하지 아니한다.

제2절 행정대집행

1 의의

「행정기본법」 제30조 제1항 제1호는 행정대집행을 의무자가 행정상 의무(법령 등에서 직접 부과하거나 행정청이 법령 등에 따라 부과한 의무를 말한다)로서 타인이 대신하여 행할 수 있는 의무를 이행하지 아니하는 경우 법률로 정하는 다른 수단으로는 그 이행을 확보하기 곤란하고 그 불이행을 방치하면 공익을 크게 해칠 것으로 인정될 때에 행정청이 의무자가 하여야 할 행위를 스스로 하거나 제3자에게 하게 하고 그 비용을 의무자로부터 징수하는 것으로 규정하고 있다.

2 대집행의 요건

1. 작위하명

법규하명(법률, 법률위임에 의한 명령뿐 아니라 조례에 의한 직접하명)과 행정행위로서 하명 중 작위하명을 전제로 한다.

2. 공법상 의무 불이행

사법상 의무의 불이행은 대집행의 대상이 되지 아니한다. 따라서 **사업시행자와 건물소유자 간 협의취득 시 건물소유자가 매매대상 건물에 대한 철거의무를 부담하겠다는 취지의 약정**은 사법상 의무이지 공법상 의무가 아니므로 대집행의 대상이 될 수 없다(대판 2006.10.13. 2006두7096). 그러나 「국유재산법」 제74조 규정 등에 의하여 국유·공유재산은 행정재산 또는 일반재산인지 여부와 관계없이, 공법상 의무인지와 관계없이 대집행을 할 수 있다. **공유재산의 대부계약이 해지된 경우** 원상회복을 위한 철거의무도 대집행이 가능하다.

3. 대체적 작위의무의 불이행

(1) 대체적 작위의무 불이행

불법광고물의 철거의무, 시설개선의무, 건물의 수리의무, 건물의 청소·소독의무, 식목의무, 불법개간산림의 원상회복의무, 대부계약이 해지된 경우 원상회복을 위하여 실시하는 지상물철거의무는 대집행이 대상이 된다.

(2) 비대체적 작위의무, 부작위의무, 수인의무, 금전급부의무 불이행의 경우 대집행 불가

비대체적 작위의무(의사의 진료의무, 증인의 출석의무, **토지·건물 인도의무**, 국유지·매점 퇴거의무, 외국인 강제퇴거, 장례식장 사용중지), 부작위의무(용도 위반 부분을 장례식장으로 사용하는 것을 중지할 것과 이를 불이행할 경우), 수인의무(전염병환자의 격리), 금전급부의무, 전염병환자가 특정 업무에 종사해서는 안 될 의무를 불이행할 경우 대집행을 할 수 없다.

> **판례**
>
> 피수용자 등이 기업자에 대하여 부담하는 수용대상 토지의 인도의무에 관한 구 토지수용법 규정에서의 '인도'에는 명도도 포함되는 것으로 보아야 하고, 이러한 명도의무는 그것을 강제적으로 실현하면서 직접적인 실력행사가 필요한 것이지 대체적 작위의무라고 볼 수 없으므로 특별한 사정이 없는 한 「행정대집행법」에 의한 대집행의 대상이 될 수 있는 것이 아니다. 구 토지수용법 제63조의 규정에 따라 피수용자 등이 기업자에 대하여 부담하는 수용대상 토지의 인도 또는 그 지장물의 명도의무 등이 비록 공법상의 법률관계라고 하더라도, 그 권리를 피보전권리로 하는 명도단행가처분은 그 권리에 끼칠 현저한 손해를 피하거나 급박한 위험을 방지하기 위하여 또는 그 밖의 필요한 이유가 있을 경우에는 허용될 수 있다(대판 2005.8.19. 2004다2809).

(3) 부작위의무 위반

단순한 부작위의무 위반, 즉 법령에서 절대적 또는 상대적 금지를 위반한 경우, 법령에 명시적인 행정처분 권한이 없으면, 법치주의 원칙에 따라 부작위의무로부터 그 의무를 위반함으로써 생긴 결과를 시정하기 위한 작위의무를 당연히 끌어낼 수는 없으며, 위 금지규정으로부터 작위의무, 즉 위반결과의 시정을 명하는 권한이 당연히 추론되는 것도 아니다(대판 1996.6.28. 96누4374).

(4) 의무의 불이행을 방치함이 심히 공익을 해하는 경우

무허가로 불법건축되어 철거할 의무가 있는 건축물을 방치하면 공익을 해칠 우려가 있다. 그러나 대수선 및 구조변경 허가의 내용과 다르게 건물을 증·개축하였으나 증평부분 철거로 많은 비용이 소요되고 외관만을 손상시킨다면, 철거의무 불이행을 방치함이 심히 공익을 해하는 것은 아니다.

(5) 보충성 요건

다른 수단으로써 불이행된 의무 이행을 확보하기 곤란할 것을 요건으로 한다.

3 대집행 여부

「건축법」에 위반하여 건축한 것이어서 철거의무가 있는 건물이라 하더라도 그 철거의무를 대집행하기 위한 계고처분을 하려면 다른 방법으로는 이행의 확보가 어렵고 불이행을 방치함이 심히 공익을 해하는 것으로 인정될 때에 한하여 허용되고 이러한 요건의 주장·입증책임은 처분 행정청에 있다(대판 1996.10.11. 96누8086). 대집행의 요건이 충족된 경우에도 **대집행을 할 것인지의 여부**는 행정청의 재량행위에 속한다는 것이 다수설, 판례(대판 1996.10.11. 96누8086)이다.

4 대집행과 민사소송

행정대집행의 절차가 인정되는 경우에는 따로 민사소송의 방법으로 시설물(공작물)의 철거·수거 등을 구할 수는 없다. 다만, 아무런 권원 없이 국유재산에 설치한 시설물에 대하여 행정청이 행정대집행을 실시하지 않는 경우, 그 **국유재산에 대한 사용청구권을 가지고 있는 자**가 국가를 대위하여 민사소송으로 그 시설물의 철거를 구할 수 있다(대판 2009.6.11. 2009다1122).

5 대집행의 절차

1. 계고(戒告)

(1) 계고의 법적 성질

대집행의 계고는 준법률행위적 행정행위로서 의사의 통지에 해당하며, 따라서 위법한 계고에 대하여는 항고소송을 제기할 수 있다(대판 1966.10.31. 66누25). 그러나 제2차, 제3차의 계고처분은 새로운 철거의무를 부과한 것이 아니고 다만 대집행기한의 연기통지에 불과하므로 행정처분이 아니다.

(2) 계고의 방식

1) 대집행의 계고는 상당한 이행기한을 정하여 문서로써 하여야 한다. **문서가 아닌 구두에 의한 계고는 무효이다.**
2) 상당한 이행기한을 부여하지 아니한 계고처분은 위법한 처분이다.

> **판례**
> 1. 철거명령에서 주어진 일정 기간이 자진철거에 필요한 상당한 기간이라면 그 기간 속에는 계고 시에 필요한 '상당한 이행기간'도 포함되어 있다고 보아야 할 것이다(대판 1992.6.12. 91누13564).
> 2. 상당한 의무 이행기한을 부여하지 않은 계고처분은 나중에 집행시기를 늦추었다고 하더라도 위법하다(대판 1990.9.14. 90누2048).

(3) 계고의 내용

계고를 함에 있어서는 의무자가 이행하여야 할 행위와 그 의무 불이행 시 대집행할 행위의 내용 및 범위가 구체적으로 특정되어야 한다. 행정청이 대집행계고를 함에 있어서는 의무자가 스스로 이행하지 아니하는 경우에 대집행할 행위의 내용 및 범위가 구체적으로 특정되어야 한다(대판 1997.2.14. 96누15428).

(4) 의무 부과의 행정행위와 계고의 결합 가능 여부

판례에 의하면 한 장의 문서로 자진철거를 명하면서 상당기간이 지나서도 자진철거하지 않으면 대집행하겠다는 계고를 한 경우, 당해 계고처분은 허용된다(대판 1992.6.12. 91누13564).

(5) 계고절차의 생략

비상시 또는 위험이 절박한 경우에 있어서 당해 행위의 급속한 실시를 요하여 계고·대집행영장 통지의 수속을 취할 여유가 없을 때에는 그 수속을 거치지 아니하고 대집행을 할 수 있다(「행정대집행법」 제3조 제3항).

(6) 위법한 계고처분의 효력

위법한 대집행의 계고에 중대·명백한 하자가 있으면 무효사유에 해당하고, 그렇지 않은 단순한 위법의 경우는 취소사유에 해당한다.

2. 대집행영장에 의한 통지

(1) 대집행영장에 의한 통지는 준법률행위적 행정행위로서 의사의 통지에 해당한다. 따라서 처분성이 인정되어 항고소송의 대상이 된다.

(2) **서울 광장 대집행 사건**(대판 2010.11.11. 2009도11523)

2008년 한국진보연대와 참여연대 등 단체들은 미국산 쇠고기 수입에 반대하는 국민대책회의를 결성하고, 청계광장에서 촛불집회를 열었다. 이후 서울광장에 천막을 설치하고 노숙하기로 결의한 후 자진철거 요청을 받았으나 이를 거부하였다. 서울특별시는 강제철거를 시도했으나, 대책회의 소속 회원들은 몸싸움과 위세로 철거를 방해하였다. 이로 인해 대책회의 회원들은 공무원들의 정당한 직무집행을 방해한 혐의로 기소되었다.

1) 행정대집행의 특례규정인 「도로법」 제74조 제1항의 취지 및 그 적용범위

「도로법」 제74조 제1항은 일반인의 교통을 위하여 제공되는 도로로서 「도로법」 제10조에 열거된 도로를 불법 점용하는 경우 등에 적용될 뿐 「도로법」상 도로가 아닌 장소의 경우에까지 적용된다고 할 수 없고, 토지대장상 지목이 도로로 되어 있다고 하여 반드시 「도로법」의 적용을 받는 도로라고 할 수는 없다.

2) 도심광장인 '서울광장'은 「도로법」상의 행정대집행의 특례규정이 적용되는 도로라고 할 수 없다.

이 사건 서울광장은 「도로법」 제65조 제1항 소정의 행정대집행의 특례규정이 적용되는 「도로법」상 도로라고 할 수 없으므로, 서울시청 및 중구청 공무원들이 위와 같이 계고 및 대집행영장에 의한 통지절차를 거치지 아니한 채 한 이 사건 철거대집행은 구체적 직무집행에 관한 법률상 요건과 방식을 갖추지 못한 것으로서 적법성이 결여되었다 할 것이고, 따라서 피고인들이 이 사건 철거대집행직무를 행하는 공무원들에 대항하여 폭행이나 협박을 가하였다고 하더라도 특수공무집행방해죄는 성립되지 아니한다.

3. 대집행의 실행

(1) 실행의 법적 성질

대집행의 실행이란 물리적인 실력을 가하여 의무가 이행된 것과 같은 상태를 실현하는 것을 말한다. 따라서 이는 권력적 사실행위로서 그 실행의 상대방이 수인의무를 부담하므로 처분성이 인정된다.

(2) 야간 대집행

행정청은 **해가 뜨기 전이나 해가 진 후에는 대집행을 하여서는 아니 되나** 의무자가 동의한 경우, 해가 지기 전에 대집행을 착수한 경우 해가 뜬 후부터 해가 지기 전까지 대집행을 하는 경우에는 대집행의 목적 달성이 불가능한 경우, 그 밖에 비상시 또는 위험이 절박한 경우에는 일몰 후에도 대집행을 할 수 있다(「행정대집행법」 제4조 제1항).

(3) 실력 행사 가부

수인의무를 위반하여 의무자가 대집행의 실행에 저항할 경우 행정청이 실력으로 그 저항을 배제할 수 있느냐에 대해서는 견해 대립이 있으나, 이는 「경찰관 직무집행법」과 「형법」상의 공무집행방해죄에 의해 해결해야 한다는 부정설이 다수설·판례(대판 2017.4.28. 2016다213916)이다.

> **판례**
>
> 건물의 점유자가 철거의무자일 때에는 **건물철거의무에 퇴거의무도 포함**되어 있는 것이어서 별도로 퇴거를 명하는 집행권원이 필요하지 않다. 따라서 행정청이 행정대집행의 방법으로 건물철거의무의 이행을 실현할 수 있는 경우에는 건물철거대집행과정에서 부수적으로 건물의 점유자들에 대한 퇴거조치를 할 수 있고, **점유자들이 적법한 행정대집행을 위력을 행사하여 방해하는 경우** 「형법」상 공무집행방해죄가 성립하므로, 필요한 경우에는 「경찰관 직무집행법」에 근거한 위험발생방지조치 또는 「형법」상 공무집행방해죄의 범행방지 내지 현행범 체포의 차원에서 경찰의 도움을 받을 수도 있다(대판 2017.4.28. 2016다213916).

4. 비용징수

(1) 비용의 부담자

대집행에 소요되는 비용은 국가·지방자치단체나 행정청이 부담하는 것이 아니라 원칙적으로 **의무자가 부담한다**(「행정대집행법」 제2조 참조).

(2) 비용징수

「행정대집행법」에 따르면 대집행에 요한 비용은 「국세징수법」의 예에 의하여 징수할 수 있다. 한국토지주택공사가 대집행을 위해 지출한 비용의 상환을 「민법」 제750조에 기한 손해배상으로서 민사소송절차에 의하여 소구하는 것은 소의 이익이 없어 부적법하다(대판 2011.9.8. 2010다48240).

(3) 강제징수

1) 대집행에 요한 비용은 「국세징수법」의 예에 의하여 징수할 수 있다.
2) 대집행에 요한 비용에 대하여서는 행정청은 사무비의 소속에 따라 국세에 다음가는 순위의 선취득권을 가진다.
3) 대집행에 요한 비용을 징수하였을 때에는 그 징수금은 사무비의 소속에 따라 국고 또는 지방자치단체의 수입으로 한다.

6 하자의 승계

1. 의무 부과행위와 대집행절차 사이

건물철거명령이 당연무효가 아닌 이상 행정심판이나 소송을 제기하여 그 위법함을 소구하는 절차를 거치지 아니하였다면 위 선행행위인 건물철거명령은 적법한 것으로 확정되었다고 할 것이므로 후행행위인 대집행계고처분에서는 그 건물이 무허가건물이 아닌 적법한 건축물이라는 주장이나 그러한 사실 인정을 하지 못한다고 할 것이다(대판 1982.5.25. 81누44).

2. 대집행절차 사이

대집행은 계고 ⇨ 대집행영장의 통지 ⇨ 대집행의 실행 ⇨ 비용징수의 4단계로 이루어진다. 이러한 4단계의 행위는 각각 독립된 것이 아니고 상호 결합하여 대집행이라는 효과를 완성하는 것이기 때문에, **선행행위의 하자는 후행행위에 승계된다**.

7 대집행에 대한 구제

1. 행정쟁송

계고 등은 처분에 해당하므로 행정심판 또는 행정소송을 제기할 수 있다. 다만, 계고처분에 기한 대집행의 실행이 이미 사실행위로서 완료된 경우, 계고처분이나 대집행의 실행행위 자체의 무효확인이나 취소를 구할 법률상 이익은 없다(대판 1995.7.28. 95누2623).

2. 손해배상청구

위법한 행정대집행이 완료되면 그 처분의 무효확인 또는 취소를 구할 소의 이익은 없다 하더라도, 미리 그 행정처분의 취소판결이 있어야만 그 행정처분의 위법임을 이유로 한 손해배상청구를 할 수 있는 것은 아니다(대판 1972.4.28. 72다337). 즉, 행정대집행이 취소되지 않아도 손해배상은 가능하다.

3. 결과제거청구

대집행 후에도 위법상태가 계속된다면 경우에 따라서 피해자는 결과제거청구를 할 수도 있다.

제3절 이행강제금

1 서설

1. 의의

(1) 개념

이행강제금의 부과는 의무자가 행정상 의무를 이행하지 아니하는 경우 행정청이 적절한 이행기간을 부여하고, 그 기한까지 행정상 의무를 이행하지 아니하면 금전급부의무를 부과하는 것이다(「행정기본법」 제30조 제1항 제2호).

(2) 장래의 의무 이행 확보수단

이행강제금은 처벌이라는 의미보다 장래의 의무 이행이라는 점에 보다 큰 의미를 갖는 것이므로 과거의 행위에 대한 제재인 과태료와는 성질이 다르다. 따라서 형벌과 이행강제금의 부과는 이중처벌이 아니다(헌재 2004.2.26. 2001헌바80).

2. 특징

(1) 간접적 의무 이행 확보수단

대집행·직접강제는 직접적 의무 이행 확보수단이나, 이행강제금은 간접적 의무 이행 확보수단이다.

(2) 일신전속적 권리

이행강제금 납부의무는 상속인 기타의 사람에게 승계될 수 없는 일신전속적인 성질의 것이므로 이미 사망한 사람에게 이행강제금을 부과하는 내용의 처분이나 결정은 당연무효이다(대결 2006.12.8. 2006마470). 그러나 회사합병이 있는 경우에는 피합병회사의 권리·의무는 사법상의 관계나 공법상의 관계를 불문하고 그의 성질상 이전을 허용하지 않는 것을 제외하고는 모두 합병으로 인하여 존속한 회사에 승계되는 것으로 보아야 한다(대판 2019.12.12. 2018두63563).

2 이행강제금 부과

1. 부과요건

(1) 행정법상 의무

법규 또는 법령에 근거한 하명에 따른 의무가 존재해야 한다. 비대체적 작위의무·부작위의무뿐 아니라 대체적 작위의무의 경우에도 이행강제금을 부과할 수 있다. 헌법재판소는 대집행과 이행강제금은 선택적으로 활용할 수 있으며, 이처럼 그 합리석인 재량에 의해 선택하어 활용하는 이상 중첩적인 제재에 해당한다고 할 수 없다(헌재 2004.2.26. 2001헌바80)고 한다.

(2) 의무 불이행 또는 위반

의무 불이행 또는 의무 위반자에 대해 시정명령을 하고 **시정명령의 이행에 필요한 상당한 이행기한을 정하여 그 기한까지 시정명령을 이행하지 아니하면** 이행강제금을 부과한다(「건축법」 제80조 제1항).

> **판례**
> 1. **정당한 방법으로 행정청에 신청 또는 신고를 하였으나** 행정청이 위법하게 이를 거부 또는 반려함으로써 결국 그 처분이 취소되기에 이르렀다면, 특별한 사정이 없는 한 그 시정명령의 불이행을 이유로 이행강제금을 부과할 수는 없다고 보는 것이 위와 같은 이행강제금제도의 취지에 부합한다(대판 2018.1.25. 2015두35116).
> 2. 「국토의 계획 및 이용에 관한 법률」 위반행위가 「건축법」을 위반한 행위가 되는 경우 「건축법」에 근거하여 이행강제금을 부과할 수 있으나, 「건축법」을 위반한 행위가 아닌 경우 「건축법」에 근거하여 이행강제금 부과처분을 할 수 없다(대판 2017.8.23. 2017두42453).
> 3. **사용자가 이행하여야 할 행정법상 의무의 내용을 초과하는 것을 이행하지 않았다는 이유로 이행강제금을 부과하였다면**, 이행강제금 부과 예고와 이행강제금 부과처분 역시 위법하다(대판 2015.6.24. 2011두2170).
> 4. **「건축법」상의 이행강제금**은 허가 대상 건축물뿐만 아니라 신고 대상 건축물에 대해서도 부과할 수 있다(대판 2013.1.24. 2011두10164).

2. 반복 부과

행정청은 의무자가 행정상 의무를 이행할 때까지 이행강제금을 반복하여 부과할 수 있다(「행정기본법」 제31조 제5항). 이행강제금을 **반복적으로 부과**할 수 있도록 규정한 「건축법」의 규정은 과잉금지의 원칙에 위배되지 아니하므로 위반자의 **재산권을 침해하지 아니하고**, 이행강제금은 형벌이 아니므로 **이중처벌금지의 원칙이 적용될 여지가 없다**(헌재 2011.10.25. 2009헌바140).

> **판례**
>
> 매 1회 부과 시마다 구 건축법 제80조 제1항 단서에서 정한 1회분 상당액의 이행강제금을 부과한 다음 다시 시정명령의 이행에 필요한 상당한 이행기한을 정하여 그 기한까지 시정명령을 이행할 수 있는 기회를 준 후 비로소 다음 1회분 이행강제금을 부과할 수 있다고 할 것이다. 건축주가 장기간 시정명령을 이행하지 아니하였으나 그 기간 중에 시정명령의 이행 기회가 제공되지 아니하였다가, 이행 기회가 제공되지 아니한 과거의 기간에 대한 이행강제금까지 한꺼번에 부과할 수 없다. 이를 위반하여 이루어진 이행강제금 부과처분은 무효이다(대판 2016.7.14. 2015두46598).

3. 이행 후에 이행강제금 부과 중지

「부동산 실권리자명의 등기에 관한 법률」 제10조 제1항·제4항, 제6조 제2항에 따르면, 부동산소유권이전등기를 신청하지 않은 등기권리자에게 부과되는 이행강제금은 과거의 위반행위에 대한 제재가 아니라, 장기미등기자에게 등기신청의무를 이행하도록 심리적 압박을 주는 행정상의 간접강제수단이다. 따라서 장기미등기자가 이행강제금 부과 전에 등기신청의무를 이행하였다면, 이행강제금 부과의 목적이 이미 실현되었으므로, 「부동산 실권리자명의 등기에 관한 법률」 제6조 제2항에 따라 기간이 지난 후에 이행하더라도 이행강제금을 부과할 수 없다(대판 2016.6.23. 2015두36454). 따라서 의무자가 의무를 이행하면 새로운 이행강제금의 부과를 즉시 중지하되, 이미 부과한 이행강제금은 징수하여야 한다(「행정기본법」 제31조 제5항). 시정명령을 받은 의무자가 그 명령을 이행한 경우에는 이행명령에서 정한 기간을 지나서 이행한 경우라도 최초의 이행강제금 조차도 부과할 수 없다(대판 2014.12.11. 2013두15750). 그러나 「독점규제 및 공정거래에 관한 법률」상 이행강제금이 부과되기 전에 시정조치를 이행하거나 부작위의무를 명하는 시정조치 불이행을 중단한 경우, 과거의 시정조치 불이행기간에 대하여 이행강제금을 부과할 수 있다(대판 2019.12.12. 2018두63563).

4. 부과금액

「행정기본법」 제31조 제2항은 행정청은 의무 불이행의 동기, 목적 및 결과, 의무 불이행의 정도 및 상습성, 그 밖에 행정목적을 달성하는 데 필요하다고 인정되는 사유를 고려하여 이행강제금의 부과 금액을 가중하거나 감경할 수 있다고 규정하고 있다. 따라서 이행강제금 금액은 행정청의 재량이다. 다만, 「국토의 계획 및 이용에 관한 법률」이 정한 이행강제금의 부과기준은 단지 상한을 정한 것에 불과한 것이 아니라 특정 금액을 규정한 것이므로, 행정청에 이와 다른 이행강제금액을 결정할 재량권이 없다(대판 2014.11.27. 2013두8653).

3 부과절차와 강제징수

1. 계고와 통지

행정청은 이행강제금을 부과하기 전에 미리 의무자에게 적절한 이행기간을 정하여 그 기한까지 행정상 의무를 이행하지 아니하면 이행강제금을 부과한다는 뜻을 문서로 계고(戒告)하여야 한다(「행정기본법」 제31조 제3항·제4항).

2. 이행강제금 납부의무 불이행 시 강제징수

(1) 「행정기본법」 조항

행정청은 이행강제금을 부과받은 자가 납부기한까지 이행강제금을 내지 아니하면 국세강제징수의 예 또는 「지방행정제재·부과금의 징수 등에 관한 법률」에 따라 징수한다(「행정기본법」 제31조 제6항).

(2) 독촉

이행강제금을 납부하지 않는 자에 대한 독촉은 항고소송의 대상이 되는 처분이다(대판 2009.12.24. 2009두14507).

(3) 압류와 매각 및 청산절차

독촉에도 불구하고 법정 기한 내에 납부하지 않으면 체납절차에 따라 이행강제금을 징수한다.

3. 하자승계

시정명령과 계고는 별개의 법적효과를 가져오는 처분이므로 시정명령이 무효가 아닌한 하자는 승계되지 않는다. 그러나 계고, 독촉은 하자가 승계된다.

4 이행강제금에 대한 불복

1. 이의신청

「행정기본법」에는 이행강제금 부과에 대한 불복절차를 규정하고 있지 않다. 다만, 이행강제금 부과에 대해서는 「행정기본법」 제36조의 이의신청을 할 수 있다. 그러나 「행정기본법」 제37조의 재심사는 허용되지 않는다.

2. 항고소송

종래 구법에서는 이행강제금 부과처분에 대해 「비송사건절차법」에 의한 과태료 재판으로 다투도록 하여, 대법원 판례는 이행강제금 부과처분은 항고소송의 대상이 되지 않는다고 하였다(대판 2000.9.22. 2000두5722). 그러나 개정 「건축법」 등에서 「비송사건절차법」에 따르도록 한 내용이 삭제되었다. 이행강제금 부과는 하명으로서 급부명령이므로 항고소송의 대상이 될 수 있다.

3. 「농지법」의 예외

「농지법」상 농지처분명령에 대한 이행강제금 부과처분에 불복하는 경우, 「비송사건절차법」에 따른 재판절차가 적용되어야 하고 「행정소송법」상 항고소송의 대상이 될 수 없다. 관할청이 위 이행강제금 부과처분을 하면서 재결청에 행정심판을 청구하거나 관할 행정법원에 행정소송을 할 수 있다고 잘못 안내한 경우에도, 행정법원의 항고소송 재판관할이 생기지 않는다(대판 2019.4.11. 2018두42955).

제4절 직접강제

1 의의

직접강제란 의무자가 의무를 이행하지 않는 경우에 행정기관이 직접 의무자의 신체 또는 재산에 실력을 가하여 의무자가 직접 의무를 이행한 것과 같은 상태를 실현하는 작용을 말한다.

2 「행정기본법」의 직접강제 절차

「행정기본법」제32조 제2항에 따르면 직접강제를 실시하기 위하여 현장에 파견되는 집행책임자는 그가 집행책임자임을 표시하는 증표를 보여 주어야 한다. 직접 강제하기 전에 계고 및 통지를 하여야 한다(「행정기본법」제32조 제3항에서 제31조 제3항 및 제4항 준용 규정).

3 종류

강제폐쇄	무신고, 무허가 영업소 강제폐쇄와 영업폐쇄(「식품위생법」)명령을 받은 자가 영업을 계속할 경우 강제폐쇄
강제퇴거	① 여권과 사증(査證) 없이 불법입국한 외국인, 감염병환자·마약류중독자 그 밖에 공중위생상 위해를 끼칠 염려가 있다고 인정되는 사람에 대한 강제퇴거(「출입국관리법」제46조) ② 허가를 받지 아니하고 군사기지 및 군사시설 보호구역 안에 출입한 자에 대한 강제퇴거(「군사기지 및 군사시설 보호법」제11조)

4 대상

대체적 작위의무, 비대체적 작위의무, 부작위의무, 수인의무 등 모든 의무의 불이행이 직접강제의 대상이 된다.

5 한계

「행정기본법」 제32조 제1항에 따르면 직접강제는 행정대집행이나 이행강제금 부과의 방법으로는 행정상 의무 이행을 확보할 수 없거나 그 실현이 불가능한 경우에 실시하여야 한다고 규정하여 직접강제가 보충적인 수단임을 명시하고 있다.

6 직접강제에 대한 불복

1. 이의신청

「행정기본법」에는 직접강제에 대한 불복절차를 규정하고 있지 않다. 다만, 직접강제에 대해서는 「행정기본법」 제36조의 이의신청을 할 수 있다. 그러나 「행정기본법」 제37조의 재심사는 허용되지 않는다.

2. 항고소송

(1) 직접강제는 권력적 사실행위로서 처분성이 인정되므로 항고소송의 대상이 된다. 다만, 직접강제는 통상 단기간에 종료되므로 소의 이익이 없게 되는 경우가 많다.

> **판례**
>
> **불법체류 외국인에 대한 보호 및 강제퇴거**(헌재 2012.8.23. 2008헌마430)
> 행정소송을 통해 구제될 가능성이 거의 없고 헌법소원심판 이외에 달리 효과적인 구제방법을 찾기 어려우므로 헌법소원 심판청구가 보충성 원칙에 위반된다고 할 수 없다.

(2) 직접강제가 위법한 경우, 그로 인해 손해를 입은 자는 국가배상을 청구할 수 있다.

(3) 직접강제 후에도 위법상태가 계속된다면 경우에 따라 피해자는 결과제거청구를 할 수도 있다.

제5절 행정상 강제징수

1 의의

행정상 강제징수란 공법상의 금전급부의무를 이행하지 아니하는 경우에 행정청이 의무자의 재산에 실력을 가하여 그 의무가 이행된 것과 같은 상태를 실현하는 작용을 말한다.

2 근거

행정상 강제징수는 국세징수에 관한 「국세징수법」과 그 밖에 각 법률이 정하는 바에 의한다.

3 절차

1. 독촉

독촉은 의무자에 대하여 의무 이행을 최고하고 그 불이행 시에 강제징수를 하겠다고 예고하는 준법률행위적 행정행위 중 의사의 통지행위에 해당한다. **독촉**은 **처분성이 인정**되나, 최초 독촉 후에 동일한 내용에 대해 **반복한 독촉**은 **처분성이 인정되지 아니한다**(대판 1999.7.13. 97누119). **납부고지는 하였으나 독촉절차 없이 한 압류처분은 무효가 아니라 취소사유에 해당한다**(대판 1992.3.10. 91누6030).

2. 체납절차(압류 ⇨ 매각 ⇨ 청산의 3단계)

(1) 압류의 의미 및 법적 성질

압류는 의무자의 재산에 대하여 사실상 및 법률상의 처분을 금지하고 아울러 이를 확보하는 강제적인 보전행위이다. 압류의 법적 성질은 권력적 사실행위로서 처분성이 인정된다. 과세처분에 하자가 있더라도 강제징수가 위법하게 되는 것은 아니나, 과세처분이 무효인 경우에는 강제징수도 무효이다(대판 1987.9.22. 87누383).

> **판례**
> 1. 체납자가 아닌 제3자의 재산 압류는 무효에 해당한다(대판 2013.1.24. 2010두27998).
> 2. 세무공무원이 국세의 징수를 위해 납세자의 재산을 압류하는 경우 그 **재산의 가액이 징수할 국세액을 초과한다 하여** 위 압류가 당연무효의 처분이라고는 할 수 없다(대판 1986.11.11. 86누479).

(2) 매각

1) 매각의 방법

매각은 체납자의 압류재산을 금전으로 바꾸는 것을 말한다. **매각은 공정성을 확보하기 위해 통화를 제외한 압류재산은 원칙적으로 공매에 의하고, 보충적으로 수의계약에 의하는데, 공매는 형성적 행정행위 중 대리이나 수의계약**은 사법상의 매매계약이다.

2) 공매처분

공매는 우월한 공권력의 행사로서 행정소송의 대상이 되는 공법상의 행정처분이며, 공매에 의하여 재산을 매수한 자는 그 공매처분이 취소된 경우에 그 취소처분의 위법을 주장하여 행정소송을 제기할 법률상 이익이 있다(대판 1984.9.25. 84누201). 그러나 공매통지(대판 2011.3.24. 2010두25527)나 공매하기로 한 공매결정은 행정처분에 해당하지는 않는다.

3) 공매의 공고·통지

관할 세무서장은 공매공고를 한 경우 즉시 그 내용을 체납자 등에게 통지하여야 한다(「국세징수법」 제75조). 공매의 절차적 요건이다. 공매통지를 하지 아니한 채 이루어진 공매처분은 위법한 처분이나 체납자 등은 자신에 대한 공매통지의 하자만을 공매처분의 위법사유로 주장할 수 있을 뿐 다른 권리자에 대한 공매통지의 하자를 들어 공매처분의 위법사유로 주장하는 것은 허용되지 않는다(대판 전합 2008.11.20. 2007두18154).

4) 공매에 있어서 공매재산에 대한 감정평가나 매각예정가격의 결정이 잘못되어 공매재산이 부당하게 저렴한 가격으로 공매된 경우 공매처분은 당연무효는 아니므로 공매처분이 취소되지 않는 한, 공매재산의 시가와 감정평가액과의 차액 상당은 부당이득이 아니다(대판 1997.4.8. 96다52915). 다만, **손해배상은 가능하다**.

(3) 청산

청산은 매각대금 등 강제징수절차로 획득한 금전에 대해 조세 기타 공과금, 담보채권 및 체납자에게 배분하는 것을 말한다.

4 행정상 강제징수에 대한 구제

행정상 강제징수에 관한 행정소송은 「국세기본법」상 심사청구 또는 심판청구를 거쳐야 제기할 수 있다(「국세기본법」 제56조 제2항).

제6절 행정상 즉시강제

1 의의

1. 개념

행정상 즉시강제란 행정강제의 일종으로서 목전의 급박한 행정상 장해를 제거할 필요가 있는 경우에, 미리 의무를 명할 시간적 여유가 없을 때 또는 그 성질상 의무를 명하여 가지고는 목적 달성이 곤란할 때에 직접 국민의 신체 또는 재산에 실력을 가하여 행정상 필요한 상태를 실현하는 작용이며, 법령 또는 행정처분에 의한 선행의 구체적 의무의 존재와 그 불이행을 전제로 하는 행정상 강제집행과 구별된다(헌재 2002.10.31. 2000헌가12).

2. 법적 성질

행정상 즉시강제는 당사자의 신체나 재산에 대한 실력행사이므로 권력적 사실행위이고, 따라서 **항고소송의 대상이 되는 처분성이 인정**된다.

2 법률유보의 적용

행정강제는 행정상 강제집행을 원칙으로 하며, 법치국가적 요청인 예측가능성과 법적 안정성에 반하고, 기본권 침해의 소지가 큰 권력작용인 행정상 즉시강제는 어디까지나 예외적인 강제수단이라고 할 것이다. 이러한 행정상 즉시강제는 엄격한 실정법상의 근거를 필요로 한다(헌재 2002.10.31. 2000헌가12).

대한민국 입국이 불허된 외국인이라 하더라도 외부와 출입이 통제되는 한정된 공간에 장기간 머무르도록 강제하는 것은 법률상 근거 없이 인신의 자유를 제한하는 것으로서 인신보호법이 구제대상으로 삼고 있는 위법한 수용에 해당한다(대결 2014.8.25. 2014인마5).

3 수단

1. 대인적 강제

「경찰관 직무집행법」상 정신착란, 술취한 상태로 생명, 신체의 위해를 끼칠 우려가 있는 사람에 대해 경찰관은 보호조치(제4조)나 범죄의 예방과 제지(제6조)는 대인적 즉시강제이다. 「감염병의 예방 및 관리에 관한 법률」상 강제입원치료(제42조), 「출입국관리법」상 불법체류외국인에 대한 보호조치(제51조)도 대인적 즉시강제이다.

2. 대물적 강제

물건에 실력을 가하여 행정상 필요한 상태를 실현하는 강제작용을 말한다. 「청소년 보호법」상 청소년 유해매체물의 수거·폐기나 「게임산업진흥에 관한 법률」상 불법게임물 또는 광고·선전물의 수거·폐기는 대물적 즉시강제이다.

4 한계

1. 실체법적 한계

시간상 한계	즉시강제는 행정상 장해가 목전에 급박한 경우에 발동될 수 있는 것이지, 장래에 발생할지 모를 장해를 예견하여 발동될 수는 없다.
목적상 한계	즉시강제는 급박한 장해의 제거 내지 예방이라는 **소극목적을 위해 발동되는 것이지**, 적극적으로 어떠한 새로운 질서를 창조하기 위하여 행사될 수는 없는 것이다.
보충성의 원칙에 따른 한계	① 즉시강제는 다른 수단으로는 행정목적을 달성할 수 없는 경우에만 보충적으로 행사될 수 있다. 따라서 즉시강제보다 개인에 대하여 보다 경미한 침해를 가져오는 다른 수단(예컨대 행정상 강제집행)이 있음에도 즉시강제를 발동하면 위법하다. ② 행정강제는 행정상 강제집행을 원칙으로 하며, 기본권 침해의 소지가 큰 행정상 즉시강제는 어디까지나 예외적인 강제수단이다(헌재 2002.10.31. 2000헌가12). ③ 「행정기본법」도 즉시강제는 다른 수단으로는 행정목적을 달성할 수 없는 경우에만 허용된다고 규정하고 있다.
비례원칙에 따른 한계	① 불가피하게 행정상 즉시강제를 발동하는 경우에도 행정목적의 달성에 적합한 수단(적합성)으로, 필요한 최소한도의 범위 내(필요성)에서, 공익과 사익 사이에 균형(상당성)이 이루어지도록 해야 한다. ② 「행정기본법」은 즉시강제는 최소한으로만 실시하여야 한다고 규정하고 있다.

2. 절차법적 한계

(1) 즉시강제 절차상 특징

1) 행정대집행 등은 사전에 계고를 해야 하나 급박성을 요건으로 하는 즉시강제에는 계고 등 절차는 적용되지 않는다. 다만, 즉시강제를 실시하기 위하여 현장에 파견되는 집행책임자는 그가 집행책임자임을 표시하는 증표를 보여 주어야 하며, 즉시강제의 이유와 내용을 고지하여야 한다(「행정기본법」 제33조 제2항).
2) 행정상 즉시강제는 목전에 급박한 장해에 대하여 바로 실력을 가하는 작용이라는 특성에 비추어 사전적(事前的) 절차와 친하기 어렵다는 점을 고려하면, 이를 이유로 적법절차의 원칙에 위반되는 것으로는 볼 수 없다.
3) 비록 이 사건 법률조항이 규정하고 있는 수거의 경우 영장주의의 배제가 용인되고, 그 성격상 사전적 절차와 친하지 아니함을 인정한다고 하더라도, 일체의 절차적 보장이 배제된다고 볼 것은 아니며, 국가권력의 남용을 방지하고 국민의 권리를 보호하기 위하여 적법절차의 관점에서 일정한 절차적 보장이 요청된다.
4) **구 음반비디오물 및 게임물에 관한 법률** 제24조 제4항은 관계 공무원이 당해 게임물 등을 수거한 때에는 그 소유자 또는 점유자에게 수거증을 교부하도록 하고 있고, 동조 제6항은 수거 등 처분을 하는 관계 공무원이나 협회 또는 단체의 임·직원은 그 권한을 표시하는 증표를 지니고 관계인에게 이를 제시하도록 하는 등의 절차적 요건을 규정하고 있으므로, 이 사건 법률조항이 적법절차의 원칙에 위배되는 것으로 보기도 어렵다(헌재 2002.10.31. 2000헌가12).

(2) 영장주의 적용 여부

1) 학설

헌법 제12조 제3항, 제16조에 규정되어 있는 영장주의가 행정상 즉시강제에도 적용되는가에 대해서는 영장필요설(적극설), 영장불요설(소극설), 절충설의 대립이 있다. 그러나 헌법상의 영장주의는 권력억제와 기본권 보장의 측면에서 행정상 즉시강제에도 원칙적으로 적용되어야 하나, 즉시강제 중에서 행정목적의 달성을 위하여 불가피하다고 인정할 만한 합리적인 이유가 있는 특별한 경우에 한하여 예외적으로 영장주의가 적용되지 아니한다는 절충설이 통설이다.

2) 판례

대법원 판례도 절충설의 입장에 있으나, 헌법재판소는 행정상 즉시강제는 상대방의 임의 이행을 기다릴 시간적 여유가 없을 때 하명 없이 바로 실력을 행사하는 것으로서, 그 본질상 급박성을 요건으로 하고 있어 법관의 영장을 기다려서는 그 목적을 달성할 수 없다고 할 것이므로, 원칙적으로 영장주의가 적용되지 않는다고 보아야 할 것이다(헌재 2002.10.31. 2000헌가12)고 하여 부정설을 취하고 있다.

5 행정상 즉시강제에 의한 권리침해 시 구제

1. 적법한 즉시강제에 대한 구제

적법한 즉시강제로 인해 개인이 손실을 입게 되고 또한, 그 손실이 특별한 희생에 해당한다면, 그 개인은 행정상 손실보상을 청구할 수 있다.

2. 이의신청

「행정기본법」에는 즉시강제에 대한 불복절차를 규정하고 있지 않다. 다만, 즉시강제에 대해서는 「행정기본법」 제36조의 이의신청을 할 수 있다. 그러나 「행정기본법」 제37조의 재심사는 허용되지 않는다.

3. 위법한 즉시강제에 대한 구제

행정쟁송	① **처분성**: 행정상 즉시강제는 권력적 사실행위이므로 그것이 위법한 경우 행정심판과 행정소송의 대상이 되는 처분성이 인정된다. ② **소의 이익**: 즉시강제가 완성되어버리면 취소나 변경을 구할 이익이 없다. 다만, 행정쟁송은 즉시강제가 장기간에 걸쳐 계속되는 경우(예컨대 강제수용)에만 의미를 가진다.
행정상 손해배상	위법한 즉시강제로 인하여 손해를 입은 자는 「국가배상법」이 정한 바에 따라 국가 또는 지방자치단체를 상대로 손해배상을 청구할 수 있다. **즉시강제가 이미 종료되어 행정쟁송이 불가능한 경우에는 손해배상이 실효적인 구제수단**이라고 할 수 있다.
결과제거청구권	즉시강제로 위법한 상태가 야기된 경우에는 공법상 결과제거청구권을 행사할 수 있다.
감독청의 취소·정지	위법한 즉시강제에 대한 처분청이나 감독청의 취소·정지도 효과적인 구제수단이 된다.
정당방위	위법한 즉시강제에 저항하는 것은 정당방위(「형법」 제21조)로서 공무집행방해죄를 구성하지 아니한다.
공무원의 형사책임과 징계책임	위법한 즉시강제를 행사한 공무원은 「형법」상 공무원의 직무에 관한 죄(「형법」 제123조)나 「경찰관직무집행법」상의 직권남용죄로 처벌될 수 있고, 공무원법상의 징계책임이 부과될 수도 있다. 다만, 이것들은 위법한 즉시강제를 예방할 수 있다는 의미에서 간접적 구제방법이 된다.
청원·진정	청원·진정도 위법한 즉시강제의 발동에 대한 구제수단이 될 수 있다.

제7절 행정조사

1 의의

행정조사란 행정기관이 정책을 결정하거나 직무를 수행하는 데 필요한 정보나 자료를 수집하기 위하여 현장조사·문서열람·시료채취 등을 하거나 조사대상자에게 보고요구·자료제출요구 및 출석·진술요구를 행하는 활동을 말한다(「행정조사기본법」 제2조 제1호).

2 한계

한계를 벗어난 행정조사는 위법한 행정조사이므로 이에 저항하는 경우 공무집행방해죄로 처벌할 수 없다.

1. 실체법적 한계

법률적합성원칙에 따른 한계	권력적 행정조사의 경우에는 근거된 법규의 범위 내에서만 허용된다.
목적상 한계	모든 권력적·비권력적 행정조사는 그 조사의 목적에 필요한 범위 내에서만 허용되는 것이므로 그 이외의 목적을 위하여 행하여서는 아니 된다. 따라서 범죄수사의 목적으로 행하여지는 행정조사는 위법한 것이다.
비례의 원칙에 따른 한계	행정조사는 행정목적의 달성에 적합한 수단으로, 필요한 최소한도의 범위 내에서, 공익과 사익 사이에 균형(상당성)이 이루어지도록 해야 한다.

2. 절차법적 한계

(1) 적법절차의 원칙

적법절차의 원칙은 행정조사에도 적용된다. 따라서 적법절차의 원칙상 행정조사에 관한 사전통지와 이유제시를 하여야 한다. 다만, 긴급한 경우 또는 사전통지나 이유제시를 하면 조사의 목적을 달성할 수 없는 경우에는 예외를 인정할 수 있다.

(2) 행정조사와 행정절차

「행정절차법」은 행정조사에 관한 명문의 규정을 두고 있지 않다. 다만, 국민의 권리·의무에 직접 영향을 미치는 권력적 행정조사와 같이 처분에 해당하는 경우에는 「행정절차법」상의 처분절차에 관한 규정이 행정조사에도 적용된다.

(3) 행정조사와 영장주의

세관공무원이 수출입물품을 검사하는 과정에서 마약류가 감추어져 있다고 밝혀지거나 그러한 의심이 드는 경우, **수사기관에 의한 압수·수색에 해당하는 경우에는 영장주의원칙이 적용**된다. 물론 수출입물품 통관검사절차에서 이루어지는 **물품의 개봉, 시료채취, 성분분석 등의 검사**는 수출입물품에 대한 적정한 통관 등을 목적으로 조사를 하는 것으로서 이를 수사기관의 강제처분이라고 할 수 없으므로, 세관공무원은 압수·수색영장 없이 이러한 검사를 진행할 수 있다. 세관공무원이 통관검사를 위하여 직무상 소지하거나 보관하는 물품을 수사기관에 임의로 제출한 경우에는 비록 소유자의 동의를 받지 않았더라도 수사기관이 강제로 점유를 취득하지 않은 이상 해당 물품을 압수하였다고 할 수 없다. 그러나 「마약류 불법거래 방지에 관한 특례법」 제4조 제1항에 따른 조치의 일환으로 특정한 수출입물품을 개봉하여 검사하고 그 내용물의 점유를 취득한 행위는 위에서 본 수출입물품에 대한 적정한 통관 등을 목적으로 조사를 하는 경우와는 달리, 범죄수사인 압수 또는 수색에 해당하여 사전 또는 사후에 영장을 받아야 한다(대판 2017.7.18. 2014도8719).

3 위법한 행정조사의 하자승계 여부

1. 문제의 소재

위법한 행정조사를 통해 얻은 정확한 정보나 자료를 기초로 하여 행해진 행정행위도 위법하게 되는가가 문제가 된다.

2. 학설

위법한 행정조사에 기초한 처분의 위법 여부에 대해서는 긍정설, 부정설과 행정조사의 위법이 중대한 경우 한해 이에 기초한 행정행위가 위법이 된다는 절충설이 대립한다.

3. 판례

판례는 과세처분이 세법상 금지되는 재조사에 기초하여 이루어졌다면 위법하다고 하여(대판 2017.12.13. 2016두55421), 긍정설의 입장이라 할 수 있다.

> **판례**
> 1. 「국세기본법」은 재조사가 예외적으로 허용되는 경우를 엄격히 제한하고 있는바, 그와 같이 한정적으로 열거된 요건을 갖추지 못한 경우 같은 세목 및 같은 과세기간에 대한 재조사는 원칙적으로 금지되고, 나아가 이러한 중복세무조사금지의 원칙을 위반한 때에는 **과세처분의 효력을 부정하는 방법으로 통제할 수 밖에 없는 중대한 절차적 하자가 존재한다고 보아야 한다**(대판 2017.12.13. 2016두55421).
> 2. 세무조사가 과세자료 수집이나 신고내용 검증을 넘어서 부정한 목적을 위해 진행되었다면, 이는 중대한 위법사유에 해당하며, 이러한 조사를 바탕으로 한 과세처분도 위법하다. 세무조사는 국가의 과세권 실현을 위한 필수적인 행정조사로, 조세 탈루 방지와 성실한 신고 담보를 목적으로 하지만, 만약 세무조사가 남용되거나 오용되면 납세자의 영업활동 및 사생활을 침해하고, 과세권의 중립성과 공공성, 윤리성에 대한 의심을 초래할 수 있다(대판 2016.12.15. 2016두47659).
> 3. 수질오염물질을 측정하는 경우 시료채취의 방법, 오염물질 측정의 방법 등을 정한 구 수질오염공정시험기준(국립환경과학원고시)은 형식 및 내용에 비추어 행정기관 내부의 사무처리준칙에 불과하므로 일반 국민이나 법원을 구속하는 대외적 구속력은 없다. 따라서 시료채취의 방법 등이 위 고시에서 정한 절차에 위반된다고 하여 그러한 사정만으로 곧바로 그에 기초하여 내려진 행정처분이 위법하다고 볼 수는 없고, 관계 법령의 규정 내용과 취지 등에 비추어 절차상 하자가 채취된 시료를 객관적인 자료로 활용할 수 없을 정도로 중대한지에 따라 판단되어야 한다. 다만 이때에도 시료의 채취와 보존, 검사방법의 적법성 또는 적절성이 담보되어 시료를 객관적인 자료로 활용할 수 있고 그에 따른 실험결과를 믿을 수 있다는 사정은 행정청이 증명책임을 부담하는 것이 원칙이다(대판 2022.9.16. 2021두58912).

4 행정조사로 권리를 침해당한 경우 구제절차

위법한 행정조사로 손해를 입은 국민은 행정쟁송을 제기하거나 「국가배상법」에 따른 손해배상을 청구할 수 있다.

5 「행정조사기본법」

1. 「행정조사기본법」의 적용배제

「근로기준법」상 근로감독관의 직무에 관한 사항, 세무조사, 금융감독기관의 감독·검사·조사에 대하여는 「행정조사기본법」이 적용되지 않으나 **행정조사의 기본원칙은 적용된다.**

2. 행정조사의 기본원칙

기본원칙	내용
최소침해의 원칙과 조사남용금지의 원칙	행정조사는 조사목적을 달성하는 데 필요한 최소한의 범위 안에서 실시하여야 하며, 다른 목적 등을 위하여 조사권을 남용하여서는 아니 된다(「행정조사기본법」 제4조 제1항).
중복조사금지의 원칙	행정기관은 유사하거나 동일한 사안에 대하여는 공동조사 등을 실시함으로써 행정조사가 중복되지 아니하도록 하여야 한다(「행정조사기본법」 제4조 제3항).
예방위주조사의 원칙	행정조사는 법령 등의 위반에 대한 처벌보다는 법령 등을 준수하도록 유도하는 데 중점을 두어야 한다(「행정조사기본법」 제4조 제4항). ⇨ 처벌조사중심주의(×)
조사내용의 공표금지와 비밀누설금지의 원칙	다른 법률에 따르지 아니하고는 행정조사의 대상자 또는 행정조사의 내용을 공표하거나 직무상 알게 된 비밀을 누설하여서는 아니 된다(「행정조사기본법」 제4조 제5항).

3. 행정조사의 근거

행정기관은 **법령 등에서 행정조사를 규정하고 있는 경우에 한하여 행정조사를 실시할 수 있으나** 조사대상자의 **자발적인 협조를 얻어 실시하는 행정조사의 경우에는 법령의 근거 유무와 상관없이 행정조사를 실시할 수 있다**(「행정조사기본법」 제5조).

4. 조사의 주기(「행정조사기본법」 제7조)

정기조사의 원칙	행정조사는 법령 등 또는 행정조사운영계획으로 정하는 바에 따라 정기적으로 실시함을 원칙으로 한다.
수시조사를 할 수 있는 경우	① 법률에서 수시조사를 규정하고 있는 경우 ② 법령 등의 위반에 대하여 혐의가 있는 경우 ③ 다른 행정기관으로부터 법령 등의 위반에 관한 혐의를 통보 또는 이첩받은 경우 ④ 법령 등의 위반에 대한 신고를 받거나 민원이 접수된 경우 ⑤ 그 밖에 행정조사의 필요성이 인정되는 사항으로서 대통령령으로 정하는 경우

5. 조사대상자선정

(1) 행정기관의 장은 행정조사의 목적, 법령준수의 실적, **자율적인 준수를 위한 노력**, 규모와 업종 등을 고려하여 명백하고 객관적인 기준에 따라 행정조사의 대상을 선정하여야 한다(「행정조사기본법」 제8조 제1항).

(2) 조사대상자는 조사 대상 선정기준에 대한 열람을 행정기관의 장에게 신청할 수 있고, 이에 따라 행정기관의 장이 열람신청을 받은 때에는 ① **행정기관이 당해 행정조사업무를 수행할 수 없을 정도로 조사활동에 지장을 초래하는 경우**, ② **내부고발자 등 제3자에 대한 보호가 필요한 경우**를 제외하고 신청인이 조사대상 선정기준을 열람할 수 있도록 하여야 한다(「행정조사기본법」 제8조 제2항·제3항).

6. 조사통지

행정조사를 실시하고자 하는 행정기관의 장은 **출석요구서, 보고요구서·자료제출요구서 및 현장출입조사서**를 조사개시 **7일 전**까지 조사대상자에게 **서면으로 통지하여야** 한다(「행정조사기본법」 제17조 제1항 본문). 다만, 증거인멸, 통계의 작성, 자발적인 협조 얻어 실시하는 행정조사의 경우 조사 개시와 동시에 구두 또는 문서로 통지할 수 있다.

7. 조사방법

(1) 출석·진술 요구(「행정조사기본법」 제9조)하거나 보고요구와 자료제출의 요구(「행정조사기본법」 제10조)할 수 있다.

(2) 현장조사

현장조사는 해가 뜨기 전이나 해가 진 뒤에는 할 수 없다. 다만, ① 조사대상자(대리인 및 관리책임이 있는 자를 포함한다)가 동의한 경우, ② 사무실 또는 사업장 등의 업무시간에 행정조사를 실시하는 경우, ③ 해가 뜬 후부터 해가 지기 전까지 행정조사를 실시하는 경우에는 조사목적의 달성이 불가능하거나 증거인멸로 인하여 조사대상자의 법령 등의 위반 여부를 확인할 수 없는 경우에는 **그러하지 아니하다**(「행정조사기본법」 제11조 제2항).

(3) 공동조사

행정기관의 장은 **당해 행정기관 내의 2 이상의 부서가 동일하거나 유사한 업무분야에 대하여 동일한 조사대상자에게 행정조사를 실시하는 경우**, 서로 다른 행정기관이 대통령령으로 정하는 분야에 대하여 동일한 조사대상자에게 행정조사를 실시하는 경우에는 **공동조사를 하여야 한다**(「행정조사기본법」 제14조 제1항).

(4) 중복조사의 제한

정기조사 또는 수시조사를 실시한 행정기관의 장은 동일한 사안에 대하여 동일한 조사대상자를 재조사하여서는 아니 된다. 다만, 당해 행정기관이 이미 조사를 받은 조사대상자에 대하여 **위법행위가 의심되는 새로운 증거를 확보한 경우**에는 그러하지 아니하다(「행정조사기본법」 제15조 제1항).

8. 조사대상자의 권리

조사대상자는 행정기관의 장에게 당해 조사원의 교체를 신청할 수 있고 행정청은 즉시 심사하여 조사원 교체 또는 기각하여야 한다.

9. 조사결과의 통지

행정기관의 장은 법령 등에 특별한 규정이 있는 경우를 제외하고는 행정조사의 결과를 확정한 날부터 7일 이내에 그 결과를 조사대상자에게 통지하여야 한다(「행정조사기본법」 제24조).

10. 자율신고제도

행정기관의 장은 법령 등에서 규정하고 있는 조사사항을 조사대상자로 하여금 스스로 신고하도록 하는 제도를 운영할 수 있다. 행정기관의 장은 조사대상자가 자율신고한 내용이 **거짓의 신고라고 인정할 만한 근거가 있거나 신고 내용을 신뢰할 수 없는 경우를 제외하고는 그 신고 내용을 행정조사에 갈음할 수 있다**(「행정조사기본법」 제25조).

11. 정보통신수단을 통한 행정조사

행정기관의 장은 인터넷 등 정보통신망을 통하여 조사대상자로 하여금 자료의 제출 등을 하게 할 수 있다(「행정조사기본법」 제28조 제1항).

제8절 행정벌

1 의의

행정벌이란 행정법상의 의무를 위반한 행정의 상대방에 대하여 일반통치권에 의한 제재로서 과하는 처벌을 말하고, 행정벌이 과하여지는 의무 위반행위를 행정범이라 한다. 행정벌은 간접적으로 의무이행을 확보하는 수단이다. 행정벌의 종류에는 행정형벌과 행정질서벌이 있다.

2 행정질서벌과 행정형벌의 비교

어떤 행정법규 위반의 행위에 대하여 이를 단지 간접적으로 행정상의 질서에 장애를 줄 위험성이 있음에 불과한 경우로 보아 행정질서벌인 과태료를 과할 것인지 아니면 직접적으로 행정목적과 공익을 침해한 행위로 보아 행정형벌을 과할 것인지는 기본적으로 입법권자가 제반사정을 고려하여 결정할 입법재량에 속하는 문제이다. 그런데 부동산투기를 막기 위하여 부동산소유권이전등기신청을 의무화하고 이에 대한 제재방법으로 행정형벌보다 그 정도가 약한 행정질서벌인 과태료를 선택한 것은 적절하다(헌재 1998.5.28. 96헌바83).

구분	행정형벌	행정질서벌
유형	사형, 징역, 금고, 구류, 벌금, 과료, 자격정지, 몰수	과태료
「형법」상 형벌인지 여부	○	×
「형법」총칙 적용	○	×
죄형법정주의 적용	○	○(多) ×(헌법재판소 판례)
고의 · 과실	○	○
절차법	「형사소송법」	「질서위반행위규제법」
절차	① 일반절차: 형사소송 ② 특별절차: 통고처분 · 즉결심판	과태료 재판

3 행정형벌과 행정질서벌의 병과

1. 학설

양자의 병과는 모두 행정벌이므로 이중처벌에 해당한다는 견해와 양자는 목적과 성질이 다르므로 이중처벌이 아니라는 견해가 대립한다.

2. 대법원 판례

행정법상의 질서벌인 과태료 부과와 형사처벌은 서로 다른 성질과 목적을 가진 별개의 처벌이므로, 과태료를 납부한 후 형사처벌을 받는 것이 일사부재리 원칙에 반하지 않는다. 특히, 자동차의 임시운행허가를 받은 후 기한을 넘겨 운행한 경우에는 과태료만 부과되지만, 무등록 차량에 대해 같은 행위를 한 경우는 과태료와 별도로 형사처벌을 받을 수 있다(대판 1996.4.12. 96도158). 또한 퇴거신고와 전입신고를 하지 않아 과태료를 납부한 후에 형사처벌을 받는 것도 일사부재리 원칙에 어긋나지 않는다. 일사부재리의 효력은 확정 판결에서 발생하며, 과태료는 행정법상의 질서벌일 뿐이기 때문이다(대판 1989.6.13. 88도1983).

3. 헌법재판소 판례

행정질서벌로서의 과태료는 행정상 의무의 위반에 대하여 국가가 일반통치권에 기하여 과하는 제재로서 형벌(특히 행정형벌)과 목적·기능이 중복되는 면이 없지 않으므로, **동일한 행위를** 대상으로 하여 **형벌을 부과하면서 아울러 행정질서벌로서의 과태료까지 부과한다면 그것은 이중처벌금지의 기본정신에 배치되어 국가입법권의 남용으로 인정될 여지가 있음을 부정할 수 없다**(헌재 1994.6.30. 92헌바38).

제9절 행정형벌

1 의의

행정형벌은 특정한 행정목적실현을 위한 국가의 명령·금지에 위반한 자에 대한 형사적 제재이다.

2 고의·과실

과실범은 법률에 특별한 규정이 있는 경우에 한하여 처벌한다(「형법」 제14조). 구 대기환경보전법의 입법목적이나 제반 관계 규정의 취지 등을 고려하면, 자동차의 운행자가 운행자동차 배출허용기준을 초과한다는 점을 인식하지 못한 과실범의 경우도 함께 처벌하는 규정이다(대판 1993.9.10. 92도1136).

3 책임

1. 법인의 책임

(1) 법인

법률에 법인의 대리인·사용인·종업원이 법을 위반하여 처벌할 때 법인도 처벌한다는 양벌규정이 있는 경우에 한해 법인도 처벌할 수 있다. 그러나 법인이 설립되기 이전에 자연인이 한 행위에 대하여는 특별한 근거 규정이 없는 한 양벌규정을 적용하여 법인을 처벌할 수 없다(대판 2018.8.1. 2015도10388).

> **판례**
> 양벌규정에 의하여 처벌되는 개인정보처리자로는 같은 구 개인정보 보호법 제74조 제2항에서 '법인 또는 개인'만을 규하고 있을 뿐이고, 법인격 없는 공공기관에 대하여도 위 양벌규정을 적용할 것인지 여부에 대하여는 명문의 규정을 두고 있지 않으므로, 죄형법정주의의 원칙상 '법인격 없는 공공기관'을 위 양벌규정에 의하여 처벌할 수 없고, 그 경우 행위자 역시 위 양벌규정으로 처벌할 수 없다(대판 2021.10.28. 2020도1942).

(2) 지방자치단체

지방자치단체 소속 공무원이 자치사무를 수행하다 법령을 위반한 경우 해당 지방자치단체는 양벌규정에 따른 처벌대상이 된다(대판 2005.11.10. 2004도2657). 그러나 지방자치단체 소속 공무원이 기관위임사무인 지정항만순찰의 업무를 위해 관할 관청의 승인 없이 개조한 승합차를 운행함으로써 구 자동차관리법을 위반한 경우, 해당 지방자치단체는 양벌규정에 따른 처벌대상이 되지 않는다(대판 2009.6.11. 2008도6530).

2. 타인의 행위에 대한 책임

양벌규정에 의한 사업주의 처벌은 금지위반행위자인 종업원의 처벌에 종속하는 것이 아니라 독립하여 그 **자신의 종업원에 대한 선임·감독상의 과실로 인하여 처벌되는 것**이므로 **종업원의 범죄성립이나 처벌이 영업주 처벌의 전제조건이 될 필요는 없다**(대판 2006.2.24. 2005도7673 등). 즉, **영업주는 무과실책임을 지는 것은 아니다**(대판 1992.8.18. 92도1395).

3. 책임능력

(1) 형사범의 경우는 14세 미만인 자의 행위는 벌하지 아니하고(「형법」 제9조), 심신장애자의 행위는 벌하지 아니하거나 형을 감경하며(동법 제10조), 농아자의 행위는 형을 감경한다(동법 제11조).

(2) 행정범에 있어서는 책임능력에 관한 법 규정의 적용을 배제 또는 제한하는 규정을 두고 있는 경우(예컨대 「담배사업법」 제31조)가 있다.

4 행정형벌의 과벌절차

1. 일반적인 절차

행정형벌 부과의 일반적인 절차는 「형사소송법」에 따른다. 즉, 수사기관의 수사, 검사의 공소제기, 형사재판절차에 따라 행정형벌은 부과된다.

2. 통고처분

(1) 의의

통고처분은 벌금·과료에 해당하는 범칙금을 부과하는 절차이다.

(2) 법적 성질

「도로교통법」 제163조에서 규정하는 경찰서장의 통고처분은 행정소송의 대상이 되는 행정처분이 아니므로 그 처분의 취소를 구하는 소송은 부적법하다(대판 1995.6.29. 95누4674).

(3) 대상

통고처분은 법률에 규정이 있는 경우에 한해 부과할 수 있고 벌금·과료에 해당하는 행정형벌을 대상으로 한다. 따라서 자유형에 대해서는 통고처분이 인정되지 않는다.

(4) 통고처분권자

지방국세청장, 세무서장, 관세청장, 세관장, 지방출입국이나 외국인관서의 장, 경찰서장, 제주도특별도지사 등이 통고처분권자이다. **통고처분을 할 것인지의 여부**는 관세청장 또는 세관장의 재량에 맡겨져 있고, 따라서 관세청장 또는 세관장이 관세범에 대하여 통고처분을 하지 아니한 채 고발하였다는 것만으로는 그 고발 및 이에 기한 공소의 제기가 부적법하게 되는 것은 아니다(대판 2007.5.11. 2006도1993).

(5) 통고처분을 받은 자가 범칙금을 납부한 경우

범칙금을 납부하면 일사부재리원칙이 적용된다. 따라서 그 범칙행위에 대하여 다시 소추되지 않고 처벌받지 아니한다. 다만, 범칙행위와 같은 시간과 장소에서 이루어진 행위라 하더라도 범칙행위의 동일성을 벗어난 형사범죄행위에 대하여는 범칙금의 납부에 따라 확정판결에 준하는 일사부재리의 효력이 미치지 아니한다(대판 2012.9.13. 2012도6612). 또한 지방국세청장 또는 세무서장이 조세범칙행위에 대하여 고발을 한 후에 동일한 조세범칙행위에 대하여 한 통고처분은 효력이 없고, 조세범칙행위자가 이러한 통고처분을 이행하였더라도 일사부재리원칙이 적용될 수 없다(대판 2016.9.28. 2014도10748).

(6) 범칙금을 납부하지 않은 경우

통고처분은 효력을 상실하고 형사절차로 진행된다. 경찰서장은 즉결심판을 청구해야 한다. 관세청장, 지방국세청장, 지방출입국장 등은 고발해야 한다. 검사는 고발이 있으면 공소를 제기할 수 있다. 검사는 고발이 없으면 공소를 제기할 수 없다.

제10절 행정질서벌(과태료)

1 의의

행정질서벌이란 행정법규 위반에 대한 제재로 과태료가 부과되는 행정벌이다.

2 「질서위반행위규제법」

1. 「질서위반행위규제법」과 다른 법과의 관계

과태료의 부과·징수, 재판 및 집행 등의 절차에 관한 다른 법률의 규정 중 「질서위반행위규제법」의 규정에 저촉되는 것은 **「질서위반행위규제법」으로 정하는 바**에 따른다(「질서위반행위규제법」 제5조).

2. 적용범위

(1) 시간적 범위

> 「질서위반행위규제법」 제3조【법 적용의 시간적 범위】① 질서위반행위의 성립과 **과태료 처분**은 행위 시의 법률에 따른다.
> ② **질서위반행위 후 법률이 변경되어 그 행위가 질서위반행위에 해당하지 아니하게 되거나 과태료가 변경되기 전의 법률보다 가볍게 된 때**에는 법률에 특별한 규정이 없는 한 변경된 법률을 적용한다.
> ③ **행정청의 과태료 처분이나 법원의 과태료 재판이 확정된 후 법률이 변경되어 그 행위가 질서위반행위에 해당하지 아니하게 된 때**에는 변경된 법률에 특별한 규정이 없는 한 과태료의 징수 또는 집행을 면제한다.

> 📖 **판례**
> 질서위반행위에 대하여 **과태료를 부과하는 근거 법령이 개정되어 행위 시의 법률에 의하면 과태료 부과대상이었지만 재판 시의 법률에 의하면 부과대상이 아니게 된 때**에는 개정법률의 부칙 등에서 행위 시의 법률을 적용하도록 명시하는 등 특별한 사정이 없는 한 재판 시의 법률을 적용하여야 하므로 과태료를 부과할 수 없다(대결 2017.4.7. 2016마1626 ; 대결 2020.11.3. 2020마5594).

(2) 장소적 범위

> 「질서위반행위규제법」 제4조【법 적용의 장소적 범위】① 이 법은 대한민국 영역 안에서 질서위반행위를 한 자에게 적용한다.
> ② 이 법은 대한민국 영역 밖에서 질서위반행위를 한 대한민국의 국민에게 적용한다.
> ③ 이 법은 대한민국 영역 밖에 있는 대한민국의 선박 또는 항공기 안에서 질서위반행위를 한 외국인에게 적용한다.

(3) 인적 범위

법인의 대표자, 법인 또는 개인의 대리인·사용인 및 그 밖의 종업원이 업무에 관하여 법인 또는 그 개인에게 부과된 법률상의 의무를 위반한 때에는 **법인 또는 그 개인**에게 과태료를 부과한다(「질서위반행위규제법」 제11조 제1항). 즉, 과태료는 현실적인 행위자가 아니라도 법령상 책임자로 규정된 자에게 부과된다(대판 2000.5.26. 98두5972).

(4) 다수인의 질서위반행위 가담

> 「질서위반행위규제법」 제12조【다수인의 질서위반행위 가담】① **2인 이상이 질서위반행위에 가담한 때**에는 각자가 질서위반행위를 한 것으로 본다.
> ② **신분에 의하여 성립하는 질서위반행위에 신분이 없는 자가 가담한 때**에는 신분이 없는 자에 대하여도 질서위반행위가 성립한다.
> ③ **신분에 의하여 과태료를 감경 또는 가중하거나 과태료를 부과하지 아니하는 때**에는 그 신분의 효과는 신분이 없는 자에게는 미치지 아니한다.

(5) 수 개의 질서위반행위 처리

> 「질서위반행위규제법」 제13조 【수 개의 질서위반행위의 처리】 ① **하나의 행위가 2 이상의 질서위반행위에 해당하는 경우**에는 각 질서위반행위에 대하여 정한 과태료 중 가장 중한 과태료를 부과한다.
> ② **제1항의 경우를 제외하고 2 이상의 질서위반행위가 경합하는 경우**에는 각 질서위반행위에 대하여 정한 과태료를 각각 부과한다. 다만, 다른 법령(지방자치단체의 조례를 포함한다)에 특별한 규정이 있는 경우에는 그 법령으로 정하는 바에 따른다.

3 부과요건

1. 질서위반행위를 할 것

질서위반행위란 법률과 조례상의 의무를 위반하여 과태료를 부과하는 행위를 말한다.

2. 고의·과실이 있을 것

고의 또는 과실이 없는 질서위반행위는 과태료를 부과하지 아니한다(「질서위반행위규제법」 제7조).

3. 위법성의 착오가 없을 것

자신의 행위가 위법하지 아니한 것으로 오인한 것만으로는 과태료 부과가 면제되지 않고, **오인에 정당한 이유가 있어야 과태료 부과가 면책된다**(「질서위반행위규제법」 제8조).

4 부과절차

1. 사전통지 및 의견제출

행정청이 질서위반행위에 대하여 과태료를 부과하고자 하는 때에는 미리 당사자에게 10일 이상의 기간을 정하여 의견을 제출할 기회를 주어야 한다(「질서위반행위규제법」 제16조 제1항).

2. 과태료의 부과

행정청은 의견제출절차를 마친 후에 서면으로 **과태료를 부과하여야 한다**(「질서위반행위규제법」 제17조 제1항).

3. 과태료 부과의 제척기간

> 「질서위반행위규제법」 제19조 【과태료 부과의 제척기간】 ① 행정청은 **질서위반행위가 종료된 날**(다수인이 질서위반행위에 가담한 경우에는 최종행위가 종료된 날을 말한다)**부터 5년이 경과한 경우**에는 해당 질서위반행위에 대하여 과태료를 부과할 수 없다.

4. 과태료의 소멸시효:「질서위반행위규제법」의 제정 후

과태료는 행정청의 과태료 부과처분이나 법원의 과태료 재판이 확정된 후 **5년간** 징수하지 아니하거나 집행하지 아니하면 시효로 인하여 소멸한다(「질서위반행위규제법」 제15조 제1항).

5 불복절차

1. 항고소송가능성

과태료 부과처분은 행정청을 피고로 하는 행정소송의 대상이 되는 행정처분이라고 볼 수 없다(대판 2012. 10.11. 2011두19369).

2. 이의제기

당사자가 과태료 부과통지를 받은 날부터 60일 이내에 **이의제기한 경우, 행정청의 과태료 부과처분은 그 효력을 상실한다**(「질서위반행위규제법」 제20조).

3. 법원에의 통보

이의제기를 받은 행정청은 이의제기를 받은 날부터 **14일** 이내에 이에 대한 의견 및 증빙서류를 첨부하여 관할 법원에 통보하여야 한다(「질서위반행위규제법」 제21조 제1항).

4. 관할 법원

과태료 사건은 다른 법령에 특별한 규정이 있는 경우를 제외하고는 당사자의 주소지의 **지방법원** 또는 그 지원의 관할로 한다(「질서위반행위규제법」 제25조).

5. 준용법

「비송사건절차법」 제2조부터 제4조까지, 제6조, 제7조, 제10조(인증과 감정을 제외한다) 및 제24조부터 제26조까지의 규정은 「질서위반행위규제법」에 따른 과태료 재판에 준용한다(「질서위반행위규제법」 제28조).

6. 법원의 과태료금액결정

법원이 「비송사건절차법」에 따라 과태료 재판을 진행할 때, 이는 행정소송절차가 아니므로 행정관청의 내부 부과기준에 기속되지 않고, 법령에서 정한 과태료 상한 내에서 동기, 위반 정도, 결과 등을 고려하여 **재량으로 액수를 결정할 수 있다**(대결 1998.12.23. 98마2866).

7. 법원의 결정에 대한 항고

당사자와 검사는 과태료 재판에 대하여 **즉시 항고할 수 있다.** 이 경우 항고는 집행정지의 효력이 있다(「질서위반행위규제법」 제38조 제1항).

6 징수절차

1. 과태료 집행
과태료 재판은 **검사의 명령**으로써 집행하고(「질서위반행위규제법」 제42조 제1항), 검사는 과태료 재판을 집행한 경우 그 결과를 해당 행정청에 통보하여야 한다(동법 제42조 제4항).

2. 자진납부자에 대한 감경
행정청은 당사자가 의견제출기한 이내에 과태료를 자진하여 납부하고자 하는 경우에는 대통령령으로 정하는 바에 따라 과태료를 감경할 수 있다(「질서위반행위규제법」 제18조 제1항).

3. 가산금 징수
행정청은 당사자가 납부기한까지 과태료를 납부하지 아니한 때에는 **100분의 3**에 상당하는 가산금과 매 1개월이 경과할 때마다 1천분의 12에 상당하는 중가산금을 징수한다(「질서위반행위규제법」 제24조 제1항·제2항).

4. 고액·상습체납자에 대한 감치
법원은 검사의 청구에 따라 결정으로 30일의 범위 이내에서 과태료의 납부가 있을 때까지 체납자를 감치에 처할 수 있다(「질서위반행위규제법」 제54조).

5. 체납자의 자동차번호판 영치
체납된 자동차 관련 과태료와 관계된 그 소유의 자동차의 등록번호판을 영치할 수 있다(「질서위반행위규제법」 제55조 제1항).

제11절 과징금(부과금)

1 서설

1. 의의
과징금이란 행정법상의 의무 위반 또는 의무 불이행에 대하여 행정청이 부과하는 금전적인 제재를 말한다. 원래는 의무 위반행위로 얻은 **불법적인 이익을 박탈하기 위한 것이었다.**

2. 법적 성질
(1) 하명

과징금은 행정청이 금전급부명령을 내용으로 하므로 명령적 행정행위인 하명에 해당한다.

(2) 재량행위

법령 위반행위에 대해 과징금 부과 여부와 부과금액은 모두 재량이다. 따라서 구 청소년보호법 시행령 제40조 [별표 6]의 '**위반행위의 종별에 따른 과징금 처분기준**'은 여러 요소를 종합적으로 고려하여 사안에 따라 적정한 과징금의 액수를 정하여야 할 것이므로 그 **수액**은 정액이 아니라 최고한도액이다(대판 2001.3.9. 99두5207). 그러나 「부동산 실권리자명의 등에 관한 법률」상 부과 여부는 기속이나 금액은 재량이다.

(3) 과징금 채무는 승계된다.

부과된 과징금채무는 대체적 급부가 가능한 의무이므로 그 과징금을 부과받은 자가 사망한 경우 그 상속인에게 포괄승계된다(대판 1999.5.14. 99두35).

☑ 과징금과 과태료의 비교

구분	과징금	과태료
의의	경제법의 의무 위반행위로 얻은 불법적인 이익박탈	행정법상 의무 위반에 대한 처벌
행정법상 의무 위반에 대한 제재	○	○
고의·과실	×	○
처분성	○	×
양자의 병과 가능	○	

(4) 변형 과징금

인허가사업에 관한 법률상 의무 위반으로 사업정지 등을 해야 할 사유가 있음에도 **국민의 편의나 물가, 고용 등 공익을 위하여** 사업정지 대신 과징금을 부과하는 제도이다. 구 영유아보육법상 어린이집 운영정지사유가 인정되는 경우, 행정청은 어린이집 운영정지처분을 할 것인지 또는 이에 갈음하여 과징금을 부과할 것인지를 선택할 수 있는 재량이 있다(대판 2015.6.24. 2015두39378). 과징금을 부과하는 위반행위의 종류와 과징금의 금액에 열거되지 않은 위반행위의 종류에 대해서 사업정지처분을 갈음하여 과징금을 부과하는 것은 허용되지 않는다(대판 2020.5.28. 2017두73693).

2 과징금 법정주의

1. 의의

(1) 「행정기본법」 제28조 제1항은 행정청은 법령 등에 따른 의무를 위반한 자에 대하여 법률로 정하는 바에 따라 그 위반행위에 대한 제재로서 과징금을 부과할 수 있다고 규정하고 있어 과징금 법정주의를 채택하고 있다.

(2) 과징금의 근거가 되는 법률에는 과징금에 부과·징수주체, 부과사유, 상한액, 가산금을 징수하려는 경우 그 사항, 과징금 또는 가산금 체납 시 강제징수를 하려는 경우 그 사항을 명확하게 규정해야 한다(「행정기본법」 제28조 제2항). 「행정기본법」 제28조 제2항의 수범자는 입법부이므로 이에 근거하여 과징금을 부과할 수는 없다.

2. 요건

(1) 법령 또는 하명에 따른 의무 위반이 과징금 부과의 요건이다. 매출액이 없거나 매출액의 산정이 곤란한 경우로서 대통령령으로 정하는 경우에는 20억원을 초과하지 아니하는 범위에서 과징금을 부과할 수 있다(「독점규제 및 공정거래에 관한 법률」 제8조).

(2) 과징금 부과에는 고의·과실을 요하지 아니하나, 위반자의 의무 해태를 탓할 수 없는 정당한 사유가 있는 등의 특별한 사정이 있는 경우에는 이를 부과할 수 없다(대판 2014.10.15. 2013두5005).

3. 대상자

(1) 법령상 책임자로 규정된 자

반드시 현실적인 행위자가 아니라도 법령상 책임자로 규정된 자에게 부과된다(대판 2014.10.15. 2013두5005).

(2) 하나의 회사 내부에 여러 개의 사업 부문이 존재하는 경우, 다른 사업자와 부당한 공동행위를 한 사업자는 회사 내부 조직인 관련 특정 사업 부문이 아니라 회사 자체이고, 과징금도 그 회사에 대하여 부과된다(대판 2013.7.25. 2012두4302).

3 부과와 징수절차

1. 부과절차

개별법에 특별한 규정이 없으면 「행정절차법」상 의견청취절차를 거쳐 과징금을 부과해야 한다. 개별법에 의견청취절차가 규정된 경우 그 법을 따른다. **「독점규제 및 공정거래에 관한 법률」에 의견진술권을 규정하고 있으므로 공정거래위원회는 「행정절차법」을 적용하여 의견청취절차를 생략할 수는 없다**(대판 2001.5.8. 2000두10212).

3. 분할납부

과징금은 한꺼번에 납부하는 것을 원칙으로 한다. 다만, 행정청은 과징금을 부과받은 자가 재해 등으로 재산에 현저한 손실을 입은 경우, 사업 여건의 악화로 사업이 중대한 위기에 처한 경우, 과징금을 한꺼번에 내면 자금 사정에 현저한 어려움이 예상되는 경우에 해당하는 사유로 과징금 전액을 한꺼번에 내기 어렵다고 인정될 때에는 그 납부기한을 연기하거나 분할 납부하게 할 수 있으며, 이 경우 필요하다고 인정하면 담보를 제공하게 할 수 있다(「행정기본법」 제29조). 과징금 납부의무자는 과징금 납부기한을 연기하거나 과징금을 분할 납부하려는 경우에는 납부기한 10일 전까지 과징금 납부기한의 연기나 과징금의 분할 납부를 신청하는 문서에 같은 조 각 호의 사유를 증명하는 서류를 첨부하여 행정청에 신청해야 한다(「행정기본법 시행령」 제7조).

4 과징금의 중첩적 부과

1. 동일한 행위에 대하여 구 보험업 규정과 구 독점규제 및 공정거래에 관한 법률 규정을 중첩적으로 적용하여 과징금을 각각 부과할 수 있다(대판 2015.10.29. 2013두23935).

2. 과징금 부과 후 새로운 자료가 나올 경우에도 새로운 과징금을 부과할 수 없다(대판 1999.5.28. 99두1571).

3. 관할 행정청이 여객자동차운송사업자의 여러 가지 위반행위를 인지한 경우, 인지한 여러 가지 위반행위 중 일부에 대해서만 우선 과징금 부과처분을 하고 나머지에 대해서는 차후에 별도의 과징금 부과처분을 할 수 없다(대판 2021.2.4. 2020두48390).

4. 관할 행정청이 여객자동차운송사업자가 범한 여러 가지 위반행위 중 일부만 인지하여 과징금 부과처분을 한 후 그 과징금 부과처분 시점 이전에 이루어진 다른 위반행위를 인지하여 이에 대하여 별도의 과징금 부과처분을 하게 되는 경우 이미 부과된 과징금액을 뺀 나머지 금액을 한도로 하여서만 추가 과징금 부과처분을 할 수 있다(대판 2021.2.4. 2020두48390).

5. 원수급자인 甲주식회사가 수급사업자인 乙주식회사의 기술자료를 제3자에게 제공한 행위와 수급사업자인 丙주식회사의 기술자료를 제3자에게 제공한 행위에 대하여, 乙회사 기술자료 유용행위와 병 회사 기술자료 유용행위는 모두 기술자료 유용행위라는 동일한 위반행위 유형에 해당하므로 위 각 행위에 대하여 각각 따로 과징금을 산정해야 할 것은 아니다(대판 2022.9.16. 2020두47021).

5 불복절차

과징금의 부과·징수에 하자가 있는 경우, 과징금의 부과·징수행위도 행정쟁송법상 처분성이 인정되므로 납부의무자는 행정쟁송절차에 따라 다툴 수 있다.

1. 과징금 부과에 대한 취소소송에서 적법성 요건

(1) 과징금은 항고소송의 대상이 되는 처분이다.

(2) 과징금 등 처분과 별도의 처분서로 감면기각처분을 한 경우, 각 처분에 대하여 함께 또는 별도로 불복할 수 있다(대판 2017.1.12. 2016두35199).

(3) 공정거래위원회가 부당한 공동행위를 한 사업자에게 과징금 부과처분(선행처분)을 한 뒤, 다시 자진신고 등을 이유로 과징금 감면처분(후행처분)을 한 경우, 선행처분의 취소를 구하는 소는 부적법하다(대판 2015.2.12. 2013두987).

(4) 항고소송의 대상은 처음의 부과처분 중 감액처분에 의하여 취소되지 않고 남은 부분이고 감액처분이 아니다(대판 2008.2.15. 2006두3957). 감액처분에 의하여 감액된 부분에 대한 부과처분 취소청구는 이미 소멸하고 없는 부분에 대한 것으로서 그 소의 이익이 없어 부적법하다고 할 것이다(대판 2008.2.15. 2006두4226).

2. 과징금 부과처분의 위법 여부 판단과 취소의 범위

(1) 위법 여부 판단 사실상태
과징금 납부명령이 재량권의 일탈·남용으로 위법한지는 과징금 납부명령 등을 한 '의결일' 당시의 사실상태를 기준으로 판단해야 한다(대판 2017.4.26. 2016두32688).

(2) 행정심판에서 취소의 범위
행정심판위원회는 과징금 처분의 위법뿐 아니라 부당한 경우까지 심리할 수 있고 처분이 위법한 경우 취소재결뿐 아니라 처분변경재결까지 할 수 있다. 따라서 행정심판위원회는 과징금 처분이 위법한 경우 적정한 금액을 산정하고 그 금액을 넘는 과징금 처분만 일부취소할 수 있다.

(3) 행정소송에서 취소의 범위

1) 관련 법리
과징금액은 행정청의 재량이다. 과징금이 위법하다고 법원이 판단하다고 하여도 행정청의 재량에 속하는 적정한 금액을 법원이 산정할 수 없으므로 전부취소할 수 밖에 없다. 다만, 여러 개의 법 위반행위로 이유로 외형상 하나의 과징금을 부과하였으나 그중 일부의 위반행위에 대한 과징금 부과만이 위법한 경우 그 위반행위에 따른 과징금을 별도로 산정할 수 있다면 그 일부의 위반행위에 대한 과징금액에 해당하는 부분만을 취소한다.

2) 전부취소의 경우
「부동산 실권리자명의 등기에 관한 법률 시행령」 제3조의2 단서의 과징금 감경사유가 있는 경우 과징금 감경 여부는 과징금 부과관청의 재량에 속하는 것이므로, **명의신탁자에 대한 과징금 부과처분이 재량권을 일탈·남용하여 위법**한 경우, 법원으로서는 **과징금 부과처분 전부를 취소할 수밖에 없고**, 법원이 적정하다고 인정되는 부분을 초과한 부분만 취소할 수는 없다(대판 2010.7.15. 2010두7031).

3) 일부취소의 경우
공정거래위원회가 위반행위에 대한 과징금을 부과하면서 **여러 개의 위반행위에 대하여 외형상 하나의 과징금 납부명령을 하였으나** 여러 개의 위반행위 중 일부의 위반행위에 대한 과징금 부과만이 위법하고 소송상 **그 일부의 위반행위를 기초로 한 과징금액을 산정할 수 있는 자료가 있는 경우**에는, 하나의 과징금 납부명령일지라도 그 일부의 위반행위에 대한 과징금액에 해당하는 부분만을 취소하여야 한다(대판 2019.1.31. 2013두14726).

> **비교판례**
> 피고가 부당지원행위에 한대 과징금을 부과함에 있어 수개의 위반행위에 대하여 하나의 과징금납부명령을 하였으나 수개의 위반행위 중 일부의 위반행위만이 위법하지만, **소송상 그 일부의 위반행위를 기초로 한 과징금액을 산정할 수 있는 자료가 없는 경우**에는 하나의 과징금납부명령 전부를 취소할 수밖에 없다고 할 것이다(대판 2004.10.14. 2001두2881).

제12절 가산세(加算稅)

1 의의

가산세란 세법에서 규정하는 **의무의 성실한 이행을 확보하기 위하여** 세법에 따라 산출한 세액에 가산하여 징수하는 금액을 말한다(「국세기본법」 제2조 제4호).

2 법적 근거

가산세의 부과에는 법적 근거가 있어야 한다. 「국세기본법」, 「국세징수법」, 「소득세법」 등에 가산세에 관한 규정이 있다.

> **판례**
>
> 가산세는 종류에 따라서는 본세 납세의무와 무관하게 별도의 협력의무 위반에 대한 제재로서 부과되는 가산세도 있으나, 가산세 부과의 근거가 되는 법률 규정에서 본세의 세액이 유효하게 확정되어 있을 것을 전제로 납세의무자가 법정기한까지 과세표준과 세액을 제대로 신고하거나 납부하지 않은 것을 요건으로 하는 **무신고 · 과소신고 · 납부불성실 가산세** 등은 신고 · 납부할 본세의 납세의무가 인정되지 아니하는 경우에 이를 따로 부과할 수 없다(대판 2019.2.14. 2015두52616 ; 대판 2018.11.29. 2016두53180 ; 대판 2018.11.29. 2015두56120).

3 부과요건

1. 납세자가 정당한 사유 없이 의무를 이행하지 않을 것

납세자가 신고기한 내 신고를 아니하거나 과소신고 등의 경우에 가산세는 성립한다.

2. 납세자의 고의 · 과실 불요

가산세는 형벌이 아니므로 **행위자의 고의 또는 과실 · 책임능력 · 책임조건 등을 고려하지 아니하고** 가산세 과세요건의 충족 여부만을 확인하여 조세의 부과 절차에 따라 과징할 수 있다(헌재 2006.7.27. 2004헌가13).

3. 정당한 사유는 가산세 면제사유

> **판례**
>
> 1. 단순한 법률의 부지나 오해의 범위를 넘어 세법 해석상 견해가 대립하는 등으로 납세의무자가 그 의무를 알지 못한 것에 책임을 귀속시킬 수 없는 합리적인 이유가 있을 때 또는 그 의무의 이행을 당사자에게 기대하기 어려운 사정이 있을 때 등 그 **의무를 게을리한 점을 비난할 수 없는 정당한 사유가 있는 경우**에는 가산세를 부과할 수 없다(대판 2017.7.11. 2017두36885 ; 대판 2016.10.27. 2016두44711).

2. 납세의무자가 세무공무원의 잘못된 설명을 믿고 그 신고납부의무를 이행하지 아니하였다 하더라도 그것이 관계 법령에 어긋나는 것임이 명백한 때에는 그러한 사유만으로 정당한 사유가 있다고 볼 수 없다(대판 2003.1.10. 2001두7886).
3. 법령의 부지 또는 오인은 그 정당한 사유에 해당한다고 볼 수 없다(대판 2013.5.23. 2013두1829).

4 가산세 이유고지

> **판례**
>
> 하나의 납세고지서에 의하여 본세와 가산세를 함께 부과할 때에는 납세고지서에 본세와 가산세 각각의 세액과 산출근거 등을 구분하여 기재해야 하는 것이고, 여러 종류의 가산세를 함께 부과하는 경우에는 그 가산세 상호 간에도 종류별로 세액과 산출근거 등을 구분하여 기재함으로써 납세의무자가 납세고지서 자체로 각 과세처분의 내용을 알 수 있도록 하는 것이 당연한 원칙이다(대판 전합 2012.10.18. 2010두12347). 따라서 본세와 가산세 각각의 세액과 산출근거 및 가산세 상호 간의 종류별 세액과 산출근거 등을 제대로 구분하여 기재하지 않은 채 본세와 가산세의 합계액 등만을 기재한 경우에도 과세처분은 위법하다(대판 2018.12.13. 2018두128).

5 부과·징수와 권리구제

가산금은 과세청의 확정절차 없이도 법률 규정에 의하여 당연히 발생하는 것이므로 가산금 고지는 처분이라고 볼 수 없다(대판 2005.6.10. 2005다15482). 다만, 가산세 부과는 처분이다.

제13절 공급거부

1 의의

공급거부란 행정법상의 의무를 위반한 자에 대하여 행정상 일정한 재화나 서비스의 공급을 거부하는 행정작용을 말한다. **간접적으로 의무 이행의 확보를 도모하는 제도**이다.

2 법적 근거

공급거부는 국민의 권익을 침해하는 행위이므로 **반드시 법률의 근거를 요한다**. 아울러 그 법규의 해석은 엄격하여야 한다.

3 한계

평등원칙에 의한 한계	전기·수도·도시가스 등의 공급은 공행정작용의 성질을 가지는 것이므로 모든 국민에게 균등한 조건하에서 제공되어야 하고, 정당한 이유 없이 그 급부를 거부하거나 중단할 수 없다.
부당결부금지 원칙에 의한 한계	① 공급거부는 당해 법률이 추구하는 목적과 실체적 관련성이 없는 다른 목적을 달성하기 위한 수단(예컨대 기부채납을 독려하기 위하여 수돗물의 공급을 거부하는 경우)으로 이용되어서는 아니 된다. ② 구 건축법 제69조 제2항은 위법건축물을 시정하기 위해 수도, 전기공급을 거부할 수 있다고 규정했으나, 부당결부금지원칙에 위반된다는 주장이 제기되어 개정법에서는 이를 삭제하였다.
비례원칙에 의한 한계	공급거부는 추구하는 공익목적을 달성하는 데 적합한 수단이어야 하고, 동일한 목적을 달성하기 위해 공급거부보다 덜 침익적인 수단이 없는 경우에 한하여, 그리고 공급거부를 통해 달성하려는 공익이 급부를 받지 못함으로써 침해되는 사익보다 큰 경우에 행사할 수 있다.

4 공급거부에 대한 권리구제

급부가 사법관계일 경우		① 공기업 이용관계는 그 급부가 대부분 사법관계이므로 민사소송을 제기해야 한다. ② 전화가입계약은 사법상 계약이므로 전화가입계약 해지는 항고소송의 대상이 되는 처분으로 볼 수 없다(대판 1982.12.28. 82누441).
급부가 공법관계일 경우	행정쟁송	단수처분은 항고소송의 대상이 되는 행정처분에 해당하므로(대판 1979.12.28. 79누218), 위법한 단수처분에 대해서는 행정소송을 제기하여 그 취소를 구할 수 있다.
	국가배상	국가 또는 지방자치단체의 위법한 공급거부조치에 의해 재산상의 손해를 입은 사인은 「국가배상법」상의 손해배상청구를 할 수 있다.

제14절 행정상 공표

1 의의

행정상의 공표란 행정법상의 의무 위반이나 의무 불이행에 대하여 행정청이 그 사실을 일반에게 알림으로써 그에 따르는 사회적 비난이라는 **간접적·심리적 강제에 의하여 그 의무 이행을 확보하려는 제도**를 말한다.

2 법적 성질

1. 학설

명단 공표는 행정청의 일방적 행위로 이루어지고, 상대방의 명예권이나 개인정보자기결정권을 제한하므로 권력적 사실행위라는 설과 명단 공표는 사실을 일반인에게 알리는 것에 불과하므로 아무런 법적 효과를 발생시키지 않아 비권력적 사실행위에 해당한다는 설이 대립한다.

2. 판례

대법원은 병역기피자에 대한 명단 공표는 병역의무 이행을 간접적으로 강제하는 공권력 행사로 보고 있다.

3 법적 근거

공표는 상대방의 인격권과 사생활 등의 기본권을 침해할 우려가 있으므로 헌법 제37조 제2항에 따라 법률상 근거를 요한다.「행정절차법」은 공표에 관한 일반법이다. 개별법으로「국세징수법」,「아동·청소년의 성보호에 관한 법률」,「공직자윤리법」,「식품위생법」등이 있다.

4 요건과 공표 내용

1. 요건

납세의무와 병역의무 불이행 같은 법령에 따른 의무 위반을 요건으로 한다. 행정청은 위반사실 등의 공표를 하기 전에 사실과 다른 공표로 인하여 당사자의 명예·신용 등이 훼손되지 아니하도록 객관적이고 타당한 증거와 근거가 있는지를 확인하여야 한다.

2. 공표의 내용

행정청은 법령에 따른 의무를 위반한 자의 성명·법인명, 위반사실, 의무 위반을 이유로 한 처분사실 등을 법률로 정하는 바에 따라 일반에게 공표할 수 있다(「행정절차법」 제40조의3 제1항).

3. 공표의 정정

행정청은 공표된 내용이 사실과 다른 것으로 밝혀지거나 공표에 포함된 처분이 취소된 경우에는 그 내용을 정정하여, 정정한 내용을 지체 없이 해당 공표와 같은 방법으로 공표된 기간 이상 공표하여야 한다. 다만, 당사자가 원하지 아니하면 공표하지 아니할 수 있다(「행정절차법」 제40조의3 제8항).

5 법 위반사실 공표 절차: 사전통지와 의견 제출의 기회 보장

행정청은 위반사실 등의 공표를 할 때에는 미리 당사자에게 그 사실을 통지하고 의견제출의 기회를 주어야 한다. 다만 공공의 안전 또는 복리를 위하여 긴급히 공표를 할 필요가 있는 경우, 해당 공표의 성질상 의견청취가 현저히 곤란하거나 명백히 불필요하다고 인정될 만한 타당한 이유가 있는 경우, 당사자가 의견진술의 기회를 포기한다는 뜻을 명백히 밝힌 경우 의견제출기회를 보장하지 아니한다(「행정절차법」 제40조의3 제3항). 이를 거치지 아니한 공표는 위법한 처분이 된다.

6 공표에 대한 권리구제

1. 행정쟁송

(1) 학설 대립

공표는 비권력적 사실행위이므로 공권력 행사가 아니어서 처분이 아니라는 부정설, 공표는 상대방의 인격권에 직접 영향을 미치는 행위이므로 처분에 해당한다는 긍정설이 대립한다.

(2) 판례

판례는 병역의무기피자 명단 공표에 대해 권력적 사실행위로서 처분성을 인정하고 있다.

> **판례**
>
> **병역의무 기피자 명단 공개결정**(대판 2019.6.27. 2018두49130)
>
> 1. 병무청장이 「병역법」 제81조의2 제1항에 따라 병역의무 기피자의 인적 사항 등을 인터넷 홈페이지에 게시하는 등의 방법으로 공개한 경우, 병무청장의 공개결정이 항고소송의 대상이 되는 행정처분인지 여부
>
>   가. 병무청장이 하는 병역의무 기피자의 인적 사항 등 공개는, 특정인을 병역의무 기피자로 판단하여 그 사실을 일반대중에게 공표함으로써 그의 명예를 훼손하고 그에게 수치심을 느끼게 하여 <u>병역의무 이행을 간접적으로 강제하려는 조치로서 「병역법」에 근거하여 이루어지는 공권력의 행사에 해당한다</u>.
>
>   나. 병무청장이 하는 병역의무 기피자의 인적 사항 등 공개조치에는 특정인을 병역의무 기피자로 판단하여 그에게 불이익을 가한다는 행정결정이 전제되어 있고, 공개라는 사실행위는 행정결정의 집행행위라고 보아야 한다. 병무청장이 그러한 행정결정을 공개 대상자에게 미리 **통보하지 않은 것이** 적절한지는 본안에서 해당 처분이 적법한가를 판단하는 단계에서 고려할 요소이며, 병무청장이 그러한 행정결정을 공개 대상자에게 미리 통보하지 않았다거나 **처분서를 작성·교부하지 않았다는 점**만으로 항고소송의 대상적격을 부정하여서는 아니 된다.
>
>   다. 병무청 인터넷 홈페이지에 공개 대상자의 인적 사항 등이 게시되는 경우 그의 명예가 훼손되므로, <u>공개 대상자는 자신에 대한 공개결정이 병역법령에서 정한 요건과 절차를 준수한 것인지를 다툴 법률상 이익이 있다</u>. 병무청장이 인터넷 홈페이지 등에 게시하는 사실행위를 함으로써 공개 대상자의 인적 사항 등이 이미 공개되었더라도, 재판에서 병무청장의 공개결정이 <u>위법함이 확인되어 취소판결이 선고되는 경우</u>, 병무청장은 취소판결의 기속력에 따라 위법한 결과를 제거하는 조치를 할 의무가 있으므로 공개 대상자의 실효적 권리구제를 위해 병무청장의 공개결정을 행정처분으로 인정할 필요성이 있다. 만약 병무청장의 공개결정을 항고소송의 대상이 되는 처분으로 보지 않는다면 국가배상청구 외에는 침해된 권리 또는 법률상 이익을 구제받을 적절한 방법이 없다.

2. 소의 이익

관할 지방병무청장의 공개 대상자 결정의 경우 상대방에게 통보하는 등 외부에 표시하는 절차가 관계 법령에 규정되어 있지 않다. 또한 병무청장에게 최종적으로 공개 여부를 결정할 권한이 있으므로, **관할 지방병무청장의 공개 대상자 결정**은 병무청장의 최종적인 결정에 앞서 이루어지는 행정기관 내부의 중간적 결정에 불과하다. 가까운 시일 내에 최종적인 결정과 외부적인 표시가 예정된 상황에서, 외부에 표시되지 않은 행정기관 내부의 결정을 항고소송의 대상인 처분으로 보아야 할 필요성은 크지 않다. 관할 지방병무청장이 1차로 공개 대상자 결정을 하고, 그에 따라 병무청장이 같은 내용으로 최종적 공개 결정을 하였다면, 공개 대상자는 병무청장의 최종적 공개결정만을 다투는 것으로 충분하고, 관할 지방병무청장의 공개 대상자 결정을 별도로 다툴 소의 이익은 없어진다.

* **본안판단을 한다면**: 「행정절차법」 제40조의3은 **행정청은 의견청취의무가 면제되는 사유가 없는 한 위반사실 등의 공표를 할 때에는 미리 당사자에게 그 사실을 통지하고 의견제출의 기회를 주도록 규정하고 있다.** 이를 거치지 아니한 병역의무 기피자 명단 공개결정은 위법한 처분이 된다. 다만 취소사유에 해당한다.

2. 국가배상청구소송

공표가 비권력적 사실행위라 해도 「국가배상법」상의 직무행위에는 해당한다. 따라서 위법한 공표에 대해서는 국가나 지방자치단체에 대하여 손해배상을 청구할 수 있게 된다.

> **판례**
>
> 1. 행정기관이 일정한 행정목적을 위해 언론에 보도자료를 제공하거나 공표를 통해 타인의 명예를 훼손한 경우, 공표된 내용이 진실이라는 증거가 없더라도 **공표 당시 해당 내용을 진실로 믿을 만한 상당한 이유가 있으면 위법성이 없다고 판단될 수 있다.** 그러나 공공기관의 경우, 무거운 주의의무와 공권력을 행사하는 공표주체의 광범한 사실조사 능력, 그리고 공표된 사실이 진실하리라는 점에 대한 국민의 강한 기대와 신뢰 등에 비추어 볼 때 사인에 비해 **훨씬 더 엄격한 기준이 요구되며**, 공표된 사실이 객관적이고 타당한 확증에 의해 확실히 진실하다고 믿을 만한 경우가 아니라면 그러한 상당한 이유를 인정할 수 없다(대판 1998.5.22. 97다57689).
> 2. 지방국세청 소속 공무원들이 통상적인 조사를 다하여 의심스러운 짐을 밝혀 보지 아니한 채 막연한 의구심에 근거하여 원고가 위장증여자로서 구 국토이용관리법을 위반하였다는 요지의 조사결과를 보고한 것이라면 국세청장이 이에 근거한 보도자료의 내용이 진실하다고 믿은 데에는 상당한 이유가 없다(대판 1993.11.26. 93다18389).
> 3. 보강수사가 필요한 상황임에도 검사가 마치 피의자의 범행이 확정된 듯한 표현을 사용하여 내부절차를 밟지도 않고 각 언론사의 기자들을 상대로 언론에 의한 보도를 전제로 피의사실을 공표한 경우 위법성이 조각되지 않는다(대판 2001.11.30. 2000다68474).

3. 결과제거청구권

행정청의 위법한 공표로 인해 권리침해의 결과가 계속되고 있는 경우에는 결과제거청구권을 행사함으로써 공표된 내용의 정정·철회 등 시정조치를 구할 수 있다.

제15절　제재적 행정처분

1 의의

제재적 행정처분이란 행정법상의 의무 위반자에 대하여 인가·허가 등을 거부·정지·철회함으로써 위반자에게 불이익을 가하고, 이로써 **행정법상의 의무 이행을 간접적으로 확보하는 것**을 말한다. 이와 같은 제재적 행정처분과 형벌은 목적·대상 등을 달리하기 때문에 병과가 가능하다.

2 법률유보

1. 제재처분 법정주의

「행정기본법」제22조 제1항은 제재처분은 법률로 정해야 하며 법률에서 제재처분의 주체, 사유, 유형 및 상한을 명확하게 정하도록 규정하고 있다. 제재처분은 침익적 행정작용이므로 헌법 제37조 제2항에 따라 법률로 정해야 한다.

> 「행정기본법」제22조【제재처분의 기준】① 제재처분의 근거가 되는 법률에는 제재처분의 주체, 사유, 유형 및 상한을 명확하게 규정하여야 한다. 이 경우 제재처분의 유형 및 상한을 정할 때에는 해당 위반행위의 특수성 및 유사한 위반행위와의 형평성 등을 종합적으로 고려하여야 한다.

2. 위반행위시법

법 위반행위에 대하여 행정상의 제재처분을 하려면 달리 특별한 규정을 두고 있지 아니한 이상 그 위반행위 당시에 시행되던 법령에 의하여야 한다(대판 2022.5.13. 2019두49199).

3 제재처분 시 고려요소

1. 고려요소

「행정기본법」제22조 제2항에 따르면 위반행위의 동기, 목적 및 방법, 위반행위의 결과, 위반행위의 횟수, 동기 등 3가지 사유에 준하는 사항으로서 대통령령으로 정하는 사항을 고려해서 행정청은 제재처분하여야 한다.

> **판례**
> 1. A와 3명의 공무원은 당직근무대기 중 돈을 걸지 않고 약 25분간 화투놀이를 했다. **3명은 견책하고 A를 파면한 것**은 공평의 원칙상 재량의 범위를 벗어나 위법한 것이다(대판 1972.12.26. 72누194).
> 2. 주유소 영업의 양도인이 등유가 섞인 유사휘발유를 판매한 바를 모르고 이를 양수한 석유판매영업자에게 전 운영자인 양도인의 위법사유를 들어 사업정지기간 중 최장기인 6월의 사업정지에 처한 영업정지처분이「석유사업법」에 의하여 실현시키고자 하는 공익목적의 실현보다는 양수인이 입게 될 손실이 훨씬 커서 재량권을 일탈한 것으로서 위법하다(대판 1992.2.25. 91누13106).

2. 고의나 과실을 요하지 않는다.

행정법규 위반자에게 고의나 과실이 없다고 하더라도 제재처분을 부과할 수 있는 것이 원칙이다. 행정법규 위반자에 대한 제재조치에는 고의·과실을 요하지 않는다(대판 2012.6.28. 2010두24371). 따라서 종업원의 법규 위반을 몰랐다고 하더라도 영업주에게 행정책임을 물을 수 있다(대판 1993.5.25. 92누18726).

4 제재처분의 한계

제재처분은 비례원칙이나 평등원칙에 위반해서는 아니 된다. 관허사업의 제한은 이행을 확보하고자 하는 의무와 취소·정지되는 영업 사이에 직접적인 실체적 관련성이 없다는 점에서 부당결부금지의 원칙 위반문제가 제기된다.

5 제재처분의 제척기간

1. 제척기간

행정청은 법령 등의 위반행위가 종료된 날부터 5년이 지나면 해당 위반행위에 대하여 제재처분(인허가의 정지·취소·철회, 등록 말소, 영업소 폐쇄와 정지를 갈음하는 과징금 부과를 말한다)을 할 수 없다(「행정기본법」제23조 제1항). 다른 법률에서 이 기간보다 짧거나 긴 기간을 규정하고 있으면 그 법률에서 정하는 바에 따른다(동법 제23조 제4항).

2. 제척기간 배제사유

거짓이나 그 밖의 부정한 방법으로 인허가를 받거나 신고를 한 경우, 당사자가 인허가나 신고의 위법성을 알고 있었거나 중대한 과실로 알지 못한 경우, 정당한 사유 없이 행정청의 조사·출입·검사를 기피·방해·거부하여 제척기간이 지난 경우, 제재처분을 하지 아니하면 국민의 안전·생명 또는 환경을 심각하게 해치거나 해칠 우려가 있는 경우 제척기간을 규정한 「행정기본법」제23조 제1항을 적용하지 아니한다(「행정기본법」제23조 제2항).

3. 제재처분이 쟁송취소된 경우

행정청은 행정심판의 재결이나 법원의 판결에 따라 제재처분이 취소·철회된 경우에는 재결이나 판결이 확정된 날부터 1년(합의제행정기관은 2년)이 지나기 전까지는 그 취지에 따른 새로운 제재처분을 할 수 있다(「행정기본법」제23조 제3항).

6 제재처분에 불복절차

1. 행정쟁송

(1) 제재적 행정처분은 처분이므로 행정쟁송을 제기할 수 있다.

(2) 여러 처분사유에 관하여 하나의 제재처분을 하였을 때 그중 일부가 인정되지 않는다고 하더라도 나머지 처분사유들만으로도 처분의 정당성이 인정되는 경우에는 그 처분을 위법하다고 보아 취소하여서는 아니 된다. 행정청이 여러 개의 위반행위에 대하여 하나의 제재처분을 하였으나, 위반행위별로 제재처분의 내용을 구분하는 것이 가능하고 여러 개의 위반행위 중 일부의 위반행위에 대한 제재처분 부분만이 위법하다면, 법원은 제재처분 중 위법성이 인정되는 부분만 취소하여야 하고 제재처분 전부를 취소하여서는 아니 된다(대판 2020.5.14. 2019두63515).

2. 국가배상청구소송

위법한 제재적 행정처분로 손해를 받은 경우 국가배상을 청구할 수 있다.

해커스공무원
gosi.Hackers.com

제3편 행정구제

제1장 국가배상
제2장 손실보상
제3장 이의신청과 행정심판
제4장 행정소송

제1장 국가배상

* 행정구제제도 개관

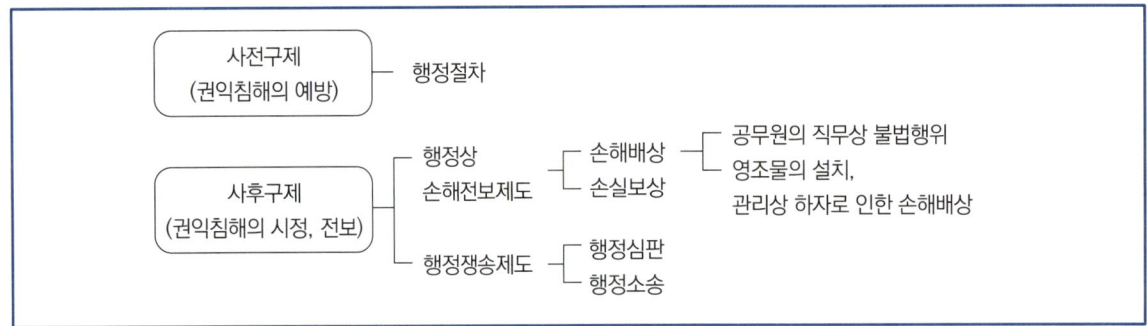

제1절 국가배상청구권의 성질과 배상절차

1 의의

국가배상청구권이란 공무원의 직무상 불법행위로 손해를 받은 국민이 국가 또는 공공단체에 그 손해를 배상해 주도록 청구할 수 있는 권리이다.

2 국가배상청구책임의 법적 성질

1. 학설

(1) 공법상 책임설

국가배상책임은 공무원의 공법상 행위가 원인이 되어 인정되므로 국가가 공법상 책임을 진다.

(2) 사법상 책임설

「국가배상법」은 「민법」의 특별법이고 국가는 사인과 동일한 지위에서 배상책임을 진다.

2. 판례

대법원은 국가배상책임을 사법상 책임으로 보고 국가배상청구소송을 민사소송으로 다루고 있다.

3. 검토

국가배상책임은 공법상 행위가 원인이 되어 인정되는 책임이므로 공법상 책임으로 보는 것이 타당하다. 따라서 국가배상청구소송을 당사자소송으로 다루고 관할 법원은 행정법원이 가지는 것이 타당하다.

3 배상책임의 내용

1. 「국가배상법」상 배상기준

「국가배상법」 제3조상의 배상기준을 최고한도로 보는 한정액설과 초과하는 배상도 가능하다는 기준액설이 있다. 한정액설은 배상기준에 관한 「국가배상법」 제3조의 규정을 배상액의 상한을 제한한 절대규정으로 본다. 따라서 한정규정으로 볼 경우 「민법」상 배상보다 피해자에게 불리할 수 있으므로 단순한 기준으로 보는 기준액설이 다수설과 대법원 판례이다.

2. 손익상계

피해자가 손해를 입은 동시에 이익을 얻은 경우에는 손해배상액에서 그 이익에 상당하는 금액을 빼야 한다.

> **판례**
>
> 의상자 및 의사자의 유족에 대하여 보상금 등을 지급 및 실시하는 제도는 의상자 및 의사자의 유족의 생활안정과 복지향상을 도모한다는 사회보장적 성격을 가질 뿐만 아니라 그들의 국가 및 사회를 위한 공헌이나 희생에 대한 국가적 예우를 시행하는 것으로서 손해를 배상하는 제도와는 그 취지나 목적을 달리하는 등 손실 또는 손해를 전보하기 위하여 시행하는 제도가 아니라 할 것이므로, 구 의사상자예우에 관한 법률에 의해 지급되거나 지급될 보상금, 의료보호, 교육보호 등의 혜택을 국가배상법에 의하여 배상하여야 할 손해액에서 공제할 수는 없다(대판 2001.2.23. 2000다46894).

3. 배상청구권의 양도 · 압류 금지

> 「국가배상법」 제4조 【양도 등 금지】 생명 · 신체의 침해로 인한 국가배상을 받을 권리는 양도하거나 압류하지 못한다.

생명 · 신체의 침해로 인한 배상을 받을 권리	양도 · 압류 불가
생명 · 신체 이외의 법익침해로 인한 배상을 받을 권리	양도 · 압류 가능

4. 배상책임의 주체

「국가배상법」상 배상책임의 주체는 국가와 지방자치단체이므로 국가배상청구소송의 피고는 행정주체인 대한민국과 지방자치단체이지 행정기관인 행정안전부장관, 지방자치단체장 등이 아니다.

☑ 헌법과 「국가배상법」의 비교

구분	헌법	「국가배상법」
배상책임의 주체	국가, 공공단체	국가, 지방자치단체
공무원의 직무상 불법행위 배상	○	○
영조물설치·관리하자 배상	×	○

5. 배상청구권의 주체

국민과 국내법인은 배상청구권의 주체가 된다. 외국인의 경우에는 해당 국가와 상호보증이 있는 경우에 한해 배상청구권이 인정된다(「국가배상법」 제7조). 국가배상청구권의 발생요건이 우리나라와 외국 간에 실질적으로 거의 차이가 없다면 상호보증요건을 충족한다고 볼 수 있다. 상호보증은 외국의 법령, 판례, 관례 등을 비교하여 인정되며, 조약이 반드시 필요하지 않다. <u>구체적인 사례가 없더라도 국가배상청구가 인정될 것으로 기대되면 충분하다. 일본의 국가배상법이 우리나라와 동일한 내용을 규정하고 있으므로, 우리나라와 일본 간에는 상호보증이 존재한다고 할 수 있다</u>(대판 2015.6.11. 2013다208388).

6. 국가배상청구권의 시효

(1) 국가배상청구권의 소멸시효

「민법」 제766조 제1항에 따라 국가배상청구권은 손해 및 가해자를 안 날로부터 3년 이내에 행사해야 한다. 「국가재정법」 제96조 제1항에 따라 불법행위를 한 날로부터 5년 이내에 행사해야 한다.

사례연구

1. **사건개요:** 피해자 乙은 군무원 甲의 직무수행 중 불법행위로 1977.10.12. 납북되었다. 乙의 가족인 처 丙과 자녀 丁 등이 乙에 대한 실종선고심판이 2005.8.23. 확정된 후 국가배상청구를 하였다.

2. **쟁점 1:** 乙 본인의 국가배상청구권에 관한 소멸시효는 완성되었는가?
   ▶ **아니다.** 공무원의 직무수행 중 불법행위에 의하여 납북된 것을 원인으로 하는 국가배상청구권 행사의 경우, **납북된 乙 본인이 불법행위 발생일인 1977.10.12.에 손해 및 가해자를 알았다고 하더라도 국가를 상대로 국가배상청구권을 행사하는 것은 객관적으로 불가능하므로 乙 본인의 국가배상청구권에 관한 소멸시효가 1977.10.12.부터 진행한다고 볼 수 없다.**

3. **쟁점 2:** 丙, 丁 등 가족들 고유의 국가배상청구권에 관한 소멸시효는 완성되었는가?
   ▶ **그렇다.** 乙의 처이자 자녀 丁 등의 법정대리인이었던 丙이 불법행위가 발생한 날의 다음 날인 1977.10.13.에는 손해 및 가해자를 알았다고 보아 그 다음 날부터 3년이 경과한 1980.10.14.에 丙, 丁 등 가족들 고유의 국가배상청구권에 관한 소멸시효는 완성되었다(대판 2012.4.13. 2009다33754).

---

(2) 인권침해사건의 경우 소멸시효

「진실·화해를 위한 과거사정리 기본법」상 '민간인 집단 희생사건', '중대한 인권침해사건·조작의혹사건'에서 공무원의 위법한 직무집행으로 입은 손해에 대한 국가배상청구권에 대해서는 「민법」 제766조 제2항에 따른 장기소멸시효가 적용되지 않는다. 또한 3년의 단기소멸시효기간은 그 '손해 및 가해자를 안 날'에 더하여 그 '권리를 행사할 수 있는 때'가 도래하여야 비로소 시효가 진행한다(대판 2023.2.2. 2020다270633).

4 손해배상청구절차

1. 배상심의회

법무부에 두는 본부심의회, 국방부에 두는 특별심의회는 모두 법무부장관의 지휘를 받아야 한다.

2. 배상청구절차

손해배상의 소송은 배상심의회에 배상신청을 하지 아니하고도 이를 제기할 수 있으므로 배상심의절차는 임의적 절차이다(「국가배상법」 제9조).

3. 피고

국가 또는 지방자치단체가 피고가 된다.

> **판례**
>
> **국가배상청구소송의 각하판결 후 근거 법률이 위헌결정된 경우 다시 국가배상청구소송을 청구한 경우 기판력에 저촉되는지 여부**(대판 2023.2.2. 2020다270633)
>
> 일반적으로 소송판결의 기판력은 그 판결에서 확정한 소송요건의 흠결에 관하여 미치는 것이지만, 당사자가 그러한 소송요건의 흠결을 보완하여 다시 소를 제기한 경우에는 그 기판력의 제한을 받지 않는다. 헌법재판소가 소 각하 확정판결의 근거가 된 구 민주화운동 관련자 명예회복 및 보상 등에 관한 법률 제18조 제2항의 '민주화운동과 관련하여 입은 피해' 중 불법행위로 인한 정신적 손해에 관한 부분은 국가배상청구권을 침해하여 위헌결정이 내려진 후 다시 국가배상청구의 소를 제기한 경우 위 소는 각하판결의 기판력에 저촉되지 않는다.

제2절 공무원의 직무상 불법행위로 인한 손해배상책임

1 배상책임의 요건

> 「국가배상법」 제2조 【배상책임】 ① 국가나 지방자치단체는 공무원 또는 공무를 위탁받은 사인이 직무를 집행하면서 고의 또는 과실로 법령을 위반하여 타인에게 손해를 입히거나, 「자동차손해배상 보장법」에 따라 손해배상의 책임이 있을 때에는 이 법에 따라 그 손해를 배상하여야 한다.

2 공무원

공무원은 조직법상의 공무원이 아닌 국가기관 구성원으로서 공무를 수행하는 자이다. 따라서 공무를 수행하고 있으면 신분상 공무원이 아니더라도 「국가배상법」상 공무원에 포함된다. 경력직공무원 + 특수경력직공무원 + 공무를 위탁받아 공무를 수행하는 모든 자이다. **가해 공무원을 특정할 수 없어도 무방하다.** 예를 들면 시위 중 전투경찰순경에 의해 폭행을 당한 경우 폭행한 전투경찰순경을 특정할 수 없다. 이런 경우 불특정 전투경찰순경도 공무원에 포함된다.

> **사례연구**
>
> 1. **사건개요:** 서울특별시 강서구는 A를 교통할아버지로 선정하여 교통안내를 위탁했다. A는 위탁받은 범위를 넘어 교차로 중앙에서 교통정리를 하다가 사고를 발생시켰다.
> 2. **쟁점 1:** 공무의 위탁이 일시적이고 한정적인 교통할아버지도 공무원에 포함되는가?
>   ▶ 그렇다. 「국가배상법」제2조 소정의 '공무원'이란 「국가공무원법」이나 「지방공무원법」에 의하여 공무원으로서 신분을 가진 자에 국한하지 않고, 널리 공무를 위탁받아 실질적으로 공무에 종사하고 있는 일체의 자를 가리키는 것으로서(대판 2019.1.31. 2013다14217), **공무의 위탁이 일시적이고 한정적인 사항에 관한 활동을 위한 것이어도 달리 볼 것은 아니라고 할 것이다.**
> 3. **쟁점 2:** 위탁받은 범위를 넘어 교통정리를 한 경우에도 직무상 행위에 포함되는가?
>   ▶ 그렇다. '교통할아버지' 봉사원으로 선정된 A가 지정된 시간 중에 피고로부터 위탁받은 업무범위를 넘어 교차로 중앙에서 교통정리를 하다가 이 사건 사고를 발생시켰다고 하더라도 이는 **외형상 객관적으로 A가 피고로부터 위탁받은 업무와 밀접한 관계에 있는 행위로서 공무원이 그 직무를 집행함에 당하여 한 행위이다.**
> 4. **쟁점 3:** 지방자치단체는 배상책임을 지는가?
>   ▶ 그렇다. 이 사건 '교통할아버지' 활동이 피고의 노인복지사업의 일환으로 이루어진 것이라고 하여 달리 볼 것이 아니므로, 지방자치단체가 배상책임을 진다(대판 2001.1.5. 98다39060).

✅ 공무원 인정 여부

공무원으로 인정되는 자	공무원으로 인정되지 않는 자
• 전입신고서에 확인인을 찍는 통장(대판 1991.7.9. 91다5570) • 소집 중인 예비군대원(대판 1970.5.26. 70다471) • 대한변협협회장은 국가로부터 위탁받은 공행정사무인 '변호사등록에 관한 사무'를 수행하는 범위 내에서는 「국가배상법」제2조에서 정한 공무원에 해당한다(대판 2021.1.28. 2019다260197) • 경매담당공무원(대판 2008.7.10. 2006다23664) • 국가나 지방자치단체에 근무하는 청원경찰(대판 1993.7.13. 92다47564) • 시청소차 운전수(대판 1980.9.24. 80다1051) • 동장에 의해 선임된 교통할아버지(대판 2001.1.5. 98다39060)	• 한국토지공사는 법령의 위탁에 의하여 대집행을 수권받은 자로서 공인인 대집행을 실시함에 따르는 권리·의무 및 책임이 귀속되는 행정주체의 지위에 있다고 볼 것이지 지방자치단체 등의 기관으로서 「국가배상법」제2조 소정의 공무원에 해당한다고 볼 것은 아니다. 따라서 지방자치단체를 상대방으로 하여 손해배상을 청구해서는 안 되고 한국토지공사를 상대방으로 하여 청구하여야 한다(대판 2010. 1.28. 2007다82950). • 「부동산소유권 이전등기 등에 관한 특별조치법」상 보증인은 공무를 위탁받아 실질적으로 공무를 수행한다고 보기는 어렵다(대판 2019.1.31. 2013다14217).

3 직무를 집행하면서

1. 직무의 범위

권력작용, 관리작용은 「국가배상법」상 직무범위에 포함되나 사경제적 작용은 「국가배상법」상 직무에 포함되지 않는다(대판 1969.4.22. 68다2225). 법률행위적 행정행위뿐 아니라 준법률행위적 행정행위도, 권력적 사실행위뿐 아니라 행정지도와 같은 비권력적 사실행위도 포함한다(대판 1998.7.10. 96다38971).

2. 직무의 내용

입법작용과 사법(司法)작용도 공무원의 직무상 행위에 해당하므로 손해배상책임이 인정될 수 있다.

3. 직무상 행위

행위는 작위·부작위·행위지체를 포함한다. 행정입법부작위로 인한 손해의 경우에도 손해배상청구가 가능하다.

> **판례**
>
> 1. 구 군법무관임용법 제5조 제3항과 「군법무관임용 등에 관한 법률」 제6조가 군법무관의 보수의 구체적 내용을 시행령에 위임했음에도 불구하고 행정부가 정당한 이유 없이 시행령을 제정하지 않은 것은 불법행위에 해당한다(대판 2007.11.29. 2006다3561).
> 2. 헌법재판소는 치과전문의 관련 입법부작위에 대하여 위헌확인결정을 하였다고 하더라도 **사실상 전공의 과정을 마친 치과의사들에 대하여 전문의 자격시험 응시자격을 부여해야 할 행정입법의무가 도출되지 않는다.** 헌법재판소 1998.7.16. 96헌마246이 사실상 전공의 수련과정을 마친 치과의사들에게 그 수련경력에 대한 기득권을 인정하는 경과조치를 마련하지 않은 보건복지부장관의 행정입법부작위가 위헌·위법하다고 판시한 것으로 볼 수 없으므로, 경과조치를 마련하지 아니하였더라도 국가배상청구는 인정되지 않는다(대판 2018.6.15. 2017다249769).

4. 공무원의 행위가 직무와 관련된 행위일 것

(1) 학설

직무집행을 한다는 공무원의 주관적 의사를 요한다는 **주관설**과 객관적으로 관찰하여 직무집행으로 볼 수 있느냐를 기준으로 해야 한다는 **객관설**이 대립한다.

(2) 판례

판례는 행위 자체의 **외관을 객관적으로 관찰하여 공무원의 직무행위로 보여질 때에는** 실질적으로 직무행위가 아니거나 직무행위를 수행한다는 행위자의 **주관적 의사가 없는 공무원의 행위도** 「국가배상법」상 공무원의 직무행위가 될 수 있다(대판 2005.1.14. 2004다26805)고 하여 객관설을 취한다. 공무원의 행위가 실질적으로 공무집행행위가 아니라는 **사정을 피해자가 알았다 하더라도**, 그것을 「국가배상법」 제2조 제1항에서 말하는 '직무를 행함에 당하여'라고 단정하는데, 아무러한 영향을 미치는 것은 아니다(대판 1966.3.22. 66다117).

(3) 직무관련성 판례

1) 긍정한 판례

공무원이 자기 소유 차량을 운전하여 공무를 수행하다가 돌아오던 중 교통사고를 일으킨 경우(대판 전합 1998.11.19. 97다36873). 개인 소유 오토바이를 운전하여 훈련지역을 돌아보다가 낸 교통사고도 직무집행 중 행위이다(대판 1994.5.27. 94다6741). 또한 인사업무 담당공무원이 다른 공무원의 공무원증을 위조한 행위는 실질적으로 공무원의 직무는 아니나 외관적으로 직무행위로 인정된다(대판 2005.1.14. 2004다26805).

2) 부정한 판례

구청 세무과 소속 공무원이 무허가 건물세입자들에 대한 시영아파트 입주권 매매행위를 한 경우 지방세 부과, 징수 등 본래의 직무와는 관련이 없는 행위로서 외형상으로도 직무범위 내에 속하는 행위라고 볼 수 없다(대판 1993.1.15. 92다8514). 또한 공무원이 자기 소유 차량을 운전하여 근무지를 출근하던 중 교통사고를 일으킨 경우 직무집행 중이 아니므로 국가의 배상책임은 인정되지 않는다(대판 1996.5.31. 94다15271).

4 공무원의 행위가 고의 또는 과실로 인한 것일 것

1. 의의

공무원의 고의·과실이 있어야 배상을 청구할 수 있다. 고의·과실은 공무원의 고의·과실이지 선임감독자 또는 배상책임자의 고의·과실이 아니다. 「민법」 제756조 제1항의 사용자면책조항이 적용되지 않으므로 국가는 선임감독과 사무감독에 상당한 주의를 했다고 해도 배상책임이 면책되지 않는다.

2. 과실의 의미

(1) 학설

공무원이 통상 갖추어야 할 주의의무를 게을리한 것을 과실로 보는 **주관설**, 공무원의 위법행위로 인한 국가작용의 흠을 과실로 보는 **객관설**이 있다. 객관설에 따르면 공무원의 행위가 위법하면 과실이 바로 인정된다.

(2) 판례

1) 변형된 주관설

「국가배상법」상 과실은 담당공무원이 보통 일반의 공무원을 표준으로 하여 볼 때 **객관적 주의의무를 결하여** 그 행정처분이 객관적 정당성을 상실하였다고 인정될 정도에 이른 경우를 말한다(대판 2015.11.27. 2013다6759)고 하여 주관설을 취하면서 과실을 객관화시키려 하고 있다.

2) 객관적 주의의무 판단기준

보통 일반의 공무원을 표준으로 **공무원이 객관적 주의의무를 소홀히 하고 그로 말미암아 객관적 정당성을 잃었다고 볼 수 있으면** 「국가배상법」 제2조가 정한 국가배상책임이 성립할 수 있다. 객관적 정당성을 잃었는지는 침해행위가 되는 **행정처분의 양태와 목적, 피해자의 관여 여부와 정도, 침해된 이익**

의 **종류와 손해의 정도** 등 여러 사정을 종합하여 판단하여야 한다. 국가가 시행하는 시험에서 출제 오류나 정답 결정의 잘못으로 인한 국가배상책임을 인정하려면, 해당 시험의 공익성, 시험위원의 적정한 위촉, 시험출제과정에서의 객관성, 오류 정정 및 응시자 구제조치 등의 여러 요소를 종합적으로 고려해야 한다. 시험출제에 관여한 공무원이나 시험위원이 객관적 주의의무를 소홀히 하여 행정처분이 객관적 정당성을 상실한 경우에 국가배상책임이 인정될 수 있다(대판 2022.4.28. 2017다233061).

☑ 과실의 객관화 경향

추상적 과실	공무원의 직무집행상의 과실이란 공무원이 직무를 수행함에 있어 당해 **직무를 담당하는 평균인이 갖추어야 할 주의의무를 게을리한 것**을 말한다(대판 1987.9.22. 87다카1164).
조직과실 이론	가해 공무원이 특정되지 않더라도 상황상 그것이 공무원의 행위라고 인정되면 국가기관의 과실로 인정하는 견해이다.
위법성과 과실의 일원화	① 공무원의 행위가 법을 위반했느냐와 과실이 있느냐는 별개의 문제라는 것이 일반적 견해이다. 이러한 견해에 따르면 위법성요건 외에 과실요건을 입증해야 배상책임을 인정할 수 있으므로 그만큼 배상을 받기 어렵게 된다. ② 공무원의 행위가 위법하거나 과실이 있으면 바로 위법성요건과 과실요건 모두 충족된 것으로 보아야 한다는 견해가 제기되는데, 이를 일원적 관념론이라고 한다. ③ 판례는 위법하다고 해서 바로 공무원의 고의·과실이 인정되는 것은 아니라고 한다. 따라서 위법성과 과실을 동일한 것으로 보지는 않는다.
일응추정의 원리	공무원의 직무상 위법행위가 인정되면 고의·과실을 추정하는 원리이다. 일응추정의 원리가 인정되면 피해자는 고의·과실에 대한 입증책임이 면제된다. 대법원 판례는 일반적으로 이를 수용하고 있지 않다.

🏃 판례

1. 실제 권리관계를 확인하는 과정에서 동일한 업무를 담당하는 **평균적 공무원이 보통 갖추어야 할 통상의 주의의무만 기울였어도** 보증사실과 실제의 권리관계가 다르다는 점을 알 수 있었음에도 이를 간과한 채 확인서를 발급한 경우에 과실을 인정할 수 있다(대판 2012.2.9. 2011다35210).
2. 보전압류 후 과세처분으로 일단 국세가 확정되었으나, 이후 **그 과세처분이 취소되어 결국 국세가 확정되지 못한 경우**, 해당 보전압류로 인해 납세자가 입은 손해에 대해 **공무원의 고의 또는 과실이 추정된다**. 만약 보전압류로 인한 국세가 결국 확정되지 않으면, 납세자가 입은 손해에 대해 과세관청의 담당공무원에게 고의 또는 과실이 추정되므로 국가는 부당한 보전압류로 인한 손해를 배상할 책임이 있다(대판 2015.11.4. 2013다209534).
3. 국가가 구 농지개혁법에 따라 농지를 매수하였으나 분배하지 않아 그 농지가 원소유자의 소유로 환원되었는데도 담당공무원이 이를 제대로 확인하지 않은 채 제3자에게 처분하여 원소유자에게 손해를 입힌 경우, 공무원의 고의·과실에 의한 위법행위에 해당한다(대판 2019.10.31. 2016다243306).
4. 甲주식회사는 고층 아파트 신축사업을 위해 토지를 매수하고 乙지방자치단체와 협의 후 사업계획 승인신청을 하였다. **乙지방자치단체가 수개월간 보완 요청을 하여 요건을 갖추었으나**, 최종적으로 주변 경관 등을 이유로 사업계획 불승인처분을 하였다. 이는 담당공무원이 객관적 주의의무를 소홀히 한 것으로, 乙지방자치단체의 국가배상책임이 인정될 여지가 있다(대판 2021.6.30. 2017다249219).
5. 부동산 현황 등을 다르게 작성하여 매수인에게 손해를 입게 했다면, 국가는 배상책임을 진다. 집행법원이 **최선순위 전세권을 매각 물건 명세서에 기재하지 않아**, 전세권이 인수되지 않은 것으로 오인하고 매수인이 매수신고가격을 정해 손해를 받았다면 과실에 의한 국가배상책임이 인정된다(대판 2010.6.24. 2009다40790).

6. 자살우려자 식별과 신상파악·관리·처리의 책임이 있는 각급 부대의 지휘관 등 관계자가 장병의 자살 등의 사고를 방지하기 위해 취할 조치 및 이러한 조치를 취하지 않은 상황에서 소속 장병의 자살 사고가 발생한 경우, 고의 또는 과실이 인정된다(대판 2020.5.28. 2017다211559).
7. 직무상 의무를 위반하여 위법한 경우 특별한 사정이 없는 한 과실이 인정된다(대판 2010.9.9. 2008다77795). 직무상 의무 위반인 경우 주의의무가 결여된 것으로 볼 수 있어서 직무상 의무 위반인 경우 과실을 인정한다.
8. 행정청의 유선업 경영신고에 대한 반려처분이 나중에 항고소송에서 취소되었으나, 행정청이 공동 사용권자의 동의를 얻지 못하여 반려한 처분은 신중한 검토를 바탕으로 이루어진 것이므로, 당시 담당 공무원들에게 법령 해석 및 적용의 과실을 물을 수 없다(대판 1999.9.17. 96다53413).
9. 재량권의 행사에 관하여 **행정청 내부에 정해 둔 일응의 기준에 따른** 행정처분에 관여한 공무원에게 그 직무상의 과실이 있다고 할 수 없다(대판 2002.5.10. 2001다62312).

5 법령에 위반하여

1. 위법성 판단기준으로서 법령의 범위

국가배상책임에 있어 공무원의 가해행위는 법령을 위반한 것이어야 하고, 법령을 위반하였다 함은 엄격한 의미의 **법령 위반뿐 아니라 인권 존중, 권력남용금지, 신의성실과 같이 공무원으로서 마땅히 지켜야 할 준칙이나 규범을 지키지 않고 위반한 경우를 포함**하여 널리 그 행위가 객관적인 정당성을 결여하고 있음을 뜻하는 것이므로, 수사기관(경찰관)이 범죄수사를 하면서 지켜야 할 **법규상 또는 조리상의 한계를 위반하였다면 이는 법령을 위반한 경우에 해당한다**(대판 2020.4.29. 2015다224797).

> **판례**
> 국가기관이 홈페이지에 게시된 글을 정부 정책에 따라 선별적으로 삭제하는 것은 국민의 표현의 자유와 자유민주적 기본질서에 반하므로 허용되지 않는다. 그러나 **해군본부가 제주해군기지 건설 반대 항의글 100여 건을 삭제한 사건에서**, 항의 시위의 목적은 달성되었고 게시글을 보존할 의무가 없으므로, 삭제조치는 위법한 직무집행에 해당하지 않는다(대판 2020.6.4. 2015다233807).

2. 부작위와 위법

형식적 의미의 법령에 규정이 없는 경우에도 조리상 공무원의 작위의무를 인정할 수 있고, 부작위도 위법하다. 재량권의 영(0)으로 수축을 인정할 때 공무원의 작위의무가 인정되므로 재량영역에서도 부작위는 위법하여 배상책임이 인정될 수 있다.

3. 취소소송의 기판력이 국가배상청구소송에서 미치는지 여부

(1) 문제의 소재

취소소송의 기판력이 미친다면 국가배상청구소송에서 취소소송의 확정판결과 모순되는 주장이나 판단을 할 수 없게 된다.

(2) 학설

기판력이 미친다는 긍정설, 부정설, 인용판결의 기판력은 미치나 기각판결의 기판력은 미치지 않는다는 제한적 긍정설이 있다.

(3) 판례

대법원은 **어떠한 행정처분이 후에 항고소송에서 취소되었다고 할지라도 그 기판력에 의하여 당해 행정처분이 곧바로 공무원의 고의 또는 과실로 인한 것으로서 불법행위를 구성한다고 단정할 수는 없는 것이라고 한다**(대판 2012.5.24. 2012다11297). 판례의 태도에 대해 부정설을 취했다는 견해도 있고 기판력을 긍정하고 과실을 부정하고 있다고 보는 견해도 있다.

4. 위법과 과실과의 관계

(1) 「국가배상법」

「국가배상법」은 '고의 또는 과실로 법령을 위반하여'라고 하여 과실과 법령 위반(위법성)을 구별하고 있다.

(2) 위법·무과실

법령을 위반했다고 하더라고 고의·과실이 인정되지 않으면 배상책임은 인정되지 않는다. 즉, 위법하나 무과실인 경우가 있을 수 있다.

(3) 위법한 법령해석과 과실

법령에 대한 해석이 복잡한 경우 공무원이 주의의무를 다하여 어느 한 견해를 취하였다면 결과적으로 잘못된 해석에 해당하여 위법한 처리가 되더라도 과실이 인정되지 않는다(대판 1997.7.11. 97다7608). 그러나 법령에 대한 해석이 복잡·미묘하여 워낙 어렵고, 이에 대한 학설·판례조차 일치되어 있지 않는 등의 특별한 사정이 없는 한 공무원이 관계 법규에 대한 무지와 잘못된 법규해석으로 행정처분을 하였다면 그가 법률전문가가 아니라 할지라도 과실을 인정할 수 있다(대판 1981.8.25. 80다159). 행정청이 대법원의 법령해석과 어긋나는 견해를 고집하여 계속 위법한 행정처분을 해서 처분상대방에게 불이익을 주었다면 국가배상책임이 인정된다(대판 2007.5.10. 2005다31828).

(4) 근거 법률이 위헌결정된 경우 법집행의 과실 여부

처분이 있은 후에 근거 법률이 위헌으로 결정된 경우, 그 법률을 적용한 공무원에게 고의 또는 과실이 있었다고 단정할 수 없다.

판례

1. **법률에 근거한 행정처분이 사후에 그 처분의 근거가 되는 법률에 대한 헌법재판소의 위헌결정으로 결과적으로 위법하게 집행된 처분이 될지라도**, 이에 이르는 과정에 있어서 **공무원의 고의·과실을 인정할 수는 없다**(헌재 2008.4.24. 2006헌바72 ; 헌재 2009.11.24. 2009헌바318 등).
2. 공무원의 판단이 나중에 대법원이 내린 판단과 같지 아니하여 결과적으로 시행령 등이 신뢰보호의 원칙 등에 위배되는 결과가 되었다고 하더라도, 공무원의 과실을 인정할 수 없다. 「변리사법 시행령」 개정으로 절대평가에서 상대평가로 바뀌면서 경과규정을 두지 않고 바로 시행한 것이 위법이어서 시행령의 집행이 부당할지라도, 공무원의 과실이 인정되지 않는다(대판 2013.4.26. 2011다14428).

3. 형벌 법령이 헌법재판소의 위헌결정이나 법원의 위헌·무효 선언으로 소급하여 효력을 상실한 경우, 그 전에 해당 법령에 따라 수사 및 공소 제기, 유죄판결이 있었더라도, 이러한 사정만으로 수사기관이나 법관의 직무행위가 국가배상책임을 발생시키는 불법행위에 해당한다고 볼 수 없다(대판 2014.10.27. 2013다217962).

5. 법령 위반 관련 판례

(1) 법령 위반을 인정한 판례

1) 선박검사공무원이 시설이 불량한 선박에 대하여 선박검사합격증서를 발급해 주어 운항 중 화재사고가 발생한 경우, 공무원의 직무상 의무 위반이 인정된다(대판 1993.2.12. 91다43466).
2) 甲이 다수의 성폭력범죄로 처벌받고 전자장치를 부착한 상태에서 乙을 강간하고, 13일 후 丙을 강간하려다 살해한 사건에서, 경찰이 전자장치 위치정보를 활용하지 않고 보호관찰관이 재범 위험성을 인식하고도 적극적 조치를 하지 않은 것은 직무를 소홀히 수행한 것이다. 이는 국민의 생명·신체에 중대한 위험을 초래할 수 있는 상황에서 공무원의 작위의무를 위반한 것으로 인정될 여지가 있다(대판 2022.7.14. 2017다290538).
3) 성폭력범죄 수사 중 경찰관이 범인식별실 대신 공개된 형사과 사무실에서 피의자들을 한꺼번에 세워 놓고 어린 학생 피해자에게 범인을 지목하도록 한 행위는 「국가배상법」상의 '법령 위반'행위에 해당한다(대판 2008.6.12. 2007다64365).
4) 한센병 환자의 정관절제수술 또는 임신중절수술은 고의·과실로 인한 위법행위이다(대판 2017.2.15. 2014다230535).
5) 경찰이 시위 후 트랙터를 도로에 방치하고 주의표시를 하지 않아 사고가 발생한 경우, 경찰은 트랙터를 제거할 의무가 있으며, 이 의무를 다하지 않아 국가의 배상책임이 인정된다(대판 1998.8.25. 98다16890).
6) 폭행사고 현장에서 경찰관이 가해자와 피해자를 완전히 격리하지 않고 흉기 소지 여부를 확인하지 않아 피해자가 살해된 경우, 이는 경찰관의 현저히 불합리한 권한 불행사로 국가배상책임이 인정된다(대판 2010.8.26. 2010다37479).
7) 피의자가 변호인접견을 자발적으로 포기하지 않은 경우, 수사기관이 변호인 접견신청을 불허하면 국가배상책임이 성립한다(대판 2018.12.27. 2016다266736).
8) A토건회사는 토석채취를 위해 토지형질변경허가 신청을 하였고, 행정청은 안전시설설치를 조건으로 허가하였다. A회사의 작업 도중 암석이 떨어져 인접한 LPG 저장탱크에 화재가 발생하였다. 이 경우 국가의 배상책임은 인정된다(대판 2001.3.9. 99다64278).
9) 원고들을 수용자 1인당 도면상 면적이 2㎡ 미만인 거실에 수용한 행위는 인간으로서의 존엄과 가치를 침해하여 위법한 행위라는 이유로, 국가는 원고들에게 「국가배상법」 제2조 제1항에 따라 원고들이 입은 정신적 손해를 배상할 의무가 있다. 고통을 겪었다고 주장하며 국가를 상대로 위자료 지급을 구한 사안에서, 수용자 1인당 도면상 면적이 2㎡ 미만인 거실에 수용되었는지를 위법성 판단의 기준으로 삼아 甲 등에 대한 국가배상책임을 인정한다(대판 2022.7.14. 2017다266771).

(2) 법령 위반을 부정한 판례

1) 음주운전자에 대한 채혈지연은 법령 위반이 아니다(대판 2008.4.24. 2006다32132).
2) 불법차량을 추적하는 과정에서 경찰이 교통법규를 위반한 행위는 위법하다고 할 수 없다(대판 2000.11.20. 2000다26807).
3) 「국가배상법」에 따른 손해배상책임을 부담시키기 위해서는 공무원의 행정처분이 법령을 위반하는 등으로 위법해야 한다. 단지 **신청인의 목적 달성에 필요한 안내나 배려를 하지 않은 것만으로는 직무집행이 위법하다고 볼 수 없다**. 甲회사가 乙지방자치단체에 하천부지에 잔디실험연구소를 설치하려고 하여 하천점용허가를 받았으나, 개발제한구역의 행위허가를 받지 않아 허가가 취소된 사안에서, 甲회사는 처음부터 하천점용허가와 함께 개발행위허가를 받았어야 한다. 허가 취소로 인한 손해는 甲회사의 잘못에 기인한 것이므로, 乙지방자치단체 소속 공무원의 행위와 손해발생 사이에 상당인과관계가 없다. 공무원이 하천부지가 개발제한구역임을 미리 파악하지 못하고 관련 부서와 협의하지 않았더라도 이를 위법하다고 볼 수 없다(대판 2017.6.29. 2017다211726).
4) 미니컵 젤리와 관련한 질식사고가 발생하지 않았던 점을 고려할 때, 미니컵 젤리의 수입·유통 금지, 기준과 규격, 표시 강화, 검사 등의 조치를 취하지 않은 것이 현저히 합리성을 잃거나 객관적 정당성을 상실하여 위법하다고 볼 수 없다(대판 2010.9.9. 2008다77795).
5) 기간제교원을 성과상여금 지급대상에서 제외한 것은 구 공무원수당 등에 관한 규정 제7조의2 제1항의 해석에 관한 법리에 따른 것이므로, **국가는 불법행위로 인한 손해배상책임을 진다고 볼 수 없다**(대판 2017.2.9. 2013다205778).

6 타인에게 손해 발생

1. 손해의 범위

손해는 재산상 손해뿐 아니라 정신적 손해도 포함된다. 앞으로 발생할 기대이익도 손해에 포함된다.

> **판례**
>
> 「부마민주항쟁 관련자의 명예회복 및 보상 등에 관한 법률」제32조 제2항은 보상금 지급에 동의한 경우, 재판상 화해가 성립된 것으로 간주한다고 규정하고 있다. 그러나 이 법과 시행령에서 정신적 손해를 보상하는 항목이 없으며, 정신적 손해를 고려할 수 있다는 규정도 없다. 따라서 보상금 지급만으로는 정신적 손해에 대한 적절한 배상이 이루어졌다고 볼 수 없다. 이로 인해, 재판상 화해가 성립된 것으로 간주하더라도 정신적 손해에 대한 국가배상청구권을 제한하는 것은 과도한 제한에 해당한다. 따라서 **재판상 화해의 대상에 정신적 손해는 포함되지 않는다고 해석하는 것이 타당하다**(대판 2023.9.21. 2023다230476).

2. 구체적 손해 발생

(1) 「국가배상법」 제2조 제1항에 따른 **국가배상책임이 성립하려면 공무원의 직무집행이 위법할 뿐 아니라 그로 인해 구체적 손해가 발생해야 한다**. 진주의료원의 폐업은 경상남도의 조례로 결정해야 하는데, 도지사가 조례 공포 전에 폐업결정을 한 것은 위법이다. 이로 인해 입원환자들에게 퇴원·전원을 회유·종용한 조치도 위법하다. 그러나 이러한 회유·종용이 협박이나 강압 수준에 이르지 않았고, 진료가 중단되지

않아 구체적인 손해가 인정되지 않으므로 경상남도의 불법행위책임은 성립하지 않는다(대판 2016.8.30. 2015두60617).

(2) 甲이 소유하던 구분건물의 대지지분이 등기공무원의 과실로 대지지분이 잘못 기재되었고 乙이 낙찰을 받고 丙에게 양도하여 丙이 초과 매매대금을 지급했으나, 乙이 丙에 담보책임으로 **손해배상금을 지급하지 않았거나 현실적·확정적인 채무를 부담하지 않은 경우**, 乙의 손해는 인정되지 않는다. 따라서 국가의 손해배상책임도 인정되지 않는다(대판 2019.8.14. 2016다217833).

(3) 甲 등이 건축신고를 믿고 건축물을 신축했으나, 乙지방자치단체 공무원의 과실로 관할 부대장 협의 없이 건축신고가 수리되었다. 이후 공사중지 명령이 내려졌으나 건축신고가 취소되거나 철거명령이 내려지지 않아 손해배상청구가 이루어졌다. 그러나 **건축물의 사용승인이 반려된 상태만으로는 철거나 손해가 현실적·확정적으로 발생했다고 단정하기 어렵다**(대판 2020.10.15. 2017다278446).

7 인과관계가 있을 것

1. 의의

공무원의 직무행위와 피해자의 손해 간에 상당한 인과관계가 있어야 한다.

2. 사익보호성

판례는 법령이 사익보호성이 없으면 **인과관계가 부정되어** 손해배상을 청구할 수 없다고 한다. 즉, 공무원의 직무상 의무가 **공공일반의 이익이나 행정기관 내부의 질서**를 규율하기 위한 것이라면, 그 의무를 위반하여 제3자가 손해를 입었다고 하더라도, 공무원의 행위와 손해 사이에 상당인과관계가 있다고 할 수 없으므로 국가가 배상책임을 지지 않는다. 그러나 그 직무상 의무가 사회구성원 **개인의 안전과 이익**을 보호하기 위한 것이라면, 공무원이 그 의무를 위반하여 피해자가 손해를 입은 경우, 상당인과관계가 인정되는 범위 내에서 국가가 배상책임을 진다(대판 2017.11.9. 2017다228083).

> **판례**
> 1. 「산업기술혁신 촉진법」은 **국민경제 발전과 삶의 질 향상을 목적**으로 하며, 공공기관의 구매의무는 신제품 인증자에게 반사적 이익을 줄 뿐, 산업기술혁신 촉진법령은 사익 보호를 목적으로 하지 않으므로, 공공기관이 신제품 인증 관련 구매의무를 위반하였다 해도 인증을 받은 자에 대해 배상책임을 지지 않는다(대판 2015.5.28. 2013다41431).
> 2. 카지노사업자의 영업제한규정 중 1회 베팅한도 제한 규정은 **과도한 사행심 유발을 방지**하기 위한 것이지, 카지노이용자 개개인의 재산상 손실을 방지하기 위한 규정이라고 보기는 어렵다. 카지노 회사는 출입을 제한할 의무가 없으며, 베팅한도액 제한규정을 위반하였더라도 개별이용자에 대한 보호의무를 위반한 것으로 볼 수 없다(대판 2014.8.21. 2010다92438).
> 3. 상수원수의 수질유지의무는 **국민 일반의 건강을 보호**하고 공공 이익을 도모하기 위한 것이며, 국민 개개인의 안전과 이익을 직접 보호하기 위한 규정이 아니다. 수질기준에 미달한 수돗물을 마셔 정신적 고통을 받았더라도, 이러한 사정만으로는 국가 또는 지방자치단체가 손해배상책임을 지지 않는다(대판 2001.10.23. 99다36280).

4. 금융감독원에 금융기관에 대한 검사·감독의무를 부과한 법령의 목적이 금융상품에 투자한 **투자자 개인의 이익을 직접 보호하기 위한 것이라고 할 수 없으므로**, 피고 금융감독원 및 그 직원들의 위법한 직무집행과 부산2저축은행의 후순위사채에 투자한 원고들이 입은 손해 사이에 상당인과관계가 있다고 보기 어렵다(대판 2015.12.23. 2015다210194).

3. 인과관계를 인정한 사례

(1) 경매공무원의 경매기일 미통지로 인한 경락취소는 경락자의 손해와 상당한 인과관계가 있다(대판 2008.7.10. 2006다23664).

(2) 공무원의 허위인감 발급으로 인한 담보대출 손해는 공무원의 과실과 상당한 인과관계가 있다(대판 2008.7.24. 2006다63273).

(3) 군인 총기 난사사건에서 지휘관과 근무자의 법령의무 위반과 민간인 피해 간에 인과관계가 인정된다(대판 1985.7.9. 84다1115).

(4) 군교도소 탈주로 인한 손해는 공무원의 직무의무 위반과 인과관계가 있다(대판 2003.2.14. 2002다62678).

(5) 소방공무원의 지도·감독 부작위와 화재 사망 사이에 인과관계가 인정된다(대판 2016.8.25. 2014다225083).

(6) 불량선박에 대한 선박검사 합격증 발급으로 인한 화재피해는 공무원의 직무 위반과 인과관계가 있다(대판 1993.2.12. 91다43466).

(7) 무장공비 사건에서 경찰의 직무유기와 주민 사망 간에 인과관계가 인정된다(대판 1974.4.6. 71다124).

(8) 주민등록사무의 담당공무원이 개명으로 인한 성명정정을 관할 관청에 통보하지 아니한 직무상 의무 위배 행위와, 甲과 같은 이름으로 개명허가를 받은 듯이 위조하여 주민등록상 성명을 위법하게 정정한 乙이 甲의 부동산에 불법적으로 근저당권설정등기를 경료함으로써 甲이 입은 손해 사이에는 상당인과관계가 있다(대판 2003.4.25. 2001다59842).

4. 인과관계를 부정한 사례

(1) 공병초임하사 자살사건

초임하사의 자살과 공무원의 과실 사이에 상당한 인과관계가 없다(대판 2011.1.27. 2010다74416).

(2) 「식품위생법」상 공무원의 직무상 의무 위반행위와 사망사건

유흥주점에서의 화재로 인한 사망과 공무원의 직무상 의무 위반 사이에 인과관계가 없다(대판 2008.4.10. 2005다48994).

(3) 자동차배출가스사건

자동차배출가스로 인한 천식 발병과 악화 사이에 인과관계를 인정하기 어렵다(대판 2014.9.4. 2011다7437).

제3절 부작위에 의한 국가배상책임

1 기본권 보호의무로부터 작위의무 도출

국민의 생명·신체·재산 등에 대하여 절박하고 중대한 위험상태가 발생하였거나 발생할 상당한 우려가 있어서 국민의 생명 등을 보호하는 것을 본래적 사명으로 하는 국가가 초법규적·일차적으로 그 위험의 배제에 나서지 아니하면 국민의 생명 등을 보호할 수 없는 경우에는 형식적 의미의 법령에 근거가 없더라도 국가나 관련 공무원에 대하여 그러한 위험을 배제할 작위의무를 인정할 수 있을 것이다.

2 조리상 작위의무 도출

작위의무가 법령에 직접적 근거가 존재하지 않고 행정규칙에만 절차적 의무가 존재하는 경우 조리에 의한 작위의무를 인정할 수 있다.

3 재량행위에서의 작위의무 도출

1. 불행사가 현저히 합리성을 상실한 경우

경찰은 범죄 예방, 진압, 수사와 국민의 생명, 신체, 재산 보호 및 공공질서 유지를 위해 여러 법령에 따라 다양한 권한을 부여받고 있다. 경찰관은 상황에 맞춰 적절한 권한을 행사하여 필요한 조치를 취할 수 있으며, 이러한 권한은 경찰관의 전문적 판단에 따른 재량으로 위임되어 있는 것이다. 그러나 특정 상황에서 경찰관이 권한을 행사하지 않아 필요한 조치를 취하지 않는 것이 현저하게 불합리하다면, 이는 직무상의 의무를 위반한 것으로 간주되어 위법한 행위로 평가될 수 있다(대판 2022.7.14. 2017다290538).

2. 재량권 수축의 경우

(1) 법령에 공무원의 작위의무가 명시되어 있지 않은 경우, 공무원의 부작위로 인해 국민이 입은 손해의 심각성, 예견가능성, 그리고 결과 회피를 위한 조치가능성을 종합적으로 고려하여 국가배상책임을 판단한다.

(2) **군 지휘관 등 관계자는 자살 예방을 위해 필요한 조치를 취할 의무가 있으며,** 이를 다하지 않아 장병의 자살 사고가 발생했을 경우, 사고를 예견할 수 있었고 적절한 조치를 취했으면 사고를 막을 수 있었던 상황이라면, 공무원의 직무상 의무 위반과 과실이 인정되며 국가는 「국가배상법」에 따라 배상책임을 진다(대판 2020.5.28. 2017다211559). 법익침해나 손해의 심각성 및 절박성, 공무원의 예견가능성 및 회피가능성이 있었다면 재량이 영(0)으로 수축되어 의무가 발생한다.

4 직무상 의무 위반인 경우 과실

대법원은 부작위가 문제된 대부분의 판례 사안에서 작위의무의 도출에서 예견가능성이나 회피가능성에 대한 판단을 한 후 위법성이 인정되면 별도로 과실 판단을 판시하지 않고 있다. 즉, 그 권한을 행사하지 아니한 것이 직무상 의무를 위반하여 위법한 것으로 되는 경우에는 특별한 사정이 없는 한 과실도 인정된다고 한다.

제4절 절차상 위법과 손해

1 문제의 소재

실체법적으로는 적법하나 절차상 하자로 인한 손해도 배상의 대상이 되는지가 문제가 된다.

2 판례

행정절차에 참여할 권리를 침해받았다는 사정만으로 곧바로 국가나 지방자치단체가 주민들에게 정신적 손해에 대한 배상의무를 부담한다고 단정할 수 없다. 처분이 직권취소되거나 취소판결이 확정된 경우 등에는 주민들이 절차적 권리의 행사를 통하여 환경권이나 재산권 등 사적 이익을 보호하려던 목적이 실질적으로 달성된 것이므로 특별한 사정이 없는 한 절차적 권리 침해로 인한 정신적 고통에 대한 배상은 인정되지 않는다. 그러나 절차상 하자를 보완하는 조치로도 **주민들의 절차적 권리 침해로 인한 정신적 고통이 여전히 남아 있다고 볼 특별한 사정이 있는 경우에** 국가나 지방자치단체는 그 정신적 고통으로 인한 손해를 배상할 책임이 있다(대판 2021.7.29. 2015다221668).

제5절 법원의 재판에 대한 국가배상

1 법원의 재판에 대한 국가배상가능성

법관이 법령을 따르지 않은 재판이라도, 국가배상책임이 인정되려면 법관이 위법 또는 부당한 목적을 가지고 재판했거나 법관의 직무수행기준을 현저하게 위반한 특별한 사정이 있어야 한다. 특히 재판에 대하여 불복절차 또는 시정절차가 마련되어 있는 경우, 그와 같은 시정을 구하지 않은 사람은 원칙적으로 국가배상에 의한 권리구제를 받을 수 없다(대판 2022.3.17. 2019다226975). 그러나 불복 절차가 없는 경우, 부당한 재판으로 인해 불이익이나 손해를 입은 사람은 국가배상책임의 요건이 충족되면 국가배상을 받을 수 있다.

* 헌법재판소 재판관이 청구기간을 오인해 각하결정을 한 경우, 불복절차가 없다면 국가배상책임이 인정될 수 있다. 헌법소원심판 청구자는 헌법재판소가 정확하게 판단할 것을 기대하는 것이 당연하며, 잘못된 각하결정으로 본안판단 기회를 상실한 것은 청구인의 합리적인 기대를 침해한 것이다. 이로 인한 정신적 고통에 대해 국가가 위자료를 지급할 의무가 있다(대판 2003.7.11. 99다24218).

2 법관의 재판에 대한 국가배상책임의 인정요건인 위법성의 판단기준

법관의 재판에 법령의 규정을 따르지 아니한 잘못이 있다 하더라도 이로써 바로 그 재판상 직무행위가 「국가배상법」 제2조 제1항에서 말하는 위법한 행위로 되어 국가의 손해배상책임이 발생하는 것은 아니고, 그 국가배상책임이 인정되려면 당해 법관이 위법 또는 부당한 목적을 가지고 재판을 하였다거나 법이 법관의 직무수행상 준수할 것을 요구하고 있는 기준을 현저하게 위반하는 등 법관이 그에게 부여된 권한의 취지에 명백히 어긋나게 이를 행사하였다고 인정할 만한 특별한 사정이 있어야 한다(대판 2003.7.11. 99다24218).

* 사법보좌관의 배당표 원안 잘못 작성에도 동일한 법리 적용(배상책임 부정)(대판 2023.6.1. 2021다202224)
* **입법작용:** 국회의원은 입법에 관하여 원칙적으로 국민 전체에 대한 관계에서 정치적 책임을 질 뿐 국민 개개인의 권리에 대응하여 법적 의무를 지는 것은 아니므로, **국회의원의 입법행위**는 그 **입법 내용이 헌법의 문언에 명백히 위배됨에도 불구하고 국회가 굳이 해당 입법을 한 것과 같은 특수한 경우가 아닌 한 「국가배상법」 제2조 제1항 소정의 위법행위에 해당한다고 볼 수 없다**(대판 2008.5.29. 2004다33469).

3 긴급조치로 인한 손해에 대한 국가배상책임

1. 문제의 소재

긴급조치로 인해 유죄판결을 받은 자가 긴급조치에 대한 위헌결정에 따라 형사재심을 청구하여 무죄판결을 받은 경우 국가배상을 인정할 것인가가 문제가 된다.

2. 고의 또는 과실을 요건으로 하는지 여부

헌법재판소는 「국가배상법」 제2조 제1항이 공무원의 고의 또는 과실을 요건으로 하는 것은 헌법에 위배되지 않는다고 판단했다. 긴급조치로 인한 손해의 경우도 예외로 볼 수 없으며, 특수한 배상이 필요하다면 별도의 입법을 통해 구제해야 한다고 한다. 이에 반해 반대의견은 긴급조치 제1호와 제9호의 발령·적용·집행과 같은 특수하고 이례적인 불법행위는 국민의 기본권을 심각하게 침해하므로, 공무원의 고의나 과실을 요구하는 것은 국가배상청구를 어렵게 만들어 이는 국가의 기본권 보호의무를 저버리고, 법치주의와 배분적 정의 실현에 반하게 된다고 한다.

3. 긴급조치로 인해 배상 인정 여부

대법원은 긴급조치 제9호의 발령부터 적용·집행에 이르는 일련의 국가작용'에 대하여 이를 전체적으로 파악하여 객관적 정당성을 상실하였다고 설시하고 있다. 국가작용은 전체적으로 보아 공무원이 직무를 집행하면서 객관적 주의의무를 소홀히 하여 그 직무행위가 객관적 정당성을 상실한 것으로 위법하다. 또한 다수의 공무원이 관여한 행위에서 객관적 주의의무 위반이 인정되면 국가배상책임을 인정하는 데에 충분하다(대판 2022.8.30. 2018다212610). 한편, 일부 별개의견은 대통령과 법관의 책임을 각각 독립적으로 인정하여야 한다고 주장한다. 이는 대통령과 법관이 헌법의 해석과 법령의 집행에 있어서 그 결과에 대한 책임을 져야 한다는 주장이며 「국가배상법」의 적용에 있어서도 예외가 아니라고 한다.

판례정리

1. **법원 관련 손해배상**
   ① 법관, 압수수색영장에 압수·수색할 물건 기재 누락(대판 2001.10.12. 2001다47290)
   ② 경매담당공무원의 매각물건명세서 작성시 최선순위 전세권 인수사실 불기재: 배상책임 인정(대판 2010. 6.24. 2009다40790).

2. **등기·경매·인감 관련 배상 판례**
   ① 위조 판결문에 따른 공무원의 등기: 배상책임 부정(대판 2005.2.25. 2003다13048)
   ② 경매담당공무원이 기일통지를 잘못하여 경락허가결정이 취소된 경우: 배상책임 인정(대판 2008.7.10. 2006다23664)
   ③ 인감 담당공무원이 발급한 허위인감에 따른 계약체결로 인한 손해: 배상책임 인정(대판 2008.7.24. 2006다63273)

3. **검사 관련 배상 판례**
   ① 검사가 피고인의 무죄를 입증할 수 있는 증거를 제출하지 않은 경우(손해배상책임 인정): 검사는 공익의 대표자로서 실체적 진실에 입각한 국가 형벌권의 실현을 위하여 공소제기와 유지를 할 의무뿐만 아니라 그 과정에서 피고인의 정당한 이익을 옹호하여야 할 의무를 진다고 할 것이고, 검사가 수사 및 공판과정에서 피고인에게 유리한 증거를 발견하게 되었다면 피고인의 이익을 위하여 이를 법원에 제출하여야 한다(대판 2002.2.22. 2001다23447).
   ② 검사가 피의자 신문 시 변호인 참여 불허(배상책임 부정): 처분 당시 성실하고 합리적인 평균적인 검사를 기준으로 할 때 구속 피의자에게 피의자신문시 변호인의 참여를 요구할 권리가 있었고, 그 참여를 불허하는 처분이 그러한 권리를 위법하게 침해하는 것이라는 점을 알 수 있었다고 보기 어려운 경우, 수사검사가 대법원결정 전에 위 불허처분을 내린 조치에「국가배상법」제2조 제1항에서 규정하는 과실이 있다고 할 수 없다(대판 2010.6.24. 2006다58738).

4. **경찰공무원 관련 판례**
   ① 배상책임이 인정된 판례
      ㉠ 윤락녀들이 감금된 채 윤락행위를 하고 있음을 알고도 방치한 경우
      ㉡ 고속도로에 트랙터를 방치한 경우
      ㉢ 폭행현장에 가서 가해자를 피해자와 격리시키지 않아 가해자가 피해자를 살인한 사건
      ㉣ 성폭력을 당한 중학생에게 용의자 41명을 세워놓고 범인 식별을 하도록 한 경우
      ㉤ 경찰 수사관들이 고문한 경우
      ㉥ 경찰관이 1~2m 이내에서 가스총을 발사해 실명(失明)한 경우
      ㉦ 음주운전으로 적발된 주취운전자가 도로 밖으로 차량을 이동하겠다며 단속경찰관으로부터 보관 중이던 차량열쇠를 반환받아 몰래 차량을 운전하여 가던 중 사고를 일으킨 경우
   ② 배상책임이 부정된 경우
      ㉠ 호흡측정기에 의한 음주측정 후 1시간 12분이 경과한 후 채혈한 경우
      ㉡ 경찰이 노래연습장신고를 수리한 후, 그 양수인이 명의변경신고를 하였는데, 그 건물에 속셈학원 등 교육시설이 입주해 있음이 발견되어 신고서가 반려된 경우
      ㉢ 불법유턴한 차량을 추적하다가 발생한 사고
      ㉣ 대학교 주변의 화염병 투척으로 약국에 화재가 난 경우 경찰관들의 부작위

제6절 「국가배상법」과 「자동차손해배상 보장법」의 배상

1 「국가배상법」과 「자동차손해배상 보장법」의 관계

「자동차손해배상 보장법」 제3조는 배상요건으로 자기를 위하여 자동차를 운행할 것과 그 운행으로 다른 사람을 사망하게 하거나 부상할 것을 규정하고 있다. 「국가배상법」은 고의·과실을 배상의 요건으로 하나 「자동차손해배상 보장법」은 고의·과실을 요건으로 하지 않는다. 「국가배상법」보다는 「자동차손해배상 보장법」이 피해자에게 유리하다. 「자동차손해배상 보장법」은 배상책임의 성립요건에 관하여 「국가배상법」에 우선하여 적용된다. 다만, 「국가배상법」 제2조 제1항 본문 후단에 따라 국가나 지방자치단체가 「자동차손해배상 보장법」 배상책임을 지는 경우 그 배상절차 등은 「국가배상법」에 따른다.

구분	「국가배상법」 제2조	「자동차손해배상 보장법」 제3조
배상요건	① 직무집행 ② 고의·과실	① 자동차를 운행하여 얻은 운행이익 ② 무과실책임

2 국가배상책임

1. 운전차량이 관용차인 경우

(1) 공무원이 관용차로 직무집행 중 사고가 난 경우

「자동차손해배상 보장법」 제3조의 '자기를 위하여 자동차를 운행하는 자'는 자동차의 운행을 지배하고 그 이익을 누리는 자를 의미한다. 공무원이 관용차로 직무집행 중 사고가 난 경우 운행지배와 운행이익은 국가 또는 지방자치단체에 속하므로 국가 또는 지방자치단체는 운행자이고 공무원은 다른 사람을 위하여 자동차를 운전하거나 운전을 보조하는 일에 종사하는 자인 「자동차손해배상 보장법」 제2조 제4호에 '운전자'에 해당한다. 이 경우 국가 또는 지방자치단체가 「자동차손해배상 보장법」상 배상책임을 진다(대판 1994.12.27. 94다31860 참조).

(2) 공무원이 관용차량을 직무와 관련 없이 운행하다가 사고가 발생한 경우

무단으로 국유의 오토바이를 운행하다 사고가 난 경우, 외형적 운행이익을 국가가 가지므로 국가가 「자동차손해배상 보장법」상 배상책임을 진다(대판 1988.1.19. 87다카2202). 이 경우 「자동차손해배상 보장법」이 적용되므로 공무원의 고의 또는 과실을 요하지 않는다.

2. 공무원이 공무수행 중 자기 소유 자동차를 운행하다 사고를 낸 경우

공무원이 공무수행 중 자기 소유 자동차를 운행하다 사고를 낸 경우 **공무원은 운행자이지 운전자가 아니다**. 또한 「자동차손해배상 보장법」은 고의·과실을 요건으로 하지 않으므로 공무원 개인은 **경과실에 의한 것인지 또는 고의 또는 중과실에 의한 것인지를 가리지 않고** 「자동차손해배상 보장법」상의 운행자성이 인정되는 한 배상책임을 부담한다(대판 1996.5.31. 94다15271 참조). 이 경우 공무원의 공무수행 중 사고이므로 국가가 「국가배상법」상 배상책임을 진다.

3. 미합중국 군대의 공용차량

'대한민국과 아메리카합중국 간의 상호방위조약 제4조에 의한 시설과 구역 및 대한민국에서의 합중국 군대의 지위에 관한 협정' 제23조 제5항 및 '대한민국과 아메리카합중국 간의 상호방위조약 제4조에 의한 시설과 구역 및 대한민국에서의 합중국 군대의 지위에 관한 협정의 시행에 관한 민사특별법' 제2조에 따라 **「국가배상법」이 적용되는 경우**, 미합중국 군대의 공용 차량에 대하여 「국가배상법」 제2조 제1항 본문 후단의 「자동차손해배상 보장법」에 따른 손해배상책임 규정이 적용되지 않는다(대판 2023.6.29. 2023다205968).

☑ 공무원의 자동차사고와 배상책임

차량	직무집행 여부	국가	공무원
관용차	직무집행 중	국가는 운행자로서 「자동차손해배상 보장법」상 배상	운전자
	직무와 무관한 경우	외형상 운행이익이 있다면 「자동차손해배상 보장법」상 배상	운전자
공무원 소유 차량	직무집행 중	「국가배상법」상 배상	공무원은 「자동차손해배상 보장법」상 운행자로서 배상
	직무와 무관	×	「자동차손해배상 보장법」상 배상

제7절 이중배상금지

1 「국가배상법」 제2조 제1항 단서

군인·군무원·경찰공무원·예비군대원 등이 손해를 받고, 그 손해가 전투·훈련 등 직무집행과 관련하여 받은 손해이고 법률이 정한 보상이 있다면 배상을 청구할 수 없다.

2 이중배상금지의 요건

1. 군인·군무원·경찰공무원·예비군대원 등이 손해를 받은 자일 것

군인, 군무원, 경찰공무원, 예비군대원은 「국가배상법」 제2조 제1항 단서에 따른 배상청구권의 제한을 받는다. 전투경찰순경은 경찰공무원에 해당하여 보상 외 배상을 청구할 수 없지만(헌재 1996.6.13. 94헌마118), 공익근무요원과 경비교도대원은 군인, 군무원, 경찰공무원 등에 해당하지 않아 손해를 받은 경우 배상을 청구할 수 있다(대판 1997.3.28. 97다4036 ; 대판 1998.2.10. 97다45914).

2. 전투·훈련 등 직무집행과 관련하여 받은 손해일 것

소집되어 훈련 중에 있던 예비군대원이 군인의 불법행위로 손해를 받은 경우 전투·훈련 등의 직무집행과 관련하여 받은 손해이므로 법률이 정하는 보상 외에 배상을 청구할 수 없다. 그러나 전투경찰대원이 **진압훈련을 마치고 점심을 먹기 위해 파출소로 걸어가다가** 경찰서 소속 대형버스에 치여 사망한 경우, 이는 「국가배상법」 제2조 제1항 단서에서 말하는 전투, 훈련 기타 직무집행과 관련하여 사망한 것으로 단정하기 어렵다(대판 1989.4.11. 88다카4222). 또한 「국가배상법」 제2조 제1항 단서는 전투·훈련뿐만 아니라 **일반직무집행에서도 국가나 지방자치단체의 배상책임을 제한한다**. 따라서 경찰공무원이 낙석사고 현장 교통정리를 위해 이동 중 대형 낙석에 의해 사망한 경우에도 도로를 관리하는 지방자치단체는 면책된다(대판 2011.3.10. 2010다85942).

☑ 직무집행과의 관련성

교통정리를 위해 낙석사고현장 부근으로 이동 중 낙석이 순찰차를 덮쳐 사망한 경찰	○ ⇨ 배상청구(×)
소집되어 훈련 중에 있던 예비군대원	○ ⇨ 배상청구(×)
숙직실에서 연탄가스 중독으로 사망한 경찰	× ⇨ 배상청구(○)
훈련 후 점심을 먹기 위해 파출소로 걸어가던 중 사망한 전투경찰대원	× ⇨ 배상청구(○)

3. 법률에 따라 보상을 받을 수 있을 것

(1) 국가유공자예우등에관한법률 및 「군인연금법」의 보상규정에 따른 보상

국가유공자예우등에관한법률 및 「군인연금법」의 각 보상규정은 「국가배상법」 제2조 제1항 단서에서 정한 '다른 법령'에 해당하여, 법률에서 손해를 받은 군인 등에 대하여 **보상규정이 있다면** 배상을 청구할 수 없지만 「군인연금법」 또는 국가유공자예우등에관한법률에 의하여 재해보상금·유족연금·상이연금 등 별도의 **보상을 받을 수 없는 경우**에는 「국가배상법」 제2조 제1항 단서의 적용 대상에서 제외하여야 한다(대판 1997.2.14. 96다28066).

(2) 권리를 행사하지 않은 경우: 「국가배상법」 제2조 제1항 단서가 적용

국가유공자예우등에관한법률 및 「군인연금법」에 보상규정이 있음에도 **권리를 행사하지 않거나 보상금 청구권이 시효로 소멸된 경우**에도 「국가배상법」 제2조 제1항 단서가 적용되어 국가배상을 청구할 수 없다(대판 2002.5.10. 2000다39735).

(3) 「공무원연금법」상 공무상 요양비를 지급받은 경우: 「국가배상법」 제2조 제1항 단서가 적용되지 않아 배상청구 가능

「공무원연금법」상 공무상 요양비는 실제 치료에 소요된 비용에 대하여 지급되는 것으로서 같은 종류의 급여이므로 경찰공무원인 피해자가 「공무원연금법」에 따라 공무상 요양비를 지급받는 것은 「국가배상법」 제2조 제1항 단서에서 정한 **'다른 법령의 규정'에 따라 보상을 지급받는 것에 해당하지 않는다.** 「군인연금법」과 구 공무원연금법은 서로 상이한 내용들로 규정되어 있기도 하므로, **「군인연금법」의 각 보상규정**은 「국가배상법」 제2조 제1항 단서에서 정한 '다른 법령'에 해당한다고 하여, **「공무원연금법」**도 「군인연금법」과 동일하게 취급되어야 하는 것은 아니다(대판 2019.5.30. 2017다16174).

판례

1. 「보훈보상대상자 지원에 관한 법률」이 정한 보훈보상대상자 요건에 해당하여 보상금 등 보훈급여금을 지급받을 수 있을 때에는 「국가배상법」 제2조 제1항 단서에 따라 국가를 상대로 국가배상을 청구할 수 없다. 그러나 군인 등이 먼저 「국가배상법」에 따라 손해배상금을 지급받은 다음 보훈급여금의 지급을 청구하는 경우, 「국가배상법」에 따라 손해배상을 받았다는 이유로 그 지급을 거부할 수 없다(대판 2017.2.3. 2015두60075).

2. 복무 중 사망한 군인 등의 유족이 「국가배상법」에 따른 손해배상금을 지급받은 경우, 「군인연금법」 제31조에서 정한 사망보상금을 지급받을 수 없다(대판 2018.7.20. 2018두36691).

   다른 법령에 따라 지급받은 급여와의 조정에 관한 조항을 두고 있지 아니한 「보훈보상대상자 지원에 관한 법률」과 달리, 「군인연금법」 제41조 제1항은 "다른 법령에 따라 국가나 지방자치단체의 부담으로 이 법에 따른 급여와 같은 종류의 급여를 받은 사람에게는 그 급여금에 상당하는 금액에 대하여는 이 법에 따른 급여를 지급하지 아니한다."라고 명시적으로 규정하고 있다. 나아가 「군인연금법」이 정하고 있는 급여 중 사망보상금(「군인연금법」 제31조)은 일실손해의 보전을 위한 것으로 불법행위로 인한 소극적 손해배상과 같은 종류의 급여라고 봄이 타당하다. 따라서 피고에게 「군인연금법」 제41조 제1항에 따라 원고가 받은 손해배상금 상당 금액에 대하여는 사망보상금을 지급할 의무가 존재하지 아니한다.

3. 구조대상 범죄피해를 받은 구조피해자가 사망한 경우, 그 유족들이 「국가배상법」에 의하여 손해배상금을 지급받았다면 유족구조금에서 그 상당액을 공제한 잔액만을 지급하면 된다(대판 2017.11.9. 2017다228083).

4. 군 복무 중 사망한 사람의 유족이 국가배상을 받은 경우, 국가보훈처장 등이 사망보상금에서 정신적 손해배상금까지 공제할 수 있는지 문제 된 사안에서, 사망보상금에서 소극적 손해배상금 상당액을 공제할 수 있을 뿐 이를 넘어 **정신적 손해배상금**까지 공제할 수 없다(대판 2021.12.16. 2019두45944).

5. 재해보상금, 유족연금, 상이연금 등 별도의 보상제도가 마련되어 있는 경우에는 이중배상의 금지를 위하여 이들의 국가에 대한 「국가배상법」 또는 「민법」상의 손해배상청구권 자체를 절대적으로 배제하는 규정이므로, 이들은 국가에 대하여 손해배상청구권을 행사할 수 없는 것인바, 따라서 「국가배상법」 제2조 제1항 단서 규정은 다른 법령에 보상제도가 규정되어 있고, 그 법령에 규정된 상이등급 또는 장애등급 등의 요건에 해당되어 그 권리가 발생한 이상, 실제로 그 권리를 행사하였는지 또는 그 권리를 행사하고 있는지 여부에 관계없이 적용된다고 보아야 하고, 그 각 법률에 의한 보상금청구권이 시효로 소멸되었다 하여 적용되지 않는다고 할 수는 없다(대판 2002.5.10. 2000다39735).

   * 법령이 정한 보상이 있음에도 보상금청구권이 시효로 소멸되었다면 국가배상법 제2조 제1항 단서가 적용되어 배상을 청구할 수 없다.

제8절 공동불법행위

민간인 자동차 운전자 A는 오토바이 군인운전자 B와의 공동불법행위로 오토바이 승객인 군인 C에게 손해를 야기했다. A는 C에게 배상액 전액인 1억원을 배상했다.

1 헌법재판소 판례

1. 헌법 제29조 제2항의 의의

헌법 제29조 제1항은 군인 C가 국가로부터 보상을 받을 수 있는 경우 국가에 배상을 청구할 수 없다는 의미이다. 따라서 국민 A가 군인 B의 불법행위로 인한 부담부분 3천만원에 관하여 국가에게 구상할 수 없다는 의미는 아니다. 국가의 배상책임은 상대적으로 소멸한다.

2. 「국가배상법」 제2조 제1항 단서의 위헌 여부

만약 A가 군인 B의 부담부분에 대해 국가에게 구상권을 행사할 수 없게 된다면 A는 군인 B의 불법행위에 대한 책임을 전가받게 된다. 따라서 A의 재산권을 침해하게 된다.

2 대법원 판례

1. 기존 판례

A는 C에게 손해 전부를 배상해야 한다(1억원). A는 B의 부담부분에 관하여 국가에게 구상권을 행사할 수 없다.

2. 변경된 판례

A는 C에게 자신의 부담부분에 대해 배상을 할 수 있다(7천만원). A가 1억원을 C에게 배상을 했다고 하더라도 B의 부담부분(3천만원)에 관하여 국가에게 구상권을 행사할 수 없다(대판 전합 2001.2.15. 96다42420).

제9절 영조물의 설치·관리상 하자로 인한 손해배상

1 의의

도로·하천, 그 밖의 공공의 영조물(營造物)의 설치나 관리에 하자가 있기 때문에 타인에게 손해를 발생하게 하였을 때에는 국가나 지방자치단체는 그 손해를 배상하여야 한다.

2 「민법」상 공작물책임과의 비교

구분	영조물책임	공작물책임
하자의 대상	공작물 + 하천 등 자연물 포함	공작물
점유자 면책	점유자 면책 부정	점유자 면책 인정(「민법」 제758조 단서)
배상책임자	국가와 지방자치단체	국가, 지방자치단체를 제외한 공공단체와 사인

1. 양자의 관계

「국가배상법」 제5조는 「민법」 제758조의 특별조항이다. 따라서 경합 시 전자가 적용된다.

2. 「민법」상 점유자의 면책

「민법」 제758조에 따르면 점유자가 손해의 방지에 필요한 주의를 해태하지 않은 경우 점유자는 배상책임이 면제된다. 그러나 **국가 또는 지방자치단체는 영조물의 설치·관리상의 하자로 인하여 타인에게 손해를 가한 경우에 그 손해의 방지에 필요한 주의를 해태하지 아니하였다 하여 면책을 주장할 수도 없다 할 것이다**(대판 1994.11.22. 94다32924).

3 영조물의 설치·관리상 하자로 인한 배상책임요건

1. 도로·하천, 그 밖의 공공의 영조물

영조물은 강학상 개념으로 특정 공적 목적을 위해 국가와 지방자치단체가 소유·임차·관리하고 있는 공물이다. 「국가배상법」 제5조 제1항 소정의 '공공의 영조물'이란 일반공중의 자유로운 사용에 직접적으로 제공되는 공공용물에 한하지 아니하고, 행정주체 자신의 사용에 제공되는 공용물도 포함하며 국가 또는 지방자치단체가 소유권, 임차권, 그 밖의 권한에 기하여 관리하고 있는 경우는 물론 사실상의 관리를 하고 있는 경우도 포함한다(대판 1998.10.23. 98다17381).

영조물에 해당하는 예	영조물에 해당하지 않는 예
① 여의도 광장(대판 1995.2.24. 94다57671) ② 김포공항(대판 2005.1.27. 2003다49566) ③ 매향리 사격장(대판 2004.3.12. 2002다14242) ④ 교통신호기(대판 2001.7.27. 2000다56822) ⑤ 커브길 안전방호벽(대판 2004.6.11. 2003다62026)	① 국유일반재산 ② 국유림, 국유임야, 현금 ③ 사고지점 도로가 군민의 통행에 제공되었다 하여도 피고 군에 의하여 노선인정 기타 공용개시가 없었으면 이를 영조물이라 할 수 없다(대판 1981.7.7. 80다2478).

⑥ 도로(대판 2000.4.25. 99다54998), 도로의 맨홀(대판 1971.11.15. 71다1952)
⑦ 육교(대판 1981.12.8. 80다3282), 지하차도(서울고등법원 1997.8.27. 96나45704)
⑧ 홍수조절용 다목적 댐(대판 1998.2.13. 5다44658), 저수지(대판 1993.8.24. 93다22050)
⑨ 제방과 하천부지(대판 1981.9.22. 80다3011)
⑩ 그 밖에 경찰관의 권총, 경찰견, 전신주, 공중전화부스

④ 언덕의 붕괴를 예방하기 위해 도급회사가 설치한 옹벽으로서 아직 완성되지 아니하여 일반공중의 이용에 제공되지 않고 있다면 영조물이라 할 수 없다(대판 1998.10.23. 98다17381).
⑤ 시 명의 종합운동장 예정부지와 한국모터스포츠연맹이 설치한 자동차 경주에 필요한 방호벽은 시가 일반공중에 제공한 바 없고 관리한 바도 없다(대판 1995.1.24. 94다45302).

2. 영조물의 설치 또는 관리상 하자

(1) 설치·관리상 하자의 의의

'영조물의 설치 또는 관리의 하자'는 영조물이 그 용도에 따라 통상 갖추어야 할 안전성을 갖추지 못한 상태에 있음을 의미한다(대판 2017.9.21. 2017다223538).

객관설(통설)	영조물이 통상 갖추어야 할 안전성의 결함이 있다면 그 과실 유무를 묻지 않고 하자를 인정한다.
주관설	영조물 관리자의 안전관리의무에 위반하면 하자가 인정된다.
판례의 태도	변형된 객관설, 객관화된 주관설을 취한다.

(2) 영조물의 설치·관리상 하자의 기준

1) 통상적인 안전성이 결여가 영조물 설치·관리상 하자이다.

화장실 창문 밖 난간은 걷는 용도가 아니므로 난간을 지나가다가 추락하여 사망한 경우 통상적인 용도에 따른 안전성이 결여라고 할 수 없다. 고등학교 3학년 학생이 교사의 단속을 피해 담배를 피우기 위하여 3층 건물 화장실 밖의 난간을 지나다가 실족하여 사망한 경우, 학교 관리자에게 그와 같은 이례적인 사고가 있을 것을 예상하여 복도나 화장실 창문에 난간으로의 출입을 막기 위하여 출입금지장치나 추락위험을 알리는 경고표지판을 설치할 의무가 있다고 볼 수는 없으므로 <u>학교시설의 설치·관리상의 하자를 인정할 수 없다</u>(대판 1997.5.16. 96다54102).

2) 「국가배상법」 제5조 제1항에 규정된 '영조물 설치·관리상의 하자'의 의미 및 영조물이 도로인 경우 도로 설치·관리상의 하자판단기준

「국가배상법」 제5조 제1항에 규정된 '영조물 설치·관리상의 하자'는 공공의 목적에 공여된 영조물이 그 용도에 따라 통상 갖추어야 할 안전성을 갖추지 못한 상태에 있음을 말한다. 그리고 위와 같은 안전성의 구비 여부는 영조물의 설치자 또는 관리자가 그 영조물의 위험성에 비례하여 사회통념상 일반적으로 요구되는 정도의 방호조치의무를 다하였는지를 기준으로 판단하여야 하고, 아울러 그 설치자 또는 관리자의 재정적·인적·물적 제약 등도 고려하여야 한다. 따라서 영조물인 도로의 경우도 그 설치 및 관리에 있어 완전무결한 상태를 유지할 정도의 고도의 안전성을 갖추지 아니하였다고 하여 하자가 있다고 단정할 수는 없고, 그것을 이용하는 자의 상식적이고 질서 있는 이용방법을 기대한 상대적인 안전성을 갖추는 것으로 족하다(대판 2013.10.24. 2013다208074).

3) 영조물의 결함이 영조물의 설치 또는 관리자의 관리행위가 미칠 수 없는 경우

「국가배상법」제5조 제1항 소정의 영조물의 설치 또는 관리의 하자란 영조물이 그 용도에 따라 통상 갖추어야 할 안전성을 갖추지 못한 상태에 있음을 말하는 것으로서, 영조물이 완전무결한 상태에 있지 아니하고 그 기능상 어떠한 결함이 있다는 것만으로 영조물의 설치 또는 관리에 하자가 있다고 할 수 없는 것이고, 위와 같은 안전성의 구비 여부를 판단함에 있어서는 당해 영조물의 용도, 그 설치장소의 현황 및 이용상황 등 제반 사정을 종합적으로 고려하여 설치·관리자가 그 영조물의 위험성에 비례하여 사회통념상 일반적으로 요구되는 정도의 방호조치의무를 다하였는지 여부를 그 기준으로 삼아야 할 것이며, 객관적으로 보아 시간적·장소적으로 <u>영조물의 기능상 결함으로 인한 손해발생의 예견가능성과 회피가능성이 없는 경우, 즉 그 영조물의 결함이 영조물의 설치관리자의 관리행위가 미칠 수 없는 상황 아래에 있는 경우에는 영조물의 설치·관리상의 하자를 인정할 수 없다</u>(대판 2007.9.21. 2005다65678).

4) 기능성 하자

영조물을 이용함에 있어 사회통념상 참을 수 없는 피해를 입히는 경우 영조물의 하자가 있다고 인정할 수 있다. **매향리사격장이나 김포공항에서 발생하는 소음으로 인한 인근 주민들의 피해는 사회통념상 참을 수 없는 피해**에 해당한다. 그렇다면 영조물 설치·관리상 하자가 있다고 인정된다(대판 2010.12.23. 2009다10928).

(3) 자연공물의 관리상 하자

1) 자연공물의 하자기준

하천과 같은 자연공물도 영조물에 해당한다. 인공공물은 인위적인 것이어서 공물의 안전성이 확보된 상태에서 국민에게 제공되어야 한다. 그러나 자연공물은 인위적으로 제공된 물건이 아니므로 하자의 기준판단에 있어서 **인공공물의 경우 자연공물보다 하자를 넓게 인정한다.**

> **판례**
> 1. **하천정비기본계획 등에서 정한 계획홍수량 및 계획홍수위를 충족하여 하천이 관리되고 있다면** 당초부터 계획홍수량 및 계획홍수위를 잘못 책정하였다거나 그 후 이를 시급히 변경해야 할 사정이 생겼음에도 불구하고 이를 해태하였다는 등의 특별한 사정이 없는 한, 그 하천은 용도에 따라 통상 갖추어야 할 안전성을 갖추고 있다고 봄이 상당하다(대판 2007.9.21. 2005다165678).
> 2. 익사사고에 대비한 하천 자체의 위험관리에는 일정한 한계가 있을 수밖에 없어, **하천구역의 위험성에 비례하여 사회통념상 일반적으로 요구되는 정도의 방호조치의무를 다한 경우, 하천의 설치·관리상의 하자를 인정할 수 없다.** 하천관리자인 지방자치단체가 유원지 입구와 하천 접근 경로에 수영금지 경고표지판과 현수막을 설치하여 안전을 보호하기 위한 통상적인 시설을 갖추었다고 볼 수 있다. 비록 **지방자치단체가 사고지점에 위험표지나 부표를 설치하지 않은 과실이 있더라도**, 그 과실이 익사사고와 상당인과관계가 있다고 보기 어려워 손해배상책임을 인정할 수 없다(대판 2014.1.23. 2013다211865).

(4) 영조물의 설치·관리상 하자를 인정한 사례

> **사례연구**
>
> 1. **사건개요:** A는 택시운전사이다. B지방자치단체가 관리하는 도로 지하에 매설되어 있는 상수도관에 균열이 생겨 새어나온 물로 도로에 결빙이 생겨 미끄러지는 바람에 화물자동차와 충돌하여 사망하였다.
> 2. **쟁점 1:** 하자가 있었는가?
>   ▶ 그렇다. 영조물 설치·관리상 하자는 영조물 자체가 통상 갖추어야 할 안전성을 갖추지 못한 상태에 있는 상태이다. 상수도관에 균열이 생겨 새어나온 물로 노면이 결빙되어 있다면 도로로서의 안전성에 결함이 있는 상태로서 설치·관리상 하자가 있다고 할 것이다.
> 3. **쟁점 2:** B 지방자치단체는 손해의 방지에 필요한 주의를 해태하지 아니하였다 하여 면책을 주장할 수 있는가?
>   ▶ 없다. 「국가배상법」 제5조 소정의 영조물의 설치·관리상의 하자로 인한 책임은 무과실책임이고 나아가 「민법」 제758조 소정의 공작물의 점유자의 책임과는 달리 면책사유도 규정되어 있지 않으므로, 국가 또는 지방자치단체는 **영조물의 설치·관리상의 하자로 인하여 타인에게 손해를 가한 경우에 그 손해의 방지에 필요한 주의를 해태하지 아니하였다 하여 면책을 주장할 수 없다.**
> 4. **쟁점 3:** 다른 자연적 사실이나 제3자 또는 피해자의 행위와 경합하여 발생한 손해도 영조물의 설치·관리상의 하자에 의해 발생한 것으로 볼 수 있는가?
>   ▶ 그렇다. 다른 **자연적 사실이나 제3자의 행위 또는 피해자의 행위와 경합하여 손해가 발생하더라도** 영조물의 설치 또는 관리상의 하자가 공동원인의 하나가 되는 이상 그 손해는 영조물의 설치 또는 관리상의 하자에 의하여 발생한 것이라고 해석함이 상당하다(대판 1994.11.22. 94다32924).
> 5. **쟁점 4:** 택시운전사가 과속운행을 했다면 배상액은 감액되는가?
>   ▶ 그렇다. 택시운전사의 과실이 인정되면 배상액은 감액하는 것이 타당하다.

영조물의 설치·관리상 하자 인정	영조물의 설치·관리상 하자 부정
① 강원도 인제읍 국도상 아스팔트가 패어서 생긴 길이 1.2미터, 폭 0.7미터의 **웅덩이**를 피하기 위해 중앙선을 침범하여 화물트럭과 충돌하여 교통사고가 발생하였다. 대한민국의 도로관리상 하자가 인정된다(대판 1993.6.25. 93다14424). ② 편도 2차선 도로의 1차선 상에 교통사고의 원인이 될 수 있는 크기의 **돌멩이가 방치되어** 있는 경우, 도로의 점유·관리자가 그에 대한 관리 가능성이 없다는 입증을 하지 못하는 한 이는 도로의 관리·보존상의 하자에 해당한다(대판 1998.2.10. 97다32536). ③ **가변차로**에 설치된 신호등에서 서로 모순되는 신호가 발생하는 고장이 예방할 방법이 없음에도 신호기를 설치하여 발생시킨 경우, 신호등이 통상적인 안전성을 갖추지 못한 상태에 있었다고 할 수 있다. 비록 저전압 등으로 오작동이 발생했더라도, 그 사정만으로 손해 발생의 예견가능성이나 회피가능성을 부인할 수 없다(대판 2001.7.27. 2000다56822). ④ 고장사실이 신고된 신호기로 인한 교통사고(직원이 신호등을 찾지 못하고 방치하여 사고가 난 사건)	① 고장신고가 접수되지 않은 신호기 고장으로 인한 교통사고 ② 교통신호기 설치 관련 하자(우측 화살표 신호가 아닌 직진 신호를 표시한 경우) ③ 강설로 인한 도로결빙사건 ④ U자형 쇠파이프 도로 방치사건 ⑤ 트럭 앞바퀴사건 ⑥ 차량용 방호울타리를 설치하지 않았다고 하여 도로에 통상 갖추어야 할 안전성이 결여된 설치·관리상의 하자가 있다고 보기 어렵다(대판 2013.10.24. 2013다208074).

⑤ 매향리 사격장사건
⑥ 김포공항 소음사건
⑦ 공군기지 소음사건
⑧ 방파제난간 미설치사건
⑨ 여의도 광장사건

3. 영조물의 설치·관리상 하자로 손해발생

(1) 인과관계

영조물 설치·관리의 하자와 손해발생 간 인과관계가 있어야 한다.

(2) 손해

영조물 설치·관리 하자로 인한 손해배상의 범위는 적극적 손해뿐 아니라, 소극적 손해, 재산적 손해, 정신적 손해도 포함된다. 피해자의 **위자료청구권이 반드시 배제되지 아니한다**(대판 1990.11.13. 90다카25604).

4 면책사유

1. 불가항력

예상할 수 없는 자연재해 또는 예상할 수 있었다고 하더라도 막을 수 없는 재해의 경우에는 면책된다.

2. 위험의 존재인식 여부

(1) 위험의 존재를 인식하면서 그로 인한 피해를 용인하며 접근한 것으로 볼 수 있는 경우

피해가 직접 생명이나 신체에 관련된 것이 아니라 정신적 고통이나 생활방해의 정도에 그치고 침해행위에 고도의 공공성이 인정되는 경우에는 **가해자의 면책이 인정될 수도 있다**(대판 2012.6.14. 2012다13569 ; 대판 2010.11.25. 2007다74560). 또는 소음 등을 포함한 공해 등의 위험지역으로 이주하여 들어가 거주하는 경우와 같이 **위험의 존재를 인식하거나 과실로 인식하지 못하고 이주한 경우**에는 손해배상액의 산정에 있어 형평의 원칙상 과실상계에 준하여 감경 또는 면제사유로 고려하여야 한다(대판 2010.11.11. 2008다57975).

(2) 위험의 존재를 인식하고 그로 인한 피해를 용인하면서 접근한 것으로 볼 수 없는 경우

위험의 존재를 인식하고 그로 인한 피해를 용인하면서 접근한 것으로 볼 수 없는 경우에는 가해자의 면책을 인정할 수 없고 손해배상액의 산정에 있어 형평의 원칙상 이와 같은 사정을 과실상계에 준하여 **감액사유로 고려할 수 있을 뿐이다**. 그리고 공군비행장 주변의 항공기 소음 피해로 인한 손해배상사건에서 공군에 속한 군인이나 군무원의 경우 일반인에 비하여 그 피해에 관하여 잘 인식하거나 인식할 수 있는 지위에 있다는 이유만으로 가해자의 면책이나 손해배상액의 감액에 있어 달리 볼 수는 없다(대판 2015.10.15. 2013다23914).

3. 재정적 사유

설치자의 재정사정이나 영조물의 사용목적에 의한 사정은 안전성을 요구하는 데 대한 정도 문제로서 참작사유에는 해당할지언정 안전성을 결정지을 절대적 요건에는 해당하지 아니한다 할 것이다(대판 1967. 2.21. 66다1723).

4. 입증책임

영조물의 설치·관리상 하자가 있었다는 것은 피해자인 **원고가 입증책임**을 지나, **불가항력과 같은 면책사유**가 있었을 때는 국가·지방자치단체인 **피고가 진다**.

5 경합문제

공무원의 직무상 불법행위로 영조물 설치·관리하자가 발생했고, 이로 인해 손해가 발생한 경우 **피해자는「국가배상법」제2조와 제5조에 따른 선택적 청구**할 수 있다. 제5조는 고의·과실을 요하지 않으므로 제5조에 따른 배상을 청구하는 것이 유리하다.

제10절 국가배상책임자

1 국가 또는 지방자치단체의 배상책임의 본질

공무원의 위법행위가 고의·중과실에 기인한 경우에는 그 행위가 그의 직무와 관련된 것이라 하더라도 공무원 개인에게 불법행위로 인한 손해배상을 부담시키되, 이 경우에도 피해자인 국민을 두텁게 보호하기 위하여 국가 등이 공무원 개인과 중첩적으로 배상책임을 부담하되 국가가 배상책임을 지는 경우에는 공무원 개인에게 구상할 수 있다(대판 전합 1996.2.15. 95다38677).

2 공무원의 대외적 책임문제

1. 헌법 제29조 제1항

헌법 제29조 제1항은 국가의 배상으로 공무원의 책임은 면제되지 아니한다고 규정하고 있다. 이에 대해 대법원의 법정의견은 공무원 개인의 구체적인 손해배상책임의 범위까지 규정한 것으로 보기는 어렵다고 하나(대판 전합 1996.2.15. 95다38677), 반대의견은 직무상 불법행위를 한 공무원의 국가 또는 공공단체에 대한 내부적 책임 등이 면제되지 아니한다는 취지를 규정한 것으로 보아야 한다고 한다.

2. 판례

1) 대법원 법정의견은 공무원 개인도 고의 또는 중과실이 있는 경우에는 불법행위로 인한 손해배상책임을 진다고 할 것이지만, 공무원에게 경과실뿐인 경우에는 공무원 개인은 손해배상책임을 부담하지 아니한다고 해석하는 것이 헌법 제29조 제1항 본문과 단서 및 「국가배상법」 제2조의 입법취지에 조화되는 올바른 해석이라고 한다(대판 전합 1996.2.15. 95다38677 ; 대판 2011.9.8. 2011다34521). 반대의견은 국민 전체에 대한 봉사자인 공무원들로 하여금 보다 적극적이고 능동적으로 공무를 수행하게 하기 위하여 공무원 개인의 배상책임을 면제하는 것이 헌법에 부합된 해석이라고 한다.

2) 변호사등록이 2개월간 지연되었음을 이유로 손해배상을 구한 사안에서, **대한변호사협회**는 변호사등록이 위법하게 지연됨으로 인하여 얻지 못한 수입 상당액의 손해를 배상할 의무가 있는 반면, **대한변호사협회장**은 경과실 공무원의 면책 법리에 따라 배상책임을 부담하지 않는다(대판 2021.1.28. 2019다260197).

3 구상책임

국가 또는 지방자치단체가 배상을 한 경우 공무원에게 고의 또는 중대한 과실이 있으면 국가나 지방자치단체는 그 공무원에게 구상(求償)할 수 있다(「국가배상법」 제2조 제2항).

판례

1. 공무원이 직무수행 중 불법행위로 타인에게 손해를 입힌 경우에 국가 등이 국가배상책임을 부담하는 외에 공무원 개인도 **고의 또는 중과실**이 있는 경우에는 불법행위로 인한 손해배상책임을 지고, 공무원에게 **경과실**이 있을 뿐인 경우에는 공무원 개인은 손해배상책임을 부담하지 아니한다. 이처럼 경과실이 있는 공무원이 피해자에 대하여 손해배상책임을 부담하지 아니함에도 피해자에게 손해를 배상하였다면 그것은 채무자 아닌 사람이 타인의 채무를 변제한 경우에 해당하고, 이는 「민법」 제469조의 '제3자의 변제' 또는 「민법」 제744조의 '도의관념에 적합한 비채변제'에 해당하여 피해자는 공무원에 대하여 이를 반환할 의무가 없고, 그에 따라 피해자의 국가에 대한 손해배상청구권이 소멸하여 국가는 자신의 출연 없이 채무를 면하게 되므로, 피해자에게 손해를 직접 배상한 경과실이 있는 공무원은 특별한 사정이 없는 한 **국가에 대하여 국가의 피해자에 대한 손해배상책임의 범위 내에서 공무원이 변제한 금액에 관하여 구상권을 취득한다고 봄이 타당하다**(대판 2014.8.20. 2012다54478).

2. 공무원의 불법행위에 따른 피해자의 국가배상청구권의 소멸시효기간이 지났으나 국가가 소멸시효 완성을 주장하는 것이 신의성실의 원칙에 반하는 권리남용으로 허용될 수 없어 배상책임을 이행한 경우, **국가는 공무원에게 구상권을 행사할 수 없다**(대판 2016.6.10. 2015다217843).

4 비용부담자와 종국적인 비용부담자

1. 배상책임자

공무원 선임감독자 또는 영조물의 설치관리자는 사무귀속자로서 배상책임을 지나 공무원의 봉급·급여, 그 밖의 비용 또는 영조물의 설치·관리 비용을 부담하는 자도 손해를 배상책임을 진다(「국가배상법」 제6조 제1항). 피해자는 **어느 쪽에 대하여도 선택적으로 손해배상을 청구할 수 있고, 나아가 모두를 상대로 청구할 수도 있다.**

2. 사무귀속의 주체

국가위임사무의 경우 지방자치단체 소속 공무원이 사무를 처리해도 귀속주체는 국가이므로 국가가 사무귀속의 주체이다. 또한 자치사무나 단체위임사무의 경우 지방자치단체가 사무귀속의 주체이다.

> **판례**
>
> 1. 국토교통부장관이 하천공사를 대행하던 중 지방하천의 관리상 하자로 인하여 손해가 발생하였다면 하천관리청이 속한 지방자치단체는 국가와 함께 「국가배상법」 제5조 제1항에 따라 지방하천의 관리자로서 손해배상책임을 부담한다(대판 2014.6.26. 2011다85413).
>
> 2. 농수산부장관 소관의 개간허가 및 취소사무는 법령에 따라 도지사에게 위임되고, 다시 군수에게 재위임되어 기관위임사무로 처리된다. 이 경우 군수는 국가 산하 행정기관의 지위에서 사무를 처리하므로, 군수 또는 군수가 보조하는 공무원이 고의 또는 과실로 손해를 가하더라도 원칙적으로 국가배상책임은 국가가 지며, 군은 「국가배상법」 제6조에 따라 비용을 부담할 수 있는 경우에만 국가와 함께 손해배상책임을 부담한다(대판 2000.5.12. 99다70600).
>
> 3. **서울특별시장이 구청장에게 위임한 사무**(대판 2017.9.21. 2017다223538)
>   가. 하위 지방자치단체장을 보조하는 그 지방자치단체 소속 공무원이 위임사무를 처리하면서 고의 또는 과실로 타인에게 손해를 가하거나 위임사무로 설치·관리하는 영조물의 하자로 타인에게 손해를 발생하게 한 경우에는 권한을 위임한 상위 지방자치단체가 그 손해배상책임을 진다.
>   나. 서울특별시가 점유·관리하는 도로에서, 도로개선공사를 도급받은 甲주식회사가 사용하고 남은 자갈더미를 도로에 그대로 둔 상태에서 乙이 오토바이를 운전하다가 이를 발견하지 못해 넘어져 상해를 입은 경우, 서울특별시는 「국가배상법」 제5조 제1항에 따른 설치·관리상의 하자가 있다.
>   다. 도급계약에서 도급인은 중대한 과실이 없는 한 수급인이 제3자에게 가한 손해를 배상할 책임이 없다. 그러나 도급인이 수급인의 일에 대해 구체적으로 지휘·감독한 경우, 도급인은 사용자책임을 진다. 지휘·감독이란 현장에서 공사를 직접 지시·지도하고 감시하는 것을 말한다. 행정권한을 기관위임한 경우, 위임사무로 설치·관리하는 영조물의 하자로 인한 손해는 권한을 위임한 관청이 소속된 지방자치단체가 배상책임을 진다. 다만, 비용을 부담하는 자도 손해를 배상해야 한다. 피고 강동구가 손해배상책임을 지려면, 도급 또는 지시에 관한 중대한 과실이나 구체적인 지휘·감독이 인정되어야 하며, 기관위임받은 사무에 대한 손해배상책임 요건을 갖추어야 한다. 원심은 이러한 판단 없이 피고 강동구의 손해배상책임을 인정하여, 법리를 오해한 잘못이 있다. 피고 강동구의 상고이유는 이유 있다.
>
> 4. 여의도 광장사건에 관리주체는 서울특별시이고, 비용부담자는 영등포구이다(대판 1995.2.24. 94다57671).
>
> 5. **신호기 사건**(대판 1999.6.25. 99다11120)
>   가. **사건개요**: 신호기가 고장났고, 그 사실이 다음 날 3차례 충남지방경찰청 교통정보센터에 신고되었지만 고장난 신호등을 찾지 못해 고장난 채 방치되었다. 그 결과, 보행자 신호기의 녹색등을 보고 횡단보도를 건너던 원고 A가 차량 신호기의 녹색등을 보고 주행하던 승용차에 충격되어 상해를 입는 교통사고가 발생했다.
>   나. **사무귀속의 주체: 지방자치단체**
>   행정권한이 기관위임된 경우, **권한을 위임받은 기관은 권한을 위임한 기관이 속하는 지방자치단체의 행정기관의 지위에서 사무를 처리하므로, 사무귀속의 주체가 달라지지 않는다.** 따라서 권한

> 을 위임받은 기관 소속 공무원이 위임사무 처리 중 타인에게 손해를 가했거나 영조물의 하자로 손해를 발생하게 한 경우, 배상책임은 권한을 위임한 관청이 소속된 지방자치단체가 진다. 이 사건에서는 충남지방경찰청장이 아닌, 권한을 위임한 대전광역시장이 소속된 대전광역시가 「국가배상법」 제2조 또는 제5조에 의한 배상책임을 부담한다.
>
> 다. **비용부담자: 대한민국**
> 이 사건에서 신호기를 관리하는 충남지방경찰청장 산하 경찰관들의 봉급을 부담하는 대한민국도 「국가배상법」 제6조 제1항에 따라 배상책임을 진다. 이 법에 따르면, 국가 또는 지방자치단체가 손해를 배상할 책임이 있는 경우, 공무원의 봉급 등 비용을 부담하는 자도 손해를 배상해야 한다.

3. 비용부담자의 의의

(1) 학설

대외적 비용을 부담하는 자라는 형식적 비용부담자설, 형식적 비용부담자 뿐 아니라 실질적 비용부담자는 포함한다는 병합설이 있다.

(2) 판례

대외적으로 경비를 지출하는 자는 경비의 실질적·궁극적 부담자가 아니더라도 그러한 경비를 부담하는 자에 포함된다(대판 1994.12.9. 94다38137)고 하여 병합설을 취하고 있다. **자동차운전면허시험관리업무**는 국가의 행정사무이므로 국가는 면허시험장의 설치 및 보호의 하자로 인한 손해배상책임이 있다. 따라서 「국가배상법」 제5조에 따른 배상책임을 진다. 서울특별시는 비용부담자로서 「국가배상법」 제6조에 따른 배상책임을 진다(대판 1991.12.24. 91다34097).

4. 최종적 배상책임자

손해를 배상한 자는 내부관계에서 그 손해를 배상할 책임이 있는 자에게 구상할 수 있다(「국가배상법」 제6조 제2항).

(1) 학설

사무귀속자설 (관리자설)	지방자치단체가 자치사무를 처리할 때는 지방자치단체에 사무가 귀속된다. 기관위임사무의 경우 위임한 행정주체에 사무가 귀속된다. 사무가 귀속되는 사무귀속자가 최종책임자이다(다수설).
비용부담자설	비용부담자가 최종책임자이다.
기여도설	실제 사안에서 손해발생에 기여한 정도를 기준으로 책임을 진다.

(2) 판례

1) 사무귀속자설을 취한 판례

안산시가 안산경찰서장에게 교통신호기 관리사무를 위임했다. 안산시는 사무귀속자이고 안산경찰서 공무원에 급여를 주는 대한민국은 비용부담자이다. 대법원은 손해배상의 궁극적인 책임은 안산시에게 있다고 하였다(대판 2001.9.25. 2001다41865).

2) 기여도설을 취한 판례

원래 광역시가 점유·관리하던 일반국도 중 일부 구간의 포장공사를 국가가 대행하여 광역시에 도로의 관리를 이관하기 전에 교통사고가 발생했다. 광역단체와 국가 모두 도로의 점유자, 관리자, 비용부담자이므로 둘 다 궁극적인 배상책임자이다. 이 사건 내부적인 부담부분은 도로인수·인계경위, 사건발생 경위 등을 종합해서 결정해야 한다(대판 1998.7.10. 96다42819).

3) 검토

공동의 불법행위가 있는 경우에는 손해발생의 기여한 정도에 따라 배상되어야 한다. 따라서 기여도설이 타당하다

5 도로의 관리상 하자로 인한 손해에 대한 배상책임자

1. 도로의 하자판단기준

(1) 도로의 설치 또는 관리·보존상의 하자는 도로의 위치, 구조, 교통량, 사고 시 교통 상황, 이용목적 등을 종합적으로 고려하여 판단해야 한다. **도로 설치 후 제3자의 행위로 통행상의 안전에 결함이 발생한 경우, 그 결함만으로 도로의 보존상 하자를 성급히 인정해서는 안 된다.** 도로의 구조, 장소적 환경, 이용 상황 등을 종합적으로 검토하여 그 결함을 제거하고 원상 복구할 수 있었는지를 개별적·구체적으로 심리하여 하자의 유무를 판단해야 한다(대판 2002.9.27. 2002다15917).

(2) 고속도로 등 특수 목적을 갖고 있는 도로가 아닌 일반 보통의 도로까지도 도로관리자에게 완전한 인적, 물적 설비를 갖추고 **제설작업을 하여 도로통행상의 위험을 즉시 배제하여 그 안전성을 확보하도록 하는 관리의무를 부과하는 것은 도로의 안전성의 성질에 비추어 적당하지 않다**(대판 2000.4.25. 99다54998).

2. 고속국도의 경우

(1) 「도로법」 제112조에 따라 고속국도의 관리권이 한국도로공사에게 위임된 경우 한국도로공사가 배상청구 소송의 피고가 되며 「국가배상법」 제5조 제1항을 적용한 판례(대판 2002.8.23. 2002다9158)와 「민법」 제758조 제1항을 적용한 판례(대판 2008.3.13. 2007다29287 ; 대판 1988.11.8. 86다카775)가 있다.

(2) 폭설로 고속도로에서 차량 운전자들이 장시간 고립된 사건에서, 고속도로 관리자가 교통정체를 충분히 예견할 수 있었음에도 불구하고 필요한 조치를 하지 않아 관리상 하자가 인정된다. <u>고속도로의 점유관리자는 하자가 불가항력에 의한 것이거나 손해 방지를 위한 주의를 다했음을 입증해야 책임을 면할 수 있다.</u> 이 사건에서는 교통정체와 고립이 예측 불가능한 천재지변이나 불가항력에 해당하지 않으므로 피고의 면책 주장을 배척한 것은 정당하다(대판 2008.3.13. 2007다29287).

3. 일반국도인 경우

(1) 국도 관리의 법적 성질

판례는 국도사무를 국가사무로 보고 지방자치단체의 장에게 위임된 경우 기관위임사무라 한다.

(2) 배상책임자

「도로법」 제22조 제2항에 의하여 지방자치단체의 장인 시장이 국도의 관리청이 되었다 하더라도 이는 시장이 국가로부터 관리업무를 위임받아 국가행정기관의 지위에서 집행하는 것이므로 국가는 사무의 귀속자이므로 「국가배상법」 제5조에 따라 도로관리상 하자로 인한 손해배상책임을 지고(대판 1993.1.26. 92다2684). 지방자치단체는 「국가배상법」 제6조에 따라 비용부담자로서 배상책임을 진다.

4. 기타 도로

도로의 유지·관리권한이 상위 지방자치단체에서 하위 지방자치단체장에게 기관위임된 경우, 도로에 대한 관리권한을 위임하였으므로 상위 지방자치단체장은 그 권한을 잃고 하위 지방자치단체장이 도로관리청으로서 권한을 가지게 되지만, 사무의 주체는 상위 지방자치단체로 남는다. 따라서 하위 지방자치단체의 공무원이 위임사무를 처리하면서 손해를 발생시킨 경우, 손해배상책임은 상위 지방자치단체가 부담한다(대판 1996.11.8. 96다21331 ; 대판 2017.9.21. 2017다223538).

6 하천시설의 설치·관리상 하자로 인한 손해에 대한 배상

1. 하자의 기준

하천관리의 재정적, 기술적, 사회적 제약과 같은 종류 및 규모의 하천관리 일반수준 및 사회통념에 비추어 안전성을 구비하고 있는지, 설치 당시의 기술수준으로 예측된 재해를 방지할 수 있는지를 기준으로 한다. 하천관리청이 관련 규정에 따라 시설을 설치·관리했으면, 특별한 사정이 없는 한 해당 시설은 통상적인 안전성을 갖춘 것으로 본다. 따라서 동대문구가 설치·관리하는 빗물펌프장이 서울특별시가 마련한 시설기준에 부합한다면 위 시설기준이 잘못되었다거나 시급히 변경시켜야 할 사정이 있었다는 등의 특별한 사정이 없는 이상 그 설치상 하자는 없다(대판 2007.10.25. 2005다62235).

2. 하천홍수위와 하천관리상 하자

일제(溢堤)형 수해의 하자기준는 계획홍수위가 적정하게 설정되었고 하천의 제방이 계획홍수위를 넘고 있다면, 하천이 범람한 경우 불가항력으로 볼 수 있다. 그러나 계획홍수위 보다 낮은 강수량에 제방이 무너진 경우 하자가 인정된다.

3. 배상책임자

국가하천의 경우 사무의 귀속자인 국가가 「국가배상법」 제5조에 따라 배상책임을 진다. 지방자치단체의 장에게 위임된 경우 지방자치단체는 「국가배상법」 제6조에 따라 배상책임을 진다. **지방하천의 경우** 해당 지방자치단체가 「국가배상법」 제5조에 따라 배상책임을 진다.

제2장 손실보상

제1절 행정상 손실보상

1 개념

적법한 공권력 행사에 의해 국민의 재산권에 대한 직접적인 침해가 가해져 특정 국민에게 특별한 손해가 발생한 경우에 국가나 지방자치단체 또는 공익사업의 주체가 그 손해를 보상하여 주는 것이다.

2 손해배상과의 구별

구분	손해배상	손실보상
원리	① 개인주의적 사상 ② 도덕적 책임주의	① 단체주의적 사상 ② 사회적 공평부담
위법성 요건	○	×
헌법상 근거 조항	제29조 제1항	제23조 제3항
고의·과실 요건	○	×
비재산상 손해 (정신적 손해)	○	재산상 손실에 대한 보상이므로 정신적 손해에 대한 보상 없음
양도·압류	생명·신체침해로 인한 권리에 한해 양도·압류금지	재산상 손실에 대한 보상이므로 보상금 양도 압류 가능

3 손실보상제도의 헌법적 근거

손실보상의 헌법상 근거는 헌법 제23조 제3항이다.

> **헌법 제23조** ③ 공공필요에 의한 재산권의 수용·사용 또는 제한 및 그에 대한 보상은 법률로써 하되, 정당한 보상을 지급하여야 한다.

4 손실보상청구권의 성질

1. 학설

사권설을 취하는 소수설도 있으나 손실보상제도는 공법상 제도이므로 손실보상청구권은 공권이라는 것이 다수설이다. 따라서 손실보상청구소송은 공법상 당사자소송에 따라야 한다.

2. 판례

어업권을 사법상 권리로 보아 어업손실에 대해 민사소송으로 직접 손실보상금지급청구를 하여야 한다는 판례도 있으나(대판 1998.2.27. 97다46450), **공유수면매립사업으로 인해 관행어업권을 상실한 자의 손실보상청구권과 「하천법」 부칙 규정에 의한 손실보상청구권을 공법상 권리**이고 손실보상청구권은 하천법규정에 의해 **토지가 하천구역으로 된 경우에는 당연히 발생되는 것이지, 관리청의 보상금지급결정에 의하여 비로소 발생하는 것은 아니므로**, 위 규정들에 의한 손실보상금의 지급을 구하거나 손실보상청구권의 확인을 구하는 소송은 행정소송법 제3조 제2호 소정의 당사자소송에 의하여야 한다(대판 전합 2006.5.18. 2004다6207). 또한 농업손실보상청구권은 **손실보상의 일종으로 공법상의 권리임이 분명하므로 그에 관한 쟁송은 민사소송이 아닌 행정소송절차에 의하여야 할 것**이다(대판 2011.10.13. 2009다43461).

제2절 손실보상청구권의 요건

1 성립요건

공공필요에 의한 재산권의 공권력적, 강제적 박탈을 의미하는 공용수용은 헌법 제23조 제3항에 명시되어 있는 대로 국민의 재산권을 그 의사에 반하여 강제적으로라도 취득해야 할 공익적 필요성이 있을 것, 수용과 그에 대한 보상은 모두 법률에 의거할 것, 정당한 보상을 지급할 것의 요건을 갖추어야 한다(헌재 1998.3.26. 93헌바12 ; 헌재 1994.2.24. 92헌가15 등).

2 공공필요

1. 의의

재산권 수용, 사용, 제한은 공공필요를 목적으로 해야 한다.

(1) 공용수용이 허용될 수 있는 공익사업은 법률에서 명확히 규정되어야 하며, **법률에 열거되지 않은 사업은 공용수용이 허용되지 않는다**. 법이 공용수용 가능한 공익사업을 열거하더라도, 이는 공공성 유무를 판단하는 기준일 뿐이며, **사업인정 단계에서 개별적·구체적으로 공공성을 심사해야 한다**. 즉, 입법자는 입법 시 일반적으로 공공성을 판단하고, 사업인정권자는 구체적인 사업인정 시 공공성을 판단해야 한다(헌재 2014.10.30. 2011헌바129).

(2) 이 사건에서 문제된 대중을 대상으로 하는 사업인 경우 그 사업 시설에 대한 대중의 이용·접근가능성도 아울러 고려하여야 하는데 '고급골프장, 고급리조트 조성사업'은 입법목적에 대한 기여도가 낮고 **대중의 이용 가능성이 작아 공익성이 낮다.** 따라서 이 사건 법률조항은 공익적 필요성이 낮은 민간개발자의 지구개발사업을 위해 공공수용을 허용할 가능성을 열어두어 헌법 제23조 제3항에 위반된다(헌재 2014.10.30. 2011헌바129).

(3) 도시계획시설결정은 일반인의 이용에 제공하기 위하여 설치하는 골프장에 관하여 한 것이라고 인정되는 범위 내에서만 적법한데, **회원제 골프장**은 상당한 정도로 고액인 입회비를 내고 회원이 된 사람 이외의 사람에게는 이용이 제한되므로, 특별한 사정이 없는 한 이를 '일반인의 이용에 제공하기 위하여 설치하는 체육시설'이라고 보기는 어려워, 위 도시계획시설사업 실시계획인가는 그 근거가 되는 **도시계획시설결정의 적법성이 인정되는 범주를 벗어나는 것으로서 위법하다**(대판 2013.9.12. 2012두12884).

2. 공공필요가 있는지 여부의 입증책임

사업시행자가 공익사업을 위해 필요한지에 대한 입증책임을 진다.

3. 공공필요와 공공복리의 관계

공공필요의 요건에 관하여, 공익성은 추상적인 공익 일반 또는 국가의 이익 이상의 중대한 공익을 요구하므로 기본권 일반의 제한사유인 '공공복리'보다 좁게 보는 것이 타당하다(헌재 2014.10.30. 2011헌바172).

4. 수용주체

국가 등 공적 기관이 직접 수용하거나, 공적 기관의 판단과 승인하에 민간기업이 수용하더라도 공공필요와 수용범위에 본질적인 차이는 없다. 따라서 **수용주체를 국가 등 공적 기관에 한정할 이유는 없다.** 민간기업이 도시계획시설 사업을 위해 토지를 수용할 수 있도록 한 것은 헌법 위반이 아니다(헌재 2009.9.24. 2007헌바114).

3 현실적인 재산권 침해

손실보상이 인정되기 위하여는 재산권에 대한 침해가 현실적으로 발생하여야 한다. 구 공유수면매립법상 공유수면매립면허의 고시가 있다고 하여 반드시 그 사업이 시행되고 그로 인하여 손실이 발생한다고 할 수 없으므로, **매립면허 고시 이후 매립공사가 실행되어 관행어업권자에게 실질적이고 현실적인 피해가 발생한 경우에만** 구 공유수면매립법에서 정하는 손실보상청구권이 발생하였다고 할 것이다(대판 2010.12.9. 2007두6571).

4 법률에 근거한 특별한 희생

1. 보상 여부 기준

일반적 희생은 보상할 필요가 없다. 예를 들면, 남산 주변의 고도 제한에 따른 토지재산권 제한은 일반적 희생이므로 보상이 필요 없다. 사회적 제한을 넘은 특별한 재산적 손실이 발생한 경우 보상이 필요하다.

> **판례**
>
> 1. 중대한 공익상의 필요가 있는 **공익사업이 시행되어 토석채취허가를 연장받지 못하게 되었다고 하더라도** 그러한 손실이 적법한 공권력의 행사로 가하여진 재산상의 특별한 희생으로서 손실보상의 대상이 된다고 볼 수도 없다(대판 2009.6.23. 2009두2672).
> 2. 공공용물에 관하여 적법한 개발행위 등이 이루어짐으로 말미암아 이에 대한 일정 범위의 사람들의 일반사용이 종전에 비하여 제한받게 되었다 하더라도 특별한 사정이 없는 한 그로 인한 불이익은 손실보상의 대상이 되는 특별한 손실에 해당한다고 할 수 없다(대판 2002.2.26. 99다35300).
> 3. 공공사업의 시행으로 손해를 입었다고 주장하는 자의 보상 권리는 **해당 공공사업의 시행 당시를 기준으로 판단해야 한다.** 공공사업의 실시계획 승인과 고시가 이루어진 후에 이루어진 각종 허가나 신고는 이미 확정된 제한상태에서 진행된 것이므로, 그 이후의 공공사업 시행으로 인해 허가나 신고권자가 특별한 손실을 입었다고 볼 수 없다(대판 2014.5.29. 2013두12478).

2. 특별한 희생의 결정기준

재산권의 제한이 특별한 희생인지 여부에 대해서는 형식적 기준설과 실질적 기준설이 대립한다. 형식적 기준설에 따르면 일반적인 재산권 침해는 일반적 희생이나 특정인에 대한 재산권 침해는 특별한 희생이라고 한다. 실질적 기준설에는 재산권 침해의 본질성과 강도를 기준으로 목적위배설, 사적효용설, 보호가치설, 수인한도설, 상황구속설 등이 있다.

5 보상규정 흠결 시 권리구제

1. 불가분조항

결부조항으로서 헌법 제23조 제3항은 재산권 제한과 보상을 동일한 법률에 의해 규정되어야 한다는 의미이다.

2. 보상규정 흠결 시 권리구제

> 헌법 제23조 ③ 공공필요에 의한 재산권의 수용·사용 또는 제한 및 그에 대한 보상은 법률로써 하되, 정당한 보상을 지급하여야 한다.

(1) 위헌무효설(입법자에 대한 직접효력설)

보상규정이 없는 공용침해는 헌법 제23조 제3항에 위반되어 위법한 행위가 된다. 고의·과실로 법령을 위반한 경우 국가는 배상책임을 지므로 공용침해로 재산상 피해를 받은 자는 국가에 배상을 청구할 수도 있다. 또한 취소소송을 제기할 수도 있다.

(2) 직접효력설

헌법 제23조 제3항은 불가분조항이 아니다. 법률에 보상규정이 없는 경우 헌법 제23조 제3항에 근거하여 직접 보상을 청구할 수 있다.

(3) 유추적용설

1) 재산권 침해에 따른 보상규정이 없는 경우에는 헌법 제23조 제3항을 직접 적용하여 보상을 청구할 수는 없으나, 헌법 제23조 제1항(재산권 보장조항) 및 제11조(평등조항)에 근거하며, 헌법 제23조 제3항 및 관계 규정을 유추적용하여 보상을 청구할 수 있다는 견해이다.
2) 독일의 수용유사적 침해이론은 관습법에 근거한 판례에 의해 인정되나, 우리나라는 이러한 관습법이 없으므로 관련 법조항을 유추적용해서 보상을 해야 한다.
3) 수용유사침해이론과 가장 가까운 이론이다.

(4) 보상입법부작위 위헌확인설

1) 헌법 제23조 제3항은 불가분조항이 아니다.
2) 보상규정이 없는 경우 입법부작위에 대해 헌법재판소의 헌법소원심판을 청구해서 위헌확인결정을 받아야 한다.
3) 입법자가 보상방법과 기준에 관한 규정을 두면 보상을 해야 한다.

3. 판례

물건 또는 권리 등에 대한 손실보상액 산정의 기준이나 방법에 관하여 구체적으로 정하고 있는 법령의 규정이 없는 경우에는, 그 성질상 유사한 물건 또는 권리 등에 대한 관련 법령상의 손실보상액 산정의 기준이나 방법에 관한 규정을 유추적용할 수 있다(대판 2018.12.27. 2014두11601).

> **판례**
>
> 1. 「공익사업을 위한 토지 등의 취득 및 보상에 관한 법률」 및 관련 규정에 '물의 사용에 관한 권리' 평가 규정이 없으나, 甲회사의 하천수 사용권에 대한 보상금액은 「수산업법 시행령」 제69조 [별표 4]의 어업권 취소 또는 면허 유효기간 연장 불허 시 손실보상액 산정방법과 기준을 유추적용하여 산정하는 것이 타당하다(대판 2018.12.27. 2014두11601).
> 2. **공공사업의 시행 결과 그 공공사업의 시행이 기업지 밖에 미치는 간접손실에 관하여 그 피해자와 사업시행자 사이에 협의가 이루어지지 아니하고 그 보상에 관한 명문의 근거 법령이 없는 경우라고 하더라도**, 공유수면매립사업의 시행으로 그 사업대상지역에서 어업활동을 하던 조합원들의 조업이 불가능하게 되어 일부 위탁판매장에서의 위탁판매사업을 중단하게 된 경우, 그로 인해 수산업협동조합이 상실하게 된 위탁판매수수료 수입은 사업시행자의 매립사업으로 인한 직접적인 영업손실이 아니고 간접적인 영업손실이라고 하더라도 피침해자인 수산업협동조합이 공공의 이익을 위하여 당연히 수인하여야 할 재산권에 대한 제한의 범위를 넘어 수산업협동조합의 위탁판매사업으로 얻고 있는 영업상의 재산이익을 본질적으로 침해하는 특별한 희생에 해당하고, 사업시행자는 공유수면매립면허 고시 당시 그 매립사업으로 인하여 위와 같은 영업손실이 발생한다는 것을 상당히 확실하게 예측할 수 있었고 그 손실의 범위도 구체적으로 확정할 수 있으므로, 위 **위탁판매수수료 수입손실은 헌법 제23조 제3항에 규정한 손실보상의 대상이 되고, 그 손실에 관하여 구 공유수면매립법 또는 그 밖의 법령에 직접적인 보상규정이 없더라도** 구 공공용지의 취득 및 손실보상에 관한 특례법 시행규칙상의 각 규정을 유추적용하여 그에 관한 보상을 인정하는 것이 타당하다(대판 1999.10.8. 99다27231).
> 3. 하천이 국유화된 경우 제방부지 소유자에게 개정된 하천법을 적용하여 그 손실을 보상하여야 한다고 봄이 상당하다(대판 1995.11.24. 94다34630).

6 손실보상의 기준과 내용

> 헌법 제23조 ③ 공공필요에 의한 재산권의 수용·사용 또는 제한 및 그에 대한 보상은 법률로써 하되, 정당한 보상을 지급하여야 한다.

1. 손실보상의 기준

(1) 학설

피침해재산이 가지는 완전한 가치를 보상해야 한다는 완전보상설과 손실보상은 재산권의 사회적 구속성과 침해행위의 공공성에 비추어 사회국가원리에 바탕을 둔 기준에 따른 적절한 보상이면 족하다는 상당보상설이 있다.

(2) 판례

헌법 제23조 제3항이 규정한 '**정당한 보상**'이란 **피수용재산의 객관적인 재산가치를 완전하게 보상하는 것이어야 한다는 완전보상을 뜻하는 것이다**(헌재 1990.6.25. 89헌마107). 그러나 공시지가에 의한 보상도 정당보상원칙에 위배되지 않는다고 한다(헌재 1995.4.20. 93헌바20).

2. 손실보상의 내용

(1) 토지보상

1) 토지가액평가 기준시점

협의에 의한 취득 시 협의 성립 당시, 재결에 의한 수용 시에는 재결 당시의 가격을 기준으로 하되, 해당 공익사업으로 인하여 토지가격이 변동되었을 때에는 이를 고려하지 아니한다(「공익사업을 위한 토지 등의 취득 및 보상에 관한 법률」 제67조).

2) 지가변동률, 물가상승률 등

지가변동률, 물가상승률 등을 고려한다(「공익사업을 위한 토지 등의 취득 및 보상에 관한 법률」 제70조 제1항). 그러나 일시적인 이용상황과 토지소유자나 관계인이 갖는 주관적 가치 및 특별한 용도에 사용할 것을 전제로 한 경우 등은 고려하지 아니한다(동법 제70조 제2항).

3) 해당 공익사업의 시행을 직접 목적으로 하여 가하여진 공법상 제한이 있는 경우

제한이 없는 상태를 상정하여 토지가액을 평가한다(「공익사업을 위한 토지 등의 취득 및 보상에 관한 법률 시행규칙」 제23조 제1항 단서). **당해 사업인** 택지개발사업에 대한 실시계획의 승인과 더불어 그 용도지역이 주거지역으로 변경된 토지를 그 사업의 시행을 위하여 후에 수용하였다면 그 재결을 위한 평가를 함에 있어서는 그 **용도지역의 변경을 고려함이 없이** 평가하여야 한다(대판 1999.3.23. 98두13850). 그 용도지역 등의 지정 또는 변경이 **특정 공익사업의 시행을 위한 것일 때에는**, 그 공익사업의 시행을 직접 목적으로 하는 제한으로 보아 그 제한을 받지 아니하는 상태를 상정하여 평가하여야 한다(대판 2018.1.25. 2017두61799 ; 대판 2019.9.25. 2019두34982).

4) 다른 목적의 공익사업으로 공법상 제한이 있는 경우

제한받는 상태대로 토지가액을 평가한다(「공익사업을 위한 토지 등의 취득 및 보상에 관한 법률 시행규칙」제23조 제1항 본문). 문화재보호구역의 확대 지정이 당해 공공사업을 직접 목적으로 하여 가하여진 것이 아님이 명백하므로 토지의 수용보상액은 그러한 공법상 제한을 받는 상태대로 평가하여야 한다(대판 2005.2.18. 2003두14222).

(2) 건축물 등 보상

토지에 정착한 물건에 대하여는 이전에 필요한 비용으로 보상하여야 하나 ① 건축물 등을 이전하기 어렵거나 그 이전으로 인하여 건축물 등을 종래의 목적대로 사용할 수 없게 된 경우, ② **건축물 등의 이전비가 그 물건의 가격을 넘는 경우**, ③ 사업시행자가 공익사업에 직접 사용할 목적으로 취득하는 경우(「공익사업을 위한 토지 등의 취득 및 보상에 관한 법률」제75조 제1항 단서) 해당 물건가격으로 보상한다.

(3) 영업손실보상

영업을 폐지하거나 휴업함에 따른 영업손실에 대하여는 영업이익과 시설의 이전비용 등을 고려하여 보상하여야 한다(「공익사업을 위한 토지 등의 취득 및 보상에 관한 법률」제77조 제1항).

> **판례**
>
> 1. 영업폐지인지 휴업인지는 다른 장소로 이전 가능한지를 기준으로 하지 이전했느냐를 기준으로 하지 않는다(대판 2006.9.8. 2004두7672).
> 2. **사업인정고시가 없더라도 영업손실보상의무는 존재한다.** 「공익사업을 위한 토지 등의 취득 및 보상에 관한 법률」상 '공익사업'에 해당하고, 그로 인해 영업이 폐업하거나 휴업한 경우, 사업인정 절차와 무관하게 영업손실을 보상할 의무가 발생한다. **공익사업 시행자가 보상 없이 공사를 진행하면**, 손해배상 책임을 지게 된다(대판 2021.11.11. 2018다204022). 공익사업의 시행자가 사전보상을 하지 않은 채 공사에 착수함으로써 토지소유자와 관계인이 손해를 입은 경우, 토지소유자와 관계인이 입은 손해는 손실보상청구권이 침해된 데에 따른 손해이므로, 사업시행자가 배상해야 할 손해액은 원칙적으로 손실보상금이다(대판 2021.11.11. 2018다204022).
> 3. 영업을 하기 위하여 투자한 비용이나 그 영업을 통하여 얻을 것으로 기대되는 이익에 대한 손실보상의 근거 규정이나 그 보상의 기준과 방법 등에 관한 규정이 없으므로, 이러한 손실은 그 보상의 대상이 된다고 할 수 없다(대판 2006.1.27. 2003두13106).
> 4. 공공의 필요에 따른 재산권의 수용이나 사용, 제한은 법률에 따라 정당한 보상을 해야 한다(헌법 제23조 제3항). 「공익사업을 위한 토지 등의 취득 및 보상에 관한 법률」제77조에 따르면, **영농손실보상**은 농민이 공익사업으로 인해 농업을 계속할 수 없게 되는 경우, 장래 2년간의 일실소득을 보상하여 생계를 지원하는 제도이다. 영농보상은 원칙적으로 농민이 기존 농업을 폐지한 후 새로운 직업 활동을 개시하기까지의 준비기간 동안에 농민의 생계를 지원하는 **간접보상이자 생활보상으로서의 성격을 가진다**. 영농보상은 모두 장래의 불확정적인 일실소득을 예측하여 보상하는 것으로, 기존에 형성된 재산의 객관적 가치에 대한 **'완전한 보상'과는 그 법적 성질을 달리한다**(대판 2023.8.18. 2022두34913).
> 5. 중앙토지수용위원회가 생태하천조성사업에 편입되는 토지 상의 **무허가건축물에서 축산업을 영위하는** 甲에 대하여 「공익사업을 위한 토지 등의 취득 및 보상에 관한 법률 시행규칙」제45조 제1호에 따라 영업손실을 인정하지 않는 내용의 수용재결을 한 사안에서, 위 규칙 조항이 '영업'의 개념에 '적법한 장소

에서 운영될 것'이라는 요소를 포함하고 있다고 하여 「공익사업을 위한 토지 등의 취득 및 보상에 관한 법률」의 위임범위를 벗어났다거나 정당한 보상의 원칙에 위배된다고 하기 어렵다(대판 2014.3.27. 2013두25863).

3. 손실보상에서 제외되는 것

(1) 개발이익

개발이익은 국가의 자본투자를 통해 도로, 학교, 공원과 같은 생활기반시설이 확충되어, 부동산의 가치가 높아지는 것이므로, 토지소유자의 투자로 발생하는 이익이 아니다. 따라서 개발이익은 재산권에서 보호되는 것이 아니어서 보상 대상에서 제외된다(헌재 2010.12.28. 2008헌바57 등). 다만, 해당 공익사업과는 관계없는 다른 사업의 시행으로 인한 개발이익은 이를 포함한 가격으로 평가하여야 하고, **개발이익이 해당 공익사업의 사업인정고시일 후에 발생한 경우에도 마찬가지이다**(대판 2014.2.27. 2013두21182).

(2) 학술적 가치, 정신적 손해, 기대이익은 재산권에서 보호되지 않으므로 보상범위에서 제외된다. 개성공단 전면 중단에 따른 영업중단조치에 의한 영업중단으로 영업상 손실이나 주식 등 권리의 가치 하락은 헌법 제23조의 재산권 보장의 범위에 속한다고 보기 어렵다(헌재 2022.1.27. 2016헌마364).

(3) 행정재산사용

도로나 하천과 같은 행정재산점용의 허가나 특허를 받고 사용 중인 자에 대해 공익상 이유로 허가나 특허를 철회하는 경우 보상이 필요하다. 그러나 공공용물에 관하여 적법한 개발행위 등이 이루어짐으로 말미암아 이에 대한 일정 범위의 사람들의 **일반사용**이 종전에 비하여 제한받게 되었다 하더라도 특별한 사정이 없는 한 그로 인한 불이익은 손실보상의 대상이 되는 특별한 손실에 해당한다고 할 수 없다(대판 2002.2.26. 99다35300).

제3절 분리이론과 경계이론

1 개발제한구역 헌법재판소 판례

1. 심판대상

> 구 도시계획법 제21조【개발제한구역의 지정】① 건설교통부장관은 도시의 무질서한 확산을 방지하고 도시 주변의 자연환경을 보존하여 도시민의 건전한 생활환경을 확보하기 위하여 또는 국방부장관의 요청이 있어 보안상 도시의 개발을 제한할 필요가 있다고 인정되는 때에는 도시개발을 제한할 구역의 지정을 도시계획으로 결정할 수 있다.
> ② 제1항의 규정에 의하여 지정된 개발제한구역 안에서는 그 구역지정의 목적에 위배되는 건축물의 건축, 공작물의 설치, 토지의 형질변경, 토지면적의 분할 또는 도시계획사업의 시행을 할 수 없다.

2. 결정요지

(1) 토지재산권의 사회적 의무성

재산권에 내재한 사회적 제약범위 내의 침해에 대해서는 손실보상이 필요 없다. 헌법상의 재산권은 토지소유자가 모든 용도로 자유롭게 사용할 권리를 보장하지 않는다.

(2) 개발제한구역지정 후 토지를 종래의 목적으로 사용할 수 있는 경우

개발제한구역 지정 후 종래의 목적으로 사용할 수 있는 경우 사회적 제약의 범위 내 재산권 제한이므로 보상이 필요 없다.

(3) 구역지정 후 토지를 종래의 목적으로도 사용할 수 없거나 토지를 전혀 이용할 수 있는 방법이 없는 예외적인 경우

개발제한구역 지정으로 토지를 종래 용도로 사용할 수 없거나 법률상 허용된 토지이용방법이 없는 경우 가혹한 부담이 발생하므로 보상해야 한다.

(4) 헌법불합치결정

개발제한구역 제도는 합헌적이나, 사회적 제약의 범위를 넘는 가혹한 부담이 발생하는 경우 보상규정이 없으면 위헌이다. 입법자는 빠른 시일 내에 보상입법을 마련해야 하며, 보상입법이 마련되기 전에는 새로 개발제한구역을 지정해서는 안 된다.

(5) 보상입법의 의미와 성격

예외적인 가혹한 부담에 대해 보상규정을 두어야 하며, 이는 재산권 침해와 공익 간의 비례성을 회복하기 위함이다. 헌법상 금전보상만이 유일한 방법은 아니며, 지정 해제, 토지매수청구권제도 등 다른 방법도 사용할 수 있다(헌재 1998.12.24. 89헌마214).

* 개발제한구역의 구역지정 후 토지를 종래의 목적으로 사용할 수 있는 경우에 있어서 개발제한구역의 지정으로 인한 토지재산권의 제한은 재산권에 내재하는 사회적 제약의 범위 내의 것이라 할 것이다. 한편, 1999.6.16. 구 도시계획법 시행령(대통령령 제16403호)이 개정되어 개발제한구역 지정 당시 지적법상 지목이 대인 토지 중 나대지에서의 주택의 건축이 허용되었으며, 2000.1.28. 제정된 특조법 제16조에서는 <u>개발제한구역의 지정으로 인하여 개발제한구역 안의 토지를 종래의 용도로 사용할 수 없어 그 효용이 현저히 감소한 토지 또는 당해 토지의 사용 및 수익이 사실상 불가능한 토지의 소유자에게 토지매수청구권을 인정하고 있다.</u> 위와 같은 점을 종합할 때, 개발제한구역의 지정 및 관리에 관한 특별조치법에 의한 개발제한구역 내에서의 행위제한은 토지재산권의 사회적 제약의 범주 내에 있는 것으로서 비례의 원칙에 위반하여 당해 토지의 소유자의 재산권을 과도하게 침해한 것으로 보기 어렵다(헌재 2004.11.25. 2003헌바29).

2 헌법의 구조

존속보장 (내용 규정)	① 헌법 제23조 제1항은 재산의 이용·수익·처분을 자유롭게 이용할 수 있는 권리를 보장하는 규정이다. 헌법이 재산권 조항을 1차적으로 둔 의미는 토지소유자가 재산을 국가의 간섭 없이 이용할 수 있는 권리를 보장하기 위함이다. 이를 존속보장이라 한다. ② 방어하라, 불연이면 청산한다.

가치보장	① 헌법 제23조 제3항은 공공필요상 불가피한 경우는 토지를 수용할 수 있다고 말하고 있다. 이 경우 재산권은 박탈되나 대신 토지의 객관적 가치를 보상하도록 하고 있다. ② 참으라, 그리고 청산하라.

3 분리이론과 경계이론

1. 분리이론

분리이론은 헌법 제23조 제1항의 존속보장(또는 내용규정)과 헌법 제23조 제3항의 가치보장(공용침해규정)은 전적으로 다른 제도라고 한다. 헌법은 재산권의 존속보장을 목적으로 하고, 예외적으로 가치보장을 하려는 의도이기 때문이다. 헌법 제23조 제1항의 내용규정은 일반적 공익을 목적으로 재산권을 일반적 추상적으로 규율한다면 헌법 제23조 제3항의 공용침해규정은 특정한 공익을 목적으로 재산권을 개별적·구체적으로 규율하는 경우를 말한다.

2. 경계이론

경계이론에 따르면 존속보장과 가치보장을 엄격히 구별하지 않는다. 양자는 양적인 차이일 뿐이다. 재산권의 내재적 제한을 넘은 재산권 제한, 즉 특별한 희생이 초래되는 재산권 제한은 가치보장으로 전환된다고 한다.

3. 보상규정이 없는 경우 권리구제

(1) 분리이론

1) 개발제한구역지정처분의 취소를 구하는 소송을 제기하고 근거 법률에 대해 위헌제청신청하거나 「헌법재판소법」 제68조 제2항의 헌법소원심판을 청구할 수 있다. 또한 근거 법률에 대해 「헌법재판소법」 제68조 제1항의 헌법소원심판을 청구할 수 있다.
2) 개발제한구역지정처분에 의하여 가혹한 부담이 발생한 나대지 소유자의 경우처럼 공익보다 제한되는 재산권 침해가 큰 경우 보상규정이 없다면 비례원칙에 위반되게 된다. 헌법재판소가 근거 법률에 대해 헌법불합치결정을 하고 국회가 법을 개정해 보상방법과 기준에 따라 보상을 해 줌이 타당하다.

(2) 경계이론

경계이론에 따르면 나대지 소유자와 같이 특별한 희생이 발생하면 이는 헌법 제23조 제3항의 공용침해에 해당하므로 보상해야 한다.

(3) 헌법재판소 판례

헌법재판소 판례는 분리이론을 취했다고 볼 수 있다.

☑ 경계이론과 분리이론의 비교

구분	경계이론(문턱)	분리이론(단절이론)
내용규정과 공용침해 규정 간의 관계	본질적 차이는 없다.	본질적 차이가 있다.
주안점	가치보장, 보상	존속보장, 재산권 침해배제
과잉금지원칙 등에 위반되어 위헌인 내용규정	헌법 제23조 제3항의 공용침해이다.	헌법 제23조 제3항의 공용침해는 아니다.
보상이 필요한 재산권 제한	헌법 제23조 제3항에 따른 공용침해	• 헌법 제23조 제1항에 따른 비례원칙에 반하는 재산권 내용 한계규정 • 헌법 제23조 제3항에 따른 공용수용
개발제한구역 지정 후 종래 용도로 사용할 수 없는 경우 (나대지소유자가 대지소유자인 경우)	헌법 제23조 제3항의 공용침해이다.	공용침해가 아니다.
법원	독일 최고법원	• 독일 헌법재판소 • 우리 헌법재판소

제4절 생활보상

1 의의

생활보상이란 피수용자가 당해 지역에서 누렸던 종전의 생활상태를 원상으로 회복시켜주는 보상이다. 재산권의 객관적 가치의 보상만으로 전보되지 않는 생활근거의 상실에 대한 보상이다.

2 근거

1. 학설

생활보상의 근거에 대해 헌법 제23조 제3항에 근거한다는 정당보상설, 헌법 제34조에 근거를 두고 있다는 생존권설이 있다.

2. 판례

(1) **대법원은 생존권설을 취한 판례**(2001다5778)**도 있으나** 생활대책도 헌법 제23조 제3항에 따른 정당한 보상에 포함된다고 하여(대판 2011.10.13. 2008두17905), 정당보상설을 취한 판례도 있다.

(2) 헌법재판소는 **생활대책**은 헌법 제23조 제3항에 규정된 정당한 보상에 포함되는 것이라기보다는 생활보상의 일환으로서 국가의 정책적인 배려에 의하여 마련된 제도이므로, 그 실시 여부는 입법자의 입법정책적 재량의 영역에 속한다(헌재 2013.7.25. 2012헌바71)고 하여 생존권설을 취하고 있다.

3 이주대책

> 「공익사업을 위한 토지 등의 취득 및 보상에 관한 법률」 제78조 【이주대책의 수립 등】 ① 사업시행자는 공익사업의 시행으로 인하여 주거용 건축물을 제공함에 따라 생활의 근거를 상실하게 되는 자(이하 '이주대책 대상자'라 한다)를 위하여 대통령령으로 정하는 바에 따라 **이주대책을 수립·실시하거나 이주정착금을 지급하여야 한다.**
> ④ 이주대책의 내용에는 이주정착지(이주대책의 실시로 건설하는 주택단지를 포함한다)에 대한 도로, 급수시설, 배수시설, 그 밖의 공공시설 등 통상적인 수준의 생활기본시설이 포함되어야 하며, **이에 필요한 비용은 사업시행자가 부담한다.** 다만, **행정청이 아닌 사업시행자가 이주대책을 수립·실시하는 경우**에 지방자치단체는 비용의 일부를 보조할 수 있다.

1. 요건

국토교통부령으로 정하는 부득이한 사유가 있는 경우를 제외하고는 이주대책대상자 중 이주정착지에 이주를 희망하는 자의 가구 수가 10호 이상인 경우에 수립·실시한다(「공익사업을 위한 토지 등의 취득 및 보상에 관한 법률 시행령」 제40조).

2. 이주대책대상자

공익사업의 시행으로 주거용 건물을 제공하여 생활근거를 상실한 자이다.

> **판례**
> 1. 이주대책의 실시 여부는 입법자의 입법정책적 재량의 영역에 속하므로 이주대책의 대상자에서 세입자를 제외하고 있는 것이 세입자의 재산권을 침해하는 것이라 볼 수 없다(헌재 2006.2.23. 2004헌마19).
> 2. 사업시행자는 해당 공익사업의 성격, 구체적인 경위나 내용, 그 원만한 시행을 위한 필요 등 제반 사정을 고려하여 법이 정한 이주대책대상자를 포함하여 그 밖의 이해관계인에게까지 넓혀 이주대책 수립 등을 시행할 수 있다고 할 것이다(대판 2015.8.27. 2012두26746).

3. 사업시행자의 의무와 재량

(1) 이주대책의무

이주대책은 「공익사업을 위한 토지 등의 취득 및 보상에 관한 법률」 제78조 제1항은 물론 이주대책의 내용에 관하여 규정하고 있는 같은 조 제4항 본문 역시 당사자의 합의 또는 사업시행자의 재량에 의하여 적용을 배제할 수 없는 **강행법규이다**(대판 전합 2011.6.23. 2007다63089).

(2) 이주대책의 구체적인 내용

이주대책은 의무이나, **사업시행자는 특별공급주택의 수량, 특별공급대상자의 선정 등에 있어 재량을 가진다**(대판 2007.2.22. 2004두7481).

(3) 생활기본시설 설치

도로·급수시설·배수시설 등 생활기본시설을 포함한다. 이에 필요한 비용은 **사업시행자가 부담한다**

(「공익사업을 위한 토지 등의 취득 및 보상에 관한 법률」 제78조 제4항). 따라서 이주대책대상자와 공익사업의 시행자 사이에 체결된 택지에 관한 특별공급계약에서 생활기본시설 설치비용을 분양대금에 포함시키는 것은 강행법규에 위배되어 무효이다(대판 2019.3.28. 2015다49804). 그러나 시혜적인 이주대책대상자의 범위나 그들에 대한 이주대책 수립 등의 내용을 어떻게 정할 것인지에 관하여는 **사업시행자에게 폭넓은 재량이 있고**「공익사업을 위한 토지 등의 취득 및 보상에 관한 법률」제78조 제4항은 법이 정한 이주대책대상자를 대상으로 하여 특별히 규정된 것이므로, 이를 넘어서서 그 규정이 **시혜적인 이주대책대상자에까지 적용된다고 볼 수 없다**(대판 2015.7.23. 2012두22911).

> **판례**
> 1. 고속도로 등 고속국도는 일반적으로 간선시설에 해당하지 않아 생활기본시설로 볼 수 없다. 사업시행자가 공익사업지구 안에 설치하는 도로로서 해당 사업지구 안의 주택단지 등의 입구와 사업지구 밖에 있는 도로를 연결하는 기능을 담당하는 도로는 사업시행자가 이주대책대상자에게 생활기본시설로서 제공하여야 하는 도로에 포함된다(대판 2017.12.5. 2015다1277 ; 대판 2019.3.28. 2015다49804).
> 2. 광역교통시설 부담금(대판 2017.12.5. 2015다1277)과 광역교통시설이나 광장은 생활기본시설 설치비용에 해당하지 않는다(대판 2023.7.13. 2023다214252).

4. 택지 또는 아파트 수분양권

(1) 학설

수분양권의 발생과 관련하여 「공익사업을 위한 토지 등의 취득 및 보상에 관한 법률」 제78조 제1항에 의해 바로 발생하므로 당사자소송으로 수분양권을 확인받을 수 있다는 **법상 취득설**과 사업시행자의 결정에 의하여 비로소 발생하므로 대상자에서 제외되면 항고소송을 제기하여야 한다는 **사업자시행자 결정설**이 대립한다.

(2) 판례: 사업자시행자 결정설

구 공공용지의 취득 및 손실보상에 관한 특례법에 따라 사업시행자는 이주대책을 수립하고 실행할 의무가 있지만, **이 규정만으로 이주자에게 수분양권이 바로 발생하는 것은 아니다.** 이주자가 수분양권을 얻으려면, 사업시행자가 구체적인 이주대책을 수립하여 공고한 후, 이주자가 절차에 따라 신청하고 사업시행자가 이를 승인해야만 수분양권이 발생한다. 만약 사업시행자가 이주대책대상자 선정신청을 받아들이지 않거나 거부한 경우, **이주자는 행정소송을 통해 처분의 취소를 구할 수 있지만**, 수분양권을 아직 취득하지 않은 상태에서 **민사소송을 통해 수분양권 확인을 청구하는 것은 허용되지 않는다**(대판 1995.6.30. 94다14391).

> **판례**
> 1. 「공익사업을 위한 토지 등의 취득 및 보상에 관한 법률」상의 공익사업시행자가 하는 이주대책대상자 확인·결정은 단순한 사실행위가 아니라 구체적인 행정처분으로 간주된다. 이는 이주대책대상자에게 수분양권을 부여하는 중요한 요건이 되는 행위이기 때문이다. 따라서 이주대책대상자가 되기를 희망하는 이주자가 신청을 하였으나, **사업시행자가 이주대책대상자가 아니라고 판단하여 이를 거부하거나 제외하는 처분을 한 경우**, 해당 이주자는 이러한 처분에 대해 **항고소송**을 통해 그 취소를 구할 수 있다(대판 2014.2.27. 2013두10885).

2. **2차 이주대책대상 선정제외결정**(대판 2021.1.14. 2020두50324)

   「행정절차법」제26조에 따르면, 행정청은 처분 시 당사자에게 불복방법과 청구절차를 안내해야 한다. 이 사건에서 **한국토지주택공사는 원고에게 2차 결정 통보 시 불복방법을 안내하였으므로**, 이는 공사가 2차 결정을 행정처분으로 인식하고 있었음을 의미하며, 원고도 이를 행정쟁송의 대상인 처분으로 인식했을 것이다. 따라서 공사가 소 제기 후 처분성이 인정되지 않는다고 주장하는 것은 신의성실원칙에 어긋난다.

3. **이주대책대상자로 선정된 자**는 비록 아직 이주택지에 대한 분양예정통보 및 분양공고에 따른 택지분양신청을 하지는 않았다고 하더라도 분양예정통보 및 분양공고상의 공급조건에 강행법규 위반의 점이 있어 분양계약의 체결에 응하지 못하고 있다면 법적 불안정을 해소하기 위하여 위 **공급조건의 무효확인**을 구할 법적 이익이 있다(대판 2003.7.25. 2001다57778).

5. 주거이전비

(1) 주거이전비보상청구권의 성격

적법하게 시행된 공익사업으로 인하여 이주하게 된 주거용 건축물 세입자의 주거이전비보상청구권은 **공법상의 권리**이다(대판 2008.5.29. 2007다8129). 세입자가 **주거이전비를 받을 수 있는 권리를 포기한다는 취지의 주거이전비 포기각서는 강행규정에 반하여 무효**이다(대판 2011.7.14. 2011두3685).

(2) 보상에 관한 분쟁절차

세입자의 주거이전비보상청구권은 법정요건을 충족하는 경우에 당연히 발생하는 것이므로, 주거이전비보상청구소송은 「행정소송법」제3조 제2호에 규정된 당사자소송에 의하여야 한다(대판 2008.5.29. 2007다8129).

4 생활대책

사업시행으로 경제적 어려움을 겪는 자에게 종전의 경제수준을 유지할 수 있도록 하는 조치로서 상업용지나 농업용지 등을 공급하는 것을 말한다. 생활대책대상자 선정기준에 해당하는 자는 사업시행자에게 **생활대책대상자 선정 여부의 확인·결정을 신청할 수 있는 권리를 가지는 것이어서**, 만일 사업시행자가 그러한 자를 생활대책대상자에서 제외하거나 선정을 거부하면, 이러한 생활대책대상자 선정기준에 해당하는 자는 **사업시행자를 상대로 항고소송을 제기할 수 있다고 보는 것이 타당하다**(대판 2011.10.13. 2008두17905).

제5절 간접손실보상

1 개념

공익사업으로 인하여 사업시행지 밖의 재산권자에게 가해지는 손실 중 필연적 손실을 간접손실이라 한다. 이에 대한 보상을 간접손실보상, 제3자 보상, 사업손실보상이라고 한다. 의도하지 않은 재산적 손실에 대한 보상이라는 점에서 간접손실보상은 수용적 침해보상으로 볼 수 있다.

2 근거

1. 헌법

헌법 제23조 제3항은 간접손실보상의 근거가 된다.

2. 간접손실보상의 법령상 근거

(1) 「공익사업을 위한 토지 등의 취득 및 보상에 관한 법률」

간접손실보상에 대한 일반조항 없으나 잔여지 손실과 공사비 보상(제73조), 잔여지 매수 수용청구권(제74조), 사업지 밖의 토지비용 보상(제79조)이 있다.

(2) 「공익사업을 위한 토지 등의 취득 및 보상에 관한 법률 시행규칙」

소수잔존자보상(제61조), 어업피해보상(제63조), 영업손실보상(제64조), 농업손실보상(제65조)을 규정하고 있다.

> **판례**
> 1. 공익사업시행지구 밖 영업손실보상의 요건인 '공익사업의 시행으로 인한 그 밖의 부득이한 사유로 일정 기간 동안 휴업이 불가피한 경우'란 공익사업의 시행 또는 시행 당시 발생한 사유로 휴업이 불가피한 경우만을 의미하는 것이 아니라 공익사업의 시행 결과, 즉 **그 공익사업의 시행으로 설치되는 시설의 형태·구조·사용 등에 기인하여 휴업이 불가피한 경우도 포함된다**고 해석함이 타당하다(대판 2019.11.28. 2018두227).
> 2. 공익사업으로 인하여 공익사업시행지구 밖에서 영업을 휴업하는 자가 재결절차를 거치지 않은 채 곧바로 사업시행자를 상대로 영업손실에 대한 보상을 청구할 수 없다(대판 2019.11.28. 2018두227).

(3) 법령에 없는 경우

간접손실보상에 대한 법규정이 없는 경우 다른 법령을 유추적용하여 손실보상하여야 한다.

3. 보상절차

간접손실보상을 청구하려면 수용재결절차를 거쳐야 하고 이를 거치지 않은 채 곧바로 사업시행자를 상대로 손실보상을 청구하는 것은 허용되지 않는다(대판 2019.11.28. 2018두227).

3 손실범위

공익사업의 시행으로 사업지 이외의 토지소유자가 입은 손실이고 그 손실이 공공사업의 시행으로 예견 가능해야 하고 손실범위가 특정될 수 있어야 한다.

4 간접손실보상으로서의 손실보상청구권

> 「공익사업을 위한 토지 등의 취득 및 보상에 관한 법률」 제73조【잔여지의 손실과 공사비 보상】 ① 사업시행자는 동일한 소유자에게 속하는 일단의 토지의 일부가 취득되거나 사용됨으로 인하여 잔여지의 가격이 감소하거나 그 밖의 손실이 있을 때 또는 잔여지에 통로·도랑·담장 등의 신설이나 그 밖의 공사가 필요할 때에는 국토교통부령으로 정하는 바에 따라 그 손실이나 공사의 비용을 보상하여야 한다. 다만, 잔여지의 가격 감소분과 잔여지에 대한 공사의 비용을 합한 금액이 잔여지의 가격보다 큰 경우에는 사업시행자는 그 잔여지를 매수할 수 있다.
> ② 제1항 본문에 따른 손실 또는 비용의 보상은 해당 사업의 공사완료일부터 1년이 지난 후에는 청구할 수 없다.

1. 요건

잔여지의 가격이 감소하거나 그 밖의 손실이 있을 때 또는 잔여지에 통로·도랑·담장 등의 신설이나 그 밖의 공사가 필요할 때를 요건으로 한다.

판례

1. 잔여지를 종래의 목적에 사용하는 것이 **불가능하거나 현저히 곤란한 경우이어야만** 잔여지 손실보상청구를 할 수 있는 것이 아니다(대판 2018.7.20. 2015두4044).
2. 영업이 전부 불가능하거나 곤란하게 되는 경우만을 의미하는 것이 아니라, 공익사업에 영업시설 일부가 편입됨으로써 잔여 영업시설의 운영에 일정한 지장이 초래되고, 이에 따라 종전처럼 정상적인 영업을 계속하기 위해서는 잔여 영업시설에 시설을 새로 설치하거나 잔여 영업시설을 보수할 필요가 있는 경우도 포함된다고 해석함이 타당하다(대판 2018.7.20. 2015두4044).
3. 어떤 보상항목이 공익사업을 위한 토지 등의 취득 및 보상에 관한 법령상 손실보상대상에 해당함에도 관할 토지수용위원회가 사실을 오인하거나 법리를 오해함으로써 손실보상대상에 해당하지 않는다고 잘못된 내용의 재결을 한 경우에는, 피보상자는 **관할 토지수용위원회**를 상대로 그 재결에 대한 취소소송을 제기할 것이 아니라, **사업시행자**를 상대로 구 공익사업을 위한 토지 등의 취득 및 보상에 관한 법률 제85조 제2항에 따른 **보상금증감소송을** 제기하여야 한다(대판 2018.7.20. 2015두4044).

2. 손실보상청구권과 손해배상청구권의 관계

「공익사업을 위한 토지 등의 취득 및 보상에 관한 법률」 제79조 제2항에 따른 손실보상과 「환경정책기본법」 제44조 제1항(환경오염의 피해에 대한 무과실책임)에 따른 손해배상은 근거 규정과 요건·효과를 달리하는 것으로서, **각 요건이 충족되면 성립하는 별개의 청구권이다.** 다만 손실보상청구권에는 이미 '손해 전보'라는 요소가 포함되어 있어 실질적으로 같은 내용의 손해에 관하여 양자의 청구권을 동시에 행사할 수 있다고 본다면 이중배상의 문제가 발생하므로, 실질적으로 같은 내용의 손해에 관하여 양자의 청구권이 동시에 성립하더라도 **영업자는 어느 하나만을 선택적으로 행사할 수 있을 뿐이고, 양자의 청구권을 동시에 행사할 수는 없다**. 또한 '해당 사업의 공사완료일로부터 1년'이라는 손실보상 청구기간(「공익사업을 위한 토지 등의 취득 및 보상에 관한 법률」 제79조 제5항, 제73조 제2항)이 도과하여 손실보상청구권을 더 이상 행사할 수 없는 경우에도 손해배상의 요건이 충족되는 이상 여전히 **손해배상청구는 가능하다**(대판 2019.11.28. 2018두227).

5 간접손실보상으로서의 잔여지수용청구권

> 「공익사업을 위한 토지 등의 취득 및 보상에 관한 법률」 제74조 【잔여지 등의 매수 및 수용 청구】 ① 동일한 소유자에게 속하는 일단의 토지의 일부가 협의에 의하여 매수되거나 수용됨으로 인하여 잔여지를 종래의 목적에 사용하는 것이 현저히 곤란할 때에는 해당 토지소유자는 사업시행자에게 잔여지를 매수하여 줄 것을 청구할 수 있으며, 사업인정 이후에는 관할 토지수용위원회에 수용을 청구할 수 있다. 이 경우 수용의 청구는 매수에 관한 협의가 성립되지 아니한 경우에만 할 수 있으며, 그 사업의 공사완료일까지 하여야 한다.
> ② 제1항에 따라 매수 또는 수용의 청구가 있는 잔여지 및 잔여지에 있는 물건에 관하여 권리를 가진 자는 사업시행자나 관할 토지수용위원회에 그 권리의 존속을 청구할 수 있다.

1. 요건

'**사용하는 것이 현저히 곤란한 때**'란 물리적으로 사용하는 것이 곤란하게 될 경우는 물론 사회적·경제적으로 사용하는 것이 곤란하게 된 경우, 즉 절대적으로 이용 불가능한 경우만이 아니라 이용은 가능하나 많은 비용이 소요되는 경우를 포함한다(대판 2005.1.28. 2002두4679).

2. 법적 성질

잔여지수용청구권은 그 요건을 구비한 때에는 토지수용위원회의 특별한 조치를 기다릴 것 없이 청구에 의하여 수용의 효과가 발생하는 **형성권적 성질**을 가진다.

3. 행사기간

협의가 성립되지 아니한 경우에는 해당 사업의 공사완료일까지이다. 잔여지수용청구권의 행사기간은 **제척기간**이다.

4. 행사절차: 토지소유자의 매수청구 ⇨ 협의 ⇨ 협의가 성립되지 않은 경우 ⇨ 토지수용위원회에 수용청구

잔여지수용청구의 의사표시는 관할 토지수용위원회에 하여야 하는 것으로서, 관할 토지수용위원회가 사업시행자에게 잔여지수용청구의 의사표시를 수령할 권한을 부여하였다고 인정할 만한 사정이 없는 한, 사업시행자에게 한 잔여지매수청구의 의사표시를 관할 토지수용위원회에 한 잔여지수용청구의 의사표시로 볼 수는 없다(대판 2010.8.19. 2008두822).

5. 불복절차

잔여지수용청구를 받아들이지 않은 토지수용위원회의 재결에 대하여 토지소유자가 불복하여 제기하는 소송은 「공익사업을 위한 토지 등의 취득 및 보상에 관한 법률」 제85조 제2항에 규정되어 있는 '**보상금의 증감에 관한 소송**'에 해당하여 **사업시행자를 피고로** 하여야 한다(대판 2010.8.19. 2008두822).

☑ 손실보상의 방법

원칙적 보상방법	예외적인 보상방법
• 사업시행자보상원칙 • 금전보상원칙 • 사전보상원칙 • 일시불 • 개인별(○), 물건별(×) • 일괄보상원칙	• 채권보상: 1억원 이상인 경우 채권으로 지급해야 한다. • 현물보상 • 매수보상 • 후불 • 분할불

제6절 수용절차

1 공익사업의 준비

1. 출입의 허가

사업시행자가 타인의 토지에 출입하여 측량·조사하는 행위는 권력적 사실행위로서 행정조사에 해당한다. 사업시행자(특별자치도, 시·군 또는 자치구가 사업시행자인 경우는 제외한다)는 **측량이나 조사를 하려면** 사업의 종류와 출입할 토지의 구역 및 기간을 정하여 **특별자치도지사, 시장·군수 또는 구청장**(자치구의 구청장을 말한다)**의 허가를 받아야 한다**(「공익사업을 위한 토지 등의 취득 및 보상에 관한 법률」 제9조 제2항).

2. 장해물의 제거

측량·조사나 장해물 제거를 위한 타인 토지에의 출입허가의 성질에 대해서는 허가설과 예외적 승인설도 주장되고 있으나, 특허설이 일반적 견해이다.

2 공용수용의 절차

1. 사업인정

(1) 의의

토지 등을 수용하거나 사용하려면 대통령령으로 정하는 바에 따라 **국토교통부장관의 사업인정을 받아야 한다**(「공익사업을 위한 토지 등의 취득 및 보상에 관한 법률」 제20조 제1항). 사업인정이란 공익사업을 토지 등을 수용하거나 사용할 사업으로 결정하는 것을 말한다. **사업인정을 받기 전에는 협의수용이나 재결수용이 있을 수 없다**(대판 1983.9.27. 83누324).

(2) 법적 성질

「공익사업을 위한 토지 등의 취득 및 보상에 관한 법률」 제20조에 의한 토지수용을 위한 **사업인정은 단순한 확인행위가 아니라 형성행위**이고 당해 사업이 비록 토지를 수용할 수 있는 사업에 해당된다 하더라도 행정청으로서는 그 사업이 공용수용을 할 만한 공익성이 있는지의 여부를 모든 사정을 참작하여 구체적으로 판단하여야 하는 것이므로 **사업인정의 여부는 행정청의 재량에 속한다**(대판 1992.11.13. 92누596).

(3) 사업인정의 절차

사업인정은 ① 사업시행자의 사업인정의 신청(「공익사업을 위한 토지 등의 취득 및 보상에 관한 법률」 제20조 제2항) ⇨ ② 관계 기관의 장 및 시·도지사와의 협의(동법 제21조 제1항 전단) ⇨ ③ 이해관계자의 의견청취(동법 제21조 제1항 후단) ⇨ ④ 사업인정의 고시(동법 제22조)의 절차를 거쳐 **국토교통부장관이 한다**(동법 제20조 제1항).

(4) 사업인정의 요건

해당 공익사업을 수행하여 공익을 실현할 의사나 능력이 없는 자에게 타인의 재산권을 공권력적·강제적으로 박탈할 수 있는 수용권을 설정하여 줄 수는 없으므로, 사업시행자에게 해당 공익사업을 수행할 의사와 능력이 있어야 한다는 것도 사업인정의 한 요건이라고 보아야 한다(대판 2011.1.27. 2009두1051). 따라서 사업시행자가 해당 공익사업을 수행할 의사나 능력을 상실하였음에도 여전히 그 사업인정에 기하여 수용권을 행사하는 것은 수용권의 공익목적에 반하는 수용권의 남용에 해당하여 허용되지 않는다(대판 2011.1.27. 2009두1051).

(5) 사업인정의 효력발생시기

고시는 사업인정의 효력발생요건이다. 따라서 사업인정은 고시한 날부터 그 효력을 발생한다(「공익사업을 위한 토지 등의 취득 및 보상에 관한 법률」 제22조 제3항).

(6) 사업인정의 효과

사업인정은 수용권을 설정해 주는 행정처분으로서, 이에 따라 **수용할 목적물의 범위가 확정**되고, **수용권자가 목적물에 대한 현재 및 장래의 권리자에게 대항할 수 있는 공법상 권한이 생긴다**(대판 2019.12.12. 2019두47629).

(7) 사업인정의 실효

사업시행자가 사업인정의 고시가 된 날부터 1년 이내에 재결신청을 하지 아니한 경우에는 사업인정고시가 된 날부터 1년이 되는 날의 다음 날에 사업인정은 그 효력을 상실한다(「공익사업을 위한 토지 등의 취득 및 보상에 관한 법률」 제23조 제1항).

(8) 사업인정과 수용재결과의 관계

1) 사업인정의 구속력

사업인정의 효력은 토지수용위원회를 구속한다. 따라서 **토지수용위원회는 행정쟁송에 의하여 사업인정이 취소되지 않는 한 그 기능상 사업인정 자체를 무의미하게 하는, 즉 사업의 시행이 불가능하게 되는 것과 같은 재결을 행할 수는 없다**(대판 2007.1.11. 2004두8538).

2) 사업인정과 수용재결 하자의 승계 여부

사업인정의 고시절차를 누락한 경우 수용재결 단계 전의 사업인정 단계에서 다툴 수 있는 취소사유에 해당하기는 하나 사업인정 자체를 무효로 할 중대하고 명백한 하자라고 보기는 어렵고, 따라서 이러한 위법을 들어 수용재결처분의 취소를 구하거나 무효확인을 구할 수는 없다(대판 2009.11.26. 2009두11607).

2. 협의에 의한 취득

(1) 수용을 위한 필수적 절차

사업시행자는 토지 등에 대한 보상에 관하여 토지소유자 및 관계인과 성실하게 협의하여야 한다(「공익사업을 위한 토지 등의 취득 및 보상에 관한 법률」 제16조). 협의는 의무적인 절차이므로 이를 거치지 않고서는 재결을 신청할 수 없고, 설령 신청하더라도 위법하다.

> **판례**
>
> 1. 기업자가 피수용자를 과실 없이 확정하지 못할 때, 형식상의 권리자를 피수용자로 확정해도 적법하다. 수용의 효과로 수용목적물의 소유자가 누구인지와 상관없이 기존 소유권은 소멸하고, 기업자가 완전한 권리를 취득한다(대판 1979.9.25. 791369).
> 2. 보상 대상인 '기타 토지에 정착한 물건에 대한 소유권 그 밖의 권리를 가진 관계인'에는 독립된 거래객체가 되는 정착물의 소유권뿐 아니라, 당해 토지와 일체가 되지 않은 채 별도로 취득 또는 사용의 대상이 되는 정착물에 대한 실질적 처분권을 가진 자도 포함된다(대판 2009.2.12. 2008다76112).

(2) 협의의 법적 성질

협의를 사법상 계약으로 보는 설과 공법상 계약설이 대립한다. 판례는 사법상 (매매)계약으로 보고 있다(대판 2004.7.22. 2002다51586).

> **판례**
>
> 1. **협의성립의 확인이 없는 이상, 그 취득행위는 어디까지나 사경제주체로서 행하는 사법상의 취득으로서 승계취득한 것으로 보아야 할 것**이고, 재결에 의한 취득과 같이 원시취득한 것으로 볼 수는 없다(대판 1996.2.13. 95다3510). 「공익사업을 위한 토지 등의 취득 및 보상에 관한 법률」상 **수용**은 일정한 요건 하에 그 소유권을 사업시행자에게 귀속시키는 행정처분으로서 이로 인한 효과는 소유자가 누구인지와 무관하게 사업시행자가 그 소유권을 취득하게 하는 **원시취득**인 반면, **'협의취득'의 성격**은 사법상 매매계약이므로 그 이행으로 인한 사업시행자의 소유권 취득도 **승계취득**이다(대판 2018.12.13. 2016두51719).

2. 「공익사업을 위한 토지 등의 취득 및 보상에 관한 법률」상 협의취득은 사법상의 법률행위이므로 당사자 사이의 자유로운 의사에 따라 채무불이행책임이나 매매대금 과부족금에 대한 지급의무를 약정할 수 있다(대판 2012.2.23. 2010다91206).
3. 「공익사업을 위한 토지 등의 취득 및 보상에 관한 법률」에 의한 보상합의는 사법상 계약의 성질을 가지므로, 당사자 간 합의로 법정기준에 따르지 않고 손실보상금을 정할 수 있다. 합의가 적법하게 취소되지 않는 한 유효하며, 「공익사업을 위한 토지 등의 취득 및 보상에 관한 법률」의 기준에 맞지 않더라도 추가로 손실보상금을 청구할 수 없다(대판 2013.8.22. 2012다3517).

(3) 협의의 확인

협의가 성립되었을 때에는 사업시행자는 동의를 받아 관할 토지수용위원회에 협의 성립의 확인을 신청할 수 있고 협의 성립의 확인을 신청하였을 때에는 관할 토지수용위원회가 이를 수리함으로써 협의 성립이 확인된 것으로 본다. 확인은 이 법에 따른 재결로 보며, 사업시행자, 토지소유자 및 관계인은 그 확인된 협의의 성립이나 내용을 다툴 수 없다(「공익사업을 위한 토지 등의 취득 및 보상에 관한 법률」 제29조).

판례

1. 사업시행자가 진정한 토지소유자의 동의를 받지 못한 채 등기부상 소유명의자의 동의만을 얻은 후 협의 성립의 확인을 신청하였으나 토지수용위원회가 신청을 수리한 경우, 사업시행자의 과실 유무를 불문하고 수리행위는 위법하며, 진정한 토지소유자는 그 위법을 이유로 취소소송을 제기할 수 있다(대판 2018.12.13. 2016두51719).
2. 구 토지수용법에 따라 협의단계에서 기업자와 토지소유자 간 협의가 성립하여 소유권이전등기가 되었더라도, 토지수용위원회의 확인을 받지 않으면 원시취득이 아닌 승계취득으로 본다(대판 1994.6.28. 94누2732).

3. 수용재결

(1) 재결의 의의

재결이란 협의가 성립되지 아니하거나 협의를 할 수 없는 때에 행하는 공용수용의 종국적인 절차를 말한다.

(2) 재결의 법적 성질

1) 재결은 사업시행자가 보상금을 지급하는 것으로 조건으로 토지 등에 관한 권리를 취득하고 피수용자는 그 권리를 상실하게 되는 **형성적 행정행위로서 대리행위**이다.
2) **행정행위의 공정력으로 인해** 사업시행자는 그 재결이 당연무효이거나 취소되지 않는 한, **이미 보상금을 지급받은 자에 대하여 민사소송으로 그 보상금을 부당이득이라 하여 반환을 구할 수 없다**(대판 2001.4.27. 2000다50237).

(3) 수용재결신청의 청구

1) 협의가 성립되지 아니하거나 협의를 할 수 없는 때에는 **사업시행자는 사업인정고시가 된 날부터 1년 이내에** 관할 토지수용위원회에 재결을 신청할 수 있다(「공익사업을 위한 토지 등의 취득 및 보

상에 관한 법률」 제28조 제1항).

2) 협의가 성립되지 않은 경우 **토지소유자와 관계인은 사업시행자에게 재결의 신청을 청구할 수 있다. 사업시행자는 토지수용위원회에 60일 이내에 재결을 신청해야 한다. 사업시행자가 기간 내** 재결신청을 하지 아니한 경우 지연가산금을 지급하여야 한다(대판 2017.4.7. 2016두63361).

3) **토지소유자나 관계인의 재결신청 청구에도 사업시행자가 재결신청을 하지 않을 때** 토지소유자나 관계인은 사업시행자를 상대로 거부처분취소소송 또는 부작위위법확인소송의 방법으로 다투어야 한다(대판 2019.8.29. 2018두57865).

(4) 재결기관: 토지수용위원회

1) 토지 등의 수용에 관한 재결을 하기 위하여 국토교통부에 중앙토지수용위원회를 두고, 특별시·광역시·도·특별자치도에 지방토지수용위원회를 둔다(「공익사업을 위한 토지 등의 취득 및 보상에 관한 법률」 제49조).

2) 토지수용위원회는 **합의제행정관청**이다.

(5) 재결의 절차·형식·기간·내용

1) 재결의 형식

토지수용위원회의 재결은 서면으로 한다(「공익사업을 위한 토지 등의 취득 및 보상에 관한 법률」 제34조 제1항).

2) 재결의 기간

토지수용위원회는 심리를 시작한 날부터 14일 이내에 재결을 하여야 한다. 다만, 특별한 사유가 있을 때에는 14일의 범위에서 한 차례만 연장할 수 있다(「공익사업을 위한 토지 등의 취득 및 보상에 관한 법률」 제35조).

3) 재결의 내용

토지수용위원회는 수용하거나 사용할 토지의 구역 및 사용방법, 손실보상, 수용 또는 사용의 개시일과 기간 등을 재결한다. 토지수용위원회는 사업시행자·토지소유자 또는 관계인이 신청한 범위에서 재결하여야 한다. 다만, **손실보상에 있어서는 증액재결을 할 수 있다**(「공익사업을 위한 토지 등의 취득 및 보상에 관한 법률」 제50조 제2항).

(6) 화해의 권고

토지수용위원회는 그 재결이 있기 전에는 그 위원 3명으로 구성되는 소위원회로 하여금 사업시행자, 토지소유자 및 관계인에게 화해를 권고하게 할 수 있다(「공익사업을 위한 토지 등의 취득 및 보상에 관한 법률」 제33조 제1항). 화해의 권고는 반드시 거쳐야 하는 필요적인 절차가 아니라 토지수용위원회의 재량에 따른 **임의적인 절차**이다(대판 1986.6.24. 84누554).

(7) 재결의 경정과 유탈

토지수용위원회는 **직권으로 또는 당사자의 신청에 의하여 경정재결**을 할 수 있다. 토지수용위원회가 **신청의 일부에 대한 재결을 빠뜨린 경우에 그 빠뜨린 부분의 신청은 계속하여 그 토지수용위원회에 계속된다**(「공익사업을 위한 토지 등의 취득 및 보상에 관한 법률」 제36조, 제37조).

(8) 수용재결절차는 필수적 절차

손실보상청구권은 민사소송의 방법으로 행사할 수는 없고, 재결절차를 거치지 않은 채 곧바로 사업시행자를 상대로 손실보상을 청구하는 것은 허용되지 않는다(대판 2014.5.29. 2013두12478).

(9) 재결의 효과

1) 공용수용의 절차는 재결로써 종료되며, 일정한 조건하에 수용의 효과가 발생한다. 즉, 사업시행자가 재결서에 기재된 수용의 개시일까지 보상금을 지급 또는 공탁하면 그 수용의 개시일에 토지에 관한 권리를 원시취득한다.
2) 토지수용위원회의 수용재결이 있은 후라고 하더라도 협의하여 토지 등의 취득이나 사용 및 그에 대한 보상에 관하여 임의로 계약을 체결할 수 있다. 다만, 협의취득하여 소유권이전등기를 마친 경우, 수용재결무효확인소송은 소의 이익이 없다(대판 2017.4.13. 2016두64241).

(10) 재결의 실효

사업시행자가 수용의 개시일까지 관할 토지수용위원회가 재결한 보상금을 지급하거나 공탁하지 아니하였을 때에는 해당 토지수용위원회의 재결은 효력을 상실한다(「공익사업을 위한 토지 등의 취득 및 보상에 관한 법률」 제42조 제1항).

제7절 수용재결에 대한 불복절차

1 재결에 대한 이의신청

1. 이의신청의 임의적 전치주의

이의가 있는 자는 재결서 정본을 받은 날부터 30일 이내에 해당 지방토지수용위원회를 거쳐 중앙토지수용위원회에 **이의를 신청할 수 있다**(「공익사업을 위한 토지 등의 취득 및 보상에 관한 법률」 제83조).

2. 이의신청의 성질

토지수용위원회의 수용재결에 대한 이의절차는 실질적으로 행정심판의 성질을 갖는 것이므로 「공익사업을 위한 토지 등의 취득 및 보상에 관한 법률」에 특별한 규정이 있는 것을 제외하고는 「행정심판법」의 규정이 적용된다고 할 것이다(대판 1992.6.9. 92누565).

3. 이의재결의 내용

중앙토지수용위원회는 이의신청을 받은 경우 재결이 위법하거나 부당하다고 인정할 때에는 그 재결의 전부 또는 일부를 취소하거나 **보상액을 변경할 수 있으나**(「공익사업을 위한 토지 등의 취득 및 보상에 관한 법률」 제84조 제1항), 보상액 변경할 것을 명할 수는 없다.

4. 이의재결의 효력

「공익사업을 위한 토지 등의 취득 및 보상에 관한 법률」 제85조 제1항에 따른 기간 이내에 소송이 제기되지 아니하거나 그 밖의 사유로 이의신청에 대한 재결이 확정된 때에는 「민사소송법」상의 확정판결이 있는 것으로 보며, 재결서 정본은 집행력 있는 판결의 정본과 동일한 효력을 가진다(「공익사업을 위한 토지 등의 취득 및 보상에 관한 법률」 제86조 제1항).

2 수용재결에 대한 행정소송

1. 소송유형

수용재결에 대한 행정소송은 취소소송 또는 무효확인소송이다.

2. 소송대상과 피고

수용재결에 불복하여 취소소송을 제기하는 때에는 이의신청을 거친 경우에도 **수용재결을 한 중앙토지수용위원회 또는 지방토지수용위원회를 피고로 하여 수용재결의 취소를 구하여야 하고, 다만 이의신청에 대한 재결 자체에 고유한 위법이 있음을 이유로 하는 경우**에는 그 **이의재결을 한 중앙토지수용위원회를 피고로 하여 이의재결의 취소를 구할 수 있다**고 보아야 한다(대판 2010.1.28. 2008두1504).

3. 절차

이의신청절차는 임의적 절차이므로 이의신청 없이 바로 행정소송을 제기할 수 있다.

4. 수용재결에 대한 제소기간

<u>수용재결에 대해 취소소송으로 다투는 경우, 「행정소송법」 제20조의 제소기간 규정이 적용되지 않는다</u>. 이의신청을 거치지 아니한 경우는 수용재결에 불복할 때에는 재결서를 받은 날부터 90일 이내에 행정소송을 제기할 수 있다. 수용재결에 대한 이의신청을 거친 경우에는 이의신청에 대한 재결서를 받은 날부터 60일 이내에 행정소송을 제기할 수 있다(「공익사업을 위한 토지 등의 취득 및 보상에 관한 법률」 제85조 제1항).

5. 행정소송의 제기와 효력부정지

토지수용위원회의 수용재결에 대한 이의신청이나 행정소송의 제기는 사업진행 및 토지의 수용 또는 사용을 정지시키지 아니한다(「공익사업을 위한 토지 등의 취득 및 보상에 관한 법률」 제88조).

3 보상금증감청구소송

1. 소송유형

토지수용위원회의 보상금결정에 대해 증감을 청구하는 소송이다. 보상금증감청구소송은 토지수용위원회의 수용재결에 대해 다투면서 피고는 토지수용위원회가 아니라 사업시행자, 토지소유자 또는 관계인이다. 따라서 실질은 항고소송이나 형식적으로는 당사자소송이다. 보상금증감청구소송은 대표적인 형식적 당사자소송이다.

2. 피고

보상금증감청구소송의 피고는 토지수용위원회가 아니다. 사업시행자, 토지소유자 또는 관계인이다(「공익사업을 위한 토지 등의 취득 및 보상에 관한 법률」 제85조 제2항).

☑ 보상금증감청구소송

피고	• 소송을 제기하는 자가 토지소유자 또는 관계인일 때: 사업시행자 • 사업시행자일 때: 토지소유자 또는 관계인(「공익사업을 위한 토지 등의 취득 및 보상에 관한 법률」 제85조 제2항)
소송의 형태	재결청인 토지수용위원회를 피고에서 제외시키고 대등한 관계에 있는 토지소유자 또는 관계인과 사업시행자를 소송당사자로 하고 있다. ⇨ 형식적 당사자소송(대판 1991.11.26. 91누285)

⚖ 판례

1. **잔여지수용청구권**은 청구에 의하여 수용효과가 생기는 형성권의 성질을 지니므로, **토지소유자의 토지수용청구를 받아들이지 아니한 토지수용위원회의 재결에 대하여** 토지소유자가 불복하여 제기하는 소송은 「공익사업을 위한 토지 등의 취득 및 보상에 관한 법률」 제85조 제2항에 규정되어 있는 '보상금의 증감에 관한 소송'에 해당하고, 피고는 토지수용위원회가 아니라 사업시행자로 하여야 한다(대판 2015.4.9. 2014두46669).

2. **어떤 보상항목이 손실보상 대상에 해당함에도 관할 토지수용위원회가 그 대상에 해당하지 않는다고 잘못된 내용의 재결을 한 경우**, 피보상자는 관할 토지수용위원회를 상대로 그 재결에 대한 취소소송을 제기할 것이 아니라 사업시행자를 상대로 보상금증감소송을 제기하여야 한다(대판 2019.11.28. 2018두227 ; 대판 2018.7.20. 2015두4044).

3. 「공익사업을 위한 토지 등의 취득 및 보상에 관한 법률」 제85조 제2항에 규정된 '사업시행자'는, 재결에 의해 토지의 소유권 등을 취득하고 그로 인해 토지소유자나 관계인에게 발생한 손실을 보상할 의무를 지는 주체인 **국가나 지방공공단체 등**을 의미한다. 따라서 **국토교통부장관이나 시장·군수 등 행정청이 공익사업을 시행하더라도, 손실보상금의 증감에 관한 소송은 국가나 지방공공단체를 상대로 제기해야 하며, 행정청을 상대로 제기할 수 없다**(대판 1993.5.25. 92누15772).

4. 「공익사업을 위한 토지 등의 취득 및 보상에 관한 법률」(이하 '토지보상법'이라 한다) 제85조 제2항에 따른 보상금증액청구의 소와 관련하여, **토지소유자 등의 손실보상금 채권에 압류 및 추심명령이 있더라도, 추심채권자는 보상금증액청구의 소를 제기할 수 없으며, 토지소유자 등이 소송을 수행할 당사자적격을 상실하지 않는다고 판단된다.** 그 이유는 다음과 같다. 보상금증액청구의 소는 실질적으로 항고소송의 성질을 가지며, 금전채권을 가진 제3자는 재결에 대해 법률상 이익을 주장할 수 없기 때문에 소를 제기할 수 없다. 손실보상금 채권은 토지보상법에서 정한 절차를 거쳐야만 구체적인 권리의 존부 및 범위가 확정되며, 이러한 절차 없이 바로 손실보상을 청구할 수 없다. 따라서, 토지소유자 등이 보상금증액청구의 소를 제기한 경우, 압류 및 추심명령이 있더라도 추심채권자가 소송절차에 참여할 자격을 취득하지 않으며, 토지소유자 등이 소송을 수행할 당사자적격을 상실하지 않는다. 토지보상법상 손실보상금 채권에 관하여 압류 및 추심명령이 있는 경우 채무자가 보상금증액청구의 소를 제기할 당사자적격을 상실하고 그 보상금증액소송 계속 중 추심채권자가 압류 및 추심명령 신청의 취하 등에 따라 추

심권능을 상실하게 되면 채무자는 당사자적격을 회복한다는 취지의 대판 2013.11.14. 2013두9526은 이 판결의 견해에 배치되는 범위에서 이를 변경하기로 한다(대판 2022.11.24. 2018두67).

3. 심판범위

피보상자 또는 사업시행자가 반드시 재결 전부에 관하여 불복하여야 하는 것은 아니며, 여러 보상항목들 중 일부에 관해서만 불복하는 경우에는 그 부분에 관해서만 개별적으로 불복의 사유를 주장하여 행정소송을 제기할 수 있다. 보상금증감소송에서 법원의 심판범위는 하나의 재결 내에서 소송당사자가 구체적으로 불복신청을 한 보상항목들로 제한된다. **재결에서 정한 보상금액이 일부 보상항목의 경우 과소하고 다른 보상항목의 경우 과다한 것으로 판명되었다면**, 법원은 보상항목 상호 간의 유용을 허용하여 항목별로 과다 부분과 과소 부분을 합산하여 보상금의 합계액을 정당한 보상금으로 결정할 수 있다(대판 2018.5.15. 2017두41221).

4. 입증책임

「공익사업을 위한 토지 등의 취득 및 보상에 관한 법률」 제85조 제2항 소정의 **손실보상금증액청구의 소**에 있어서 그 **이의재결에서 정한 손실보상금액보다 정당한 손실보상금액이 더 많다는 점에 대한 입증책임은 원고(토지소유자 또는 관계인)에게 있다**고 할 것이다(대판 2004.10.15. 2003두12226).

제8절 수용유사 및 수용적 침해에 대한 손실보상

1 수용유사침해에 대한 보상

1. 제도적 의의

수용유사침해의 보상이란 위법한 공용침해로 인해 특별한 희생을 입은 자에 대한 보상을 의미한다. 대부분 법률에 재산권 침해의 근거 규정은 있으나 보상규정을 두지 않아 위법한 재산권 침해가 발생한 경우 인정된다.

2. 수용유사침해의 구성요건

(1) 재산권에 대한 직접적인 침해

공권력 행사로 개인의 재산권이 직접 침해되어야 한다. 특별한 희생이 있으면 보상규정이 있어야 하는데, 보상규정이 없어 위법한 재산권 침해가 발생한 경우이다.

(2) 위법한 공권력 행사로 인한 특별한 희생

위법한 공권력행사로 특별한 희생이 발생해야 한다.

☑ 위법, 고의·과실을 기준으로 한 비교

구분	손해배상	손실보상	수용유사 침해	수용적 침해	희생보상 청구권	결과제거 청구권
위법	○	×	○	×	×	○
고의·과실(유책)	○	×	×	×	×	×

☑ 법익침해의 비교

구분	손해배상	손실보상	수용유사 침해	수용적 침해	희생보상 청구권	결과제거 청구권
재산적 법익	○	○	○	○	×	○
비재산적 법익	○	×	×	×	○	○

3. 독일 연방헌법재판소 판결의 영향

(1) 독일의 경우 초기에는 손실보상에 관한 규정인 기본법 제14조 제3항의 유추적용에 의해 수용유사침해이론이 인정되었다.

(2) 자갈채취사건 판결 후 기본법 제14조 제3항에서 그 근거를 찾기 어렵게 되었다. 그 후 독일 최고재판소는 관습법상 인정되고 있는 희생보상청구권(프로이센 일반법: 공익을 위해 희생을 당한 자는 보상을 받아야 한다)에서 그 법적 근거를 찾았다.

4. 인정 여부

(1) 도입 부정설
　1) 수용유사침해보상의 법리는 독일의 관습법적인 희생보상에 근거하고 있으므로 그러한 관습법이 없는 우리나라에 희생보상의 법리만을 받아들이는 것은 어렵다.
　2) 입법적 공백에 대해서는 헌법 제23조 제3항의 공용침해에 포함시키거나(직접효력설), 국가배상책임에 무과실책임을 인정함으로써 해결 가능하다는 견해이다(위헌무효설).

(2) 도입 긍정설
　1) 공용침해에 해당되지만 손실보상규정이 없는 경우 손실보상을 받지 못하는 공백이 있으며, 적어도 「국가배상법」상 위험책임이나 무과실책임이 도입되어 보상규정 없는 법률에 의한 재산권의 박탈에 대한 불법행위책임이 인정되기까지는 수용유사침해법리가 수용될 가치를 가진다.
　2) 이 경우 헌법 제23조 제3항 및 관련 보상규정의 유추적용에 의해 손실보상을 인정할 수 있게 된다.
　3) **유추적용설을 주장하는 학자들이 수용유사침해이론에 대해 적극적**이다.

(3) 판례
　대법원은 수용유사적 침해의 이론 수용에 대해 유보적 입장을 취했다(대판 1993.10.26. 93다6409).

2 수용적 침해에 대한 보상

1. 의의

수용적 침해란 적법한 행정작용으로 인해 타인의 재산적 법익에 대한 비의도적 침해를 말한다. 지하철 공사로 고객의 도로통행이 어려워져 인근상가의 매출이 감소되는 경우가 그 예에 해당한다.

2. 요건

(1) 공행정작용으로 인한 의도되지 않은 재산권 침해

(2) 적법한 공권력 행사에 의해 직접 가해진 재산권 침해

(3) 특별한 희생

3. 보상

헌법 제23조 제1항과 제3항, 제11조 등을 종합적으로 고려하여 보상해 주어야 한다.

제9절 희생보상청구권

1 문제의 상황

적법한 행정행위로 인해 **비재산적 법익**에 대한 침해가 있는 경우 국가배상과 손실보상으로 손해를 전보할 수 없다.

2 의의

희생보상청구권이란 공권력작용으로 인하여 발생한 비재산적 법익의 손실에 대하여 보상을 청구할 수 있는 권리를 말한다.

3 헌법적 근거

희생보상청구권에 관해서 직접적인 헌법 규정은 없으나 생명·신체에 대한 기본권 규정인 헌법 제10조와 제12조, 기본권 제한에 관한 규정인 헌법 제37조 제2항 등에 근거하여 희생보상청구권을 인정하는 것이 타당하다. 「감염병의 예방 및 관리에 관한 법률」 제71조는 국각가 예방접종으로 인하여 질병에 걸리거나 장애인이 되거나 사망하였을 때에는 피해를 보상하도록 규정하고 있다.

4 요건

1. **행정주체의 적법한 침해**

   감염병 예방을 위한 예방접종은 적법한 행위이다.

2. **비재산적 가치 있는 권리에 대한 고권적 침해**

   직접적인 행위뿐만 간접적인 수단에 의해 개인에게 일정한 행위가 강요되고 그로 인해 비재산적 법익이 침해되는 것을 포함한다. 강제는 심리적 강제도 포함된다.

3. **특별한 희생**

   당사자의 손실이 일반인이 통상적으로 감수하여야 할 희생의 한계를 넘어서는 특별한 부담을 의미한다.

4. **인과관계**

   「감염병의 예방 및 관리에 관한 법률」 제71조에 의한 예방접종 피해에 대한 국가의 보상책임은 무과실책임이지만, 질병, 장애 또는 사망이 예방접종으로 발생하였다는 점이 인정되어야 한다. 여기서 예방접종과 장애 등 사이의 인과관계는 반드시 의학적·자연과학적으로 명백히 증명되어야 하는 것은 아니고, 간접적 사실관계 등 제반 사정을 고려할 때 인과관계가 있다고 추단되는 경우에는 증명이 있다고 보아야 한다. 인과관계를 추단하기 위해서는 특별한 사정이 없는 한 예방접종과 장애 등의 발생 사이에 시간적 밀접성이 있고, 피해자가 입은 장애 등이 예방접종으로부터 발생하였다고 추론하는 것이 의학이론이나 경험칙상 불가능하지 않으며, 장애 등이 원인불명이거나 예방접종이 아닌 다른 원인에 의해 발생한 것이 아니라는 정도의 증명이 있으면 족하다(대판 2019.4.3. 2017두52764).

5 보상내용

비재산적 법익의 침해로 발생한 재산적 손실(진료비, 소득상실분, 소송비용 등)에 한정한다. **정신적 피해를 이유로 한 위자료 등은 인정되지 않는다.**

6 청구권의 경합

공무원의 직무상 위법행위로 손해가 발생한 경우, 손해배상청구권이 적용되므로 희생보상청구권은 적용되지 않는다.

7 권리구제방법

(1) 예방접종피해를 받은 자는 보상을 청구하고 거부 또는 부작위에 대해 항고소송을 제기할 수 있다.

(2) 「감염병의 예방 및 관리에 관한 법률 시행령」 제31조 제3항에 따르면 질병관리청장은 예방접종피해보상 전문위원회의 의견을 들어 보상 여부를 결정하여 특별자치시장·특별자치도지사 또는 시장·군수·구청장이 결정 내용을 통보하도록 하고 있으므로 처분권자는 질병관리청장이므로 피고는 질병관리청장이다.

제10절 결과제거청구권

1 의의

행정상의 결과제거청구권이란 위법한 공행정작용의 결과로서 남아있는 상태로 인하여 자기의 법률상의 이익을 침해받고 있는 자가 행정주체를 상대로 그 위법한 상태를 제거해 줄 것을 청구하는 것을 말한다. 행정주체가 압류승용차에 대하여 압류취소가 되었음에도 반환하지 않은 경우 반환을 청구하거나 고액체납자가 아닌데도 고액체납자 명단에 올라간 경우 명단에서 삭제를 청구할 권리이다.

2 법적 성질

1. 물권적 청구권인지 여부

물권적 청구권으로 한정하는 견해도 있으나 명예훼손 등과 같이 비재산적 법익의 침해에 대해서도 청구할 수 있으므로 이는 타당하지 않다.

2. 공권인지 사권인지 여부

판례는 결과제거청구권을 사권으로 보고 있다.

3 법적 근거

헌법상의 법치행정의 원리, 기본권 규정, 「민법」상의 소유권방해제거청구권 등의 관계 규정에서 유추 적용할 수 있다. 또한 취소판결의 기속력은 결과제거의무를 부과하므로 기속력을 규정한 「행정소송법」 제30조도 근거가 된다.

4 요건

1. 행정주체의 공행정작용으로 인한 법률상 이익침해

행정작용으로 인하여 야기된 결과적 상태가 법률상 이익을 침해하여야 한다. 법률상 이익에는 재산적 가치뿐만 아니라, 명예·신용과 같은 비재산적 법익도 포함한다.

2. 위법한 상태의 존재

행정작용의 결과로서 관계자에 대한 불이익한 상태가 계속되고 있어야 한다. 위법한 상태가 존재하지 않는 경우 결과제거청구권을 행사할 수는 없고 배상을 청구할 수 있다.

3. 결과제거의 가능성

원래 상태로의 회복이 가능하며, 법적으로 허용되고 의무자에게 있어 그것이 기대 가능해야 한다. 불법으로 압류된 자동차가 파손된 경우 결과제거청구권은 인정될 수 없다. 다만, 손해배상청구가 가능하다.

> **판례**
>
> 1. 도로로 편입된 토지에 대해 인도를 청구할 수 없다(대판 1968.10.22. 68다1317).
> 2. 공중의 편의를 위한 상수도시설을 대지소유자가 소유권에 기하여 철거를 요구하는 것이 권리남용에 해당한다고 할 수는 없다(대판 1987.7.7. 85다카1383).
> 3. 일반공중의 통행에 공용되는 도로 부지의 소유자가 이를 점유·관리하는 지방자치단체를 상대로 도로의 철거, 점유 이전 또는 통행금지를 청구하는 것이 권리남용에 해당하는지 여부 및 그 경우 도로 지하 부분에 매설된 시설에 대한 철거 등 청구도 마찬가지인지 여부(대판 2023.9.14. 2023다214108)
>   어떤 토지가 그 개설경위를 불문하고 일반공중의 통행에 공용되는 도로, 즉 공로가 되면 그 부지의 소유권 행사는 제약을 받게 되며, 이는 소유자가 수인하여야만 하는 재산권의 사회적 제약에 해당한다. 따라서 공로 부지의 소유자가 이를 점유·관리하는 지방자치단체를 상대로 공로로 제공된 도로의 철거, 점유 이전 또는 통행금지를 청구하는 것은 법질서상 원칙적으로 허용될 수 없는 '권리남용'이라고 보아야 한다. 그 경우 특별한 사정이 없는 한 그 도로 지하 부분에 매설된 시설에 대한 철거 등 청구도 '권리남용'이라고 봄이 상당하다.

☑ 손해배상청구권과 결과제거청구권의 비교

구분	손해배상청구권	결과제거청구권
위법	○	○
고의·과실	○	×
양자의 병존가능성	○	

5 제거의 의무주체

위법한 결과를 야기시킨 국가, 공공단체, 공무수탁사인 등과 같은 행정주체가 결과를 제거할 의무주체이다.

6 내용과 범위

1. 원상회복청구

위법한 결과적 상태를 제거하여 원래의 상태대로 회복시켜 줄 것을 청구할 수 있다.

2. 직접적인 결과제거청구

결과제거청구권은 위법한 행정작용에 의하여 야기된 직접적인 결과적 상태의 제거만을 그 내용으로 한다. 따라서 위법한 행정작용의 간접적인 결과는 결과제거청구권의 대상이 아니다.

7 결과제거 관철수단

1. 취소소송

위법한 공행정작용에 대해 취소소송을 제기하여 취소된 경우 행정청은 인용판결의 기속력에 의해 위법한 상태를 제거할 의무를 진다. 그러나 「행정소송법」 제34조의 간접강제는 거부처분이나 부작위가 위법한 경우만 허용되므로 결과제거의무를 이행하지 않은 경우 간접강제는 허용되지 않는다. 따라서 위법한 처분의 취소와 위법한 처분으로 인한 결과를 동시에 제거하려면 「행정소송법」 제10조 제2항에 따라 항고소송과 결과제거청구소송을 병합하여 제기할 필요가 있다.

2. 결과제거청구소송

(1) 학설

결과제거청구권을 공권으로 보는 한 행정소송의 일종인 당사자소송에 의한다. 경우에 따라 취소소송과 병합하여 제기 가능하다.

(2) 판례

판례는 결과제거청구권을 사권으로 보아 민사소송으로 다루고 있다.

제3장 이의신청과 행정심판

제1절 이의신청과 재심사

1 의의

처분이 위법 부당한 경우 처분의 상대방이 해당 처분청에게 처분의 시정을 요구하는 불복절차이다.

2 요건

1. 이의신청 대상

(1) 「행정심판법」 제3조에 따라 행정심판의 대상이 되는 처분이다.

(2) 이의신청 적용제외사항

 1) 공무원 인사 관계 법령에 따른 징계 등 처분에 관한 사항
 2) 「국가인권위원회법」 제30조에 따른 진정에 대한 국가인권위원회의 결정
 3) 「노동위원회법」 제2조의2에 따라 노동위원회의 의결을 거쳐 행하는 사항
 4) 형사, 행형 및 보안처분 관계 법령에 따라 행하는 사항
 5) 외국인의 출입국·난민인정·귀화·국적회복에 관한 사항
 6) 과태료 부과 및 징수에 관한 사항

2. 신청권자

 이의가 있는 당사자가 신청인이다. 제3자는 이의신청할 수 없다.

3. 이의신청기간

 처분을 받은 날부터 30일 이내에 해당 행정청에 이의신청을 할 수 있다.

4. 이의신청기관

 해당 행정청이다.

5. 이의신청사유

 「행정기본법」은 '이의가 있는'이라고 규정하고 있는데 위법 또는 부당한 경우로서 「행정심판법」보다 넓게 해석하는 것이 타당하다.

3 이의신청 통지기한

1. 원칙

행정청은 이의신청을 받으면 그 신청을 받은 날부터 14일 이내에 그 이의신청에 대한 결과를 신청인에게 통지하여야 한다(「행정기본법」 제36조 제2항).

2. 연장

부득이한 사유로 14일 이내에 통지할 수 없는 경우에는 그 기간을 만료일 다음 날부터 기산하여 10일의 범위에서 한 차례 연장할 수 있으며, 연장 사유를 신청인에게 통지하여야 한다(「행정기본법」 제36조 제2항 단서).

4 행정심판 또는 항고소송과의 관계

1. 임의적 절차

이의신청을 한 경우에도 그 이의신청과 관계없이 「행정심판법」에 따른 행정심판 또는 「행정소송법」에 따른 행정소송을 제기할 수 있다(「행정기본법」 제36조 제3항). 따라서 이의신청은 임의적 절차이다.

2. 행정심판과 행정소송 제기기간

「행정기본법」 제36조 제4항에 따르면 이의신청에 대한 결과를 통지받은 후 행정심판 또는 행정소송을 제기하려는 자는 **그 결과를 통지받은 날**부터 90일 이내에 행정심판 또는 행정소송을 제기할 수 있다.

3. 대상적격성

(1) 학설

기각 또는 각하결정의 통지는 단순한 사실행위로서 아무런 법적 효력을 갖지 않는다고 하여 처분성을 부정하는 견해, 이의신청에 따른 기각결정은 새로운 신청에 따라 별도의 의사결정과정과 절차를 거쳐 이루어져 독립된 처분으로 볼 수 있는 경우에는 대상적격을 인정할 수 있다는 견해로 나뉜다.

(2) 판례

1) 대법원은 원칙적으로 이의신청기각결정의 처분성을 부정하고 있다.
2) **구 민원사무처리에 관한 법률상 기각결정**(대판 2012.11.15. 2010두8676)**과 「국가유공자 등 예우 및 지원에 관한 법률」 제74조의18 제1항이 정한 이의신청을 받아들이지 아니하는 결정**은 이의신청인의 권리·의무에 새로운 변동을 가져오는 공권력의 행사나 이에 준하는 행정작용이라고 할 수 없으므로 원결정과 별개로 항고소송의 대상이 되지는 않는다(대판 2016.7.27. 2015두45953)고 한다.
3) 수익적 행정처분을 구하는 신청에 대한 거부처분이 있은 후 당사자가 다시 신청을 한 경우에는 새로운 신청을 하는 취지라면 관할 행정청이 이를 다시 거절하는 것은 새로운 거부처분이라고 보아야 한다. 나아가 어떠한 처분이 수익적 행정처분을 구하는 신청에 대한 거부처분이 아니라고 하더라도, 해당 처분에 대한 이의신청의 내용이 새로운 신청을 하는 취지로 볼 수 있는 경우에는, 그 이의신청에 대한 결정의 통보를 새로운 처분으로 볼 수 있다(대판 2022.3.17. 2021두53894). 따라서 한국토지

주택공사가 생활대책대상자 선정과 관련해 부적격통보를 하고, 이의신청을 통해 개별사정을 추가로 심사하여 재심사통보를 했다면, 재심사통보는 별도의 독립된 행정처분으로서 항고소송의 대상이 된다(대판 2016.7.14. 2015두58645)고 한다.

5 행정심판과의 차이

이의신청은 해당 행정청에 하나 행정심판은 행정심판위원회에서 청구해야 한다. 행정심판은 사법절차가 준용되나 이의신청은 그러하지 아니한다. 행정심판에서 처분사유의 추가·변경을 위하여 당초 처분과의 동일성을 요하나 이의신청에서는 동일성을 요하지 않는다. 토지수용위원회의 수용재결에 대한 불복절차로서 「공익사업을 위한 토지 등의 취득 및 보상에 관한 법률」상 중앙토지수용위원회의 이의신청절차는 행정심판이다.

> **판례**
>
> 처분청이 스스로 당해 처분의 적법성과 합목적성을 확보하고자 행하는 자신의 내부 시정절차에서는 당초 처분의 근거로 삼은 사유와 기본적 사실관계의 동일성이 인정되지 않는 사유라고 하더라도 이를 처분의 적법성과 합목적성을 뒷받침하는 처분사유로 추가·변경할 수 있다고 보는 것이 타당하다(대판 2012.9.13. 2012두3859).

6 이의신청결정의 효력

이의신청결정도 행정행위의 성질을 가지는 이상 특별한 사정이 없는 한 직권취소 등이 제한되므로 행정청을 기속하고, 불가변력이 발생된다고 보는 것이 타당하다. 과세처분에 대한 불복절차에서 납세자의 이의신청이 옳다고 인정하여 과세처분을 취소한 경우, 특별한 사유 없이 이를 번복하고 다시 같은 처분을 할 수 없다. 따라서 과세관청이 납세자의 이의신청을 받아들여 과세처분을 취소한 뒤, 특별한 사유 없이 동일한 처분을 반복하는 것은 위법하다(대판 2014.7.24. 2011두14227).

7 처분의 재심사

1. 처분의 재심사요건

(1) 대상
불가쟁력이 발생한 처분이 그 대상이다. 제재처분과 행정상 강제, 법원의 확정판결이 있는 처분은 제외된다.

(2) 신청권자
당사자만 재심사를 신청할 수 있고 제3자는 허용되지 않는다.

(3) 신청기관
해당 행정청이다.

(4) 신청사유

1) 처분의 근거가 된 사실관계 또는 법률관계가 추후에 당사자에게 유리하게 바뀐 경우
2) 당사자에게 유리한 결정을 가져다주었을 새로운 증거가 있는 경우
3) 「민사소송법」 제451조에 따른 재심사유에 준하는 사유가 발생한 경우 등 대통령령으로 정하는 경우

(5) 신청내용

처분을 취소·철회하거나 변경하여 줄 것을 신청할 수 있다.

(6) 신청제한사유

해당 처분의 절차, 행정심판, 행정소송 및 그 밖의 쟁송에서 당사자가 중대한 과실이 있었다면 재심사를 신청할 수 없다.

(7) 재심사 신청기한

사유를 안 날부터 60일 이내에 하여야 한다. 다만, 처분이 있은 날부터 5년이 지나면 신청할 수 없다.

2. 재심사 결과 통지

(1) 재심사 통지의 기간

신청을 받은 행정청은 특별한 사정이 없으면 신청을 받은 날부터 90일(합의제행정기관은 180일) 이내에 처분의 재심사 결과(재심사 여부와 처분의 유지·취소·철회·변경 등에 대한 결정을 포함)를 신청인에게 통지하여야 한다(「행정기본법」 제37조 제4항 본문).

(2) 재심사 통지기간 연장

부득이한 사유로 90일(합의제행정기관은 180일) 이내에 통지할 수 없는 경우에는 그 기간을 만료일 다음 날부터 기산하여 90일(합의제행정기관은 180일)의 범위에서 한 차례 연장할 수 있으며, 연장사유를 신청인에게 통지하여야 한다(「행정기본법」 제37조 제4항 단서).

3. 처분의 재심사 결정에 대한 불복

처분의 재심사 결과 중 처분을 유지하는 결과에 대해서는 행정심판, 행정소송 및 그 밖의 쟁송수단을 통하여 불복할 수 없다(「행정기본법」 제37조 제5항).

4. 재심사와 직권취소 및 철회

행정청의 직권취소와 철회는 처분의 재심사에 의하여 영향을 받지 아니한다(「행정기본법」 제37조 제6항). 따라서 행정청은 재심사 신청이 있더라도 직권취소 또는 철회할 수 있다.

5. 재심사에서 제외되는 사항

다음의 어느 하나에 해당하는 사항에 관하여는 이 조를 적용하지 아니한다(「행정기본법」 제37조 제8항).
1) 공무원 인사 관계 법령에 따른 징계 등 처분에 관한 사항
2) 「노동위원회법」 제2조의2에 따라 노동위원회의 의결을 거쳐 행하는 사항
3) 형사, 행형 및 보안처분 관계 법령에 따라 행하는 사항
4) 외국인의 출입국·난민인정·귀화·국적회복에 관한 사항

5) 과태료 부과 및 징수에 관한 사항
6) 개별법률에서 그 적용을 배제하고 있는 경우

제2절 행정심판 개관

1 행정심판의 의의

행정심판이란 널리 행정법상의 분쟁에 대하여 행정기관이 심리·재결하는 행정쟁송절차를 말한다. 행정심판은 형식적 의미의 행정작용, 실질적 의미의 사법작용이다.

2 행정심판과 행정소송의 비교

1. 양자의 공통점

행정청의 처분을 시정하는 절차이다(행정쟁송). 법률상 이익을 가진 자만이 제기할 수 있다(청구인적격, 원고적격).

2. 양자의 비교

구분	행정심판	행정소송
대상	처분, 부작위	처분, 행정심판재결, 부작위 등
대통령 처분	×	○
집행정지제도	○	○
임시처분	○	×
구술심리주의원칙	× (구술심리 또는 서면심리)	○
심리공개원칙	×	○
당·부당 심사 부당할 때 취소	○	×
사정재결 / 사정판결	○	○
직접처분권	○	×
간접강제	○	○
조정	○	×
처분의 적극적 변경	○	×
제기기간	① 처분이 있음을 안 날로부터 90일 ② 처분이 있은 날로부터 180일	① 처분이 있음을 안 날로부터 90일 ② 처분이 있은 날로부터 1년

3 행정심판의 종류

1. 취소심판

(1) 의의

행정청의 위법 또는 부당한 처분을 취소하거나 변경하는 행정심판이다(「행정심판법」 제5조 제1호).

(2) 심판의 성질

일정한 법률관계를 성립시킨 당해 처분의 취소·변경을 통하여 법률관계의 변경·소멸을 가져온다는 점에서 형성쟁송이다.

2. 무효등확인심판

(1) 의의

행정청의 처분의 효력 유무 또는 존재 여부를 확인하는 행정심판이다(「행정심판법」 제5조 제2호).

(2) 심판의 성질

실질적으로는 확인적 쟁송이나 형식적으로는 처분 등의 효력 유무 또는 존재 여부를 직접 심판의 대상으로 하는 점에서 형성적 쟁송으로서의 성질을 아울러 가진다(준형성쟁송설).

3. 의무이행심판

(1) 의의

당사자의 신청에 대한 행정청의 위법 또는 부당한 거부처분이나 부작위에 대하여 일정한 처분을 하도록 하는 행정심판이다(「행정심판법」 제5조 제3호).

(2) 심판의 성질

행정청에 대하여 일정한 처분을 할 것을 명하는 재결을 구하는 것이므로 이행쟁송(급부쟁송)이다.

구분	취소심판	무효확인심판	의무이행심판
거부처분의 대상적격	○	○	○
부작위의 대상적격	×	×	○
청구기간	○	×	① 거부처분: ○ ② 부작위: ×
집행부정지원칙	○	○	×
사정재결	○	×	○

4 행정심판위원회

1. 의의
행정심판위원회는 행정심판청구를 심리·재결하는 합의제행정청이다.

2. 「행정심판법」에 의한 행정심판위원회의 종류(「행정심판법」 제6조)

(1) 감사원, 국가정보원장, 국회사무총장·법원행정처장·헌법재판소사무처장 및 중앙선거관리위원회사무총장의 처분이나 부작위에 대해서는 해당 행정청에 설치된 행정심판위원회에서 심리·재결한다.

(2) 국무총리부터 장관, 청장, 시·도지사, 교육감의 처분 또는 부작위는 국민권익위원회에 두는 중앙행정심판위원회에서 심리·재결하고, 구·시·군의 장의 처분이나 부작위에 대해서는 시·도지사 소속에 설치하는 행정심판위원회에서 심리·재결한다.

3. 특별행정심판

> 「행정심판법」 제4조【특별행정심판 등】 ① 사안의 전문성과 특수성을 살리기 위하여 특히 필요한 경우 외에는 이 법에 따른 행정심판을 갈음하는 특별한 행정불복절차나 이 법에 따른 행정심판절차에 대한 특례를 다른 법률로 정할 수 없다.
> ② 다른 법률에서 특별행정심판이나 이 법에 따른 행정심판절차에 대한 특례를 정한 경우에도 그 법률에서 규정하지 아니한 사항에 관하여는 이 법에서 정하는 바에 따른다.
> ③ 관계 행정기관의 장이 특별행정심판 또는 이 법에 따른 행정심판 절차에 대한 특례를 신설하거나 변경하는 법령을 제정·개정할 때에는 미리 중앙행정심판위원회와 협의하여야 한다.

(1) 제3의 기관으로서 특별행정심판

특별행정심판으로는 특허심판원(「특허법」 제132조의2 제1항), 국세심판원(「국세기본법」 제67조 제1항), 해양사고심판원(「해양사고의 조사 및 심판에 관한 법률」 제3조), 공무원 징계에 대한 소청위원회(「국가공무원법」 제9조 제1항), 교원소청위원회(「교원지위향상을 위한 특별법」 제7조 제1항), 변상책임판정에 대한 재심판을 하는 감사원(「감사원법」 제36조 제1항), 수용재결에 대한 이의재결하는 중앙토지수용위원회(「공익사업을 위한 토지 등의 취득 및 보상에 관한 법률」 제83조) 등이 있다.

(2) 적용법률

개별법에서 행정심판청구기간에 대한 특칙을 규정하고 있으면 일반법인 「행정심판법」이 아니라 그 개별법이 우선 적용된다. 그러나 행정청이 처분을 하면서 그 개별법상의 심판청구기간을 고지하지 아니하였다면 「행정심판법」에 따라 처분이 있었던 날부터 180일 이내에 행정심판을 청구할 수 있다(대판 1992.6.9. 92누565).

4. 행정심판위원회의 구성

구분	일반행정심판위원회 (「행정심판법」 제7조, 제9조)	중앙행정심판위원회 (「행정심판법」 제8조, 제9조)
위원 수	위원장 1명 포함 50명 이내	① 위원장 1명 포함 70명 이내 ② 상임위원 4명 이내
위원장	① 행정심판위원회 소속 행정청 ② 시·도지사 소속으로 두는 행정심판위원회는 조례로 정하는 바에 따라 공무원이 아닌 위원을 위원장으로 정할 수 있다. ⇨ 비상임	국민권익위원회의 부위원장 중 1명
위원의 위촉·지명·임명	해당 행정심판위원회가 소속된 행정청이 성별을 고려하여 위촉하거나 그 소속 공무원 중에서 지명한다.	① **상임위원**: 일반직공무원으로서 임기제공무원 중 위원장의 제청으로 국무총리를 거쳐 대통령이 임명 ② **비상임위원**: 위원장의 제청으로 국무총리가 성별을 고려하여 위촉
위원회의 회의정족수	구성원 과반수 출석과 출석위원 과반수 찬성으로 의결	구성원 과반수 출석과 출석위원 과반수 찬성으로 의결

제3절 행정심판요건

1 청구인

1. 의의

청구인이란 행정심판의 대상인 행정청의 처분 또는 부작위에 불복하여 그 취소·변경 등의 심판청구를 제기하는 자를 말한다.

2. 청구인능력

청구인은 원칙적으로 자연인이나 법인이어야 하나, 법인이 아닌 사단 또는 재단으로서 대표자나 관리인이 정하여져 있는 경우에는 그 사단이나 재단의 이름으로 심판청구를 할 수 있다(「행정심판법」 제14조).

3. 청구인적격

법률상 이익이 있는 자가 행정심판을 청구할 수 있다. 심판청구의 대상과 관계되는 권리나 이익을 양수한 자는 **위원회의 허가를 받아** 청구인의 지위를 승계할 수 있다(「행정심판법」 제16조 제5항).

4. 선정대표자

여러 명의 청구인이 공동으로 심판청구를 할 때에는 **청구인들 중에서** 3명 이하의 선정대표자를 선정할 수 있다. 행정심판절차에서 청구인들이 당사자가 아닌 자를 선정대표자로 선정하였더라도 「행정심판법」 제15조에 위반되어 그 선정행위는 그 효력이 없다(대판 1991.1.25. 90누7791).

5. 대리인

청구인은 법정대리인 외에 배우자, 변호사 등을 대리인으로 선임할 수 있다. 청구인이 경제적 능력으로 인해 대리인을 선임할 수 없는 경우에는 위원회에 국선대리인을 선임하여 줄 것을 신청할 수 있다(「행정심판법」 제18조).

6. 심판참가

제3자와 행정청은 신청에 의한 위원회의 허가 결정으로 위원회의 참가요청에 따라 행정심판에 참가할 수 있다.

* **심판참가:** 행정심판의 결과에 이해관계가 있는 제3자나 행정청은 해당 심판청구에 사건에 대하여 **심판참가를 할 수 있다**(「행정심판법」 제20조). 또한 위원회는 필요하다고 인정하면 그 행정심판 결과에 이해관계가 있는 제3자나 행정청에 그 사건 **심판에 참가할 것을 요구할 수 있다**(동법 제21조).

2 피청구인

1. 의의

피청구인이란 심판청구를 제기받은 상대방 당사자를 말한다.

2. 피청구인적격

행정심판은 처분을 한 행정청(의무이행심판의 경우에는 청구인의 신청을 받은 행정청)을 피청구인으로 하여 청구하여야 한다. 다만, 심판청구의 대상과 관계되는 **권한이 다른 행정청에 승계된 경우**에는 **권한을 승계한 행정청**을 피청구인으로 하여야 한다(「행정심판법」 제17조 제1항).

3. 피청구인 경정

청구인이 **피청구인을 잘못 지정한 경우**에는 위원회는 직권으로 또는 당사자의 신청에 의하여 결정으로써 피청구인을 경정할 수 있다. 피청구인을 경정하는 결정이 있으면 종전의 피청구인에 대한 행정심판이 청구된 때에 새로운 피청구인에 대한 행정심판이 청구된 것으로 본다(「행정심판법」 제17조 제2항).

3 심판청구의 대상

1. 개괄주의

우리 「행정심판법」은 심판대상에 있어 개괄주의를 채택하고 있다.

2. 대상

(1) 처분

'처분'이란 행정청이 행하는 구체적 사실에 관한 법집행으로서의 공권력의 행사 또는 그 거부, 그 밖에 이에 준하는 행정작용을 말한다(「행정심판법」 제2조 제1호).

(2) 부작위

'부작위'란 행정청이 당사자의 신청에 대하여 상당한 기간 내에 일정한 처분을 하여야 할 법률상 의무가 있는데도 처분을 하지 아니하는 것을 말한다(「행정심판법」제2조 제2호).

(3) 행정심판에서 제외되는 것

대통령의 처분·부작위(「행정심판법」제3조 제2항)와 재결에 대해서는 행정심판을 청구할 수 없다(동법 제51조).

4 심판청구기간

1. 처분이 있음을 알게 된 날부터 90일

> 「행정심판법」제27조【심판청구의 기간】① 행정심판은 처분이 있음을 알게 된 날부터 90일 이내에 청구하여야 한다.
> ③ 행정심판은 처분이 있었던 날부터 180일이 지나면 청구하지 못한다. 다만, 정당한 사유가 있는 경우에는 그러하지 아니하다.
> ④ 제1항과 제2항의 기간은 불변기간으로 한다.

(1) 의미

'**처분이 있음을 알게 된 날**'이란 당사자가 통지·공고 기타의 방법에 의하여 당해 처분이 있었다는 **사실을 현실적으로 안 날을 의미하고, 추상적으로 알 수 있었던 날을 의미하는 것은 아니라 할 것**이며, 다만 처분을 기재한 서류가 당사자의 주소에 송달되는 등으로 사회통념상 **처분이 있음을 당사자가 알 수 있는 상태에 놓여진 때에는** 반증이 없는 한 그 처분이 있음을 알았다고 추정할 수는 있다(대판 2002.8.27. 2002두3850).

(2) 불특정 다수인에 대한 고시·공고에 의한 행정처분

고시 또는 공고에 의하여 행정처분을 하는 경우에는 그 처분의 상대방이 불특정 다수인이고, 그 처분의 효력이 불특정 다수인에게 일률적으로 적용되는 것이므로, 그 **행정처분에 이해관계를 갖는 자는 고시 또는 공고가 있었다는 사실을 현실적으로 알았는지 여부에 관계없이 고시가 효력을 발생하는 날**(고시 또는 공고가 있은 후 5일이 경과한 날)에 **행정처분이 있음을 알았다고 보아야 하고**, 따라서 그에 대한 취소소송은 그 날부터 90일 이내에 제기하여야 한다(대판 2006.4.14. 2004두3847 ; 대판 2000.9.8. 99두11257).

(3) 조세에 대한 이의신청을 한 경우, 후속처분의 통지를 받은 날

재조사결정은 처분청의 후속처분에 의하여 그 내용이 보완됨으로써 이의신청 등에 대한 결정으로서의 효력이 발생한다고 할 것이므로, 재조사결정에 따른 심사청구기간이나 심판청구기간 또는 행정소송의 제소기간은 이의신청인 등이 **후속처분의 통지를 받은 날부터** 기산된다고 봄이 타당하다(대판 전합 2010.6.25. 2007두12514).

(4) 제3자가 어떤 경위로 처분이 있음을 알았다면 그때로부터 90일 이내에 심판청구를 하여야 한다(대판 2002.5.24. 2000두3641).

* 아파트 경비원이 과징금 부과처분의 납부고지서를 수령한 경우, 납부의무자가 고지서를 수령한 날은 납부의무자 자신이 그 부과처분이 있음을 안 날로 볼 수 없다(대판 2002.8.27. 2002두3850).

2. 처분이 있었던 날부터 180일의 의미

건축허가처분과 같이 상대방이 있는 행정처분에 있어서는 달리 특별한 규정이 없는 한 그 처분을 하였음을 상대방에게 고지하여야 그 효력이 발생한다고 할 것이어서, 위의 '행정처분이 있었던 날'이라 함은 위와 같이 그 행정처분의 효력이 발생한 날을 말한다(대판 1977.11.22. 77누195). '처분이 있음을 알게 된 날'부터 90일과 '처분이 있었던 날'부터 180일 중 어느 하나라도 경과하면 행정심판을 제기할 수 없다(대판 1971.6.30. 71누61).

3. 예외적인 심판청구기간

(1) 90일에 대한 예외로서 불가항력인 경우

청구인이 천재지변, 전쟁, 사변, 그 밖의 불가항력으로 인하여 정한 기간에 심판청구를 할 수 없었을 때에는 그 사유가 소멸한 날부터 14일 이내에 행정심판을 청구할 수 있다. 다만, 국외에서 행정심판을 청구하는 경우에는 그 기간을 30일로 한다(「행정심판법」 제27조 제2항).

(2) 180일에 대한 예외로서 정당한 사유가 있는 경우

행정심판은 처분이 있었던 날부터 180일이 지나면 청구하지 못한다. 다만, 정당한 사유가 있는 경우에는 그러하지 아니하다(「행정심판법」 제27조 제3항). 행정처분의 직접 상대방이 아닌 제3자는 일반적으로 처분이 있는 것을 바로 알 수 없는 처지에 있으므로, '정당한 사유'가 있는 경우에 해당한다고 보아 위와 같은 심판청구기간이 경과한 뒤에도 심판청구를 제기할 수 있다(대판 1992.7.28. 91누12844).

(3) 행정청의 오고지·불고지의 경우 심판청구기간

1) 행정청이 심판청구기간을 「행정심판법」 제27조 제1항에 규정된 기간보다 긴 기간으로 잘못 알린 경우 그 잘못 알린 기간에 심판청구가 있으면 그 행정심판은 제1항에 규정된 기간에 청구된 것으로 본다(「행정심판법」 제27조 제5항).
2) 행정청이 심판청구기간을 알리지 아니한 경우에는 처분이 있었던 날부터 180일 이내에 심판청구를 할 수 있다(「행정심판법」 제27조 제6항).

(4) 청구기간이 적용되는 행정심판

행정심판청구기간의 제한은 무효등확인심판청구와 부작위에 대한 의무이행심판청구에는 적용하지 아니한다(「행정심판법」 제27조 제7항). 따라서 청구기간제한조항은 취소심판과 거부처분에 대한 의무이행심판에만 적용된다.

취소심판	적용(○)
거부처분에 대한 의무이행심판	적용(○)
부작위에 대한 의무이행심판	적용(×)
무효등확인심판	적용(×)

4. 개별법에 청구기간이 규정된 경우

개별법에 청구기간이 규정되어 있는 경우에는 그에 따른다. 예를 들면 「공익사업을 위한 토지 등의 취득 및 보상에 관한 법률」 제83조는 수용재결이 통지된 때부터 30일 이내에 이의신청을 하도록 규정하고 있으므로 「행정심판법」 제27조 제1항과 제3항이 적용되지 않는다. 다만, 토지수용위원회가 「행정심판법」 제58조에 따른 **이의신청기간 등을 고지를 하지 아니한 경우 수용재결이 통지된 때부터 30일 이내가 아니라** 「행정심판법」 제27조 제6항에 따라 「행정심판법」 제27조 제3항이 적용되어 처분이 있었던 날부터 **180일 이내에 이의신청을 할 수 있다**(대판 1992.6.9. 921565 참조).

5 심판청구

1. 방식

행정심판의 청구는 서면으로 하여야 하고(「행정심판법」 제28조), 위원회에서 지정·운영하는 전자정보처리조직을 통하여 제출할 수 있다(동법 제52조 제1항). **행정심판청구**는 **엄격한 형식을 요하지 아니하는 서면행위**이다(대판 2007.6.1. 2005두11500). 따라서 제목이 행정심판청구서가 아니라 **진정서로 되어 있으나** 처분의 취소를 구하는 내용이라면 행정심판청구로 보는 것이 옳다(대판 2000.6.9. 98두2621). 또한 「지방자치법」 제140조 제3항에서 정한 이의신청을 제기해야 할 사람이 처분청에 표제를 **'행정심판청구서'로 한 서류를 제출한 경우**라 할지라도 이의신청으로 볼 수 있다(대판 2012.3.29. 2011두26886).

2. 심판청구서의 제출

현행 「행정심판법」은 종래의 처분청경유주의(행정심판을 피청구인인 처분청을 거쳐 재결청에 제기하여야 함)를 폐지하고 청구인의 선택에 따라 **처분청을 경유하든지 아니면 행정심판위원회에** 직접 청구할 수 있도록 하고 있다(「행정심판법」 제23조 제1항 참조).

제4절 집행정지와 임시처분

1 집행정지

1. 의의

행정심판을 청구하더라도 처분의 효력이나 집행은 정지되지 아니한다(「행정심판법」 제30조 제1항). 그러나 위원회의 결정으로 처분의 효력이나 집행을 정지할 수 있다.

2. 요건

집행정지의 적극적 요건으로는 집행정지의 대상인 처분이 존재하여야 하고 심판청구가 계속(係屬) 중이어야 하며 중대한 손해가 생기는 것을 예방할 필요성이 긴급하다고 인정되어야 한다. 소극적 요건으로는 공공복리에 중대한 영향을 미칠 우려가 없어야 한다.
* 나머지 요건은 「행정소송법」의 집행정지 참조

3. 위원장의 직권 집행정지

위원회의 심리·결정을 기다릴 경우 중대한 손해가 생길 우려가 있다고 인정되면 **위원장은 직권으로 위원회의 심리·결정을 갈음하는 결정을 할 수 있다**(「행정심판법」 제30조 제6항).

2 임시처분

1. 의의

위원회가 적극적으로 임시의 지위를 부여하는 제도이다.

2. 요건

(1) 적극적 요건

심판청구의 계속 중이어야 하고 처분 또는 부작위가 위법·부당하다고 상당히 의심되는 경우이어야 하고 당사자가 받을 우려가 있는 중대한 불이익이나 당사자에게 생길 급박한 위험을 방지할 필요성이 있어야 한다(「행정심판법」 제31조 제1항).

(2) 소극적 요건

임시처분이 공공복리에 반하지 않아야 한다.

3. 임시처분의 보충성

임시처분은 집행정지로 목적을 달성할 수 있는 경우에는 허용되지 아니한다(「행정심판법」 제31조 제3항). 거부처분에 대한 집행정지를 부정하는 견해에 따를 경우에는 보충성 요건 충족될 수 있다.

4. 부작위와 거부처분에 대한 임시처분

부작위와 거부를 집행정지하더라도 권리구제에 도움이 안 된다. 그래서 거부처분이 위법·부당하다고 상당히 의심되는 경우라도 임시의 지위를 부여하는 임시처분을 결정할 수 있다. 예를 들면 변호사시험 불합격처분에 대해 행정심판을 청구한 경우 불합격처분을 정지하더라도 변호사 연수를 받을 수 없다. 그러나 임시처분으로 변호사업무를 받을 수 있는 지위를 부여할 수 있다. 따라서 부작위와 거부처분에 대한 집행정지는 안 되나 임시처분은 가능하다.

제5절 행정심판의 재결

1 재결의 의의와 성질

1. 의의

재결이란 행정심판의 청구에 대하여 행정심판위원회가 행하는 판단을 말한다(「행정심판법」 제2조 제3호).

2. 성질

재결은 **준법률행위적 행정행위 중 확인행위**이며 준사법작용적 성질을 갖는다. 따라서 재결에 불복이 있으면 행정소송을 제기할 수 있다.

2 재결의 기간·방식·범위·송달

1. 재결기간

(1) 심판청구서를 받은 날부터 60일 이내 + 30일 연장

재결은 **피청구인 또는 위원회가 심판청구서를 받은 날부터 60일 이내에 하여야 한다**. 다만, 부득이한 사정이 있는 경우에는 위원장이 직권으로 30일을 연장할 수 있다(「행정심판법」 제45조 제1항).

(2) 기간 내 재결하지 아니한 경우

행정심판청구가 있는 날로부터 60일이 지나도 재결이 없는 때에는 다른 법률에서 행정심판의 재결을 거쳐야만 취소소송을 제기할 수 있도록 규정하고 있는 경우에도 **행정심판의 재결을 거치지 아니하고 취소소송을 제기할 수 있다**(「행정소송법」 제18조 제2항 제1호).

2. 재결의 방식

(1) 재결은 서면의 형식으로만 가능하다(서면주의). 즉, 재결은 엄격한 형식에 따라야 한다(요식주의).

(2) 구두에 의한 재결은 불가능하다. 즉, 구두에 의한 재결은 무효이다.

(3) 재결문에는 재결의 이유가 명시되어야 없고 이유가 없는 재결은 무효가 된다.

3. 재결의 범위

불고불리의 원칙	위원회는 심판청구의 대상이 되는 처분 또는 부작위 외의 사항에 대하여는 재결하지 못한다(「행정심판법」 제47조 제1항).
불이익변경금지의 원칙	위원회는 심판청구의 대상이 되는 처분보다 청구인에게 불리한 재결을 하지 못한다(「행정심판법」 제47조 제2항).
재량행위에 대한 재결의 범위	행정심판위원회는 재량권 행사의 위법 여부뿐만 아니라 재량권 행사의 당·부당에 대해서도 판단할 수 있다.

4. 재결의 송달과 효력발생

위원회는 지체 없이 당사자에게 재결서의 정본을 송달하여야 한다(「행정심판법」 제48조). 재결은 청구인에게 송달되었을 때에 그 효력이 생긴다.

3 재결의 종류

1. 각하재결(요건재결)

각하재결은 심판청구의 요건심리의 결과 그 제기요건상에 흠결이 있는 부적법한 것(예 청구인적격이 없는 자의 심판청구, 심판청구기간이 도과된 후에 제기된 심판청구 등)이라 하여 본안심리를 거부하는 재결이다(「행정심판법」 제43조 제1항).

2. 기각재결

기각재결은 본안심리의 결과 심판청구가 이유 없다고 하여 청구를 배척하는 재결이다(「행정심판법」 제43조 제2항). 기각재결 후에도 처분청은 당해 처분을 직권으로 취소·변경할 수 있다.

3. 사정재결

위원회는 심판청구가 이유가 있다고 인정하는 경우에도 이를 인용하는 것이 공공복리에 크게 위배된다고 인정하면 그 심판청구를 기각하는 재결을 할 수 있다(「행정심판법」 제44조).

구분	사정재결	사정판결
요건	① 처분 또는 부작위의 위법·부당 ② 인용이 공공복리 크게 위배	① 처분의 위법 ② 취소가 현저히 공공복리에 적합하지 아니한 경우
구제조치	위원회는 청구인에 대하여 상당한 구제방법을 취하거나 상당한 구제방법을 취할 것을 피청구인에게 명할 수 있다.	법원은 판결을 함에 있어서는 미리 원고가 그로 인하여 입게 될 손해의 정도와 배상방법 그 밖의 사정을 조사하여야 한다.
적용 심판 및 적용 소송	① 취소심판(○) ② 의무이행심판(○) ③ 무효등확인심판(×)	① 취소소송(○) ② 부작위위법확인소송(×) ③ 무효등확인소송(×)

4. 인용재결

(1) 의의

인용재결은 본안심리의 결과 심판청구가 이유 있다고 인정하여 청구취지를 받아들이는 재결이다.

(2) 형태

1) 취소심판에서 인용재결의 종류

위원회는 취소심판의 청구가 이유가 있다고 인정하면 처분을 취소 또는 다른 처분으로 변경하거나 처분을 다른 처분으로 변경할 것을 피청구인에게 명한다(「행정심판법」 제43조 제3항).
① **처분취소재결(형성재결)**: '취소'란 전부취소와 일부취소를 포함한다. 행정심판위원회는 처분이 위법하거나 부당하다고 판단하면 처분을 전부 또는 일부취소할 수 있다. 과징금 부과처분이 위법인 경우 법원은 전부취소하나 행정심판위원회는 적정한 금액을 산정하여 일부취소도 할 수 있다.
② **처분변경재결(형성재결)**: '변경'이란 일부취소가 아니라 처분 내용의 적극적인 변경, 예컨대 건설업면허취소처분을 영업정지처분으로 변경하는 것을 의미한다.
③ **처분변경명령재결(이행재결)**: 건설업면허취소처분을 영업정지처분으로 변경하라는 명령재결이다.
④ **처분취소명령재결**: 법 개정으로 삭제되었다.

2) 무효등확인심판에서 인용재결의 종류

위원회는 무효등확인심판의 청구가 이유가 있다고 인정하면 처분의 효력 유무 또는 처분의 존재 여부를 확인한다(「행정심판법」 제43조 제4항).

3) 의무이행심판에서 인용재결의 종류

위원회는 의무이행심판의 청구가 이유가 있다고 인정하면 지체 없이 신청에 따른 처분을 하거나 처분을 할 것을 피청구인에게 명한다(「행정심판법」 제43조 제5항).
① **처분재결(형성재결)**: 행정심판위원회가 직접 처분을 하는 재결로서 형성재결의 성질을 가진다.
② **처분명령재결(이행재결)**: 행정심판위원회가 행정청에 신청에 따르는 처분을 할 것을 명하는 재결이다. **신청에 따른 처분은 신청대로 처분하라는 의미는 아니다.** 처분명령재결은 이행재결이다.

4 재결의 효력

1. 행정행위로서의 재결의 효력

재결도 행정행위의 일종으로서 내용상 구속력·공정력·불가쟁력·불가변력 등의 효력을 갖는다. 그러나 재결에 판결에서와 같은 기판력이 인정되는 것은 아니어서 재결이 확정된 경우에도 처분의 기초가 된 사실관계나 법률적 판단이 확정되고 당사자들이나 법원이 이에 기속되어 모순되는 주장이나 판단을 할 수 없게 되는 것은 아니다(대판 2015.11.27. 2013다6759).

2. 형성력

형성력이란 재결의 내용에 따라 새로운 법률관계의 발생이나 기존의 법률관계의 변경·소멸을 가져오는 효력을 말한다. 따라서 행정심판의 **처분취소재결이 있는 경우** 해당 행정처분은 별도로 행정처분을 기다릴 것 없이 당연히 취소된다. 형성력은 인용재결에만 인정되고, 기각재결이나 각하재결에는 인정되지 않는다.

3. 기속력(羈束力)

(1) 의의

기속력이란 피청구인인 행정청과 그 밖의 관계 행정청이 재결의 취지에 따르도록 구속하는 효력을 말한다.

(2) 기속력이 인정되는 재결의 범위

기속력은 인용재결에만 인정되고, 기각재결이나 각하재결에는 인정되지 않는다.

(3) 기속력의 내용

> 「행정심판법」 제49조 【재결의 기속력 등】 ① 심판청구를 인용하는 재결은 피청구인과 그 밖의 관계 행정청을 기속한다.
> ② 재결에 의하여 취소되거나 무효 또는 부존재로 확인되는 처분이 당사자의 신청을 거부하는 것을 내용으로 하는 경우에는 그 처분을 한 행정청은 재결의 취지에 따라 다시 이전의 신청에 대한 처분을 하여야 한다.
> ③ 당사자의 신청을 거부하거나 부작위로 방치한 처분의 이행을 명하는 재결이 있으면 행정청은 지체 없이 이전의 신청에 대하여 재결의 취지에 따라 처분을 하여야 한다.
> ④ 신청에 따른 처분이 절차의 위법 또는 부당을 이유로 재결로써 취소된 경우에는 제2항을 준용한다.

1) 반복금지효(소극적 의무)

재결의 기속력은 재결의 주문 및 그 전제가 된 요건사실의 인정과 판단에만 미친다. '새로운 처분의 처분사유'와 '종전 처분에 관하여 위법한 것으로 재결에서 판단된 사유'가 기본적 사실관계에 있어 동일성이 없다면 새로운 처분은 종전 처분에 대한 재결의 기속력에 저촉되지 않는다.

2) 재처분의무(적극적 의무)

① **재결의 취지에 따른 재처분의무**: 재결에 의하여 취소되거나 무효 또는 부존재로 확인되는 처분이 당사자의 신청을 거부하는 것을 내용으로 하는 경우에는 그 처분을 한 행정청은 재결의 취지에 따라 다시 이전의 신청에 대한 처분을 하여야 하고, 당사자의 신청을 거부하거나 부작위로 방치한 처분의 이행을 명하는 재결이 있으면 행정청은 지체 없이 이전의 신청에 대하여 재결의 취지에 따라 처분을 하여야 한다(「행정심판법」 제49조 제2항·제3항).

② **위원회의 시정명령권과 직접 처분권**: 행정심판위원회는 피청구인이 이행명령재결에 따른 처분을 하지 아니하는 경우에는 당사자가 신청하면 기간을 정하여 서면으로 시정을 명하고 그 기간에 이행하지 아니하면 직접 처분을 할 수 있다(「행정심판법」 제50조 제1항).

  * **직접 처분의 요건**
    • 의무이행심판의 이행명령재결이 전제
    • 피청구인이 처분을 하지 않고 있을 것
    • 당사자의 신청이 있을 것

- 서면으로 기간을 정하여 시정명령을 명할 것
- 피청구인이 기간 내 이행하지 않을 것

(4) 간접강제제도의 채택

행정심판위원회는 피청구인이 거부처분의 취소 또는 무효확인재결, 이행명령재결에 따른 처분을 하지 아니하는 경우 **청구인의 신청에 의하여 결정으로 상당한 기간을 정하고 피청구인이 그 기간 내에 이행하지 아니하는 경우**에는 그 지연기간에 따라 일정한 배상을 하도록 명하거나 즉시 배상을 할 것을 명할 수 있다(「행정심판법」 제50조의2). 청구인은 행정심판위원회의 **결정에 불복하는 경우 그 결정에 대하여 행정소송을 제기할 수 있다.**

* 간접강제
- 재처분을 하지 않고 있을 것
- 청구인의 신청이 있을 것
- 상당한 기간을 정하거나 즉시 배상명령

5 재결에 대한 불복

1. 재결에 대한 재심판청구의 금지

개별법에 특별한 규정이 없는 한 행정심판의 재결에 대한 재심판청구가 금지된다(「행정심판법」 제51조). 따라서 행정심판 재결에 불복하려면 행정소송의 제기로 나아갈 수밖에 없다.

2. 행정소송

청구인이나 제3자효 행정행위의 상대방은 재결에 고유한 위법이 있는 경우에 한해 항고소송을 제기할 수 있다(「행정소송법」 제19조 단서).

심판청구의 대상이 된 행정청에 대하여 재결에 관한 항쟁수단을 별도로 인정하는 것은 행정상의 통제를 스스로 파괴함은 물론, 국민의 신속한 권리구제를 지연시키는 작용을 하게 될 것이다. 그리하여 「행정심판법」 제49조 제1항은 "심판청구를 인용하는 재결은 피청구인과 그 밖의 관계 행정청을 기속한다."라고 규정하였고, 이에 따라 처분행정청은 재결에 기속되어 재결의 취지에 따른 처분의무를 부담하게 되므로 이에 불복하여 행정소송을 제기할 수 없다(대판 1998.5.8. 97누15432).

6 조정

위원회는 **당사자의 권리 및 권한의 범위에서 당사자의 동의를 받아** 심판청구의 신속하고 공정한 해결을 위하여 조정을 할 수 있다(「행정심판법」 제43조의2). 조정은 당사자가 합의한 사항을 조정서에 기재한 후 당사자가 서명 또는 날인하고 위원회가 이를 확인함으로써 성립한다.

제6절 고지제도

1 개설

1. 고지제도의 의의

고지제도란 행정청이 처분을 서면으로 하거나 또는 이해관계인으로부터 요구가 있는 경우에 그 상대방이나 이해관계인에게 당해 처분에 관하여 행정심판을 제기할 수 있는지의 여부, 제기하는 경우의 행정심판위원회·청구기간·청구절차 등을 알려주는 제도를 말한다.

2. 고지의 법적 성질

고지는 행정심판청구(불복청구)에 필요한 사항을 알려주는 **비권력적 사실행위**이므로 행정심판이나 행정소송의 대상이 되지 않는다. 그러나 고지신청권은 「행정심판법」 제58조 제2항에서 인정하고 있는 권리이므로 고지의 신청에 대한 거부는 처분성이 인정된다.

2 고지의 종류

1. 처분상대방에 대한 고지(직권고지)

행정청이 처분을 할 때에는 처분의 상대방에게 해당 처분에 대하여 행정심판을 청구할 수 있는지, 행정심판을 청구하는 경우의 심판청구절차 및 심판청구기간을 알려야 한다(「행정심판법」 제58조 제1항).

2. 이해관계인의 요구에 의한 행정청의 고지

행정청은 이해관계인이 요구하면 해당 처분이 행정심판의 대상이 되는 처분인지, 행정심판의 대상이 되는 경우 소관 위원회 및 심판청구기간을 지체 없이 알려 주어야 한다. 이 경우 서면으로 알려 줄 것을 요구받으면 서면으로 알려 주어야 한다(「행정심판법」 제58조 제2항).

3 불고지·오고지에 대한 제재

1. 불고지나 오고지한 경우 처분의 위법 여부

「행정절차법」 제26조는 "행정청이 처분을 할 때에는 당사자에게 그 처분에 관하여 행정심판 및 행정소송을 제기할 수 있는지 여부, 그 밖에 불복을 할 수 있는지 여부, 청구절차 및 청구기간 그 밖에 필요한 사항을 알려야 한다."라고 규정하고 있다. 이러한 고지절차에 관한 규정은 행정처분의 상대방이 그 처분에 대한 행정심판의 절차를 밟는 데 편의를 제공하려는 것이어서 처분청이 위 규정에 따른 고지의무를 이행 하지 아니하였다고 하더라도 경우에 따라 행정심판의 제기기간이 연장될 수 있음에 그칠 뿐, 그 때문에 심판의 대상이 되는 행정처분이 위법하다고 할 수는 없다(대판 2018.2.8. 2017두66633).

2. 심판청구서를 제출받은 행정청의 오고지·불고지의 경우

고지를 하지 아니하거나 잘못 고지하여 청구인이 심판청구서를 다른 행정기관에 제출한 경우에는 그 행정기관은 그 심판청구서를 지체 없이 정당한 권한이 있는 피청구인에게 보내야 한다(「행정심판법」 제23조).

3. 행정청의 오고지·불고지의 경우 심판청구기간

오고지의 경우	행정청이 심판청구기간을 처분이 있음을 알게 된 날부터 90일보다 긴 기간으로 잘못 알린 경우에는 그 잘못 알린 기간 내에 심판청구가 있으면 그 심판청구는 적법한 심판청구가 있는 것으로 본다(「행정심판법」 제27조 제5항).
불고지의 경우	행정청이 심판청구기간을 알리지 아니한 경우 처분이 있었던 날부터 180일에 심판청구를 할 수 있다(「행정심판법」 제27조 제6항).

4. 행정심판전치의 불요

개별법에 행정심판을 거쳐 행정소송을 제기하도록 규정하고 있으나 처분을 행한 행정청이 행정심판을 거칠 필요가 없다고 잘못 알린 때에는 행정심판을 거칠 필요 없이 행정소송을 제기할 수 있다(「행정소송법」 제18조 제3항 제4호).

제4장 행정소송

제1절 행정소송의 개설

1 행정소송의 의의

행정소송은 행정청의 위법한 처분 또는 부작위에 의한 권리침해를 구제하고, 공법상 법적 분쟁을 해결하는 재판이다.

2 행정소송의 종류

1. 항고소송

   행정청의 처분이나 부작위에 대하여 제기하는 소송으로서 취소소송, 무효등확인소송, 부작위위법확인소송이 있다.

2. 당사자소송

   행정청의 처분 등을 원인으로 하는 법률관계에 관한 소송 그 밖에 공법상의 법률관계에 관한 소송으로서 그 법률관계의 한쪽 당사자를 피고로 하는 소송이다.

3. 민중소송

   국가 또는 공공단체의 기관이 법률에 위반되는 행위를 한 때에 직접 자기의 법률상 이익과 관계없이 그 시정을 구하기 위하여 제기하는 소송이다. 민중소송 및 기관소송은 법률이 정한 경우에 법률에 정한 자에 한하여 제기할 수 있다(「행정소송법」 제45조). 민중소송의 예로서 「공직선거법」상 **선거소송**, 「지방자치법」상 **주민소송**이 있다.

4. 기관소송

(1) 의의

   국가 또는 공공단체의 기관 상호 간에 있어서의 권한의 존부 또는 그 행사에 관한 다툼이 있을 때에 이에 대하여 제기하는 소송이다. 다만, 「헌법재판소법」 제2조의 규정에 의하여 헌법재판소의 관장사항으로 되는 소송은 제외한다.

(2) 기관소송 법정주의

민중소송 및 기관소송을 법률이 정한 경우에 법률에 정한 자에 한하여 제기할 수 있다(「행정소송법」 제45조). **「지방자치법」상 지방의회**의 재의결에 대해 지방자치단체장이 대법원에 제기하는 소송이 대표적이다.

(3) 관련 판례

기관소송은 국가나 공공단체 간 권한 다툼을 해결하는 객관적 소송으로, 법률이 정한 자만 제기할 수 있다(「행정소송법」 제3조 제4호, 제45조). **「감사원법」 제40조 제2항은 감사원의 재심의 판결에 대해 감사원을 상대로 행정소송을 제기할 수 있다고 규정하지만**, 이 조항은 기관소송의 성격에 맞지 않으며 제소기간 등의 규정도 없어 서울특별시장이 감사원을 상대로 한 기관소송을 허용하지 않는다. 또한 「행정소송법」을 비롯한 어떠한 법률에도 원고 서울특별시장에게 감사원의 재심의 판결에 대하여 기관소송을 허용하는 규정을 두고 있지 않다. 따라서 원고 서울특별시장이 제기한 이 사건 소송이 기관소송으로서 「감사원법」 제40조 제2항에 따라 허용된다고 볼 수 없다(대판 2016.12.27. 2014두5637).

3 행정소송의 종류

1. 주관적 소송 · 객관적 소송

주관적 소송	권리구제를 직접 목적으로 하는 소송이다. 항고소송과 당사자소송이 이에 해당한다.
객관적 소송	권리구제를 직접 목적으로 하지 않는 소송이다. 민중소송과 기관소송이 이에 해당한다.

2. 형성소송 · 이행소송 · 확인소송

형성소송	법률관계의 설정 · 변경 · 폐지를 가져오는 소송이다. 따라서 과세처분을 취소하는 인용판결은 납세자와 과세관청 간의 법률관계를 직접 변경한다. 인용판결은 행정청의 행위를 매개로 하지 않고 직접 법적 효과를 가진다. 취소소송이 이에 해당한다.
이행소송	일정한 작위 · 부작위 등 직무집행을 청구하는 소송이다. 부작위에 대한 의무이행소송은 현행 「행정소송법」상 허용되지 않는다. 당사자소송에서는 의무이행청구가 가능하다.
확인소송	법률관계의 존부 · 부존재의 확인, 권리의 확인을 구하는 소송이다. 무효확인소송, 부작위위법확인소송, 당사자소송이 이에 해당한다.

제2절 무명항고소송

1 의의

「행정소송법」는 항고소송의 종류로 취소소송, 무효등확인소송, 부작위위법확인소송만 규정하고 있고, 의무이행소송, 예방적 금지소송, 작위의무이행소송에 대한 규정이 없는데, 이를 무명항고소송이라고 한다.

2 의무이행소송

1. 개념

의무이행소송이란 법원이 직접 행정청에 특정한 행위를 명하는 소송이다.

2. 허용 여부

(1) 학설

「행정소송법」 제4조를 예시적 조항으로 보아 의무이행소송을 허용하자는 적극적 견해와 「행정소송법」 제4조는 제한적 열거로 보면서 의무이행소송은 권력분립에 반한다는 부정적인 견해가 대립한다.

(2) 판례

판례는 행정청에 대하여 행정상 처분의 이행을 구하는 청구는 특별한 규정이 없는 한 행정소송의 대상이 될 수 없다고 하여 의무이행소송을 인정하고 있지 않다(대판 1992.2.11. 91누4126).

3 예방적 금지소송(예방적 부작위청구소송)

행정청의 공권력 행사에 의해 국민의 권익이 침해될 것으로 예상되는 경우, 법원이 공권력 행사의 금지를 결정하는 소송이다.

> **판례**
>
> 1. 예방적 금지소송도 「행정소송법」의 규정이 없어 인정되지 않고 있어 신축건물의 준공처분을 하여서는 아니 된다는 내용의 부작위를 구하는 청구는 행정소송에서 허용되지 아니하는 것이므로 부적법하다(대판 1987.3.24. 86누182).
> 2. 총포·화약안전기술협회의 회비납부의무 부존재확인청구는 협회가 장래에 甲회사의 구체적인 회비를 산정·고지할 때 「총포·도검·화약류 등의 안전관리에 관한 법률」에 근거한 '수입원가 기준 회비' 부분을 제외해야 한다는 것으로서 실질적으로 협회로 하여금 특정한 내용으로 회비를 산정·고지할 의무가 있음의 확인을 구하는 것과 같으므로 현행 「행정소송법」상 허용되지 않는 의무확인소송 또는 예방적 금지소송과 마찬가지로 허용되지 않는다(대판 2021.12.30. 2018다241458).
> 3. **화약류 안정도시험의무 부존재확인청구**는 실질적으로 경찰청장 또는 지방경찰청장으로 하여금 장래에 원고가 수입한 구체적인 화약류 물품에 관하여 안정도시험을 받으라는 검사명령을 해서는 안 된다는 취지로서 「행정소송법」상 허용되지 않는 예방적 금지소송과 같으므로 허용되지 않는다(대판 2021.12.30. 2018다241458).

4 작위의무확인소송

법원이 행정청에게 특정한 작위가 있음을 확인을 청구하는 소송이다. 판례는 작위의무확인소송 인정에 대해 부정적이다.

제3절 취소소송의 개설

1 의의

항고소송이란 행정청의 우월한 일방적인 행정권 행사·불행사에 불복하여 권익구제를 구하는 소송이다. 취소소송은 항고소송의 일종으로서 행정청의 위법한 처분 등을 취소 또는 변경하는 소송이다.

2 성질

취소소송이 형성소송이라는 설과 확인소송이라는 설이 대립하나, 형성소송설이 다수설과 판례의 견해이다. 즉, 취소소송은 취소판결을 통해 직접적으로 법률관계를 변경·소멸시키는 소송이다.

3 소송물

소송물이란 소송상 분쟁의 대상물이다.

1. 학설

소송물을 처분의 개개의 위법사유로 보는 견해	처분의 개개의 위법사유가 취소소송의 소송물이라는 견해이다. 법원이 A의 사유로 위법하다는 판결을 한 경우, 행정청은 B라는 사유로 동일한 처분을 할 수 있다.
소송물을 처분의 위법성 일반으로 보는 견해	甲에 대한 과세처분의 일반에 대한 판단을 통해 과세처분이 위법하다는 판결을 한 경우, 행정청은 동일한 처분을 할 수 없다.
소송물을 대상이 되는 처분을 통하여 자신의 권리가 침해되었다는 권리주장으로 보는 견해	취소소송의 소송물은 처분을 통하여 자신의 권리가 침해되었다는 원고의 법적 주장이다. 甲이 과세처분에 대해 A라는 사유로 권리를 침해받았다고 주장했고, 법원도 A라는 사유가 위법성이 인정될 수 있다고 판단했다면, 행정청은 B사유에 따라 과세처분을 할 수 있다.

2. 판례(위법성 일반으로 보는 견해)

판례는 과세처분취소소송의 소송물은 그 취소원인이 되는 위법성 일반(대판 1990.3.23. 89누5386)이라고 하여 항고소송의 소송물을 위법성 일반으로 보고 있다. 「민사소송법」 제267조 제2항은 본안에 대한 종국판결 후 소를 취하한 경우, 동일한 소를 다시 제기하지 못하도록 규정하고 있다. 이는 소송제도의 남용을 방지하기 위한 제재 조치이다. 그러나 후속 소송이 전 소송과 소송물이나 법률관계가 다르거나, 재소할 정당한 사유가 있는 경우, 동일한 소송으로 보지 않을 수 있다. 구체적인 사례로, 甲 등이 **요양기관 업무정지처분의 취소를 구하는 소송(전소)을 제기했다가** 처분이 과징금 부과처분으로 변경된 후, **과징금 부과처분의 취소를 구하는 소송(후소)을 제기한 경우**, 전소와 후소는 소송물이 다르고, 후소는 재소금지원칙에 위반되지 않는다(대판 2023.3.16. 2022두58599).

제4절 취소소송의 대상적격성

1 항고소송의 대상으로서의 처분

1. 처분의 의의

(1) 개념

'처분'이란 행정청이 행하는 구체적 사실에 관한 법집행으로서의 공권력의 행사 또는 그 거부와 그 밖에 이에 준하는 행정작용이다.

(2) 개념 분석

1) 행정청이 행하는 행정작용

상대방의 권리를 제한하는 행위라 하더라도 행정청 또는 그 소속 기관이나 권한을 위임받은 공공단체의 행위가 아닌 한 이를 행정처분이라고 할 수 없는 것이다(대판 1995.2.28. 94두36).

2) 구체적 사실에 관한 법집행

일반적·추상적 입법은 처분이 아니다.

3) 공권력의 행사

공법상 계약은 공권력 행사가 아니므로 처분이 아니다.

4) 거부

신청에 대한 거부인데 신청권이 있는 신청에 대한 거부를 말한다.

5) 그 밖에 이에 준하는 행정작용

행정행위가 아닌 권력적 사실행위는 그 밖에 이에 준하는 행정작용이므로 처분에 해당한다. 행정행위처럼 직접 법률관계에 영향을 미치는 행위뿐 아니라 권익을 영향을 미치는 행위도 처분에 해당한다. 대법원은 국가인권위원회의 성희롱결정과 이에 따른 시정조치의 권고는 성희롱 행위자로 결정된 자의 인격권에 영향을 미침과 동시에 공공기관의 장 또는 사용자에게 일정한 법률상의 의무를 부담시키는 것이므로 처분에 해당한다고 한다(대판 2005.7.8. 2005두487).

(3) 처분의 개념에 대한 학설과 판례

실체법적 개념설(행정행위와 처분을 동일시하는 견해)	「행정소송법」상 개념인 처분을 실체법상 개념인 행정행위와 동일하다고 보는 견해이다.
쟁송법적 개념설	소송법상 개념인 처분과 실체법상 개념인 행정행위를 구별한다. 행정행위보다 넓게 처분을 이해하는 쟁송법적 개념설이다.
형식적 행정행위론	비권력적 사실행위는 행정행위로 볼 수 없으나 행정청이 행정행위임을 전제로 불복방법을 고지하였다는 등의 사유로 행정행위의 외관을 갖게 된 경우이다. 형식적 행정행위는 행정청이 그러한 외관을 만들었으므로 취소소송으로 다툴 수 있다.

판례	항고소송의 대상이 되는 행정청의 처분이란 원칙적으로 행정청의 공법상의 행위로서 특정 사항에 대하여 법규에 의한 권리의 설정 또는 의무의 부담을 명하거나 기타 법률상의 효과를 직접 발생하게 하는 등 국민의 권리·의무에 직접 관계가 있는 행위를 말하므로, 행정청의 내부적인 의사결정 등과 같이 상대방 또는 관계자들의 법률상 지위에 직접적인 법률적 변동을 일으키지 아니하는 행위는 그에 해당하지 아니한다(대결 2024.6.19. 2024무689).

판례

1. 행정소송의 대상이 되는 행정처분이란 행정청 또는 그 소속 기관이나 법령에 의하여 행정권한의 위임 또는 위탁을 받은 공공단체 등이 **국민의 권리·의무에 관계되는 사항에 관하여 직접 효력을 미치는 공권력의 발동**으로서 하는 공법상의 행위를 말한다(대판 2008.1.31. 2005두8269).

2. 항고소송의 대상이 되는 행정처분이란 원칙적으로 행정청의 공법상 행위로서 특정 사항에 대하여 법규에 의한 권리 설정 또는 의무 부담을 명하거나 기타 법률상 효과를 발생하게 하는 등으로 **일반국민의 권리·의무에 직접 영향을 미치는 행위를 가리키는 것이지만, 어떠한 처분의 근거가 행정규칙에 규정되어 있다고 하더라도**, 그 처분이 상대방에게 권리 설정 또는 의무 부담을 명하거나 기타 법적인 효과를 발생하게 하는 등으로 상대방의 권리·의무에 직접 영향을 미치는 행위라면, 이 경우에도 항고소송의 대상이 되는 행정처분에 해당한다고 보아야 한다(대판 2012.9.27. 2010두3541). 따라서 한국수력원자력 주식회사가 **행정규칙인 '공급자관리지침'에 근거하여 등록된 공급업체에 대하여 하는 '등록취소 및 그에 따른 일정 기간의 거래제한조치'**는 행정청이 행하는 구체적 사실에 관한 법집행으로서의 공권력의 행사인 '처분'에 해당한다(대판 2020.5.28. 2017두66541).

3. 甲회사에 대하여 행한 6개월의 나라장터 **종합쇼핑몰 거래정지조치**는 비록 추가특수조건이라는 **사법상 계약에 근거한 것이지만** 행정청인 조달청이 행하는 구체적 사실에 관한 법집행으로서의 공권력의 행사로서 그 상대방인 甲회사의 **권리·의무에 직접 영향을 미치므로 항고소송의 대상이 되는 행정처분에 해당**한다(대판 2018.11.29. 2015두52395).

4. 행정청의 행위가 항고소송의 대상이 될 수 있는지는 추상적·일반적으로 결정할 수 없고, 구체적인 경우에 관련 법령의 내용과 취지, 행위의 주체·내용·형식·절차, 그 행위와 상대방 등 이해관계인이 입는 불이익 사이의 실질적 견련성, 법치행정의 원리와 그 행위에 관련된 행정청이나 이해관계인의 태도 등을 고려하여 개별적으로 결정하여야 한다. 교육지원청 교육장의 사립유치원에 대한 시정명령은 '행정처분통지서'라는 제목과 「유아교육법」 제30조 제1항에 근거한 시정명령임이 명확히 기재되어 있으며, 이를 이행하지 않을 경우 불이익한 조치가 취해질 수 있음을 명시하고 있다. 또한 불복방법에 대한 안내도 포함되어 있어 피고 스스로 시정명령이 항고소송의 대상임을 인식하고 있었다. 따라서 이는 국민의 권리·의무나 법률상의 지위에 직접적인 영향을 미치는 처분으로, 처분성을 인정하여 불복기회를 부여할 필요성이 크다(대판 2022.9.7. 2022두42365).

5. 행정청의 행위가 '처분'에 해당하는지가 불분명한 경우에는 그에 대한 불복방법 선택에 중대한 이해관계를 가지는 상대방의 인식가능성과 예측가능성을 중요하게 고려하여 규범적으로 판단하여야 한다. 즉 피고(한국수력원자력 주식회사)가 「행정절차법」에 따라 입찰참가자격 제한에 관한 절차를 진행하였고, 원고에게 입찰참가자격 제한조치에 대한 불복방법으로 일정한 기간 내에 「행정심판법」 또는 「행정소송법」에 따라 행정심판을 청구하거나 행정소송을 제기하여야 한다고 안내한 경우, 피고가 한 입찰참가자격 제한조치는 계약에 근거한 권리행사가 아니라 「공공기관의 운영에 관한 법률」 제39조 제2항에 근거한 행정처분으로 봄이 타당하다(대판 2018.10.25. 2016두33537).

6. **조달청장의 甲회사에 "중소기업자 간 경쟁입찰 참여제한 대상기업에 해당하는 경우 물량 배정을 중지하겠다."라고 한 통보**는 상대방인 甲회사 등의 권리·의무에도 직접 영향을 미치므로, 행정청인 조달청장이 행하는 구체적 사실에 관한 법 집행으로서의 공권력의 행사이고 따라서 항고소송의 대상이 된다(대판 2019.5.10. 2015두46987).

7. 법무사의 사무원 채용승인 신청에 대하여 소속 지방법무사회가 '채용승인을 거부'하는 조치 또는 일단 채용승인을 하였으나 「법무사규칙」 제37조 제6항을 근거로 '채용승인을 취소'하는 조치는 공법인인 지방법무사회가 행하는 구체적 사실에 관한 법집행으로서 공권력의 행사 또는 그 거부에 해당하므로 항고소송의 대상인 '처분'이라고 보아야 한다(대판 2020.4.9. 2015다34444).

8. **지방의회의 의원제명결의**(대판 1993.11.26. 93누7341), 지방의회의 **지방의회의장에 대한 불신임의결**(대판 1994.10.11. 94두23)은 행정처분이다.

9. 행정처분을 변경하는 후속처분이 있을 때, 후속처분이 종전처분을 완전히 대체하거나 주요 부분을 실질적으로 변경하는 경우에는 종전처분이 효력을 상실하고 후속처분만이 항고소송의 대상이 된다. 그러나 **후속처분이 종전처분의 유효를 전제로 일부만 추가 철회하거나 변경하는 경우, 후속처분이 그 부분과 가분적일 때는 종전처분도 여전히 항고소송의 대상이 된다.** 예를 들어, 동대문구청장이 2014년 8월 25일에 영업시간 제한 부분만 변경하고 의무휴업일 지정 부분은 유지한 경우, 종전처분은 여전히 유효하고 병존한다. 따라서 2014년 8월 25일의 후속처분이 종전처분을 소멸시키지 않았으므로, 종전처분의 효력을 다툴 법률상 이익이 여전히 존재한다(대판 전합 2015.11.19. 2015두295).

10. 어떠한 처분의 근거나 법적인 효과가 행정규칙에 규정되어 있다고 하더라도, 그 처분이 행정규칙의 내부적 구속력에 의하여 상대방에게 권리의 설정 또는 의무의 부담을 명하거나 기타 법적인 효과를 발생하게 하는 등으로 **그 상대방의 권리·의무에 직접 영향을 미치는 행위라면, 이 경우에도 항고소송의 대상이 되는 행정처분에 해당한다**(대판 2002.7.26. 2001두3532).

11. 어떠한 처분에 법령상 근거가 있는지, 「행정절차법」에서 정한 처분절차를 준수하였는지는 본안에서 당해 처분이 적법한가를 판단하는 단계에서 고려할 요소이지, 소송요건 심사단계에서 고려할 요소가 아니다(대판 2020.1.16. 2019다264700).

12. 입국금지결정은 법무부장관의 의사가 공식적인 방법으로 외부에 표시된 것이 아니라 단지 그 정보를 내부전산망인 '출입국관리정보시스템'에 입력하여 관리한 것에 지나지 않으므로, **항고소송의 대상이 될 수 있는 '처분'에 해당하지 않는다**(대판 2019.7.11. 2017두38874).

13. 고충심사결정 자체에 의하여는 어떠한 법률관계의 변동이나 이익의 침해가 직접적으로 생기는 것은 아니므로 고충심사의 결정은 행정상 쟁송의 대상이 되는 행정처분이라고 할 수 없다(대판 87.12.8. 87누658).

2 법규명령·조례·고시

원칙적으로 명령·조례 등은 일반적·추상적 성질을 가지므로 구체적인 법집행작용이 아니다. 따라서 **원칙적으로 처분에 해당하지 않는다. 그러나 처분적 명령이나 조례는 항고소송의 대상이 되는 처분이다.**

1. 처분성이 인정된 사례

(1) 두밀분교폐지조례

조례가 집행행위의 개입 없이도 그 자체로서 직접 국민의 구체적인 권리의무나 법적 이익에 영향을 미치는 등의 법률상 효과를 발생하는 경우 그 조례는 항고소송의 대상이 되는 행정처분에 해당한다(대판 1996.9.20. 95누8003).

(2) 국립대학교의 학칙 및 학칙 개정(대전지방법원 2008.3.26. 2007구합4683 · 4850)

(3) 보건복지부 고시인 약제급여 · 비급여목록 및 급여상한금액표

보건복지부 고시인 약제급여 · 비급여목록 및 급여상한금액표는 다른 집행행위의 매개 없이 그 자체로서 국민건강보험가입자, 국민건강보험공단, 요양기관 등의 법률관계를 직접 규율하는 성격을 가지므로 항고소송의 대상이 되는 행정처분에 해당한다(대판 2006.9.22. 2005두2506).

(4) 요양급여 인정기준에 관한 보건복지부 고시

항정신병 치료제의 요양급여 인정기준에 관한 보건복지부 고시는 다른 집행행위의 매개 없이 그 자체로서 제약회사, 요양기관, 환자 및 국민건강보험공단 사이의 법률관계를 직접 규율하므로 항고소송의 대상이 되는 행정처분에 해당한다(대결 2003.10.9. 2003무23).

2. 처분성이 부정된 사례

(1) **의료기관의 명칭표시판에 진료과목을 함께 표시하는 경우 글자 크기를 제한하고 있는** 구 의료법 시행규칙 제31조는 그 자체로서 **국민의 구체적인 권리 · 의무나 법률관계에 직접적인 변동을 초래하지 아니하므로** 항고소송의 대상이 되는 행정처분이라고 할 수 없다(대판 2007.4.12. 2005두15168).

(2) **일본산 공기압 전송용 밸브에 대한 덤핑방지관세 부과에 관한 규칙**은 덤핑물품과 공급자를 지정하고 관세율을 정하는 조세법령이지만, 덤핑방지관세를 납부할 의무는 세관장의 부과처분 등 **별도의 집행행위가 있어야 성립한다**. 규칙에 근거한 관세는 수입자에게 부과되며, 수출자인 甲법인의 권리 · 의무나 법률관계에 직접적인 영향을 미치지 않으므로, 이 규칙은 항고소송의 대상이 될 수 없다(대판 2022.12.1. 2019두48905).

3 일반처분

청소년유해매체물 결정 및 고시처분은 당해 유해매체물의 소유자 등 특정인만을 대상으로 한 행정처분이 아니라 **일반 불특정 다수인을 상대방으로 하여 일률적으로 표시 · 포장의무, 청소년에 대한 판매 · 대여 등의 금지의무 등 각종 의무를 발생시키는 행정처분이다**(대판 2007.6.14. 2004두619).

4 행정계획의 처분성

1. 처분성이 인정된 사례

(1) 도시관리계획

구 도시계획법 제12조 소정의 고시된 도시계획(현 도시관리계획)결정은 특정 개인의 권리 내지 법률상의 이익을 개별적이고 구체적으로 규제하는 효과를 가져오게 하는 행정청의 처분이라 할 것이고, 이는 행정소송의 대상이 된다(대판 1982.3.9. 80누105).

(2) 환지예정지지정과 환지처분

환지예정지지정이나 환지처분은 그에 의하여 직접 토지소유자 등의 권리·의무가 변동되므로 이를 항고소송의 대상이 되는 처분이라고 볼 수 있다(대판 1999.8.20. 97누6889).

(3) 사업인정

국토교통부장관의 사업인정은 수용권을 설정해 주는 행정처분으로서, 이에 따라 수용할 목적물의 범위가 확정되고, 수용권자가 목적물에 대한 현재 및 장래의 권리자에게 대항할 수 있는 공법상 권한이 생긴다(대판 2019.12.12. 2019두47629).

(4) 이전고시

소유권을 분양받을 자에게 이전하고 가격의 차액에 상당하는 금액을 청산하거나 대지 또는 건축물을 정하지 않고 금전적으로 청산하는 공법상 처분이다(대판 2016.12.29. 2013다73551).

2. 처분성이 부정된 사례

(1) 도시기본계획

도시기본계획은 도시계획입안의 지침이 되는 것에 불과하여 일반국민에 대한 직접적인 구속력은 없는 것이다(대판 2002.10.11. 2000두8226).

(2) 지역주민의 도시계획시설결정 변경신청에 대한 거부통지

지역주민에게 일일이 그 계획의 변경을 청구할 권리를 인정해 줄 수도 없는 이치이므로 도시계획시설변경신청을 불허한 행위는 항고소송의 대상이 되는 행정처분이라고 볼 수 없다(대판 1984.10.23. 84누227).

(3) 환지계획

환지계획은 환지예정지지정이나 환지처분의 근거가 될 뿐 그 자체가 직접 토지소유자 등의 법률상의 지위를 변동시키거나 환지예정지지정이나 환지처분과는 다른 고유한 법률효과를 수반하는 것이 아니어서 이를 항고소송의 대상이 되는 처분에 해당한다고 할 수가 없다(대판 1999.8.20. 97누6889).

(4) 혁신도시 최종입지선정행위

공공기관이 이전할 혁신도시 입지선정을 위한 사항 등을 규정하고 있을 뿐 혁신도시입지 후보지에 관련된 지역 주민 등의 권리·의무에 직접 영향을 미치는 규정을 두고 있지 않으므로, 피고가 원주시를 혁신도시 최종입지로 선정한 행위는 항고소송의 대상이 되는 행정처분으로 볼 수 없다(대판 2007.11.15. 2007두10198).

(5) 4대강 사업 마스터플랜

4대강 사업 마스터플랜은 '4대강 살리기 사업'의 기본방향을 제시하는 계획으로서, 행정기관 내부에서 사업의 기본방향을 제시하는 것일 뿐, 국민의 권리·의무에 직접 영향을 미치는 것이 아니어서 행정처분에 해당하지 않는다(대결 전합 2011.4.21. 2010무111).

(6) 해양수산부장관의 항만명칭변경 결정

해양수산부장관의 항만명칭변경 결정은 국민의 권리·의무나 법률상 지위에 직접적인 법률적 변동을 일으키는 행위가 아니므로 항고소송의 대상이 되는 행정처분이 아니다(대판 2008.5.29. 2007두23873).

5 거부의 처분성

1. 신청권과 항고소송

거부처분의 성립요건과 관련하여 판례는 ① 신청한 행위가 공권력의 행사 또는 이에 준하는 행정작용이어야 하고, ② 그 거부행위가 신청인의 법률관계에 변동을 일으키는 것이어야 하며, ③ 그 국민에게 그 행위발동을 요구할 법규상 또는 조리상의 신청권이 있어야 한다고 한다.

> **판례**
> 1. '신청인의 법률관계에 어떤 변동을 일으키는 것'이라는 의미는 신청인의 실체상의 권리관계에 직접적인 변동을 일으키는 것은 물론, 그렇지 않다 하더라도 신청인이 실체상의 권리자로서 권리를 **행사함에 중대한 지장을 초래하는 것도 포함한다**(대판 2007.10.11. 2007두1316).
> 2. 거부처분의 처분성을 인정하려면, 신청권의 존부는 일반국민에게 해당 신청권을 인정하는 법규의 해석에 따라 **추상적으로 결정된다**. 신청인이 그 신청에 따른 단순한 응답을 받을 권리를 넘어서 신청의 인용이라는 만족적 결과를 얻을 권리를 의미하는 것은 아니므로, 따라서 법규상 개인의 신청권이 인정되면 거부행위는 항고소송의 대상이 되며, 구체적인 신청 인용가능성은 본안에서 판단해야 한다(대판 2009.9.10. 2007두20638).

2. 처분성이 인정된 사례

(1) 도시계획구역 내 토지 등을 소유하고 있는 주민의 도시시설계획의 입안 내지 변경의 신청에 대한 거부행위(대판 2015.3.26. 2014두42742)

(2) 산업단지개발계획상 산업단지 안의 토지소유자로서 산업단지개발계획에 적합한 시설을 설치하여 입주하려는 자의 산업단지개발계획의 변경 신청에 대한 거부행위(대판 2017.8.29. 2016두44186)

(3) 문화재보호구역 내 토지소유자의 문화재보호구역 지정해제 신청에 대한 행정청의 거부행위

문화재보호구역 내에 있는 토지소유자 등으로서는 위 보호구역의 지정해제를 요구할 수 있는 법규상 또는 조리상의 신청권이 있다고 할 것이고, 이러한 신청에 대한 거부행위는 항고소송의 대상이 되는 행정처분에 해당한다(대판 2004.4.27. 2003두8821). 그러나 **구 문화재보호법상의 도지정문화재 지정처분으로 인하여 불이익을 입거나 입을 우려가 있다는 사정을 이유로 특정 개인에게 그 지정처분의 취소 또는 해제를 구할 조리상 신청권이 인정이 있다고 할 수 없다**(대판 2001.9.28. 99두8565).

(4) 대학교원의 임용권자가 임용기간이 만료된 조교수에 대하여 재임용을 거부하는 취지로 한 임용기간만료의 통지(대판 전합 2004.4.22. 2000두7735)

(5) 다가구주택소유자의 분양신청 거부(대판 2007.11.29. 2006두8495)

(6) 서울교육대학 상근강사의 정규교원임용신청에 대한 거부

민원서류처리결과통보라는 형식으로 그 임용거절의 의사를 명백히 함으로써 적어도 이 무렵에는 거부처분을 하였다고 보아야 한다(대판 1990.9.25. 89누4758).

(7) 검사임용거부처분(대판 1991.2.12. 90누5825)

(8) 폐기물사업 적정통보를 받은 자의 국토이용계획변경신청에 대한 거부행위(대판 2003.9.23. 2001두10936)

(9) 실용신안권이 불법 또는 착오로 소멸등록된 경우, 실용신안권자의 그 회복등록신청에 대한 거부(대판 2002.11.22. 2000두9229)

(10) 진료기관의 보호비용청구에 대한 거부(대판 1999.11.26. 97다42250)

(11) 문화재청장이 국가지정문화재의 보호구역에 인접한 나대지에 건물을 신축하기 위한 국가지정문화재 현상변경신청 거부(대판 2006.5.12. 2004두9920)

(12) 불법 유출된 주민등록번호 변경신청에 대한 거부

피해자의 개인정보자기결정권 등 국민의 기본권 보장의 측면에서 타당하지 않은 점 등을 종합하면, 피해자의 의사와 무관하게 주민등록번호가 유출된 경우에는 조리상 주민등록번호의 변경을 요구할 신청권을 인정함이 타당하고, 구청장의 주민등록번호 변경신청 거부행위는 항고소송의 대상이 되는 행정처분에 해당한다(대판 2017.6.15. 2013두2945).

(13) 지방이전기업의 보조금지급 신청에 대한 광역시장의 거부처분(대판 2011.9.29. 2010두26339)

(14) 기반시설부담금 납부의무자의 환급신청에 대하여 행정청이 전부 또는 일부 환급을 거부하는 결정(대판 2018.6.28. 2016두50990)

(15) 금치기간 중 수형자에 대한 집필제한 및 도서열람거부(헌재 2015.3.3. 2015헌마140)

(16) 건축주가 토지소유자로부터 토지사용승낙서를 받아 토지 위에 건축물을 건축하는 건축허가를 받았다가 착공에 앞서 건축주의 귀책사유로 토지사용권을 상실한 경우, 토지소유자의 건축허가의 철회 신청에 대한 거부행위(대판 2017.3.15. 2014두41190)

(17) 공공기관이 공개청구의 대상이 된 정보를 청구인이 신청한 공개방법 이외의 방법으로 공개하기로 하는 결정을 한 경우, 정보공개방법에 관한 부분에 대하여 일부 거부처분을 한 것이고, 청구인은 항고소송으로 다툴 수 있다(대판 2016.11.10. 2016두44674).

3. 처분성이 부정된 사례

(1) 도시계획 변경신청 거부행위(대판 1994.1.28. 93누22029)

(2) 산림복구설계승인 및 복구준공통보에 대한 이해관계인의 취소신청을 거부한 행위(대판 2006.6.30. 2004두701)

(3) 제소기간이 도과하여 불가쟁력이 생긴 행정처분에 대하여 국민에게 그 변경을 구할 신청권이 있는지 여부

제소기간이 이미 도과하여 불가쟁력이 생긴 행정처분에 대하여는 개별법규에서 그 변경을 요구할 신청권을 규정하고 있거나 관계 법령의 해석상 그러한 신청권이 인정될 수 있는 등 특별한 사정이 없는 한 국민에게 그 행정처분의 변경을 구할 신청권이 있다 할 수 없다(대판 2007.4.26. 2005두11104).

(4) 건축허가 및 준공검사취소 등에 대한 거부처분(대판 1999.12.7. 97누17568)

(5) 문화재구역 내 토지소유자의 재결신청 청구에 대한 문화재청장의 거부회신(대판 2014.7.10. 2012두22966)

(6) 청원에 대한 심사처리 결과의 통지(대판 1990.5.25. 90누1458)

(7) 감사원의 기각결정(대판 1967.6.27. 67누44). 그러나 헌법재판소는 국민감사청구에 대한 기각결정은 **공권력 주체의 고권적 처분이라는 점에서 헌법소원의 대상이 될 수 있는 공권력 행사라고 보아야 할 것**이다(헌재 2006.2.23. 2004헌마414)고 한다.

(8) 과거에 법률에 의하여 당연퇴직된 공무원의 복직 또는 재임용신청에 대한 행정청의 거부행위(대판 2006.3.10. 2005두562 ; 대판 2005.11.25. 2004두12421)

(9) 국가유공자 비해당결정에 대한 이의신청을 받아들이지 아니하는 결정

「국가유공자 등 예우 및 지원에 관한 법률」 제74조의18 제1항이 정한 이의신청을 받아들이지 아니하는 결정은 이의신청인의 권리·의무에 새로운 변동을 가져오는 공권력의 행사나 이에 준하는 행정작용이라고 할 수 없으므로 원결정과 별개로 항고소송의 대상이 되지는 않는다(대판 2016.7.27. 2015두45953).

(10) 민원사항에 대한 거부처분에 대한 이의신청을 받아들이지 않는 취지의 기각결정 또는 그 취지의 통지 (대판 2012.11.15. 2010두8676)

(11) 중요무형문화인 경기민요 보유자 추가인정 신청에 대한 거부(대판 2015.12.10. 2013두20585)

(12) 사업주 변경신청에 대한 근로복지공단의 거부(대판 2016.7.14. 2014두47426)

6 준법률행위적 행정행위

1. 처분성이 인정된 사례

(1) 진실·화해를 위한 과거사정리위원회의 진실규명결정

법이 규정하는 진실규명결정은 국민의 권리·의무에 직접적으로 영향을 미치는 행위로서 항고소송의 대상이 되는 행정처분이라고 보는 것이 타당하다(대판 2013.1.16. 2010두22856).

(2) **국방전력발전업무훈령에 따른 연구개발확인**는 '확인적 행정행위'로서 공권력의 행사인 '처분'에 해당하고, 연구개발확인서 발급 거부는 신청에 따른 처분 발급을 거부하는 '거부처분'에 해당한다(대판 2020.1.16. 2019다264700).

(3) 지적공부소관청의 지목변경반려행위(대판 전합 2004.4.22. 2003두9015)

(4) 행정청이 건축물대장의 작성신청을 거부한 행위(대판 2009.2.12. 2007두17359)

(5) 건축물대장 용도변경신청 거부행위(대판 2009.1.30. 2007두7277), 건축물대장의 직권말소행위(대판 2010.5.27. 2008두22655)

(6) 구 지적법상 토지면적등록정정신청에 대한 거부(대판 2011.8.25. 2011두3371)

(7) 건축주명의변경신고에 대한 수리거부행위(대판 1992.3.31. 91누4911)

(8) 토지대장의 직권말소행위(대판 2013.10.24. 2011두13286)

(9) 사업자지위승계신고를 수리한 행위(대판 1993.6.8. 91누11544)

(10) 사회단체등록신청반려처분(대판 전합 1989.12.26. 87누308)

(11) **의료유사업자 자격증 갱신발급행위**는 공증행위에 속하는 행정행위라 할 것이다(대판 1977.5.24. 76누295).

(12) 민주화운동보상심의위원회 결정(대판 전합 2008.4.17. 2005두16185)

> **비교판례**
> 「광주민주화운동관련자 보상 등에 관한 법률」 보상심의위원회의 결정은 취소소송의 대상이 되는 행정처분이라고 할 수 없다(대판 1992.12.24. 92누3335).

(13) 친일반민족행위자재산조사위원회의 재산조사개시결정(대판 2009.10.15. 2009두6513)

(14) 건축신고 반려행위(대판 전합 2010.11.18. 2008두167)

(15) 건축착공신고 반려행위(대판 2011.6.10. 2010두7321)

(16) 납골당 설치신고 거부행위(대판 2010.9.9. 2008두22631)

(17) 고용노동부장관의 개별사업장의 사업종류 결정은 구체적 사실에 관한 법집행으로서 공권력을 행사하는 '확인적 행정행위'라고 보아야 한다(대판 2020.4.9. 2019두61137).

2. 처분성이 부정된 사례

(1) 운전경력증명서상의 기록사항 삭제신청거부처분(대판 1991.9.24. 91누1400)

(2) 무허가건물을 무허가건물관리대장에서 삭제하는 행위(대판 2009.3.12. 2008두11525)

(3) 지적공부의 기재사항인 지적도의 경계를 정정해 달라는 지적정리 요청을 거부하는 내용의 회신(대판 2002.4.26. 2000두7612)

(4) 토지대장의 소유자명의변경신청 거부(대판 2012.1.12. 2010두12354)

(5) 법무법인의 공정증서 작성행위(대판 2012.6.14. 2010두19720)

7 각종 통지의 처분성

1. 처분성이 인정된 사례

(1) 계고처분과 대집행영장의 통지

(2) 이행강제금 독촉

　　이행강제금 납부의 최초 독촉

(3) 「교통안전공단법」상 분담금 납부통지

(4) 시장·군수·구청장의 농지소유자에 대한 농지처분의무의 통지

위 통지를 전제로 농지처분명령, 「농지법」 제65조에 의한 이행강제금 부과 등의 일련의 절차가 진행되는 점 등을 종합하여 보면, 농지처분의무 통지는 단순한 관념의 통지에 불과하다고 볼 수는 없고, 상대방인 농지소유자의 의무에 직접 관계되는 독립한 행정처분으로서 항고소송의 대상이 된다(대판 2003. 11.14. 2001두8742).

(5) 재개발사업구역 내 세입자에 대하여 영구임대아파트의 입주권부여대상자가 아니라고 한 통보(대판 1993. 2.23. 92누5966)

(6) 산업단지 입주계약의 해지통보

구 산업집적활성화 및 공장설립에 관한 법률 제42조 제1항 제5호에 따른 산업단지 입주계약의 해지통보는 단순히 대등한 당사자의 지위에서 형성된 공법상 계약을 계약당사자의 지위에서 종료시키는 의사표시에 불과하다고 볼 것이 아니라 행정청인 관리권자로부터 관리업무를 위탁받은 피고(한국산업단지공단)가 **우월적 지위에서** 원고에게 일정한 법률상 효과를 발생하게 하는 것으로서 항고소송의 대상이 되는 행정처분에 해당한다고 할 것이다(대판 2011.6.30. 2010두23859).

(7) 요양급여의 적정성 평가 결과 전체 하위 20% 이하에 해당하는 요양기관이 건강보험심사평가원으로부터 받은 입원료 가산 및 별도 보상 적용 제외 통보(대판 2013.11.14. 2013두13631)

(8) 총포·화약안전기술협회가 자신의 공행정활동에 필요한 재원을 마련하기 위하여 회비납부의무자에 대하여 한 '회비납부통지'는 납부의무자의 구체적인 부담금액을 산정·고지하는 '부담금 부과처분'으로서 **항고소송의 대상이 된다**고 보아야 한다(대판 2021.12.30. 2018다241458).

(9) **'사립유치원 종합 감사 결과 미이행에 따른 행정처분 통지'라는 제목으로 「유아교육법」 제30조 제1항에 따라 조치요구사항을 이행할 것을 명하는 시정명령을 甲에게 통지한 사안에서**, 위 시정명령은 감사결과 통보와는 별도로 항고소송의 대상이 되는 처분으로 봄이 타당하다(대판 2022.9.7. 2022두42365).

(10) 부당한 공동행위 자진신고자 등의 시정조치 또는 과징금 감면신청에 대한 감면불인정 통지는 항고소송의 대상이 되는 행정처분에 해당한다고 보아야 한다(대판 2012.9.27. 2010두3541).

(11) 중소기업기술정보진흥원의 정부출연금 전액 환수 통지

연구부정행위를 이유로 한 정부출연금 전액 환수 통지는 선행처분을 실질적으로 변경한 새로운 처분으로, 항고소송의 대상이 된다(대판 2022.7.28. 2021두60748).

2. 처분성이 부정된 사례

(1) 공무원 당연퇴직 통보

당연퇴직의 통보는 법률상 당연히 발생하는 퇴직사유를 공적으로 확인하여 알려 주는 사실의 통보에 불과한 것이므로 독립한 행정처분이 될 수는 없다(대판 1985.7.23. 84누374).

(2) 국민건강보험공단의 '직장가입자 자격상실 및 자격변동 안내' 통보 및 '사업장 직권탈퇴에 따른 가입자 자격상실 안내' 통보

법령에 따라 자격 변동이 자동으로 발생하므로, 통보 자체는 처분성이 없다(대판 2019.2.14. 2016두41729).

(3) 「민원 처리에 관한 법률」상의 사전심사결과 통보

행정청은 사전심사결과 불가능하다고 통보하였더라도 사전심사결과에 구애되지 않고 민원사항을 처리할 수 있으므로 불가능하다는 통보가 민원인의 권리·의무에 직접적 영향을 미친다고 볼 수 없으므로 항고소송의 대상이 되는 행정처분에 해당하지 아니한다(대판 2014.4.24. 2013두7834).

(4) 수도사업자의 급수공사비 납부통지(대판 1993.10.26. 93누6331)

(5) 여객자동차 운송사업자 甲주식회사가 환승요금할인 및 청소년요금할인으로 인한 손실 보전을 위해 경기도지사와 광명시장에게 보조금 지급신청을 했으나, 경기도지사는 기존 회신 내용을 반복하며 광명시장에게 적절한 조치를 촉구했다. **경기도지사의 통보**는 광명시장의 사무에 대한 지도·감독권자로서 의견 표명에 불과해 甲회사의 권리·의무에 직접적인 영향을 주지 않으므로 항고소송의 대상이 되는 처분으로 볼 수 없다(대판 2023.2.23. 2021두44548).

(6) 재단법인 한국연구재단이 甲대학교 총장에게 연구팀장 乙에 대한 대학 자체 징계를 요구한 것은 법률상 구속력이 없는 권유 또는 사실상의 통지로서 乙의 권리·의무 등 법률상 지위에 직접적인 법률적 변동을 일으키지 않는 행위에 해당하므로 항고소송의 대상인 행정처분에 해당하지 않는다(대판 2014.12.11. 2012두28704).

(7) 공무원연금관리공단의 공무원연금법령의 개정사실과 퇴직연금 수급자가 퇴직연금 중 일부 금액의 지급정지대상자가 되었다는 사실 통보(대판 2004.7.8. 2004두244)

(8) 한국철도시설공단이 입찰참가자에 대하여 시설공사 입찰참가 당시 허위 실적증명서를 제출하였다는 이유로 향후 2년간 공사낙찰적격심사 시 종합취득점수의 10/100을 **감점한다는 내용을 통보한 행위**는 공법상의 행위가 아닌 사법상의 효력을 가지는 통지행위로, 피고의 내부규정에 따라 입찰 심사 시 감점할 것을 알리는 것이다. 이 사건 감점조치는 공공기관의 입찰참가자격을 제한하는 효력을 가지지 않으므로, 행정소송의 대상이 되는 행정처분이 아니다(대판 2014.12.24. 2010두6700).

(9) 세월호 사고 관련 방송에서 다이빙벨에 관한 인터뷰가 불명확한 내용을 사실인 것처럼 방송하여 시청자를 혼동시켰다는 이유로, 방송통신심의위원회는 해당 방송 프로그램에 대해 제재조치를 요청했고, 이에 피고는 방송 관계자에 대한 징계와 고지방송 명령을 내렸다. **고지방송 명령**은 권고적 효력만을 가지는 비권력적 사실행위로서 항고소송의 대상이 되는 행정처분에 해당하지 않는다(대판 2023.7.13. 2016두34257).

8 사실행위

단순한 사실행위나 사실확인은 처분이 아니나, 권력적 사실행위는 국민의 권리·의무에 직접적인 변동을 가져오므로 항고소송의 대상이 되는 처분에 해당한다.

1. 처분성이 인정된 사례

(1) 수형자에 대하여 '접견내용 녹음·녹화 및 접견 시 교도관 참여대상자'로 지정한 행위

교도소장이 수형자 甲을 '접견내용 녹음·녹화 및 접견 시 교도관 참여대상자'로 지정한 경우, 위 지정행위는 수형자의 구체적 권리·의무에 직접적 변동을 가져오는 행정청의 공법상 행위(공권력적 사실행위)로서 항고소송의 대상이 되는 '처분'에 해당한다(대판 2014.2.13. 2013두20899).

(2) 교도소재소자 이송조치(대판 1992.8.7. 92두30)

(3) 한국환경산업기술원장이 환경기술개발사업 협약을 체결한 甲주식회사 등에게 행한 연구개발중단조치 및 연구비집행중지조치(대판 2015.12.24. 2015두264)

(4) 진정에 대한 국가인권위원회의 각하 및 기각결정(헌재 2015.3.26. 2013헌마214)

(5) 국가인권위원회의 성희롱결정 및 시정권고조치(대판 2005.7.8. 2005두487)

(6) 병무청장의 병역의무 기피자의 인적 사항 등 공개결정(대판 2019.6.27. 2018두49130)

(7) 교육감이 학교법인에 대한 감사 실시 후 처리지시를 하고 그와 함께 그 시정조치에 대한 결과를 증빙서를 첨부한 문서로 보고하도록 한 것(대판 2008.9.11. 2006두18362)

(8) 공정거래위원회의 표준약관사용권장행위

공정거래위원회의 '표준약관사용권장행위'는 그 통지를 받은 해당 사업자 등에게 표준약관과 다른 약관을 사용할 경우 표준약관과 다르게 정한 주요내용을 고객이 알기 쉽게 표시하여야 할 의무를 부과하므로 행정처분으로서 항고소송의 대상이 된다(대판 2010.10.14. 2008두23184).

(9) 검사가 전직 대통령에 대한 추징판결의 집행을 위해 부동산에 대해 한 압류처분은 항고소송의 대상이 된다. 「형사소송법」 제489조에 따른 이의신청 절차는 제3자의 권리 보호에 한계가 있으므로, 제3자는 이의신청과 별도로 「행정소송법」에 따라 항고소송을 제기하여 처분의 위법성을 다툴 수 있다(대판 2022.7.28. 2019두63447).

2. 처분성이 부정된 사례

(1) 상표권의 말소등록행위

상표권자인 법인에 대한 청산종결등기가 되었음을 이유로 한 상표권의 말소등록행위는 항고소송의 대상이 될 수 없다(대판 2015.10.29. 2014두2362).

(2) 위법 건축물에 대한 단전 및 전화통화 단절조치 요청행위(대판 1996.3.22. 96누433)

(3) 무단용도변경을 이유로 단전조치된 건물의 소유자로부터 전기공급신청을 받은 한국전력공사가 전기공급의 적법 여부를 조회한 데 대한 관할 구청장의 회신(대판 1995.11.21. 95누9099)

(4) 세무당국이 소외 회사에 대하여 원고와의 주류 거래를 일정 기간 중지하여 줄 것을 요청한 행위(대판 1980.10.27. 80누395)

9 중간행위, 내부적 행위

중간행위나 내부행위라도 그로써 실질적으로 국민의 권리가 제한되거나 의무가 부과되면 항고소송의 대상이 되는 처분성이 인정된다.

1. 처분성이 인정된 사례

(1) 원자로 및 관계시설의 부지사전승인처분(대판 1998.9.4. 97누19588)

(2) 폐기물처리업 허가권자의 부적정 통보(대판 1998.4.28. 97누21086)

(3) 항공노선에 대한 운수권배분처분(대판 2004.11.26. 2003두10251)

(4) 토지초과이득세 등의 산정기준이 되는 시장, 군수 또는 구청장의 개별토지가격결정(대판 1993.6.11. 92누16706)

(5) **공정거래위원회가 관계 행정기관의 장에게 한 입찰참가자격제한 등 요청 결정은 항고소송의 대상이 되는 처분에 해당한다**(대판 2023.4.27. 2020두47892).

(6) 자동차운송사업양도·양수계약에 기한 양도·양수인가 신청에 대하여 내인가 취소(대판 1991.6.28. 90누4402)

(7) 「산업재해보상보험법」상 장해보상금결정의 기준이 되는 장해등급결정(대판 2007.2.22. 2004두12957 ; 대판 2002.4.26. 2001두8155 등)

(8) 승진후보자 명부에 포함되어 있던 후보자를 승진임용인사발령에서 제외하는 행위(대판 2018.3.27. 2015두47492)

(9) 교육부장관이 대학에서 추천한 복수의 총장 후보자들 전부 또는 일부를 임용제청에서 제외하는 행위

교육부장관이 대학에서 추천한 복수의 총장 후보자들 전부 또는 일부를 임용제청에서 제외하는 행위는 제외된 후보자들에 대한 불이익처분으로서 항고소송의 대상이 되는 처분에 해당한다고 보아야 한다. 다만, **교육부장관이 특정 후보자를 임용제청에서 제외하고 다른 후보자를 임용제청함으로써 대통령이 임용제청된 다른 후보자를 총장으로 임용한 경우**에는, 임용제청에서 제외된 후보자는 대통령이 자신에 대하여 총장 임용 제외처분을 한 것으로 보아 이를 다투어야 한다(「국가공무원법」 제16조 제2항에 의하면 대통령의 처분의 경우 소속 장관이 행정소송의 피고가 된다). 이러한 경우에는 교육부장관의 임용제청 제외처분을 별도로 다툴 소의 이익이 없어진다(대판 2018.6.15. 2016두57564).

2. 처분성이 부정된 사례

(1) 입국금지결정은 법무부장관의 의사가 공식적인 방법으로 외부에 표시된 것이 아니라 단지 그 정보를 내부전산망인 '출입국관리정보시스템'에 입력하여 관리한 것에 지나지 않으므로, 위 입국금지결정은 항고소송의 대상이 될 수 있는 '처분'에 해당하지 않는다(대판 2019.7.11. 2017두38874).

(2) 군의관의 징병검사신체등위판정

「병역법」상 신체등위판정은 행정청이라고 볼 수 없는 군의관이 하도록 되어 있으며, 그 자체만으로 바

로 「병역법」상의 권리·의무가 정하여지는 것이 아니라 그에 따라 지방병무청장이 병역처분을 함으로써 비로소 병역의무의 종류가 정하여지는 것이므로 항고소송의 대상이 되는 행정처분이라 보기 어렵다(대판 1993.8.27. 93누3356).

(3) 감사원의 징계 요구와 재심의결정

징계 요구는 행정청의 내부 절차에서의 중간 단계로, 징계 요구 자체로는 대상 공무원의 권리·의무에 직접적인 변동을 초래하지 않는다. 징계 요구를 받은 기관의 장이 요구대로 처분하지 않더라도 불이익 규정이 없으며, 징계 요구는 행정처분이 아닌 내부 의사결정과정의 일환으로, 항고소송의 대상이 될 수 없다. 징계절차 회부 시에는 일시적인 효과가 발생할 수 있지만, 이는 징계 요구 자체의 결과가 아니다. 징계요구 그 자체만으로 대상 공무원인의 구체적인 권리·의무에 직접적 변동을 초래한다고 보기 어렵다(대판 2016.12.27. 2014두5637).

(4) 고충심사위원회의 결정(대판 1987.12.8. 87누657)

(5) 공매결정(대판 2007.7.27. 2006두8464)과 공매통지(대판 2011.3.24. 2010두25527)

(6) 시험승진후보자명부에서 등재자 성명 삭제행위(대판 1997.11.14. 97누7325)

(7) 공정거래위원회의 고발조치(대판 1995.5.12. 94누13794)

(8) 어업권면허에 선행하는 우선순위결정(대판 1995.1.20. 94누6529)

(9) 교육부장관이 내신성적 산정기준의 통일을 기하기 위해 대학입시기본계획의 내용에서 내신성적 산정기준에 관한 시행지침을 마련하여 시·도 교육감에서 통보한 것(대판 1994.9.10. 94두33)

10 기타

1. 변경처분

(1) 증액경정처분(대판 2009.5.14. 2006두17390)

(2) 경정결정으로도 아직 취소되지 않고 남아 있는 부분이 위법하다고 하여 다투는 경우에는 항고소송의 대상이 되는 것은 당초의 부과처분 중 경정결정에 의하여 취소되지 않고 남은 부분이 된다 할 것이고, 경정결정이 항고소송의 대상이 되는 것은 아니다(대판 1991.9.13. 91누391). 이 경우 전심절차의 적법 여부는 당초 처분을 기준으로 하여 판단하여야 한다(대판 1987.12.22. 85누599).

(3) 행정청이 식품위생법령에 기하여 영업자에 대하여 **행정제재처분**(3월의 영업정지처분)**을 한 후 그 처분을 영업자에게 유리하게 변경하는 처분**(과징금 부과처분)**을 한 경우**(이하 처음의 처분을 '당초 처분', 나중의 처분을 '변경처분'이라 한다), 변경처분에 의하여 당초 처분은 소멸하는 것이 아니고 당초부터 유리하게 변경된 내용의 처분으로 존재하는 것이므로, **변경처분에 의하여 유리하게 변경된 내용의 행정제재가 위법하다 하여 그 취소를 구하는 경우** 그 취소소송의 대상은 변경된 내용의 당초 처분이지 변경처분은 아니고, 제소기간의 준수 여부도 변경처분이 아닌 변경된 내용의 당초 처분을 기준으로 판단하여야 한다(대판 2007.4.27. 2004두9302).

* 2002.12.26. 3월의 영업정지처분
  - 행정심판 재결 송달(2003.3.6.): 3월의 영업정지처분을 2월의 영업정지에 갈음하는 과징금처분으로 변경하라.
  - 행정청(2003.3.13): 3월의 영업정지처분을 과징금 560만원으로 변경한다: 소의 대상은 2002.12.26. 과징금처분, 제소기간은 재결이 송달된 날(2003.3.6)로부터 90일 이내

2. 조세 관련 판례

(1) 처분성이 인정된 사례

1) 과세관청의 소득처분에 따른 소득금액변동통지

원천징수의무자인 법인으로서는 소득금액변동통지서에 기재된 소득처분의 내용에 따라 원천징수세액을 그 다음 달 10일까지 관할 세무서장 등에게 **납부하여야 할 의무를 부담**하므로 항고소송의 대상이 되는 조세행정처분이라고 봄이 상당하다(대판 전합 2006.4.20. 2002두1878 ; 대판 2013.11.14. 2013두13631).

2) 과세관청의 징수고지(대판 2016.1.28. 2014두3471)

3) 국세체납에 따른 가산금, 중가산금의 독촉처분(대판 1986.10.28. 86누147)

4) 세무조사결정

부과처분을 위한 과세관청의 질문조사권이 행해지는 세무조사결정이 있는 경우 납세의무자는 세무공무원의 과세자료 수집을 위한 질문에 대답하고 검사를 수인하여야 할 법적 의무를 부담하게 되는 점을 고려하면, 세무조사결정은 납세의무자의 권리·의무에 직접 영향을 미치는 공권력의 행사에 따른 행정작용으로서 항고소송의 대상이 된다(대판 2011.3.10. 2009두23617).

5) 연금 과오급 환수통지는 당사자에게 새로운 의무를 과하거나 권익을 제한하는 것으로서 행정처분에 해당한다(대판 2009.5.14. 2007두16202).

(2) 처분성을 부정한 사례

1) 소득의 귀속자에 대한 소득금액변동통지(대판 2015.3.26. 2013두9267)
2) 「부가가치세법」상 과세관청의 사업자등록 직권말소행위(대판 2011.1.27. 2008두2200)
3) 국세환급금결정 내지 환급거부결정(대판 2009.11.26. 2007두4018 ; 대판 2010.2.25. 2007두18284 등)

> **비교판례**
>
> 개발사업시행자가 개발부담금을 부과받은 후 학교용지부담금을 납부했을 때, 개발이익 환수 법령에는 이를 공제받는 방법이 규정되어 있지 않아 법률적 불이익을 받을 수 있다. 따라서 개발사업시행자는 개발부담금 부과처분의 취소나 변경을 신청할 권리가 있으며, 개발부담금 부과처분 후에 납부된 **학교용지부담금에 대한 환급을 거절한 행위는** 항고소송의 대상이 되는 행정처분이다(대판 2016.1.28. 2013두2938).

4) 원천징수자의 원천징수행위(대판 1990.3.23. 89누4789)

3. 징계·경고 관련 판례

(1) 처분성이 인정된 사례

1) 농지개량조합의 직원에 대한 징계(대판 1995.6.9. 94누10870)
2) 국가나 지방자치단체에 근무하는 청원경찰 징계(대판 1993.7.13. 92다47564)
3) **함양군 지방공무원 징계양정에 관한 규칙에 근거한 불문경고**
   어떠한 처분의 근거나 법적인 효과가 행정규칙에 규정되어 있다고 하더라도 그 처분이 **상대방의 권리·의무에 직접 영향을 미치는 행위라면**, 이 경우에도 항고소송의 대상이 되는 행정처분에 해당한다(대판 2002.7.26. 2001두3532).
4) **검찰총장의 경고조치**는 검사의 권리와 의무에 영향을 미쳐 항고소송의 대상이 된다. 경고를 받은 검사는 1년 이상 감찰관리 대상자로 특별관리를 받고, 경고 사실이 인사자료로 활용되어 인사평가, 승진, 전보에서 불이익을 받을 가능성이 높아진다. 또한 다른 징계사유로 징계처분을 받을 때 징계양정에서 불이익을 받을 가능성도 있다(대판 2021.2.10. 2020두47564).
5) 금융기관의 임원에 대한 경고(대판 2005.2.17. 2003두14765)
6) 공정거래위원회의 경고의결(대판 2013.12.26. 2011두4930)

(2) 처분성이 부정된 사례

1) 금융감독원장이 종합금융주식회사의 전 대표이사에게 재직 중 위법·부당행위 사례를 첨부하여 금융 관련 법규를 위반하고 신용질서를 심히 문란하게 한 사실이 있다는 내용으로 '문책경고장(상당)'을 보낸 행위(대판 2005.2.17. 2003두10312)
2) 사립학교 교원에 대한 학교법인의 해임처분(대판 1993.2.12. 92누13707)
3) 장관의 공무원에 대한 서면에 의한 경고(대판 1991.11.12. 91누2700)
4) 서울특별시 지하철공사 사장의 소속 직원에 대한 징계처분(대판 1989.9.12. 89누2103)
5) 한국마사회의 조교사 및 기수 면허 부여 또는 취소(대판 2008.1.31. 2005두8269)

4. 국·공유재산 관련 판례

(1) 처분성이 인정된 판례

1) 행정재산의 사용, 수익에 대한 허가 신청을 거부한 행위
2) 기부채납받은 행정재산에 대한 공유재산 관리청의 사용·수익허가
3) 행정재산의 사용·수익허가 취소
4) **민간투자사업추진과정상 우선협상대상자를 선정하는 행위와 이미 선정된 우선협상대상자를 그 지위에서 배제하는 행위**는 공유재산의 사용·수익허가를 우선적으로 부여받을 수 있는 지위를 설정하거나 또는 이미 설정한 지위를 박탈하는 조치이므로 모두 항고소송의 대상이 되는 행정처분으로 보아야 한다(대판 2020.4.29. 2017두31064).
5) 국유재산 무단점유자에 대한 변상금 부과처분(대판 2000.11.24. 2000다28568)

> **판례**
> 국립의료원부설 주차장에 관한 위탁관리운영계약에서 가산금 지급채무의 부존재를 주장하려면, 민사소송이 아닌 행정쟁송절차를 통해 다투어야 한다. 행정재산의 사용·수익에 대한 허가는 사법상의 행위가 아니라, 공권력을 가진 관리청이 우월적 지위에서 특정인에게 행정재산 사용 권리를 설정해 주는 행정처분에 해당하기 때문이다(대판 2006.3.9. 2004다31074).

(2) 처분성이 부정된 판례

1) 국유 일반재산(구 잡종재산) 대부행위 및 그 사용료 납입고지(대판 1995.5.12. 94누5281)

2) 국유림의 대부 및 무상양여행위

사법상의 법률행위에 해당하고 공권력을 가진 우월적 지위에서 하는 행정행위가 아니므로 행정소송의 대상이 되지 아니한다(대판 1983.8.23. 83누239).

3) 기부채납받은 공유재산을 무상으로 기부자에게 사용을 허용하는 행위(대판 1994.1.25. 93누7365)

4) 입찰보증금 국고귀속 조치에 관한 분쟁(대판 1983.12.27. 81누366)

5. 반복적 행위

(1) 최초의 행위와 동일성이 인정되는 반복적 행위는 처분성이 부인된다.

1) 위법건축물에 대한 철거명령 및 계고처분에 불응하자 제2차·제3차로 행한 계고처분이 행정처분인지 여부

제2차, 제3차의 계고처분은 새로운 철거의무를 부과한 것이 아니고, 다만 대집행기한의 연기통지에 불과하므로 행정처분이 아니다(대판 1994. 10.28. 94누5144).

2) **동일한 내용의 독촉**이 항고소송의 대상이 되는 행정처분이 아니다(대판 1999.7.13. 97누119).

(2) 기존의 처분과 동일성을 인정할 수 없는 새로운 처분일 경우

1) 관련 법리

수익적 행정처분을 구하는 신청에 대한 거부처분은 당사자의 신청에 대하여 관할 행정청이 이를 거절하는 의사를 대외적으로 명백히 표시함으로써 성립된다. 거부처분이 있은 후 당사자가 다시 신청을 한 경우에는 신청의 제목 여하에 불구하고 그 내용이 새로운 신청을 하는 취지라면 관할 행정청이 이를 다시 거절하는 것은 새로운 거부처분이라고 보아야 한다(대판 2022.3.17. 2021두53894).

2) 이주대책대상자제외결정(2차 결정)의 처분성 인정

① 관련 법리: 행정청의 행위가 항고소송의 대상이 되는 '처분'에 해당하는지는 구체적인 사안에 따라 개별적으로 판단해야 한다. 이를 결정할 때는 관련 법령의 내용과 취지, 행위의 주체와 내용, 형식과 절차, 그리고 그 행위로 인해 상대방이 입는 불이익 등을 종합적으로 고려해야 한다. 또한 **행위가 '처분'에 해당하는지 불분명한 경우에는 상대방이 그 불복방법을 인식하거나 예측할 수 있는 가능성을 중요하게 고려하여 규범적으로 판단해야 한다.**

② 2차 이주대책대상 선정제외결정: 「행정절차법」 제26조에 따르면, 행정청은 처분 시 당사자에게 불복방법과 청구절차를 안내해야 한다. 이 사건에서 **한국토지주택공사는 원고에게 2차 결정 통보 시 불**

복방법을 안내하였으므로, 이는 공사가 2차 결정을 행정처분으로 인식하고 있었음을 의미하며, 원고도 이를 행정쟁송의 대상인 처분으로 인식했을 것이다. 따라서 공사가 소 제기 후 처분성이 인정되지 않는다고 주장하는 것은 신의성실원칙에 어긋난다(대판 2021.1.14. 2020두50324).

3) 지적재조사사업조정금 이의신청기각처분: 경계확정 관련 조정금 통지

지적공부상 면적 감소에 따른 조정금 통지(1차 통지)에 대한 이의신청 후, 동일한 조정금 통지(2차 통지)가 이루어진 경우, 2차 통지는 새로운 처분으로 인정되어야 하며, 이를 처분으로 보지 않은 원심은 법리오해의 잘못이 있다(대판 2022.3.17. 2021두53894).

6. 개별법률에서 특별한 구제절차를 둔 경우

(1) 검사의 불기소결정

검사의 불기소결정에 대해서는 「검찰청법」에 의한 항고와 재항고, 「형사소송법」에 의한 재정신청에 의해서만 불복할 수 있는 것이므로, 이에 대해서는 「행정소송법」상 항고소송을 제기할 수 없다. **「형사소송법」 제258조 제1항의 처분결과 통지는 불기소결정에 대한 항고기간의 기산점이 되며, 「형사소송법」 제259조의 공소불제기이유고지 제도는 고소인 등으로 하여금 항고 등으로 불복할지 여부를 결정하는 데 도움을 주도록 하기 위한 것이므로, 이러한 통지 내지 고지는 불기소결정이라는 검사의 처분이 있은 후 그에 대한 불복과 관련한 절차일 뿐 별도의 독립한 처분이 된다고는 볼 수 없다. 이 사건 신청에 대한 피고의 부작위 또는 거부는 「행정소송법」상 부작위위법확인소송의 대상인 '처분의 부작위' 또는 거부처분취소소송의 대상인 '거부처분'에 해당하지 않는다**(대판 2018.9.28. 2017두47465).

(2) 검사의 공소

검사의 공소에 대하여는 「형사소송법」이 정한 형사소송절차에 의하여서만 이를 다툴 수 있고 행정소송의 방법으로 공소의 취소를 구할 수는 없다(대판 2000.3.28. 99두11264).

(3) 수도조례 및 하수도사용조례에 기한 과태료의 부과 여부 및 그 당부는 최종적으로 「질서위반행위규제법」에 의한 절차에 의하여 판단되어야 한다고 할 것이므로, 그 과태료 부과처분은 행정청을 피고로 하는 행정소송의 대상이 되는 행정처분이라고 볼 수 없다(대판 2012.10.11. 2011두19369).

제5절 항고소송의 대상으로서의 행정심판재결

1 원처분주의와 재결주의

1. 의의

재결을 거쳐 취소소송의 제기된 경우 원처분주의는 재결을 거친 처분을 소의 대상으로 하는 제도이고 재결주의는 재결을 소의 대상으로 하는 제도이다.

2. 「행정소송법」상 원처분주의

현행 「행정소송법」은 원처분주의를 채택하고 있다. 따라서 법령에 특별한 규정이 없는 한 원칙적으로 행정심판의 재결은 행정소송의 대상이 되지 아니한다. 다만, 재결 자체에 고유한 위법이 있는 경우 재결에 대해 행정소송을 제기할 수 있다.

> 「행정소송법」 제19조 【취소소송의 대상】 취소소송은 처분 등을 대상으로 한다. 다만, **재결취소소송의 경우에는 재결 자체에 고유한 위법이 있음을 이유로 하는 경우에 한한다.**

3. 개별법상 재결주의를 취하고 있는 경우

개별법에 원처분이 아니라 재결을 항고소송의 대상으로 삼는다고 규정한 경우를 재결주의라고 한다.

(1) 감사원의 재심판정

「감사원법」 제40조 제2항은 감사원의 재심의 판결에 대하여는 감사원을 당사자로 하여 행정소송을 제기할 수 있다고 규정하고 있으므로 감사원의 변상판정처분에 대하여서는 행정소송을 제기할 수 없고, 재결에 해당하는 재심의 판정에 대하여서만 감사원을 피고로 하여 행정소송을 제기할 수 있다(대판 1984.4.10. 84누91).

(2) 노동위원회의 처분에 대한 중앙노동위원회의 재심판정

당사자가 지방노동위원회의 처분에 대하여 불복하기 위하여는 중앙노동위원회의 재심판정서 송달일로부터 15일 이내에 **중앙노동위원장을 피고로 하여 재심판정 취소의 소를 제기**하여야 할 것이다(대판 1995.9.15. 95누6724).

(3) 특허심판의 심결

심결에 대한 소 및 심판청구서나 재심청구서의 각하결정에 대한 소는 특허법원의 전속관할로 한다(「특허법」 제186조 제1항). 이 소가 제기된 경우에 그 청구가 이유 있다고 인정한 때에는 법원은 판결로써 당해 심결 또는 결정을 취소하여야 한다(동법 제189조 제1항).

2 개별적 검토

1. 재결 자체에 고유한 위법

(1) 재결 자체에 고유한 위법의 의의

1) '**재결 자체에 고유한 위법**'이란 그 **재결 자체에 주체, 절차, 형식 또는 내용상의 위법이 있는 경우를 의미**한다(대판 2001.7.27. 99두2970). 즉, 행정심판위원회의 구성상 하자, 재결에 이유가 기재되지 않은 형식상 하자, 법적 근거가 없는 국민정서 등을 근거로 한 취소재결과 같은 내용상 하자가 재결 자체의 고유한 위법이다.

2) **재결 자체에** 고유한 위법은 원처분에는 없는 재결만의 하자이므로 원처분이 비례원칙에 위배된다는 이유로 재결의 취소를 구하는 것은 재결의 하자가 아니라 원처분의 하자이므로 재결의 고유한 하자에 해당하지 아니한다.

> **판례**
>
> 행정처분에 대한 행정심판의 재결에 이유모순의 위법이 있다는 사유는 재결처분 자체에 고유한 하자로서 재결처분의 취소를 구하는 소송에서는 그 위법사유로서 주장할 수 있으나, 원처분의 취소를 구하는 소송에서는 그 취소를 구할 위법사유로서 주장할 수 없다(대판 1996.2.13. 95누8027).

(2) 부적법하지 않은 행정심판청구를 각하재결한 경우

행정심판청구가 부적법하지 않음에도 각하한 재결은 심판청구인의 실체심리를 받을 권리를 박탈한 것으로서 원처분에 없는 고유한 하자가 있는 경우에 해당하고, 따라서 위 재결은 취소소송의 대상이 된다(대판 2001.7.27. 99두2970).

(3) 인용재결

1) 제3자가 허가처분의 취소심판을 청구하여 취소된 경우, 항고소송의 대상이 되는 것은 취소재결이다. 이른바 복효적 행정행위, 특히 **제3자효를 수반하는 행정행위에 대한 행정심판청구에 있어서 그 청구를 인용하는 내용의 재결로 인하여 비로소 권리이익을 침해받게 되는 자**는 그 인용재결에 대하여 다툴 필요가 있다(대판 2001.5.29. 99두10292). 취소재결은 형성재결이므로 행정청의 취소통지는 **사실의 통지에 불과**하여 항고소송의 대상이 되는 새로운 행정처분이라고 볼 수 없다(대판 1997.5.30. 96누14678).

2) 각하해야 함에도 인용재결한 경우

자기완결적 신고의 수리는 처분성이 없으므로 부적법 각하해야 함에도 불구하고 인용재결한 경우에는 인용재결에 고유한 하자가 있으므로 인용재결은 행정소송의 대상이 된다(대판 2001.5.29. 99두10292).

(4) 하자 있는 기각재결

처분이 적법하다는 기각재결은 고유한 하자가 없는 한 기각재결이 아니라 원처분이 소의 대상이 된다.

2. 재결취소소송에 있어 재결 자체에 고유한 위법이 없는 경우 법원이 취할 조치

판례는 재결 자체에 고유한 위법이 없는 경우에는 원처분의 당부와는 상관없이 당해 재결취소소송은 이를 **기각하여야 한다**(대판 1994.1.25. 93누16901)고 한다.

3. 일부취소재결 및 변경재결과 항고소송의 대상

행정심판위원회가 처분의 일부만 취소하거나 변경재결한 경우 소송의 대상에 대해 변경재결설과 변경된 원처분설이 있다. 판례는 변경된 원처분을 대상으로 한다. 예를 들면 징계위원회가 3월의 감봉처분을 하였는데 소청위원회가 감봉 2개월을 감경하는 재결을 한 경우, 감경되고 남은 당초의 처분인 1월의 감봉처분을 항고소송의 대상으로 한다.

> **비교판례**
> 항고소송은 원칙적으로 당해 처분을 대상으로 하나, 당해 처분에 대한 재결 자체에 고유한 주체, 절차, 형식 또는 내용상의 위법이 있는 경우에 한하여 그 재결을 대상으로 할 수 있다고 해석되므로, **징계혐의자에 대한 감봉 1월의 징계처분을 견책으로 변경한 소청결정 중 그를 견책에 처한 조치는 재량권의 남용 또는 일탈로서 위법하다는 사유**는 소청결정 자체에 고유한 위법을 주장하는 것으로 볼 수 없어 소청결정의 취소사유가 될 수 없다(대판 1993.8.24. 93누5673).

4. 변경명령재결과 항고소송의 대상

행정심판위원회가 변경하라는 명령재결을 한 경우, 항고소송의 대상에 대해 변경명령재결설, 변경처분설, 변경된 원처분설이 있다. 판례는 변경된 원처분설을 취한다. 행정청이 식품위생법령에 따라 영업자에게 행정제재처분을 한 후 그 처분을 영업자에게 유리하게 변경하는 처분을 한 경우, 변경처분에 의하여 당초 처분은 소멸하는 것이 아니고 당초부터 유리하게 변경된 내용의 처분으로 존재하는 것이므로, 변경처분에 의하여 유리하게 변경된 내용의 행정제재가 위법하다 하여 그 취소를 구하는 경우 그 취소소송의 대상은 변경된 내용의 당초 처분이지 변경처분이 아니다(대판 2007.4.27. 2004두9302).

주제별 정리: 교원 징계불복절차

1. 우선 국·공립학교 교원에 대한 징계처분의 경우에는 원 징계처분 자체가 행정처분이므로 그에 대하여 위원회에 소청심사를 청구하고 위원회의 결정이 있은 후 그에 불복하는 행정소송이 제기되더라도 그 심판대상은 교육감 등에 의한 원 징계처분이 되는 것이 원칙이다. 다만, 위원회의 심사절차에 위법사유가 있다는 등 고유의 위법이 있는 경우에 한하여 위원회의 결정이 소송에서의 심판대상이 된다. **사립학교 교원에 대한 징계처분의 경우에는 학교법인 등의 징계처분은 행정처분성이 없는 것이고 그에 대한 소청심사청구에 따라 위원회가 한 결정이 행정처분**이고 교원이나 학교법인 등은 그 결정에 대하여 행정소송으로 다투는 구조가 되므로, **행정소송에서의 심판대상은 학교법인 등의 원 징계처분이 아니라 위원회의 결정이 되고**, 따라서 피고도 행정청인 위원회가 되는 것이다(대판 2013.7.25. 2012두12297).

2. 교원소청심사위원회 결정에 대하여 학교의 장도 행정소송을 제기할 수 있는지 여부(대판 2011.6.24. 2008두9317)

   교원소청심사위원회의 결정에 대하여 행정소송을 제기할 수 있는 자에는 교원, 「사립학교법」 제2조에 의한 학교법인, 사립학교 경영자뿐 아니라 소청심사의 피청구인이 된 학교의 장도 포함된다고 보는 것이 타당하다.

3. 국립대학교 총장의 국립대학교 교원에 대한 징계 등 불리한 처분은 행정처분이므로 국립대학교 교원이 국립대학교 총장의 징계 등 불리한 처분에 대하여 불복이 있으면 교원소청심사위원회에 소청심사를 청구하고 위 심사위원회의 소청심사결정에 불복이 있으면 항고소송으로 이를 다퉈야 할 것이다(대판 2009.10.15. 2009두11829).

☑ 사립학교 교원과 국·공립학교 교원에 대한 징계와 불복절차

구분	사립학교 교원	국·공립학교 교원
징계의 성격	처분(×)	처분(○)
소청위원회 결정	처분(○)	행정심판재결
항고소송 대상	소청위원회 결정	• 징계 • 예외적으로 소청위원회 결정

제6절 원고적격

1 당사자능력

1. 개념

당사자능력은 소송에 있어서 당사자가 될 수 있는 능력을 말하는바, 원칙적으로 사법상 권리능력을 가지는 자는 모두 당사자능력을 가진다(「민사소송법」제51조). 당사자능력은 사법상 권리능력보다 더 넓은 개념이므로, 자연인 또는 법인은 물론이고 법인격 없는 사단·재단도 대표자 또는 관리인이 있으면 단체의 이름으로 당사자가 될 수 있다.

2. 개별적 검토

(1) 자연인(외국인 포함), 법인, **법인격 없는 사단 또는 재단**도 대표자의 정함이 있고 대외적으로 독립된 활동을 할 수 있으면 권리의 주체가 되므로 당사자가 될 수 있다.

(2) 국가 또는 지방자치단체

국가 또는 지방자치단체는 행정주체이므로 권리·의무의 귀속주체로서「행정소송법」제8조 제2항과 「민사소송법」제51조 등 관계 규정에 따라 행정소송상의 당사자능력이 있다.

> **판례**
> 1. 국가의 당사자능력
>   대법원은 서울 관악구 보건소장이 서울대학교 보건진료소에 대하여 직권폐업처분을 하자 국가가 직권폐업처분의 무효확인등소송을 제기한 사건에서(서울행정법원 2009.6.5. 2009구합6391 ; 대판 2010.3.11. 2009두23129), 국가는 '권리·의무의 귀속주체로서「행정소송법」제8조 제2항과「민사소송법」제51조 등 관계 규정에 따라 행정소송상의 당사자능력이 있는 것'이고, '서울대학교를 상대로 하는 법률행위의 효과는 서울대학교를 설립·경영하는 주체인 국가에게 귀속되고, 그 법률행위에 대한 쟁송은 국가가 당사자가 되어 다툴 수밖에 없다'며 국가에게 원고적격을 인정한다.
> 2. 지방자치단체장의 국토이용계획 변경신청거부 사건에서 국가기관이 감독권 행사를 통해 국토이용계획 변경신청거부를 취소할 수 있다고 국가의 당사자능력을 인정하였다(대판 2007.9.20. 2005두6935).
> 3. 지방자치단체의 장이 다른 지방자치단체를 상대로 한 건축협의 취소를 처분에 해당한다고 보고 지방자치단체인 원고가 이를 다툴 실효적 해결 수단이 없는 이상, 지방자치단체의 장을 상대로 건축협의 취소의 취소를 구할 수 있다(대판 2014.2.27. 2012두22980)고 한다.

(3) 국립대학교

1) 학설 대립

영조물인 국립대학교에 당사자능력에 대해 대학의 자율권과 관련해서 권리능력과 당사자능력을 인정하는 견해와 행정주체가 아닌 영조물에 불과하다하여 부정하는 견해가 있다.

2) 판례

판례는 국립대학교의 당사자능력에 대해 부정적이다.

> **판례**
>
> 1. 서울대학교가 법인화되기 전 대법원은 서울대학교는 국가가 설립·경영하는 학교일 뿐 위 학교는 법인도 아니고 대표자가 있는 법인격 있는 사단 또는 재단도 아닌 교육시설의 명칭에 불과하여 권리능력과 당사자능력을 인정할 수 없으므로, 서울대학교를 상대로 하는 법률행위의 효과는 서울대학교를 설립·경영하는 주체인 국가에게 귀속되고, 그 법률행위에 대한 쟁송은 국가가 당사자가 되어 다툴 수밖에 없다고 하였다(대판 2010.3.11. 2009두23129).
> 2. 원고 충북대학교 총장의 소는 원고 충북대학교 총장이 원고 대한민국이 설치한 충북대학교의 대표자일 뿐 항고소송의 원고가 될 수 있는 당사자능력이 없어 부적법하다고 한 바 있다(대판 2007.9.20. 2005두6935).
> 3. 헌법재판소는 강원대학교 법학전문대학원 2015학년 모집정지처분 사건에서 법인화되지 않은 국립대학은 영조물에 불과하고, 그 총장은 국립대학의 대표자일 뿐이어서 행정소송의 당사자능력이 인정되지 않는다는 것이 법원의 확립된 판례이므로, 설사 청구인이 이 사건 모집정지에 대하여 행정소송을 제기한다고 할지라도 부적법 각하될 가능성이 많아 행정소송에 의하여 권리구제를 받을 가능성이 없는 경우에 해당되고, 따라서 보충성의 예외를 인정함이 상당하다(헌재 2015.12.23. 2014헌마1149)고 한다.

(4) 국가기관의 당사자능력

판례는 권한쟁의심판이나 기관소송으로 다툴 수 있는 방법이 없다면 경기도 선거관리위원회 위원장(대판 2013.7.25. 2011두1214)과 소방청장(대판 2018.8.1. 2014두35379) 같은 국가기관도 항고소송의 당사자능력을 가진다고 한다.

> **사례연구**
>
> 1. **사건개요:** 甲은 국민권익위원회에 「부패방지 및 국민권익위원회의 설치와 운영에 관한 법률」에 따른 신고와 신분보장조치를 요구하였다. 이에 국민권익위원회는 甲의 소속 기관장인 乙시·도선거관리위원회 위원장에게 '甲에 대한 중징계요구를 취소하고 향후 신고로 인한 신분상 불이익저분 및 근무조건상의 차별을 하지 말 것을 요구'하는 내용의 조치요구를 하였다. 그런데 乙은 위 조치요구 후 甲을 파면하였다.
> 2. **쟁점 1:** 乙은 국민권익위원회의 조치요구를 기관소송으로 다툴 수 있는가?
>   ▶ **없다.** 「행정소송법」은 제45조에서 '기관소송은 법률이 정한 경우에 법률에 정한 자에 한하여 제기할 수 있다'고 규정하여 이른바 기관소송 법정주의를 채택하고 있고, 조치요구에 관하여는 「부패방지 및 국민권익위원회의 설치와 운영에 관한 법률」 등 법률에서 乙에게 기관소송을 허용하는 규정을 두고 있지 아니하므로, 이 사건 조치요구를 이행할 의무를 부담하고 있는 乙로서는 기관소송으로 이 사건 조치요구를 다툴 수는 없다.
> 3. **쟁점 2:** 위 조치요구와 관련하여 乙과 국민권익위원회 사이에 권한쟁의심판이 가능한가?
>   ▶ **가능하지 않다.** 국민권익위원회는 헌법 제111조 제1항 제4호 소정의 '헌법에 의하여 설치된 국가기관'이라고 할 수 없으므로, 乙과 국민권익위원회 사이에 헌법 제111조 및 「헌법재판소법」 제62조 제1항에서 정한 권한쟁의심판이 가능해 보이지도 아니한다.

4. **쟁점 3**: 乙에게 위 조치요구의 취소소송을 제기할 수 있는 원고적격이 인정되는가?
   ▶ **있다.** 「부패방지 및 국민권익위원회의 설치와 운영에 관한 법률」이 乙에게 국민권익위원회의 조치요구에 따라야 할 의무를 부담시키는 외에 별도로 그 의무를 이행하지 아니할 경우 과태료나 형사처벌의 제재까지 규정하고 있는데, 국민권익위원회의 이 사건 조치요구의 처분성이 인정되는 이 사건에서 이에 불복하고자 하는 乙로서는 이 사건 조치요구의 취소를 구하는 항고소송을 제기하는 것이 유효·적절한 수단이라고 할 것이므로, 비록 乙이 국가기관에 불과하더라도 이 사건에서는 당사자능력 및 원고적격을 가진다고 봄이 상당하다.

5. **쟁점 4**: 乙에게 위 조치요구의 취소소송을 제기할 수 있는 법률상 이익이 인정되는가?
   ▶ **있다.** 乙이 국민권익위원회의 조치요구 후 甲에 대하여 파면처분을 하였다고 하더라도 그로 인하여 이 사건 조치요구가 곧바로 실효된다고 할 수 없고, 乙로서는 이 사건 조치요구를 따라야 할 의무를 여전히 부담한다고 할 것이므로, 乙에게는 이 사건 조치요구의 취소를 구할 법률상 이익도 있다고 할 것이다(대판 2013.7.25. 2011두1214).

2 원고적격

1. 개념

항고소송을 제기하여 본안판단을 받을 자격이 있는 자이다.

> **판례**
> 1. 해당 처분을 다툴 법률상 이익이 있는지 여부는 직권조사사항으로 이에 관한 당사자의 주장은 직권발동을 촉구하는 의미밖에 없으므로, 원심법원이 이에 관하여 판단하지 않았다고 하여 판단유탈의 상고이유로 삼을 수 없다(대판 2017.3.9. 2013두16852).
> 2. **원고적격**은 소송요건의 하나이므로 **사실심 변론종결 시는 물론 상고심에서도 존속하여야** 하고 이를 흠결하면 부적법한 소가 된다(대판 2007.4.12. 2004두7924).

2. 원고적격의 요건

처분 등의 취소를 구할 법률상 이익이 있는 자가 원고적격을 가진다(「행정소송법」제12조). 개별적, 구체적, 직접적인 이익을 가지는 자이며, 불이익처분의 상대방에 해당하면(수범자이론) 취소소송을 제기할 원고적격이 있다.

(1) 법률상 이익의 의미

권리구제설	처분으로 권리가 침해된 자가 원고적격을 가진다.
법률상 이익구제설	법률에서 보호되고 있는 이익을 가진 자가 원고적격을 가진다(통설과 판례).
보호가치가 있는 이익구제설	위법한 처분에 의해 침해되는 이익이 소송법상 보호가치가 있는 이익이라면 이를 침해받은 자가 원고적격을 가진다.
적법성 보장설	처분의 적법성 여부에 가장 밀접한 이해관계를 가진 자가 원고적격을 가진다.
판례	법률상 이익구제설

> **판례**
>
> 1. **원고적격의 결정**(대판 2019.8.30. 2018두47189)
>   법률상 이익이란 해당 처분의 근거 **법률로 보호되는 직접적이고 구체적인 이익**을 가리키고, 간접적이거나 사실적·경제적 이해관계를 가지는 데 불과한 경우는 포함되지 않는다.
> 2. **불이익처분의 상대방**(대판 2018.3.27.2015두47492)
>   항고소송은 처분 등의 취소 또는 무효확인을 구할 법률상 이익이 있는 자가 제기할 수 있고, **불이익처분의 상대방**은 직접 개인적 이익의 침해를 받은 자로서 원고적격이 인정된다.
> 3. **수익처분의 상대방**(대판 1995.8.22. 94누8129 ; 대판 2020.4.9. 2015다34444)
>   수익처분의 상대방은 그의 권리나 법률상 보호되는 이익이 침해되었다고 볼 수 없으므로 달리 특별한 사정이 없는 한 취소를 구할 이익이 없다.
> 4. **문화재지정에 의한 명예**(대판 2001.9.28. 99두8565)
>   설령 지정처분으로 인하여 어느 개인이나 그 선조의 명예 내지 명예감정이 손상되었다고 하더라도, 그러한 명예 내지 명예감정은 위 지정처분의 근거 법규에 의하여 직접적·구체적으로 보호되는 이익이라고 할 수 없으므로 그 처분의 취소를 구할 법률상의 이익에 해당하지 아니한다.

(2) 제3자

1) 기본 법리

행정처분의 직접 상대방이 아닌 제3자라도, 그 처분으로 인해 법률상 보호되는 이익이 침해된 경우 취소소송을 제기할 수 있다. 여기서 법률상 보호되는 이익이란, 처분의 근거 법규와 관련 법규에 의해 보호되는 개별적·직접적·구체적 이익을 의미하며, 단순한 공익 보호로 인해 국민 일반이 가지는 일반적·추상적 이익과 같이 사실적·경제적 이해관계를 갖는 데 불과한 경우는 포함되지 아니한다. 당해 처분의 근거 법규 또는 관련 법규에서 명시적으로 당해 이익을 보호하는 명문의 규정이 없더라도 **근거 법규와 관련 법규의 합리적 해석상** 그 법규에서 행정청을 제약하는 이유가 순수한 공익의 보호만이 아닌 **개별적·직접적·구체적 이익**을 보호하는 취지가 포함되어 있다고 해석되는 경우까지를 말한다(대판 2023.1.12. 2022두56630).

2) 판례

① **교육감이 사립학교 법인에 대해 직원들의 호봉정정 및 급여환수를 명령하고**, 이를 이행하지 않을 경우 보조금 지급 중단을 경고한 것은 법적 구속력이 있는 행정처분에 해당한다. 사립학교 직원들은 이 명령으로 인해 급여 삭감이나 환수 등의 직접적이고 구체적인 손해를 입게 되므로, 이를 다툴 개별적·직접적·구체적 이해관계가 있다(대판 2023.1.12. 2022두56630).

② 집합건물의 공용부분을 대수선하려면 구분소유자 2/3 이상의 동의를 받아야 하며, 이 규정은 구분소유자의 개별적 이익을 보호하기 위한 것이다. 따라서 **공용부분의 대수선과 관련된 행정청의 허가나 사용승인 처분에 대해, 해당 집합건물의 구분소유자도** 처분 취소를 구할 원고적격이 인정된다(대판 2024.3.12. 2021두58998).

③ 「법무사규칙」 제37조 제4항이 이의신청 절차를 규정한 것은 채용승인을 신청한 법무사뿐만 아니라 사무원이 되려는 사람의 이익도 보호하려는 취지로 볼 수 있다. 따라서 지방법무사회의 사무원 채용승인 거부처분 또는 채용승인 취소처분에 대해서는 **처분상대방인 법무사뿐만 아니라 그 때문에 사무원이 될 수 없게 된 사람도** 이를 다툴 원고적격이 인정되어야 한다(대판 2020.4.9. 2015다34444).

(3) 법률상 보호되는 이익의 확장

> **판례**
>
> 1. **제3자의 법률상 이익의 확대화 경향**(대판 2015.7.23. 2012두19496)
>   당해 처분의 근거 법규 또는 **관련 법규에서 명시적으로 당해 이익을 보호하는 명문의 규정이 없더라도 근거 법규 및 관련 법규의 합리적 해석상** 그 법규에서 행정청을 제약하는 이유가 순수한 공익의 보호만이 아닌 개별적·직접적·구체적 이익을 보호하는 취지가 포함되어 있다고 해석되는 경우까지를 말한다.
> 2. **근거 법령의 범위를 일련의 절차법규로까지로 확대한 경우**(대판 1998.4.24. 97누3286)
>   **자연공원법령뿐 아니라 환경영향평가법령도 당해 변경승인 및 허가처분에 직접적인 영향을 미치는 근거 법률이 된다.**
> 3. 지방자치단체장이 공장시설을 신축하는 회사에 대하여 사업승인 내지 건축허가 당시 부가하였던 조건을 이행할 때까지 신축공사를 중지하라는 명령을 한 경우, 위 회사에게는 중지명령의 원인사유가 해소되었음을 이유로 당해 공사중지명령의 해제를 요구할 수 있는 권리가 조리상 인정된다(대판 2007.5.11. 2007두1811).
> 4. **기본권**
>   ① **헌법상 기본권이 바로 구체적 권리인 경우**: 자유권 같은 기본권은 구체적 권리이므로 법률상 이익에 해당한다. 따라서 국세청장이 병마개 제조업자로 경쟁업체를 지정한 경우 경쟁자를 보호하는 별도 규정이 없어도 경쟁의 자유에 대한 침해가 있다면 행정청의 지정행위에 대해 취소를 구할 법률상 이익이 인정된다(헌재 1998.4.30. 97헌마141).
>   ② **헌법상 기본권이 구체적 권리가 아닌 경우**: 모든 헌법상 기본권이 구체적 권리로서 행정주체에게 일정한 행위를 청구할 권리라고 할 수는 없다. 왜냐하면 헌법상 기본권 중 추상적 권리는 구체적 입법 없이는 일정한 행위를 청구할 수 없기 때문이다. 예를 들면 의료보험수급권은 헌법규정만으로는 이를 실현할 수 없고 의료보험수급권의 구체적 내용 즉, 수급요건·수급권자의 범위·급여금액 등은 법률에 의하여 비로소 확정된다(헌재 2003.12.18. 2002헌바1).

3. 경업자소송

(1) 의의

A는 운전면허사업자이다. 같은 버스노선에 행정청이 B에게 사업면허를 새롭게 부여하자, A는 처분의 취소를 구하는 소송을 제기하였다. A와 B는 경업자(競業者) 또는 경쟁자이므로 A가 제기하는 소송을 경업자소송 또는 경쟁자소송이라 한다.

(2) 일반적 검토

1) 인허가처분의 근거 법규가 공익만을 위한 것인 경우

사익보호성이 없으므로 주관적 공권을 주장할 수 없어, 법원은 원고 부적격으로 각하한다.

2) 인허가처분의 근거 법규가 공익뿐 아니라 원고의 사익까지 보호하기 위한 것인 경우

원고적격이 인정된다.

(3) 개별적 검토

1) 운송사업자 A의 법률상 이익

행정청이 B의 버스노선을 연장하여 A의 노선과 중첩되게 한 인가처분에 대해, A는 법률상 이익이 있다. 이는 구 자동차운수사업법이 업자 간의 경영 불합리를 방지하고 기존업자의 경영을 보호하려는 목적이 있기 때문이다(대판 1974.4.9. 73누173).

2) 기존 해상운송업자의 법률상 이익

구 해상운송사업법에 따른 신규선박운항사업면허처분에 대해 기존업자는 경영 합리화 보호를 위한 법률상 이익이 있다(대판 1969.12.30. 69누106).

3) 담배소매인의 법률상 이익

「담배사업법」에 따르면 기존 담배소매인은 신규 담배소매인 지정에 대한 법률상 보호되는 이익이 있다. 그러나 **일반소매인은 구내소매인 지정처분**에 대해 법률상 보호되는 이익이 없다(대판 2008.3.27. 2007두23811 ; 대판 2008.4.10. 2008두402).

4) 축산폐수 수집·운반업자의 법률상 이익

구 축산폐수 수집·운반업법은 과당경쟁 방지를 목적으로 하여, 해당 업자의 이익은 법률상 보호되는 이익이다(대판 2006.7.28. 2004두6716).

5) 약종상의 법률상 이익

「약사법 시행규칙」에 따라 약종상의 허가지역은 특정 조건을 충족해야 하며, 영업소 이전 허가는 기존 업자의 법률상 이익을 해치는 위법한 처분이다(대판 1988.6.14. 87누873).

6) 기존 광산업자의 법률상 이익

행정청이 다른 광산업자에게 인접 지역에 광구를 증구하는 허가를 내준 경우, 기존 광산업자의 이익은 법률상 보호되는 이익이다. 이는 경계 분쟁과 침굴 우려 등을 방지하기 위해 제정된 법에 근거한다(대판 1982.7.27. 81누271).

7) 유선방송사업자의 법률상 이익

방송법은 허가를 받은 업자 간의 과당경쟁을 방지하여 사익을 보호하므로, 중계유선방송사업자의 사업상 이익은 법률상 보호되는 이익이다(대판 2007.5.11. 2004다11162).

8) 장의자동차운송사업의 반사적 이익

과징금 부과처분을 취소한 재결에 대해 동종업자가 제기하는 소송은 반사적 이익에 불과하여 법률상 이익이 없다(대판 1992.12.8. 91누13700).

9) <u>경업자에 대한 행정처분이 경업자에게 불리한 내용이라면 그와 경쟁관계에 있는 기존의 업자에게는 특별한 사정이 없는 한 유리할 것이므로 기존의 업자가 그 행정처분의 무효확인 또는 취소를 구할 이익은 없다고 보아야 한다.</u> 따라서 乙에 대한 1차 도선사업면허 변경처분이 도선의 정원을 394명에서 504명으로 늘려 원고 甲에게 불리한 반면, 2차 변경처분은 정원을 393명으로 감축하여 원고 甲에게 유리하다. 따라서 원고 甲은 2차 변경처분의 무효확인이나 취소를 구할 소의 이익이 없다(대판 2020.4.9. 2019두49953).

10) 공중목욕장업자의 영업상 이익(대판 1963.8.31. 63누101), 석탄가공업자의 영업상 이익(대판 1980.7.22. 80누33), 여관업자의 경영상 이익(대판 1990.8.14. 89누7900), 한약조제권에 대한 한의사의 영업상 이익이 감소되더라도 이는 법률상 보호되는 이익이 아니라 사실상의 이익에 불과하다(대판 1998.3.10. 97누4289).

4. 경원자소송

(1) 수인이 인허가 등의 수익적 행정처분을 신청하였는데 행정청이 일방 당사자에게 인·허가를 해 준 경우 제3자가 인허가의 취소 등을 제기하는 소송이다.

(2) **경원자는 법적 자격의 흠결로 신청이 인용될 수 없는 경우를 제외하고**는 경원관계가 인정되면 원고적격을 인정받는다(대판 2009.12.10. 2009두8359). 또한 거부처분의 취소판결이 확정되더라도 경원자에 대한 허가가 바로 취소되지는 않지만, 행정청은 판결의 기속력에 따라 위법사유를 배제하고 양측의 신청을 다시 심사할 의무가 있다. 그 결과, 경원자에 대한 처분이 직권취소되고 원고에게 허가가 나올 가능성을 배제할 수 없으므로, 허가를 받지 못한 사람은 거부처분 **취소를 구할 소의 이익이 있다**(대판 2015.10.29. 2013두27517).

> **판례**
> 1. 국세청장이 특정 업자를 병마개 제조업자로 지정한 경우 병마개 업자로 지정받지 못한 자는 법률상 이익을 침해받을 수 있다(헌재 1998.4.30. 97헌마141).
> 2. LPG 충전사업신규허가에 대해 허가를 받지 못한 자는 취소를 다툴 이익이 있다(대판 1992.5.8. 91누13274).
> 3. 법학전문대학원 인가를 받지 못한 대학교는 인가에 대해 취소를 구할 이익이 있다(대판 2009.12.10. 2009두8359).
> 4. 기존의 대학교 교수는 같은 학과 교수임용의 취소를 구할 법률상 이익은 없다(대판 1995.12.12. 95누11856).
> 5. 서울시립대학교 총장이 경제학적으로 접근하여야 하는 조세정책과목의 담당교수를 행정학을 전공한 자로 임명함으로써 동 대학 세무학과 학생들이 받은 불이익은 간접적이거나 사실적인 불이익에 지나지 아니하여, 그것만으로는 임용처분의 취소를 구할 법률상의 이익이 없다(대판 1993.7.27. 93누8139).
> 6. 영어 과목의 2종 교과용 도서에 대하여 검정신청을 하였다가 불합격결정처분을 받은 자는 자신들이 검정신청한 교과서의 과목과 전혀 관계가 없는 수학 과목의 교과용 도서에 대한 합격결정처분에 대하여 그 취소를 구할 법률상 이익이 없다(대판 1992.4.24. 91누6634).

5. 이웃소송(인인소송·주민소송)

(1) 의의

특정인에게 주어지는 수익적 행위가 타인에게 법률상 불이익을 초래하는 경우에 그 타인이 법률상 이익의 침해를 다투는 소송을 이웃소송이라 한다.

(2) 원고적격 여부

1) 관련 법규정이 오로지 공익만을 목적으로 하는 경우

원고적격은 인정되지 않는다.

2) 관련 법규정이 사익보호를 목적으로 하는 경우

원고적격은 인정된다.

3) 판단기준

행정처분의 직접 상대방이 아닌 제3자라도 당해 행정처분의 취소를 구할 법률상의 이익이 있는 경우에는 원고적격이 인정되는데, 여기서 말하는 **법률상의 이익은 당해 처분의 근거 법률에 의하여 보호되는 직접적이고 구체적인 이익이 있는 경우를 말하고, 다만 공익보호의 결과로 국민 일반이 공통적으로 가지는 추상적·평균적·일반적인 이익과 같이 간접적이나 사실적·경제적 이해관계를 가지는 데 불과한 경우는 여기에 포함되지 않는다.**

> **판례**
>
> 1. 상수원보호구역 설정의 근거가 되는 수도법 규정은 상수원의 확보와 수질보전일 뿐이고, 그 상수원에서 급수를 받고 있는 지역주민들이 가지는 이익은 상수원의 확보와 수질보호라는 공공의 이익이 달성됨에 따라 반사적으로 얻게 되는 이익에 불과하다. 따라서 상수원 보호구역 변경처분에 대해 취소를 구할 원고적격이 인정되지 않는다(대판 1995.9.26. 94누14544).
> 2. 「매장 및 묘지에 관한 법률 시행령」은 공설화장장은 20호 이상의 인가가 밀집한 지역으로부터 1000미터 이상 떨어진 곳에 설치하도록 규정하고 있다. **이러한 시행령은 주민들의 주거환경을 보호할 목적을 가지고 있다.** 따라서 도시계획결정처분의 취소를 구할 원고적격이 인정된다(대판 1995.9.26. 94누14544).
> 3. **환경영향평가 대상지역 안의 주민들과 밖에 거주하는 주민**
>   ① **환경영향평가 대상지역 안 주민의 원고적격:** 공유수면매립면허처분과 농지개량사업 시행인가처분으로 인해 환경피해를 받을 우려가 있는 환경영향평가 대상지역 내 주민은 그 환경상의 이익이 직접적·구체적으로 보호되므로, 해당 처분의 무효확인을 구할 원고적격이 인정된다(대판 전합 2006.3.16. 2006두330).
>   ② **헌법 및 「환경정책기본법」의 한계:** 헌법 제35조 제1항과 「환경정책기본법」 제6조만으로는 환경영향평가 대상지역 밖에 거주하는 주민에게 구체적인 권리를 부여하지 않는다(대판 전합 2006.3.16. 2006두330).
>   ③ **환경영향평가 대상지역 밖 주민의 원고적격:** 환경영향평가 대상지역 밖 주민도 처분 전과 비교하여 수인한도를 넘는 환경피해를 받거나 받을 우려가 있음을 입증하면, 해당 처분의 무효확인을 구할 원고적격이 인정된다(대판 2006.3.16. 2006두330).
>   ④ **환경상 이익 보호:** 「산업집적 활성화 및 공장설립에 관한 법률」과 「국토의 계획 및 이용에 관한 법률 시행령」에 의해 환경상 이익은 법률상 보호되는 이익으로, 공장설립승인처분의 취소를 구할 원고적격이 있다(대판 2010.4.15. 2007두16127).
>   ⑤ **환경상 이익에 대한 침해 또는 침해 우려가 있는 것으로 사실상 추정되어 원고적격이 인정되는 사람**에는 단지 그 영향권 내의 건물·토지를 소유하거나 환경상 이익을 일시적으로 향유하는 데 그치는 사람은 포함되지 않는다(대판 2009.9.24. 2009두2825).
> 4. **문화재 지정처분과 명예감정**(대판 2001.9.28. 99두8565)
>   A가 경상남도의 문화재 지정처분으로 인해 명예감정이 손상되었다고 주장하더라도, 이는 「문화재보호법」 등이 보호하려는 구체적 이익이 아니므로 법률상 보호되는 이익이 아니다.
> 5. **문화재보호구역 지정해제 신청권**(대판 2004.4.27. 2003두8821)
>   문화재보호구역 내 토지소유자는 보호구역 지정해제를 요구할 법규상 또는 조리상의 신청권이 있으며, 이러한 신청에 대한 거부행위는 항고소송의 대상이 되는 행정처분에 해당한다.

6. **일반도로이용자의 이익**(대판 1992.9.22. 91누13212)

   일반적인 시민생활에서 도로를 이용하는 사람은 도로 용도폐지를 다툴 법률상 이익이 없다.

7. **특별한 사정이 있는 경우 도로 용도폐지**(대판 1992.9.22. 91누13212)

   공공용재산이 특정 개인의 생활에 개별적이고 직접적인 이익을 부여하여 법률상 보호가 필요한 경우, 해당 도로의 용도폐지처분을 다툴 법률상 이익이 인정된다.

사례연구

1. **사건개요:** 피고가 한전에 대해 영광원자력발전소 건설부지 사전승인처분을 했다.
2. **허가기준:** 「원자력법」제12조 제2호, 제3호로 규정한 원자로 및 관계 시설의 허가기준에 관한 사항은 건설허가처분의 기준이 됨은 물론 부지사전승인처분의 기준으로도 된다.
3. **원자로 시설 부지사전승인처분:** 이 사건 부지사전승인처분은 원자로 등의 건설허가 전에 그 부지가 원자력법의 관계 규정에 비추어 적법성을 구비한 것인지 여부를 심사하여 행하는 사전적 부분 건설허가처분이다.
4. **지역 내 주민들의 원고적격:** 「원자력법」은 방사성물질에 의한 생명, 건강상의 위해방지를 목적으로 하고 있으므로 지역 주민들의 이익도 보호하려는 취지를 가지고 있다. 따라서 지역 내의 주민들은 부지사전승인처분의 취소를 구할 원고적격이 인정된다.
5. **방사성 물질 이외의 원인에 의한 환경침해를 받지 않고 생활할 수 있는 이익:** 「환경영향평가법」에는 환경영향평가 대상지역 안의 주민들이 방사성물질 이외의 원인에 의한 환경침해(예 원전냉각수 순환 시 발생되는 온배수로 인한 환경침해)를 받지 않을 이익을 구체적이고 직접적으로 보호하고 있다.
6. **부지사전승인처분이 있은 후 원자로 건설허가처분이 있는 경우 부지사전승인처분의 취소를 구할 소의 이익:** 원자로 부지사전승인처분은 건설부지를 확정하고 사전공사를 허용하는 독립된 행정처분이지만, 건설허가의 일부 요건을 사전에 심사하는 성격을 가진다. 건설허가처분이 내려지면 부지사전승인처분은 그에 흡수되어 존재가치를 상실하게 된다. 따라서 부지사전승인처분의 취소를 구하는 소는 소의 이익을 잃게 되며, 위법성은 건설허가처분의 취소를 구하는 소송에서 다투면 된다(대판 1998.9.4. 97누19588).

---

6. 원고적격 관련 판례

(1) 원고적격 긍정

1) 법인의 주주가 행정처분 취소를 구할 원고적격

법인의 주주는 사실상이나 간접적인 이해관계를 가질 뿐, 행정처분의 취소를 구할 원고적격이 없다. 다만 법인이 더 이상 영업 전부를 행할 수 없게 되고, 영업에 대한 인허가의 취소 등을 거쳐 해산·청산되는 절차 또한 처분 당시 이미 예정되어 있으며, 그 후속절차가 취소되더라도 그 처분의 효력이 유지되는 한 당해 **법인이 종전에 행하던 영업을 다시 행할 수 없는 예외적인 경우에는** 원고적격이 인정된다(예 은행업무정지처분, 주식 소각 등 주주의 지위에 중대한 영향을 초래하는 경우)(대판 2005.1.27. 2002두5313).

2) 「사립학교법」과 시행령은 헌법 제31조 제4항에 정한 교육의 자주성과 대학의 자율성에 근거한 甲대학교 교수협의회와 총학생회의 학교운영참여권을 구체화하여 이를 보호하고 있다고 해석되므로, 교육부장관이 사학분쟁조정위원회의 심의를 거쳐 甲대학교를 설치·운영하는 乙학교법인의 이사 8인과 임시이사 1인을 선임한 데 대하여 이사선임처분의 취소를 구하는 소송을 제기한 사안에서, **甲대**

학교 교수협의회와 총학생회는 이사선임처분을 다툴 법률상 이익을 가지지만, **전국대학노동조합 甲대학교지부**는 법률상 이익이 없다(대판 2015.7.23. 2012두19496).

3) 약제급여고시에서 상한금액 인하로 보호되는 법률상 이익이 침해되는 경우, **제약회사**는 원고적격이 있다(대판 2006.9.22. 2005두2506).
4) **임원으로 선임된 자**는 임원취임승인 반려처분에 대해 원고적격이 있다(대판 2007.12.27. 2005두9651).
5) 임차인 대표회의는 분양전환승인처분의 취소를 구할 원고적격이 있다(대판 2010.5.13. 2009두19168).
6) 구속된 피고인은 접견허가거부처분의 취소를 구할 원고적격이 있다(대판 1992.5.8. 91누7552).
7) 채석허가를 양수받은 자는 양도인의 허가 취소처분에 대해 원고적격이 있다(대판 2003.7.11. 2001두6289).
8) 기존회원은 골프장 회원모집계획서에 대한 시·도지사의 검토결과 통보의 취소를 구할 법률상의 이익이 있다(대판 2009.2.26. 2006두16243).
9) 상당한 재산을 출연한 자나 학교 발전에 기여한 자는 원고적격이 있다(대판 2013.9.12. 2011두33044).
10) 위명을 사용한 외국인은 난민불인정처분의 취소를 구할 원고적격이 있다(대판 2017.3.9. 2013두16852).
11) 분양신청기간 내에 분양신청을 하지 않은 토지소유자도 관리처분계획의 무효확인을 구할 원고적격이 있다(대판 2011.12.8. 2008두18342).
12) 대한민국에서 출생하고 오랜 기간 거주한 외국인은 원고는 대한민국에서 출생하여 오랜 기간 대한민국 국적을 보유하면서 거주한 사람이므로 이미 대한민국과 실질적 관련성이 있거나 대한민국에서 법적으로 보호가치 있는 이해관계를 형성하였다고 볼 수 있다. 사증발급 거부처분의 취소를 구할 원고적격이 있다(대판 2019.7.11. 2017두38874).
   * 외국인은 사증발급 거부처분의 취소를 구할 법률상 이익이 없다(대판 2018.5.15. 2014두42506).
13) 연구단위별로 지원된 연구개발비 협약 해지 통보에 대해 연구팀장은 원고적격이 있다(대판 2014.12.11. 2012두28704).
14) 도시환경정비사업에 대한 사업시행계획이 당연무효인 경우, 분양신청기간 내에 분양신청을 하지 않거나 분양신청을 철회하여 「도시 및 주거환경정비법」 제47조 등에 의하여 **조합원의 지위를 상실한 토지 등 소유자**에게도 관리처분계획의 무효확인 또는 취소를 구할 법률상 이익이 있다(대판 2011.12.8. 2008두18342).

(2) 원고적격 부정

1) 수익적 행정처분의 상대방은 원칙적으로 그 처분의 취소를 구할 이익이 없다(대판 1995.5.26. 94누7324).
2) 절대평가로 탈락한 업체는 시공업체 선정결정에 대해 원고적격이 없다(대판 2021.2.4. 2020두48772).
3) 운수회사에 대한 과징금 부과처분으로 상여금이 제한된 운전기사는 원고적격이 없다(대판 1994.4.12. 93누24247).
4) 신청대로 이루어진 토지거래허가에 대해 매도인은 원고적격이 없다(대판 1995.5.26. 94누7324).
5) 연식품 협동조합은 조합원에 대한 허가취소처분의 취소를 구할 원고적격이 없다(대판 1987.5.26. 87누119).
6) 대한의사협회는 건강보험 요양급여 행위 개정 고시의 취소를 구할 원고적격이 없다(대판 2006.5.25. 2003두11988).

7) 개발제한구역 해제대상에서 누락된 토지소유자는 원고적격이 없다(대판 2008.7.10. 2007두10242).
8) 원천납세의무자는 원천징수의무자에 대한 납세고지를 다툴 원고적격이 없다(대판 1994.9.9. 93누22234).
9) 국세체납처분 이후 압류부동산 매수자는 압류처분의 취소를 구할 원고적격이 없다(대판 1985.2.8. 82누524).
10) 행정청은 행정심판 인용재결에 대해 항고소송을 제기할 수 없다(대판 1998.5.8. 97누15432).
11) 과징금 부과처분을 취소하는 재결에 대해 장의자동차 동종업자는 원고적격이 없다(대판 1992.12.8. 91누13700).
12) 제주해군기지 건설 관련 절대보존지역 변경처분에 대한 지역주민은 원고적격이 없다(대판 2012.7.5. 2011두13187, 13194).
13) 재단법인 수녀원은 소속 수녀들의 환경상 이익 침해로 원고적격이 없다(대판 2012.6.28. 2010두2005).
14) 생태·자연도 1등급에서 2등급, 3등급으로 변경한 결정의 무효확인소송에서 인근 주민은 원고적격이 없다(대판 2014.2.21. 2011두29052).
15) 원천징수의무자에 대한 소득금액변동통지는 원천납세의무의 존부나 범위와 같은 원천납세의무자의 권리나 법률상 지위에 어떠한 영향을 준다고 할 수 없으므로 소득처분에 따른 소득의 귀속자는 법인에 대한 소득금액변동통지의 취소를 구할 법률상 이익이 없다(대판 2015.3.26. 2013두9267).

제7절 소의 이익(좁은 의미의 소의 이익)

1 의의

1. 소의 이익 개념

소의 이익은 본안판결을 통해 실현되는 이익이다. 만약, 법원이 처분의 취소를 통해 원고의 법률상 이익이 구제될 수 있다면 소의 이익은 인정된다. 소의 이익은 소송요건이므로 **사실심 변론종결 시를 기준**으로 한다.

2. 판례의 경향

판례상 협의의 소익의 인정범위는 ① 부수적 이익의 회복을 위한 경우, ② 기존의 위법한 처분으로 인한 장래의 불이익을 제거하기 위한 경우, ③ 동일한 소송당사자 사이에서 동일한 사유로 위법한 처분이 반복될 위험성이 있는 경우 ④ 행정처분의 위법성 확인 내지 불분명한 법률문제에 대한 해명이 필요한 경우 등에서 협의의 소익을 인정하는 것으로 점차 확대되어 왔다.

3. 소의 이익 유무의 일반적 판단기준

처분의 효력이 소멸한 경우, 권익침해가 해소된 경우, 원상회복이 불가능한 경우 및 보다 실효적인 권리구제절차가 있는 경우에는 소의 이익이 부정된다. 그러나 취소를 통하여 구제되는 기본적인 법률상 이익 뿐만 아니라 부수적 이익이 있는 경우 소의 이익은 인정된다. 사실상·경제상 이익은 법률상 이익에 해당하지 않는다. 원고가 처분이 위법하다는 점에 대한 판결을 받아 손해배상청구소송에서 이를 원용할 수 있는 이익은 사실적·경제적 이익에 불과하여 소의 이익에 해당하지 않는다고 본다(대판 2002.1.11. 2000두2457).

> **판례**
>
> 1. 파면처분 후 당연퇴직이 된 경우라도(대판 1985.6.25. 85누39), 해임처분 무효확인 또는 취소소송 중 임기가 만료되어도(대판 2012.2.23. 2011두5001), 사립학교 교원이 해임처분을 다투던 중 형사판결 확정 등으로 당연퇴직사유가 발생해 교원의 지위를 회복할 수 없더라도(대판 2024.2.8. 2022두50571) 그로 인해 박탈당한 이익(급여청구권)의 회복을 구할 소의 이익이 있다.
> 2. 직위해제처분이 해임처분에 의해 효력을 상실하더라도 근로자는 직위해제처분에 대한 구제를 신청할 이익이 있다(대판 2010.7.29. 2007두18406).
> 3. **근로계약기간 만료로 원직복직이 불가능한 경우에도 해고기간 중 임금 지급의 구제 필요성이 있으므로** 중앙노동위원회의 부당해고구제재심판정을 취소를 구할 소의 이익을 인정해야 한다(대판 전합 2020.2.20. 2019두52386).
> 4. 지방의회 의원이 제명의결 취소소송 중 임기가 만료되었더라도 제명의결의 취소로 제명의결 시부터 임기만료일까지의 월정수당 지급을 구할 수 있으므로 법률상 이익이 있다(대판 2009.1.30. 2007두13487).
> 5. 징계처분으로 감봉처분이 있은 후 자진 퇴직하여도 위법한 감봉처분의 취소가 필요한 경우 그 취소를 구할 소의 이익이 있다(대판 1977.7.12. 74누147).
> 6. 공무원이 파면처분을 받은 후 일반사면이 있었다 하더라도, 「사면법」에 의해 기성의 효과는 변경되지 않으므로 파면처분의 위법을 주장하여 그 취소를 구할 소송상 이익이 있다(대판 1983.2.8. 81누121).

4. 명예, 신용의 이익

명예, 신용의 이익도 법률상 이익 또는 부수적 이익에 해당하는지가 문제가 된다.

소극설	명예·신용 등의 침해를 이유로 실효된 처분의 취소를 구하는 경우, 이는 간접적·사실상 이익에 불과하므로 법률상 이익이 없어 각하해야 한다는 견해
적극설	징계처분의 취소를 구하는 소송계속 중에 임기만료로 계쟁처분의 효력이 소멸한 경우에도 명예·신용 등의 인격적 이익, 장래의 취직에 있어서의 불이익 제거와 같은 사회적 이익을 법률상 이익으로 인정할 수 있다는 견해
정당한 이익설	법률상 이익보다 넓은 것으로서 원고의 경제적·정치적·사회적·문화적·종교적 이익까지 포함하는 것으로 보는 견해
판례	① 원칙적으로 소극적 입장이다. ② 고등학교 퇴학사건에서는 대입 검정고시에 합격한 경우에도 퇴학처분을 취소함으로 명예가 회복될 수 있다고 하여 소의 이익을 인정한 바 있다.

5. 소송을 통해 구제될 수 있는 현실적 이익

소송에 의해 보호되는 현실적 이익이어야 하므로 추상적 이익 또는 과거의 이익만으로는 소의 이익이 인정되지 아니하고 보다 실효적인 구제수단이 있는 경우에도 소의 이익이 부정된다.

판례

1. 甲회사는 乙회사의 1순위 조사협조자 지위확인 취소를 구할 소의 이익이 없다. 이는 乙회사의 지위가 취소되어도 甲회사가 그 지위를 승계하지 않으며, 甲회사는 감면불인정의 위법 여부를 다투어 번복되면 1순위 지위를 인정받을 수 있기 때문이다(대판 2012.9.27. 2010두3541).

2. 국민의 정보공개청구권은 법률상 보호되는 구체적인 권리이므로, 공공기관에 대하여 정보의 공개를 청구하였다가 공개거부처분을 받은 청구인은 행정소송을 통하여 그 공개거부처분의 취소를 구할 법률상의 이익이 있고, 공개청구의 대상이 되는 **정보가 이미 다른 사람에게 공개되어 널리 알려져 있다거나 인터넷 등을 통하여 공개되어 인터넷검색 등을 통하여 쉽게 알 수 있다는 사정만으로는 소의 이익이 없다거나** 비공개결정이 정당화될 수 없다(대판 2010.12.23. 2008두13101).

3. 이 사건 징계처분에 대한 항고 절차에서 원고가 징계위원회 구성에 절차상 하자가 있다는 점을 알게 되었다거나 이 사건 징계처분이 취소되었다고 하더라도, 그와 같은 사정들만으로 이 사건 처분의 취소를 구할 법률상 이익이 없다고 볼 수 없고, 피고가 원고의 정보공개청구를 거부한 이상 여전히 그 **정보공개거부처분의 취소를 구할 법률상 이익**을 갖는다고 할 것이다(대판 2022.5.26. 2022두34562).

4. 개발제한구역 안에서의 공장설립을 승인한 처분이 위법하다는 이유로 쟁송취소되었다고 하더라도 그 승인처분에 기초한 공장건축허가처분이 잔존하는 이상, 공장설립승인처분이 취소되었다는 사정만으로 인근 주민들의 환경상 이익이 침해되는 상태나 침해될 위험이 종료되었다거나 이를 시정할 수 있는 단계가 지나버렸다고 단정할 수는 없고, **인근 주민들은 여전히 공장건축허가처분의 취소를 구할 법률상 이익이 있다**(대판 2018.7.12. 2015두3485).

5. **도시개발사업의 공사 등이 완료되고 원상회복이 사회통념상 불가능하게 된 경우**에도, 도시계획변경결정처분, 도시개발구역지정처분 및 도시개발사업실시계획인가처분의 취소를 구할 법률상 이익은 소멸하지 않는다. 이는 각 처분의 취소가 토지수용, 환지 등의 법적 효력에 영향을 미치기 때문이다(대판 2005.9.9. 2003두5402).

6. 자동차운송사업 양수도계약이 후에 사해행위라 하여 확정판결로서 취소된 경우 행정청이 구 자동차운수사업법 제28조 제1항에 의하여 위 양수도계약에 관하여 한 인가처분도 마땅히 시정되어야 할 것이므로 **행정청이 그 시정에 응하지 않은 경우** 위 인가처분의 무효확인을 구할 이익이 있다(대판 전합 1979.2.13. 78누428).

7. 공익근무요원의 복무기간 만료로 소집해제된 경우 소집해제신청에 대한 거부처분의 취소를 구할 소의 이익은 없다(대판 2005.5.13. 2004두4369). 또한 자진 현역입대 후 현역병입영대상자로 병역처분의 위법을 다툴 실제적 효용 내지 이익이 없다(대판 1998.9.8. 98두9165). 그러나 현역입영대상자로서는 현실적으로 입영을 하였다고 하더라도, 입영 이후의 법률관계에 영향을 미치고 있는 현역병입영통지처분 등을 한 관할 지방병무청장을 상대로 위법을 주장하여 그 취소를 구할 소송상의 이익이 있다(대판 2003.12.26. 2003두1875).

8. 甲이 주민등록 직권말소처분을 받고 같은 주소지에 재등록한 후 직권말소처분의 무효확인을 구한 사건에서, 주민등록 직권말소처분을 받은 자는 이의신청, 행정심판 또는 행정소송을 통해 구제받을 수 있으며, 재등록하더라도 말소된 주민등록의 효력이 소급하여 상실되거나 이력이 삭제되지 않는다. 직권말소 기간 동안 공법상의 주소가 없어 지방자치단체의 주민으로서 권리를 행사할 수 없었던 점을 고려할 때, 甲이 직권말소처분의 무효확인을 구하는 것은 권리와 지위의 불안을 제거하기 위한 유효한 수단이므로 확인의 이익이 인정된다(대판 2017.7.11. 2017두45841).

9. 乙주식회사는 甲주식회사로부터 '제주일보' 명칭 사용을 허락받아 신문을 발행해 왔으나, 甲회사의 사업을 양수한 丙주식회사가 사업자 지위승계신고 및 등록사항 변경을 신고해 도지사가 이를 수리했다. 丙의 신문 등록으로 乙회사의 '제주일보' 명칭 사용 지위가 불안정해지므로 **신문사업자 지위승계신고 수리 및 신문사업변경등록처분의 무효확인 또는 취소를 구할 법률상 이익이 인정된다**(대판 2019.8.30. 2018두47189).

10. 유효한 공장등록으로 인해 법률에 의해 보호되는 직접적·구체적 이익이 있다면, 공장건물의 멸실 여부와 관계없이 공장등록취소처분의 취소를 구할 법률상의 이익이 있다(대판 2002.1.11. 2000두3306).
11. 부실금융기관이 영업활동을 재개할 가능성이 있으므로, 금융감독위원회의 부실금융기관에 대한 영업인가취소처분에 대한 취소를 구할 소의 이익이 있다(대판 2006.7.28. 2004두13219).
12. 압류처분에 기한 압류등기가 경료된 경우에도 압류처분의 무효확인을 구할 이익이 있다(대판 2003.5.16. 2002두3669).
13. **사업의 양도행위가 무효라고 주장하는 양도자가 양도·양수행위의 무효를 구함이 없이 사업양도·양수에 따른 허가관청의 지위승계 신고수리처분의 무효확인을 구할 법률상 이익이 있는지 여부**(대판 2005.12.23. 2005두3554)
    사업양도·양수에 따른 허가관청의 지위승계신고의 수리는 적법한 사업의 양도·양수가 있었음을 전제로 하는 것이므로 그 수리대상인 사업양도·양수가 존재하지 아니하거나 무효인 때에는 수리를 하였다 하더라도 그 수리는 유효한 대상이 없는 것으로서 당연히 무효라 할 것이고, 사업의 양도행위가 무효라고 주장하는 양도자는 민사쟁송으로 양도·양수행위의 무효를 구함이 없이 막바로 허가관청을 상대로 하여 행정소송으로 위 신고수리처분의 무효확인을 구할 법률상 이익이 있다.
14. 추진위원회 구성승인처분은 조합설립을 위한 중간단계 처분으로, 조합설립인가처분과는 독립적인 처분이다. **추진위원회 구성승인처분에 대한 취소 또는 무효확인 판결만으로는** 이미 조합설립인가를 받은 조합의 정비사업을 저지할 수 없으므로, 추진위원회 구성승인처분에 위법이 존재하여 조합설립인가 신청행위가 무효라는 점을 들어 직접 **조합설립인가처분을 다투어야 한다.** 따라서 추진위원회 구성승인처분에 대한 별도의 법률상 이익은 없다(대판 2013.1.31. 2011두11112).
15. 절차상 또는 형식상 하자로 무효인 행정처분에 대하여 행정청이 적법한 절차 또는 형식을 갖추어 다시 동일한 행정처분을 하였다면, 종전의 무효인 행정처분에 대한 무효확인청구는 과거의 법률관계의 효력을 다투는 것에 불과하므로 무효확인을 구할 법률상 이익이 없다(대판 2010.04.29. 2009두16879).
16. 원고는 술에 취해 아파트 주차장에 누워 있던 소외인을 현행범으로 체포한 후 공무집행방해죄로 고소했으나, 검사의 불기소처분이 내려졌고, 이후 국가인권위원회는 위법한 체포로 인한 인권침해를 이유로 원고에게 징계조치를 권고했다. 이에 상주경찰서장은 원고에게 성실의무와 품위유지의무 위반을 이유로 불문경고처분을 내렸다. 원고가 불문경고처분을 받은 후 소청심사청구 등을 하지 않았다는 점을 근거로, 원고에게 국가인권위원회 징계권고결정의 취소를 구할 법률상 이익이 없다(대판 2022.1.27. 2021두4025).

2 소의 이익 구체적 검토

1. 처분의 효력이 소멸한 경우

(1) 관련 법리

1) 원칙적으로 소의 이익이 인정되지 않는다. 행정처분의 무효확인소송이나 취소소송이 제소 당시에는 소의 이익이 있어 적법하였더라도, 소송 계속 중 처분청이 다툼의 대상이 되는 행정처분을 직권으로 취소하거나(대판 2020.4.9. 2019두49953). 또한 사실심 변론종결일 현재 **토석채취 허가기간이 경과하여 허가가 실효되었다면** 취소처분의 취소를 구하는 소는 소의 이익이 없다(대판 1993.7.27. 93누3899).

2) 처분 등의 효과가 기간의 경과, 처분 등의 집행 그 밖의 사유로 인하여 소멸된 뒤에도 그 처분 등의 취소로 인하여 회복되는 법률상 이익이 있는 자의 경우에는 소의 이익이 인정된다(「행정소송법」 제12조 단서).

판례

1. 행정청이 직권으로 **입찰참가자격제한처분을 취소한 경우** 이 사건 처분의 취소를 구할 소의 이익이 없어졌다 할 것이다(대판 2002.9.6. 2001두5200).
2. 주택재개발사업조합이 당초 조합설립변경인가 이후 적법한 절차를 거쳐 이를 변경하는 새로운 조합설립변경인가를 받은 경우, 당초 조합설립변경인가는 취소·철회되어 더 이상 존재하지 않는다. 따라서 특별한 사정이 없는 한 당초 조합설립변경인가의 취소를 구할 소의 이익은 없다. 그러나 당초 조합설립변경인가에 기초하여 후속 행위를 하였다면, 당초 변경인가의 무효 또는 취소 시 그 후속 행위도 소급하여 효력을 상실하게 되므로, 소의 이익이 소멸된다고 볼 수는 없다(대판 2013.10.24. 2012두12853).
3. 운전면허정지처분에서 정한 정지기간이 상고심 계속 중에 경과한 이후에는 운전면허자에게 그 운전면허정지처분의 취소를 구할 법률상의 이익이 없다(대판 1997.9.26. 96누1931).
4. 환지처분이 일단 공고되어 효력을 발생하게 되면 환지예정지 지정처분은 그 효력이 소멸되는 것이므로, 환지처분이 공고된 후에는 환지예정지 지정처분에 대하여 그 취소를 구할 법률상 이익은 없다(대판 1999.10.8. 99두6873).
5. 감액경정처분은 당초 처분의 일부(감액된 부분)를 취소하는 효력을 갖는 것이므로 감액된 부분에 대한 부과처분취소청구는 이미 소멸하고 없는 부분에 대한 것으로서 그 소의 이익이 없어 부적법하다(대판 2006.5.12. 2004두12698). 또한 과세관청이 직권으로 소득처분을 경정하면서 일부 항목은 증액하고 다른 항목은 감액하여 전체 소득처분금액이 감소된 경우, 이에 따른 소득금액변동통지는 납세자인 법인에게 불이익을 미치는 처분이 아니다. 따라서 해당 법인은 소득금액변동통지의 취소를 구할 소의 이익이 없다(대판 2012.4.13. 2009두5510). 마찬가지로 보험급여수급자에 대하여 부당이득 징수결정을 한 후 그 하자를 이유로 징수금 액수를 감액하는 경우, **징수의무자에게 감액처분의 취소**를 구할 소의 이익이 없다(대판 2012.9.27. 2011두27247).
6. 관할 지방병무청장이 1차로 병역의무 기피자 중 공개 대상자 결정을 하고, 그에 따라 병무청장이 같은 내용으로 최종적 공개결정을 하였다면, 공개 대상자는 병무청장의 최종적 공개결정만을 다투는 것으로 충분하고, 관할 지방병무청장의 공개 대상자 결정을 별도로 다툴 소의 이익은 없어진다. 또한 이 사건에서는 병무청장이 처분을 직권취소하였으므로, 소의 이익이 소멸하여 부적법하다고 판단된다(대판 2019.6.27. 2018두49130).
7. **행정청이 공무원에 대하여 새로운 직위해제사유에 기한 직위해제처분을 한 경우, 그 이전 처분의 취소를 구할 소의 이익**이 없어 부적법하다(대판 2003.10.10. 2003두5945).
8. 행정소송 제기 후 판결선고 전에 행정심판에서 처분을 취소한다는 형성재결을 한 경우 그 취소의 재결로써 당해 처분은 소급하여 그 효력을 잃게 되므로 더 이상 당해 처분의 효력을 다툴 법률상의 이익이 없게 된다(대판 1997.5.30. 96누18632). 따라서 행정심판의 기각재결은 항고소송에서 소의 이익에 영향을 주지 않으나 행정심판의 인용재결은 항고소송에서 소의 이익에 영향을 준다.

(2) 제재처분의 효력기간 경과와 가중적 제재

   1) 문제의 소재

      제재처분의 효력기간 경과하면 실효되어 취소를 구할 이익이 없으나 법령에 가중적 제재를 규정하고 있고 가중적 제재를 당할 우려가 있다면 소의 이익이 인정된다. 행정규칙에 가중적 제재가 규정된 경우에도 소의 이익이 있는가에 대해 학설이 대립한다.

   2) 제재기준을 정하고 있는 부령(시행규칙)의 법적 성질

      행정규칙설, 법규명령설, 수권여부규정설이 있다. 판례는 행정규칙설을 취한다.

   3) 가중적 제재가 행정규칙에 규정된 경우 소의 이익

      법규명령에 규정된 경우에 한해 소의 이익이 인정되므로 가중적 제재가 행정규칙에 규정된 경우 소의 이익을 부정하는 부정설, 법령에 근거가 있는 행정규칙에 규정된 경우에 한해 소의 이익을 인정하는 제한적 긍정설, 행정규칙에 규정된 경우에도 소의 이익을 인정하는 긍정설이 대립한다. 판례는 긍정설을 취한다.

   4) 결론

      제재적 행정처분의 가중사유나 전제요건이 규칙의 형식으로 되어 있어도, 법령에 근거한 경우 담당행정청이나 공무원은 이를 준수해야 하므로 국민은 그 규칙의 영향을 받는다. 이에 따라 선행처분의 상대방은 그 처분으로 인해 장래에 받을 구체적이고 현실적인 불이익을 제거하기 위해 선행처분의 취소소송을 제기할 필요가 있다(대판 전합 2006.6.22. 2003두1684).

2. 원상회복가능성

(1) 관련 법리

   1) 행정처분의 무효확인 또는 취소를 구하는 소에서, 비록 행정처분의 위법을 이유로 무효확인 또는 취소 판결을 받더라도 그 처분으로 발생한 위법상태를 원상으로 회복킬 수 없는 경우에는 원칙적으로 무효확인 또는 취소를 구할 법률상 이익이 없다.

   2) 원상회복이 불가능하더라도 무효확인 또는 취소로써 회복할 수 있는 다른 권리나 이익이 남아 있거나, 동일한 사유로 위법한 처분이 반복될 위험이 있어 행정처분의 위법성 확인 또는 불분명한 법률문제에 대한 해명이 필요하다고 판단되는 경우 등에는 행정의 적법성 확보와 그에 대한 사법통제, 국민의 권리구제 확대 등의 측면에서 **예외적으로 처분의 취소를 구할 소의 이익을 인정할 수 있다.** 여기서 '그 행정처분과 동일한 사유로 위법한 처분이 반복될 위험성이 있는 경우'란 불분명한 법률문제에 대한 해명이 필요한 상황에 대한 대표적인 예시일 뿐이며, **반드시 '해당 사건의 동일한 소송 당사자 사이에서' 반복될 위험이 있는 경우만을 의미하는 것은 아니다**(대판 2020.12.24. 2020두30450).

(2) 소의 이익이 없는 경우

   1) 세무사 자격 보유 변호사 甲의 조정반 지정 신청 거부처분 취소소송(대판 2020.2.27. 2018두67152)

      거부처분을 취소하더라도 甲이 2015년도 조정반으로 지정될 수 없고, 장래의 신청에 대한 위법한 처분의 반복 위험성이나 법률문제의 해명 필요성도 없어 소의 이익이 없다.

2) 먹는샘물 민간위탁 사업자 선정 관련 조례 부칙 조항 무효확인소송(대판 2016.6.10. 2013두1638)

甲회사가 판매사업자의 지위를 상실한 것이 부칙 조항에 의한 것이 아니므로, 부칙 조항의 무효확인 판결을 받아도 지위를 회복할 수 없어 법률상 이익이 없다.

3) 소음·진동배출시설 철거 후 설치허가 취소소송(대판 2002.1.11. 2000두2457)

배출시설이 철거되어 원상회복이 불가능하므로 설치허가의 취소를 구할 법률상 이익이 없다.

4) 이전고시 효력 발생 후에는 정비사업 결과를 원상으로 되돌릴 수 없으므로 조합설립인가처분의 취소를 구할 법률상 이익이 없다(대판 2014.9.25. 2011두20680).

5) 대집행 실행이 완료된 경우 계고처분의 취소를 구할 법률상 이익이 없다(대판 1993.6.8. 93누6164).

6) 위법한 건축허가에 기하여 이미 건축공사가 완료되었으면 건축허가처분의 취소를 구할 이익이 없다(대판 2007.4.26. 2006두18409).

7) 지방의료원의 폐업을 취소해도 원상회복이 불가능하고, 폐업결정의 취소로 회복할 다른 권리나 이익이 없어 소의 이익을 인정하기 어렵다(대판 2016.8.30. 2015두60617).
 * 지방의료원의 폐업 처분성은 인정된다.

8) 공무원면직처분무효확인의 소의 원고들이 상고심 심리종결일 현재 정년 초과 또는 사망으로 면직된 경우(대판 1991.6.28. 90누9346)

원고들이 공무원 신분을 회복할 수 없어 확인의 이익이 없다.

(3) 원상회복가능성은 없으나 법률문제에 대한 해명이 필요한 경우

1) 금융위원회가 「공인회계사법」의 해석을 잘못하여 감사팀의 회계감사기준 위반을 이유로 회계법인 전체에 업무정지 처분하였는데, 甲회계법인이 이를 다투지 않는 동안 업무정지기간이 도과된 사건에서, 감사팀의 회계감사기준 위반은 인정되지만, 이를 이유로 **회계법인 전체에 업무정지처분을 하는 것이 「공인회계사법」 해석상 허용되는지에 대한 명확한 판례가 없고**, 업무정지처분이 비례원칙에 위반되는지 여부에 대해서도 다툼의 여지가 있다. 따라서 업무정지기간이 만료되었더라도, 처분의 위법성 확인과 법률문제의 해명이 필요하므로, 이 사건 업무정지처분의 취소를 구할 소의 이익이 인정된다(대판 2020.12.24. 2020두30450).

2) 제소 당시에는 권리보호의 이익이 있었지만, 행정처분의 효과가 소멸해도 동일한 사유로 위법한 처분이 반복될 위험이 있는 경우, 행정의 적법성 확보와 국민의 권리구제를 위해 여전히 취소를 구할 법률상의 이익이 인정된다. **구치소장이 수용자에게 접견제한 처분을 취소했으나**, 향후 다시 같은 처분을 할 가능성이 있는 상황이다. 따라서 수형자의 기본권 제한 문제와 관련하여, 접견제한의 취소를 구할 소의 이익이 인정된다(대판 2014.2.13. 2013두20899).

3) 甲에 대한 선임취소가 취소되면 甲은 임시이사 선임처분에 대한 취소소송을 제기할 수 있으므로 법률상 이익이 있다. 또한 임기가 만료되었다고 하더라도 후임이사의 선임이 없는 경우 <u>구이사는 후임이사가 선임될 때까지 종전의 직무를 계속하여 수행할 긴급처분권이 인정된다</u>. 따라서 임기가 만료되었다 하더라도 선임취소의 취소를 구할 수 있다. 또한 임시이사 선임처분에 대하여 취소를 구하는 소송의 계속중 임기만료 등의 사유로 새로운 임시이사들로 교체된 경우, <u>선행 임시이사 선임처분의 취소를 구할 법률상 이익을 긍정하여 그 위법성 내지 하자의 존재를 판결로 명확히 해명하고 확인하</u>

여 준다면 위와 같은 구체적인 침해의 반복 위험을 방지할 수 있을 뿐 아니라, 국민의 권리구제에 도움이 된다. 그러므로 취임승인이 취소된 학교법인의 정식이사들로서는 그 취임승인취소처분 및 임시이사 선임처분에 대한 각 취소를 구할 법률상 이익이 있고, 나아가 선행 임시이사 선임처분의 취소를 구하는 소송 도중에 선행 임시이사가 후행 임시이사로 교체되었다고 하더라도 여전히 선행 임시이사 선임처분의 취소를 구할 법률상 이익이 있다(대판 전합 2007.7.19. 2006두19297).

4) 중앙노동위원회위원장의 교원노동관계중재재정취소청구 사건(대판 2024.4.16. 2022두57138)

① 교원노동조합 참가인은 원고 대전광역시교육감과 단체교섭을 진행했으나 합의에 이르지 못하여, 중앙노동위원회에 노동쟁의 조정신청을 했다. 중앙노동위원회는 중재재정을 내렸다. 대전광역시교육감은 중재재정의 각 조항이 교섭대상에 해당하지 않거나 월권에 의한 것이라 주장하며 중재재정의 취소를 청구하는 소를 제기했다. 이 사건 중재재정의 유효기간을 2021.6.15.부터 2022.6.14.까지로 명시하고 있고, 유효기간 도과로 이 사건 중재재정의 효력이 소멸하였음이 분명하다.

② 문제가 되고 있는 사항들이 교원노조법상 중재재정의 대상이 되는지에 관한 법원의 분명한 판례가 없고, 이 사건에서 법원이 본안 판단을 하지 않는다면 피고는 원고 교육감과 피고 중앙노동위원회위원장 사이의 사건뿐만 아니라 다른 유사한 사건에서도 이 사건 중재재정과 같은 내용의 중재재정을 반복할 것으로 예상된다. 이러한 사정에 비추어 보면 이 사건 중재재정의 위법성의 확인 내지 법률문제의 해명이 필요하다고 판단되므로, 이 사건 중재재정의 무효확인 및 취소를 구할 소의 이익이 있다.

3. 사정변경에 의해 권익침해의 해소 여부가 문제된 경우

(1) 수형자의 영치품 사용신청 불허처분 후 다른 교도소로 이송된 경우

진주교도소로 재이송될 가능성을 배제할 수 없어, 불허처분의 취소를 구할 소의 이익이 있다(대판 2008.2.14. 2007두13203).

(2) 국립대학 입학 불합격처분 취소소송 중 입학시기 경과했더라도 다음 연도의 입학이 가능하므로 불합격처분의 적법 여부를 다툴 법률상의 이익이 있다(대판 1990.8.28. 89누8255).

(3) 고등학교 퇴학 후 검정고시 합격으로 고등학생 신분과 명예는 회복되지 않으므로, 퇴학처분의 위법을 주장하여 취소를 구할 소송상의 이익이 있다(대판 1992.7.14. 91누4737).

(4) 사법시험 1차 시험 불합격 후 재시험 합격

재시험 합격으로 인해 불합격 처분의 효력을 다툴 법률상의 이익이 없다(대판 1996.2.23. 95누2685).

4. 보다 실효적인 권리구제절차가 있는 경우

(1) 경원자의 신청에 대한 거부처분이 취소재결된 경우 甲은 주택건설사업계획승인을 받은 자이다. 해당 토지가 경매로 乙 소유로 넘어갔고 乙은 주택건설사업계획변경승인을 신청했는데 진천군수가 거부하자 행정심판을 청구하였다. 거부취소재결에 따라 진천군수는 사업자 명의를 乙로 하는 주택건설사업계획변경승인처분을 하였다. 이에 甲이 거부취소재결에 대해 취소소송을 제기한 사안에서, 행정청의 처분취소소송은 위법상태를 배제하고 권리를 구제하는 목적이 있지만, 실효적이고 직접적인 구제수단이 있는 경우에는

법률상 이익이 인정되지 않는다. 재결에 따른 후속처분이 위법이라면, 후속처분에 대한 항고소송을 즉시 제기할 수 있으며, 재결취소가 후속처분에 영향을 미치지 않는다. 결국, 거부처분 재결 후 후속처분이 이루어질 때까지 제3자의 권리는 변동하지 않으므로 재결취소소송은 실효적인 구제수단이 아니므로 법률상 이익이 없다(대판 2017.10.31. 2015두45045).

(2) 학교법인 임원취임승인

임원취임승인은 보충적 행정행위로서 기본행위에 하자가 있을 경우 민사쟁송으로 무효확인을 구해야 하며, 승인처분만의 취소는 법률상의 이익이 없다(대판 2005.12.23. 2005두4823).

(3) 「주택법」상 사용검사처분

입주자나 입주예정자는 사용검사처분의 무효확인 또는 취소를 구할 법률상 이익이 없다(대판 2015.1.29. 2013두24976).

(4)

당사자의 신청을 받아들이지 않은 거부처분이 재결에서 취소된 경우에 행정청은 종전 거부처분 또는 재결 후에 발생한 새로운 사유를 내세워 다시 거부처분을 할 수 있다. 그 재결의 취지에 따라 이전의 신청에 대하여 다시 어떠한 처분을 하여야 할지는 처분을 할 때의 법령과 사실을 기준으로 판단하여야 하기 때문이다. 또한 행정청이 재결에 따라 이전의 신청을 받아들이는 후속처분을 하였더라도 후속처분이 위법한 경우에는 재결에 대한 취소소송을 제기하지 않고도 곧바로 후속처분에 대한 항고소송을 제기하여 다툴 수 있다. 따라서 거부처분이 재결에서 취소된 경우 재결에 따른 후속처분이 아니라 그 재결의 취소를 구하는 것은 실효적이고 직접적인 권리구제수단이 될 수 없어 분쟁해결의 유효적절한 수단이라고 할 수 없으므로 소의 이익이 없다(대판 2017.10.31. 2015두45045).

(5) 판결의 계산상 착오

판결이유 중 명백한 계산상 착오는 상고사유가 되지 않으며, 판결경정 절차로 시정된다(대판 1993.4.23. 92누17297).

제8절 피고적격

1 의의

1. 개념

항고소송에서 피고가 될 수 있는 자격을 말한다.

2. 행정소송법 조항

(1) 처분을 한 행정청

취소소송은 다른 법률에 특별한 규정이 없는 한 그 처분 등을 행한 행정청을 피고로 한다(「행정소송법」 제13조 제1항).

(2) 권한이 다른 행정청에 승계된 경우

처분 등이 있은 뒤에 그 처분 등에 관계되는 권한이 다른 행정청에 승계된 때에는 이를 **승계한 행정청**을 피고로 한다(「행정소송법」 제13조 제1항 단서).

(3) 행정청이 소멸한 경우

처분에 관한 사무가 귀속되는 국가 또는 공공단체를 피고로 한다(「행정소송법」 제13조 제2항).

3. 각종 소송에서의 피고

취소소송·무효등확인소송·부작위위법확인소송과 같은 항고소송의 피고는 처분청이다. 그러나 당사자소송에서 피고는 당사자소송은 국가·공공단체 그 밖의 권리주체이다(「행정소송법」 제39조).

구분	행정청	행정주체
항고소송 피고	○	×
① 당사자소송 피고 ② 손해배상청구소송 피고 ③ 부당이득반환청구소송 피고	×	○

2 행정청

1. 의의

'행정청'이란 국가 또는 공공단체의 기관으로서 국가나 공공단체의 의견을 결정하여 외부에 표시할 수 있는 권한, 즉 처분권한을 가진 기관을 말한다(대판 2019.4.3. 2017두52764).

2. 행정청의 종류

(1) 독임제 행정청

대통령, 국무총리, 각부 장관, 청장, 지방자치단체의 장, 권한을 위임받은 경찰서장, 소방서장 등과 같이 단독으로 의사를 결정하여 내외적으로 의사표시를 할 수 있는 기관이다.

(2) 합의제 행정청

합의제 행정청은 합의를 통해 대외적으로 의사표시를 할 수 있는 기관이다. 해당 기관의 장이 아니라 해당 기관이 피고가 되는 것이 일반적이다.

합의제 행정청이 피고인 경우	합의제 행정청인데 장이 피고인 경우
① 중앙선거관리위원회 ② 행정심판위원회 ③ 금융위원회 ④ **토지수용위원회** ⑤ 한국저작권위원회 ⑥ 국민권익위원회 ⑦ **공정거래위원회** ⑧ 공무원(교원)소청심사위원회 ⑨ 감사원	① **노동위원회위원장**: 중앙노동위원회의 처분에 대한 소는 중앙노동위원회위원장을 피고로 하여 처분의 통지를 받은 날부터 15일 이내에 이를 제기하여야 한다(「노동위원회법」 제27조). ② **중앙해양안전심판원장**: 중앙해양안전심판원의 재결에 대한 소송에서는 중앙해양안전심판원장을 피고로 한다(「해양사고의 조사 및 심판에 관한 법률」 제75조).

(3) 공무수탁사인

「행정소송법」을 적용함에 있어서 행정청에는 법령에 의하여 행정권한의 위임 또는 위탁을 받은 행정기관, 공공단체 및 그 기관 또는 사인이 포함된다(「행정소송법」 제2조 제2항). 따라서 공무수탁사인도 항고소송의 피고가 된다.

(4) 공공조합

1) 공법인도 국가나 지방자치단체의 사무를 위임받아 행하는 범위 내에서 '행정청'에 속하며 항고소송의 피고적격을 갖는다. 이 경우 행정권한을 위임받은 자는 공법인 자체이지 그 대표자가 아니므로 처분은 공법인의 이름으로 행하여지고, 그에 대한 항고소송의 피고도 공법인이 되어야 하고 그 대표자가 되는 것은 아니다. 농지개량조합, 도시재개발조합은 피고가 된다.

2) 「국세징수법」상 세무서장은 한국자산관리공사에 공매 등을 대행하게 할 수 있으며, 이 경우 공매 등은 관할 세무서장이 한 것으로 본다(「국세징수법」 제103조). 다만, 대법원은 성업공사(현 한국자산관리공사)가 체납압류된 재산을 공매하는 것은 세무서장의 공매권한 위임에 의한 것으로 보아야 할 것이므로, 성업공사가 한 그 공매처분에 대한 취소 등의 항고소송을 제기함에 있어서는 수임청으로서 실제로 공매를 행한 성업공사를 피고로 하여야 하고, 위임청인 세무서장은 피고적격이 없다고 하였다(대판 1997.2.28. 96누1757)

3. 행정청이 아닌 의결기관

의결기관은 의사를 결정할 권한은 있으나 외부에 표시할 권한은 없는 기관을 말한다. 의결기관은 행정청이 아니므로 피고가 되지 못한다. 경찰위원회, 세무사자격심의위원회, 보훈심사위원회, 공무원징계위원회 등이 있다.

3 피고적격의 구체적 문제

1. 대통령의 처분에 있어서 피고

(1) 대통령이 처분권자인 경우 대통령이 피고

대통령이 결재함으로써 서훈취소가 결정된 후 국가보훈처장이 망인의 유족 甲에게 '독립유공자 서훈취소결정 통보'를 한 경우, 피고는 국가보훈처장이 아니라 서훈취소처분을 행한 행정청(대통령)이다(대판 2014.9.26. 2013두2518).

(2) 공무원 인사 관련 대통령이 처분권자인 경우 소속 장관

공무원에 대한 징계처분 등 본인의 의사에 반한 불리한 대통령의 처분에 있어서 소속 장관이 피고가 된다(「국가공무원법」 제16조 제1항). 따라서 **임용제청에서 제외된 후보자는 대통령이 자신에 대하여 총장 임용 제외처분을 대상으로 「국가공무원법」 제16조 제2항에 따라 교육부장관을 피고로 하여 소를 제기하여야 한다**(대판 2018.6.15. 2016두57564).

2. 권한의 위임·위탁

(1) 권한위임·위탁의 경우 항고소송의 피고

권한의 위임이 이루어지면 위임청의 권한은 수임청의 권한으로 변경되므로 수임 및 수탁사무에 관한 권한을 행사할 때에는 수임 및 수탁기관의 명의로 하여야 한다(「행정권한의 위임 및 위탁에 관한 규정」 제8조 제2항). 위임청이 수임청에게 권한을 위임한 경우, 수임청이 피고가 된다. 따라서 甲지방자치단체에 대한 **고용보험료 부과처분**에 관계되는 권한 중 보험료의 고지에 관한 업무는 국민건강보험공단이 그 명의로 고용노동부장관의 위탁을 받아서 한 것으로 보아야 하므로, **고용보험료 부과처분의 무효확인 및 취소소송의 피고는 국민건강보험공단**이지 근로복지공단이 아니다(대판 2013.2.28. 2012두22904).

(2) 내부위임의 경우 항고소송 피고

1) 위임청의 명의로 처분한 경우

행정처분의 권한을 내부적으로 위임받은 수임기관이 그 권한을 행사함에 있어서는 행정처분의 내부적 성립과정은 스스로 결정하여 행하고 그 외부적 성립요건인 상대방에의 표시만 위임기관의 명의로 하면 된다(대판 1984.12.11. 80누344). 따라서 내부위임의 경우 **위임기관의 명의로 처분한 경우 위임청이 피고가 되므로** 농림축산식품부장관이 이 사건 농지보전부담금 부과처분을 외부적으로 자신의 명의로 행한 행정청으로서 항고소송의 피고가 되어야 하고, 단순한 대행자에 불과한 피고 한국농어촌공사를 피고로 삼을 수는 없다(대판 2018.10.25. 2018두43095).

2) 수임청의 명의로 처분한 경우

내부위임에도 불구하고 수임청의 명의로 처분한 경우 **수임청이 피고가 되므로 서울특별시장의 권한을 내부위임받은 것에 불과한 구청장이 자신의 명의로 한 행정처분에 대해 구청장을 피고로 해야 한다**(대판 1994.8.12. 94누2763).

(3) 권한대리의 경우 항고소송의 피고

1) 원칙

대리기관이 대리관계를 표시하고 피대리행정청을 대리하여 행정처분을 한 때에는 피대리행정청이 피고로 되어야 한다(대판 2018.10.25. 2018두43095). 즉, A기관(피대리관청)의 대리로서 B기관(대리관청)이 사무를 처리한 경우, A기관(피대리관청)이 피고가 된다.

2) 대리관청이 대리관계를 밝히지 않은 채 자신의 명의로 처분한 경우

① 대리권을 수여받은 데 불과하여 그 자신의 명의로는 행정처분을 할 권한이 없는 행정청의 경우 대리관계를 밝힘이 없이 그 자신의 명의로 행정처분을 하였다면 그에 대하여는 처분명의자인 당해 행정청이 항고소송의 피고가 된다.
② 대리관청이 대리관계를 밝히지 않은 채 자신의 명의로 처분을 한 경우 상대방이 대리관계를 안 경우는 피대리관청이 피고가 된다(대결 2006.2.23. 2005부4).

(4) 처분청과 통지한 행정청이 다른 경우

인천직할시장이 「환경보전법」 위반사업장을 폐쇄명령하고 인천직할시 북구청장이 통지한 경우 처분을 한 인천직할시장이 피고가 된다(대판 1990.4.27. 90누233).

(5) 지방의회와 지방자치단체장

처분적 조례	「행정소송법」 제13조에 의하여 피고적격이 있는 처분 등을 행한 행정청은, 행정주체인 지방자치단체 또는 지방자치단체의 내부적 의결기관으로서 지방자치단체의 의사를 외부에 표시한 권한이 없는 지방의회가 아니라, 지방자치단체의 집행기관으로서 조례로서의 효력을 발생시키는 공포권이 있는 지방자치단체의 장이다(대판 1996.9.20. 95누8003).
지방의회의원 징계의결 등	지방의회의 의원징계, 의장불신임, 의장선거 등에 있어서 피고는 **지방의회**이다.

4 피고경정

1. 의의

소송 중에 피고를 다른 행정청으로 변경하는 것을 피고의 경정이라 한다.

2. 피고의 경정 유형

원고가 피고를 잘못 지정한 경우	① 원고가 피고를 잘못 지정한 경우 피고경정 신청을 할 수 있다. 법원은 직권으로 피고의 경정을 할 수 없고, **원고의 신청이 있는 경우에 한해** 피고경정을 허가할 수 있다. ② 피고를 잘못 지정했는지는 제소 시를 기준으로 한다. ③ 원고가 피고를 잘못 지정하였다면 법원으로서는 당연히 석명권을 행사하여 원고로 하여금 피고를 경정하게 하여 소송을 진행케 하였어야 할 것임에도 불구하고 이러한 조치를 취하지 아니한 채 피고의 지정이 잘못되었다는 이유로 소를 각하한 것은 위법하다(대판 2004.7.8. 2002두7852).
권한승계 또는 행정청이 없게 된 경우 (「행정소송법」 제13조)	① 권한승계의 경우 권한을 승계한 행정청으로 피고를 경정해야 한다. ② 행정청이 없게 된 때에는 그 처분 등에 관한 사무가 귀속되는 국가 또는 공공단체가 피고가 된다. ③ 권한승계 또는 행정청이 없게 된 경우의 피고경정은 법원이 당사자의 신청 또는 직권으로 한다.
소의 변경에 따른 피고의 경정 (「행정소송법」 제21조)	A가 행정청(예 국방부장관)을 피고로 하여 항고소송을 제기한 후 항고소송을 당사자소송으로 소 종류를 변경하였다. 당사자소송은 행정주체(예 대한민국)가 피고이므로 피고를 경정해야 한다.

3. 피고경정의 종기(終期)

「행정소송법」 제14조에 의한 피고경정은 **사실심 변론종결에 이르기까지 허용되는 것**으로 해석하여야 할 것이고, 굳이 제1심 단계에서만 허용되는 것으로 해석할 근거는 없다(대결 2006.2.23. 2005부4).

4. 법원의 피고경정결정의 효과

법원의 피고경정결정이 있으면 **새로운 피고에 대한 소송은 처음에 소를 제기한 때 제기된 것으로 본다.** 피고경정결정이 있으면 종전의 피고에 대한 소송은 취하된 것으로 본다.

5. 불복절차

피고경정신청을 각하하는 결정에 대하여는 즉시항고 할 수 있다(「행정소송법」 제14조 제5항).

제9절 제소기간

1 의의

1. 개념
제소기간이란 처분 등의 상대방이 소송을 제기할 수 있는 시간적 간격이다. 제소기간은 제척기간이다.

2. 심리
제소기간은 소송요건이므로 법원의 직권조사사항이다. 따라서 당사자가 다투지 않아도 법원은 제소기간이 도과되었다고 판단하면 소 제기를 각하한다.

3. 기산점
초일불산입원칙이 적용된다.

4. 「행정소송법」 제20조
취소소송은 처분 등이 있음을 안 날부터 90일 이내에 제기하여야 한다. 다만, 「행정소송법」 제18조 제1항 단서에 규정한 경우와 그 밖에 행정심판청구를 할 수 있는 경우 또는 행정청이 행정심판청구를 할 수 있다고 잘못 알린 경우에 행정심판청구가 있은 때의 기간은 재결서의 정본을 송달받은 날부터 기산한다(제1항). 취소소송은 처분 등이 있은 날부터 1년(제1항 단서의 경우는 재결이 있은 날부터 1년)을 경과하면 이를 제기하지 못한다. 다만, 정당한 사유가 있는 때에는 그러하지 아니하다(제2항). '안 날부터 90일' 또는 '있은 날부터 1년' 중 하나만 도과되면 제소기간의 도과로 각하된다.

5. 「행정소송법」 제20조 적용 여부

1) 무효확인를 구하는 취소소송
무효확인소송에는 「행정소송법」 제20조가 적용되지 않는다(「행정소송법」 제37조 제1항 참조). 다만, 행정처분의 당연무효를 선언하는 의미에서 그 취소를 청구하는 행정소송을 제기하는 경우에도 소원의 전치와 제소기간의 준수 등 취소소송의 제소요건을 갖추어야 한다. 따라서 원고가 주장하는 과세처분의 취소를 청구하는 이 사건 소송이 제소기간을 넘겨 제소요건을 갖추지 못한 부적합한 소송이라면, 원고의 청구가 과세처분의 당연무효를 선언하는 취지까지 포함한다 하더라도 이는 제소기간 경과 후에 제소한 부적법한 소송으로서 각하를 면할 수 없다(대판 1983.5.10. 83누69).

6. 부작위위법확인소송
부작위위법확인의 소는 부작위상태가 계속되는 한 그 위법의 확인을 구할 이익이 있다고 보아야 하므로 원칙적으로 제소기간의 제한을 받지 않는다. 그러나 「행정소송법」 제38조 제2항이 제소기간을 규정한 같은 법 제20조를 부작위위법확인소송에 준용하고 있는 점에 비추어 보면, 행정심판 등 전심절차를 거친 경우에는 「행정소송법」 제20조가 정한 제소기간 내에 부작위위법확인의 소를 제기하여야 한다(대판 2009.7.23. 2008두10560).

7. 당사자소송

당사자소송에는 「행정소송법」 제20조가 적용되지 않는다(「행정소송법」 제44조 제1항 참조).

8. 개별법

「공익사업을 위한 토지 등의 취득 및 보상에 관한 법률」 제85조 제1항은 수용재결이 송달된 날로부터 90일 이내, 이의재결이 송달된 날로부터 60일 이내에 취소소송을 제기하도록 하고 있는데, 이는 특별조항에 해당하므로 「행정소송법」 제20조의 적용이 배제된다.

2 「행정소송법」 제20조 제1항의 적용

1. 행정심판을 거치지 않은 경우 – 안 날로부터 90일

(1) 처분 등이 있음을 안 날의 의미

'처분 등이 있음을 안 날'은 유효한 행정처분이 있음을 안 날을 의미한다. 가족·직원·아르바이트 직원이 납부고지를 수령한 경우 납부의무자는 그때 부과처분이 있었다고 추정할 수 있다(대판 1999. 2.28. 99두9742).

> **판례**
>
> 1. 취소소송의 제소기간 기산점은 「행정소송법」 제20조에 따라 '처분 등이 있음을 안 날'은 유효한 행정처분이 있음을 인식한 날을, '처분 등이 있은 날'은 행정처분의 효력이 발생한 날을 의미한다(대판 2019.8.9. 2019두38656).
> 2. '처분 등이 있음을 안 날'은 당해 처분이 현실적으로 있었음을 인식한 날로, 상대방에게 행정처분이 고지되면 제소기간이 시작되며, 우편물이 등기 발송된 경우 특별한 사정이 없는 한 수취인에게 배달되었다고 추정된다(대판 2017.3.9. 2016두60577).
> 3. 법적으로 취소소송이 허용되지 않던 상황에서 위헌결정으로 소송을 제기할 수 있게 된 경우, 제소기간은 객관적으로 '위헌결정이 있은 날'과 주관적으로 '위헌결정이 있음을 안 날'을 기준으로 삼아야 한다(대판 2008.2.1. 2007두20997).
> 4. 지방보훈청장이 甲에게 허혈성심장질환으로 전공상군경 7급 국가유공자 판정을 유지하는 재심 결과를 통보했을 때, 원심은 甲이 통보서를 송달받기 전 의무기록 정보공개를 통해 관련 서류를 교부받은 날부터 제소기간을 기산하였으나 대법원은 「행정소송법」상 제소기간은 위 처분이 甲에게 고지되어 처분이 있다는 사실을 현실적으로 알았을 때 「행정소송법」 제20조 제1항에서 정한 제소기간이 진행한다고 보아야 한다고 하였다(대판 2014.9.25. 2014두8254).

(2) 고시·공고에 의한 경우

불특정 다수인에 대한 고시·공고에 의한 행정처분	행정처분이 고시 또는 공고를 통해 이루어질 경우, 그 처분의 상대방은 불특정 다수인이므로, 이해관계를 가진 자가 고시나 공고의 존재를 실제로 알았는지 여부에 관계없이, 고시가 효력을 발생하는 날에 해당 처분이 있었음을 알았다고 보아야 한다(대판 2006.4.14. 2004두3847).

특정인의 주소불명으로 공고한 경우	특정인에 대한 행정처분을 주소불명 등의 이유로 송달할 수 없어 관보, 공보, 게시판, 일간신문 등에 공고한 경우에는 공고가 효력을 발생하는 날에 상대방이 그 행정처분이 있음을 알았다고 볼 수는 없고 상대방이 당해 처분이 있었다는 사실을 현실적으로 안 날에 그 처분이 있음을 알았다고 보아야 한다(대판 2006.4.28. 2005두14851).

(3) 행정심판을 거친 경우

재결서의 정본을 송달받은 날로부터 90일 이내에 제소해야 한다. 처분변경명령재결에 따른 변경처분이 있은 경우 행정심판재결서 정본을 송달받은 날로부터 90일 이내 변경된 당초처분의 대상으로 취소소송을 제기하여야 한다(대판 2007.4.27. 2004두9302).

> **판례**
>
> 1. **취소소송의 제소기간**(대판 2019.4.3. 2017두52764)
>   「행정소송법」 제20조 제1항에 따르면 취소소송은 처분이 있음을 안 날부터 90일 이내에 제기해야 하며, 행정심판청구의 경우에는 재결서 정본을 송달받은 날부터 기산한다. 이는 법률관계의 안정과 신속한 확정을 위한 입법취지로, 행정심판은 일반행정심판과 특별행정심판 모두를 포함한다.
> 2. 이미 제소기간이 지나 불가쟁력이 발생한 후에 행정청이 행정심판청구를 할 수 있다고 잘못 알린 경우, 그 안내에 따라 청구된 행정심판 재결서 정본을 송달받은 날부터 다시 취소소송의 제소기간이 기산되는 것은 아니다. 행정청의 잘못된 안내가 있었다고 하여 처분상대방의 불복청구 권리가 새로이 생겨나거나 부활한다고 볼 수는 없기 때문이다(대판 2012.9.27. 2011두27247). 따라서 취소소송청구는 부적법하다.
> 3. 90일을 넘겨 부적법한 행정심판을 청구하고 재결서를 받은 후 90일 이내에 제기한 취소소송도 제소기간을 준수한 것으로 볼 수 없다(대판 2011.11.24. 2011두18786).

(4) 불변기간

안 날로부터 90일은 불변기간이다. 다만, 당사자가 책임질 수 없는 사유로 불변기간을 지킬 수 없었던 경우에는 그 사유가 없어진 날부터 2주 이내에 소를 제기할 수 있다(「민사소송법」 제173조). 다만, 국외의 경우에는 30일 이내에 제소할 수 있다.

> **판례**
>
> 1. 甲은행이 통지일부터 90일이 지나 취소소송을 제기하고, 그 직후 선임된 특별대리인이 이를 추인한 경우, 기존 대표이사와 관리인이 소송을 제기할 수 없었던 상황에서 90일이 지난 후 소를 제기했더라도, 이는 「민사소송법」 제173조 제1항의 책임질 수 없는 사유에 해당하여 특별대리인이 선임된 날로부터 2주 이내에 소송행위를 보완할 수 있다(대판 2012.3.15. 2008두4619).
> 2. 행정청이 법정 심판청구기간보다 긴 기간으로 잘못 알린 경우, 해당 기간 내에 심판청구가 이루어지면 이는 법정 심판청구기간 내에 제기된 것으로 간주된다는 「행정심판법」 제27조 제5항의 규정은 행정심판에만 적용되며, 행정소송 제기에는 자동으로 적용되지 않는다(대판 2001.5.8. 2000두6916).

2. 처분 등이 있은 날부터 1년

(1) 있은 날부터 1년

'안 날부터 90일' 또는 '있은 날부터 1년' 중 하나만 도과되면 제소기간의 도과로 각하된다.

(2) 정당한 사유가 있는 경우

1) 정당한 사유의 의미와 판단기준

「행정소송법」제20조 제2항의 '정당한 사유'는 당사자가 책임질 수 없는 사유보다 넓은 개념으로, 사안에 따라 개별적으로 판단해야 한다. 이는 「민사소송법」제173조의 '책임을 질 수 없는 사유'나 「행정심판법」제27조의 불가항력적 사유보다 넓으며, 제소기간 경과의 원인을 고려하여 사회통념상 상당한지 여부로 판단한다(대판 1991.6.28. 90누6521). '정당한 사유'란 천재, 지변, 전쟁 기타 불가항력 등의 사유로 인하여 소 제기기간 내에 소 제기를 할 수 없다고 객관적으로 인정할 수 있는 경우를 의미한다고 판단한 것은 잘못이다(대판 1991.6.28. 90누6521).

2) 정당한 사유가 있는 경우

당사자가 소송을 위해 일반적으로 요구되는 **주의를 다했음에도 불구하고 제소기간을 준수할 수 없었던 경우** 정당한 사유가 인정된다. 이 경우 제소기간 경과 후에도 제소가 가능하다.

> **판례**
>
> 1. **복효적 행정행위의 제3자**(대판 1992.7.28. 91누12844)
>   복효적 행정행위에 있어 제3자는 처분이 있었음을 알았다면 안날로부터 90일 이내에 취소소송을 제기하여야 한다(대판 1995.8.25. 94누12494). 그러나 복효적 행정행위에 있어 제3자는 처분이 있었음을 알았다면 안날로부터 90일 이내에 취소소송을 제기하여야 한다. 그러나 행정처분의 직접 상대방이 아닌 제3자는 일반적으로 처분이 있는 것을 바로 알 수 없는 처지에 있으므로, 그 기간 내에 처분이 있은 것을 알았거나 쉽게 알 수 있었기 때문에 취소소송을 제기할 수 있었다고 볼 만한 특별한 사정이 없는 한, 위 법조항 본문의 적용을 배제할 '정당한 사유'가 있는 경우에 해당한다.
> 2. **불특정 다수인을 대상으로 하는 일반처분**(대판 2007.6.14. 2004두619)
>   구 청소년보호법에 따른 청소년유해매체물 결정이 관보에 고시되어 효력이 발생한 경우, 이해관계인이 고시 사실을 알았는지 여부와 관계없이 제소기간을 준수하지 못한 것에 대한 **정당한 사유가 인정되지 않는다**.

3. 기산점

(1) 상대방에게 유리하게 변경된 처분

1) 보험급여수급자에 대하여 부당이득 징수결정을 한 후 그 하자를 이유로 한 징수금감액처분으로도 아직 취소되지 않고 남은 부분을 다투고자 하는 경우

   감액처분으로도 아직 취소되지 않고 남아 있는 부분이 위법하다 하여 다투고자 하는 경우, 감액처분을 항고소송의 대상으로 할 수는 없고, 당초 징수결정 중 감액처분에 의하여 취소되지 않고 남은 부분을 항고소송의 대상으로 할 수 있을 뿐이며, 그 결과 **제소기간의 준수 여부도 감액처분이 아닌 당초 처분**을 기준으로 판단해야 한다(대판 2012.9.27. 2011두27247).

2) 행정청이 식품위생법령에 기하여 영업자에 대하여 행정제재처분(3월의 영업정지처분)을 한 후 그 처분을 영업자에게 유리하게 변경하는 처분(과징금 부과처분)을 한 경우, 그 **취소소송의 대상은 변경된 내용의 당초 처분이지 변경처분은 아니고, 제소기간의 준수 여부도 변경처분이 아닌 변경된 내용의 당초 처분**을 기준으로 판단하여야 한다(대판 2007.4.27. 2004두9302).

(2) 처분 당시에는 취소소송의 제기가 법제상 허용되지 않아 소송을 제기할 수 없다가 위헌결정으로 인하여 비로소 취소소송을 제기할 수 있게 된 경우 제소기간의 기산점

처분 당시에는 취소소송 제기가 법제상 허용되지 않다가 위헌결정으로 인해 취소소송을 제기할 수 있게 된 경우에는, 객관적으로는 '위헌결정이 있은 날'과 주관적으로는 '위헌결정이 있음을 안 날'을 제소기간의 기산점으로 삼아야 한다(대판 2008.2.1. 2007두20997).

(3) 변경명령재결에 따른 변경처분이 있는 경우

1) 변경명령재결에 따라 변경처분이 있는 경우 **소의 대상은 변경된 당초 처분이다.**

2) 제소기간의 기산은 재결 시 또는 재결이 송달된 때를 기준으로 한다는 견해와 변경처분 시 또는 변경처분을 안 날이 기산점이 된다는 견해가 있다. 판례는 취소소송의 대상은 후속 변경처분이 아닌 원래의 처분으로, 제소기간은 행정심판 재결서 송달일로부터 90일 이내에 제기되어야 한다(대판 2007.4.27. 2004두9302)고 한다.

(4) 이의신청을 거친 경우

그 동안 대법원 판례는 법률에 특별한 규정이 없는 한 이의신청절차를 거친 경우라도 「행정소송법」 제20조 제1항 단서가 적용되지 못해 처분을 통지받은 날을 기산점으로 하였다(대판 2012.11.15. 2010두8676). 그러나 최근 판례는 「공공기관의 정보공개에 관한 법률」 제18조 제1항·제3항·제4항, 제20조 제1항, 「행정소송법」 제20조 제1항의 규정 내용과 그 취지 등을 종합하여 보면, 그 제소기간은 이의신청에 대한 결과를 통지받은 날부터 기산하고 있다(대판 2023.7.27. 2022두52980). 「행정기본법」 제36조 제4항에 따라 이의신청에 대한 결과를 통지받은 날이 기산점이 될 전망이다.

4. 소가 제기된 시점

(1) 처음에 소가 제기된 때를 기준으로 하는 경우

1) 소의 변경이나 피고경정의 허가결정이 있는 경우

소의 변경의 허가결정이 있은 때에는 **새로운 변경된 소송(새로운 피고에 대한 소송)은 처음에 소를 제기한 때에 제기된 것으로 본다**(「행정소송법」 제21조 제4항, 제14조 제4항·제5항). 따라서 원고가 「행정소송법」상 항고소송으로 제기해야 할 사건을 민사소송으로 잘못 제기한 경우, 수소법원이 관할이 없어 이송결정을 하고 이송결정이 확정된 후 원고가 항고소송으로 소 변경을 했다면, 항고소송의 제소기간 준수 여부는 원칙적으로 **처음 소를 제기한 때를 기준으로 판단해야 한다**(대판 2022.11.17. 2021두44425).

2) 청구취지를 추가하는 경우, 청구취지가 추가된 때에 새로운 소를 제기한 것으로 보므로, 추가된 청구취지에 대한 제소기간 준수 등은 원칙적으로 **청구취지의 추가·변경 신청이 있는 때**를 기준으로 판단하여야 한다. 그러나 선행처분의 취소를 구하는 소를 제기하였다가 후행처분의 취소를 구하는 청구취지를 추가하였으나 선행처분이 잠정적 처분으로서 후행처분에 흡수되어 소멸되는 관계에 있고, 선행처분의 취소를 구하는 소에 후행처분의 취소를 구하는 취지도 포함되어 있는 경우 후행처분의 취소를 구하는 소의 제소기간은 **최초 소 제기 시**를 기준으로 정해야 한다(대판 2018.11.15. 2016두48737).

3) 당초 부과처분의 취소소송이 계속 중 경정결정이 있는 경우, 경정결정에 대해 소를 제기한 경우 제소기간의 준수 여부는 **당초소송을 기준**으로 한다(대판 2012.11.29. 2010두7796).

4) 당초 과세처분과 증액경정처분에 마찬가지의 위법사유가 존재하고 있어 당초 과세처분이 위법하다고 판단되면 증액경정처분도 위법하다고 하지 않을 수 없는 경우 제소기간의 준수 여부는 **당초의 소 제기 시**를 기준으로 한다(대판 2013.2.14. 2011두25005).

5) 선행처분의 취소를 구하는 소가 후속처분의 취소를 구하는 소로 교환적으로 변경되었다가 다시 선행처분의 취소를 구하는 소로 변경되고, 후속처분의 취소를 구하는 소에 선행처분의 취소를 구하는 취지가 그대로 남아 있었던 경우, 선행처분의 취소를 구하는 소의 제소기간은 **최초의 소**가 제기된 때를 기준으로 정한다(대판 2013.7.11. 2011두27544).

6) 하자 있는 행정처분을 놓고 이를 무효로 볼 것인지 아니면 단순히 취소할 수 있는 처분으로 볼 것인지는 동일한 사실관계를 토대로 한 법률적 평가의 문제에 불과하고, 행정처분의 무효확인을 구하는 소에는 특단의 사정이 없는 한 그 취소를 구하는 취지도 포함되어 있다고 보아야 하는 점 등에 비추어 볼 때, 동일한 행정처분에 대하여 무효확인의 소를 제기하였다가 그 후 그 처분의 취소를 구하는 소를 추가적으로 병합한 경우, 주된 청구인 무효확인의 소가 적법한 제소기간 내에 제기되었다면 추가로 병합된 취소청구의 소도 적법하게 제기된 것으로 봄이 상당하다(대판 2005.12.23. 2005두3554). 다만, 제소기간을 경과한 후 무효확인소송을 제기하였다가 추가로 취소소송을 병합 제기한 경우 취소청구는 부적법하다.

(2) 변경된 때

1) 청구취지의 변경으로 구소가 취하되고 신소가 제기된 것으로 되었을 경우

신소에 대한 제소기간의 준수는 원칙적으로 **소의 변경**이 있은 때를 기준으로 한다(대판 2019.7.4. 2018두58431).

2) 선행처분 취소소송의 제기 후 후행처분의 취소를 구하는 청구를 추가하여 청구를 변경한 경우

추가청구 시를 기준으로 한다(대판 2012.12.13. 2010두20782).

제10절 행정심판전치주의 요건

1 의의

현행 「행정소송법」 제18조는 원칙적으로 행정심판을 거치지 아니하고 행정소송을 제기할 수 있도록 규정하고 있다. 따라서 행정심판절차는 임의적 절차이다. 다만, 개별법에 행정소송 제기 전 행정심판을 거쳐야 한다는 규정이 있는 경우, 행정심판을 거쳐 행정소송을 제기해야 한다.

1. 행정심판전치주의를 인정하는 법률

(1) 「국세기본법」

국세 부과처분에 대한 취소소송은 필요적 전치주의를 따르며, 해당 처분을 안 날로부터 90일 이내에

이의신청 또는 심사청구를 거쳐야 하며, 동일한 처분에 대해 심사청구와 심판청구를 중복하여 제기할 수 없다. 조세행정에서 동일한 목적의 행정처분이 관련이 있거나, 과세처분이 위법사유를 공유하는 경우 등 정당한 사유가 있을 때 납세의무자는 전심절차를 생략하고 과세처분 취소를 위한 행정소송을 제기할 수 있으나, 그러한 사유가 없을 경우 전심절차를 거치지 않은 행정소송은 부적법하다(대판 2014.12. 11. 2012두20618).

(2) 그 밖의 필요적 전치주의를 규정한 경우

관세 부과처분, 공무원·국공립교원 징계, 「도로교통법」상 면허정지·취소처분, 감사원의 변상판정은 행정심판절차를 거쳐 행정소송을 제기해야 한다. 최근 「지방세기본법」 개정으로 지방세 부과처분도 심판청구를 거치지 아니하고는 행정소송을 제기할 수 없도록 하였다(「지방세기본법」 제98조).

2 필수적 전치주의의 완화

개별법에서 행정심판을 거쳐 행정소송을 제기하도록 규정한 경우에도, 다음과 같은 경우에는 전치주의 요건이 완화된다.

1. 행정심판의 재결 없이 행정소송을 제기할 수 있는 경우(「행정소송법」 제18조 제2항)

(1) 행정심판청구가 있은 날로부터 60일이 지나도 재결이 없는 때

(2) 처분의 집행 또는 절차의 속행으로 생길 중대한 손해를 예방하여야 할 긴급한 필요가 있는 때

(3) 법령의 규정에 의한 행정심판기관이 의결 또는 재결을 하지 못할 사유가 있는 때

(4) 그 밖의 정당한 사유가 있는 때

2. 행정심판을 제기함이 없이 취소소송을 제기할 수 있는 경우(「행정소송법」 제18조 제3항)

(1) 동종사건에 관하여 이미 행정심판의 기각재결이 있은 때

동일한 행정처분에 의하여 여러 사람이 동일한 의무를 부담하는 경우 그중 한 사람이 적법한 행정심판을 제기하여 행정처분청으로 하여금 그 행정처분을 시정할 수 있는 기회를 가지게 한 이상 나머지 사람은 행정심판을 거치지 아니하더라도 행정소송을 제기할 수 있다(대판 1988.2.23. 87누704). '동종사건'이라 함은 당해 사건은 물론 당해 사건과 기본적인 점에서 동질성이 인정되는 사건을 가리킨다. 순차로 진료를 거부한 의사들에 대한 각 의사면허자격정지사건이 진료를 요구한 환자가 동일인이라는 것뿐 **진료를 요구받은 시간과 장소, 조처내용 및 다른 병원으로 전원하게 된 상황 등이 전혀 달라서 '동종사건'이 아니다**(대판 1992.11.24. 92누8972).

(2) 서로 내용상 관련되는 처분 또는 같은 목적을 위하여 단계적으로 진행되는 처분 중 어느 하나가 이미 행정심판의 재결을 거친 때

하천구역 무단 점용으로 부당이득금 부과처분과 가산금 징수처분을 받은 경우, 가산금 징수처분에 대해 행정청이 안내한 전심절차를 밟지 않았더라도 부당이득금 부과처분에 대한 전심절차를 거쳤다면, 두 처분을 함께 행정소송으로 다툴 수 있다(대판 2006.9.8. 2004두947).

(3) 행정청이 사실심의 변론종결 후 소송의 대상인 처분을 변경하여 당해 변경된 처분에 관하여 소를 제기하는 때

(4) 처분을 행한 행정청이 행정심판을 거칠 필요가 없다고 잘못 알린 때

3 행정심판 전치주의 요건 판단

직권조사사항	행정소송에 있어 전심절차를 거쳤는지 여부는 소송요건으로서 직권조사사항에 속하는 것이다(대판 1996.9.6. 96누7045).
부적법한 심판청구를 각하하지 않고 행정심판위원회가 본안 판단한 경우	행정처분 취소를 구하는 항고소송의 전심절차인 행정심판청구가 기간 도과로 부적법할 경우, 행정소송도 전치 요건을 충족하지 못해 부적법 각하된다. 이는 행정청이 기간 도과한 부적법한 심판에 대해 실질적 재결을 하더라도 달라지지 않는다(대판 1991.6.25. 90누8091).
행정심판위원회가 적법한 심판청구를 각하한 경우	행정심판전치주의 요건을 충족한 것으로 보아야 한다.
처분 전의 행정심판청구	처분 전 행정심판청구는 부적법하나 재결 전에 처분이 행해졌다면 하자는 치유된다. 행정심판 재결 후 행정소송을 제기하면 요건은 충족된 것이다.
전치요건 판단시점	행정심판 전치요건은 행정소송 제기 이전에 반드시 갖추어야 하는 것은 아니고 사실심 변론종결 시까지 갖추면 된다(헌재 2016.12.29. 2015헌바229). 따라서 행정소송의 제기 당시에는 행정심판절차를 거치지 않았으나 사실심 변론종결 당시까지 그 전치요건을 갖추었다면 그 흠결의 하자는 치유된다(대판 1987.9.22. 87누176).
행정심판과 소송의 사유	행정심판과정에서 주장하지 아니한 사유도 행정소송에서는 제기할 수 있다.

제11절 관할 법원

1 관할 법원

1. **심급관할**

    3심제(행정법원 - 고등법원 - 대법원)

2. **일반재판관할**

    취소소송의 제1심 관할 법원은 피고의 소재지를 관할하는 행정법원으로 한다. 서울 이외에는 행정법원이 설치되지 않은 지역인데 이 경우 해당 지방법원 본원이 제1심 관할 법원이다. 「독점규제 및 공정거래에 관한 법률」상 처분에 대해서는 서울고등법원이 1심 관할 법원이다. 특허심판원의 심결에 불복하려는 경우 특허법원이 1심 관할 법원이다.

3. **중앙행정기관·중앙행정기관의 부속기관과 합의제행정기관 또는 그 장이나 국가의 사무를 위임 또는 위탁받은 공공단체 또는 그 장이 피고인 경우**

   대법원 소재지를 관할하는 행정법원에 제기할 수 있다.

4. **특별관할(토지관할)**

   토지의 수용 기타 부동산 또는 특정 장소에 관계되는 처분은 그 부동산 또는 장소의 소재지 관할 행정법원에 소를 제기할 수 있다.

5. **임의관할**

   「민사소송법」 규정을 준용하여 당사자들의 합의로 관할 법원을 결정할 수도 있다.

2 관할의 위반 효과

1. **고의 또는 중과실이 아닌 경우**

(1) 행정소송에 대한 관할을 가지고 있지 아니한 법원의 경우: 관할 법원에 이송해 주어야 한다.

   법원은 소송의 전부 또는 일부가 그 관할에 속하지 않는다고 인정할 경우, 원고의 고의 또는 중대한 과실 없이 행정소송이 심급을 달리하는 법원에 잘못 제기된 경우에 관할법원에 이송한다(「행정소송법」 제7조). 원고가 고의 또는 중대한 과실 없이 행정소송으로 제기하여야 할 사건을 민사소송으로 잘못 제기한 경우 **행정소송에 대한 관할을 가지고 있지 아니하다면** 이를 부적법한 소라고 하여 각하할 것이 아니라 관할 법원에 이송하여야 한다(대판 2018.7.26. 2015다221569).

(2) 행정소송에 대한 관할을 가지고 있는 법원의 경우

   「행정소송법」상 항고소송으로 제기하여야 할 사건을 민사소송으로 잘못 제기한 경우에 **수소법원이 항고소송에 대한 관할도 동시에 가지고 있다면**, 원고로 하여금 항고소송으로 소 변경을 하도록 석명권을 행사하여 「행정소송법」이 정하는 절차에 따라 심리·판단하여야 한다(대판 2020.4.9. 2015다34444 ; 대판 2020.1.16. 2019다264700).

2. **소송요건이 명백히 결여된 경우: 각하**

   해당 소송이 이미 행정소송으로서의 전심절차 및 제소기간을 도과하였거나 행정소송의 대상이 되는 처분 등이 존재하지도 아니한 상태에 있는 등 행정소송으로서의 소송요건을 결하고 있음이 명백하여 행정소송으로 제기되었더라도 어차피 부적법하게 되는 경우에는 **이송할 것이 아니라 각하하여야 한다** (대판 2020.10.15. 2020다222382).

3. **행정소송사건을 1심 지방법원 단독, 2심 지방법원 합의부에서 판결한 사건**

   행정사건 제1심판결에 대한 항소사건은 고등법원이 심판해야 하고(「법원조직법」 제28조 제1호), 원고가 고의나 중대한 과실 없이 행정소송으로 제기하여야 할 사건을 민사소송으로 잘못 제기하고 단독판사가 제1심판결을 선고한 경우에도 그에 대한 항소사건은 고등법원의 전속관할이다. **지방법원 합의부**

로서 행정사건 제1심판결에 대한 항소사건을 심판한 원심은 전속관할을 위반한 잘못이 있다. 이 점에서도 원심판결은 유지될 수 없다(대판 2022.1.27. 2021다219161).

> **판례**
>
> 甲에게서 주택 등 신축 공사를 수급한 乙이 사업주를 甲으로 기재한 甲 명의의 고용보험·산재보험관계성립신고서를 근로복지공단에 작성·제출하여 甲이 고용·산재보험료 일부를 납부하였고, 국민건강보험공단이 甲에게 나머지 보험료를 납부할 것을 독촉하였는데, 甲이 국민건강보험공단을 상대로 이미 납부한 보험료는 부당이득으로서 반환을 구하고 국민건강보험공단이 납부를 독촉하는 보험료채무는 부존재확인을 구하는 소를 제기한 사안에서, 이는 행정소송인 공법상 당사자소송과 「행정소송법」 제10조 제2항, 제44조 제2항에 규정된 관련청구소송으로서 부당이득반환을 구하는 민사소송이 병합하여 제기된 경우에 해당하므로, 원심법원인 인천지방법원 합의부는 **항소심으로서 「민사소송법」 제34조 제1항, 「법원조직법」 제28조 제1호에 따라 사건을 관할 법원인 서울고등법원에 이송했어야 옳다**(대판 2016.10.13. 2016다221658).
>
> * 당사자소송 사건이고 행정소송의 1심은 피고 소재지를 관할하는 행정법원(행정법원이 설치되지 않은 지역은 지방법원의 본원)이고 2심은 고등법원이다. 그러므로 서울고등법원이 관할권을 가진다.

4. 변론관할

민사소송인 이 사건 소가 서울행정법원에 제기되었는데도 피고는 제1심법원에서 관할 위반이라고 항변하지 아니하고 본안에 대하여 변론을 한 사실을 알 수 있는바, 공법상의 당사자소송 사건인지 민사사건인지 여부는 이를 구별하기가 어려운 경우가 많고 행정사건의 심리절차에 있어서는 행정소송의 특수성을 감안하여 「행정소송법」이 정하고 있는 특칙이 적용될 수 있는 점을 제외하면 심리절차면에서 민사소송절차와 큰 차이가 없는 점 등에 비추어 보면, 「행정소송법」 제8조 제2항, 「민사소송법」 제30조에 의하여 제1심법원에 변론관할이 생겼다고 봄이 상당하다(대판 2013.2.28. 2010두22368).

> 「민사소송법」 제30조 【변론관할】 피고가 제1심 법원에서 관할 위반이라고 항변하지 아니하고 본안에 대하여 변론하거나 변론준비기일에서 진술하면 그 법원은 관할권을 가진다.

3 관할 법원에 이송한 경우 제소기간 준수 여부

원고가 「행정소송법」상 항고소송으로 제기해야 할 사건을 민사소송으로 잘못 제기한 경우에 수소법원이 그 항고소송에 대한 관할을 가지고 있지 아니하여 관할 법원에 이송하는 결정을 하였고, 그 이송결정이 확정된 후 원고가 항고소송으로 소 변경을 하였다면, 그 항고소송에 대한 제소기간의 준수 여부는 **원칙적으로 처음에 소를 제기한 때를 기준으로** 판단하여야 한다(대판 2022.11.17. 2021두44425).

제12절 청구의 병합

1 의의

1. **개념**

   취소소송, 무효확인소송, 당사자소송에 당해 소송과 관련이 있는 청구소송을 병합 제기하는 것을 말한다.

2. **종류**

   취소소송 등과 관련청구소송을 함께 제기하는 원시적 병합과 계속 중인 취소소송 등에 관련 청구소송을 병합하는 후발적 병합이 있다.

2 요건

1. **취소소송 등에 병합할 것**

   취소소송 등이 아닌 소송을 취소소송 등에 병합해야 한다. 민사소송에 취소소송 등을 병합할 수 없다.

2. **각 청구소송이 적법할 것**

   「행정소송법」 제38조(제44조), 제10조에 의한 관련청구소송의 병합은 본래의 항고소송(당사자소송)이 적법할 것을 요건으로 하는 것이어서 **본래의 항고소송(당사자소송)이 부적법하여 각하되면** 그에 병합된 관련청구소송도 소송요건을 흠결하여 부적합하므로 각하되어야 한다(대판 2001.11.27. 2000두697).

3. **관련청구소송을 병합할 것**

   당해 처분 등과 관련되는 손해배상·부당이득반환·원상회복 등 청구소송을 취소소송 등에 병합하여야 한다.

   > **판례**
   >
   > 「행정소송법」 제10조 제1항 제1호는 행정소송에 병합될 수 있는 관련청구로 '처분과 관련된 손해배상, 부당이득반환, 원상회복 등의 청구'를 규정하며, 본래의 행정소송과의 관련성을 요구한다. 이는 행정소송에서 처분의 효력이 장기간 불확정한 상태에 있는 것을 방지하고 신속한 심판을 도모하기 위해 병합청구의 범위를 제한하려는 취지이다. 따라서 손해배상청구 등의 민사소송이 행정소송에 병합되기 위해서는 그 청구의 내용 또는 발생 원인이 행정소송의 대상인 처분과 법률적 또는 사실적으로 공통되거나, 그 처분의 효력 여부가 선결문제가 되어야 한다(대판 2000.10.27. 99두561).

4. **주된 취소소송이 사실심 계속 중일 것(후발적 병합의 경우)**

   사실심 변론종결 전까지 관련 병합은 가능하다(「행정소송법」 제10조 제2항).

5. 병합의 형태가 소송법상 허용되어야 한다.

행정처분에 대한 무효확인과 취소청구는 서로 양립할 수 없는 청구로서 주위적·예비적 청구로서만 병합이 가능하고 선택적 청구로서의 병합이나 단순 병합은 허용되지 아니한다(대판 1999.8.20. 97누6889).

객관적 병합	한 원고가 같은 사건에서 수 개의 청구를 하는 것이다.
주관적 병합	소송당사자가 다수인 경우를 말한다.
예비적 병합	제1차 청구(주위적 청구)가 기각 또는 각하될 때를 대비해 제2차적 청구(예비적 청구)에 대해 심판을 청구하는 형태이다.
단순 병합	서로 관련이 없는 소송이다. 한 소송청구의 인용 여부와 다른 청구소송의 인용 여부는 무관한 소송이다. 따라서 한 소송청구를 인용해도 다른 소송에 대한 심판을 계속해야 한다.
선택적 병합	여러 청구 중 어느 하나의 청구가 인용되면 다른 청구에 대해 법원이 심판할 필요가 없는 병합이다.
원시적 병합과 추가적 병합	원시적 병합은 소 제기 시 수 개의 청구를 묶어서 제기하는 경우이고, 추가적 병합은 소 제기 후 새로운 청구를 추가하는 것이다.

6. 신청 또는 직권으로 취소소송이 계속된 법원에 이송(후발적 병합)

취소소송과 당해 처분 등과 관련되는 손해배상·부당이득반환·원상회복 등 청구소송이 각각 다른 법원에 계속되고 있는 경우에 관련청구소송이 계속된 법원이 상당하다고 인정하는 때에는 당사자의 신청 또는 직권에 의하여 이를 취소소송이 계속된 법원으로 이송할 수 있다(「행정소송법」 제10조 제1항).

3 병합의 효과

취소소송등이 계속된 법원이 병합·심리한다.

> **판례**
>
> 1. 광주민주화운동 보상심의위원회의 결정에 대하여 취소소송 등이 인정됨을 전제로 하여, 원고가 당초에 피고 보상심의위원회를 상대로 이 사건 보상결정의 취소를 구하였다가 위 소송을 유지하면서 여기에 새로이 대한민국을 피고로 하여 그에게 보상금 등의 지급을 구하는 소송을 추가적으로 병합한 경우
>   취소소송 등을 제기한 당사자가 당해 처분 등에 관계되는 사무가 귀속되는 국가 또는 공공단체에 대한 당사자소송을 「행정소송법」 제10조 제2항에 의하여 관련청구로서 병합한 경우 위 취소소송 등이 부적법하다면 당사자는 위 당사자소송의 병합청구로서 같은 법 제21조 제1항에 의한 소 변경을 할 의사를 아울러 가지고 있었다고 봄이 상당하고, 이러한 경우 법원은 청구의 기초에 변경이 없는 한 당초의 청구가 부적법하다는 이유로 병합된 청구까지 각하할 것이 아니라 병합청구 당시 유효한 소 변경청구가 있었던 것으로 받아들여 이를 허가함이 타당하다(대판 1992.12.24. 92누3335).
> 2. 행정처분의 취소를 구하는 소송에서 처분의 취소를 선결문제로 하는 부당이득반환청구가 병합된 경우, 부당이득반환청구가 인용되기 위해서는 처분이 취소되면 충분하고, **처분의 취소가 확정되어야 하는 것은 아니다**(대판 2009.4.9. 2008두23153).

제13절 소의 변경

1 의의

1. 개념

소의 변경이란 소송 중에 원고가 심판대상인 청구를 변경하는 것이다.

2. 소 변경의 종류

소의 종류 변경	① 예를 들면 취소소송을 당사자소송으로 변경하는 것을 소의 종류 변경이라 한다. ② 소의 종류의 변경은 사실심 변론종결 시까지 할 수 있으므로 항소심에서도 변경할 수 있다.
처분변경으로 인한 소의 변경	① 처분변경으로 인한 소의 변경은 행정청이 소송 대상인 처분을 변경한 때 원고의 신청에 따라 소가 변경되는 것을 뜻한다. ② **사실심 변론종결 후 처분변경**: 행정심판을 제기함이 없이 항고소송을 제기할 수 있다.
행정소송과 민사사송 간 소 변경	「행정소송법」은 공법상 당사자소송을 민사소송으로 변경할 수 있는지에 관하여 명문의 규정을 두고 있지 않다. 그러나 민사소송으로의 소 변경은 금지되지 않는다. 「행정소송법」제8조에 따라 「민사소송법」이 준용되므로, 청구의 기초가 바뀌지 않는 한 소 변경이 가능하다. 대법원은 항고소송으로의 소 변경을 허용해 왔으며, 민사소송과 공법상 당사자소송 간의 소 변경도 인정되어야 한다. 따라서 공법상 당사자소송도 청구의 기초가 동일한 경우 민사소송으로 변경할 수 있다(대판 2023.6.29. 2022두44262).

2 소 종류의 변경요건

원고의 신청	① 소를 변경하려면 원고의 신청이 필요하다. 법원은 직권으로 소를 변경할 수 없다. ② 처분변경으로 인한 소 변경의 신청은 처분변경이 있음을 안 날로부터 60일 이내에 하여야 한다. ③ 원고가 고의 또는 중대한 과실 없이 당사자소송으로 제기하여야 할 것을 항고소송으로 잘못 제기한 경우에, 당사자소송으로서의 소송요건을 결하고 있음이 명백하여 당사자소송으로 제기되었더라도 어차피 부적법하게 되는 경우가 아닌 이상, 법원으로서는 원고가 당사자소송으로 소 변경을 하도록 하여 심리·판단하여야 한다(대판 2016.5.24. 2013두14863).
피고의 의견	소의 변경으로 피고가 변경될 경우, 피고가 될 자의 의견도 들어야 한다.
법원의 허가	법원의 허가가 있어야 한다.

3 소 변경의 효과

소 제기 효과	① 소 변경이 있으면 종전의 소가 제기된 때 제기된 것으로 본다. 종전의 소를 제기한 때를 기준으로 제소기간 준수 여부를 판단한다. ② 종전의 소는 취하된다.
법원의 소 변경 허가 결정에 대한 불복	피고는 즉시항고할 수 있다.

제14절 소송참가

1 제3자의 소송참가

1. 의의

A는 기존버스운송사업자이다. 행정청은 B에게 같은 노선사업면허를 허가했다. A는 허가처분의 취소를 구하는 소를 제기했다. 이해관계인인 B가 소송에 참가하는 제도를 제3자의 소송참가라 한다.

2. 참가시기

제3자의 소송참가는 확정판결 전까지 가능하다. 따라서 1심·2심뿐 아니라 상고심에서도 제3자의 소송참가는 허용된다.

3. 요건

(1) 소송계속 중이어야 한다.

(2) 제3자는 소송의 결과에 따라 권리나 이익을 침해받을 자이어야 한다. 제3자는 소송당사자 이외의 개인과 국가, 공공단체이다. 행정청은 당사자능력이 없어 제3자 소송참가인이 될 수 없다. 다만, 「행정소송법」 제17조에 의한 참가는 가능하다.

> **판례**
> 1. 「행정소송법」 제16조 소정의 **제3자의 소송참가가 허용되기 위하여는** 당해 소송의 결과에 따라 제3자의 권리 또는 이익이 침해되어야 하고, 이때의 이익은 법률상 이익을 말하며 단순한 사실상의 이익이나 경제상의 이익은 포함되지 않는다(대판 2008.5.29. 2007두23873).
> 2. 대구경북과학기술원의 총장은 교원소청심사위원회의 결정에 기속되며, 국공립학교의 인사권자와 유사한 지위를 가진다. 이 총장이 소청심사 기각결정에 따른 행정소송에 참여할 수 없게 하는 것은 절차적 방어권 보장에 불합리하고 형평에 어긋난다. 따라서 예외적으로 총장에게 행정소송에서 피고 측에 소송참가나 보조참가를 할 수 있는 당사자능력을 인정할 수 있다(대판 2023.10.26. 2018두55272).
> 3. 타인 사이의 항고소송에서 소송의 결과에 관하여 이해관계가 있다고 주장하면서 「민사소송법」 제71조에 의한 보조참가를 할 수 있는 제3자는 「민사소송법」상의 당사자능력 및 소송능력을 갖춘 자이어야 하므로 그러한 당사자능력 및 소송능력이 없는 행정청으로서는 「민사소송법」상의 보조참가를 할 수는 없고, 다만 「행정소송법」 제17조 제1항에 의한 소송참가를 할 수 있을 뿐이다(대판 2002.9.24. 99두1519).

4. 절차

(1) 신청 또는 직권

법원은 소송의 결과에 따라 권리 또는 이익의 침해를 받을 제3자가 있는 경우에는 당사자 또는 제3자의 신청 또는 직권에 의하여 결정으로써 그 제3자를 소송에 참가시킬 수 있다(「행정소송법」 제16조 제1항).

(2) 법원의 허가

법원이 참가신청에 대한 결정을 하고자 할 때에는 미리 당사자 및 제3자의 의견을 들어야 한다(「행정소송법」 제16조 제2항). 다만, 법원은 당사자의 의견에 구속당하지 않는다.

(3) 법원의 불허가 결정에 대한 불복

참가신청을 한 제3자는 그 **신청을 각하한 결정에 대하여 즉시항고할 수 있다**(「행정소송법」 제16조 제3항). 법원의 소송참가허가결정에 대해서는 항고할 수 없다.

5. 참가인의 지위

(1) 제3자의 소송참가 성질

「민사소송법」 제67조의 공동소송적 보조참가인에 해당한다.

(2) 보조참가인으로 제3자

1) 제3자(B)는 행정소송의 피고가 되지 아니한다.
2) 제3자는 소를 취하할 수 없다.
3) 상소는 가능하다.

2 제3자효와 제3자의 권리구제방안

1. 제3자효

처분 등을 취소하는 확정판결은 제3자에 대하여도 효력이 있다(「행정소송법」 제29조). 소송에 참가하지 아니한 제3자에게도 취소판결의 효력은 미친다.

2. 제3자의 권리구제방안

(1) 제3자의 소송참가

(2) 재심청구

처분 등을 취소하는 판결에 의하여 권리 또는 이익의 침해를 받은 **제3자는 자기에게 책임 없는 사유로 소송에 참가하지 못함으로써 판결의 결과에 영향을 미칠 공격 또는 방어방법을 제출하지 못한 때에는** 이를 이유로 확정된 종국판결에 대하여 재심의 청구를 할 수 있다. 재심청구는 확정판결이 있음을 안 날로부터 30일 이내, 판결이 확정된 날로부터 1년 이내에 제기하여야 한다(「행정소송법」 제31조).

구분	제3자의 소송참가(「행정소송법」 제16조)	행정청의 소송참가(「행정소송법」 제17조)
법적 성질	공동소송적 보조참가인	보조참가인
절차	당사자와 제3자의 신청 또는 법원의 직권	당사자 또는 행정청의 신청 또는 법원의 직권
불복	① 법원이 제3자의 신청에 대한 각하결정에 대한 즉시항고 가능 ② 법원이 허가결정에 대한 즉시항고 불가	법원의 참가 허가·거부결정에 대한 즉시항고 불가

재심청구	가능	불가
적용되는 소송유형	취소소송, 무효확인소송, 부작위위법확인소송, 당사자소송	

제15절 가구제

1 집행정지의 의의

1. 「행정소송법」 규정

(1) 집행부정지(執行不停止) 원칙

취소소송을 제기하여도 처분의 효력이나 집행은 정지되지 않는다. 이를 집행부정지원칙이라고 한다.

(2) 예외적인 집행정지

집행정지란 법원이 처분의 효력집행·속행을 정지하는 결정이다.

2 집행정지의 요건

1. 신청요건

(1) 정지대상인 처분의 존재

   1) 대상인 처분

   ① 행정행위, 권력적 사실행위와 같은 처분이 존재해야 한다. 무효인 처분은 정지 대상이 되나 부작위는 대상이 되지 아니한다.

   ② 4대강 살리기 마스터플랜은 국토해양부 등 여러 부처가 발표한 종합계획으로, 행정기관 내부에서 사업의 기본방향을 제시하는 것이어서 국민의 권리·의무에 직접 영향을 미치지 않으므로 행정처분이 아니다. 4대강 살리기 마스터플랜에 따른 한강 살리기 사업으로 인해 농사를 지을 수 없게 되거나 유기농업이 해체될 위기에 처하더라도, 이는 「행정소송법」 제23조 제2항의 효력정지요건에 해당하지 않으므로 금전으로 보상받을 수 있는 손해로 인정되지 않는다(대결 2011.4.21. 2010무111).

   2) 거부처분이 집행정지의 대상이 되는지 여부

   신청에 대한 거부처분의 효력을 정지하더라도 거부처분이 없었던 것과 같은 상태, 즉 거부처분이 있기 전의 신청 시의 상태로 되돌아가는 데에 불과하고 행정청에게 신청에 따른 처분을 하여야 할 의무가 생기는 것이 아니므로, 거부처분의 효력정지는 그 거부처분으로 인하여 신청인에게 생길 손해를 방지하는 데 아무런 보탬이 되지 아니하여 그 효력정지를 구할 이익이 없다(대결 1995.6.21. 95두26 ; 대결 2005. 1.17. 2004무48). 따라서 교도소장이 접견을 불허한 처분(대결 1991.5.2. 91두15), **투전기업소허가갱신신청 불허처분**(대결 1992.2.13. 91두47)의 효력정지를 구할 이익은 없다.

(2) 적법한 본안소송의 계속

행정처분의 집행정지는 일시적인 응급처분으로, 이를 위해서는 본안소송이 법원에 제기되어 계속 중이어야 하며, 집행정지결정 후 본안소송이 취하되면 집행정지결정의 효력은 자동으로 소멸되므로 별도의 취소조치가 필요하지 않다(대결 2007.6.28. 2005무75).

> **판례**
>
> 행정처분의 효력정지나 집행정지를 구하는 신청사건에 있어서는 **행정처분 자체의 적법 여부는 궁극적으로 본안재판에서 심리를 거쳐 판단할 성질의 것**이므로 원칙적으로 판단할 것이 아니고, 본안에서 원고가 승소할 수 있는 가능성을 전제로 한 권리보호수단이라는 점에 비추어 보면, 집행정지사건 자체에 의하여도 신청인의 본안청구가 적법한 것이어야 한다는 것을 집행정지의 요건에 포함시켜야 한다(대결 2013.1.31. 2011아73).

(3) 신청인적격

신청인은 처분의 집행정지를 구할 법률상 이익이 있어야 한다. 따라서 미결수용 중 안양교도소에서 진주교도소로 이송된 피고인이 그 이송처분의 취소를 구하는 행정소송을 제기하고 이송처분의 효력정지를 신청할 수 있다(대결 1992.8.7. 92두30). 복효적 행정행위에서는 제3자의 신청도 법률상 이익이 있으면 가능하다. 그러나 법률상 이익이 없는 자는 집행정지신청을 할 수 없다.

(4) 신청이익

집행정지결정으로 현실적으로 보호되는 이익이 필요하다.

2. 본안요건

(1) 회복하기 어려운 손해발생 우려

처분의 집행으로 회복하기 어려운 손해가 발생해야 처분을 집행정지할 수 있다. '회복하기 어려운 손해'는 특별한 사정이 없는 한 금전으로 보상할 수 없는 손해로서 금전보상이 불가능한 경우 또는 금전보상으로는 사회관념상 행정처분을 받은 당사자가 참고 견딜 수 없거나 참고 견디기가 현저히 곤란한 경우의 유형·무형의 손해를 말한다(대결 2018.7.12. 2018무600). 사업 자체를 계속할 수 없거나 중대한 경영상 위기를 맞게 되는 경우도 회복하기 어려운 손해이다(대결 2003.10.9. 2003무23).

1) 회복하기 어려운 손해발생 우려 인정

① 과징금납부명령의 처분이 사업자의 자금사정이나 경영 전반에 미치는 파급효과가 매우 중대한 경우 그로 인한 손해는 '회복하기 어려운 손해'에 해당한다(대결 2001.10.10. 2001무29).
② 상고심에 계속 중인 형사피고인을 안양교도소로부터 진주교도소로 이송하면 회복하기 어려운 손해가 발생할 염려가 있다(대판 1992.8.7. 92두30).
③ 약제비를 낮추는 보건복지부 고시에 대해 집행을 정지해야 할 제약회사의 이익이 있다(대결 2004.5.12. 2003무41).

④ 시장이 도시환경정비구역을 지정하였다가 정비구역을 해제하고 개발행위를 제한하는 내용을 고시함에 따라 사업시행예정구역에서 설립 및 사업시행인가를 받았던 甲도시환경정비사업조합에 대하여 구청장이 조합설립인가를 취소한 경우, 회복하기 어려운 손해가 발생할 우려가 있다(대결 2018.7.12. 2018무600).

2) 회복하기 어려운 손해발생 우려 부정

① 거의 전재산인 금 1억 5천만원을 투자하고 영업을 하여 온 까닭에 그 영업허가취소처분의 효력이 정지되지 않는다면 위 업소경영에 절대적인 타격을 입게 되고 그로 인하여 재항고인은 물론 그 가족 및 종업원들의 생계까지 위협받게 되는 결과가 초래될 수 있다는 등의 사정은 이 사건 처분의 존속으로 재항고인에게 금전으로 보상할 수 없는 손해가 생길 우려가 있는 경우에 해당한다고 볼 수 없다(대결 1995.11.23. 95두53).

② 항정신병 치료제의 요양급여 인정기준에 관한 보건복지부 고시로 인한 제약회사의 경제적 손실과 이미지 훼손은 '회복하기 어려운 손해'에 해당하지 않는다(대결 2003.10.9. 2003무23).

③ **경쟁 항공회사에 대한 국제항공노선면허처분**으로 인하여 노선의 점유율이 감소됨으로써 경쟁력과 대내외적 신뢰도가 상대적으로 감소되고 연계노선망개발이나 타 항공사와의 전략적 제휴의 기회를 얻지 못하게 되는 손해는 위 **면허처분의 효력정지를 구할 법률상 이익이 될 수 없다**(대결 2000.10.10. 2000무17).

(2) 긴급한 필요

'긴급한 필요'란 회복하기 어려운 손해의 발생이 절박하여 손해를 회피하기 위하여 본안판결을 기다릴 여유가 없는 것을 말한다(대결 1994.1.17. 93두79). '처분 등이나 그 집행 또는 절차의 속행으로 인하여 생길 회복하기 어려운 손해를 예방하기 위하여 긴급한 필요'가 있는지는 처분의 성질과 태양 및 내용, 처분상대방이 입는 손해의 성질·내용 및 정도, 원상회복·금전배상의 방법 및 난이 등은 물론 본안청구의 승소가능성 정도 등을 종합적으로 고려하여 구체적·개별적으로 판단하여야 한다(대결 2014.1.23. 2011무178).

(3) 본안청구가 이유 없음이 명백하지 않을 것

판례는 집행정지의 요건과 관련하여 본안청구가 이유 없음이 명백할 때에는 집행정지를 명할 수 없다고 하므로(대결 2007.7.13. 2005무85), 본안청구가 이유 없음이 명백하지 않을 것은 집행정지의 소극적 요건이다.

(4) 공공복리에 중대한 영향을 미칠 우려가 없을 것

처분을 집행정지하더라도 공공복리에 중대한 영향을 미치지 않아야 집행정지를 할 수 있다. 즉, 처분의 집행정지로 공공복리에 중대한 영향을 미칠 우려가 있으면 집행정지를 할 수 없다. 집행정지의 소극적 요건인 공공복리에 중대한 영향을 미칠 우려가 있다는 것의 주장·소명책임은 **행정청**에게 있다(대결 2008.5.6. 2007무147).

☑ 집행정지의 요건

구분	적극적 요건	소극적 요건
요건	• 정지대상인 처분의 존재 • 적법한 본안소송의 계속 • 당사자의 신청 또는 법원의 직권 • 신청인적격 및 정지신청을 구할 법률상 이익의 존재 • 처분의 집행 등으로 인하여 회복하기 어려운 손해 발생의 우려 • 긴급한 필요성	• 공공복리에 중대한 영향을 미칠 우려가 없을 것 • 본안청구가 이유 없음이 명백하지 않을 것
주장·소명책임	신청인에게 있다.	행정청에게 있다.

3 집행정지결정의 내용 및 범위

1. 내용

처분의 집행정지로는 처분을 집행할 수 없게 되고 절차속행의 정지로는 후속절차의 집행을 정지된다. 처분의 효력정지로는 처분의 효력이 존재하지 않게 된다. <u>처분의 효력정지는 처분 등의 집행 또는 절차의 속행을 정지함으로써 목적을 달성할 수 있는 경우에는 허용되지 아니한다.</u>

2. 범위

당사자의 신청이 없어도 법원은 직권에 의해 집행정지결정을 할 수 있으므로, 신청인이 처분의 집행정지를 구한 경우에 법원은 **그 신청의 범위를 넘어** 처분의 효력을 정지시킬 수가 있다.

3. 집행정지결정의 실효

(1) 법원이 「행정소송법」 제23조 제2항에 따른 집행정지를 결정하는 경우 그 종기는 본안판결 선고일부터 30일 이내의 범위에서 정한다. 다만, 법원은 당사자의 의사, 회복하기 어려운 손해의 내용 및 그 성질, 본안 청구의 승소가능성 등을 고려하여 달리 정할 수 있다(「행정소송규칙」 제10조).

(2) 법원이 집행정지결정을 하면서 그 주문에서 당해 법원에 계속 중인 본안소송의 판결선고 시까지 효력을 정지한 경우, 원고패소판결이 선고되면 그 본안판결의 선고 시에 <u>집행정지결정의 효력은 **별도의 취소조치 없이** 소멸하고 처분의 효력이 부활한다</u>(대판 2005.6.10. 2005두1190 등).

⚖ 판례

1. 보조금 교부결정의 일부를 취소한 행정청의 처분에 대한 효력정지결정의 효력이 소멸하여 보조금 교부결정 취소처분의 효력이 되살아난 경우, 취소처분에 의하여 취소된 부분의 보조사업에 대하여 효력정지기간 동안 교부된 보조금의 반환을 명하여야 한다(대판 2017.7.11. 2013두25498).
2. **집행정지결정신청이 인용되고 본안청구가 기각된 경우**(대판 2020.9.3. 2020두34070)
   가. **본안에서 해당 처분이 최종적으로 적법한 것으로 확정되어 집행정지결정이 실효된 경우**, 처분청으로서는 당초 집행정지결정이 없었던 경우와 동등한 수준으로 해당 제재처분이 집행되도록 필요한 조치를 취하여야 한다. 집행정지는 행정쟁송절차에서 실효적 권리구제를 확보하기 위한 잠정적

조치일 뿐이므로, 본안 확정판결로 해당 제재처분이 적법하다는 점이 확인되었다면 제재처분의 상대방이 잠정적 집행정지를 통해 집행정지가 이루어지지 않은 경우와 비교하여 제재를 덜 받게 되는 결과가 초래되도록 해서는 안 된다.

나. 직접생산확인제도는 공공기관의 조달에서 중소기업자에게 우선권을 주는 제도로, 이를 위반한 경우 모든 제품에 대해 취소처분을 해야 한다. **집행정지기간 동안 직접생산확인의 유효기간이 만료될 수 있으므로, 직접생산확인 취소처분을** 다시 집행할 때 유효기간이 남아 있는 제품만 대상으로 변경처분을 해야 재재 효과를 달성할 수 있다. 다만, **처분상대방이 집행정지결정을 받지 못했으나 본안소송에서 해당 제재처분이 위법하다는 것이 확인되어 취소하는 판결이 확정되면**, 처분청은 그 제재처분으로 처분상대방에게 초래된 불이익한 결과를 제거하기 위하여 필요한 조치를 취하여야 한다.

3. **집행정지결정이 내려졌다면** 그 집행정지기간 동안은 과징금 부과처분에서 정한 과징금의 납부기간은 더 이상 진행되지 아니하고 집행정지결정이 당해 결정의 주문에 표시된 시기의 도래로 인하여 실효되면 그 때부터 당초의 과징금 부과처분에서 정한 기간(집행정지결정 당시 이미 일부 진행되었다면 그 나머지 기간)이 다시 진행하는 것으로 보아야 한다(대판 2003.7.11. 2002다48023).

4. 영업정지처분에 대하여 그 효력정지결정이 있으면 그 처분의 집행자체 또는 그 효력발생이 정지되고 그 **효력정지결정이 취소되거나 실효되면 그때부터 다시 영업정지기간이 진행되는 것이므로** 영업정지처분이 그 효력정지결정으로 효력이 정지되어 있을 동안에 영업정지기간이 경과되었다고 하여도 그 처분의 취소를 구할 소송상 이익이 있다(대판 1982.6.22. 81누375).

4 집행정지결정의 효력

1. 형성력

처분의 효력은 집행정지에 의해 바로 정지된다. 즉, 행정청의 별도 집행정지 의사표시 없이 처분의 효력은 정지된다.

2. 장래효

집행정지의 효력은 장래적으로 처분의 집행을 정지하는 효력을 가진다. 즉, 소급하여 처분이 집행을 정지시키지는 않는다. 따라서 **영업정지처분을 받고도 법원의 집행정지결정이 있기 전에 영업을 한 이상** 그 후 법원에서 집행정지결정이 내려지고 본안소송에서 그 처분이 위법함을 이유로 취소되었다 하더라도 원래의 영업정지처분이 당연무효의 하자를 가지고 있는 처분이 아닌 한 그 영업정지기간 중에 영업하였음을 사유로 한 영업허가취소처분은 당연무효가 아니다(대판 1995.11.24. 95누9402).

3. 제3자효

복효적 행정행위의 효력정지는 행정청뿐 아니라 제3자에게도 그 효력이 미친다(「행정소송법」 제29조 제2항).

4. 기속력

집행정지결정은 행정청과 그 밖의 행정청을 기속한다. 따라서 행정청은 처분을 집행하기 위한 조치를 취할 수 없다. 집행정지결정으로 행정청이 「행정소송법」 제30조 제2항의 재처분할 의무는 없다. 집행정지결정에는 기판력이 인정되지 않는다.

5 집행정지결정에 대한 불복 및 집행정지결정의 취소

1. 불복

집행정지의 결정 또는 기각의 결정에 대하여는 즉시항고할 수 있다. 이 경우 집행정지의 결정에 대한 즉시항고에는 결정의 집행을 정지하는 효력이 없다(「행정소송법」 제23조 제5항). 효력정지신청을 기각한 결정에 대해 **행정처분의 적법 여부를 불복사유로 삼을 수 없다**(대결 전합 2011.4.21. 2010무111).

2. 집행정지결정 취소

집행정지의 결정이 확정된 후 집행정지가 공공복리에 중대한 영향을 미치거나 그 정지사유가 없어진 때에는 당사자의 신청 또는 직권에 의하여 결정으로써 집행정지의 결정을 취소할 수 있다(「행정소송법」 제24조 제1항). 집행정지 취소결정에 대해 즉시항고할 수 있다(동법 제24조 제2항).

> **판례**
> 「행정소송법」 제24조 제1항에서 규정하고 있는 집행정지결정의 취소사유는 특별한 사정이 없는 한 집행정지 결정이 확정된 이후에 발생한 것이어야 하고, 그중 '집행정지가 공공복리에 중대한 영향을 미치는 때'라 함은 일반적·추상적인 공익에 대한 침해의 가능성이 아니라 당해 집행정지결정과 관련된 구체적·개별적인 공익에 중대한 해를 입힐 개연성을 말하는 것이다(대결 2004.5.17. 2004무6).

6 가처분 허용 여부

1. 가처분의 의의

가처분은 단순히 처분의 집행을 정지하는 데 그치는 것이 아니라 처분의 상대방 등에 대해 임시의 지위를 부여하는 제도이다. 예를 들면 A가 공무원 필기시험에서 불합격처분을 받았는데, 곧 면접시험이 있을 예정이라면 불합격처분이 정지되더라도 A는 면접시험을 볼 수 없게 된다. 이러한 경우 A에게 면접시험을 볼 수 있는 임시의 지위를 부여하는 제도이다.

2. 「행정소송법」 규정

「행정소송법」에는 가처분에 관한 규정이 없다.

3. 항고소송에서 허용 여부

항고소송의 대상이 되는 행정처분의 효력이나 집행 혹은 절차속행 등의 정지를 구하는 신청은 「행정소송법」상 집행정지신청의 방법으로서만 가능할 뿐 「민사집행법」상 가처분의 방법으로는 허용될 수 없다(대결 2009.11.2. 2009마596).

4. 당사자소송에서 가처분 허용 여부

당사자소송에 대하여는 「행정소송법」 제23조 제2항의 집행정지에 관한 규정이 준용되지 아니하므로(「행정소송법」 제44조 제1항 참조), 이를 본안으로 하는 가처분에 대하여는 「행정소송법」 제8조 제2항에 따라 「민사집행법」상 가처분에 관한 규정이 준용되어야 한다(대결 2015.8.21. 2015무26).

제16절 의대정원발표 효력정지(대결 2024.6.19. 2024무689)

1 항고소송의 대상에 대한 판단

1. 법리

항고소송의 대상이 되는 행정청의 처분은 원칙적으로 국민의 권리·의무에 직접 영향을 미치는 공법상의 행위로, 행정청의 내부적 의사결정과 같은 법률적 효과가 없는 행위는 포함되지 않는다.

2. 이 사건 증원배정과 증원발표

(1) 증원배정

피신청인 교육부장관이 2024년 3월 20일에 의대 정원을 2,000명 증원하여 각 대학별로 배정한 처분은 항고소송의 대상이 될 수 있다.

(2) 증원발표

피신청인 보건복지부장관이 2024년 2월 6일에 의대 정원을 증원할 것이라고 발표한 행위는 항고소송의 대상이 되지 않는다. 이 발표는 행정청의 내부 의사결정을 외부에 공표한 것에 불과하고, 실제 법적 효과는 교육부장관의 배정처분을 통해 발생하기 때문이다.

2 신청인 적격에 관한 판단

1. 법리

행정처분에 대한 집행정지신청을 구하려면 법률상 이익이 있어야 한다. 이익은 행정처분으로 인해 발생하거나 확대되는 손해가 해당 처분의 근거 법규 및 관련 법규에 의하여 보호받는 직접적이고 구체적인 이익과 관련된 것을 말하는 것이고 단지 간접적이거나 사실적·경제적 이해관계를 가지는 데 불과한 경우는 여기에 포함되지 않는다.

2. 의대 재학 중 신청인들

「교육기본법」은 교육의 이념을 명시하며, 「고등교육법 시행령」과 대학설립·운영 규정은 의과대학의 정원 증원에 대한 구체적인 기준을 설정하여 적정 교육을 보장한다. 따라서 의과대학에 재학 중인 신청인들이 이 증원배정처분에 직접적 법적 이익을 가지므로, 그들의 집행정지를 구할 법률상 이익이 인정된다.

3. 나머지 신청인들

의과대학 교수, 전공의, 수험생 등 나머지 신청인들은 이 사건 증원배정처분의 집행정지를 구할 법률상 이익이 인정되지 않는다.

3 집행정지의 실체요건에 관한 판단

1. 법리

「행정소송법」 제23조 제2항의 '회복하기 어려운 손해'는 금전으로 보상할 수 없는 손해를 의미하며, '공공복리에 중대한 영향을 미칠 우려가 없을 것'은 집행정지의 요건이다.

2. 구체적 판단

이 사건 증원배정처분의 집행정지가 의대 재학 중 신청인들에게 미치는 손해보다는 공공복리에 미치는 영향이 더 크다. 의대정원 증원이 지연될 경우 국민의 보건에 미치는 영향이 크고, 수험생 및 교육 현장에 혼란을 초래할 우려가 크기 때문에, 집행정지는 허용되지 않는다.

「행정소송법」 제8조 제2항에 따라 준용되는 법조항과 준용되지 않는 법조항 정리

1. 준용되는 법조항
   ① 「민사소송법」 제216조 기판력 조항
   ② 고의 또는 중대한 과실로 공격 또는 방어방법을 뒤늦게 제출함으로써 소송의 완결을 지연시키게 하는 것으로 인정할 때에는 법원은 직권으로 또는 상대방의 신청에 따라 결정으로 이를 각하할 수 있도록 한 「민사소송법」 제149조 제1항(대판 2003.4.25. 2003두988)
   ③ 당사자소송에서 「민사집행법」상 가처분에 관한 규정(대결 2015.8.21. 2015무26)
   ④ 「민사소송법」 제29조의 합의관할
   ⑤ 법인이 아닌 사단이나 재단은 대표자 또는 관리인이 있는 경우에는 그 사단이나 재단의 이름으로 당사자가 될 수 있도록 한 「민사소송법」 제52조

2. 준용되지 않는 법조항
   ① 항고소송에서 「민사집행법」상 가처분(대결 2009.11.2. 2009마596)

제17절 처분사유의 추가·변경

1 의의

1. 개념

행정청이 처분 당시에 근거로 삼지 않았던 처분사유를 행정쟁송단계에서 추가하거나 변경하는 것을 처분사유의 추가·변경이라고 한다.

2. 구별개념

(1) 하자치유와의 구별

처분이유의 사후제시(이유제시의 하자치유)는 처분 시에 존재하는 하자가 사후에 보완되어 없어지는 것이나, 처분사유의 추가·변경은 처분 시에 이미 존재하였지만 처분이유로 기재되지 않았던 사유를 소송계속 중에 처분이유로 주장하는 것이다. 따라서 **처분이유의 사후제시**는 절차의 하자에 관한 문제로서 행정작용법상의 문제이나, **처분사유의 추가·변경**은 계쟁처분의 **실체법상 적법성의 주장에 관한 소송법상** 문제이다.

(2) 하자전환과의 구별

하자의 전환과도 구별된다. 하자의 전환은 새로운 행정처분이나, 처분사유의 추가·변경은 새로운 처분이 아니라 사유의 추가·변경이기 때문이다.

(3) 처분변경과의 구별

처분변경으로 인한 소 변경은 행정청이 처분을 변경하여 소송물이 변경된 것이나, 처분사유의 추가·변경은 소송물의 변경은 아니다.

(4) 처분사유 자체가 아니라 그 근거가 되는 기초사실 내지 평가요소는 추가할 수 있다.

법무부장관이 '품행 미단정'을 이유로 귀화신청을 불허하였다. 제1심에서는 기소유예 전력을 이유로 들었고, 원심에서는 불법 체류 전력도 추가로 고려하였다. 대법원은 '품행 미단정' 판단은 처분사유이며, 불법 체류 전력 등은 처분사유의 기초 사실이나 평가요소에 지나지 않는다. 따라서 법무부장관은 이러한 사정을 추가로 주장할 수 있다(대판 2018.12.13. 2016두31616).

(5) 법령을 추가한 경우

1) 처분 사유의 변경 없이 법령만 추가된 경우

처분청이 처분 당시 적시한 **구체적 사실을 변경하지 않는 범위 내에서** 처분의 근거 법령만을 추가·변경하는 것은 새로운 처분사유의 추가로 볼 수 없으므로, 이러한 경우에는 처분 당시 적시한 구체적 사실에 대해 처분 후 추가·변경한 법령을 적용하여 적법 여부를 판단할 수 있다. 예를 들어, 개인택시사업자 A의 면허가 음주운전으로 취소된 경우, 처분청이 법령을 추가한 것은 새로운 사유 추가로 보지 않으며, 처분 당시의 구체적 사실을 기준으로 적법성을 판단할 수 있다(대판 1988.1.19. 87누603).

2) 근거 법령 변경이 별개의 처분으로 이어지는 경우

처분의 근거 법령을 변경하는 것이 **종전 처분과 동일성을 인정할 수 없는 별개의 처분을 하는 것과 다름없는 경우에는 허용될 수 없다.**

> **판례**
> 1. 행정청이 「도로법」 제94조에 따른 변상금 부과처분을 했다가 취소소송 중에 처분의 근거 법령을 구 「국유재산법」 제51조와 그 시행령으로 변경하여 주장한 경우, 이러한 근거 법령 변경은 종전 「도로법」 제94조에 의한 변상금 부과처분과 동일성을 인정할 수 없는 별개의 처분을 하는 것과 같아 허용될 수 없다(대판 2011.5.26. 2010두28106).
> 2. 甲주식회사는 청소년 요금 할인에 따른 보조금 지원 대상이 아님에도 보조금을 지급받았고, 이에 관할 시장이 보조금 환수 및 지원 대상 제외 처분을 내렸다. 이후 시장은 처분의 근거로 경기도 여객자동차 운수사업 관리 조례를 제시했다가, 해당 조례가 무효라는 주장이 제기되자 소송 중에 구 지방재정법을 추가로 처분 사유로 제시하였다.
>   가. **법적 쟁점:** 당초 조례 제18조 제4항은 기속행위로, 구 지방재정법 제32조의8 제7항은 재량행위로 규정되어 있어 처분 성질이 달라지며, 이에 따라 법적 심사기준과 방어방법이 달라진다. 이러한 처분사유 추가는 기본적 사실관계의 동일성이 인정되지 않는 별개의 사실을 주장한 것이며, 甲주식회사의 방어권을 침해할 수 있다
>   나. **결론:** 시장이 처분의 근거 법령을 추가한 것은 사실관계의 동일성이 인정되지 않아 처분사유 추가·변경이 허용되지 않는다(대판 2023.11.30. 2019두38465).

3. 허용 여부

추가·변경에 관한 규정을 두고 있지 않아 학설이 대립한다. 판례는 제한적 긍정설을 취한다.

2 처분사유 추가·변경의 허용범위와 한계

1. 동일한 소송물일 것

    처분사유의 변경은 처분의 동일성을 해치지 않는 범위 내에서 허용된다. 즉, 동일한 소송물의 범위 내에서만 가능하다. 따라서 **처분사유의 변경으로 처분이 변경됨으로써 소송물이 변경되는 경우에는** 청구가 변경되는 것이므로 소의 변경을 하여야 하며 처분사유의 변경은 허용될 수 없다.

2. **추가·변경의 사유는 처분 시에 존재하였던 사유여야 한다.**

    추가·변경의 사유는 처분 당시에 객관적으로 존재하고 있었던 사유이어야 한다. 따라서 처분 후 소송계속 중에 발생한 새로운 사실적·법적 사유를 추가·변경할 수는 없다. 이 경우 처분청은 사정변경을 이유로 계쟁처분을 직권취소하고 이를 대체하는 새로운 처분을 할 수 있다.

3. 기본적인 사실관계의 동일성

    행정청은 사실심 변론을 종결할 때까지 **당초의 처분사유와 기본적 사실관계가 동일한 범위 내에서** 처분사유를 추가 또는 변경할 수 있다(「행정소송규칙」 제9조). 따라서 행정처분 취소를 구하는 항고소송

에서는 처분청이 당초 처분의 근거와 기본적 사실관계에서 동일성이 없는 별개 사실을 주장할 수 없다.
* 기본적인 사실관계의 동일성 법리는 **행정심판 단계에서도 그대로 적용되나**(대판 2014.5.16. 2013두26118), **내부 시정절차에서는** 당초 처분의 근거로 삼은 사유와 기본적 사실관계의 동일성이 인정되지 않는 사유라고 하더라도 이를 처분의 적법성과 합목적성을 뒷받침하는 처분사유로 추가 · 변경할 수 있다(대판 2012.9.13. 2012두3859).

> **판례**
>
> 1. 행정처분의 취소를 구하는 항고소송에서 처분청은 당초 처분의 근거로 삼은 사유와 기본적 사실관계가 동일성이 있다고 인정되는 한도 내에서만 다른 사유를 추가 또는 변경할 수 있고, 이러한 기본적 사실관계의 동일성 유무는 처분사유를 법률적으로 평가하기 이전의 <u>구체적 사실에 착안하여 그 기초인 사회적 사실관계가 기본적인 점에서 동일한지에 따라 결정되므로</u>, 추가 또는 변경된 사유가 처분 당시에 이미 존재하고 있었다거나 <u>당사자가 그 사실을 알고 있었다고 하여</u> 당초의 처분사유와 동일성이 있다고 할 수 없다(대판 2011.11.24. 2009두19021).
> 2. 이 사건에서 피고는 산업단지 사업부지의 용도를 녹지용지에서 폐기물처리시설용지로 변경해 달라는 신청을 거부하면서, 당초 산업단지개발계획에 따라 해당 부지가 녹지용지로 되어 있어 변경이 불가능하다는 이유를 제시했다. 이후 소송에서 추가로 '새로운 폐기물시설부지의 필요성이 없다'는 사유를 제시했지만, **당초 제시한 사유가 실질적 내용이 없었으므로** 소송 단계에서 처분사유를 추가할 수 없다(대판 2017.8.29. 2016두44186).
> 3. 과세처분의 무효확인소송에서 소송물은 객관적인 조세채무의 존부확인이므로, 과세관청은 소송 중이라도 사실심 변론종결 시까지 해당 처분에서 인정한 과세표준 또는 세액의 정당성을 뒷받침하기 위하여 <u>처분의 동일성이 유지되는 범위 내에서 처분사유를 교환 · 변경할 수 있다</u>(대판 2023.6.29. 2020두46073).
> * 조세항고소송에서는 처분의 동일성이 인정된다면 처분사유는 기본적 동일성이 없어도 제한 없이 추가 · 변경할 수 있다.

4. 사실심 변론종결 시까지 추가 · 변경

행정청은 기본적 사실관계의 동일성이 있다고 인정되는 한도 내에서만 다른 처분사유를 추가 · 변경할 수 있다고 할 것이나 이는 사실심 변론종결 시까지만 허용된다(대판 1999.8.20. 98두17043). 따라서 상고심에서는 처분사유의 추가 · 변경은 허용되지 않는다.

3 구체적 사례

1. 기본적 동일성을 유지하는 경우

기존 처분사유와 추가 · 변경된 사유 간에 동일성이 인정되면 처분사유의 추가 · 변경이 인정된다.

(1) 과다소각에서 소각장 무단 증설로 과징금 부과처분 사유변경(대판 2020.6.11. 2019두49359)

(2) 담합주도로 입찰방해에서 특정인을 위한 담합으로 입찰참가자격제한사유 변경

처분청은 기본적 사실관계가 동일한 경우 다른 사유를 추가할 수 있으며, 처분 당시 구체적 사실을 변경하지 않는 범위 내에서는 추가가 허용된다(대판 2008.2.28. 2007두13791).

(3) 준농림지역 및 자연환경보전 사유로 형질변경불허사유 변경(대판 2004.11.26. 2004두4482)

(4) 「건축법」상 도로'라는 사유에서 주민 통행 방해로 건축신고수리 거부처분사유 변경(대판 2019.10.31. 2017두74320)

(5) 이자소득에서 대금업에 의한 사업소득으로 과세처분사유 변경은 기본적 사실관계의 동일성이 인정된다(대판 2002.3.12. 2000두2181).

(6) 허가기준 미충족사유에서 이격거리기준 미준수로 액화석유가스판매사업 허가거부사유 변경(대판 1989.7.25. 88누11926)

(7) 원천징수 법인세 징수처분

소득금액 또는 수입금액의 수령자 변경은 처분의 동일성이 유지되는 범위 내에서 허용된다(대판 2013. 7.11. 2011두7311).

2. 기본적 동일성을 인정되지 않는 경우

(1) 「도로법」과 「국유재산법」

「도로법」에 근거한 변상금 부과처분을 「국유재산법」에 근거한 변상금 부과처분으로 변경하는 것은 허용되지 않는다(대판 2011.5.26. 2010두28106).

(2) 정보공개거부사유로 대법원과 지방법원 재판 진행 중(대판 2011.11.24. 2009두19021)

(3) 주유소설치불허사유로 군 부대장의 동의와 공공의 안전·군사시설 보호사유(대판 1991.11.8. 91누70)

(4) 토석채취허가신청 반려처분사유로 인근주민의 동의서 미제출과 자연경관 훼손(대판 1992.8.18. 91누3659)

(5) 의료보험요양기관지정취소사유로 수납대장 미비치사유와 관계서류 제출명령 불이행사유(대판 2001.3.23. 99두6392)

(6) 검정도서 가격조정명령사유로 발행부수와 제조원가

예상 발행부수보다 실제 발행부수가 1,000부 이상 많다는 사유와 제조원가 중 실제 발생하지 않은 제조원가가 1,000분의 15 이상이라는 사유는 기본적 사실관계의 동일성이 없다(대판 2019.1.31. 2016두64975).

(7) 입찰참가자격제한사유로 계약불이행사유와 뇌물증여사유(대판 1999.3.9. 98두18565)

(8) 주류면허취소사유로 무자료 주류판매사유와 무면허 판매업자에 대한 주류판매사유(대판 1996.9.6. 96누7427)

(9) 건축물대장기재신청서 반려처분 행정심판 중이라는 사유와 불법적인 형질변경행위사유(대판 2009.2.12. 2007두17359)

(10) 당초의 정보공개거부처분사유인 「공공기관의 정보공개에 관한 법률」 제7조 제1항 제4호 및 제6호의 사유는 새로이 추가된 같은 항 제5호의 사유와 기본적 사실관계의 동일성이 인정되지 않는다(대판 2003.12.11. 2001두8827).

(11) 공무원 징계사유로 당구장이 정화구역 외인 것처럼 허위표시에서 당구장허가처분서류의 도면에 상사의 결재를 받음이 없이 거리표시를 기입하였다는 것(대판 1983.10.25. 83누396)

제18절 주장책임과 입증책임

1 주장책임

변론주의에서는 당사자가 주장한 사실에 대해서만 법원이 판단함이 원칙이다. 당사자가 주장하지 않는 사실을 법원은 판단할 수 없다. 따라서 **당사자가 자신에게 유리한 사실을 주장하지 않는 경우 그러한 사실이 없는 것으로 취급하고 재판을 하게 된다. 이 경우 그 당사자가 입는 불이익을 주장책임이라 한다.**

> **판례**
> 1. 행정소송에 있어서 특별한 사정이 있는 경우를 제외하면 당해 행정처분의 적법성에 관하여는 행정청이 이를 주장·입증하여야 할 것이나 행정소송에 있어서 직권주의가 가미되어 있다고 하더라도 여전히 변론주의를 기본구조로 하는 이상 행정처분의 위법을 들어 그 취소를 청구함에 있어서는 직권조사사항을 제외하고는 그 취소를 구하는 자가 위법사유에 해당하는 구체적 사실을 먼저 주장하여야 한다(대판 2001.10.23. 99두3423).
> 2. 항고소송에 있어서 원고는 **전심절차에서 주장하지 아니한 공격방어방법**을 소송절차에서 주장할 수 있고 법원은 이를 심리하여 행정처분의 적법 여부를 판단할 수 있는 것이므로, 원고가 전심절차에서 주장하지 아니한 처분의 위법사유를 소송절차에서 새롭게 주장하였다고 하여 다시 그 처분에 대하여 별도의 전심절차를 거쳐야 하는 것은 아니다(대판 1999.11.26. 99두9407).

2 입증책임

1. 개념

사실의 존부가 불명확할 때, 소송당사자가 사실 존부를 입증하지 못한 경우 받는 불이익을 입증책임이라 한다.

2. 입증책임의 분배

원고에게 있다는 원고책임설과 피고에게 있다는 피고책임설이 있다. 그러나 우리나라 통설과 판례는 민사소송과 동일하게 자기에게 유리한 요건사실에 대해 입증책임을 진다는 **법률요건분류설**을 채택하고 있다.

3. 취소소송상 입증책임의 분배

(1) 소송요건

처분의 존재, 제소기간의 준수 등 소송요건은 법원의 직권조사사항이나, 다툼이 있는 경우 원고가 입증책임을 진다.

(2) 권한행사의 적법사유, 절차의 적법성

피고는 처분의 적법사유가 있었고 절차상 하자가 없음을 입증해야 한다.

> **판례**
>
> 1. **항고소송의 경우**에는 그 특성에 따라 처분의 적법성을 주장하는 피고에게 그 적법사유에 대한 증명책임이 있다. 피고가 주장하는 일정한 처분의 적법성에 관하여 합리적으로 수긍할 수 있는 일응의 증명이 있는 경우에는 그 처분은 정당하다고 볼 수 있고, 이와 상반되는 예외적인 사정에 대한 주장과 증명은 그 상대방인 원고에게 그 책임이 돌아간다(대판 2017.6.15. 2015두2826 ; 대판 2016.10.27. 2015두42817).
> 2. 구체적인 **소송과정에서 경험칙에 비추어 과세요건사실이 추정되는 사실이 밝혀진 경우**에는, 납세의무자가 문제로 된 사실이 경험칙을 적용하기에 적절하지 아니하다거나 사건에서 경험칙의 적용을 배제하여야 할 만한 특별한 사정이 있다는 점 등을 증명하지 못하는 한, 과세처분이 과세요건을 충족시키지 못한 위법한 처분이라고 단정할 수 없다(대판 2016.6.10. 2015두60341).
> 3. 성희롱을 사유로 한 징계처분의 당부를 다투는 행정소송에서 징계사유에 대한 증명책임은 그 처분의 적법성을 주장하는 피고에게 있다(대판 2018.4.12. 2017두74702).
> 4. 기존 행정처분에 하자가 있음을 전제로 직권 취소하는 처분은 국민의 기득권을 박탈하는 별개의 처분이다. 취소가 가능한 경우는 행정처분에 하자가 있고, 공익상 필요가 당사자가 입을 불이익을 정당화할 만큼 강한 경우에 한정된다. **입주변경계약 취소함**에 있어서 하자 및 취소 필요성에 대한 증명책임은 **행정청**에 있다(대판 2017.6.15. 2014두46843).
> 5. 「출입국관리법」상 결혼이민 체류자격을 신청한 외국인에 대하여 행정청이 그 요건인 '자신에게 책임이 없는 사유로 정상적인 혼인관계를 유지할 수 없는 사람'에 해당하지 않는다는 이유로 거부처분을 하는 경우, 이에 대한 증명책임은 **행정청**에 있다(대판 2019.7.4. 2018두66869).
> 6. **공개청구자**는 공공기관이 해당 정보를 보유·관리하고 있을 개연성을 입증할 책임이 있으며, 만약 공공기관이 해당 정보를 한때 보유했으나 폐기되어 존재하지 않게 된 경우, 이를 입증할 책임은 **공공기관**에 있다(대판 2013.1.24. 2010두18918).

(3) 권한장애사유

해당 토지 등이 비과세 대상이 되므로 과세권 행사가 제외된다는 증명책임은 원고가 진다.

(4) 재량권의 일탈·남용

자유재량에 의한 행정처분이 그 재량권의 한계를 벗어난 것이어서 위법하다는 점은 그 행정처분의 효력을 다투는 자(원고)가 이를 주장·입증하여야 하고 처분청이 그 재량권의 행사가 정당한 것이었다는 점까지 주장·입증할 필요는 없다(대판 1987.12.8. 87누861).

> **판례**
>
> 1. 국가유공자 및 보훈보상대상자 비대상결정사건에서, 군인이 복무 중 자살로 사망한 경우, 「보훈보상대상자 지원에 관한 법률」 제2조 제1항의 '직무수행이나 교육훈련 중 사망'에 해당하는지는 직무수행 또는 교육훈련과 사망 사이에 상당인과관계가 있는지에 따라 판단해야 한다. **상당인과관계는 주장하는 측이 증명해야 하나**, 반드시 의학적·자연과학적으로 명백히 증명될 필요는 없으며, 규범적 관점에서 인정되면 증명이 된 것으로 본다(대판 2020.2.13. 2017두47885).
> 2. 구 여객자동차운수사업법 시행규칙에 따라 '무사고운전경력'이란 운전자의 책임 있는 사고가 없었던 경력을 의미하며, 이는 개인택시운송사업면허의 발급요건에 해당하므로, 해당 **운전자**가 그 입증책임을 진다(대판 2005.7.22. 2005두999).

4. 무효확인소송에서의 입증책임

원고가 처분의 하자가 중대·명백하다는 것을 입증해야 한다(대판 1976.01.13. 75누175). 다만, 피고도 처분이 적법하다는 점에 대해 입증책임을 진다. 따라서 무효확인소송에서 원고가 당초의 처분사유에 대하여 무효사유를 증명한 경우에는 과세관청이 그처럼 교환·변경된 처분사유를 근거로 하는 처분의 적법성에 대한 증명책임을 부담한다(대판 2023.6.29. 2020두46073).

5. 부작위위법확인소송에서의 입증책임

신청사실·신청권의 존재는 원고가 입증책임을 지나 **신청에 따른 처분을 하지 못한 것을 정당화하는 사유**는 행정청이 입증책임을 진다.

제19절 취소소송의 심리

1 심리의 내용

1. 요건 심리

(1) 요건 충족 여부

행정소송의 요건을 심리하여 요건이 충족되지 아니한 경우 각하판결을 한다. 행정소송의 요건이 충족된 경우 본안판단을 한다.

(2) 취소소송의 요건

형식적 요건	실체적 요건
① 관할법원 ② 피고적격 ③ 예외적 행정심판 전치주의 ④ 제소기간	① 대상적격성 ② 원고적격 ③ 소의 이익(좁은 의미의 소의 이익)

(3) 직권심사

요건은 법원이 직권으로 심사한다. 따라서 소송에서 당사자가 누구인가는 당사자능력, 당사자적격 등에 관한 문제와 직결되는 중요한 사항이므로, 사건을 심리·판단하는 법원으로서는 직권으로 소송당사자가 누구인가를 확정하여 심리를 진행하여야 한다(대판 2016.12.27. 2016두50440). 또한 행정소송에서 쟁송의 대상이 되는 행정처분의 존부는 소송요건으로서 직권조사사항이다(대판 2004.12.24. 2003두15195). 그러나 처분권한이 없는 행정청의 처분은 무효이므로 본안판단사항이므로 행정소송에 있어서 처분청의 처분권한 유무는 직권조사사항이라고 할 수 없다(대판 1997.6.19. 95누8669).

(4) 요건 충족 여부의 판단시기

취소소송의 요건이 충족되었는지는 사실심 변론종결 시를 기준으로 한다. 따라서 제소 당시에는 소송요건이 흠결되어도 사실심의 변론종결 시까지 이를 구비하면 적법한 소가 된다.

2. 본안심리

(1) 처분의 위법 여부를 심리한다. 여러 처분사유에 관하여 하나의 제재처분을 하였을 때 그중 일부가 적법하지 않다고 하더라도 나머지 처분사유들만으로도 그 처분의 정당성이 인정되는 경우에는 그 처분을 위법하다고 보아 취소하여서는 아니 된다(대판 2017.6.15. 2015두2826).

(2) **어떠한 처분에 법령상 근거가 있는지,** 「행정절차법」에서 정한 처분절차를 준수하였는지는 본안에서 당해 처분이 적법한가를 판단하는 단계에서 고려할 요소이지, **소송요건 심사단계에서 고려할 요소가 아니다** (대판 2020.4.9. 2015다34444).

2 심리의 범위

불고불리 (不告不理)의 원칙	법원은 당사자의 청구범위를 넘어 심리 및 재판할 수 없으며, 행정소송에서도 당사자가 신청하지 않은 사항에 대해 판결할 수 없다. 직권심리주의는 원고의 청구범위를 유지하면서 그 범위 내에서 필요에 따라 사실을 판단할 수 있다는 의미이지, 청구범위를 초과하여 인용할 수 있다는 뜻이 아니다(대판 1987.11.10. 86누491).
법률문제와 사실문제	법원은 행정행위가 법률에 적합한가 하는 법률심사를 한다. 법원은 어떤 사실이 법률요건에 해당하는지 심사한다.
재량행위의 심리	법원은 위법한 행위가 아닌 한 처분의 당·부당에 대해 심사할 수 없다. 법원은 재량행위에 대한 취소소송이 제기되었을 때, 재량하자가 있으면 인용판결을 하고, 재량하자가 없으면 기각해야 한다.

3 심리의 절차

1. 심리에 관한 일반원칙

(1) 당사자주의

1) 개념

당사자주의는 소송절차에서 당사자가 주도하는 방식으로서 처분권주의와 변론주의를 내용으로 한다.

2) 내용

① **처분권주의**: 심판대상의 결정, 소송의 종결 등을 당사자의 의사에 맡기는 방식이다.
② **변론주의**: 변론주의는 소송자료의 수집·제출책임을 당사자에게 지우는 방식이다. **당사자가 수집하여 제출한 소송자료만을 재판의 기초로 삼아야 한다는 입장이다.**
③ 판결서의 이유에는 당사자의 모든 주장이나 공격·방어방법에 대한 판단이 필요하지 않으며, 주문의 정당성을 인정할 수 있을 정도로 판단을 표시하면 된다. 따라서 법원 판결에 당사자의 주장이 구체적·직접적으로 다루어지지 않더라도 판결이유의 전반적인 취지로 주장을 인용하거나 배척한 것으로 이해할 수 있다면 판단누락으로 볼 수 없고, 주장이 명백히 배척될 경우에는 판단누락의 위법이 없다고 할 수 있다(대판 2020.6.11. 2017두36953).

(2) 공개심리주의

헌법 제109조에 따라 행정소송의 심리와 판결은 공개한다.

(3) 구술심리주의

구술심리주의는 변론 및 증거조사를 구술로 진행하는 심리원칙이다

2. 행정소송 심리의 특수한 절차

(1) 직권주의

1) 의의

법원이 소송절차에서 주도권을 가지는 방식이다. 직권증거조사주의는 법원이 직권으로 증거조사를 할 수 있다는 원칙이다. 직권탐지주의는 청구인이 직접 주장하지 아니한 판결에 필요한 사실 존부 등을 직권으로 밝힐 수 있다는 원칙이다.

2) 근거 조항

법원은 **필요하다고 인정할 때에는 직권으로 증거조사를 할 수 있고, 당사자가 주장하지 아니한 사실에 대하여도 판단할 수 있다**(「행정소송법」 제26조).

3) 「행정소송법」 제26조의 의미

판례는 변론주의가 원칙이며 직권심리는 보충적으로 보면서 변론주의보충설을 취한다.

> **판례**
>
> 행정소송에서 **기록상 자료가 나타나 있다면** 당사자가 주장하지 않았더라도 판단할 수 있고, 당사자가 제출한 소송자료에 의하여 법원이 처분의 적법 여부에 관한 **합리적인 의심을 품을 수 있음에도** 단지 구체적 사실에 관한 주장을 하지 아니하였다는 이유만으로 당사자에게 석명을 하거나 직권으로 심리·판단하지 아니함으로써 구체적 타당성이 없는 판결을 하는 것은 「행정소송법」 제26조의 규정과 행정소송의 특수성에 반하므로 허용될 수 없다(대판 2010.2.11. 2009두18035).

4) 주장책임과의 관계

행정소송에 있어서 직권주의가 가미되어 있다고 하여도 여전히 당사자주의, 변론주의를 기본구조로 하는 이상 직권조사사항을 제외하고는 그 취소를 구하는 자가 위법한 사실을 먼저 주장해야 한다.

> **판례**
>
> 1. 법원의 석명권 행사는 당사자의 주장에 모순된 점이 있거나 불완전·불명료한 점이 있을 때에 이를 지적하여 정정·보충할 수 있는 기회를 주고, 계쟁사실에 대한 증거의 제출을 촉구하는 것을 그 내용으로 하는 것이며, 당사자가 주장하지도 아니한 법률효과에 관한 요건사실이나 독립된 공격방어방법을 시사하여 그 제출을 권유함과 같은 행위를 하는 것은 변론주의의 원칙에 위배되는 것으로 석명권 행사의 한계를 일탈하는 것이 된다(대판 2001.10.23. 99두3423).
> 2. 국가유공자 비해당결정에서 공무수행과 상이 사이의 인과관계와 본인 과실이 경합된 사유는 기본적 사실관계의 동일성이 없으므로, 처분청이 인과관계를 이유로 비해당 결정을 내린 경우 법원이 직권으로 본인 과실을 이유로 정당하다고 판단하는 것은 위법하다(대판 2013.8.22. 2011두26589).
> 3. 명의신탁등기 과징금과 장기미등기 과징금은 위반행위의 태양, 부과요건, 근거 조항을 달리하므로, 각 과징금 부과처분의 사유는 상호 간에 기본적 사실관계의 동일성이 있다고 할 수 없다. 그러므로 그중 어느 하나의 처분사유에 의한 과징금 부과처분에 대하여 당해 처분사유가 아닌 다른 처분사유가 존재한다는 이유로 적법하다고 판단하는 것은 특별한 사정이 없는 한 행정소송법상 직권심사주의의 한계를 넘는 것으로서 허용될 수 없다(대판 2017.5.17. 2016두53050).
> 4. 행정사건의 심리절차는 행정소송의 특수성을 고려하더라도 민사소송절차와 큰 차이가 없으므로, 특별한 사정이 없는 한 민사사건을 행정소송절차로 진행한 것 자체가 위법하다고 볼 수 없다(대판 2018.2.13. 2014두11328).

제20절 항고소송에서 위법 판단의 기준시점

1 취소소송에서 위법성 판단 기준시점

1. 거부취소소송에서의 위법 판단 기준시점

(1) 학설

거부처분의 위법 판단과 판결의 기준시점을 처분 시로 보는 **처분시설**, 거부처분의 위법 여부는 처분 시를 기준으로 하나 인용판단은 판결 시를 기준으로 한다는 **구별설**, 위법성 판단시점을 판결 시로 보는 **판결시설**이 있다.

(2) 판례

처분시설을 취한다.

> **판례**
>
> 1. 행정소송에서 행정처분의 위법 여부는 행정처분이 행하여졌을 때의 법령과 사실상태를 기준으로 하여 판단하여야 하고, 처분 후 법령의 개폐나 사실상태의 변동에 의하여 영향을 받지는 않으므로, 난민 인정 거부처분의 취소를 구하는 취소소송에서도 그 거부처분을 한 후 국적국의 정치적 상황이 변화하였다고 하여 처분의 적법 여부가 달라지는 것은 아니다(대판 2008.7.24. 2007두3930).

2. 부당해고 구제신청에 관한 중앙노동위원회의 명령 또는 결정의 취소를 구하는 소송에서 그 명령 또는 결정이 적법한지는 그 명령 또는 결정이 이루어진 시점을 기준으로 판단하여야 하고, **그 명령 또는 결정 후에 생긴 사유를 들어 적법 여부를 판단할 수는 없으나**, 그 명령 또는 결정의 기초가 된 사실이 동일하다면 노동위원회에서 주장하지 아니한 사유도 행정소송에서 주장할 수 있다(대판 2021.7.29. 2016두64876).

3. '뇌혈관 질병 또는 심장 질병 및 근골격계 질병의 업무상 질병 인정 여부결정에 필요한 사항'(고용노동부 고시)은 대외적으로 국민과 법원을 구속하는 효력이 있는 규범이라고 볼 수 없고, 근로복지공단에 대한 내부적인 업무처리지침이나 **법령의 해석·적용기준을 정해주는 '행정규칙'**이라고 보아야 한다. 따라서 근로복지공단이 처분 당시에 시행된 '고용노동부 고시'를 적용하여 산재요양 불승인처분을 하였더라도, 법원은 해당 불승인처분에 대한 항고소송에서 해당 불승인처분이 있은 후 **개정된 '현행 고용노동부 고시'의 규정 내용과 개정 취지를 참작하여** 상당인과관계의 존부를 판단할 수 있다(대판 2023.4.13. 2022두47391).

(3) 「행정기본법」

당사자의 신청에 따른 처분은 법령 등에 특별한 규정이 있거나 처분 당시의 법령 등을 적용하기 곤란한 특별한 사정이 있는 경우를 제외하고는 처분 당시의 법령 등에 따른다(「행정기본법」 제14조 제2항). 따라서 원칙적으로는 처분시설을 취하나 법령 등에 특별한 규정이 있거나 처분 당시의 법령 등을 적용하기 곤란한 특별한 사정이 있는 경우 판결 시 법령을 적용할 수 있다고 한다.

2. 처분시설의 의미

행정처분의 위법 여부를 판단하는 기준시점에 관하여 판결 시가 아니라 처분 시라고 하는 의미는 행정처분이 있을 때의 법령과 사실상태를 기준으로 하여 위법 여부를 판단하며 처분 후 **법령의 개폐나 사실상태의 변동에 영향을 받지 않는다는 뜻이다.** 그러나 처분 당시 존재하였던 자료나 행정청에 제출되었던 자료만으로 위법 여부를 판단한다는 의미는 아니다. 그러므로 처분 당시의 사실상태 등에 대한 증명(입증)은 사실심 변론종결 당시까지 할 수 있고, 법원은 행정처분 당시 행정청이 알고 있었던 자료뿐만 아니라 **사실심 변론종결 당시까지 제출된 모든 자료를 종합하여 처분 당시 존재하였던 객관적 사실을 확정하고 그 사실에 기초하여 처분의 위법 여부를 판단할 수 있다**(대판 2019.7.25. 2017두55077).

3. 제재처분의 경우

법령 등을 위반한 행위의 성립과 이에 대한 제재처분은 법령 등에 특별한 규정이 있는 경우를 제외하고는 법령 등을 위반한 **행위 당시의 법령** 등에 따른다. 다만, 법령 등을 위반한 행위 후 법령 등의 변경에 의하여 그 행위가 법령 등을 위반한 행위에 해당하지 아니하거나 제재처분기준이 가벼워진 경우로서 해당 법령 등에 특별한 규정이 없는 경우에는 **변경된 법령 등을 적용한다**(「행정기본법」 제14조 제3항).

2 부작위위법확인소송에서 위법성 판단기준시점

부작위위법확인의 소는 판결(사실심의 구두변론종결) 시를 기준으로 그 부작위의 위법을 확인함으로써 행정청의 응답을 신속하게 하여 부작위 내지 무응답이라고 하는 소극적인 위법상태를 제거하는 것을 목적으로 한다.

☑ 항고소송의 위법성 판단기준시점

소송	취소소송	무효등확인소송	부작위위법확인소송	사정판결
위법성 판단기준 시점	① 거부처분은 처분 시 ② 제재처분은 행위 시	처분 시	판결 시 (변론종결 시)	처분 시 다만, 사정판결의 필요성 판단시점은 판결 시(변론종결 시)

제21절 취소의 범위

1 인용판결 시 일부취소

인용판결을 함에 있어서도 일부인용판결도 일정한 경우 허용된다. 기속행위이고, 법을 통해 정당한 세액을 도출할 수 있거나, 처분의 분리가능성이 있는 경우 일부취소판결을 할 수 있다.

1. 법원이 정당한 금액을 산출할 수 있는 경우

(1) 개발부담금 부과처분

개발부담금 부과처분 취소소송에서 당사자가 제출한 자료에 의해 정당한 부과금액을 산출할 수 없는 경우에는 부과처분 전부를 취소해야 하지만, 그렇지 않은 경우에는 정당한 금액을 초과하는 부분만 취소해야 한다(대판 2004.7.22. 2002두14726).

(2) 과세처분 취소소송

과세처분의 적법 여부는 과세액이 정당한 세액을 초과하는지 여부에 따라 판단되며, 당사자는 사실심 변론종결 시까지 객관적인 조세채무액을 뒷받침하는 주장과 자료를 제출할 수 있다. 정당한 세액이 산출되는 때에는 정당한 세액을 초과하는 부분만 취소해야 한다(대판 2000.6.13. 98두5811).

(3) 과징금 부과

공정거래위원회가 여러 개의 위반행위에 대해 하나의 과징금 납부명령을 했으나 일부 위반행위에 대한 과징금 부과만이 위법한 경우, 그 일부 위반행위에 대한 과징금액을 산정할 수 있는 자료가 있다면, 해당 부분만을 취소해야 한다(대판 2019.1.31. 2013두14726).

2. 분리가 가능한 경우

(1) 여러 개의 위반행위에 대한 제재처분

행정청이 여러 개의 위반행위에 대해 하나의 제재처분을 했으나, **위반행위별로 제재처분의 내용을 구분할 수 있는 경우**, 일부 위반행위에 대한 제재처분 부분만이 위법하다면, 법원은 그 위법한 부분만 취소해야 하며 제재처분 전부를 취소해서는 안 된다(대판 2020.5.14. 2019두63515).

(2) 국가유공자 요건 비해당결정처분

여러 개의 상이에 대한 국가유공자 요건 비해당결정처분 취소소송에서 일부 상이에 대해서만 국가유공자 요건이 인정될 경우, 비해당결정처분 중 요건이 인정되는 상이에 대한 부분만을 취소해야 한다(대판 2016.8.30. 2014두46034 ; 대판 2012.3.29. 2011두9263).

(3) 「산업재해보상보험법」에 따른 요양승인신청에서는 상병부위와 상병명을 기재해야 하며, 요양승인 여부는 상병별로 결정된다. 따라서 여러 개의 상병에 대해 요양불승인처분이 내려진 경우, **일부 상병이 요양대상인 것으로 인정되더라도 나머지 상병에 대해 요양이 불인정된 경우**, 취소소송에서 **요양이 인정된 상병에 대해서만 요양불승인처분을 취소할 수 있으며**, 전체 처분을 취소할 수는 없다(대판 1998.12.22. 98두8773).

(4) 정보공개거부처분

정보공개거부처분의 위법 여부를 심리한 결과, 공개를 거부한 정보 중 비공개대상정보와 공개 가능한 정보가 혼합되어 있고 이를 분리할 수 있는 경우, **공개 가능한 부분을 특정하여** 그 부분만을 취소해야 한다(대판 2003.3.11. 2001두6425).

(5) 자동차 운전면허 취소 또는 정지

한 사람이 여러 종류의 자동차 운전면허를 취득한 경우뿐만 아니라 이를 취소 또는 정지할 때도 서로 별개의 것으로 취급하는 것이 원칙이다(대판 1995.11.16. 95누8850).

2 전부취소

재량행위이거나 기속행위라도 법령에서 적법한 금액이나 영업정지기간을 도출할 수 없는 경우 전부취소해야 한다.

1. 적법하게 부과될 정당한 부과금액이 산출되는 경우, 부과처분 전부를 취소할 것이 아니라 정당한 금액을 초과하는 부분만 취소해야 한다. 그러나 처분청이 정당한 금액을 주장·증명하지 않는 경우, 법원이 이를 적극적으로 증거조사하거나 증명을 촉구할 의무는 없다(대판 2016.7.14. 2015두4167).

2. 당사자가 객관적인 과세표준과 세액을 뒷받침하는 자료를 제출하지 않아 **정당한 세액을 산출할 수 없는 경우**, 과세처분 전부를 취소해야 한다. 법원이 이를 찾아내어 계산할 의무는 없다(대판 2020.8.20. 2017두44084).

3. 처분을 할 것인지 여부와 처분의 정도에 관하여 재량이 인정되는 과징금 납부명령에 대하여 그 명령이 재량권을 일탈하였을 경우 법원으로서는 재량권의 일탈 여부만 판단할 수 있을 뿐이지 재량권의 범위 내에서 어느 정도가 적정한 것인지에 관하여는 판단할 수 없어 그 전부를 취소할 수밖에 없고, 법원이 적정하다고 인정되는 부분을 초과한 부분만 취소할 수는 없다(대판 2007.10.26. 2005두3172).

4. **영업정지처분**이 재량권 남용에 해당하는 경우, 법원은 그 처분의 취소를 명할 수 있을 뿐, 적정한 영업정지기간을 결정하는 것은 사법심사의 범위를 벗어난다(대판 1982.6.22. 81누375).

* 행정심판의 경우 심판위원회는 행정청이기도 하고 처분의 위법뿐 아니라 적정을 판단할 수 있고 적극적 처분변경이 가능하므로 법에서 재량을 부여했다고 하더라도 적정한 금액을 산출하여 부분취소 할 수 있다.

제22절 사정판결

> 「행정소송법」 제28조【사정판결】① 원고의 청구가 이유 있다고 인정하는 경우에도 처분 등을 취소하는 것이 현저히 공공복리에 적합하지 아니하다고 인정하는 때에는 법원은 원고의 청구를 기각할 수 있다. 이 경우 법원은 그 **판결의 주문에서 그 처분 등이 위법함을 명시하여야 한다.**
> ② 법원이 제1항의 규정에 의한 판결을 함에 있어서는 미리 원고가 그로 인하여 입게 될 손해의 정도와 배상방법 그 밖의 사정을 조사하여야 한다.
> ③ 원고는 피고인 **행정청이 속하는 국가 또는 공공단체**를 상대로 손해배상, 제해시설의 설치 그 밖에 적당한 구제방법의 청구를 당해 취소소송 등이 계속된 법원에 병합하여 제기할 수 있다.

1 의의

사정판결이란 처분이 위법하여 원고의 청구가 이유가 있지만, 처분의 취소에 따른 공공의 해를 고려하여 기각하는 판결을 말한다.

2 요건

1. **처분이 위법해야 한다.**

   사정판결은 처분이 위법한 경우에 내리는 판결유형이나, 인용판결이 아니라 기각판결에 해당한다.

2. **처분의 취소가 공공복리에 현저히 적합하지 않아야 한다.**

   처분이 위법할 때도 공공복리 차원에서 기각을 하는 것이므로 사정판결의 요건은 엄격히 해석하여야 한다. 사정판결 여부는 법원의 재량이다. 즉, 사정판결의 요건이 충족되었다고 하여 반드시 사정판결을 해야 하는 것은 아니다.

   > **판례**
   >
   > 1. 「행정소송법」 제28조에서 정한 사정판결은 행정처분이 위법함에도 불구하고 이를 취소·변경하게 되면 그것이 도리어 현저히 공공의 복리에 적합하지 않은 경우에 극히 예외적으로 할 수 있으므로, 그 요건에 해당하는지는 위법·부당한 행정처분을 취소·변경하여야 할 필요와 취소·변경으로 발생할 수 있는 공공복리에 반하는 사태 등을 비교·교량하여 엄격하게 판단하여야 한다(대판 2016.7.14. 2015두4167).

2. 재개발조합설립 및 사업시행인가처분이 처분 당시 법정요건인 토지 및 건축물 소유자 총수의 각 3분의 2 이상의 동의를 얻지 못하여 위법하나, 그 후 90% 이상의 소유자가 재개발사업의 속행을 바라고 있어 **재개발사업의 공익목적에 비추어** 그 처분을 취소하는 것이 현저히 공공복리에 적합하지 아니한 경우에는 사정판결을 할 수 있다(대판 1995.7.28. 95누4629).

3 심리

1. 위법성 판단시점
사정판결에 있어서 처분의 위법 여부 판단의 기준시점은 처분 시이다.

2. 공공복리를 위한 사정판결의 필요성 판단시점
사정판결은 처분 이후의 사정변경을 고려하는 취지에서 인정되는 것이므로 사정판결의 필요성(공공복리 적합성) 판단의 기준시점은 변론종결 시(판결 시)이다(대판 1970.3.24. 69누29).

3. 직권심리
사정판결에 관하여는 당사자의 명백한 주장이 없는 경우에도 기록에 나타난 여러 사정을 기초로 직권으로 판단할 수 있는 것이다(대판 2006.12.21. 2005두16161).

4. 입증책임
처분을 취소하는 것이 현저히 공공복리에 적합하지 아니하다는 것을 입증할 책임은 행정청이 진다.

4 효력

1. 주문
원고의 청구를 기각하나 주문에서 처분이 위법함을 명시해야 한다(「행정소송법」 제28조 제1항). 기속력은 인용판결에만 인정되므로(동법 제30조 제1항), 사정판결에는 기속력이 인정되지 않는다. 기판력은 기각판결에도 미치나 주문에 한해 인정되는데 사정판결의 경우 주문에 위법임을 명시하므로 사정판결에 기판력이 인정된다.

2. 소송비용
피고(행정청)가 부담한다(「행정소송법」 제32조).

3. 처분의 효력
처분은 위법하다. 그러나 처분의 효력은 유지된다.

5 원고의 권익구제

사정판결은 처분이 위법하나 공익상 필요 등을 고려하여 취소하지 아니하는 것일 뿐 **처분이 적법하다고 인정하는 것은 아니**므로, 원고는 「행정소송법」 제28조 제3항에 따라 손해배상, 제해시설의 설치 그 밖에 적당한 구제방법의 청구를 병합하여 제기할 수 있으므로, 당사자가 이를 간과하였음이 분명하다면 적절하게 석명권을 행사하여 그에 관한 의견을 진술할 수 있는 기회를 주어야 한다(대판 2016.7.14. 2015두4167).

6 불복

사정판결에 대해 원고, 피고 모두 상소할 수 있다.

7 적용범위

사정판결은 처분이 위법함에도 공공복리를 위해 처분의 효력을 유지하는 판결이므로 취소소송에서만 허용된다. 처분이 무효인 경우에는 처분의 효력을 유지할 수 없으므로 무효확인소송에서 사정판결은 인정되지 않는다. 부작위위법확인소송은 부작위를 대상으로 하므로 처분의 효력 유지라는 사정판결이 있을 수 없다.

판례

1. **법학전문대학원 설치 예비인가취소소송**(대판 2009.12.10. 2009두8359)
   인가취소가 인용될 경우 이미 입학한 재학생의 불이익과 법학전문대학원 총정원제 운영에 중대한 지장을 초래할 우려가 있는 경우, 사정판결을 할 수 있다.

2. **재개발조합설립 및 사업시행 인가처분**(대판 1995.7.28. 95누4629)
   재개발조합 설립 시 토지 및 건축물 소유자의 3분의 2 이상의 동의를 얻지 못해 위법하더라도, 이후 90% 이상의 소유자가 재개발사업의 속행을 바라는 경우, 사정판결을 할 수 있다.

3. **'심재륜 사건' 검사의 복직**(대판 2001.8.24. 2000두7704)
   징계면직된 검사의 복직이 검찰조직의 안정과 인화를 저해할 우려가 있다는 사정은 내부에서 조정·극복해야 할 문제이며, 위법한 면직처분의 취소 필요성을 부정할 만큼 현저히 공공복리에 반하는 사유가 아니므로 사정판결을 할 경우에 해당하지 않는다.

4. **관리처분계획의 수정**(대판 2001.10.12. 2000두4279)
   위법한 관리처분계획의 수정을 위한 조합원총회의 재결의에 시간과 비용이 많이 소요된다는 사정은 사정판결을 할 사유에 해당하지 않는다.

5. **생활폐기물처리업허가 거부처분**(대판 1998.5.8. 98두4061)
   위법한 생활폐기물처리업허가 거부처분이 취소될 경우, 기존 동종업체에게 경쟁상대를 추가하여 일시적인 공급시설 과잉현상 및 과당경쟁으로 인한 부작용이 예상된다는 사정은 사정판결을 할 사유가 아니다.

제23절 기판력(형식적 확정력)

1 의의

1. 개념

기판력이란 기판력 있는 전소판결의 소송물과 동일한 후소를 허용하지 않는 것임은 물론, 후소의 소송물이 전소의 소송물과 동일하지 않다고 하더라도 전소의 소송물에 관한 판단이 후소의 선결문제가 되거나 모순관계에 있을 때에는 후소에서 전소판결의 판단과 다른 주장을 하는 것을 허용하지 않는 작용을 하는 것이다.

> **판례**
>
> 행정청이 관련 법령에 근거하여 행한 공사중지명령의 상대방이 명령의 취소를 구한 소송에서 패소함으로써 그 **명령이 적법한 것으로 이미 확정되었다면**, 이후 이러한 공사중지명령의 상대방은 그 명령의 해제신청을 거부한 처분의 취소를 구하는 소송에서 **그 명령의 적법성을 다툴 수 없다**(대판 2014.11.27. 2014두37665).

2. 법적 근거

「행정소송법」에는 기판력에 대한 명시적 규정이 없다. 「행정소송법」 제8조 제2항은 「행정소송법」에 없는 사항은 「민사소송법」을 준용하도록 규정하고 있으므로 행정소송에서도 기판력이 인정된다.

3. 취지

모순된 재판 방지를 통한 법적 안정성와 무용한 소송절차 방지에 그 목적이 있다.

4. 직권조사사항

당사자의 주장이 없더라도 법원은 확정판결의 기판력을 직권으로 조사하여 판단할 수 있다.

2 적용범위

주관적 범위	① 원고와 피고, 당사자와 동일시할 수 있는 자에게 미친다. ② 제3자에게는 미치지 않는다. 다만, 소송에 참가한 제3자인 보조참가인에게는 기판력이 미치느냐에 대해 학설은 대립하나 미친다고 봄이 타당하다. ③ **행정청이 속한 국가나 공공단체**: 처분청을 피고로 한 과세처분 취소소송에서 피고는 처분청이므로 행정청을 피고로 하는 취소소송에 있어서의 기판력은 당해 처분이 귀속하는 국가 또는 공공단체에 미친다(대판 1998.7.24. 98다10854). ④ **후소법원**: 전소와 후소의 소송물이 동일하지 아니하여도 전소의 기판력 있는 법률관계가 후소의 선결적 법률관계가 되는 때에는 전소의 판결의 기판력이 후소에 미쳐 후소의 법원은 전에 한 판단과 모순되는 판단을 할 수 없다(대판 2000.2.25. 99다55472).

객관적 범위	① 인용판결과 기각판결 모두 기판력이 인정된다. ② 기판력은 주문에 한하여 인정된다. 판결의 이유 중 사실인정, 법률관계의 존부에 대한 법원의 판단은 기판력이 인정되지 아니한다.
시간적 범위	확정된 종국판결은 그 기판력으로서 당사자가 사실심의 변론종결 시를 기준으로 그때까지 제출하지 않은 공격방어방법은 그 뒤 다시 동일한 소송을 제기하여 이를 주장할 수 없다(대판 1992.2.25. 91누6108).

판례

1. **확정판결의 기판력**은 그 판결의 주문에 포함된 것, 즉 소송물로 주장된 법률관계의 존부에 관한 판단의 결론 그 자체에만 생기는 것이고, 판결이유에 설시된 그 전제가 되는 법률관계의 존부에까지 미치는 것은 아니다(대판 2010.12.23. 2010다58889).
2. 종전 확정판결의 행정소송과정에서 한 주장 중 처분사유가 되지 아니하여 판결의 판단 대상에서 제외된 부분을 행정청이 그 후 새로이 행한 처분의 적법성과 관련하여 새로운 소송에서 다시 주장하더라도 위 확정판결의 기판력에 저촉된다고 할 수 없다(대판 1991.8.9. 90누7326).
3. 소송 판결의 기판력은 판결에서 확정된 소송요건의 흠결에 대해 미치지만, 당사자가 이러한 흠결이 보완된 상태에서 다시 소를 제기한 경우에는 기판력의 제한을 받지 않는다. 이 사건 헌법재판소 2018.8.30. 2014헌바180의 위헌결정은 법원에 기속력이 있어 이 사건 선행소송의 <u>각하판결에 의해 확정된 소송요건의 흠결이 보완되었으므로 이 사건 국가배상청구소송는 위 각하판결의 기판력에 저촉되지 않는다</u>(대판 2023.2.2. 2020다270633).
   * 헌재 2018.8.30. 2014헌바180의 위헌결정은 정신적 손해에 대한 위원회 결정에 대해 재판상 화해로 보는 민주화운동보상법에 대한 위헌결정이었다.

3 기판력의 적용

1. 적용범위

후소의 소송물과 전소의 소송물이 동일한 경우, 전소의 소송물이 후소의 선결문제인 경우 기판력이 미친다.

2. 기판력과 국가배상소송(국가배상 내용 참고)

긍정설	취소소송판결의 기판력은 손해배상청구소송에 미치므로 손해배상이 청구된 경우 법원은 취소소송판결을 전제로 배상 여부를 판단해야 한다. 즉, 행정법원이 처분을 위법하다고 판결한 경우 위법을 전제로 손해배상 여부를 판결해야 한다.
제한적 긍정설	인용판결의 경우에는 기판력이 인정되므로 위법을 전제로 손해배상 여부를 판단해야 한다. 그러나 취소소송에서 기각판결이 나온 경우 법원은 손해배상에서의 위법 여부를 별도로 판단한 후 배상 여부를 결정해야 한다.
부정설	취소소송의 위법 여부와 손해배상에서의 위법 여부는 별개의 문제이므로 기판력이 미치지 않는다.

3. 국가배상판결의 취소소송에 대한 기판력

국가배상소송에서 위법 또는 적법은 소송물이 아니므로 국가배상판결은 취소소송에서 기판력이 미치지 않는다.

4. 취소소송의 기각판결의 기판력

(1) **과세처분의 취소소송에서 청구가 기각된 확정판결의 기판력**은 그 과세처분의 무효확인을 구하는 소송에도 미친다(대판 2003.5.16. 2002두3669). 따라서 원심으로서는 이 사건 과세처분의 무효확인청구가 기판력에 저촉된다는 당사자의 주장이 없더라도 직권으로 이를 심리판단하여 기각하여야 할 것이다(대판 1993. 4.27. 92누9777).

(2) 청구기각판결이 확정되면 처분의 적법함에 관하여 기판력이 발생하므로 무효확인청구도 할 수 없다.

5. 기판력과 직권취소

처분이 적법하다는 확정판결이 있어도 처분청은 처분을 직권취소할 수 있다.

제24절 기속력

1 의의

1. 개념

법원의 인용판결은 행정청 등을 기속하므로 법원의 인용판결에 따라야 한다.

2. 법적 근거

처분 등을 취소하는 확정판결은 그 사건에 관하여 당사자인 행정청과 그 밖의 관계 행정청을 기속한다(「행정소송법」 제30조 제1항).

3. 성질

기속력의 본질에 대해 기판력설과 특수효력설이 대립한다. 다수설은 기속력이 기판력과는 다른 성질을 갖는다는 특수효력설을 취하나, 판례는 양자를 구별한다.

4. 기속력과 기판력의 비교

구분	기속력	기판력
규정	「행정소송법」 제30조	「민사소송법」에 규정: 행정소송에도 준용
적용판결	인용판결	인용·기각판결
주관적 범위	피고인 행정청과 관계 행정청	원고·피고, 후소법원
객관적 범위	판결주문과 판결이유에 설시된 개개의 위법사유	판결주문에 표시된 처분의 위법 또는 적법성 일반(○) + 이유(×)
성격	실체적 구속력	소송법적 효력

> **판례**
> 취소 확정판결의 '기속력'은 당사자인 행정청과 그 밖의 관계 행정청에게 확정판결의 취지에 따라 행동하여야 할 의무를 지우는 작용을 하고, '기판력'은 기판력 있는 전소 판결의 소송물과 동일한 후소를 허용하지 않음과 동시에 양 소송물이 동일하지는 않더라도 전소의 소송물에 관한 판단이 후소의 선결문제가 되거나 모순관계에 있을 때에는 후소에서 전소 판결의 판단과 다른 주장을 하는 것을 허용하지 않는 작용을 한다(대판 2016.3.24. 2015두48235).

2 내용

1. 반복행위금지

(1) 의의

인용판결이 내려지면 행정청과 그 밖의 행정청은 주문과 판결이유에 반하는 동일한 내용을 다시 반복할 수 없다.

(2) 동일성이 인정되는 사유를 내세워 다시 동일한 내용의 처분을 한 경우

처분청이 확정된 취소판결에서 위법한 것으로 판단된 처분사유와 기본적 사실관계에 동일성이 인정되는 사유를 내세워 다시 동일한 내용의 처분을 하는 것은 취소판결의 기속력에 반하는 것으로서 그 하자가 중대·명백하여 당연무효라고 보아야 한다(대판 2020.12.24. 2019두55675).

> **판례**
> 1. 어떤 처분 내용의 적법성을 뒷받침하기 위하여 당초 처분사유와 기본적 사실관계의 **동일성이 인정되는 다른 사유가 있다면** 처분청은 그 처분에 대한 취소소송의 사실심 변론종결 시까지 그 사유를 적극적으로 주장·증명하여 법원으로부터 그 처분이 적법하다는 판단을 받아야 한다. 만약 소송에서 추가·변경할 수 있는 다른 사유가 있었음에도 처분청이 이를 적절하게 주장·증명하지 못하여 법원이 그 처분을 위법하다고 판단하여 취소하는 판결이 확정되면, 처분청이 그 다른 사유를 근거로 **다시 종전과 같은 내용의 처분을 하는 것은 허용되지 않는다. 어떤 처분의 당초 처분사유와 기본적 사실관계의 동일성이 인정되지 않는 다른 사유가 있다면**, 그 처분에 대한 취소소송에서 처분사유 추가·변경은 허용되지 않지만, 처분청이 그 처분에 대한 취소판결 확정 후 그 다른 사유를 근거로 별도의 처분을 하는 것은 **허용된다**(대판 2020.12.24. 2019두55675).
> 2. 취소 확정판결의 기속력은 판결의 주문과 처분의 위법사유에 미치지만, 종전 처분이 취소되었더라도 다른 사유를 들어 새로 처분을 하는 것은 기속력에 저촉되지 않는다. 동일 사유인지 다른 사유인지는 확정판결에서 위법하다고 판단된 사유와 기본적 사실관계의 동일성 여부로 판단된다. 기본적 사실관계의 동일성은 법률적 평가 이전의 구체적 사실을 기준으로 판단되며, 새로운 사유가 종전 사유와 기본적 사실관계에서 동일하지 않다면, 새로운 처분은 기속력에 저촉되지 않는다. 새로운 처분의 사유가 종전 처분의 사유와 기본적 사실관계에서 **동일하지 않은 다른 사유**에 해당하는 경우, 처분사유가 종전 처분 당시 이미 존재하고 있었고 당사자가 이를 알고 있었더라도 이를 내세워 새로이 처분을 하는 것은 확정판결의 **기속력에 저촉되지 않는다**(대판 2016.3.24. 2015두48235).

(3) 판결이유에 제시된 위법사유 반복금지

공무원 파면처분에 징계사유에 해당하지 않는다 하여 파면처분을 취소한 경우 행정청이 해당 공무원을 징계할 수 없다. 그러나 징계사유에 해당하나 파면처분이 비례원칙에 위반된다고 하여 파면처분을 취소한 경우 행정청은 파면이 아닌 다른 종류의 징계는 할 수 있다. 징계사유에 해당하고 파면처분이 비례원칙에 위반되지는 않으나 절차상 하자를 이유로 파면처분을 취소한 경우 행정청은 절차를 보완하여 파면할 수 있다.

> **판례**
>
> 위원회가 사립학교 교원의 소청심사청구를 인용하여 징계처분을 취소한 경우, 이 결정에 대해 행정소송이 제기되지 않거나 **법원이 위원회 결정의 취소를 구하는 청구를 기각하여 위원회의 결정이 확정되면**, 위원회 결정의 주문과 전제되는 판단만이 학교법인 등을 기속한다. **판결이유에서 위원회 결정과 다른 판단이 있어도 기속력은 없다.** 따라서 **위원회가 징계사유 자체를 인정하지 않고 징계처분을 취소한 경우, 행정소송 절차에서 일부 징계사유가 인정되면 법원은 위원회 결정을 취소해야 한다.** 법원이 위원회의 결정을 취소한 판결이 확정된다고 하더라도 위원회가 다시 그 소청심사청구사건을 재심사하게 될 뿐 학교법인 등이 곧바로 위 판결의 취지에 따라 재징계 등을 하여야 할 의무를 부담하는 것은 아니다(대판 2013.7.25. 2012두12297).

2. 원상회복의무 또는 위법한 처분의 결과제거의무

취소판결이 확정되면 행정청은 취소된 처분에 의해 초래된 위법상태를 제거하여 **원상회복시킬 의무**를 부담한다. 예컨대 파면처분이 취소되면 파면되었던 원고를 복직시켜야 하고, 재산에 대한 압류처분이 취소되면 행정청은 그 재산을 원고에게 반환하여야 한다.

> **판례**
>
> 1차 변경처분 중 '노후화된 319t 규모의 ▽▽▽호를 신형 715t 규모의 ◎◎◎호로 교체'하는 내용은 2차 변경처분에 의해 취소되지 않은 부분이다. 이 부분의 취소가 확정되면, 이 사건 항로에서 ◎◎◎호를 도선으로 운항할 법적 근거가 없어지게 된다. 행정처분이 위법하다고 판단되어 취소 판결이 확정되면, 행정청은 그 판결의 기속력에 따라 확인된 위법사유를 배제하고 다시 처분하거나 위법한 결과를 제거하는 조치를 취할 의무가 있다. 따라서 피고는 「유선 및 도선 사업법」 제9조 제1항에 따라, 세종해운에 대해 ◎◎◎호의 운항 중단을 명령하는 등의 필요한 조치를 취해야 한다(대판 2020.4.9. 2019두49953).

3. 재처분의무(적극적 관점의 기속력)

(1) 의의

판결에 의하여 취소되는 처분이 당사자의 신청을 거부하는 것을 내용으로 하는 경우에는 그 처분을 행한 행정청은 판결의 취지에 따라 다시 이전의 신청에 대한 처분을 하여야 한다(「행정소송법」 제30조 제2항). **법원이 거부처분을 취소했다고 하여** 원고의 신청대로 재처분을 해야 하는 것은 아니다.

> **판례**
> 1. 취소 확정판결의 기속력의 범위에 관한 법리 및 도시관리계획의 입안·결정에 관하여 행정청에게 부여된 재량을 고려하면, 주민 등의 도시관리계획 입안 제안을 거부한 처분을 이익형량에 하자가 있어 위법하다고 판단하여 취소하는 판결이 확정되었더라도 행정청에게 **그 입안 제안을 그대로 수용하는 내용의 도시관리계획을 수립할 의무가 있다고는 볼 수 없고**, 행정청이 다시 새로운 이익형량을 하여 적극적으로 도시관리계획을 수립하였다면 취소판결의 기속력에 따른 재처분의무를 이행한 것이라고 보아야 한다(대판 2020.6.25. 2019두56135).
> 2. 「행정소송법」 제30조 제2항에 따르면, 행정청의 거부처분을 취소하는 판결이 확정되면 행정청은 판결의 취지에 따라 재처분을 해야 한다. 행정처분의 적법성은 처분 당시의 법령과 사실을 기준으로 판단되며, 행정청은 종전 처분 이후 발생한 새로운 사유를 근거로 다시 거부처분을 할 수 있고, 이는 재처분에 해당한다(대판 2011.10.27. 2011두14401).

(2) 절차상 하자를 이유로 거부처분을 취소한 경우

취소사유가 절차나 방법의 위법으로 인한 것이라면, 행정청은 그 위법사유를 보완하여 다시 종전 신청에 대한 거부처분을 할 수 있으며, 이러한 처분도 재처분에 해당한다(대판 2005.1.14. 2003두13045).

(3) 실체법상 하자를 이유로 거부처분을 취소한 경우

「행정소송법」 제30조 제2항에 따르면, 거부처분에 대한 취소판결이 확정되면 행정청은 판결의 취지에 따라 재처분할 의무가 있다. 따라서 소송에서 거부처분이 **실체법상 위법사유로 취소된 경우, 행정청은 원칙적으로 신청을 인용하는 처분을 해야 하며,** 사실심 변론종결 이전의 사유로 다시 거부처분을 하는 것은 기속력에 반해 허용되지 않는다(대판 2001.3.23. 99두5238). 그러나 새로운 사유를 들어 다시 거부하는 경우 재처분의무에 반하지 않는다.

> **판례**
> 甲시장이 A주식회사의 공동주택 건립을 위한 주택건설사업계획승인 신청에 대하여 미디어밸리 조성을 위한 시가화예정지역이라는 이유로 거부하자 A주식회사가 거부처분취소소송을 제기하여 승소확정판결을 받았고 이후 甲시장이 해당 토지 일대가 개발행위허가 제한지역으로 지정되었다는 이유로 다시 거부하는 처분을 한 사안에서, 재거부처분은 종전 거부처분을 취소한 확정판결의 기속력에 반하는 것은 아니다(대판 2011.10.27. 2011두14401).

(4) 법령 개정과 재처분

원거부처분 이후에 법령 개정이 있는 경우 **개정법령을 근거로 다시 거부처분할 수 있다.** 다만 취소소송 계속 중에 근거 법령이 개정되었으나 개정법령에 그 시행 당시 개발행위허가를 신청 중인 경우에 종전 규정에 따른다는 경과규정을 두고 있는 경우, 개정법령을 적용하여 다시 거부처분을 하는 것은 판결의 기속력에 저촉되어 당연무효이다(대결 2002.12.11. 2002무22).

4. 간접강제

(1) 의의

행정청이 인용판결에 따른 처분을 하지 않을 경우, 법원은 상당한 기간 내 처분을 하도록 하고 그 기간 내 이행하지 않은 경우 또는 즉시 배상하도록 하여 행정청을 간접적으로 강제할 수 있다(「행정소송법」 제34조 제1항 참조).

(2) 간접강제의 행사요건

1) 거부처분을 취소하는 판결이 있어야 한다. 또는 부작위위법확인판결이 있어야 한다.

2) 행정청이 재처분의무를 이행하지 않을 것

법원이 거부처분을 취소한 경우, 행정청은 재처분 해야 하나, 이를 이행하지 않은 경우 간접강제가 가능하다.

> **판례**
>
> 1. 원심판결의 이유는 위법하지만 결론이 정당하다는 이유로 상고기각판결이 선고되어 원심판결이 확정된 경우, 「행정소송법」 제30조 제2항(판결에 의하여 취소되는 처분이 당사자의 신청을 거부하는 것을 내용으로 하는 경우에는 그 처분을 행한 행정청은 판결의 취지에 따라 다시 이전의 신청에 대한 처분을 하여야 한다)에서 규정하고 있는 '판결의 취지'는 <u>상고심판결의 이유와 원심판결의 결론</u>을 의미한다(대판 2004.1.15. 2002두2444).
> 2. 거부처분에 대한 취소의 확정판결로 인한 행정청의 재처분이 종전 거부처분에 대한 취소의 확정판결의 기속력에 반하는 경우 간접강제신청에 필요한 요건을 갖춘 것이 된다(대결 2002.12.11. 2002무22).
> 3. 토지형질변경 및 건축허가신청 반려처분의 취소판결 후 재처분이 이루어지지 않아 간접강제절차가 진행 중일 때, 상급행정청이 새로이 건축허가제한을 공고하고 이에 따라 거부처분을 한 것은 재처분에 해당한다. 새 거부처분사유는 변론종결 이후에 발생한 것이므로 확정판결의 기속력을 피하려는 것이 아니며, 유효한 재처분으로 인정된다. 따라서 「행정소송법」 제30조 제2항에 의한 재처분이 이루어진 경우, 제34조의 규정은 적용되지 않는다(대결 2004.1.15. 2002무30).

3) 당사자의 신청이 있을 것

당사자는 제1심 수소법원에 신청하여야 하고 제1심 수소법원은 간접강제를 할 수 있다. 신청이 없는 경우에는 직권으로 간접강제를 할 수는 없다. 행정청에 상당한 기간을 주어야 하는 것은 간접강제의 요건이 아니다. 왜냐하면 「행정소송법」 제34조 제1항에 따르면 즉시 손해배상을 명할 수 있기 때문이다.

(3) 간접강제의 적용범위

간접강제는 취소소송, 부작위위법확인소송에서는 인정된다(「행정소송법」 제38조 제2항). 행정처분에 대해 무효확인판결이 내려진 경우, 그 행정처분이 거부처분인 경우에도 취소판결에 있어 재처분의무에 관한 규정은 준용되나 간접강제에 대한 규정은 준용되지 않는다(대결 1998.12.24. 98무37).

구분	「행정소송법」 제30조 제2항의 재처분의무	간접강제
취소소송	○	○
무효등확인소송	○	×
부작위위법확인소송	○	○

(4) 간접강제절차

1심 수소법원은 당사자의 신청에 의한 결정으로 정한 상당한 기간 내에 행정청이 재처분을 하지 않는 경우뿐 아니라 기간을 정하지 않고 바로 손해배상을 명할 수 있다.

(5) 배상금의 의의

「행정소송법」 제34조에 따른 간접강제결정에 기한 배상금은 재처분의 지연에 대한 제재나 손해배상이 아닌, 재처분 이행에 관한 심리적 강제수단이다. 따라서 의무이행기한 경과 후 확정판결의 취지에 따른 재처분이 이루어지면, 배상금을 추심하는 목적이 소멸되어 처분상대방이 더 이상 배상금을 추심하는 것은 허용되지 않는다(대판 2010.12.23. 2009다37725).

(6) 간접강제결정의 주관적 범위

간접강제결정은 피고 또는 참가인이었던 행정청이 소속하는 국가 또는 공공단체에 그 효력을 미친다 (「행정소송법」 제34조 제2항, 제33조).

3 효력범위

주관적 범위	처분청과 관계 행정청
객관적 범위	기속력은 판결의 주문뿐만 아니라 그 전제가 되는 처분 등의 구체적 위법사유에 관한 이유 중의 판단에 대하여도 인정된다(대판 2001.3.23. 99두5238).
시간적 범위	기속력은 처분시설에 따라 처분 당시까지의 위법사유에 대해서만 미친다. 따라서 처분 후 법률이 개정된 경우 개정된 법률에 따른 처분은 기속력에 반하지 않는다.

4 기속력에 반하는 처분은 당연무효

기속력을 위반한 처분은 당연무효이다(대결 2002.12.11. 2002무22). 즉, 확정판결의 당사자인 처분행정청이 그 행정소송의 사실심 변론종결 이전의 사유를 내세워 다시 확정판결과 저촉되는 행정처분을 하는 것은 허용되지 않는 것으로서, 이러한 행정처분은 그 하자가 중대하고도 명백한 것이어서 **당연무효라 할 것이다**(대판 1990.12.11. 90누3560).

> **판례**
>
> **교원소청심사위원회의 인용결정에 대한 항고소송**(대판 2018.7.12. 2017두65821)
>
> 학교법인 등이 제기한 행정소송에서 일부 징계사유가 인정되면 법원은 교원소청심사위원회의 결정을 취소해야 한다. 그렇지 않으면 위원회 결정이 확정되어 학교법인이 적절한 재징계를 할 수 없게 되기 때문이다. 반면, 내부규칙이 적법하지만 교원의 규칙 위반 증거가 없는 경우, 법원은 교원소청심사위원회의 결정을 취소할 필요 없이 학교법인의 청구를 기각할 수 있다. 이는 교원소청심사위원회의 기속력이 당해 사건에만 미치며, 다른 사건에는 영향을 주지 않기 때문이다.

제25절 형성력(形成力)

1 의의

1. 개념

인용판결은 별도의 절차나 의사표시 없이 행정상 법률관계의 발생, 변경, 소멸을 가져온다. 이를 형성력이라 한다. 형성력은 판결에 의한 효력이므로 법원이 처분을 취소한 경우 처분의 효력은 바로 상실되고 행정청이 취소처분에 의해 처분의 효력이 상실된다고 할 수 없다.

2. 근거

형성력에 대한 「행정소송법」의 명시적 규정은 없다. 다만, 제3자효에 대한 규정은 있다(「행정소송법」 제29조 제1항).

3. 적용범위

(1) 인용판결(○), 기각판결(×)

(2) 취소소송(○), 무효등확인소송(○), 부작위위법확인소송(×), 당사자소송(×)

(3) 부작위위법확인소송은 형성효가 인정되지 않으나 제3자효는 인정된다.

2 효과

1. 형성효

행정처분을 취소한다는 확정판결이 있으면 그 취소판결의 형성력에 의하여 당해 행정처분의 취소나 취소통지 등의 별도의 절차를 요하지 아니하고 당연히 취소의 효과가 발생한다(대판 1991.10.11. 90누5443). 과세처분이 법원의 확정판결에 의하여 취소된 뒤에 과세관청에서 그 과세처분을 경정하는 경정처분을 한 것이라면 이는 존재하지 아니하는 과세처분을 경정한 것으로서 그 하자가 중대하고 명백한 당연무효의 처분이라고 보아야 할 것이다(대판 1989.5.9. 88다카16096).

2. 소급효

취소판결의 효과는 처분 시까지 소급한다.

> **판례**
>
> 1. 운전면허나 영업허가의 취소처분에 대한 취소판결이 내려진 경우, 그 처분시에 소급하여 효력을 잃게 되어 그 취소처분 이후의 운전이나 영업도 무면허운전·무허가영업이 아닌 것으로 된다(대판 1999.2.5. 98도4239 ; 대판 1993.6.25. 93도277).

2. **주택재개발사업조합의 조합설립인가처분이 법원 판결로 취소되면, 인가처분은 소급하여 효력을 상실하고, 조합은 공법인으로서의 지위를 잃는다. 따라서 조합이 인가취소 이전에 한 결의 등 처분도 특별한 사정이 없는 한 소급하여 효력을 상실한다.** 그러나 잔존사무 처리 등의 업무는 계속되어야 하므로, 결의 등 처분의 법률효과를 다투는 소송에서의 당사자 지위는 소멸하지 않는다(대판 2012.3.29. 2008다95885).

3. 제3자효(대세효)

(1) 개념

A에 대한 허가처분에 대해 B가 취소소송을 제기했다. 법원이 허가처분을 취소한 경우 제3자인 A에게도 효력을 미친다.

(2) 제3자의 범위

소송에 참가한 제3자뿐 아니라 소송에 참가하지는 않은 제3자에게도 제3자효는 미친다(「행정소송법」 제29조 참조).

(3) 제3자의 보호방법

제3자는 법원의 허가를 받아 소송에 참가할 수 있고 처분 등을 취소하는 판결에 의하여 권리 또는 이익의 침해를 받은 제3자는 자기에게 책임 없는 사유로 소송에 참가하지 못함으로써 판결의 결과에 영향을 미칠 공격 또는 방어방법을 제출하지 못한 때에는 이를 이유로 확정된 종국판결에 대하여 재심의 청구를 할 수 있다.

(4) 제3자효의 적용 확장

집행정지결정은 제3자에게 효력이 미친다(「행정소송법」 제29조 제2항). 무효확인소송과 부작위위법확인소송에서도 제3자효는 인정되나 당사자소송에서는 제3자효는 인정되지 않는다.

4. 취소된 처분을 전제로 형성된 법률관계의 효력 상실

환지처분에 의해 취득한 토지를 제3자에게 양도한 이후 환지처분을 취소하는 판결이 확정된 경우, 행정처분을 취소하는 확정판결이 제3자에게도 효력이 미친다고 해도, 그 판결의 효력은 주문에 포함된 것에 한정된다. 따라서 취소판결로 인해 행정처분을 기초로 형성된 제3자의 권리가 행정처분 전 상태로 돌아가는 것은 아니다. 따라서 <u>환지계획변경처분을 취소하는 판결 확정으로 인해 소유권이전등기가 원인 없는 것으로 되더라도, 이는 취소판결 자체의 효력으로 말소되는 것이 아니라, 별도의 소송을 통해 말소되어야 한다</u>(대판 1986.8.19. 83다카2022).

☑ 판결의 효력과 소송유형

구분	기판력	기속력	형성효	제3자효	간접강제
취소소송	○	○	○	○	○
무효등확인소송	○	○	○	○	×
부작위위법확인소송	○	○	×	○	○

당사자소송	○	○	×	×	×
「행정소송법」에 규정	×	○	×	○	○

☑ 소송비용

원칙	소송비용은 패소자 부담으로 한다.
사정판결에 따른 기각판결	피고의 부담으로 한다(「행정소송법」제32조).
행정청의 처분 취소 또는 변경으로 인하여 청구가 기각 또는 각하된 경우	피고의 부담으로 한다(「행정소송법」제32조).

제26절 행정구제수단으로서 항고소송과 헌법소원

1 헌법소원의 의의

공권력의 행사·불행사로 헌법상 기본권을 침해받은 자는 헌법소원심판을 청구할 수 있다. 헌법재판소는 공권력 행사가 헌법상 기본권을 침해한 경우 이를 취소하고, 불행사가 헌법상 기본권을 침해한 경우 위헌확인함으로써 기본권 침해를 배제시킨다. 이러한 심판을 헌법소원이라 한다.

2 보충성 원칙

1. 의의

「헌법재판소법」 제68조 제1항의 단서는 다른 법률의 구제절차가 있는 경우, 이를 모두 거쳐 헌법소원심판을 청구할 수 있다고 규정하고 있다. 이를 보충성의 원칙이라 한다. 다른 법률의 구제절차가 있음에도 이를 거치지 아니하고 헌법소원심판을 청구한다면 이를 보충성 원칙에 위반된다.

2. 항고소송과 보충성 원칙

「헌법재판소법」 제68조 제1항 단서의 다른 법률의 구제절차는 대부분 「행정소송법」의 항고소송이다. 즉, 공권력 행사·불행사로 권리를 침해받은 자가 항고소송을 통해 권리를 구제받을 수 있음에도 이를 거치지 아니하고 헌법소원심판을 청구해서는 안 된다. 권리를 침해당한 경우 1차적 권리구제수단은 항고소송이지 헌법소원이 아니다.

3. 헌법소원과 항고소송의 관할

(1) 보충성 원칙에 따라 법원이 어떤 공권력 행사에 대해 처분성과 소의 이익을 인정하면 법원이 재판관할을 가지게 되므로 헌법소원에서 심리할 수 없게 된다. 그러나 어떠한 공권력 행사·불행사에 대해 법원이 처분성을 부정하거나 소의 이익을 부정한다면 헌법재판소는 헌법소원심판에서 헌법 위반 여부를 심리할 수 있다.

(2) **예비판사임용거부**(헌재 2001.12.20. 2001헌마245)와 **운전적성판정을 위한 운동능력측정검사에서의 불합격처분**은 행정처분에 해당하여 그 취소를 구하는 행정소송을 제기하는 것이 가능하다고 할 것이므로 헌법소원의 대상이 되지 않는 공권력 행사에 대한 청구로서 부적법하다(헌재 2005.3.31. 2003헌마746).

3 항고소송과 헌법소원의 관계

1. 행정행위

행정행위는 처분이므로 항고소송의 대상이 된다. 따라서 행정행위로 권리를 침해받은 자가 헌법소원심판을 바로 청구하게 되면 「헌법재판소법」 제68조 제1항의 단서의 보충성의 원칙에 반하여 헌법재판소는 각하결정해야 한다. 예를 들면 과세처분은 항고소송의 대상이 되므로 과세처분으로 권리를 침해당한 자가 바로 헌법소원심판을 청구하게 되면 헌법재판소는 본안심리를 해서는 안 되고 각하해야 한다.

2. 대법원 판례의 변경과 보충성

기존 대법원 판례는 지목변경행위신청서반려처분, 교수재임용거부처분에 대해 처분성을 부정해와 헌법재판소가 헌법소원심판에서 대상으로 삼아 본안심리를 한 바 있다. 그러나 대법원 판례가 변경되어 지목변경신청서반려처분, 교수재임용거부처분에 대해 처분성을 인정하고 있다. 그렇다면 지목변경신청서반려처분, 교수재임용거부처분에 대해 헌법재판소는 본안심리를 할 수 없게 된다.

3. 권력적 사실행위(서신검열)

권력적 사실행위는 항고소송의 대상이 된다. 그러나 권력적 사실행위가 종료된 상태에서 항고소송을 제기하면 법원은 소의 이익이 없다는 이유로 각하하게 된다. 이런 경우에는 헌법소원심판을 청구할 수 있다. 피의자였던 甲이 있다. 2019년 1월 1일부터 1월 30일 동안 구치소에서 수감되었다고 가정해 보자. 甲이 1월 15일에 변호인에게 보낸 편지를 교도소에서 검열하자, 甲은 2월 10일 항고소송을 제기했다. 법원은 이에 서신검열행위가 종료된 행위라고 보아 소의 이익이 없다는 이유로 각하하게 된다. 따라서 서신검열로 기본권을 침해받은 甲은 항고소송을 통해서 권리구제를 받을 여지가 없으므로 바로 헌법소원심판을 청구할 수 있다.

4. 법규명령, 조례

법규명령, 조례는 일반적·추상적 법규범이므로 처분성이 인정될 수 없어 항고소송의 대상이 되지 않는다. 따라서 바로 헌법소원을 제기할 수 있다. 다만, 처분적 법규명령과 처분적 조례는 항고소송의 대상이 되므로 항고소송을 제기해야 한다.

5. 행정입법부작위

「행정소송법」상 부작위위법확인소송은 처분을 할 의무가 있음에도 처분을 하지 아니한 부작위를 대상으로 삼는다. 따라서 행정입법할 의무가 있음에도 입법을 하지 않은 행정입법부작위는 부작위위법확인소송의 대상이 되지 않으므로 헌법소원심판을 청구할 수 있다.

4 법원재판에 대한 헌법소원

1. 법원재판과 원행정처분에 대한 헌법소원 금지

「헌법재판소법」 제68조 제1항은 법원의 재판에 대해 헌법소원청구를 금지하고 있으므로 법원의 재판과 원행정처분은 헌법소원의 대상이 되지 않는다.

2. 예외적으로 헌법소원의 대상이 되는 법원재판과 원행정처분

헌법재판소가 위헌으로 결정한 법령을 적용하여 기본권을 침해하는 법원의 재판과 그 법원의 재판에 의해 확정된 원행정처분은 헌법소원의 대상이 된다.

제27절 무효등확인소송

1 의의

처분의 효력 유무, 처분 등의 존재·부존재 여부, 처분 등의 실효 여부를 확인하는 소송이다. 법률관계존부확인소송은 무효확인소송이 아니라 당사자소송이다.

2 성질

처분 등의 효력·존재 여부를 확인하는 소송이다. 그러나 처분의 효력 유무를 다투는 소송이므로 형성적 쟁송의 성질도 가진다.

3 다른 소송과의 구별

1. 무효확인소송과 당사자소송

무효인 공무원 파면처분에 대해 무효확인소송은 물론 당사자소송을 제기할 수 있으므로, 무효확인소송과 당사자소송은 배척관계는 아니다.

2. 취소소송과 무효확인소송의 비교

구분	취소소송	무효확인소송
제소기간 제한	O	×
사정판결	O	×
예외적 행정심판전치주의	O	×
간접강제	O	×

집행부정지·집행정지결정제도	○	○
제3자의 소송참가	○	○

4 소송요건

1. 대상

(1) 처분, 처분 부존재가 대상이 된다. 재결을 다투는 경우에는 재결 자체에 고유한 위법이 있어야 한다.

(2) 처분이 아닌 법규범의 무효확인은 무효확인의 소가 되지 아니한다.

2. 원고적격

> 「행정소송법」제35조【무효등확인소송의 원고적격】무효등확인소송은 처분 등의 효력 유무 또는 존재 여부의 확인을 구할 법률상 이익이 있는 자가 제기할 수 있다.

3. 피고적격

취소소송과 동일하게 처분을 한 행정청이다.

4. 소의 이익

(1) 학설

1) 즉시확정이익이 필요하다는 긍정설

확인의 소는 법적 지위의 불안·위험을 제거하기 위하여 확인판결을 받는 것이 가장 유효·적절한 수단인 경우에 인정되고, 이행을 청구하는 소를 제기할 수 있는데도 불구하고 확인의 소를 제기하는 것은 분쟁의 종국적인 해결방법이 아니어서 확인의 이익이 없다. 이 견해에 따르면 무효확인소송은 보충적으로 인정된다.

2) 즉시확정이익이 필요하지 않다는 부정설

처분에 대해 무효확인을 구할 법률상 이익이 있으면 소의 이익은 인정된다. 우리 「행정소송법」제35조는 보충성원칙에 관한 규정이 없다. 따라서 이행소송과 같은 직접적인 권리구제수단이 있는지와 무관하게 법률상 이익이 있으면 무효확인소송의 소의 이익은 인정된다.

(2) 판례

행정처분의 근거 법률에 의해 보호되는 직접적이고 구체적인 이익이 있는 경우, 「행정소송법」제35조의 '무효확인을 구할 법률상 이익'이 있다고 본다. 무효확인소송의 보충성은 요구되지 않으므로, 무효확인을 전제로 한 이행소송 등의 직접적인 구제수단이 있는지 여부를 따질 필요가 없다. 원고는 부당이득반환청구의 소로 직접 위법상태의 제거를 구할 수 있는지 여부와 관계없이, 근거 법률에 의해 보호되는 직접적이고 구체적인 이익을 가진 자로서 무효확인을 구할 법률상 이익이 있다(대판 전합 2008.3.20. 2007두6342).

5. 예외적 행정심판 전치와 제소기간

개별법률이 행정심판을 거쳐 행정소송을 제기하도록 규정하고 있더라도 무효확인소송에서는 행정심판 전치요건이 적용되지 않으므로 행정심판절차를 거치지 아니하고 무효확인의 소를 제기할 수 있다(「행정소송법」 제38조 제1항 참조).

구분	취소소송	무효확인소송
예외적 행정심판 전치주의 요건	○	×
제소기간	○	×

5 소 제기의 효과

무효확인소송이 제기되더라도 처분의 집행은 정지되지 않는다. 무효확인의 소에서도 집행부정지제도가 인정된다. 또한 「행정소송법」 제23조 제2항의 집행정지결정도 가능하다.

6 취소소송과 무효확인소송의 관계

1. 무효사유에 해당하는 처분에 대해 취소소송을 제기한 경우

행정처분의 당연무효를 선언하는 의미에서 그 취소를 청구하는 행정소송을 제기한 경우에도 전심절차와 제소기간의 준수 등 취소소송의 제소요건을 갖추어야 한다. 제소기간이 지나서 취소소송을 제기한 경우 각하판결한다(대판 1990.12.26. 90누6279 ; 대판 1993.3.12. 92누11039).

2. 취소사유에 해당하는 처분에 대해 무효확인소송을 제기한 경우

> 「행정소송규칙」 제16조 【무효확인소송에서 석명권의 행사】 재판장은 무효확인소송이 법 제20조에 따른 기간 내에 제기된 경우에는 원고에게 처분 등의 취소를 구하지 아니하는 취지인지를 명확히 하도록 촉구할 수 있다. 다만, 원고가 처분 등의 취소를 구하지 아니함을 밝힌 경우에는 그러하지 아니하다.

행정처분의 무효확인을 구하는 소에는 원고가 그 처분의 취소를 구하지 아니한다고 밝히지 아니한 이상 그 처분이 만약 당연무효가 아니라면 그 취소를 구하는 취지도 포함되어 있는 것으로 보아야 한다. 이 사건 수료처분의 무효확인청구에 그 취소를 구하는 취지도 포함된 것으로 보아 위 수료처분에 취소사유가 있는지 여부에 관하여 심리판단하였어야 할 것이다(대판 1994.12.23. 94누477). 다만, 취소소송 제기요건을 갖추지 못한 경우 기각판결을 한다.

3. 취소소송과 무효확인청구소송의 병합

무효확인청구가 기각될 것을 대비하여 취소청구를 예비적으로 병합할 수 있다. 또한 취소청구가 각하될 것을 대비하여 무효확인청구를 예비적으로 병합할 수 있다.

7 민사소송에서 처분 등의 무효확인이 선결문제인 경우

처분 등의 효력 유무 또는 존재 여부가 민사소송의 선결문제로 되어 당해 민사소송의 수소법원이 이를 심리·판단하는 경우에는 「행정소송법」 제17조(행정청의 소송참가), 제25조(행정심판제출기록명령), 제26조(직권심리) 및 제33조(소송비용에 관한 재판의 효력)의 규정을 준용한다(「행정소송법」 제11조 제1항). 당해 수소법원은 그 처분 등을 행한 행정청에게 그 선결문제로 된 사실을 통지하여야 한다.

제28절 부작위위법확인소송

1 의의

1. 개념

부작위위법확인소송이란 행정청이 당사자의 신청에 대해 상당한 기간 내에 일정한 처분을 해야 할 법률상의 의무가 있음에도 불구하고 이를 행하지 않는 경우, 그 부작위가 위법함의 확인을 구하는 소송을 말한다.

2. 성질

부작위위법의 확인을 구하는 소이다. 행정청에 특정한 행위를 명하는 의무이행소송은 아니다.

2 소송요건

1. 대상적격성

(1) 당사자의 신청이 있을 것

신청이 있어야 한다. 법령상 또는 조리상 신청권이 있어야 한다.

> **판례**
> 1. 4급 공무원이 3급 승진대상자로 결정되고 공표되었다면, 승진임용을 신청할 **조리상의 권리가 있다. 승진임용신청을 받은 행정청이 그에 대하여 적극적 또는 소극적 처분을 하지 않는 경우, 그러한 행정청의 부작위가 위법하다**(대판 2008.4.10. 2007두18611).
> 2. 행정청이 행한 공사중지명령의 상대방은 그 명령 이후에 원인사유가 소멸하였음을 들어 행정청에게 **공사중지명령의 철회를 요구할 수 있는 조리상의 신청권이 있다.** 행정청은 상대방의 신청을 받은 후, **행정청이 처분을 하지 않는 부작위는 그 자체로 위법하고** 신청이 인용될 수 있는지 여부는 **소극적 처분에 대한 항고소송의 본안에서 판단해야 할 사안이다**(대판 2005.4.14. 2003두7590).
> * 신청이 인용될 수 있는지 여부는 **소극적 처분에 대한 취소소송이나 무효확인소송의 본안에서 심리할 문제**이다.

3. 「건축법」제69조 제1항 및 제70조 제1항은 시장·군수·구청장에게 건축허가 등을 취소하거나 건축물의 철거 등 필요한 조치를 명할 수 있는 권한을 부여한 것이지, 그러한 의무를 규정한 것은 아니다. 따라서 국민이 행정청에 대해 제3자에 대한 건축허가와 준공검사의 취소 및 제3자 소유 건축물에 대한 **철거명령을 요구할 수 있는 법규상 또는 조리상 권리**는 인정되지 않는다(대판 1999.12.7. 97누17568).
4. 형사본안사건에서 무죄가 확정되면, 「형사소송법」제332조에 따라 검사는 압수물을 권리자에게 환부할 의무가 생긴다. 이는 검사의 환부결정 등 처분에 의해 의무가 발생하는 것이 아니다. 따라서 검사가 환부신청에 대해 아무런 결정이나 통지를 하지 않더라도 이는 부작위위법확인소송의 대상이 되지 않는다(대판 1995.3.10. 94누14018).

* 부작위위법확인소송의 대상은 행정청이 당사자의 신청에 대하여 일정한 처분을 하여야 할 법률상 의무가 있음에도 불구하고 이를 하지 아니한 처분부작위이다.

(2) 행정청에 일정한 처분을 할 법률상 의무가 있을 것

법률상 행정청에게 일정한 처분을 해야 할 의무가 있어야 부작위는 소의 대상이 될 수 있다. 부작위는 처분부작위이므로, 입법부작위는 대상이 되지 않으므로 **대통령령입법부작위는 부작위위법확인소송의 대상이 되지 않는다**(대판 1992.5.18. 91누11261).

(3) 상당한 기간이 경과할 것

상당한 기간이 경과하여야 한다.

(4) 행정청이 아무런 처분을 하지 않을 것

행정청이 거부처분한 경우 아무런 처분을 하지 않았다고 할 수 없으므로 부작위위법확인의 소를 제기한 것은 위법하다. 거부처분에 대해서는 취소소송을 제기해야 한다.

2. 원고적격

신청권이 있는 자로서 처분신청을 한 자가 원고적격을 가진다. 법규상·조리상 이익을 가지는 자는 원고적격을 가지나, 그렇지 않은 제3자는 원고적격을 누리지 못한다.

3. 소의 이익

소 제기의 전후를 통하여 판결 시까지 행정청이 그 신청에 대하여 적극 또는 소극의 처분을 함으로써 부작위상태가 해소된 때에는 소의 이익을 상실하게 되어 당해 소는 각하를 면할 수가 없는 것이다.

판례

1. 행정청의 부작위상태를 소멸시키는 행정청으로부터의 일정한 처분, 특히 거부처분이 있었다고 하기 위하여는 그 처분을 위한 의사결정이 어떠한 형식으로든 행정청의 권한 있는 자에 의하여 외부로 표시되고 그 신청이 거부 내지 각하되었다는 취지가 신청자에게 오해 없이 정확하게 전달되어 이를 알 수 있는 상태에 놓여진 경우에 한하는 것인바, 이 사건에서 원고가 정규교원 임용을 요청하는 탄원서를 제출한 후, 피고가 민원서류처리 결과통보라는 형식으로 임용 거절 의사를 명확히 전달했다면, 이는 임용 거부에 대한 행정청의 명백한 거부처분으로 보아야 한다(대판 1990.9.25. 89누4758).

> 2. 부작위위법확인소송의 계속 중 소극적 처분이 있게 되면 부작위위법확인의 소는 소의 이익을 잃어 부적법하게 되고 이 경우 소극적 처분에 대한 취소소송을 제기하여야 하는 등 부작위위법확인의 소는 취소소송의 보충적 성격을 지니고 있으며, <u>부작위위법확인소송의 이러한 보충적 성격에 비추어 동일한 신청에 대한 거부처분의 취소를 구하는 취소소송에는 특단의 사정이 없는 한 그 신청에 대한 부작위위법의 확인을 구하는 취지도 포함되어 있다고 볼 수 있다</u>(대판 2009.07.23. 2008두10560).

4. 제소기간

(1) 행정심판을 거친 경우 송달받은 날로부터 90일

개별법률에 행정심판을 거치도록 규정하고 있으면 의무이행심판을 제기해야 한다(「행정소송법」 제38조 제2항 참조). 의무이행심판을 거친 경우 재결서를 송달받은 날로부터 90일 이내에 소를 제기해야 한다. 따라서 행정심판을 거쳤다면 부작위위법확인소송에서도 제소기간을 준수해야 한다.

(2) 행정심판을 거치지 아니한 경우

부작위가 계속되는 한 부작위위법확인소송은 제소기간의 제한이 없다.

3 소 제기의 효과

부작위는 집행정지의 대상이 되지 않는다. 따라서 부작위위법확인의 소를 제기하면서 집행정지신청을 할 수 없다.

4 소송의 심리

1. 심리의 내용

(1) 절차적 심리설(응답의무설)

부작위위법 여부만 심리해야 한다. 따라서 법원이 부작위가 위법하다고 한 경우 절차만 위법한 것이므로 행정청은 신청을 인용하거나 거부하는 처분을 해야 하나, 반드시 신청에 대한 인용을 해야 하는 것은 아니다(다수설).

(2) 실체적 심리설(특정처분의무설)

부작위위법 여부만이 아니라 신청의 실체적 내용까지 심리해야 한다. 법원이 부작위가 위법하다고 판결한 경우 행정청은 반드시 신청을 인용하는 처분을 해야 한다.

(3) 판례(절차적 심리설)

2. 입증책임

원고	신청사실과 신청권이 있다는 것은 원고가 입증해야 한다.
피고	상당한 기간의 경과하였음에도 처분을 하지 못한 사유는 피고가 입증해야 한다.

3. 위법성 판단의 기준시점

부작위가 위법한 지는 판결 시를 기준으로 한다(대판 1990.9.25. 89누4758).

5 판결

1. 판결의 종류

(1) 종류

각하, 기각, 인용판결이 있다.

(2) 사정판결은 인정될 수 없다.

사정판결은 처분을 전제로 하므로 부작위위법확인소송에서는 사정판결이 인정될 수 없다(「행정소송법」 제38조 제2항 참조).

2. 판결의 효력

(1) 형성력은 없다.

부작위위법확인 자체로는 법률관계의 변동을 가져오지 못한다. 따라서 부작위위법확인소송에는 형성력은 인정되지 않는다. 다만, 부작위위법확인판결의 제3자효는 인정된다(「행정소송법」 제38조 제2항, 제29조).

(2) 기속력

부작위가 위법하다는 판결은 기속력을 가지므로 행정청은 처분을 해야 한다. 그러나 **반드시 원고가 신청한대로 처분해야 한다는 것은 아니므로 거부처분도 할 수 있다.**

(3) 간접강제

부작위가 위법하다는 판결이 있었음에도 행정청이 부작위하고 있는 경우, 법원은 배상금 부과 등을 통해 간접강제할 수 있다(「행정소송법」 제34조, 제38조 제2항 참조).

☑ **취소소송과 부작위위법확인소송의 비교**

구분	취소소송	부작위위법확인소송
소 종류의 변경	○	○
처분변경으로 인한 소 변경	○	×
집행정지	○	×
사정판결	○	×

행정심판전치주의	○	○
제3자, 행정청의 소송참가	○	○
간접강제	○	○
형성효	○	×
기속력	○	○
제3자효	○	○

제29절 처분부작위로 권익을 침해받은 경우 권리구제절차

1 처분부작위의 의의

'부작위'란 행정청이 당사자의 신청에 대하여 상당한 기간 내에 일정한 처분을 하여야 할 법률상 의무가 있음에도 불구하고 이를 하지 아니하는 것을 말한다(「행정소송법」 제2조 제2호).

2 「행정심판법」상 구제수단

1. **의무이행심판**
2. **집행정지:** 부정
3. **임시처분:** 가능
4. **시정명령과 직접처분:** 의무이행재결이 있는 경우 시정명령과 직접처분
5. **간접강제**

3 「행정소송법」상 권리구제

1. **의무이행소송:** 학설대립, 판례 부정
2. **부작위위법확인소송:** 신청권, 제소기간, 전치요건
3. **집행정지:** 처분의 효력정지이므로 부정
4. **가처분:** 학설대립, 판례 부정
5. **간접강제:** 부작위위법확인판결 시 가능

4 국가배상청구소송

처분부작위로 권익을 침해받은 경우 국가배상 가능

* 처분부작위와 달리 입법부작위는 행정심판과 행정소송으로 구제 불가. 헌법소원과 국가배상청구소송으로 권리구제 가능. 사법절차는 아니나 입법청원 가능

제30절 당사자소송

1 의의

1. 개념

당사자소송이란 행정청의 처분 등을 원인으로 하는 법률관계에 관한 소송, 그 밖에 공법상의 법률관계에 관한 소송으로서 그 법률관계의 한쪽 당사자를 피고로 하는 소송을 말한다.

2. 법적 근거

「행정소송법」 제3조 제2호에서 당사자소송을 일반적으로 인정하고 있으므로 실질적 당사자소송의 인정에 있어서는 개별법의 근거가 필요하지 않다. 그러나 형식적 당사자소송은 개별법의 근거가 없는 한 인정되지 않는다(다수설).

3. 당사자소송과 민사소송

당사자소송은 대등한 당사자 간에 행해진다는 점에서 민사소송과 유사한 점이 있다. 그러나 민사소송이 사법상 법률관계에 관한 것인데 대하여, 당사자소송은 공법상 법률관계에 관한 것이므로, 양자는 구별될 필요가 있다.

(1) 학설

소송물을 기준으로 하여 관련 법률관계가 공법관계이면 당사자소송이고 사법관계면 민사소송이라는 소송물기준설, 원인이 된 법률관계가 공법관계이면 당사자소송이고 사법관계면 민사소송이라는 원인된 법률관계기준설이 대립한다. 판례는 소송물기준설을 취하고 있다.

(2) 판례

1) 국가배상청구소송와 부당이득반환청구소송

원인된 법률관계기준설에 따르면 원인이 공법적이므로 법률관계도 공법관계라고 하여 국가배상청구와 부당이득반환청구는 당사자소송으로 다투어야 한다고 한다. 그러나 판례는 국가배상청구권와 부당이득반환청구권의 원인이 공법적이라도 국가배상청구권와 부당이득반환청구권과 그 의무는 사법관계라고 하면서 민사소송으로 다투어야 한다고 한다. 다만, 공법상 의무인 납세의무자에 대한 국가의 부가가치세 환급세액 지급의무에 대응하는 국가에 대한 납세의무자의 부가가치세 환급세액 지급청구는 민사소송이 아니라 당사자소송의 절차에 따라야 한다(대판 전합 2013.3.21. 2011다95564).

> **판례**
>
> 1. 「국가배상법」상 손해배상청구권을 공권으로 보는 다수설에 따르면 그 배상청구는 공법상 당사자소송의 절차에 따라야 한다. 그러나 판례는 사권설의 입장에서 민사소송절차에 의하고 있다(대판 1972.10.10. 69다701).
> 2. 조세 부과처분이 당연무효임을 전제로 하여 이미 납부한 세금의 반환을 청구하는 것은 민사상의 부당이득반환청구로서 민사소송절차에 따라야 한다(대판 1995.4.28. 94다55019 ; 대판 2015.8.27. 2013다212639).
> 3. 부가가치세 환급세액 지급의무는 국가가 과다하게 거래징수된 세액을 실제로 납부받았는지와 관계없이 부가가치세법령에 의해 직접 발생하는 공법상 의무이다. 이는 정의와 공평의 관념에서 인정되는 부당이득반환의무가 아니라, 부가가치세법령에 의해 구체적으로 확정되는 조세 정책적 관점에서 특별히 인정되는 의무이다. 따라서 납세의무자의 부가가치세 환급세액 지급청구는 민사소송이 아니라 「행정소송법」 제3조 제2호에 규정된 당사자소송의 절차에 따라야 한다(대판 전합 2013.3.21. 2011다95564).

2) 손실보상청구

손실보상청구를 민사소송으로 보는 견해가 대법원 판례였으나, 최근 대법원 판례는 「하천법」 및 보상청구권의 소멸시효가 만료된 「하천구역편입토지보상 특별조치법」에 따른 손실보상청구소송을 「행정소송법」상 당사자소송으로 보고 있다(대판 전합 2006.5.18. 2004다6207).

☑ 공법상 금전급부청구소송

민사소송	당사자소송
• 국가배상청구소송(대판 1972.10.10. 69다701) • 공법상 부당이득반환(조세과오납금환급) 청구소송(대판 1997.10.10. 97다26432 ; 대판 1995.4.28. 94다55019) • 「수산업법」상 손실보상청구소송(대판 2001.6.29. 99다56468 ; 대판 2005.9.29. 2002다73807) • 토지의 협의취득 시 보상금청구소송(대판 1999.3.23. 98다48866) • 현재의 「공익사업을 위한 토지 등의 취득 및 보상에 관한 법률」상으로는 환매권의 존부에 관한 확인을 구하는 소송 및 환매금액의 증감을 구하는 소송(대판 2013.2.28. 2010두22368). • 국·공유 일반재산(구 잡종재산)의 대부료납부에 관한 소송(대판 2000.2.11. 99다61675 ; 대판 2010.11.11. 2010다59646)	• 부가가치세 환급세액 지급청구소송(대판 전합 2013.3.21. 2011다95564) • 「하천법」상 손실보상청구소송(대판 전합 2006.5.18. 2004다6207) • 공유수면매립사업으로 인한 관행어업권을 상실한 자의 보상금증감청구소송(대판 2001.6.29. 99다56468 ; 대판 2005.9.29. 2002다73807) • 「공익사업을 위한 토지 등의 취득 및 보상에 관한 법률」 제85조 제2항상의 보상금증감청구소송(대판 1991.11.26. 91누285): 형식적 당사자소송 • 「석탄산업법」에 의한 석탄가격안정지원금청구소송(대판 1997.5.30. 95다28960) • 석탄산업법령상 폐광된 광산에서 업무상 재해를 입은 근로자의 재해위로금지급수소송(대판 1999.1.26. 98두12598) • 「공무원연금법」상 유족부조금청구소송(대판 1970.10.30. 70다833) • 법령의 개정에 따른 국방부장관의 퇴역연금액감액조치에 대한 퇴역연금수급권자의 차액지급청구소송(대판 2003.9.5. 2002두3522) • 사실상 교사의 업무를 담당하여 온 공립유치원 교사의 자격이 있는 자의 수령지체된 보수지급청구소송(대판 1991.5.10. 90다10766)

- 지방소방공무원의 초과근무수당의 지급을 청구하는 소송(대판 2013.3.28. 2012다102629)
- 보조금교부결정이 취소된 경우 「보조금의 예산 및 관리에 관한 법률」에 의한 보조사업자에 대한 중앙관서장의 **보조금반환청구소송**(대판 2012.3.15. 2011다17328)
- 국책사업인 '한국형 헬기 개발사업'에 개발주관사업자 중 하나로 참여하여 국가 산하 중앙행정기관인 방위사업청과 '한국형 헬기 민군겸용 핵심구성품 개발협약'을 체결한 회사의 협약금액을 초과하는 비용에 대한 지급청구소송(대판 2017.11.9. 2015다215526)
- 주택재건축정비조합의 총회결의(조합설립변경결의 또는 사업시행계획 결의)의 효력을 다투는 소송(대판 전합 2009.9.17. 2007다2428 ; 대판 2010.7.29. 2008다6328)
- 도시개발사업조합의 구 도시개발법에 따른 청산금지급청구소송(대판 2017.4.28. 2013다1211)
- 「국토의 계획 및 이용에 관한 법률」상 토지의 소유자 등이 사업시행자의 토지의 일시 사용에 대한 동의의 의사표시를 할 의무의 존부를 다투는 소송(대판 2019.9.9. 2016다262550)

4. 당사자소송과 항고소송의 관계

(1) 기준

사회보장수급권은 법령에서 실체적 요건을 규정하면서 수급권자 여부, 급여액 범위 등에 관하여 공법상 각종 급부청구권은 행정청의 심사·결정의 개입 없이 법령의 규정에 의하여 직접 구체적인 권리가 발생하는 경우와 관할 행정청의 심사·인용결정에 따라 비로소 구체적인 권리가 발생하는 경우로 나눌 수 있다. 전자는 당사자소송으로 다투어야 한다. 후자는 관할 행정청의 심사·인용결정이 처분이므로 항고소송으로 다투어야 한다. 대법원 판례는 사회보장수급권에 관하여 구 광주민주화운동 관련자 보상 등에 관한 법률상 보상금, 「석탄산업법」상 재해위로금과 같은 몇몇 사례를 제외하고는 대부분 후자의 유형으로 보고 있다.

(2) 법령에서 바로 권리와 의무 내용이 확정된 경우: 당사자소송

법관이 이미 수령한 수당액이 정당한 명예퇴직수당액에 미치지 못한다고 주장하며 차액 지급을 신청했으나, 법원행정처장이 거부 의사를 표시한 것은 행정처분이 아니다. 이는 공법상의 법률관계의 한쪽 당사자로서 의견을 밝힌 것에 불과하다. 명예퇴직한 법관이 미지급 명예퇴직수당액에 대해 가지는 권리는 명예퇴직수당 규칙에 의해 확정된 공법상 법률관계에 관한 권리로서, 그 지급을 구하는 소송은 「행정소송법」의 당사자소송에 해당하며, 국가를 상대로 제기해야 한다(대판 2016.5.24. 2013두14863).

(3) 법령에서 바로 권리와 의무 내용이 확정되는 것이 아니라 관할 행정청의 심사·인용결정에 따라 비로소 구체적인 권리가 발생하는 경우: 항고소송

1) 법리

급부를 받을 권리가 법령에 의해 직접 발생하지 않고, 신청에 따라 행정청의 지급결정으로 구체적인 권리가 발생하는 경우, 급부를 받으려는 자는 먼저 행정청에 급부지급을 신청해야 한다. 행정청이 이를 거부하거나 일부만 인정한 경우, 그 결정을 대상으로 항고소송을 제기하고, 판결의 기속력에 따른 재처분을 통해 권리를 인정받은 다음에야 공법상 당사자소송으로 급부 지급을 구할 수 있다. 구체적인 권리가 발생하지 않은 상태에서 국가나 지방자치단체를 상대로 당사자소송이나 민사소송으로 급부 지급을 청구하는 것은 허용되지 않는다(대판 2020.10.15. 2020다222382).

2) 판례

① 육아휴직급여청구권은 행정청인 직업안정기관의 장이 심사하여 지급결정을 함으로써 비로소 구체적인 수급청구권이 발생하는 경우에 해당한다(대판 2021.3.18. 2018두47264).

② **보훈급여지급결정**은 급여수급 대상자뿐만 아니라 구체적인 수급액까지 결정하는 것으로, **국방부장관의 결정에 대해 항고소송을 통해** 구체적 권리를 인정받은 후에야 당사자소송으로 급여 지급을 청구할 수 있다. 구체적 권리가 발생하지 않은 상태에서 곧바로 국가를 상대로 한 당사자소송은 허용되지 않는다(대판 2021.12.16. 2019두45944).

5. 보상심의회 결정

(1) 광주민주화운동 보상(당사자소송)

구 광주민주화운동관련자 보상 등에 관한 법률 제15조 본문의 규정에서 말하는 광주민주화운동관련자 보상심의위원회의 결정을 거치는 것은 보상금 지급에 관한 소송을 제기하기 위한 전치요건에 불과하다고 할 것이므로 위 보상심의위원회의 결정은 취소소송의 대상이 되는 **행정처분이라고 할 수 없다.** 같은 법에 의거하여 관련자 및 유족들이 갖게 되는 보상 등에 관한 권리는 헌법 제23조 제3항에 따른 재산권 침해에 대한 손실보상청구나 「국가배상법」에 따른 손해배상청구와는 그 성질을 달리하는 것으로서 법률이 특별히 인정하고 있는 공법상의 권리라고 하여야 할 것이므로 그에 관한 소송은 「행정소송법」 제3조 제2호 소정의 당사자소송에 의하여야 할 것이며 보상금 등의 **지급에 관한 법률관계의 주체는 대한민국이다**(대판 1992.12.24. 92누3335).

(2) 민주화운동심의위원회 보상(항고소송)

민주화운동관련자 명예회복 및 보상 심의위원회에서 심의·결정을 받아야만 비로소 보상금 등의 지급대상자로 확정될 수 있다. 따라서 그와 같은 심의위원회의 결정은 국민의 권리·의무에 직접 영향을 미치는 **행정처분에 해당한다.** 「민주화운동관련자 명예회복 및 보상 등에 관한 법률」 제17조는 <u>보상금 등의 지급에 관한 소송의 형태를 규정하고 있지 않지만, 위 규정 전단에서 말하는 보상금 등의 지급에 관한 소송은 민주화운동관련자 명예회복 및 보상 심의위원회의 보상금 등의 지급신청에 관하여 전부 또는 일부를 기각하는 결정에 대한 불복을 구하는 소송이므로 취소소송을 의미한다고 보아야 하며</u>, 후단에서 보상금 등의 지급신청을 한 날부터 90일을 경과한 때에는 그 결정을 거치지 않고 위 소송을 제기할 수 있도록 한 것은 관련자 등에 대한 신속한 권리구제를 위하여 위 기간 내에 보상금 등의 지급 여부 등에 대한 결정을 받지 못한 때에는 지급 거부 결정이 있는 것으로 보아 곧바로 **법원에 심의위원회를 상대로 그에 대한 취소소송을 제기할 수 있다고 규정한 취지라고 해석될 뿐**, 위 규정이 보상금 등의 지급에 관한 처분의 취소소송을 제한하거나 또는 심의위원회에 의하여 관련자 등으로 결정되지 아니한 신청인에게 **국가를 상대로 보상금 등의 지급을 구하는 이행소송을 직접 제기할 수 있도록 허용하는 취지라고 풀이할 수는 없다**(대판 전합 2008.04.17. 2005두16185).

(3) 특수임무수행자 보상(항고소송)

보상금 지급대상자는 법률만으로 확정되지 않고, 보상심의위원회의 심의·의결을 거쳐야 하므로, 그 결정은 행정처분에 해당하며, 국가를 상대로 직접 보상금 지급을 구하는 소송은 부적법하다(대판 2008. 12.11. 2008두6554).

6. 공무원 퇴직금액결정

(1) 공무원 또는 군인의 퇴직급여결정

공무원 또는 군인이 퇴직할 때 결정되는 퇴직급여는 법령에 의해 직접 발생하는 것이 아니라 공무원연금관리공단 또는 국방부장관의 결정에 의해 비로소 결정되므로 이는 처분에 해당한다. 따라서 항고소송을 통해 다투어야 하지 결정되기 전에 당사자소송을 제기할 수 없다.

1) 공무원연금법령상 퇴직수당 등(항고소송)

공무원연금법령에 따라 급여를 받으려면 우선 공무원연금공단에 신청하고, 거부되거나 일부만 인정된 경우 항고소송을 통해 권리를 인정받아야 한다. 구체적인 권리가 발생하지 않은 상태에서 당사자소송으로 급여 지급을 청구하는 것은 허용되지 않는다(대판 2017.2.9. 2014두43264 ; 대판 2010.5.27. 2008두5636).

2) 구 군인연금법령상 급여 지급(항고소송)

군인연금법령에 따라 급여를 받으려면 국방부장관에게 급여 지급을 청구하고, 거부되거나 일부만 인정된 경우 항고소송을 통해 권리를 인정받아야 한다. 구체적인 권리가 발생하지 않은 상태에서 당사자소송으로 급여 지급을 청구하는 것은 허용되지 않는다(대판 2003.9.5. 2002두3522).

3) 유족연금수급권 이전 청구(항고소송)

유족연금수급권 이전 청구에 대한 국방부장관의 결정은 행정처분으로, 거부된 경우 항고소송을 제기해야 한다. 국방부장관의 결정 없이 당사자소송으로 유족연금 지급을 청구하는 것은 허용되지 않는다(대판 2019.12.27. 2018두46780).

(2) 공무원 또는 군인 퇴직급여 감액결정 또는 미지급결정

퇴직연금을 지급받던 중 퇴직급여 감액결정은 법령에 의해 결정되므로 항고소송으로 다툴 수 없고, 일부감액 통지에 차액의 지급을 청구하는 **당사자소송**을 제기해야 한다.

1) 퇴역연금 감액조치(당사자소송)

국방부장관의 퇴역연금액 결정과 통지에 의해 금액이 확정되는 것이 아니라, 법령의 개정에 따라 자동으로 개정규정에 따른 퇴역연금액이 확정된다. 따라서 퇴역연금액 감액조치에 이의가 있는 수급권자는 항고소송이 아닌, 국가를 상대로 정당한 퇴역연금액과 결정·통지된 퇴역연금액의 차액 지급을 구하는 공법상 당사자소송을 제기해야 한다(대판 2003.9.5. 2002두3522).

2) 공무원 퇴직연금 미지급 시 지급청구(당사자소송)

공무원연금관리공단의 지급거부 의사표시는 행정처분이 아니라, 공법상의 법률관계의 한쪽 당사자로서 의견을 밝힌 것에 불과하다. 따라서 미지급퇴직연금에 대한 지급청구권은 공법상의 권리로서, 그 지급을 구하는 소송은 공법상 당사자소송에 해당한다(대판 2004.7.8. 2004두244).

항고소송	당사자소송
① 「민주화운동관련자명예회복 및 보상 등에 관한 법률」에 따른 위원회의 보상결정 ② 토지수용위원회의 수용재결 ③ 재건축조합의 관리처분계획 ④ 군인·공무원의 퇴직급여결정 ⑤ 과다지급된 공무원 퇴직연금 환수통지(대판 2009.5.14. 2007두16202) ⑥ 진료기관의 보호비용청구에 대하여 보호기관의 지급을 거부한 결정(대판 1999.11.26. 97다42250) ⑦ 사업시행자 지정행위 ⑧ 재활용 자원시설의 민간위탁대상자 선정행위(대판 2007.9.21. 2006두7973) ⑨ 지방공무원 보수 삭감(대판 2008.6.12. 2006두16328) ⑩ 특수임무수행자 보상심의위원회결정(대판 2008.12.11. 2008두6554)	① 「광주민주화운동관련자보상에 관한 법률」에 따른 보상 ② 재건축조합 총회결의 ③ 퇴직연금감액결정 ④ 퇴직연금 일부 미지급결정 ⑤ 보상금증감청구소송 ⑥ 세입자의 주거이전비 보상청구소송(대판 2008.5.29. 2007다8129) ⑦ 명예퇴직한 법관이 미지급 명예퇴직수당액의 지급을 구하는 소송

2 실질적 당사자소송

1. **처분 등을 원인으로 하여 발생한 법률관계소송**

   공무원 염금퇴직금 결정에 따른 공무원 연금청구권은 공법상 권리이다. 수령과정에서 법령 개정으로 연금 지급이 거부되는 경우 당사자소송으로 금전지급의무 이행을 청구할 수 있다.

2. **그 존부 또는 범위가 구체적으로 확정된 공법상 법률관계 그 자체에 관한 소송**

(1) 공법상 의무 존부의 확인

   1) 납세의무부존재확인소송(대판 2000.9.8. 99두2765)과 고용·산재보험료납부의무부존재확인소송(대판 2016.10.13. 2016다221658)은 공법상 법률관계의 부존재확인소송으로 당사자소송에 해당한다.

   2) 채무부존재확인의 소(대판 2023.6.29. 2021다250025)

   ① 甲주식회사와 한국에너지기술평가원은 「산업기술혁신 촉진법」 제11조 제4항에 따라 산업기술개발사업에 관한 협약을 체결하고, 이 협약에 따라 정부출연금이 지급되었다. 한국에너지기술평가원이 甲회사가 외부 인력에 대한 인건비를 위 협약에 위반하여 집행했다고 하며 정산금 납부를 통보하자, 甲회사는 한국에너지기술평가원 등을 상대로 정산금 반환채무가 존재하지 않음을 확인해 달라는 소를 제기하였다.

   ② **협약은 공법상 계약**으로 간주되며, 한국에너지기술평가원은 공적인 목적이 있는 경우 동의 없이 협약을 변경하거나 해약할 수 있다. 협약에 일반사법상 계약의 이행보증금, 하자보증금, 지체상금 규정이 포함되어 있지 않다는 점을 고려할 때, **甲회사와 한국에너지기술평가원 간의 정산의무 관련 분쟁은 공법상 당사자소송의 대상이 된다.**

(2) 법령에서 확정된 의무 이행을 구하는 소송

1) 석탄가격안정지원금 지급소송

석탄산업법령에 따른 석탄가격안정지원금 지급청구권은 정책적으로 부여된 공법상의 권리이므로, 석탄광업자가 석탄산업합리화사업단을 상대로 지원금 지급을 구하는 소송은 공법상의 당사자소송에 해당한다(대판 1997.5.30. 95다28960).

2) 재해위로금 지급청구소송

「석탄산업법」상 재해위로금 지급청구권은 공법상의 권리로서, 재해위로금 지급을 구하는 소송은 공법상의 법률관계에 관한 소송인 공법상 당사자소송에 해당한다(대판 1999.1.26. 98두12598).

3) 정비기반시설 소유권 귀속 소송(당사자소송)

「도시 및 주거환경정비법」 제97조 제2항 후단에 따른 정비기반시설의 소유권 귀속에 관한 소송은 국가 또는 지방자치단체와 정비사업시행자 사이의 공법상의 법률관계에 해당하므로, 공법상 당사자소송에 해당한다(대판 2018.7.26. 2015다221569).

4) 토지 일시 사용 동의의무 소송(당사자소송)

「국토의 계획 및 이용에 관한 법률」에 따른 사업시행자의 해당 토지 일시 사용에 대한 소유자 등의 동의의무는 공법상의 의무이므로, 그 의무의 존부를 다투는 소송은 공법상 당사자소송에 해당한다(대판 2019.9.9. 2016다262550).

5) 주거이전비 지급청구소송(당사자소송)

주거용 건물 세입자의 주거이전비보상청구권은 그 요건을 충족하는 경우에 당연히 발생하는 것이므로, 주거이전비보상청구소송은 「행정소송법」 제3조 제2호에 규정된 당사자소송에 의하여야 한다(대판 2008.5.29. 2007다8129).

(3) 공무원의 보수·퇴직금·연금 등 지급청구

1) 지방소방공무원 초과근무수당(당사자소송)

지방소방공무원의 보수에 관한 법률관계는 공법상의 법률관계이므로, 지방소방공무원이 지방자치단체를 상대로 초과근무수당 지급을 청구하는 소송은 「행정소송법」 제3조 제2호에 규정된 당사자소송 절차에 따라야 한다(대판 2013.3.28. 2012다102629).

2) 공립유치원 전임강사의 수령지체된 보수지급청구소송(행정소송)

공립유치원 전임강사로 임용되어 보수를 지급받으며 「공무원복무규정」을 적용받는 자는 임시직공무원으로서, 해임처분의 시정 및 수령지체된 보수 지급을 구하는 소송은 행정소송의 대상이지 민사소송의 대상이 아니다(대판 1991.5.10. 90다10766).

(4) 공법상 신분·지위의 확인

1) 파면처분과 공무원지위확인소송

① **취소소송과 당사자소송**: 공무원 A가 파면당한 경우, A는 파면처분에 대해 파면처분이 무효가 아닌 한 취소소송을 제기해야지 당사자소송으로 공무원지위확인소송을 제기할 수 없다.

② **무효확인소송과 당사자소송**: 처분이 무효인 경우는 공정력이 없어 누구나 어떠한 방법으로나 그 효력을 부인할 수 있는 것이므로, 예를 들면 공무원 파면처분이 무효인 경우 항고소송으로서의 파면처분무효확인의 소가 가능할 뿐만 아니라 당사자소송으로서 그 파면처분이 무효임을 전제로 한 공무원지위확인소송도 가능하다.

2) 도시재개발 조합원 자격확인

조합을 상대로 한 쟁송에 있어서 강제가입제를 특색으로 한 조합원의 자격 인정 여부에 관하여 다툼이 있는 경우에는 그 단계에서는 아직 조합의 어떠한 처분 등이 개입될 여지는 없으므로 공법상의 당사자소송에 의하여 그 조합원 자격의 확인을 구할 수 있다(대판 전합 1996.2.15. 94다31235).

> **판례**
>
> 1. **재개발조합과 조합장 및 조합임원 관계(민사소송)**(대결 2009.9.24. 2009마168, 169)
>   「도시 및 주거환경정비법」은 재개발조합과 조합장 및 조합임원 간의 관계를 공법상의 근무관계로 설정하지 않는다. 따라서 재개발조합과 조합장 또는 조합임원 간의 선임·해임 등을 둘러싼 법률관계는 사법상의 법률관계로, 관련 소송은 민사소송으로 다투어야 한다.
> 2. **주택재건축정비사업조합의 매도청구권(민사소송)**(대판 2010.4.8. 2009다93923)
>   「도시 및 주거환경정비법」상 주택재건축정비사업조합이 공법인이라는 사실만으로, 조합설립에 동의하지 않은 자의 토지 및 건축물에 대한 매도청구권을 둘러싼 법률관계가 공법상의 법률관계가 되지는 않는다. 매도청구권 행사에 따른 소유권이전등기의무의 존부를 다투는 소송은 민사소송으로 다투어야 한다.

3) 토지구획정리조합의 환지계획 인가에 따른 소유권 확인소송(당사자소송)

甲토지구획정리조합이 환지계획을 인가받고 체비지 겸 학교용지로 지정된 토지를 乙회사 앞으로 소유자 명의를 이전하였다. 환지처분이 이루어지지 않은 상태에서 丙지방자치단체가 甲조합을 상대로 환지처분 공고 다음 날 토지 소유권을 원시취득할 지위에 있음의 확인을 구한 소송은 공법관계이므로 「행정소송법」상 당사자소송에 해당한다(대판 2016.12.15. 2016다221566).

4) 태극무공훈장 수여확인 소송(당사자소송)

국가유공자로서의 보상 등 예우를 받기 위해 태극무공훈장의 수여확인을 구하는 소송은 항고소송이 아닌 공법상의 법률관계에 관한 당사자소송으로, 국가를 피고로 하여야 한다(대판 1990.10.23. 90누4440).

5) 한국전력공사의 수신료 징수권한 여부 소송(당사자소송)

수신료 징수권한 여부를 다투는 소송은 공법상의 법률관계에 해당하므로, 민사소송이 아닌 「행정소송법」 제3조 제2호에 규정된 당사자소송으로 다투어야 한다(대판 2008.7.24. 2007다25261).

3. 처분에 이르는 절차적 요건의 존부나 효력 유무에 관한 소송

주택재건축정비사업조합의 총회결의의 효력을 다투는 소송(당사자소송): 주택재건축정비사업조합의 총회결의의 효력을 다투는 소송은 행정처분에 이르는 절차적 요건의 존부나 효력 유무에 관한 소송으로, 행정처분의 위법 여부에 직접 영향을 미치는 공법상 법률관계에 관한 것이므로, 「행정소송법」상의 당사자소송에 해당한다. 다만, 관할 행정청이 관리처분계획을 인가·고시한 경우 총회결의의 하자를 이유로 행정처분의 효력을 다투는 항고소송으로 관리처분계획의 취소 또는 무효확인을 구해야 하며, 총회결의 부분만을 따로 떼어내어 효력 유무를 다투는 확인의 소를 제기하는 것은 특별한 사정이 없는 한 허용되지 않는다(대판 전합 2009.9.17. 2007다2428).

4. 공법상 계약에 따른 권리·의무의 확인 또는 이행청구소송

(1) 한국형 헬기 개발사업 초과비용 지급청구 소송(당사자소송)

국책사업인 '한국형 헬기 개발사업'에 개발주관사업자로 참여한 회사가 방위사업청과 체결한 협약에 따라 초과비용 지급을 청구하는 소송은 공법관계에 해당하므로, 공법상의 당사자소송으로 제기해야 한다(대판 2017.11.9. 2015다215526).

(2) 공중보건의사 채용계약해지 무효확인청구 소송(당사자소송)

전문직공무원인 공중보건의사의 채용계약 해지의 의사표시에 대한 무효확인청구는 공법상의 당사자소송으로 다투어야 하며, 항고소송으로 그 취소를 구할 수는 없다(대판 1996.5.31. 95누10617).

(3) 지방자치단체가 보조금 지급결정을 하면서 일정 기한 내에 보조금을 반환하도록 하는 교부조건을 부가한 경우, 보조사업자의 지방자치단체에 대한 보조금 반환의무는 행정처분인 위 보조금 지급결정에 부가된 부관상 의무이고, 이러한 부관상 의무는 보조사업자가 지방자치단체에 부담하는 공법상 의무이므로, 보조사업자에 대한 지방자치단체의 보조금반환청구는 공법상 권리관계의 일방 당사자를 상대로 하여 공법상 의무이행을 구하는 청구로서 「행정소송법」 제3조 제2호에 규정한 당사자소송의 대상이다(대판 2011.6.9. 2011다2951).

(4) 공법상 계약의 한쪽 당사자가 다른 당사자를 상대로 효력을 다투거나 이행을 청구하는 소송(당사자소송)

공법상 계약이란 공법적 효과의 발생을 목적으로 하여 대등한 당사자 사이의 의사표시의 합치로 성립하는 공법행위를 말한다. **공법상 계약의 한쪽 당사자가 다른 당사자를 상대로 효력을 다투거나 이행을 청구하는 소송은 공법상의 법률관계에 관한 분쟁이므로 공법상 당사자소송으로 제기하여야 한다.** 서울 강남·서초 보금자리주택지구 개발사업에서 구 학교용지 확보 등에 관한 특례법 제4조의2에 따라 **신설 초·중학교를 설치하고 무상공급할 의무를 지는 내용의 한국토지주택공사와 서울특별시간 협약**은 공법인인 원고가 보금자리주택지구 개발사업 시행이라는 공행정활동을 수행하는 과정에서 구 학교용지법 제4조의2에 따른 '학교시설 무상공급 의무'의 이행과 관련하여 관할 교육감과 구체적인 이행 방법, 시기, 비용 분담 등을 약정한 것이므로 **공법상 계약에** 해당하고, 그에 따른 계약상 의무의 존부·범위에 관한 분쟁은 공법상 당사자소송의 대상이라고 보아야 한다(대판 2021.2.4. 2019다277133).

* **청년인턴지원금반환청구의 소:** 甲주식회사가 고용노동부가 시행한 '청년취업인턴제' 사업에 실시기업으로 참여하여 고용노동부로부터 사업에 관한 업무를 위탁받은 을 주식회사와 청년인턴지원협약을 체결하고 인턴을 채용해 왔는데, 甲회사가 과다허위청구하여 乙회사가 반환을 구하는 사건에서, 구 보조금법 제33조의2 제3항은 보조사업자가 중앙관서의 장 또는 지방자치단체의 장인 경우에만 보조금을 강제징수할 수 있도록 규정하고 있기 때문에, 보조사업자가 보조금수령자에게 보조금을 반환하도록 요구하더라도 강제징수가 불가능하다. 따라서 보조금사업자의 반환 요구는 우월한 지위에서의 공권력 행사인 '반환명령'이 아니라, 대등한 당사자의 지위에서 계약에 근거한 의사표시라고 보아야 한다. **보조사업자의 보조금수령자에 대한 지원금 반환청구는 협약 위반에 따른 채무불이행책임을 묻는 것이며, 이는 민사소송의 대상이 된다**(대판 2019.8.30. 2018다242451).

☑ 당사자소송인 경우와 민사소송인 경우

당사자소송	민사소송
• 재개발조합에 대한 조합원자격확인소송(대판 전합 1996. 2.15. 94다31235) • 농지개량조합에 대한 직원지위확인소송(대판 1977.7.26. 76다3022) • 공무원지위확인소송(대판 1998.10.23. 98두12932) • 지방자치단체가 토지구획정리조합을 상대로 환지처분의 공고 다음 날에 토지의 소유권을 원시취득할 지위에 있음의 확인을 구한 소송(대판 2016.12.15. 2016다221566) • 한국전력공사가 한국방송공사로부터 수신료의 징수업무를 위탁받아 자신의 고유업무와 관련된 고지행위와 결합하여 수신료를 징수할 권한이 있는지 여부를 다투는 방송수신료통합징수권한부존재확인소송(대판 2008.7.24. 2007다25261) • 국가의 훈기부상 화랑무공훈장을 수여받은 것으로 기재되어 있는 자가 태극무공훈장을 수여받은 자임의 확인을 구하는 소송(대판 1990.10.23. 90누4440) • 재향군인회장과 국방부장관을 피고로 하여 제기한 영관생계보조기금권리자(연금수혜대상자)확인소송(대판 1991.1.15. 90누3041) • 전문직공무원인 공중보건의사(국방일보의 발행책임자인 국방홍보원장·서울특별시의 경찰국 산하 서울대공전술연구소 연구위원)에 대한 채용계약 해지의 의사표시를 다투는 소송(대판 1996.5.31. 95누10617 ; 대판 2002.11.26. 2002두5948 ; 대판 1993.9.14. 92누4611) • 서울특별시립무용단원의 해촉을 다투는 소송(대판 1995.12.22. 95누4636) • 광주광역시립합창단원으로서 위촉기간이 만료되는 자들의 재위촉신청에 대한 재위촉거부를 다투는 소송(대판 2001.12.11. 2001두7794)	• 재개발조합 조합장과 조합 임원의 선임·해임을 다투는 소송(대결 2009.9.24. 2009마168, 169) • 서울특별시 지하철공사 사장의 소속 직원에 대한 징계처분(대판 1989.9.12. 89누2103)

3 형식적 당사자소송

1. 의의

처분 등을 원인으로 하는 법률관계에 관하여 실질적으로는 처분 등의 효력을 다투는 것이나 형식적으로는 그 법률관계의 일방당사자를 피고로 하여 제기하는 소송이다. 즉, 실질적으로는 항고소송, 형식적으로는 당사자소송이다.

2. 형식적 당사자소송을 인정하고 있는 법률

형식적 당사자소송은 법령에 규정이 있는 경우 허용된다. 법령에 규정이 없는 경우 당사자소송은 허용되지 않는다는 것이 다수설이다.

(1) 보상금증감청구소송

토지수용위원회의 수용재결에는 보상금액이 포함되어 있다. 보상금증감청구소송의 실질은 토지수용위원회의 수용재결인 처분을 다투는 소송이나 「공익사업을 위한 토지 등의 취득 및 보상에 관한 법률」 제85조에 따라 처분청인 토지수용위원회가 아니라 사업시행자, 토지소유자, 관계인을 피고로 하여 제기하는 당사자소송이다. 잔여지 수용청구를 받아들이지 않은 토지수용위원회의 재결에 대해 토지소유자가 불복하여 제기하는 소송은 '보상금의 증감에 관한 소송'에 해당하여 사업시행자를 피고로 하여야 한다(대판 2010.8.19. 2008두822).

> **판례**
> 1. 구 공익사업을 위한 토지 등의 취득 및 보상에 관한 법률 제78조 제5항 등의 각 조문을 종합하여 보면, 세입자의 주거이전비 보상에 관하여 재결이 이루어진 다음 세입자가 **보상금의 증감 부분을 다투는 경우에는** 같은 법 제85조 제2항에 규정된 행정소송(당사자소송)에 따라, **보상금의 증감 이외의 부분을 다투는 경우에는** 같은 조 제1항에 규정된 행정소송(항고소송)에 따라 권리구제를 받을 수 있다(대판 2008.05.29. 2007다8129).
> 2. 「공익사업을 위한 토지 등의 취득 및 보상에 관한 법률」 제91조에 따른 환매권은 상대방에게 의사표시를 해야 하는 형성권으로, 재판상 또는 재판 외에서 해당 기간 내에 행사하면 매매 효력이 발생한다. 이 환매권의 존부 확인을 구하는 소송 및 환매금액의 증감을 구하는 소송은 민사소송에 해당한다(대판 2013.2.28. 2010두22368).

(2) 「특허법」상 보상금소송

「특허법」 제191조에 따르면 보상금 또는 대가에 관한 소송의 피고는 보상금을 지급할 의무자 또는 특허권자이므로 당사자소송이다.

4 요건

1. 원고적격

「행정소송법」은 당사자소송의 원고적격에 관한 규정을 두고 있지 않다. 따라서 「행정소송법」 제8조 제2항의 규정에 의해 「민사소송법」상의 원고적격에 관한 규정이 적용되며, 그 결과 '권리보호의 이익이 있는 자'가 원고가 된다.

2. 피고적격

(1) 법규정

당사자소송은 국가·공공단체 그 밖의 권리주체를 피고로 한다(「행정소송법」 제39조).

(2) 관련판례

1) 당사자소송의 경우 항고소송과 달리 '행정청'이 아닌 '권리주체'에게 피고적격이 있음을 규정하는 것일 뿐, **피고적격이 인정되는 권리주체를 행정주체로 한정한다는 취지가 아니므로**, 이 규정을 들어 **사인을 피고로 하는 당사자소송**을 제기할 수 없다고 볼 것은 아니다(대판 2019.9.9. 2016다262550).

2) 고용·산재보험료의 귀속주체, 즉 사업주가 각 보험료 납부의무를 부담하는 상대방은 근로복지공단이고, 국민건강보험공단은 단지 각 보험료의 징수업무를 수행하는 데에 불과하므로, 당사자소송인 **고용·산재보험료납부의무부존재확인의 소**는 근로복지공단을 피고로 하여 제기하여야 한다(대판 2016.10.13. 2016다221658).

(3) 피고의 경정

「행정소송법」상 당사자소송에서 원고가 피고를 잘못 지정한 때에는 법원은 원고의 신청에 의하여 결정으로써 피고의 경정을 허가할 수 있으므로(「행정소송법」 제44조 제1항, 제14조), **원고가 피고를 잘못 지정한 것으로 보이는 경우** 법원으로서는 마땅히 석명권을 행사하여 원고로 하여금 정당한 피고로 경정하게 하여 소송을 진행하도록 하여야 한다(대판 2016.10.13. 2016다221658). 그러한 조치를 취하지 아니한 채 피고의 지정이 잘못되었다는 이유로 막바로 소를 각하할 것은 아니다(대판 2006.11.9. 2006다23503).

3. 소의 이익

항고소송의 무효확인소송과 달리 공법상 법률관계의 확인을 구하는 소는 확인의 이익이 요구된다. 따라서 공법상 당사자소송에서는 이행소송이라는 직접적인 권리구제방법이 있다면 확인소송은 허용되지 않는다.

> **판례**
>
> 1. 원래 확인의 소는 현재의 권리 또는 법률상 지위에 관한 위험이나 불안을 제거하기 위하여 허용되는 것이고, 다만 **과거의 법률관계라 할지라도** 현재의 권리 또는 법률상 지위에 영향을 미치고 있고 현재의 권리 또는 법률상 지위에 대한 위험이나 불안을 제거하기 위하여 그 법률관계에 관한 확인판결을 받는 것이 유효적절한 수단이라고 인정될 때에는 확인의 이익이 있다. 헌법재판소가 정당해산결정을 한 이후 나머지 원고들의 국회의원 지위가 부인되고 있어, 이 사건 소는 법률관계를 확정할 필요가 있어 확인의 이익이 인정된다. 피고는 보궐선거로 인해 원고들의 국회의원 지위 회복이 불가능하다고 주장하지만, 원고들은 지위 회복이 아닌 지위 유지를 확인하고자 소를 제기한 것이므로, 소의 이익이 부정될 수 없다(대판 2021.4.29. 2016두39856).
> 2. 채용기간이 이미 만료된 경우, 채용계약 해지의 무효확인만으로는 소송에서 권리구제의 기능을 할 수 없다. 급료지급청구권이나 명예 회복을 위해 급료지급청구나 손해배상청구 같은 이행청구소송이 직접적인 구제방법이므로, 공법상 계약해지의 무효확인을 구하는 무효확인소송은 적절한 수단이 아니다(대판 2008.6.12. 2006두16328).

4. 제소기간

(1) 취소소송의 제소기간(「행정소송법」 제20조)은 적용되지 않는다(동법 제44조 제1항).

(2) 제소기간이 법령에 정해져 있는 경우 그에 의하며, 그 제소기간은 불변기간이다(「행정소송법」 제41조).

5. 전심절차 등

(1) 당사자소송에는 행정심판 전심절차는 적용되지 않는다.

(2) 집행정지(「행정소송법」 제23조)은 당사자소송에 준용되지 않는다(동법 제44조 제1항). 관리처분계획안에 대한 총회결의의 효력를 다투는 소송은 당사자소송에 해당하고, 당사자소송에는 「민사집행법」상 가처분이 허용된다(대결 2015.8.21. 2015무26).

(3) 사정판결(「행정소송법」 제28조)은 당사자소송에 준용되지 않는다(동법 제44조 제1항).

6. 소의 변경

당사자소송과 항고소송 간 소 변경이 가능하다. 원고가 고의 또는 중대한 과실 없이 당사자소송으로 제기해야 할 것을 항고소송으로 잘못 제기한 경우, 법원은 당사자소송으로의 소 변경을 허용하여 심리·판단해야 한다(대판 2016.5.24. 2013두14863). 원고가 고의 또는 중대한 과실 없이 항고소송으로 제기해야 할 것을 당사자소송으로 잘못 제기한 경우, 항고소송의 소송요건을 갖추지 못했음이 명백하지 않은 이상, 법원은 원고가 항고소송으로 소 변경을 하도록 석명권을 행사하여 행정청의 처분이나 부작위의 적법성을 심리·판단해야 한다(대판 2021.12.16. 2019두45944).

5 재판관할

1. 재판관할

(1) 취소소송의 재판관할에 관한 「행정소송법」 제9조의 규정이 당사자소송의 경우에 준용된다. 따라서 피고의 소재지를 관할하는 행정법원이 제1심 관할 법원이 된다. 다만, 국가 또는 공공단체가 당사자소송의 피고인 경우에는 관계 행정청의 소재지를 피고의 소재지로 본다(「행정소송법」 제40조).

(2) 원고가 고의 또는 중대한 과실 없이 행정소송으로 제기하여야 할 사건을 민사소송으로 잘못 제기한 경우, 수소법원으로서는 **만약 행정소송에 대한 관할도 동시에 가지고 있다면 이를 행정소송으로 심리·판단하여야 하고, 행정소송에 대한 관할을 가지고 있지 아니하다**면 당해 소송이 이미 행정소송으로서의 전심절차 및 제소기간을 도과하였거나 행정소송의 대상이 되는 처분 등이 존재하지도 아니한 상태에 있는 등 행정소송으로서의 소송요건을 결하고 있음이 명백하여 행정소송으로 제기되었더라도 어차피 부적법하게 되는 경우가 아닌 이상 이를 부적법한 소라고 하여 **각하할 것이 아니라 관할 법원에 이송하여야 한다**(대판 2017.11.9. 2015다215526).

2. 관련청구소송의 이송과 병합

당사자소송과 관련청구소송이 각각 다른 법원에 계속되고 있는 경우, **당사자소송이 계속된 법원에** 이송하여 병합 심리한다(「행정소송법」 제44조 제2항). 당사자소송에 관련청구소송인 민사소송을 병합할 수 있지만, 민사소송에는 당사자소송을 병합할 수 없다.

> **판례**
>
> 1. 甲이 고용·산재보험료 일부를 납부하였고, 국민건강보험공단이 甲에게 나머지 보험료를 납부할 것을 독촉하였는데, 甲이 보험공단을 상대로 이미 납부한 보험료는 부당이득으로서 반환을 구하고 납부를 독촉하는 보험료채무는 부존재확인을 구하는 소를 제기한 경우, 원심법원인 인천지방법원 합의부는 사건을 관할 법원인 서울고등법원에 이송하여야 한다(대판 2016.10.13. 2016다221658).
>   * 민사소송의 관할 법원은 1심 인천지방법원 단독 - 2심 인천지방법원 합의부이고 행정소송의 관할 법원은 1심 인천지방법원 합의부 - 2심 서울고등법원이다. 민사소송인 부당이득반환청구소송과 당사자소송인 고용·산재보험료 납부의무부존재확인소송의 병합사건은 **당사자소송이 계속된 법원인 서울고등법원 관할**이다.
> 2. 「행정소송법」 제44조, 제10조에 의한 관련청구소송 병합은 본래의 당사자소송이 적법할 것을 요건으로 하는 것이어서 본래의 **당사자소송이 부적법하여 각하되면 그에 병합된 관련청구소송도 소송요건을 흠결하여 부적합하므로 각하되어야 한다**(대판 2011.09.29. 2009두10963).

6 가집행

1. 의의
종국판결에 확정판결과 같은 집행력을 인정하는 제도를 가집행제도라 한다.

2. 당사자소송에서 가집행 허용 여부
국가를 상대로 하는 당사자소송의 경우에는 가집행선고를 할 수 없다(「행정소송법」 제43조).

> **판례**
> 1. 가집행선고가 붙은 판결의 피고도 가집행판결에 따른 집행을 면하기 위하여 변제를 할 수 있으므로, 피고인 국가는 가집행으로 인한 회계질서 문란을 피하기 위하여 변제 여부를 고려하면 되고, 만일 변제를 한다면 더 이상 이자가 발생하지 않으므로 오히려 국고손실의 위험도 일부 줄일 수 있다. 이를 종합하면, 심판대상조항은 국가가 당사자소송의 피고인 경우 가집행의 선고를 제한하여, 국가가 아닌 공공단체 그 밖의 권리주체가 피고인 경우에 비하여 합리적인 이유 없이 차별하고 있으므로 평등원칙에 반한다(헌재 2022.2.24. 2020헌가12).
> 2. 「행정소송법」 제8조 제2항에 의하면 행정소송에도 「민사소송법」의 규정이 일반적으로 준용되므로 법원으로서는 **공법상 당사자소송에서 재산권의 청구를 인용하는 판결을 하는 경우** 가집행선고를 할 수 있다(대판 2000.11.28. 99두3416).

7 본안심리 범위

甲광역자치단체가 乙유한회사와 '관계 법령 등의 변경으로 사업의 수익성에 중대한 영향을 미치는 경우 협약당사자 간의 협의를 통해 통행료를 조정하고, 통행료 조정사유가 발생하였으나 실제로 통행료 조정이 이루어지지 못한 경우 보조금을 증감할 수 있다'는 내용의 터널 민간투자사업 실시협약을 체결하였는데, 2002년에 「법인세법」이 개정되어 법인세율이 인하되자 甲자치단체가 법인세율 인하 효과를 반영하여 산정한 재정지원금액을 지급한 사안에서, 이 사건에서 민간투자사업 실시협약에 따른 재정지원금 지급청구와 관련하여, 법원은 단순히 주무관청의 절차적 위법성만을 심사하는 데 그쳐서는 안 되며, 협약에 따른 적정한 재정지원금액이 얼마인지 구체적으로 심리·판단해야 한다. 그럼에도 불구하고, 원심은 원고의 주장에 대한 충분한 심리 없이 재정지원금 지급청구를 기각했으며, 이는 재정지원금 지급청구의 법적 성격에 대한 법리 오해와 심리 부족에 해당한다(대판 2019.1.31. 2017두46455).

각 소송의 비교

구분	취소소송	무효확인소송	부작위위법확인소송	당사자소송
행정심판 예외적 전치주의	○	×	○	×
취소소송 제소기간 적용	○	×	○(재결을 거친 경우)	×
소의 변경	○	○	○	○
처분변경으로 인한 소의 변경	○	○	×	○
집행부정지원칙 / 집행정지제도	○	○	×	×
사정판결	○	×	×	×
판결의 대세적 효력(제3자효)	○	○	○	×
판결의 간접강제	○	×	○	×
제3자와 행정청 소송참가	○	○	○	○
기속력	○	○	○	○
기판력	○	○	○	○

☑ 「행정소송법」상 당사자의 신청 또는 법원의 직권

관련청구소송의 이송과 병합(제10조)	당사자의 신청 ○	법원의 직권 ○
원고가 피고를 잘못 지정한 경우 피고경정(제14조)	원고의 신청 ○	×
행정청 권한 승계 또는 행정청의 소멸에 의한 피고경정(제14조 제6항)	당사자의 신청 ○	○
제3자의 소송참가(제16조)	당사자 또는 제3자의 신청 ○	○
행정청의 소송참가(제17조)	당해 행정청의 신청 ○	○
소의 변경(제21조)	원고의 신청 ○	×
처분변경으로 인한 소의 변경(제22조)	원고의 신청 ○	×
집행정지(제23조)	당사자의 신청 ○	○
집행정지취소(제24조)	당사자의 신청 ○	○
행정심판기록 제출명령(제25조)	당사자의 신청 ○	×
직권증거조사(제26조)	당사자의 주장이 없어도	○
간접강제(제34조)	당사자의 신청 ○	×
사정판결(제28조)	법규정 없음 • 다수설은 행정청 신청 필요 • 판례: 법원이 직권으로 가능	

2025 대비 최신개정판

해커스공무원 황남기 행정법총론 기본서

개정 4판 1쇄 발행 2024년 11월 29일

지은이	황남기 편저
펴낸곳	해커스패스
펴낸이	해커스공무원 출판팀
주소	서울특별시 강남구 강남대로 428 해커스공무원
고객센터	1588-4055
교재 관련 문의	gosi@hackerspass.com
	해커스공무원 사이트(gosi.Hackers.com) 교재 Q&A 게시판
	카카오톡 플러스 친구 [해커스공무원 노량진캠퍼스]
학원 강의 및 동영상강의	gosi.Hackers.com
ISBN	979-11-7244-488-4 (13360)
Serial Number	04-01-01

저작권자 ⓒ 2024, 황남기

이 책의 모든 내용, 이미지, 디자인, 편집 형태는 저작권법에 의해 보호받고 있습니다.
서면에 의한 저자와 출판사의 허락 없이 내용의 일부 혹은 전부를 인용, 발췌하거나 복제, 배포할 수 없습니다.

공무원 교육 1위,
해커스공무원 gosi.Hackers.com

해커스공무원

· **해커스공무원 학원 및 인강**(교재 내 인강 할인쿠폰 수록)
· 해커스 스타강사의 **공무원 행정법 무료 특강**
· 정확한 성적 분석으로 약점 극복이 가능한 **합격예측 온라인 모의고사**(교재 내 응시권 및 해설강의 수강권 수록)